ABUSO DE PODER NAS COMPETIÇÕES ELEITORAIS

FREDERICO FRANCO ALVIM

Prefácio
Carlos Eduardo Frazão

ABUSO DE PODER NAS COMPETIÇÕES ELEITORAIS

2ª edição

Belo Horizonte

2024

© 2019 Juruá Editora
© 2024 2ª edição Editora Fórum Ltda.

É proibida a reprodução total ou parcial desta obra, por qualquer meio eletrônico, inclusive por processos xerográficos, sem autorização expressa do Editor.

Conselho Editorial

Adilson Abreu Dallari
Alécia Paolucci Nogueira Bicalho
Alexandre Coutinho Pagliarini
André Ramos Tavares
Carlos Ayres Britto
Carlos Mário da Silva Velloso
Cármen Lúcia Antunes Rocha
Cesar Augusto Guimarães Pereira
Clovis Beznos
Cristiana Fortini
Dinorá Adelaide Musetti Grotti
Diogo de Figueiredo Moreira Neto (*in memoriam*)
Egon Bockmann Moreira
Emerson Gabardo
Fabrício Motta
Fernando Rossi
Flávio Henrique Unes Pereira

Floriano de Azevedo Marques Neto
Gustavo Justino de Oliveira
Inês Virgínia Prado Soares
Jorge Ulisses Jacoby Fernandes
Juarez Freitas
Luciano Ferraz
Lúcio Delfino
Marcia Carla Pereira Ribeiro
Márcio Cammarosano
Marcos Ehrhardt Jr.
Maria Sylvia Zanella Di Pietro
Ney José de Freitas
Oswaldo Othon de Pontes Saraiva Filho
Paulo Modesto
Romeu Felipe Bacellar Filho
Sérgio Guerra
Walber de Moura Agra

FÓRUM
CONHECIMENTO JURÍDICO

Luís Cláudio Rodrigues Ferreira
Presidente e Editor

Coordenação editorial: Leonardo Eustáquio Siqueira Araújo / Aline Sobreira de Oliveira
Revisão: Gabriela Sbeghen
Capa e projeto gráfico: Walter Santos
Diagramação: Formato Editoração

Rua Paulo Ribeiro Bastos, 211 – Jardim Atlântico – CEP 31710-430
Belo Horizonte – Minas Gerais – Tel.: (31) 99412.0131
www.editoraforum.com.br – editoraforum@editoraforum.com.br

Técnica. Empenho. Zelo. Esses foram alguns dos cuidados aplicados na edição desta obra. No entanto, podem ocorrer erros de impressão, digitação ou mesmo restar alguma dúvida conceitual. Caso se constate algo assim, solicitamos a gentileza de nos comunicar através do *e-mail* editorial@editoraforum.com.br para que possamos esclarecer, no que couber. A sua contribuição é muito importante para mantermos a excelência editorial. A Editora Fórum agradece a sua contribuição.

Dados Internacionais de Catalogação na Publicação (CIP) de acordo com ISBD

A475a	Alvim, Frederico Franco
	Abuso de poder nas competições eleitorais -- 2. ed. -- / Frederico Franco Alvim.
	Belo Horizonte: Fórum, 2024.
	475p. 14,5x21,5cm
	ISBN impresso 978-65-5518-827-1
	ISBN digital 978-65-5518-826-4
	1. Eleições. 2. Democracia. 3. Direito eleitoral. 4. Abuso de poder. I. Título.
	CDD: 342.07
	CDU: 342.8

Ficha catalográfica elaborada por Lissandra Ruas Lima – CRB/6 – 2851

Informação bibliográfica deste livro, conforme a NBR 6023:2018 da Associação Brasileira de Normas Técnicas (ABNT):

ALVIM, Frederico Franco. *Abuso de poder nas competições eleitorais*. 2. ed. Belo Horizonte: Fórum, 2024. 475p. ISBN 978-65-5518-827-1.

À minha mãe e à Maria Eugênia, por estarem sempre ao meu lado.

Às minhas filhas, Marina e Natália, por quem vivo e luto.

À minha esposa Marcela, pelo amor e inspiração, ou seja, simplesmente por tudo.

Sob que manto, Zé, esconde-se o poder, em que regaço? Estará entre os que acodem depressa aos mais altos postos, os que morrem gratos com a morte, os que sorriem apesar do olhar acuado e a vida em postas de sangue? Ou entre os que apunhalam e gritam e uniformizam e tiranizam e não cumprem? A terra é áspera com os rios em fúria, a lavoura malograda, os animais febris. Uma natureza que ruge para assim indicarmos aqueles que, em nossa defesa, superam a tormenta e logo enamoram-se de seus encargos. Como se o poder e a natureza em aliança esculpissem no homem rígidas regras do bom viver.

(Nélida Piñon, *O jardim das oliveiras*)

— Se vier outro rei com melhores armas que as tuas, por certo levará todo este ouro.

(Sólon, sobre a riqueza de Crezo)

SUMÁRIO

PREFÁCIO
Carlos Eduardo Frazão 11

CAPÍTULO 1
INTRODUÇÃO: O ROL DAS ELEIÇÕES NO ESTADO
DEMOCRÁTICO 17

CAPÍTULO 2
O CONTEÚDO DA LEGITIMIDADE E DA NORMALIDADE
ELEITORAL 53

2.1   A legitimidade em sentido amplo e o oferecimento de
parâmetros para o reforço da integridade eleitoral 62

2.2   O conteúdo mínimo da legitimidade eleitoral 91

2.2.1   A liberdade para o exercício do sufrágio 99

2.2.2   A igualdade de oportunidades entre os candidatos 113

2.3   A normalidade eleitoral como pilar de sustentação da ordem
constitucional 135

CAPÍTULO 3
AS ELEIÇÕES E O FENÔMENO DO PODER 139

3.1   O uso lícito de recursos de poder nas competições eleitorais 139

3.2   A caracterização do abuso 144

3.3   O fenômeno do poder e suas características 152

3.3.1   Delimitação conceitual 155

3.3.1.1 O paradigma institucionalista 156

3.3.1.2 O paradigma substancialista (enfoque material) 158

3.3.1.3 O paradigma interacionista (enfoque relacional) 160

3.3.2   As características do poder 163

3.3.2.1 Presença em relações sociais assimétricas 164

3.3.2.2 Potencial para o vencimento de impulsos iniciais de
resistência 170

3.3.2.3 Emprego eventual de sanções 173

3.3.2.4 Índole potencialmente antagônica ou conflituosa 174

3.3.2.5 Alcance relativo 176

3.3.2.6	Caráter distributivo	178
3.3.2.7	Tendência aglutinativa	178
3.3.2.8	Caráter expansivo	180
3.3.2.9	Caráter polimórfico ou multiforme	182
3.3.3	A magnitude do poder	185

CAPÍTULO 4
O ABUSO DE PODER NO CONTEXTO DAS COMPETIÇÕES ELEITORAIS ... 193

4.1	O polimorfismo do abuso de poder e a evidente insuficiência do arranjo nacional	202

CAPÍTULO 5
O ABUSO DE PODER EM ESPÉCIE ... 209

5.1	Formas típicas de abuso de poder	209
5.1.1	Abuso de poder político	209
5.1.2	Abuso de poder econômico	234
5.1.2.1	Abuso de poder econômico putativo: o efeito exterminador do futuro	255
5.1.3	Abuso de poder nos meios de comunicação social	258
	Os efeitos dos media sobre o comportamento eleitoral	284
5.2	Novas formas de abuso de poder	314
5.2.1	Abuso de poder religioso	324
5.2.2	Abuso de poder coercitivo	359
5.2.3	Abuso de poder digital, desinformação e uso indevido da inteligência artificial nas eleições	377

CAPÍTULO 6
A GRAVIDADE NO ABUSO DE PODER COMO PARÂMETRO PARA A CASSAÇÃO DE MANDATOS: O ARRANJO BRASILEIRO DIANTE DOS PRESSUPOSTOS AXIOLÓGICOS DO SISTEMA E DOS VETORES VIGENTES NA EXPERIÊNCIA INTERNACIONAL ... 397

6.1	Vetores para a cassação de mandatos na jurisprudência comparada	409
6.2	Regras para a cassação de mandatos no direito comparado	416
6.3	Gravidade versus potencialidade lesiva em ações que versam sobre abuso de poder: uma crítica ao modelo brasileiro	418
6.4	A gravidade dos atos de abuso de poder sob a perspectiva de seus efeitos: uma categorização possível(?)	427

REFERÊNCIAS ... 449

PREFÁCIO

Frederico Alvim é a genialidade materializada em pessoa. E afirmo isso sem qualquer exagero. Apesar de jovem, são reconhecidos e inquestionáveis seu conteúdo jurídico enciclopédico e sua excelência acadêmica. Profundo conhecedor da doutrina brasileira e comparada em direito constitucional, direito eleitoral e ciência política, domina com percuciência a jurisprudência das cortes nacionais e estrangeiras. Não por outra razão é merecidamente apelidado de *oráculo* pela academia eleitoralista nacional, revelando o jurista da mais alta estirpe e pesquisador de mão cheia que é.

Essas qualidades me impedem de fugir do lugar comum: é com imensa honra e imbuído da mais genuína emoção que faço o prefácio desta obra fundamental. Espero conseguir espelhar em palavras meu sentimento de gratidão pelo generoso convite.

A presente obra *Abuso de poder nas competições eleitorais* já nasce como um clássico da literatura eleitoral. Sem incorrer em equívocos, cuida-se do mais erudito e exauriente estudo sobre o abuso de poder nesta seara.

De fato, a análise lança novos matizes, com rica abordagem multidisciplinar, redimensionando um tema que, até o presente momento, não encontrava, com raras exceções, consistência teórica na doutrina e na praxe judicial. O trabalho supera esses déficits e fornece um instrumental suficientemente robusto aos estudiosos e operadores do direito eleitoral, permitindo que se compreenda com exatidão o fenômeno estudado, para que sejam equacionadas as controvérsias envolvendo a suposta ocorrência (ou não) de condutas abusivas, em suas mais diferentes exteriorizações, no decorrer dos pleitos eleitorais.

Com inato dom artístico, o livro é esculpido como uma obra-prima.

Em termos estruturais, alicerça-se sob quatro pilares fundantes que forjam o conteúdo jurídico do abuso de poder e suas diferentes manifestações.

O primeiro pilar é apresentado logo no capítulo introdutório. Nele, são discutidos o sentido e o aspecto funcional das eleições nas democracias contemporâneas. Ao fim de uma ampla e erudita revisão bibliográfica, traços característicos de seus estudos, o autor conclui, com invulgar precisão, que:

> [...] embora pleitos de cariz autoritário (porquanto exclusivos, simulados ou não competitivos) também produzam governo e, com muitas ressalvas, alguma força de justificação, somente eleições com substância autêntica realizam, em *todos* os seus sentidos, *todas* as suas funções. Nesses regimes, os processos eleitorais franqueiam ao povo a participação política, respeitando a liberdade do sufrágio; produzem representação, mediante a escolha de cidadãos que, empoderados pelo povo, agirão a seu serviço; proporcionam à sociedade um governo que incorpora as opiniões políticas de preferência majoritária; e legitimam o poder político pela via do consenso, conferindo autoridade e estabilidade suficientes para a realização de seu obrar. (Grifos no original)

Na sequência, como segundo pilar, o autor imprime densidade ao conteúdo jurídico da legitimidade do pleito, enquanto pressuposto material de validade para o resultado das urnas. A importância dessa discussão é autoevidente: em primeiro lugar, porque a investidura dos agentes nos cargos político-eletivos deve ser regida por arranjos normativos republicanos, objetivos e imparciais, aptos, bem por isso, a propiciar um ambiente de competição justa e igualitária a todos os *players* da disputa eletiva. Em segundo lugar, porque os imperativos de ética e de probidade não devem ser exigidos apenas e tão somente dos agentes políticos durante o mandato, sendo também impostos no curso do período eleitoral. Portanto, a estrita observância à legitimidade das eleições – e todas as suas variações polissêmicas, como bem se adverte – se afigura requisito formal e material de investidura desses atores, em ordem a interditar a prática de condutas canhestras e vis que desabonem esse mandamento cardeal e nuclear ínsito a um verdadeiro Estado democrático de direito.

O terceiro capítulo se dedica a uma análise relacional entre as eleições e o fenômeno do poder. Conquanto reconheça a dificuldade de se operar com o conceito, dada a variedade de vocábulos a ele emprestada, o investigador revisita os principais paradigmas (ou perspectivas) desenvolvidos na teoria política explicativos da concepção de poder (teses institucionalista, substancialista e interacionalista) e advoga, em diretriz que acompanhamos, "o perfeito amoldamento da teoria interacionista às necessidades e particularidades da disciplina e da problemática em exame". Neste mesmo pilar, desenvolve, analiticamente, os principais elementos caracterizadores do fenômeno do poder e afirma, com a maestria que lhe é peculiar, que:

PREFÁCIO | 13

No plano concreto, as diferentes formas de exteriorização do fenômeno do poder obviamente implicam distintas razões para a consecução do consentimento. Com efeito, o motivo pelo qual se cede ao oferecimento de uma vantagem econômica não é o mesmo pelo qual se verga frente a uma pressão da engrenagem estatal; da mesma forma, são diferentes os contundentes fatores que robustecem ações coercitivas – notadamente a ameaça de violência –, se comparados à sutileza que ampara a força ideológica que confere fortaleza e eficácia às investidas políticas das indústrias da mídia, da máquina de propaganda oficial ou das congregações religiosas.

O capítulo se encerra cuidando da temática da magnitude do poder. Nele, destaca-se a necessidade de verticalização no estudo do fenômeno do poder, de modo "a englobar elementos comparativos e qualificativos", e também se demonstra, com propriedade, que as diversas teorias a respeito do assunto não ostentam aptidão para que se meça, precisamente, o quantum real de capital econômico, político, social, institucional etc. determinado ator político possui para influenciar as demais pessoas.

O quarto pilar desenvolvido centra na análise do abuso de poder no âmbito das competições eleitorais. Descreve os denominadores comuns das relações de poder (i.e., a presença de efetividade e de intencionalidade), consignando que o combate a práticas abusivas no processo eleitoral deve ocorrer em duas frentes complementares: (i) no plano normativo, mediante a formulação de desenhos que forneçam os melhores incentivos em termos de modelagem institucional, e (ii) plano jurisdicional, por meio da apuração efetiva por parte dos órgãos estatais constitucionalmente competentes com a consequente imposição de sanções aos responsáveis e beneficiários pela ocorrência dos abusos. Ao final, o autor acerta, mais uma vez, ao defender a insuficiência do arranjo normativo pátrio para lidar com um fenômeno demasiado complexo e multifacetado como é o abuso de poder. Em feliz passagem, vaticina:

> Os legisladores pátrios, contudo, descuram dessa realidade sociológica óbvia. No caso brasileiro, o art. 14, §9º da Constituição da República, assim como o art. 22, *caput*, Lei Complementar nº 64/1990 encaram o poder como um fenômeno de manifestação restrita, de externalização limitada, de forma rígida. Os dispositivos proscrevem, no contexto eleitoral, a utilização exacerbada do poder político, econômico e de comunicação social, como se esses fossem os três únicos meios pelos quais o manejo das ferramentas de domínio pode ser observado na dinâmica dos pleitos.

Cuida-se de opção legislativa equívoca e lamentável, derivada de uma falha de percepção que, infelizmente, não se encerra no plano etéreo das questões conceituais. Pelo revés, a solução estrita carrega graves implicações práticas, identificadas pela inibição de decisões jurisdicionais que reconheçam formas atípicas de abuso de poder, bem ainda pelo cabuloso efeito de impedir o desenho de medidas normativas de contenção realmente aptas à frenagem do uso indiscriminado desse fenômeno de força na batalha eleitoral, em ordem a preservar a liberdade para o exercício do sufrágio e a equidade eleitoral, impactando os resultados dos pleitos e, assim, ensejando um déficit de legitimidade que, em algumas experiências, põe por terra a missão confiada pelo ordenamento jurídico às instâncias de administração das eleições.

Os capítulos seguintes são construídos sobre as premissas teóricas anteriormente lançadas.

Elenca, no quinto capítulo, o abuso de poder em espécie, tanto em suas modalidades típicas (abuso de poder político, econômico e de mídia) como, de maneira inovadora, em suas novas formas de exteriorização (abuso de poder religioso, coercitivo e no universo digital), não sem antes discutir, fundamentadamente, sobre a possibilidade de reconhecimento de ilícitos atípicos em ações eleitorais que busquem a cassação de mandatos.

À frente, o sexto capítulo traz à discussão o requisito apontado pelo legislador como indispensável à configuração do abuso: o conceito de gravidade em torno das circunstâncias próprias ao emprego das diferentes estratégias de poder. Encontra-se, aqui, um rico inventário comparado sobre os critérios jurisprudenciais e normativos que ensejam a cassação de mandatos em numerosos sistemas estrangeiros. Na sequência, discute a dicotomia gravidade *v.* potencialidade, propugnando por uma releitura da jurisprudência eleitoral pátria, a seu sentir "excessivamente rígida e claramente descolada da linha de princípio que orienta maioria tribunais eleitorais internacionais", o que em sua visão explica, ao menos em parte, "porque a democracia brasileira apresenta indicadores extraordinariamente elevados no que tange à anulação de eleições".

Este breve panorama demonstra, a toda evidência, que a presente obra materializa um estudo definitivo acerca do abuso de poder nas eleições.

Frederico Franco Alvim integra, ao lado de outros jovens expoentes, a nova geração de eleitoralistas brasileiros. Essa constelação de astros vem rompendo paradigmas e procedendo a uma verdadeira revolução copernicana no direito eleitoral, sempre criticado pela ausência

PREFÁCIO | 15

de sistematicidade e racionalidade na aplicação dos institutos, pelo pouco diálogo com outros ramos do conhecimento e pela imprevisibilidade e insegurança jurídica decorrentes da dramática oscilação jurisprudencial. A presente empreitada contribui, sem dúvida, para uma reconstrução teórica e, assim, eleva sobremodo o estado de conhecimento científico em torno do abuso de poder nas eleições, em particular, e da disciplina jurídica eleitoral, em geral.

No mais, não poderia privar este prefácio de um testemunho pessoal. Tive o privilégio de trabalhar e conviver com Frederico Alvim nos seis meses da Presidência do Ministro Luiz Fux no Tribunal Superior Eleitoral. Conhecedor à distância de seus predicados, sugeri seu nome ao Ministro Fux para ser assessor-chefe na área jurídica, o qual prontamente me incumbiu da tarefa de convidá-lo. Embora sua (ótima) fama o precedesse, devo afirmar que ela não espelha, fielmente, a essência do meu dileto amigo Fred. Fred é muito mais que imaginamos: profissional dedicado, que lidera pelo exemplo e pelo empenho diário; um amigo fraterno e leal, gentil e cortês, carismático e dotado de rara humildade. Sempre disposto a ouvir, reflete e pondera, despido de qualquer vaidade; marido e pai exemplar, sofria à distância pela (imensa) saudade que nutria de suas três princesas (esposa e duas filhas), no tempo em que juntos labutamos em Brasília. Sorte de quem o tem como amigo. É, felizmente, o meu caso.

Certa vez, ouvi de um grande jurista que o direito eleitoral brasileiro ainda se ressente da falta autores clássicos, à revelia do que ocorre em outros ramos. Tenho absoluta certeza de que, com esta obra, Frederico Alvim se credencia a ser um dos maiores da história. Saboreiem esta preciosidade: a obra é, simplesmente, espetacular.

Carlos Eduardo Frazão

Doutor em Direito Constitucional pela USP. Mestre em Direito Público pela UERJ. Consultor Legislativo da Câmara dos Deputados. Advogado. Ex-Diretor de Assuntos Técnicos e Jurídicos da Presidência do Senado Federal. Ex-Secretário-Geral do Tribunal Superior Eleitoral. Ex-Assessor de Ministro do Supremo Tribunal Federal. Professor de Direito Constitucional e de Direito Eleitoral do Instituto Brasiliense de Direito Público – IDP.

CAPÍTULO 1

INTRODUÇÃO: O ROL DAS ELEIÇÕES NO ESTADO DEMOCRÁTICO

A noção de democracia ultrapassa a simples celebração ritual do voto: para o estabelecimento de um regime popular, a adoção da técnica eleitoral constitui uma condição necessária, mas insuficiente (SARTORI, 1965, p. 108; 16; DAHL, 2009, p. 99; BOBBIO, 2012, p. 35).[1] O verdadeiro alcance do experimento democrático transcende a outorga do sufrágio, uma vez que supera a garantia de participação na formação do poder para atingir um estádio em que a atuação do corpo representativo oferece, à coletividade, uma forma particular de retorno, qual seja uma contrapartida refletida na busca incessante de uma sociedade em que se distribuam, extensiva e progressivamente, os restantes direitos e liberdades fundamentais.[2]

---

[1] Também nessa linha a lição de Sánchez Navarro (1998, p. 16): "[...] el principio metafísico del poder del Pueblo se realiza técnicamente a través de la elección, como mecanismo a través del cual se integra la voluntad popular en el aparato estatal, articulando así el principio democrático. De esta afirmación resulta claramente el papel central que las elecciones desempeñan en el esquema institucional de la democracia representativa o parlamentaria como forma de Estado común a todos los sistemas políticos occidentales. No basta que haya elecciones para que pueda afirmar el carácter representativo (democrático) de un régimen, pero sin elecciones no hay representación ni, consecuentemente, democracia".

[2] A confusão entre a democracia procedimental e a democracia substancial é desfeita por Paulo Ferreira da Cunha (2014, p. 238): "A voz corrente identifica democracia e representação eletiva. Ou seja, confunde o valor geral, a virtude, a cosmovisão, a Paideia até que é a democracia, com um aspecto particular a ela, um aspecto técnico, no qual toda a sua riqueza, complexidade e força está longe de se esgotar. Haverá democracia sem representação, e representação, hoje, sem eleição? Não o cremos possível. Mas será a democracia apenas um tipo de política em que há votação e se elegem representantes para decidir? Não, é muito mais do que isso. Em rigor, devemos, então, opor *democracia técnica*, essa que de democrática tem apenas a aparência, a 'casca', ou seja, o ritual, a legitimação pelo procedimento das voltas da eleição, a uma *democracia ética*, que procura que o governo do Povo, pelo Povo

O regime democrático é, portanto, um "sistema de expectativas" (FAYT, 2009, p. 4), caracterizado não somente pelo aspecto procedimental, mas ainda por um elemento substantivo conexionado com a luta pela redução do sofrimento e pela marcha do progresso social. Nessa esteira, Norberto Bobbio (2010, p. 38) menciona que, frequentemente, ao falar de democracia não nos referimos a certas instituições ou procedimentos, mas a certo ideal perseguido, isto é, ao "fim" que, a partir de seus procedimentos, pretendemos alcançar. Dentro dessa perspectiva, mais do que pelas instituições e técnicas que lhe dão vida, o regime democrático avulta pelos valores fundamentais que o inspiram e aos quais tende.[3]

Com isso, o método eleitoral se apresenta como um imposto democrático obrigatório.[4] Como sublinha Arratíbel Salas (2006, p. 26), embora se fale também em *democracia econômica* (com uma universal

---

e para o Povo corresponda realmente ao interesse do Povo: uma democracia não apenas democrática, mas também demofílica, com conteúdo".

[3] Trata-se de uma outra visão associativa a respeito das faces procedimental e material da democracia. Conforme Vania Aieta (2006, p. 55), o perfazimento do princípio democrático em um Estado de direito ocorre com a junção de ambas as dimensões: a dimensão procedimental, que vincula a legitimação do Poder ao atendimento de determinadas regras e processos (entre os quais cobra destaque a realização de eleições); e a dimensão material, identificada pela observância de valores e princípios, como a soberania popular, a garantia dos direitos fundamentais, o pluralismo político e a organização política democrática. Acerca da dimensão substantiva, Jiménez de Aréchaga (2016, p. 190-191) acresce que o sistema democrático é um sistema de justiça social, pois: "[...] no ha sido instituído para defender los privilegios o beneficios de clase social alguna. El reconocimiento de la igualdad natural de todos los individuos que está en su base le impone el deber positivo de asegurar a todos ellos iguales oportunidades para la plena expansión y el más amplio desarrollo de su personalidad. Por ello, le está vedado el reconocimiento y amparo de injustos privilegios, tiene el deber de proscribir toda forma de explotación y ha de atender a la defensa del individuo frente a los riesgos de invalidez, enfermedad, desempleo o subordinación económica". Michelangelo Bovero (2002, p. 42), por seu turno, sublinha que a noção de "democracia formal" não deve ser confundida com a noção de "democracia aparente", inclusive porque "a democracia é formal por definição". De todo modo, em sua dimensão axiológica, a democracia não se resume ao seu "valor mínimo", relacionando-se com a promoção de certo "núcleo de valores", entre os quais a "distribuição equânime dos recursos essenciais" e a "satisfação dos direitos fundamentais de liberdade".

[4] Bertrand Badie (2014, p. 95) ressalta que, como princípio de governo, a eleição "[...] constitui o próprio fundamento da democracia representativa, que postula que o poder legítimo só é legítimo se for exercido pelo povo por intermédio de seus representantes designados". Assim, é certo que: "Todas as definições de democracia passam pela livre escolha dos governantes pelos governados, dos detentores do poder pelos cidadãos. Certas definições ultrapassam esse princípio, nenhuma delas o afasta" (DUHAMEL, 2001, p. 183). Veja-se ainda o aporte de Nohlen (2013, p. 227-228): "Mientras que las elecciones pueden no tener nada que ver con la democracia, la democracia, sin embargo, es inconcebible sin elecciones. Las elecciones constituyen la base del concepto de la democracia liberal-pluralista. Conforme a él, los líderes políticos de un país deben ser designados mediante elecciones. Esta estrecha relación definitoria entre elecciones y democracia es crucial para el concepto de democracia:

e verdadeira satisfação das necessidades básicas) e *democracia social* (com a democratização progressiva de todos os espaços coletivos, para além das instâncias do Estado), o certo é que a democracia política é condição nuclear para a obtenção das primeiras,[5] inclusive porque em Estados regidos pelo princípio da soberania popular a dominação política não é um pressuposto naturalmente aceito; ao revés, exige uma justificação no que toca à sua origem, é dizer, precisa de legitimação (CANOTILHO, 2003, p. 292).

Essa legitimação – indutora de uma preciosa vantagem ética –[6] é proporcionada pelo jogo eletivo, técnica por meio da qual os membros de determinada comunidade selecionam os representantes que exercerão o governo dos assuntos públicos, mediante o controle das diferentes camadas do aparato do Estado. Sua finalidade principal é produzir um poder temporal, estável e amplamente admitido, em função de uma conexão direta com a vontade do estrato majoritário do povo.[7]

---

sin elecciones, sin la abierta competencia por el poder entre diferentes fuerzas sociales y agrupaciones políticas, no hay democracia".

[5] Para Alejandro Tullio (2008, p. 17): "La democracia es infinitamente más que un procedimento de decisión colectiva; es el ámbito simbólico del debate político en lo cual en el estado constitucional de derecho se tienden a concretar las aspiraciones individuales y los proyectos colectivos. La democracia instaura gobiernos que deben llevar adelante políticas públicas que tiendan a la libertad y la igualdad. No por ello la dimensión procesal de la democracia, también llamada electoral, pierde interés ni vigência. Antes bien, el adecuado funcionamiento de ésta legitima la actividad del gobierno para desarrollar su programa político: la democracia electoral es condición de la democracia sustancial". Jorge Miranda (1979, p. 13) prossegue: "Democracia, por definição, refere-se à organização do poder político: é uma forma de organização política, um regime. Ao lado deste sentido, mais recentemente tende a falar-se em democracia social, econômica e cultural, umas vezes como complemento da democracia agora chamada política, outras vezes com autonomia e às vezes até como oposição àquela. Trata-se da democracia não apenas ou não já como governo do povo, mas como tradução, no plano social, econômico e cultural, de um dos princípios básicos da democracia, o da igualdade de todos os homens. Com a democracia social, econômica e cultural, pretende-se uma vida social, econômica e cultural em que não haja privilégios, em que se verifiquem as mesmas oportunidades para todos, em que se eliminem ou diminuam os desníveis de situação social, de riqueza ou de cultura que não derivem das desigualdades naturais dos homens". Em obra recente, Miranda (2018, p. 100) realça que a experiência histórica mostra que o voto foi ou tem sido o principal meio de obtenção de direitos econômicos, sociais e culturais, e de criação de um Estado multiclassista.

[6] "A superioridade normativa da democracia sobre as outras formas de poder tem assento precisamente na ideia de que o domínio apenas pode ser considerado legítimo quando ele está a serviço da vontade daqueles que são dominados, sendo, por eles, direta ou indiretamente exercido" (PREUB *apud* GUEDES, 2018, p. 114).

[7] Farias Neto (2011, p. 181) disserta sobre o prestígio conferido ao método eleitoral ante outras formas de transferência de poder: "Embora os atos de força possam alçar ao poder, eventualmente, pessoas preparadas, a escolha de governantes mediante revolução e golpe de Estado devem ocorrer apenas de forma acidental. Caso contrário, a coletividade estatal decairia em anarquia e o governo ficaria usurpável por aventureiros e conspiradores

No entanto, assim como as eleições não realizam (nem esgotam), *per se*, o sentido da democracia,[8] os regimes democráticos não monopolizam a celebração de eleições.[9] Já há algumas décadas apresenta-se cada vez mais recorrente o uso do método eletivo entre regimes que negam ou açodam liberdades públicas, os quais a ele recorrem em busca de algum "princípio de legitimação" (HERMET, 1982, p. 9).[10] Com efeito:

---

oportunistas, tornando o poder não instrumento de ordem, mas de desordem permanente. Por conseguinte, a eleição consiste no critério mais aceitável para a escolha de governantes em razão de apresentar menos inconvenientes, constituindo, assim, uma condição essencial de liberdade que fica expressa no âmbito da coletividade. Ainda que imperfeito, a eleição é o critério que assoma mais aderente aos interesses públicos do Estado, além de ser mais flexível e mais suscetível a aperfeiçoamentos contínuos [...]".

[8] Segundo Meirinho Martins (2015, p. 145): "Partilhando desta perspectiva, Charvin (1987) reforça a ideia de que a eleição política, na sua essência, configura um instrumento que não é mais do que uma primeira etapa de um processo de delegação, em cascata, de poderes. Isto significa que a eleição é uma condição necessária (mas não suficiente) à instituição da democracia representativa, mas que se circunscreve à definição dos decisores. Nos temos de Sartori, a teoria eleitoral da democracia postula a existência de uma opinião pública autónoma, que sustenta, via eleições, os governos por consentimento, que são, por sua vez, responsáveis face às opiniões do eleitorado (cidadãos), noção que, no limite, admite que o povo exerce um verdadeiro poder eleitoral. Ora, é preciso notar que esse poder se resume a um acto de selecção de quem governa e não a um acto de indicação sobre como governar. Esta é uma limitação de fundo da democracia representativa, que a torna numa democracia vertical, por contraposição à ideia de democracia participativa (horizontal). A democracia vertical sustenta-se no princípio da eleição livre, competitiva e recorrente, através da qual as maiorias concretas (eleitores) produzem minorias concretas (eleitos). Em suma, a eleição política [nessa visão] corresponde a um sistema competitivo de institucionalização da liderança, exigência primeira da democracia representativa".

[9] "[...] la relación de las elecciones con la democracia es ambigua. Las elecciones sirven como método no necesariamente concomitante con la democracia, y al mismo tiempo figuran como condición indispensable, como propiedad distintiva de la democracia. Aunque esta última asociación es predominante en las consideraciones generales sobre las elecciones, las elecciones no son suficientes para constituir una democracia, lo que ha sido ampliamente sostenido por los cientistas políticos a partir de la tercera ola de la democratización. En otros términos, estas voces recordan implícitamente el fenómeno de las 'elecciones sin elección' y dan de nuevo a entender que las elecciones sirven también como método, posiblemente aplicado sin valor y funciones de tipo democrático. Por tanto, no existe ninguna excepcionalidad en elecciones contemporáneas no-democráticas" (NOHLEN, 2012, p. 226). "A luta política sempre se caracterizou pela conquista e manutenção dos órgãos do poder, embora, nem sempre, se tenha efectuado ou se efectue com recurso a meios legais ou mesmo, no quadro destes, se faça pela via eleitoral. Mesmo quando a captura do aparelho de poder se baseia em processos eleitorais, há que ter em conta, entre outros factores, o carácter legal ou ilegal desses processos, a sua competitividade (por exemplo, no que diz respeito à pluralidade de forças políticas em presença) e a fiscalização das várias operações por entidades independentes" (MARTINS, 2015, p. 129-130).

[10] Também a respeito, lecionam Baldini e Pappalardo (2009, p. 5): "The basic problem is that word 'election' evokes democracy, but the overlapping of the two concepts is always partial and often ambiguous, if not altogether misleading. Elections without democracy, indeed, have become more and more usual through the post-war period and this, of course, is well known to the most inattentive observer". Acresce Bovero (2012, p. 36) que a teoria democrática se transformou no "jargão oficial do mundo moderno", como afirma John

CAPÍTULO 1
INTRODUÇÃO: O ROL DAS ELEIÇÕES NO ESTADO DEMOCRÁTICO | 21

[...] não se pode dizer que em todos os países onde haja eleições se esteja perante uma [real] democracia. De facto, podem também realizar-se eleições não livres, não competitivas, com limitações das oportunidades de participação, marcadas por favoritismos despropositados nas campanhas eleitorais, provavelmente organizadas com objectivos de controlo repressivo da oposição e de pretensa legitimação nacional e internacional, e em que os resultados são manipulados, em última instância, numa clássica homenagem que o *vício* (os regimes não democráticos) presta à *virtude* (a livre competição política). (PASQUINO, 2009, p. 142)

Nessa quadra, Andreas Schedler (2016, p. 15) chama a atenção para a alargada disseminação de "regimes eleitorais autoritários",[11] marcados pela prática sistemática do autoritarismo por detrás de fachadas institucionais que apenas "emulam" traços da democracia representativa.

Segundo o pesquisador austríaco, esses regimes celebram eleições pluripartidárias regulares em nível nacional, mas violam "sistemática e profundamente" as normas mínimas do arquétipo demoliberal. Embora consigam se diferenciar, qualitativamente, das ditaduras tradicionais, os regimes em questão não se furtam em "trair o espírito democrático das eleições plurais", usando-as apenas para "marcar uma diferença" em comparação com os Estados que abdicam das urnas.[12] A respeito da relação entre eleições e democracia, Schedler (2016, p. 126) escreve que:

Dunn: "o jargão é o instrumento verbal da hipocrisia, e a hipocrisia é o tributo que o vício paga à virtude. Todos os Estados hoje se professam democráticos porque a virtude de um Estado é ser uma democracia". Nesse contexto, a afirmação de Warat (*apud* STRECK; MORAIS, 2014, p. 111), na direção de que "o termo 'democracia', com o passar do tempo, foi transformado em um estereótipo, contaminado por uma anemia significativa", faz todo o sentido.

[11] Os "regimes eleitorais autoritários" de Schedler são chamados "híbridos" por Larry Diamond (2004, p. 119). O professor de Stanford enquadra nessa rubrica os regimes que, embora adotem a forma da democracia popular (realizando eleições), não passam em uma "prova substantiva" – ou o fazem ambiguamente. O especialista situa nessa categoria países como Ucrânia, Nigéria, Indonésia, Turquia e Venezuela. Stephen Medvic (2010, p. 1) menciona que, em números brutos, entre 1946 e 2000, o número de eleições realizadas em regimes autoritários é quase equivalente ao de eleições celebradas em nações democráticas, o que reforça a ideia de que a convocação de eleições tem sido estrategicamente utilizada por governos ditatoriais em termos quase universais.

[12] Segundo Schedler (2016, p. 15-16), nos regimes eleitorais autoritários os governos empregam um amplo repertório de estratégias manipulativas para vencer as eleições: excluem partidos, perseguem candidatos, ameaçam jornalistas, intimidam votantes, falsificam resultados e assim sucessivamente. Seu objetivo imediato é amainar o estado de incerteza sobre o destino dos pleitos; sua finalidade última é evitar a ameaça de mudança de regime. O especialista ilustra essa espécie de regime citando países como Azerbaijão, Zimbábue, Rússia, Singapura, Bielorrússia e Camarões. Dieter Nohlen também se propõe a catalogar os processos eleitorais em conformidade com o índice de democraticidade que carregam. Na síntese de Marques (2016, p. 142-143), surge de suas pesquisas a existência de: (i) as

[...] existe un consenso amplio en la comunidad académica sobre dos puntos básicos. Por un lado, las elecciones constituyen un ingrediente esencial de la democracia liberal. Sin elecciones no hay democracia. Por el otro, no cualquier tipo de escenificación teatral es suficiente. Para calificar como democráticas, las elecciones deben ser competitivas, libres y justas. En otras palabras, al tiempo que conoce la centralidad de las elecciones, el consenso liberal-democrático actual es sensible a la "falacia del electoralismo" (Karl, 1995).

Posto o que antecede, fica claro que o instituto das eleições, a depender dos graus de *liberdade*, *igualdade* e *legalidade* assumidos, tanto podem servir para dar origem a democracias genuínas como para auxiliar na manutenção de regimes avessos à abertura, ao pluralismo e à alternância, elementos ínsitos e axiais para a sedimentação do experimento republicano. Daí a necessidade de perceber, com Jorge Miranda (1979, p. 11), que, quando se fala em eleições políticas, torna-se obrigatório distinguir entre duas coisas: (i) as *eleições como simples formalidades ou técnicas*; e (ii) as *eleições como instituições políticas* a serviço de outras instituições políticas, tendo em vista que a técnica das eleições "será sensivelmente semelhante por toda a parte, [mas] as eleições como instituição política terão de ser compreendidas dentro dos diversos regimes políticos que se conhecem no mundo".

Retomando as lições de Schedler (2016, p. 126), considera-se, comumente, que as eleições democráticas constituem o núcleo essencial das concepções mínimas (ou puramente procedimentais) da democracia. Sem embargo, o "mínimo democrático eleitoral", básico para o reconhecimento de eleições genuínas, implica a presença de um conjunto de "condições normativas" fulcrais. Assim:

En esencia, las elecciones democráticas son mecanismos de decisión social bajo condiciones de libertad e igualdad. Para que califiquen como

---

eleições não competitivas, características de sistemas políticos monopartidários ou de partido hegemônico que realizam eleições "para legitimar os representantes da confiança do regime que integram órgãos colegiais [...] ou níveis intermediários de poder, sem que, no entanto, haja competição entre partidos ou correntes políticas – na medida em que eles não existem ou são meros satélites – e não estão assegurados direitos, liberdades e garantias fundamentais"; (ii) *eleições semicompetitivas*, realizadas em sistemas políticos nos quais "o partido, ou os partidos no poder, condicionam a competição através de vários mecanismos legais e ilegais, pressões e intimidações, apesar de haver candidatos ou listas alternativas de oposição"; e, por fim, (iii) *eleições competitivas*, consideradas como tais as "eleições realizadas em contextos de Estado de Direito onde estão asseguradas e respeitadas as garantias e as liberdades inerentes à democracia representativa".

CAPÍTULO 1
INTRODUÇÃO: O ROL DAS ELEIÇÕES NO ESTADO DEMOCRÁTICO | 23

democráticas, deben garantizar la selección efectiva de autoridades políticas en una comunidad de ciudadanos libres e iguales. De acuerdo con la multicitada formulación de Robert Dahl, este ideal democrático requiere que todos los ciudadanos disfruten de "oportunidades plenas" para "formular" sus preferencias políticas, "comunicarlas" a los demás y verlas "ponderadas" de manera igual en la toma de decisiones públicas. À luz da concepção abstrata de Dahl, Schedler (2016, p. 126-130) estipula sete "condições mais concretas" que, em sua visão, devem estar presentes para que as eleições transcendam o mero formalismo e realizem a promessa de uma "decisão democrática efetiva".[13] Essas condições entrelaçam o que denomina "corrente de seleção democrática" (*chain of democractic choice*), corrente essa que abarca a escolha eleitoral desde sua estruturação institucional originária (desenho do sistema eleitoral em sentido) até a entrega de seus resultados finais. Essas exigências constituem, de maneira conjunta, uma "corrente metafórica" que, como uma corrente real, somente permanece intacta enquanto íntegros se mantenham todos os seus elos, a saber:

1. *Empoderamento*: As eleições abrem caminhos para a conquista do poder. Seu propósito radica em selecionar, com caráter vinculante, os "mais poderosos tomadores das decisões coletivas" (Huntington, 1991) do sistema político. Nas eleições democráticas, os cidadãos igualmente exercem poder. Ao fim e ao cabo, os pleitos representam a expressão institucional do governo pelo povo. Em seu papel de votantes, os cidadãos não elegem os ganhadores de um concurso de beleza nem dão respostas a uma pesquisa de mercado: autorizam o acesso ao controle estatal.

2. *Liberdade de oferta*: A ideia de uma seleção democrática de autoridades pressupõe a livre formação de alternativas.[14] Pressupõe a liberdade de oferecimento de visões contrastantes sobre o bem comum, opções

---

[13] Em uma perspectiva particular, Birch (2011, p. 16-27) teoriza um esquema de pré-condições necessárias à obtenção de escolhas democráticas por meio do método eleitoral. Ao revés de Schedler, que busca identificar quais são os elementos necessários à promoção de eleições genuínas, Birch se preocupa com o índice de democraticidade do produto resultante da preferência externada nas urnas. No conceito da pesquisadora da King's College (Londres), para que propiciem resultados efetivamente democráticos, os processos eleitorais devem apresentar as seguintes características: (i) *inclusão* (tanto em um sentido subjetivo, como permissão para a manifestação de preferências em bases virtualmente universais, como ainda em um sentido objetivo, concernente à criação de condições para a realização de escolhas políticas qualificadas, em um cenário abarcador de ideologias contrárias, simpático à contestação aberta); (ii) *votação politicamente orientada* (tendo como base a disponibilização de informações adequadas e equilibradas, assim como a exclusão de pressões e constrangimentos); e (iii) *apuração justa* (de sorte que os votos sejam igualmente valorados e contribuam equitativamente para o resultado final da eleição).

[14] "O pluralismo competitivo numa eleição implica que o eleitorado possa ter possibilidade de escolha entre candidaturas alternativas e concorrentes que lhe sejam livremente submetidos pelos cidadãos organizados em partidos ou listas independentes. É a competitividade eleitoral aberta entre propostas diferentes de poder, institucionalmente respeitadas e livremente

opostas de políticas públicas e, no mercado eleitoral, conjuntos diversos de candidatos e de organizações partidárias. A democracia moderna institucionaliza o pluralismo e a competição. As opções disponíveis devem ser selecionadas pelos próprios cidadãos ativos segundo um marco regulatório composto por regras justas e universais.[15]

3. *Liberdade de demanda*: As eleições democráticas pressupõem a livre formação de preferências do votante. Os cidadãos que votam sob a base de preferências induzidas pelo Estado não estão menos limitados do que aqueles que estão obrigados a escolher dentre um conjunto manipulado de opções. A democracia moderna supõe que todos os cidadãos possuem iguais faculdades mentais para tomar decisões de maneira autônoma, independentemente de sua educação formal, riqueza, status social, pertença étnica ou convicções religiosas.[16] Para empregar as suas capacidades de julgamento político os votantes devem poder se inteirar sobre as opções disponíveis. Podem decidir não votar (com o que renunciam a registrar suas demandas políticas) ou votar em ignorância completa (com o que privam as suas demandas políticas de um núcleo racional). Sem embargo, para que sua decisão coletiva seja

---

constituídas, que permite excluir cenários de partido único ou de oposições ficcionadas ou limitadamente toleradas por um partido hegemónico" (BLANCO DE MORAIS, 2018, p. 87).

[15] "[...] não se pode esquecer de que a capacidade, ou o direito fundamental, de um cidadão de ser candidato para cargos políticos mescla-se, certamente, com o direito de todos os eleitores escolher determinadas pessoas para ocupar determinado cargo público. Em outras palavras, o princípio da universalidade [do sufrágio] protege tanto o eleitor como o candidato, vinculando uma realidade a outra. Assim, o lado mais visível do princípio da universalidade impõe a conclusão de que, ao limitar o direito dos cidadãos de votarem, direta ou indiretamente, obstaculiza-se também o direito daquele que pretende lançar-se como candidato. Entretanto, e esse é o lado menos notado no princípio da universalidade, todas as vezes que se impede alguém de se candidatar, estamos, sem dúvida, cerceando o cidadão no exercício legítimo de seu voto. A equação é de fácil entendimento: (a) se, de um lado, num universo mais restrito de eleitores, muito provavelmente, diverso será o resultado daqueles que serão eleitos; (b) de outro, ao restringir o universo dos candidatos, com toda certeza, também se reduzem as possibilidades abertas aos eleitores" (GUEDES, 2018, p. 116).

[16] Esse princípio é explicado, entre outros, por Alexis de Tocqueville (2010, p. 161): "Quando se concede a cada um o direito de governar a sociedade, é preciso reconhecer a capacidade de escolher entre as diversas opiniões que agitam os seus contemporâneos, e de apreciar os diferentes fatos, cujo conhecimento pode guiá-lo no desempenho de suas funções. A soberania do povo e a liberdade da palavra são, pois, duas coisas inteiramente correlativas; a censura e o sufrágio universal, pelo contrário, são duas coisas que se contradizem e não podem coexistir por muito tempo nas instituições políticas de um povo". De modo similar, Michelangelo Bovero (2002, p. 25-26) assenta que o pressuposto básico da democracia "consiste em atribuir a cada cabeça um voto, isto é, uma cota igual (formalmente e em princípio) de participação no processo decisório e político; esta atribuição igualitária é justificada em base ao reconhecimento, ou melhor, à pressuposição, de que os juízos, os pareceres e as orientações políticas de todos os indivíduos considerados [todos os adultos integrados na sociedade] têm igual dignidade; esta presunção se funda por sua vez sobre a assunção de que eventuais diferenças de segmento social não influem sobre a capacidade de juízo e deliberação, ou seja, sobre a dignidade política dos indivíduos".

CAPÍTULO 1
INTRODUÇÃO: O ROL DAS ELEIÇÕES NO ESTADO DEMOCRÁTICO | 25

livre e democrática, os votantes devem possuir a oportunidade estrutural de estar informados. Somente o acesso a fontes plurais de informação abre essa oportunidade. Negar a competição a candidatos e partidos (e aos próprios cidadãos) é negar-lhes o acesso livre e equitativo ao espaço público e, consequentemente, condenar as eleições a um "fracasso ético". Nesse contexto, a vontade popular expressada nas urnas perderá a sua essência, tendo em vista que não será mais do que uma "manifestação de ignorância estruturalmente induzida".

4. *Inclusão*: No mundo contemporâneo, a democracia exige o sufrágio universal.[17] As restrições ao sufrágio anteriormente aplicadas com base em riqueza, educação, gênero, religião ou etnia já não são consideradas legítimas. O conceito moderno de demos, em princípio, pretende incluir toda a população adulta de residentes permanentes no território estatal. As exceções empíricas, como os criminosos condenados, os imigrantes recentes e as pessoas que padecem de enfermidades mentais graves são poucas e bastante controvertidas (López Guerra, 2005).

5. *Isolamento*: Uma vez que os cidadãos tenham formado livremente as suas preferências, devem poder expressá-las também livremente. O voto secreto é projetado para protegê-los de pressões externas indevidas, seja em forma de coerção, seja em forma de corrupção ou desaprovação social.[18]

6. *Integridade*: Uma vez que os cidadãos tenham expressado a sua autêntica vontade nas urnas, organismos competentes e imparciais de administração eleitoral devem contar seus votos de maneira honesta e igualitária. Quando a organização eleitoral carece de neutralidade,

---

[17] "É porque todos os seres humanos são livres e iguais que devem ser titulares de direitos políticos e, assim, interferir conjuntamente, uns com os outros, na definição dos rumos do Estado e da sociedade em que têm de viver. É porque todos são dotados de razão e consciência (como proclama, por seu lado, a Declaração Universal) que eles são igualmente chamados à participação cívica, capazes de resolver os seus problemas não pela força, mas pelo confronto pluralista de ideias e pelo seu sufrágio pessoal e livre. A liberdade revela-se, do mesmo passo, fundamento e limite de democracia. Revela-se fundamento, visto que a participação na condução dos destinos comuns pressupõe a liberdade. E revela-se limite, visto que a democracia não pode pôr em causa a liberdade, e a maioria é sempre maioria de conjuntura, não maioria definitiva, pronta a esmagar os direitos da minoria" (MIRANDA, 2018, p. 57).

[18] Na leitura de Jacy de Souza Mendonça (2010, p. 184): "O caráter secreto da votação precisa ser preservado para legitimá-la. Ninguém pode ser obrigado a manifestar-se abertamente quanto a suas opções políticas, senão, se a manifestação pessoal for tornada pública ou passível de conhecimento de terceiros, a fragilidade físico-psíquica de alguns poderá levá-los a uma votação contrária a seus interesses e desejos. Só governantes totalitários entendem ao contrário, porque o voto em aberto é, para eles, instrumento que pode ser utilizado para a perpetuação no poder". Jorge Amaya (2015, p. 85-86) aponta na mesma direção, ao consignar que: "La realidad de las presiones políticas, sociales y económicas, e incluso de las coacciones, abogan por la necesidad de respetar el secreto del voto, el cual se presenta como un requisito ineludible de la libertad de ejercicio del derecho de sufragio y de la autenticidad en la manifestación de voluntad del ciudadano elector".

integridade e profissionalismo o princípio democrático termina por se tornar uma aspiração vazia.

7. *Efeitos decisivos*: Assim como as eleições sem efetiva escolha, as eleições sem consequências (eficácia vinculante) não são nada democráticas. Os partidos e candidatos vencedores devem poder assumir os seus cargos, exercer o poder e concluir seus mandatos de acordo com as regras constitucionais. Assim, o ciclo democrático se completa. As eleições devem ser "decisivas" (O'Donnell) tanto *ex ante* como *ex post*. Se não se logra investir os ganhadores com o poder efetivo de tomada de decisões, o processo eleitoral se converte em um exercício vazio. Ao invés de ser um momento de poder popular e dignidade cidadã, converte-se em uma experiência fraudulenta e frustrante para a população.

Na perspectiva da fenomenologia política, a recorrente celebração de eleições por regimes anti ou semidemocráticos pode ser mais bem compreendida a partir de uma análise em torno dos papéis desempenhados pelos pleitos no contexto da sociedade e na organização política dos Estados nacionais.

Dentro dessa ordem de ideias, a celebração de processos eleitorais, por mais simples que pareça, tende, em verdade, à realização de ao menos nove complexas e importantes funções no esquema regente da autogovernação coletiva. Com efeito, em um extenso cabedal teórico, a doutrina política aponta que as consultas eleitorais propiciam, em termos normativos:

- produção de governo;
- orientação das políticas públicas;
- transmissão pacífica do poder;
- limitação do poder no tempo;
- aferição da impressão dos governados (julgamento do poder);
- legitimação da autoridade resultante da consulta popular;
- geração de representação;
- promoção da participação política;
- reforço da identificação coletiva.

O primeiro aspecto – *produção de governo* – diz com o fato de que as eleições permitem que um grupo – seja um partido específico ou uma aliança de partidos conjugados – defensor de determinada cosmovisão política assuma a direção do poder executivo (PINTO; CORREIA; SEARA, 2009, p. 359) em determinada base territorial.

As eleições produzem governo justamente porque são o canal pelo qual os cidadãos empoderam e trocam mandatários, conforme aprovem ou rejeitem os atores, propostas e programas que disputam a preferência comunitária durante o período em que se confrontam as diferentes ofertas eleitorais (PEDICONE DE VALLS, 2001, p. 91). Não há para o objeto de exame razão mais clara e palpável, já que acorremos às urnas, precipuamente, para escolher a elite dirigente.[19] Nessa quadra, o método eleitoral pode ser visto como a "base formal" sobre a qual se sustenta toda a atividade de designação dos agentes governamentais (ANDRADE SÁNCHEZ, 2012, p. 194).

Embora a preferência eleitoral, em função de sua lógica operacional, seja dirigida a indivíduos e organizações (candidatos e partidos), as

---

[19] Essa, inclusive, é a essência das definições minimalistas sobre as eleições, como as propostas por Frank Bealey (2000, p. 113): "An election is an act of choosing someone as a representative"; Stephen Medivic (2010, p. 11-12): "Elections are a mechanism for determining who will hold public office"; Oliveira Baracho (1997, p. 44): "As eleições são técnicas ou procedimentos de seleção de dirigentes políticos"; Josep Colomer (2017, p. 457): "Las elecciones son técnicas de selección de cargos públicos mediante la competencia entre diversos candidatos por los votos de un electorado amplio"; Fernando Neisser (2016, p. 44): "Eleição, simplesmente, é o processo que aufere as intenções de um determinado corpo de eleitores, com vistas a ordenar as opções ofertadas de acordo com a contagem de votos atribuídos a cada uma"; e Farias Neto (2011, p. 359): "A eleição consiste no processo de designação e constituição dos agentes públicos de governo para agenciamento do Estado". Essa classe de definições aponta, conforme Nohlen e Fernández Baeza (*apud* ALCUBILLA, 2009, p. 205), para um significado neutro (ou técnico) quanto à ideia das eleições. Os autores sinalizam, todavia, para a presença concomitante de um significado ontológico das eleições, baseado em vincular o voto com a existência real da possibilidade de optar livremente entre ofertas políticas diferentes. Alinhados com a corrente ontológica, os autores definem o processo eleitoral como o "[...] método democrático para designar a los representantes del pueblo". A linha ontológica também é vista em Sánchez Muñoz (2007, p. 52), que descreve as eleições como "[...] el procedimiento mediante el cual la voluntad popular se expresa de forma institucionalizada y se transforma en voluntad estatal". Voltando a Arnaldo Alcubilla (2009), este conclui que: "Las elecciones semicompetitivas y las no competitivas, propias de los sistemas autoritarios o totalitarios, en las que se limita o impede la libertad del elector para ejercer libremente el sufragio, serían técnicamente elecciones pero ontológicamente no lo serían. Serían una pura farsa de apariencia electoral: pura fantasmagoría o nominalismo electoral falto de autenticidad". Em obra diversa, Nohlen (2013, p. 227) registra que as eleições também podem ser definidas sob um prisma axiológico, em função de sua associação vital com a democracia. Por esse ângulo, aduz que as eleições devem cumprir com três requisitos imprescindíveis: "primeiro, respecto a la incorporación del pueblo a través del sufragio universal y su capacidad de elegir (choice); segundo, respecto a condiciones políticas del entorno; tercero, respecto a los efectos de los resultados electorales para la estructura del poder". Uma conceituação axiológica do processo eleitoral consta, a propósito, de nossa doutrina, que trata as eleições como "[...] mecanismos de transmissão pacífica de poder fundados na conversão da vontade popular livremente manifestada em mandatos políticos democráticos" (ALVIM, 2016, p. 31), o mesmo ocorrendo com a doutrina de Manuel Meirinho Martins (2015, p. 143), que descreve a eleição política como "processo legal, periódico e livre, que tem por objectivo último a seleção de pessoas a quem são confiadas as funções de autoridade".

escolhas políticas plasmadas nas urnas certamente comportam dimensões racionais mais complexas, a envolver juízos valorativos cunhados à volta de aspectos históricos, contextuais, ideológicos ou programáticos.

Atento a tal fato, Xavier Torrens (CAMINAL BADIA; TORRENS, 2015, p. 473) pontua que à tarefa de proporcionar governo se soma a função de *orientação geral das políticas públicas* levadas a termo, dado que os resultados eleitorais chancelam a formação de governos *em função* de projetos, metas e visões de mundo particulares. Na mesma trilha, Reinhold Zippelius (2016, p. 318) sublinha que, em Estados pluripartidários, o voto não encerra apenas uma manifestação de confiança pessoal nos concorrentes, mas, simultaneamente, "[...] uma decisão a favor de determinados programas políticos e de determinados elencos governativos a constituir".

As eleições possuem, para o autor alemão, uma componente plebiscitária "real", ao lado da intuitiva carga de escolha pessoal.[20] Como decorrência, a função de produção de governo possui um sentido bidimensional, visto que a administração eleita é selecionada com o encargo moral de adequar suas decisões às preferências ideológicas da maioria social (GARCÍA SORIANO, 2010, p. 22),[21] a fim de conferir um sentido prático às bases ideais do mandato e da representação. Afinal:

---

[20] Essa componente, resumida na ideia de que a eleição serve não apenas para a seleção dos governantes, mas também para a escolha das grandes opções programáticas, é vista por Jorge Miranda (2007, p. 17) como uma verdadeira "trava-mestra" da democracia representativa. De igual modo, Dowse e Hughes (1977) definem o processo eleitoral como um conjunto de atividades voluntárias mediante as quais os membros de uma sociedade intervêm na seleção dos governantes e, direta ou indiretamente, na formação da política governamental (*apud* CALANCHINI URROZ, 2011, p. 89). Manin, Przeworski e Stokes (2006, p. 105) também consideram que, sob o prisma do dever ser, "as eleições servem para selecionar boas políticas ou políticos que sustentam determinadas políticas. Os partidos ou candidatos fazem propostas políticas durante a campanha e explicam como essas propostas poderiam afetar o bem-estar dos cidadãos, os quais elegem as propostas que querem que sejam implementadas e os políticos que se encarregarão de praticá-las [...]". No entanto, apontam que modelo normativo é bastante suscetível a desvios, o que torna problemático que se cumpram, na prática, as expectativas relativas ao princípio da representação, máxime porque a experiência demonstra que, não raramente, os candidatos vitoriosos escolhem políticas diversas daquelas que anunciaram nas campanhas.

[21] A questão, sem embargo, pode ser vista também por outro ângulo, segundo o qual o amoldamento entre a vontade dos representados e a vontade dos representantes ocorreria segundo uma lógica temporal alternativa. Assim, segundo Martínez Sospedra e Uribe Otalora (2018, p. 327) a visão bilateral da representação prega que: "[...] en el proceso electoral son los candidatos los que proponen su proyecto, sus distintas voluntades, a los electores, a los representados, y es en torno a la voluntad de quienes aspiran a la condición de representantes que se forma la voluntad de los representados, la voluntad de los electores mismos. Por eso existen los cruciales indecisos de los sondeos y por eso tiene sentido la campaña electoral. En otras palabras, la voluntad del Pueblo, la voluntad de los electores,

O elemento volitivo patente na eleição habilita então a falar num mandato, na medida em que são os eleitores que, escolhendo este e não aquele candidato, aderindo a este e não àquele programa, constituindo esta e não aquela maioria de governo, dinamizam a competência constitucional dos órgãos e dão sentido à atividade dos seus titulares (apesar de não lhe poderem definir o objeto). (MIRANDA, 2018, p. 37)

Andrade Sánchez (2012, p. 194), de outra banda, chama a atenção para o papel do fenômeno eleitoral na *transmissão pacífica do controle do Estado*, consignando que as eleições aceitas pela sociedade como forma de renovação dos quadros dirigentes impõem a seus membros a necessidade de se conformar com os seus resultados, de modo a fazer com que a luta violenta pelo poder seja substituída pelo plano das campanhas em busca de votos.

Nesse diapasão, é por meio das eleições que se elimina, em circunstâncias normais, o recurso à força, garantindo-se a sucessão de governos sem altercações ou quebras da harmonia pública.[22] Por isso, para Przeworski (*apud* COSSÍO DÍAZ, 2010, p. 64), o milagre da democracia radica, essencialmente, na capacidade de fazer com que as forças

---

se forma sobre la base de la voluntad de quienes aspiran a ser representantes. Todos y cada uno de los electores, a la vista de la oferta política, acepta una de las voluntades formuladas, haciéndola suya, y emitiendo el correspondiente sufragio, mediante el cual inviste como representante suyo a quien la porta. Las relaciones entre ambas partes descansan sobre las afinidades políticas entre representantes y representados, y en las relaciones de confianza que son consecuencia de las mismas. En pocas palabras, no es la voluntad del elector la que condiciona la representación, sino más bien es el carácter representativo de la voluntad del electo lo que permite hablar de representación. Es la semejanza lo que constituye la representación, porque es la semejanza la que mueve el elector a identificarse con una oferta política, a darle su sufragio y, en consecuencia, a investir a un candidato como representante". Nada obstante, consideram os catedráticos espanhóis que a representação é de ser vista como um processo contínuo, e que ela, de fato, somente existe quando os eleitores se reconhecem nos eleitos, em especial nas posições políticas que estes mantêm. Por outro lado, a representação se erosiona – e desaparece – quando finda a concordância, isto é, quando se desfaz a relação de afinidade ou semelhança construída entre representantes e representados por ocasião da eleição. Por essa razão é que cobram sentido figuras jurídicas como a limitação dos mandatos e a constante renovação das eleições.

[22] No mesmo sentido, Bobbio (2012, p. 189) aponta a democracia como a única forma de governo cujas regras gerais permitem aos cidadãos resolver os conflitos sem derramamento de sangue. Fávila Ribeiro (1990, p. 34-35), sobre o tema, destaca que o processo eleitoral consiste em: "[...] um método pacífico no sentido de que está interditado o emprego da violência física e no sentido de que todos deverão igualitariamente observar as regras do jogo estabelecido, por isso mesmo ficando obrigados ao acatamento dos vitoriosos legitimamente sacramentados. [...] Como é a força do número que deve preponderar, [...] o fator decisivo será oferecer mensagens políticas que encontrem ressonância social, sobressaindo o poder da persuasão ao poder da coerção".

políticas em conflito obedeçam aos produtos da votação, os absorvam e a eles sucumbam, incondicionalmente.[23]

Em perspectiva histórico-evolutiva, Fernando Neisser (2016, p. 44-45) ilustra as razões pelas quais a mecânica ínsita ao método eleitoral propicia, no palco político, um choque ético em prol de um *continuum* civilizatório:

> Da violência sendo exercida a qualquer momento, por quem – pessoa ou grupo – se julgasse apto a tanto, que Hobbes vislumbrou como imagem costumeira das eras primevas, parece ter decorrido curiosa transformação. Ao invés de iniciar o confronto físico, basta o cotejo quantitativo das forças reunidas em defesa de cada opção. O indivíduo ou grupo que tivesse congregado maior suporte, potencialmente sendo apto a dominar fisicamente os demais, imporia a sua opção. Ao restante dos indivíduos e grupos, apoiadores das outras opções, cientes da inferioridade em caso de conflagração, compete admitir a derrota. O grande grupo social, ao qual todos pertencem, deixa de sofrer as consequências de um conflito violento, como a redução de sua população total, a queda da produtividade e os traumas decorrentes de tais experiências.
>
> Tem-se, assim, o fundamento conceitual da regra da maioria, elemento que ajuda a explicar, independentemente dos demais aspectos de uma sociedade, a aceitação do resultado eleitoral, quando este efetivamente reflita a composição das opções postas à escolha. A eleição serve, nesse contexto, como mecanismo apto a auferir e contabilizar as preferências do corpo político, evitando que a divergência escale a ponto de chegar ao conflito físico.[24]

---

[23] Todos os regimes políticos produzem perdedores. Nas democracias, as perdas são temporárias, e as grandes decisões públicas, reversíveis. Os que perdem podem expressar suas queixas e pleitear ressarcimento perante os tribunais de justiça ou a opinião pública. Em contraste, os regimes não democráticos tendem a silenciar os protestos e a imortalizar as injustiças. Rechaçam remédios imparciais para as injustiças que produzem. Logo, em contraposição às democracias eleitorais, as autocracias são convites permanentes à rebelião (SCHEDLER, 2013, p. 43).

[24] Sem embargo, Neisser (2016, p. 45-46), em absoluta simetria com o marco da presente proposta, segue advertindo que: "Nem toda eleição, no entanto, está apta a cumprir com tal desiderato. Pouco contribuiria para revelar o grau de preferência de cada opção no grupo se, por exemplo, apenas um subgrupo determinado e restrito pudesse votar. Igual consequência haveria se o universo de opções postas à escolha fosse demasiado e irrazoavelmente cerceado. À mesma conclusão chegar-se-ia caso os eleitores fossem coagidos a votar em um ou outro sentido, refletindo não suas próprias opções, mas as de seus coatores. Portanto, pode-se afirmar que uma eleição, para cumprir com sua finalidade e ser tida por democrática, deve, simultaneamente, atender aos requisitos conceituais da Democracia: permitir ampla participação, outorgar o direito à candidatura, ao voto livre e periódico dos eleitores, em eleições justas, em ambiente com liberdade de associação e troca de informações. Cada uma destas condicionantes tem o seu papel para caracterizar a eleição como democrática".

Não obstante, é fato que, nos últimos anos, o desenvolvimento pacífico dos processos eleitorais tem sido dificultado pelo surgimento e estabelecimento de campanhas de desestabilização política e desinformação massiva, ao redor de movimentos populistas de corte autoritário que investem na política do caos e da quebra de confiança, colocando em risco a continuidade da experiência democrática em países de diversos continentes.

O desígnio de pacificação funciona, logicamente, em conexão com uma outra incumbência dos pleitos, a saber a *delimitação do poder representativo no tempo*.[25] O poder democrático, por natureza, afigura-se como um poder *pro tempore*, sendo desafiado a intervalos regulares (SCHEDLER, 2013, p. 43) por razões bem expostas por Blanco de Morais (2018, p. 86):

> A democracia envolve, no contexto dos direitos políticos, não só a proibição de cargos vitalícios em órgãos eletivos sujeitos à escolha do eleitorado, mas também a garantia dos direitos das oposições de não só poderem desenvolver regularmente a sua atividade política de contraponto ao poder e fiscalização ao Governo, mas de deterem a oportunidade de um dia elas próprias formarem Governo à luz do princípio da alternância, submetendo o seu programa e os seus candidatos ao voto do eleitorado. Cargos vitalícios na sequência de uma eleição redundariam numa ditadura eletiva, na insusceptibilidade de responsabilização do titular pela sua conduta no exercício do poder, na negação da alternância e na sujeição das gerações futuras aos dirigentes escolhidos pelas gerações passadas.

A limitação temporal do poder constitui um aspecto republicano[26] curialmente importante para a estabilização dos dissensos e clivagens do meio comunitário, na medida em que a perspectiva de vitórias futuras contribui, eficazmente, para a administração das frustrações e,

---

[25] Essa conexão entre a paz social e a periodicidade das eleições é também percebida por Sánchez Muñoz (2007, p. 18), que aponta a necessidade de estabelecimento de uma técnica para a designação de pessoas que de alguma maneira encarnem as ideias políticas prevalentes na sociedade. Assim é que a luta política, em outros tempos manifestada de forma violenta, converte-se agora em uma "luta incruenta", na qual o objeto já não é a aniquilação ou o jugo do adversário, mas a obtenção do apoio eleitoral mais forte. O quadro se completa com a periodicidade no exercício do poder, de tal forma que a massa governada possa, periodicamente, revisar a sua decisão, para, se for o caso, substituir os governantes.

[26] Celso Ribeiro Bastos (1998, p. 82) considera que a temporariedade dos mandatos tem como finalidade implícita evitar que eleições reiteradas de um mesmo indivíduo tracem um paralelo com a monarquia. É com o mesmo espírito que o ordenamento estipula entraves à reeleição ilimitada quanto a cargos do Poder Executivo.

consequentemente, para aceitação de derrotas eleitorais momentâneas.[27] A esse respeito, Maurice Duverger (1966, p. 279) observa:

> Na democracia, a luta política assume sempre um caráter cíclico. As eleições gerais têm como consequência tornar o Estado, em seu todo, em intervalos fixos e determinados, em um campo de batalha pacífico. Todo o aparelho de coerção do poder, todo o seu sistema de coação, são, pois, abandonados pelo vencido e postos em mãos do vencedor, até o dia em que este, vencido por sua vez, o transmita a um nôvo vencedor. As eleições gerais tornam-se, então, naturalmente, o momento do combate decisivo. As lutas políticas se desenrolam assim num ritmo bastante regular. Passam, a cada quatro ou cinco anos, por uma fase de atividade e decrescem no intervalo. Os regimes autocráticos, pelo contrário, desconhecem êstes movimentos de sístole e diástole, êstes fluxos e refluxos. As intrigas aí se tecem e se desfazem continuamente, e as arrancadas febris só têm lugar em circunstâncias normalmente violentas e conjunturais.

O cariz intervalar constitui ainda um elemento tendente à qualificação da atividade representativa, tendo em vista que as eleições também servem ao *julgamento do poder*, designadamente porque, por meio do voto, os eleitores aclamam ou rechaçam os governantes em conjunto com suas respectivas ações, decisões e políticas públicas. Nessa direção, o voto periódico constitui um sinal de vitalidade da

---

[27] Cabe reconhecer, no entanto, que a eleição é apenas uma entre inúmeras formas de seleção de representantes, capaz de promover a constituição pacífica do poder. António José Fernandes (2010, p. 140-141) recorda que, nessa função, o método concorre, historicamente, com a herança, a inerência, a cooptação e a nomeação. Em contrapartida, com o recurso da violência o poder pode ser constituído ou alterado mediante revoltas, rebeliões, insurreições, pronunciamentos, golpes de Estado ou revoluções. Mais detalhadamente, Jorge Miranda (2018, p. 19-20) classifica as variadas formas de designação dos titulares dos órgãos do Estado da seguinte forma: (i) formas de designação *por mero efeito do direito*: sucessão hereditária, sorteio, rotação, antiguidade e inerência; (ii) formas de designação *por efeito do direito e da vontade*: adoção, cooptação (simultânea e sucessiva), concurso, aclamação, nomeação e eleição; e (iii) formas de designação *contra o direito* (contra o direito vigente, mas logo gerando um direito novo): insurreição e golpe de Estado, os dois tipos de "fenômeno revolucionário". O professor Manuel Meirinho Martins (2015, p. 130-133), em paralelo, discorre, em um apanhado histórico, sobre as formas *legais* e *ilegais* de acesso ao poder, situando na primeira categoria, (i) a herança; (ii) a cooptação; (iii) a nomeação; (iv) a inerência; (v) o sorteio; e, por derradeiro, (vi) a eleição política. Em contrapartida, como meios ilegais o autor elenca: (i) a insurreição; (ii) a rebelião; (iii) o golpe de Estado; e (iv) a revolução. Ainda nesse campo, o professor António de Sousa Lara (2017, p. 277) prefere distinguir entre os modos de *aquisição pacífica* e de *aquisição violenta* dos poderes do Estado. Situa, no primeiro caso, herança, sorteio, inerência, eleição, cooptação (sucessiva e simultânea) e nomeação (cabendo, nesse grupo, a antiguidade, a rotação e o concurso) e, no segundo caso, golpe de Estado, revolução e rebelião.

própria democracia: o reconhecimento de que o "controle final sobre o planejamento do governo" (DAHL, 2001, p. 109) pertence, de fato, aos próprios cidadãos.[28]

Nesse quadrante, muitos acadêmicos sublinham a relação existente entre as eleições e o controle da atividade política. A título de exemplo, Jairo Nicolau (2017, p. 64), com apoio em Dahl, Katz e Powel Jr., explica:

As eleições seriam o momento privilegiado para os eleitores punirem ou recompensarem os representantes (candidatos ou partidos): bons governantes seriam reconduzidos ao poder, enquanto aqueles com desempenho ruim se- riam dele afastados. Uma das virtudes do regime democrático é que ele asseguraria o controle eleitoral sobre os governantes. O *controle eleitoral* é baseado em um elemento retrospectivo, de avaliação dos que já estão no poder. O cidadão, após apreciar o desempenho de um candidato (ou partido) que está à frente de determinado cargo, pode recompensá-lo ou puni-lo na eleição seguinte, votando para a sua reeleição ou não.[29]

Daniel Ortiz (YOUNG, 2009, p. 58) adiciona que a celebração regular de eleições possibilita que os agentes políticos sejam, de alguma forma, controlados pelo povo. Sem uma possibilidade "não muito distante" de substituição, os mandatários tenderiam a ignorar as orientações populares em prol de ambições particulares. Ao contrário, a celebração

---

[28] Por tal razão, é possível afirmar que as eleições funcionam como um "ponto central do método democrático", notadamente porque elas "fornecem o mecanismo através do qual pode se dar o controle dos líderes pelos não líderes" (SCHUMPETER, *apud* PATEMAN, 1992, p. 18). Ademais, como realça Antonio D'Atena (*apud* MIRANDA, 2018, p. 54), "[...] o intervalo entre os atos eleitorais introduz um elemento de racionalização", na medida em que "limitar a decisão do povo às escolhas periódicas dos representantes significa criar condições para a apreciação de seus atos menos emotivamente e para que o juízo popular tenha por objeto não tanto cada uma das decisões quanto a complexa atividade por eles desenvolvida ao longo do tempo".

[29] No magistério de Manuel Meirinho Martins (2015, p. 142): "Nesta acepção, a eleição política constitui um momento particular de prestação de contas por parte dos governantes. Destaca-se, assim, a natureza livre do mandato representativo, no sentido em que os eleitos, sendo legitimados por um determinado acto eleitoral, não respondem verdadeiramente perante os eleitores, isto é, não lhes prestam contas a sua acção durante o mandato (Lane, 1996; 33-36). Por isso, a eleição política corresponde à exigência de as instituições representativas submeterem, regularmente, aqueles que governam ao veredicto dos governados (Manin, 1997). É esta exigência que marca o principal elemento democrático da representação política, requisito que ultrapassa o princípio da legitimação para se centrar no princípio do julgamento. Deste ponto de vista, a eleição política é entendida como uma oportunidade (direito) sem igual, que é conferida nos mesmos termos a cada eleitor para que este possa julgar a acção dos eleitos [...]", emitindo um juízo que é, simultaneamente, "retrospectivo e [também] prospectivo".

periódica de pleitos reduz os riscos assinalados, visto que o medo da deposição pela via eletiva contribui para que a atenção do agente político venha ao encontro das reivindicações daqueles que possuem o poder formal de lhe garantir (ou negar) um mandato adicional.

Nesses termos, o professor da Universidade da Virgínia aduz que a celebração regular de eleições cria, para a classe política, uma metafórica "rédea curta" (*short leash*), a qual evita que os agentes eleitos se distanciem demasiadamente das preferências do segmento populacional que representam.

No mesmo caminho, Gianfranco Pasquino (2010, p. 240) pondera que o sentido geral da representação política reside numa "dupla atividade consciente":

> [...] por um lado, a antecipação dos problemas, a proposta de soluções particulares ou gerais e a capacidade de traduzir essas soluções em políticas públicas; por outro, a disponibilidade do representante para explicar o seu comportamento face aos seus eleitores, aceitando as consequências de acordo com a teoria eleitoral da participação. A conclusão, única democraticamente correcta e aceitável, é que não pode existir representação política se não houver plena responsabilidade eleitoral, submetida a controlos frequentes, periódicos e estabelecidos de antemão.[30]

Logo, mais do que um mero método para a formação de governos, as eleições se apresentam como o *instrumento máximo de controle do poder*: mediante o voto, a intervalos regulares, os cidadãos reelegem os governantes, se entendem que atuaram a contento, ou os sancionam com

---

[30] Semelhante abordagem é oferecida por Stephen Medvic (2010, p. 12): "[...] elections can be used to hold elected officials accountable for theis actions in office. Whether one believes in the trustee model of representation, which maintains that representatives should act 'on behalf of' their constituents, or the delegate model, in wich representatives act 'in place of' their constituents, everyone agrees that representatives must periodically answer to those they represent. Of course, representatives may not always act exactly as their constituents would like them to. Usually, voters give elected officials some leeway. But is a foundational principle of democracy that voters have the opportunity to remove their representatives from office when they are particularly troubled by the officeholder's decision or personal behavior.Of course, citizens may not all vote retrospectivelly; that is, they may not look back to an incumbent's or a party's record in previous terms in office as they make their choice. Instead, they may vote prospectively, by listening to candidate and party promises and deciding which one they believe offers the best plan for the future. Voters may be particularly apt to apply prospective evaluations to nonincumbents".

CAPÍTULO 1
INTRODUÇÃO: O ROL DAS ELEIÇÕES NO ESTADO DEMOCRÁTICO | 35

a dispensa, se acreditam que se mostraram surdos, indignos, inaptos, fracos, inadequados ou incompetentes.[31]

Dentro dessa visão, Andrade Sánchez (2012, p. 195) avalia que os processos eletivos agem como "termômetros efetivos" que desvelam o grau de aceitação ou recusa das políticas governamentais, de sorte que deles se colhe uma "retroalimentação do sistema político", a permitir que sejam reorientadas ou reafirmadas as ações ou intenções de um dado governo.[32]

Com isso, o caráter renovável dos processos eleitorais avulta como a característica mais importante dos sistemas representativos, tendo em conta que as eleições, porque são periódicas, proporcionam um "incentivo-chave" para que os governantes levem a sério a opinião pública (MANIN, 2006, p. 119), precisamente porque "a sucessão de actos eleitorais incentiva os representantes a ter em conta as opiniões dos eleitores durante a governação e na altura da votação" (MARTINS, 2015, p. 161).[33]

---

[31] "A distinção qualitativa inerente ao binómio Governo/Oposição faz parte do ADN de uma democracia representativa e competitiva e essa competitividade supõe a liberdade do eleitorado poder responsabilizar politicamente os governantes, reconduzindo-os após avaliarem os resultados da sua governação durante um determinado período correspondente ao seu mandato ou sancionando-os, substituindo-os por outra opção eleitoral da sua preferência, seja como manifestação de protesto, seja como adesão a um projeto alternativo" (BLANCO DE MORAIS, 2018, p. 86).

[32] Carré de Malberg (2001, p. 1.063) via a eleição como algo mais do que mera operação de designação de representantes, colocando-a um canal para que o corpo eleitoral dê a conhecer a sua opinião sobre os assuntos do país. Também assim, Bovero (2002, p. 31) considera que "o eixo do sistema que hoje chamamos de democrático é a eleição, mas é necessário acrescentar: não a eleição pura e simples, mas sim a iteração da eleição, que contém em si a possibilidade de reeleição ou revogação. [...] Enquanto a simples eleição dos governantes, isto é, a designação para os papéis decisivos, é um modo de juízo sobre os homens (ou sobre partidos), sobre quem seja melhor (áristos) ou o mais apto a decidir, e neste sentido, em relação à substância dos problemas coletivos, é uma não-decisão; a eleição sistematicamente repetida é um modo de juízo sobre as decisões, exatamente sobre os êxitos das decisões já tomadas e sobre os programas para as decisões serem tomadas: portanto é a seu modo uma decisão concernente aos problemas coletivos". Para Bovero, o aspecto mais importante da mecânica democrática é que "esse processo decisório culmina, no momento da eleição, em uma decisão efetiva, aliás, na decisão que direciona o curso decisório futuro, fazendo com que as decisões políticas surjam 'da base para o cume', e não o contrário".

[33] No sentido do exposto, vejam-se ainda as razões descritas por Carlos Vilas (2013, p. 42): "Las teorías y experiencias de separación y equilibrio de las funciones de gobierno están presentes en el desenvolvimiento de las ideas democráticas y emancipatorias en su sentido más amplio, es decir aquellas que apuntan a expandir y dar mayor eficacia al envolucramiento de la población en la elección y el control de sus gobernantes en la toma de decisiones sobre las cuestiones que afectan su vida y son consideradas, en consecuencia, asuntos públicos. La renovación periódica de los elencos gubernamentales también ha funcionado, con sus más y sus menos, como un instrumento efectivo de prevención y contención de la propensión expansiva del poder: tanto en lo que se refiere a su dimensión temporal como en lo que

É lógico, contudo, que essa mecânica funciona debilitada em contextos de baixa racionalidade e elevação do julgamento emocional. Na era da pós-verdade, tem-se visto que o cenário de guerra cultural – nutrido por uma comunicação apelativa, pela indústria das notícias falsas e pela rentabilidade da linguagem "moral-emotiva" (FISHER, 2023, p. 186) – prejudica a avaliação das pessoas, fazendo com que os membros da classe política sejam julgados menos por suas ações em prol do bem-estar social do que pela sua capacidade de mobilizar as paixões por meio de atitudes performáticas, não raro carregadas de ira, desprezo ou deboche, largamente compartilhadas nas mídias sociais. A "TikTokização das redes" (BEIGUELMAN, 2021, p. 10), nesse enquadramento, leva à "TikTokização" da política, tendo como efeito a criação de um estado de coisas em que a população, em geral, processa os acontecimentos políticos mais pela autoidentificação e alianças afetivas do que, propriamente, pela consideração de seus próprios interesses (ABEJÓN *et al.*, 2017, p. 75).

A *função de legitimação*, por seu turno, advém da certeza de que no conjunto dos regimes democráticos a vontade política eleitoralmente manifestada é a única via legitimadora do poder político (PINTO; CORREIA; SEARA, 2009, p. 360; TORRENS, 2015, p. 473), dada a falta de alternativa tão larga e tranquilamente aceita, historicamente, ao redor do globo. A aceitação do método eletivo, obviamente, decorre de sua própria essência, que permite aos membros da coletividade o direito concreto de escolher os seus representantes, conjugado com o direito abstrato de colaborar com a construção das grandes ações políticas que virão a influenciar os seus próprios destinos.

As eleições, nesse passo, são vistas como um "princípio de governo [...] que constitui o próprio fundamento da democracia representativa,[34]

---

toca a la correspondencia entre las acciones del poder y las voluntades ciudadanas. La periodicidad de las convocatorias electorales y la eventualidad de que un desempeño gubernamental considerado insatisfactorio impulse a un desplazamiento electoral en beneficio de otras opciones es un estímulo para que quienes se encuentren a cargo de las decisiones de gobierno mejoren la calidad de sus acciones desde la perspectiva de las expectativas de la gente o, al menos, de quienes los colocaran en esa posición a través de su voto. Es frecuente el argumento de que esto pone en evidencia el sentido de oportunidad de "los políticos" que en verdad sólo buscarían mantenerse en el poder y preservar los beneficios que éste reporta; sin descartar que algo de esto exista, lo cierto es que el argumento puede revertirse fácilmente: las instituciones y las prácticas de la democracia representativa y la alternancia gubernamental funcionan como un incentivo para el mejor desempeño de los representantes".

[34] Como coloca Enrique Alcubilla (2009, p. 206), a centralidade das eleições no Estado democrático determina a transcendência de seus efeitos, de modo que o processo eleitoral

modelo que postula que o poder político só é legítimo se for exercido pelo povo por intermédio de seus representantes devidamente designados" (BADIE, 2014, p. 95). Nas democracias representativas nenhuma autoridade pode ser constituída sem o consentimento popular; se as constituições extraem da aprovação pública a sua autoridade, como consectário os governantes hão de ser escolhidos pelos próprios cidadãos (JIMÉNEZ DE ARÉCHAGA, 2016, p. 190).[35] [36] Conforme Dieter Nohlen (2013, p. 228):

não é somente uma exigência funcional imprescindível, mas também uma verdadeira condição daquele, pois não se conhece outra forma de legitimação do que a democrática, entendendo-se por tal a justificação imanente do poder do Estado pelo povo. As eleições, assim: fundam o poder político; asseguram a sua autoridade; justificam a obediência a esse poder; e se convertem em fator essencial para a coesão da sociedade política. Nessa matéria, vejam-se também as anotações de Manuel Meirinho Martins (2015, p. 148): "O conceito de legitimidade [...] remete para a ideia de conformidade com um conjunto de valores que são aceites por determinada comunidade. No que se refere à representação política, a legitimidade assume uma natureza racional e expressa-se no consentimento dado pelos destinatários do poder político a alguém ou a um conjunto de pessoas que agem em nome dos primeiros. A função de construção de legitimidade decorre precisamente do facto de a eleição política legitimar a titularidade do exercício do poder (e também do regime), já que ela traduz um duplo consenso: quanto ao tipo de método de transmissão da autoridade (eleição) e quanto à substância desse método (expressão de consentimento). Daí que a eleição política seja entendida como forma exclusiva de legitimação dos governantes, no sentido em que as restantes formas analisadas no início do capítulo [formas ilegais de aquisição de poder] não se constituem como mecanismo de expressão do consentimento da comunidade política".

[35] Andrade Sánchez (2012, p. 94) aponta para a ligação existente entre a legitimidade e a noção do sufrágio universal. Em sua concepção, o fato de que praticamente todos os cidadãos (ainda que não o façam) podem participar da função eleitoral é o que permite que os dirigentes reclamem para si um título legítimo para a sua atuação. Ao eliminar a fórmula hereditária para a transmissão de mando, a ideologia liberal estabeleceu na eleição a validade da função governativa. Conforme Chalco Reyes (2014, p. 198), a ideia de que o consentimento dos súditos é a base do poder, e de que o Estado de direito atua em nome dos cidadãos que externam aquele consentimento permite deixar aos governados uma certa amplitude no que tange à discussão das medidas adotadas pelo governo. Desde o momento em que a instituição governamental é aceita pelos súditos, é possível permitir que esses verifiquem a legitimidade de tal ou qual medida particular. Esse compromisso entre o princípio de autoridade e certa possibilidade de discussão se organiza geralmente sobre a base de que todos os mandatos de outorga de poder devem gozar de uma obediência prévia, sem a qual o princípio de autoridade não existiria sendo possível *a posteriori* verificar a validade jurídica de suas ações.

[36] "Todos concordamos em que para possuirmos uma democracia devemos ter, numa certa medida, um govêrno do povo; mas sabemos também que se há um governo, êle terá de ser exercido sôbre o povo. O problema consiste em ajustar êsses dois requisitos. E a questão espinhosa não é, obviamente, provocada pela expressão 'govêrno sôbre o povo', mas pela frase 'o povo governante'. A questão, então, é esta: Quando encontramos o *demos* no ato ou papel de governar? A resposta é fácil: durante as eleições. A asserção de que numa democracia o poder é exercido pelo povo soberano é garantida porque julgamos o sistema em têrmos eleitorais. E não só há justificativa para agirmos assim, mas seria grave êrro de nossa parte não atentarmos para a importância das eleições. Se não fôssem as eleições, se não fôsse o fato de que não confiamos no suposto consenso de opinião, não existira a ponte

La función principal de las elecciones es servir de fuente de legitimidad democrática. Las elecciones competitivas legitiman el liderazgo político. Su fuerza legitimadora va incluso más allá. Las elecciones competitivas legitiman todo el sistema político, explícitamente en dos sentidos: primero debido a la autoridad que puede reclamar un orden político emanado de elecciones libres, segundo, debido a la creencia en la legitimidad de estos sistemas políticos cuyos líderes se generan mediante los resultados de elecciones competitivas. Así, las elecciones competitivas son de fundamental importancia para las democracias liberal-pluralistas.

A desinformação e o conspiracionismo autoritário, mais uma vez, vêm a desafiar o papel cumprido das eleições nos Estados democráticos, operando para minar a confiança nos processos eleitorais e para colocar em xeque a dignidade política de correntes adversárias, elevando o índice de animosidade social e colocando em risco a eficácia da vontade popular, a partir de sucessivas narrativas falsas criadas para saciar a fome de explicações simplistas da mentalidade de segmentos golpistas. Dentro desse cenário, o ceticismo havido como a "base da cidadania crítica" se degenera, até um ponto em que a "desconfiança sadia" se transforma em uma real aversão (VAN REYBROUCK, 2017, p. 25).

A *produção de representação* tem origem na ideia de que as consultas eleitorais "[...] têm como pressuposto teórico o fato de que o Estado exerce sua soberania pela delegação da nação ou do povo". Logo, "de um ponto de vista formal a eleição é o mecanismo pelo qual, ao mesmo tempo em que se escolhe, autoriza-se o representante a exercer a representação, ou seja, a atuar no interesse dos representados" (DIAS, 2013, p. 180-181). Nesse diapasão, somente o mecanismo eleitoral resolve, adequadamente, o dilema relativo à titularidade do poder: o poder pertence ao povo e, embora exercido por outrem, deve sê-lo em nome daquele (PINTO; CORREIA; SEARA, 2009, p. 359).[37]

---

entre governados e governantes e, conseqüentemente, não haveria democracia" (SARTORI, 1965, p. 87-88).

[37] O formato grego de democracia direta já não era possível de ser resgatado à época da formação dos Estados nacionais. O tamanho das unidades estatais constituía uma barreira natural à adoção de um método imediato de tomada de decisões por parte da população. Nesse panorama, o surgimento da representação tem o condão de permitir a existência e o funcionamento das instituições constitucionais para além do âmbito local, permitindo superar a ideia, vigente até o século XVIII, de que as formas democráticas e republicanas estavam limitadas a Estados com dimensões reduzidas (MARTÍNEZ SOSPEDRA; URIBE OTALORA, 2018, p. 317). Como explicam Pinto, Correia e Seara (2009, p. 359): "Nos Estados modernos torna-se inviável que os cidadãos participem diariamente e de forma imediata nas decisões políticas, sem embargo de se poder recorrer a instrumentos de democracia

CAPÍTULO 1
INTRODUÇÃO: O ROL DAS ELEIÇÕES NO ESTADO DEMOCRÁTICO | 39

Como consequência, por meio da representação a coletividade se transforma em um "agente político efetivo": somente assim uma entidade múltipla, amorfa, heterogênea e incapaz transmuda-se em uma "unidade viva de ação" (AMAYA, 2015, p. 141).[38]

O fato de que o corpo eleito extrai a sua autoridade das urnas leva a uma representação que espelhe, em linha de princípio, interesses sociais plúrimos, heterogêneos e conflitivos. Dessa forma, a pluralidade de visões decantará em instituições absorvedoras e refletoras de divergências, o que não sucede quando as elites políticas se sustentam sobre bases não eletivas, como no caso de ditaduras (TORRENS, 2015, p. 472)[39] ou regimes autoritários de corte iliberal.

---

directa, como o referendo ou a revogação de mandato. Mas as funções do Estado como as atividades legislativa e executiva (e em alguns casos a própria função judicial) são levadas a cabo por representantes escolhidos pelo povo, de modo directo ou indirecto. [...] Os cidadãos eleitos tomam decisões em nome do povo, dado que a representação emana da vontade popular resultante dos actos eleitorais. As eleições cumprem aqui, igualmente, uma tarefa relevante no processo de selecção e renovação dos representantes políticos, no recrutamento das elites políticas (ainda que de alguma forma condicionada pela dinâmica e organização dos partidos políticos) e na expressão do pluralismo político da sociedade, porquanto reflectem de forma pacífica interesses heterógeneos e conflituais". O fator tamanho, segundo Dahl (2001, p. 105) e Colombo (2012, p. 20), é importante para a definição da forma de democracia, haja vista que somente pequenas organizações sociais podem, na prática, prescindir de governos representativos.

[38] "La representación permite actuaciones sociales que, de otro modo, serían en extremo difíciles, cuando no imposibles. Por ejemplo, cuando se afirma que el Congreso de los Diputados representa el Pueblo se nos está diciendo que el cuerpo que integran los 350 diputados hace presente a la totalidad de la comunidad nacional y que, precisamente por ello, sustituye la misma, de tal modo que la comunidad nacional, que por su extrema amplitud difícilmente podría actuar directamente, puede hacerse presente y actuar a través de ese colegio. Cuando la sustitución de un sujeto corre a cargo de otro se hace posible la acción colectiva. Mientras que la opinión pública puede aprobar o censurar hechos o conductas, pero es incapaz de actuar más allá del mero nivel de la censura o la ratificación, la representación, al sustituir al representado por el representante, al ausente por lo presente, permite una acción concreta y detallada, gracias a la cual el sujeto representado alcanza participar, también, en el proceso de elaboración y aprobación de decisiones. La representación entraña la posibilidad de que el representado, a través de la instancia mediadora del representante, amplíe sus posibilidades de participación y el ámbito de la participación misma. La representación, por tanto, entraña una participación mediada en el proceso de elaboración, adopción, aplicación y control de decisiones colectivas. Como señala Friedrich, la representación pasa a ser un modo de ejercicio del poder a través de una mediación, en un medio de ejercer influencia cerca de los gobernantes por parte de los gobernados" (MARTÍNEZ SOSPEDRA; URIBE OTALORA, 2018, p. 318).

[39] Em todo o caso, é certo que as eleições não solucionam, definitivamente, o problema da representação, em especial porque a teoria do mandato exige algo impossível: que os mandatários eleitos representem uma vontade que não existe com anterioridade ao processo de representação, mas que se forma em seu seio. Partindo dessa premissa, Martínez Sospedra e Uribe Otalora (2018, p. 329) defendem: "Como no cabe representar lo que no existe, ni apoderar a la persona indeterminada necesariamente desconocida, el objeto propio de la representación no puede entenderse en términos de mandato. La respuesta al problema

Sobre a *participação política*, o Professor Manuel Meirinho Martins (2015, p. 141) pondera que a eleição política deve ser enxergada como um "sistema de oportunidades de intervenção dos cidadãos no processo político". Julga, por isso, que o processo eleitoral emerge como

> um valor associado à cidadania, que requer a atribuição generalizada de alternativas de expressão política [...] e que ultrapassa a simples concessão de direitos políticos, ao garantir a possibilidade real de os cidadãos manifestarem de forma recorrente as suas preferências na escolha dos governantes.

Fiéis a essa linha, Pinto, Correia e Seara (2009, p. 358) aduzem que a competição eleitoral é o momento destinado a que o corpo de eleitores expresse as suas preferências, escolhendo entre os candidatos e programas postos à prova.[40] Agregam que a participação influi de

---

no es otra que [...]: lo que representa no es un mandato, lo que representa es una certa concordância de opiniones, una cierta afinidad de posiciones políticas, en una palabra, el objeto propio de la representación radica en crear una relación de semejanza entre el espectro de opiniones que definen la voluntad del cuerpo electoral y la composición política de los órganos o cuerpos representativos, la semejanza entre el pueblo en su pluralidad y la Asamblea en la suya. En consecuencia, es posible representar estados de ánimo, opiniones difusas o abstracciones, cosa resulta incomprensible si se concibe en términos de mandato el fenómeno de la representación".

40 "A participação política fundamenta a democracia, na medida em que lhe confere legitimidade. Não existe regime democrático onde a coletividade – ou uma parte significativa dela – esteja alijada das esferas onde se forjam as orientações de caráter público, porque a democracia se caracteriza como o regime em que as decisões fundamentais defluem de todos os cidadãos. O aspecto democrático do sistema político é, em intensa dosagem, consequência do talante participativo de uma cidadania que, conformada, estruturada e engajada, constrói uma cultura que alenta a responsabilidade dos líderes políticos em direção ao atendimento das demandas sociais (Calanchini Urroz, 2011, p. 87). A rigor, um sistema realmente democrático deve favorecer a máxima implicação dos cidadãos na definição das leis e no delineamento das políticas: em seu ambiente, o processo participativo deve assegurar que nenhum homem ou grupo esteja acima de outros homens ou grupos; as camadas sociais são dependentes entre si e, desse modo, devem igualmente ser abrigadas pelo sistema legal (Pateman, 1992, p. 41)" (ALVIM; DIAS, 2018, p. 291-292). Em termos substantivos, o exercício do voto é de ser colocado em perspectiva, se se pretende analisar a participação política em um contexto mais amplo. Nessa corrente, muitos autores afirmam que a participação eleitoral é apenas uma entre as diversas modalidades de participação política, podendo nem ser a mais importante, a despeito de ser a mais difundida e universal (PASQUINO, 2010, p. 83). Sendo claro que a democracia repousa no *demos* ativo (SARTORI, 1965, p. 105), formas de participação mais vivas e constantes, entre as quais a cobrança direta dos representantes eleitos tendem a servir de maneira melhor ao esquema dos regimes de autodeterminação popular, na medida em que sua qualidade sofre com a apatia, com o alheamento e com o desinteresse. Sem embargo, não se pode perder de vista a importância do sufrágio. Cuida-se, como frisa Arnaldo Alcubilla (2009, p. 173), de "[...] la expresión más clásica y acabada de las libertades de carácter político, pues el ciudadano disfruta además de los derechos de libertad-autonomía (status libertatis), del derecho de participación en la formación de la voluntad del Estado (status activae civitatis)". Assim, na contramão de algumas

modo incisivo na agenda política,[41] haja vista que os eleitores podem introduzir questões no debate, sendo certo também que o resultado eleitoral tem – ainda que apenas potencialmente – o condão de pressionar os dirigentes ao encaminhamento do projeto político encampado pela maioria.[42]

---

correntes, a prerrogativa em referência também pode ser vista como "[...] la manifestación más sobresaliente de este genérico derecho de participación política" (ALCUBILLA, 2009, p. 173).

[41] Giacomo Sani (2009, p. 888) esclarece que a participação política envolve uma variada série de atividades para além do exercício do voto, como a militância partidária, a presença em manifestações, a pressão exercida sobre governantes, a difusão de informações políticas e a discussão sobre temas públicos de relevo. Juan Calanchini Urroz (2011, p. 91-92) identifica em tais atividades três diferentes *níveis de envolvimento*, referentes a atividades de cidadãos que classifica como *combativos, em transição* ou *espectadores*. Em seu modelo taxionômico, toma-se por *combativo* o indivíduo que se dispõe a votar, ocupar cargos públicos de natureza política, concorrer a postos na hierarquia partidária, desenvolver atividades diretas em benefício de um partido político, tomar parte em comitês ou grupos de estudo de programas, apoiar diretamente candidatos em campanha etc. Por outro lado, considera-se *espectador* um sujeito passivo do ponto de vista político, o qual não faz mais do que votar e ser um mero receptor de mensagens políticas. Finalmente, entende-se *em transição* o cidadão situado a meio entre as posições periféricas, ocupando-se de atividades de envolvimento relativo, como participar de reuniões ou atividades políticas esporádicas e genéricas, realizar, em caráter eventual, contribuições econômicas, estabelecer algum contato com dirigentes políticos e realizar atividades relacionadas com a difusão de ideias de um determinado partido político. À margem daqueles que participam em algum nível, Calanchini Urroz aborda o marco da apatia, no qual situa os membros da sociedade que permanecem alheios aos aspectos políticos do mundo, participando apenas aparentemente dos problemas coletivos. Kaase e Marsh (*apud* PASQUINO, 2014, p. 96), por seu turno, classificam os cidadãos como: a) *inativos* (no máximo, acompanham noticiários políticos e se dispõem a assinar petições, quando solicitados); b) *conformistas* (engajam-se apenas em formas convencionais de participação, como o voto); c) *reformistas* (ao lado das formas de participação convencionais, participam de protestos, manifestações e boicotes); d) *ativistas* (levam a cabo ações políticas extravagantes ou mesmo ilegais); e) *contestatários* (diferem-se dos ativistas por não tomarem parte de atividades convencionais, em sinal de desconhecimento da autoridade do sistema). Parece óbvio que o bom funcionamento das instituições democráticas contribui para que um maior número de cidadãos permaneça fora das esferas da apatia e da contestação violenta. Esse engajamento é, logicamente, imperativo, notadamente porque ao menos desde Tocqueville (2010, p. 225) se sabe que o hábito da participação opera como elemento de suporte para a democracia.

[42] Obviamente, no plano eleitoral a realização da representação política encontra apenas o seu início, traduzido na transferência de autoridade para o desempenho das funções inerentes ao poder. A plataforma democrática, no entanto, vai além dessa feição delegatória, desdobrando-se no exercício de vigilância sobre a atuação dos mandatários. Nesse diapasão, Canotilho (2003, p. 293-294) oferece uma análise bipartida do conteúdo da representação. Em sua perspectiva, o princípio da representação democrática é composto por uma feição de forma (representação democrática formal) e outra de substância (representação democrática material). No primeiro caso, a representação significa a autorização dada pelo povo a determinado órgão, para que autonomamente aja em seu nome. No segundo caso, porém, é que o regime popular encontra acabamento: "A representação democrática, constitucionalmente conformada, não se reduz, porém, a uma simples 'delegação da vontade do povo'. A força (legitimidade e legitimação) do órgão representativo assenta também no conteúdo de seus atos, pois só quando os cidadãos (povo), para além das suas diferenças e concepções políticas, se podem reencontrar nos actos dos representantes, é possível afirmar

Nisso coincidem com Fayt (2009, p. 225), para quem as eleições são algo mais do que uma mera técnica de designação, operando como um "instrumento de enlace" entre o desejo dos eleitores e a futura ação dos representantes que, nesse contexto, incorporam a vontade popular. Em um sistema democrático, o direito de participar dos assuntos públicos "canaliza o fluxo de expectativas da sociedade ao Estado, de modo que a comunidade se autodetermina de maneira constante e pode decidir o sentido de sua orientação política" (PRESNO LINERA, 2011, p. 7).

Stephen Medivic (2010, p. 12-13), por sua vez, enfatiza que as eleições dão ao povo alguma capacidade de influenciar a condução política de sua unidade governamental. Aponta, mais, que essa condição pode assumir duas formas básicas, uma fraca e outra forte.

Em sua forma "fraca", o papel de direcionamento político deriva do fato de que a expectativa de renovação do voto estimula a *responsividade* dos eleitos,[43] tendo em vista que, no momento eleitoral, os *players* que postulam a recondução estão naturalmente obrigados a demonstrar que procuram, em suas atividades cotidianas, agir no interesse das respectivas bases de apoio. De outra banda, a versão "forte" concede aos votantes algum nível de controle, para além de uma mera "influência" sobre o processo de decisão política. Sob esse aspecto, os eleitores controlam a política de governo mediante a escolha de líderes que, teoricamente, agirão em consonância com a agenda apresentada,[44] agenda essa que resulta endossada no momento em que se materializam

---

a existência e a realização de uma representação democrática material". Conclui assim o professor de Coimbra que a representação democrática comporta um "momento referencial substantivo", que reconduz a três diferentes ideias: (i) representação como cuidado para com o interesse dos cidadãos; (ii) representação como disposição para responder aos desejos e necessidades dos representados; e (iii) representação como processo dialético entre governantes e governados, no sentido de uma realização dos interesses universalizáveis da sociedade.

[43] A responsividade do governo às preferências de seus cidadãos é, como aponta Robert Dahl (2015, p. 25-26), uma condição necessária para a democracia. O professor americano considera que, "para um governo continuar sendo responsivo durante certo tempo, às preferências de seus cidadãos, considerados politicamente iguais, todos os cidadãos devem ter oportunidades plenas: 1. De formular suas preferências. 2. De expressar suas preferências a seus concidadãos e ao governo através da ação individual e coletiva. 3. De ter suas preferências igualmente consideradas na conduta do governo, ou seja, consideradas sem discriminação decorrente do conteúdo ou da fonte da preferência".

[44] Nesse sentido, Meirinho Martins (2015, p. 151) julga que a eleição política cumpre um papel de moderação do combate político, tendo em vista que "a necessidade que os concorrentes têm de 'conquistar' o voto dos eleitores obriga-os, em certa medida, à selecção e apresentação de propostas políticas de consenso alargado que têm um efeito pacificador no combate político. Raramente, os candidatos assumem posições radicais ou defendem propostas impopulares. Em regra, as ações de acção governativa tendem a posicionar-se em 'campo

as escolhas.[45] De acordo com Medvic, é isso, precisamente, o que permite que os candidatos vitoriosos invoquem a posse de um "mandato", isto é, um aval social para a ação.

A relevância da congregação entre a participação política e a atuação dos incumbentes é apropriadamente sublinhada por Freitas do Amaral (2014, p. 173-174), no ponto em que destaca que a lógica da delegação da soberania denota a outorga de um poder contido e condicionado, demasiadamente importante para a garantia das prerrogativas fundamentais:

> [...] se o poder político pertence ao povo (Democracia) e só em parte é delegado por este nos governantes, o poder destes é limitado pelo daquele. O delegante (isto é, o povo soberano) traça limites às competências que confere aos seus delegados (Parlamento e Governo), que estes têm de respeitar; e pode mesmo substituí-los em certos casos (dissolução, destituição) ou dentro de certos prazos (eleições periódicas).
> A democracia conduz naturalmente ao respeito aos direitos humanos de cada pessoa (Estado Democrático de Direito). Pelo contrário, se o poder político não emana do povo, mas é assumido como coisa própria pelo governante ou governantes (autocracia), é lógico que estes não aceitam quaisquer limites à sua actuação (absolutismo) ou que só aceitem os limites que a si próprios se impuserem (autolimitação do poder). O Estado não tem então de respeitar todos os direitos individuais, ou nenhum deles, porque assume objetivos transcendentes, que para si valem mais do que os direitos de cada cidadão (guerra, revolução, regresso ao passado, imposição forçada de uma certa ideologia colectiva, isto é, anti-individualismo). A autocracia conduz naturalmente ao desrespeito de todos os direitos humanos ou de muitos deles.

Em visão complementar, Pedicone de Valls (2001, p. 91-93) constata que a democracia representativa não consiste apenas em que o governo seja representativo, mas também que o seja a própria oposição,

---

neutro' ou a reflectir visões idílicas da intervenção futura dos governantes, indisfarçadas nos leques de promessas com que geralmente se inundam os programas eleitorais".

[45] De certo modo, os aspectos levantados por Medic se fazem presentes no magistério de Birch (2011, p. 14): "Collective choice is carried out on an equal basis when the views of each member of the community are considered equally valid. Leaders are public goods inasmuch as they make and oversee the implementation of public policy. The periodic election of representatives thus serves as a means of enabling a large number of people to contribute indirectly to the formation of collective decisions over a range of issues governing their common existence. A working minimal definition of a democracy is a polity in wich decisions of public policy are subject to popular control, and all members are considered equal for the purposes of exercising control [Beetham, 1994]".

visto que nesses regimes não se designam somente os governos, mas também parlamentos habitados pelas minorias.[46] Nesse passo, as eleições autênticas estimulam uma "participação global", eis que levam às instâncias decisórias "minúsculos reflexos do espelho social".[47]

Paralelamente, estudos antropológicos indicam que a celebração de eleições vem ainda ao encontro da *satisfação de uma necessidade ritual de participação coletiva*, na medida em que a passagem pelas urnas possibilita a reafirmação de sentimentos de pertença à comunidade nacional ou de identificação com determinado grupo (ANDRADE SÁNCHEZ, 2013, p. 193-195). Essa hipótese é corroborada pela teoria da escolha racional (*rational choice*), no ponto em que sonda a racionalidade da opção pela participação política em regimes de voto facultativo. Gianfranco Pasquino (2010, p. 96-96), nessa linha, discorre:

> [...] no caso do comportamento eleitoral, a probabilidade de um eleitor influenciar, por si só, o resultado global da eleição é mínima, ou substancialmente nula. De tal forma que se o objetivo de cada eleitor, que dedica parte do seu tempo a informar-se e parte das suas energias e do seu dinheiro a ir às urnas, consistisse em ter um voto decisivo, à luz da evidente probabilidade de êxito o se comportamento pareceria inexplicável e irracional [...] [No entanto], tem sido observado que, no caso do voto, como no de outros comportamentos de participação, a motivação dita *instrumental*, ou seja, a prossecução de um objetivo preciso, específico – a eleição de um determinado candidato, a vitória do partido a que se pertence, a concretização de determinadas políticas – está, normalmente, subordinada à motivação *expressiva*, quer dizer, à reafirmação de pertença do eleitor a uma classe social, a um grupo

---

[46] "A regra da maioria é, do ponto de vista procedimental, a trave-mestra na qual assenta toda a estrutura dos regimes políticos democráticos. No entanto, o grau de democraticidade de um regime há-de aferir-se, igualmente, pelo estatuto reconhecido às correntes de opinião minoritárias. Em consequência, quanto maiores os direitos de que estas gozem e quanto mais efectiva a garantia do seu exercício, mais o regime se aproximará do tipo ideal que o caracteriza" (PINTO; CORREIA; SEARA, 2009, p. 435). "O cerne da democracia representativa e liberal consiste no direito de todos os partidos de chegarem ao poder, mediante eleições, e no reconhecimento da liberdade de ação política da oposição. A maioria constitui então Governo e a minoria fica na oposição para a fiscalizar; mas a minoria de hoje pode vir a ser a maioria de amanhã, e vice-versa" (MIRANDA, 2018, p. 48).

[47] A produção de representação pelos mecanismos eleitorais ocorre não apenas no plano teórico: recai também sobre demandas concretas, pois que a seleção de candidatos possibilita que cheguem às assembleias legislativas dirigentes de diversas correntes e grupos que representam, de maneira efetiva, interesses gremiais, profissionais, corporativos e regionais, o que permite que as mais variadas agrupações encontrem canais de expressão no seio do Estado (ANDRADE SÁNCHEZ, 2013, p. 195).

étnico, a uma igreja, a uma comunidade cultural ou a uma associação profissional.

No caso do voto expressivo, a atividade de participação funde num só conjunto as motivações de *tomar parte e fazer parte*. Torna-se, assim, perfeitamente racional, do ponto de vista dos eleitores, afirmar pelo voto a sua pertença e a sua adesão a um grupo, a uma classe social, a um sistema político, prescindindo da possibilidade efectiva de influenciar significativamente o resultado das votações. Só assim se pode explicar que, na falta de perspectivas concretas de vitória ou de possibilidades de avaliar a incidência exacta das escolhas individuais, massas consideráveis de cidadãos dediquem tempo, energias e dinheiro e sacrifiquem, mesmo que total ou parcialmente, a sua vida privada para participar politicamente. Os indivíduos participam, portanto, não só para tomar parte mas, em alguns casos, especialmente para *se sentirem parte* de um "colectivo" de pessoas com as quais, por numerosíssimas razões, compartilham percursos e destinos de vida, e para testemunharem com actos que encontram uma recompensa e uma gratificação em si mesmos.

Xavier Torrens (2015, p. 471) resume em um quadro sinótico a complexidade das funções operadas pelas eleições democráticas e seus respectivos desdobramentos. O esforço didático cobra um valor considerável, pedindo reprodução:

> 1. Gerar participação.
>   a) Expressar em votos as preferências políticas do eleitorado.
>   b) Escolher entre programas políticos distintos.
>   c) Exercer influência política.
> 2. Produzir representação.
>   a) Selecionar e eleger elites políticas e seus líderes.
>   b) Outorgar um mandato representativo fundado sobre uma base eletiva.
>   c) Refletir o pluralismo da sociedade no seio das instituições políticas.
> 3. Proporcionar governo.
>   a) Criar um apoio político que sustente o governo.
>   b) Criar uma oposição parlamentar que controle o governo.
>   c) Estabelecer a orientação geral das políticas públicas.
> 4. Oferecer legitimação.
>   a) Contribuir para a socialização política e para a formação da cultura política do eleitorado.
>   b) Estabelecer comunicação política mediante a interação entre a opinião pública e a elite política.
>   c) Legitimar o sistema político, o sistema de partidos e o governo.

Fonte: Torrens (2015) (tradução do autor).[48]

À vista das colocações anteriores, deve-se reconhecer que a oferta de governo é, logicamente, um resultado alcançado por qualquer espécie de processo eleitoral, seja ele legal, autêntico e justo – numa palavra: democrático – ou não. Note-se que a realização de pleitos com exclusão de camadas populares ou com baixo nível de competitividade, por exemplo, faz parte de uma realidade histórica assimilada, bastante conhecida e constantemente revisitada.

Também, assim, qualquer certame se apresenta capaz de produzir algum capital de legitimação. Não é por outro motivo que muitos

---

[48] Adalberto Agozino (1997, p. 350) é outro autor que procura resumir as funções cumpridas pelo procedimento eleitoral nos Estados democráticos. Na síntese do sociológico argentino, as eleições competitivas podem ser interpretadas como procedimentos por meio dos quais: (i) o eleitorado expressa sua confiança nas pessoas relacionadas como candidatos; (ii) se elege um corpo legislativo realmente representativo; (iii) se pode exercer um controle, reelegendo ou destituindo o governo de turno.

regimes ditatoriais ou autocráticos optam por organizar eleições,[49] atentos ao valor simbólico que a sua celebração carrega, ainda que aquelas sejam, sempre, um jogo de cartas marcadas. É fato que as consultas eleitorais, ainda que simuladas, oferecem às máquinas de propaganda um discurso legitimador,[50] tendo em vista que permitem, quer aos governados, quer à comunidade internacional, dizer – embora sem razão –[51] que o regime encontra eco no querer coletivo, sendo dessa sorte portador de uma base própria de sustentação. Ao fim e ao cabo, lida-se, no particular, com a constatação empírica de que "[...] todo o Poder que não seja democrático convive com a preocupação da imagem [...] para cobrir um comportamento que não lhe corresponde" (MONTEIRO, 2003, p. 38).

Sem embargo, em uma perspectiva realista e fiel à lógica democrática, é inconteste que somente eleições realizadas em marcos de abertura e legalidade se demonstram aptas a conferir ao governo emergente uma estável, densa e pacífica aceitação.[52] Noutras palavras,

---

[49] "Os regimes totalitários e autoritários, apesar de se oporem ao Estado constitucional do liberalismo político (ou de o quererem ultrapassar) mantêm, entre outras formas, as eleições. Nos regimes marxistas de tipo soviético, é a ideia de democracia unânime, em que os eleitores são chamados a confirmar as listas de candidatos apresentados pelo partido comunista. Nos regimes fascistas e autoritários de direita, se não se chega a suprimir o sufrágio direto e individual, a doutrina realça o sufrágio corporativo, a representação institucional e a representação de interesses como mais conformes com seus princípios. Nuns e noutros regimes, a eleição é eleição em sentido formal, não em sentido material, não resulta de competição plural. Nem o povo equivale à totalidade dos cidadãos, das pessoas com cidadania ou nacionalidade do Estado; equivale ou às classes trabalhadoras (conceção marxista), ou à raça (conceção nacional-socialista); ou dillui-se no Estado (conceção fascista) ou na nação (conceção salazarista)" (MIRANDA, 2018, p. 41).

[50] Como percebe o professor Manuel Meirinho Martins (2015, p. 148), a técnica eleitoral confere uma espécie de legitimidade formal aos regimes que a celebram, o que explica a sua adoção por parte de experiências totalitárias. Em suas palavras, "o método eleitoral cria a percepção de que os eleitos são os justos titulares da posição que ocupam. De certa forma, esta função [a função de construção de legitimidade] apresenta características simbólicas no sentido em que os actos eleitorais constituem rituais que consagram os governantes (Pitkin, 1972)".

[51] "[...] o Poder não é idêntico no Estado democrático e no Estado não-democrático. No primeiro caso, é a consubstanciação institucional dum comando resultante da vontade dos cidadãos, que se exerce através do aparelho de governo, da estrutura que é o Estado. No segundo, Estado e Poder são equivalentes; o governo é assegurado por uma oligarquia que não pode com legitimidade invocar como suporte a vontade popular. Do que resulta que no Estado de regime democrático os cidadãos, obedecendo ao comando do Poder, obedecem institucionalmente à sua vontade. No Estado não-democrático a obediência situa-se na relação [radicalmente heterônoma e assimétrica] entre a oligarquia do Poder e a sociedade civil [...]" (MONTEIRO, 2003, p. 297).

[52] Edurne Uriarte (2010, p. 53) explica que a legitimidade corresponde à aceitação do poder político e dos governantes por parte dos governados. Nesse contexto, os governados obedecem porque acreditam que devem obedecer, e isso ocorre porque a relação de

somente em contornos democráticos logra o povo o seu autogoverno, podendo-se, a partir daí, identificar a construção de um genuíno pilar de representação política.

Nesse tocante, há entre legítimas democracias e democracias de fachada (autocracias eleitorais) algumas diferenças fundamentais, sabiamente apontadas por Schedler (2013, p. 44-45), em conexão com Przeworski:

> Em regimes democráticos, levam-se a cabo eleições livres e justas de acordo com procedimentos estáveis. As regras do jogo estão definidas com anterioridade e seus resultados são respeitados depois. As *eleições democráticas*, portanto, proporcionam uma "certeza procedimental". Ao mesmo tempo, a competição eleitoral é aberta e seus resultados são indeterminados. Logo, as eleições democráticas admitem uma "incerteza substantiva".
> Noutro passo, as *eleições autoritárias* seguem uma lógica inversa. Os autocratas gozam da prerrogativa de manipular os procedimentos e de determinar os resultados com antecipação. Como resultado, as eleições autoritárias combinam incertezas procedimentais com certezas substantivas.

Em definitivo, os efeitos políticos e sociais perseguidos com a realização de eleições dependem diretamente do correto progresso de suas fórmulas e mecanismos. A presença de falhas ou desvios tende a atrair percepções negativas por parte dos atores políticos e a dessorar o comprometimento com os resultados dos pleitos, arriscando tanto a crença na validade da ordem como a estabilidade do panorama político.

---

autoridade estabelecida é tomada como justa. O fenômeno da legitimidade, assim, tem como efeito produzir uma obediência mais consistente e estável, já que a coação física e o uso da força não bastam para gerar uma ordem política (VILAS, 2013, p. 13). No caso particular da legitimidade democrática, baseia-se, conforme Uriarte (2010, p. 54), sobretudo na crença da superioridade desse sistema político sobre outros conhecidos ao largo da história, em virtude dos princípios nos quais se baseia. O cumprimento desses princípios (poder do povo, pluralismo, liberdade de expressão etc.), em sua visão, é apenas em parte uma questão legal, dependendo também, em boa medida, do estado do debate social acerca dos valores exigidos pela democracia e da forma de melhor aprimorá-los. Sánchez Muñoz (2007, p. 20) acrescenta que a legitimidade democrática não vem dada apenas pelo emprego de alguns procedimentos concretos (eleições), supondo ainda algo mais, o controle dos governantes, o que incorpora o conceito de Estado de direito e a necessidade de participação material do povo na tomada de decisões. Para o autor espanhol, a isso é preciso somar que a democracia pressupõe não apenas um consenso procedimental, mas também um consenso valorativo, de tal forma que as instituições democráticas, para que possam proporcionar legitimidade ao poder, devem incorporar elementos substantivos que se conectem com a defesa da liberdade e da igualdade, como garantias fundamentais.

CAPÍTULO 1
INTRODUÇÃO: O ROL DAS ELEIÇÕES NO ESTADO DEMOCRÁTICO | 49

A experiência concreta aponta que déficits nos níveis de integridade eleitoral acarretam graves problemas à ordem social: diminuem a confiança nas autoridades eleitas, incrementam os níveis de abstenção e, em alguns casos, disparam protestos e exacerbam conflitos (NORRIS, 2013, p. 6).[53] A realidade atual, ademais, atesta que esses mesmos efeitos negativos podem derivar de campanhas desinformativas que promovem um descolamento entre a *performance real* dos organismos eleitorais e a *percepção social* que dela se colhe, fazendo com que avaliações emocionais pautadas por inverdades e leituras incorretas da realidade coloquem em risco a soberania popular e a normalidade constitucional.

Segundo o Informe da Comissão Global sobre Eleições, Democracia e Segurança – CGEDS (2012, p. 5), pleitos realizados sem um mínimo de integridade dão origem a instituições políticas "vazias de conteúdo", porquanto desprovidas dos valores básicos e do espírito da democracia.

Como é intuitivo, a má qualidade dos processos eleitorais não pode levar senão a compromissos cívicos tênues, inidôneos à garantia do funcionamento estável do sistema. Por isso, torna-se necessária a busca por certames cada vez mais livres, justos e confiáveis, tanto do ponto de vista técnico como pela ótica dos *players* e da população, de sorte a elevar o nível da confiança que lhes é dispensada.[54] Como

---

[53] Nesse âmbito de estudo, Sarah Birch (2011, p. 3-6) avalia que os ilícitos eleitorais constituem um importante tópico de investigação, nomeadamente porque repercutem na qualidade política, social e econômica do Estado. Argumenta, em resumo, que a baixa qualidade dos processos eleitorais acarreta ao menos cinco consequências potenciais para a democracia e para a qualidade democrática, a saber: (i) *reduz a qualidade objetiva da representação*, à medida que diminui a probabilidade de que vençam concorrentes realmente preocupados com o bem-estar coletivo, e desestimula a participação de candidatos que recusam o recurso a atalhos ilegais para o sucesso no pleito; (ii) *afeta impressões subjetivas sobre a qualidade da democracia* e, consequentemente, compromete a legitimidade do regime, submetendo a risco a manutenção da legalidade e da ordem; (iii) *conduz a formas adicionais de corrupção*, haja vista que possibilita que atores afetos à corrupção eleitoral ocupem os espaços burocráticos do governo; (iv) *gera custos sociais e econômicos diretos e indiretos à sociedade e ao Estado, e.g.*, mediante o endereçamento de recursos do erário para campanhas de intendentes, ou o desenho de políticas públicas destinadas a promover interesses de grupos que participaram da conquista ilícita do mandato eletivo; e (v) *pode, sob certas condições, levar à violência e até à guerra civil*, como ocorrido, ilustrativamente, na Mauritânia (1992), Congo (1995), Zanzibar (2000), Iugoslávia (2000), Geórgia (2003), Ucrânia (2004), Quênia (2007) e Costa do Marfim (2010).

[54] Precisamente pelo fato de que os cidadãos discordam quanto à identidade do candidato mais preparado é que deve haver consenso em torno das regras do jogo "planejado" e da adequação do jogo "jogado", como explica Dennis Thompson (2002, p. 1) ao se referir ao problema enfrentado pelos Estados Unidos da América após o pleito presidencial de 2000:

registra o informe citado, para que as eleições gozem de legitimidade e prestígio, devem ser celebradas de maneira competente, profissional, apartidária e transparente – e como tal devem ser percebidas por todos os cidadãos (CGEDS, 2012, p. 22).[55]

Se as eleições cumprem um papel de justiça procedimental, é necessário ter em mente que os processos eleitorais serão justos na extensão em que realizem regras livremente acordadas entre atores livres. No caso dos Estados democráticos, essas regras derivam de princípios que expressam valores como paridade de condições, liberdade de escolha e respeito à soberania popular. Nesses termos, uma eleição será justa na exata medida em que consiga realizar esses princípios com a maior extensão possível (THOMPSON, 2002, p. 2).

Em conclusão, embora pleitos de cariz autoritário (porquanto exclusivos, simulados ou não competitivos) também produzam governo e, com muitas ressalvas, alguma força de justificação, somente eleições com substância autêntica realizam, em *todos* os seus sentidos, *todas* as suas funções. Nesses regimes, os processos eleitorais franqueiam ao povo a participação política, respeitando a liberdade do sufrágio; produzem representação, mediante a escolha de cidadãos que, empoderados pelo povo, agirão a seu serviço; proporcionam à sociedade um governo que incorpora as opiniões políticas de preferência majoritária; e legitimam

---

"As American society has become more pluralista in its interests and its citizen diverse in their views, voter disagre more than ever about which if any candidates are wise and virtous – or merely which if any are sensible and honest. Voter therefore more than ever need to be able to judge the processo of elections independently of the outcomes. They need principles to determine whether elections are right when they disagree about whether the leaders are good. The disagreements about electoral justice go as deep as those about electoral outcomes, but they are note the same. They are disagreements not about the position of candidates and parties or even about the meaning of the results, but about the procedure of the elections themselves. Electoral justice thus is a species of procedural justice. It seeks fair terms of cooperation, a set of practices that all citizen could accept as an equitable basis for making collective decisions".

[55] De fato, a confiança pública é essencial para todo o processo político, inclusive porque o grau de confiança que os cidadãos depositam nas eleições é diretamente proporcional à magnitude da legitimidade do governo. Medvic (YOUNG, 2009, p. 34) defende a ideia de que o nível de confiança pública é alimentado, entre outros fatores, pela capacidade das autoridades governamentais em assegurar que os direitos políticos sejam respeitados, e que a vontade do povo seja sempre "precisamente identificada e honrada". Destaca ainda que a construção dessa confiança não cabe somente ao Estado, dependendo, em medidas importantes, do comportamento de todos os *players*.

o poder político pela via do consenso, conferindo autoridade e estabilidade suficientes para a realização de seu obrar.[56] [57]

A identificação de eleições democráticas demanda, em linhas gerais, para além da existência de uma ampla inclusão dos estratos populares (máxima extensão do direito de sufrágio), o reconhecimento de respeito à ordem legal (depuração dos procedimentos de escolha), que por sua vez deve assegurar a liberdade para o exercício da opinião eleitoral e um nível razoável de competitividade entre as forças antagônicas.[58]

Tais exigências conformam a essência da autenticidade eleitoral, cujos pontos nodais, paralelos a outros requisitos, acham-se resumidos na promoção da igualdade de oportunidades entre os candidatos e a blindagem da liberdade de escolha política mediante a completa exclusão de todas as formas de expressão do abuso de poder. Nessa

---

[56] A respeito do consenso, Pedidone de Valls (2001, p. 51) o define como: "[...] la actitud de un conjunto de personas que se traduce en la aceptación o el comportamiento convergente y articulado con respecto a un fenómeno específico. En los regímenes democráticos tiene particular significación, ya que reviste de legitimidad a sus instituciones al posibilitar la aceptación común de las leyes, las reglas y las normas que aquéllas promulgan, dando cuerpo y sustento a un sistema de creencias compartido. El consenso permite prever la conducta de una sociedad, y, además, elimina y evita conflictos. Su misión fundamental es sostener el orden público". Também digno de nota o contributo de Sánchez Muñoz (2007, p. 17-18): "En una situación de pluralismo político en la que todas las ideas gozan a priori de una misma presunción de validez, ¿Cómo se determina la orientación del gobierno de una comunidad? ¿Qué ideas deben prevalecer?¿Qué políticas concretas se deben acometer? Qué personas deben ejercer el poder político? Descartada, por inviable, la posibilidad de obtener un consenso material (unanimidad) sobre todas y cada una de las cuestiones públicas, la respuesta a esta pregunta viene dada por el establecimiento de un consenso procedimental, es decir, de un acuerdo sobre el método para resolver los inevitables conflictos. Dicho consenso procedimental, si se parte realmente de una presunción de igual validez de todas las ideas, sólo puede basarse en el principio mayoritario: las ideas que deben prevalecer en caso de conflito serán aquellas que sean compartidas por el mayor número de miembros de la comunidad. Del mismo modo, cuando existe una diferenciación entre gobernantes y governados, las personas que deben ejercer el poder serán aquellas que tengan el apoyo del mayor número de miembros de la comunidad. Como en la sociedad no puede haber consenso universal, el consenso parcial preponderante es el que da legitimidad a las instituciones y facilita el equilibrio propio de los regímenes democráticos".

[57] Para Hernandez Bravo (*apud* PINTO; CORREIA; SEARA 2009, p. 360), a função legitimadora dos processos eleitorais é primaz em relação às demais, haja vista que sem ela não pode haver governo. A relação entre as eleições e o Estado está em que essas conferem, àquele, suficiente autoridade para o exercício de suas potestades.

[58] Segundo Fernando Matheus da Silva (2018, p. 286): "[...] a finalidade de garantir ampla concorrência e liberdade se mostra inerente à necessidade de se extrair do processo eleitoral a verdadeira representatividade do povo, conforme ensina Friedrich Miller: 'Já não se pode ter o autogoverno, na prática quase inexequível, pretende-se ter ao menos a autocodificação das prescrições vigentes com base na livre competição entre opiniões e interesses, com alternativas manuseáveis e possibilidades eficazes de sancionamento político'".

ordem de ideias, a normalidade eleitoral é também um elemento-chave, uma vez que a conservação dos certames em uma frequência de paz e tolerância é especialmente importante para que a vontade popular prospere e se faça respeitar.

CAPÍTULO 2

O CONTEÚDO DA LEGITIMIDADE E DA NORMALIDADE ELEITORAL

Em vista do que precede, é evidente que a racionalidade subjacente ao Estado constitucional é incompatível com uma leitura das eleições como um mero princípio ou técnica formal. Pelo contrário, exige que os processos eleitorais sejam democráticos em substância, ou seja, que atendam a criteriosos *standards* de integridade a fim de que os seus resultados sejam social e politicamente aceitáveis, além de juridicamente válidos e, por conseguinte, passíveis de ratificação.[59]

Esses *standards* decerto vão além do simples respeito cartesiano às regras do jogo[60] e, no espectro normativo, encerram-se em dois conceitos jurídicos abertos e unívocos inscritos, em nosso sistema, no art. 14, §9º da Constituição da República, o qual remete à *normalidade* e à *legitimidade* das eleições.

A garantia da legitimidade, em termos gerais, estabelece a necessidade de custódia da franqueza das competições eleitorais, sem o que se veriam frustrados os seus motes teleológicos, estruturantes e

---

[59] Nessa quadra, a organização constitucional brasileira acomete à Justiça Eleitoral o papel de "[...] garantir aos titulares da soberania que o processo institucional se realizou legítima e validamente e que seus representantes eleitos foram escolhidos da mesma forma, legítima e validamente. A ausência dessa certeza fere de morte a República" (JARDIM, 1994, p. 11).

[60] Em nosso ordenamento, o princípio da legalidade eleitoral "[...] somente é admitido como corolário do princípio da legitimidade, eis que a Constituição (art. 14, §9º), ao demandar justiça no desenvolver do processo, não se limita a exigir uma mera correição formal, incapaz de alimentar, no corpo social, o grau de aceitação necessário à conformação do sistema democrático liberal. Em uma palavra, mais do que legalidade, a Carta quer do pleito um significado, um símbolo, um emblema de justiça" (ALVIM, 2016, p. 48). Agrega Fávila Ribeiro (1990, p. 85) que no Estado democrático "[...] a legalidade não mais atua em neutralidade valorativa, tendo de coadunar-se ao espírito constitucional e difundir os seus conteúdos, sempre observando as condições processuais em suas linhas de elaboração".

instrumentais, em especial a captação da vontade livre do eleitorado, a outorga do governo consentido e a consequente conquista ética e manutenção pacífica do poder.

Como assinala Renato Janine Ribeiro (2009, p. 59), o ponto forte da face formal da democracia é que quando os assuntos públicos se resolvem pelo voto, a aceitação dos derrotados é maior do que em outros procedimentos de solução de diferenças. Por isso "[...] é tão importante que uma eleição seja livre e honesta. Ninguém fica feliz de perder. Mas, se noto que o jogo foi limpo, aceito melhor o resultado do que se tenho que engolir, em adição, a sensação de que houve fraude". Segundo o filósofo da Universidade de São Paulo, a questão essencial é que a democracia é um "jogo mais eficaz na aceitação das derrotas", dessarte produzindo "relações sociais melhores, mais pacíficas, de melhor cooperação".[61]

Não obstante, é óbvio que se as eleições existem, entre outras razões, para que se promova pacificamente a periódica alternância no poder,[62] somente quando objetivamente íntegras e, portanto, incontestes (para os que estão de boa-fé), é que estarão aptas a lograr esse encargo político fundante.

Nesse tocante, no prólogo do Informe da Comissão Global sobre Eleições, Democracia e Segurança (CGEDS, 2012), o Ex-Secretário-Geral da ONU Kofi Annan argumenta que quando as eleições são livres e justas elas podem atuar como fortes catalizadores para a melhoria da governabilidade e para o incremento do desenvolvimento humano. Sem embargo, quando carecem de credibilidade, os cidadãos e atores políticos se encontram privados de canais que permitam mudanças políticas pacíficas. Nesses casos, aumenta-se o risco de que surjam conflitos; a corrupção, a intimidação e a fraude proliferam de maneira

---

[61] Para Pinto, Correia e Seara (2009, p. 360), os fatores ligados à realização de eleições democráticas "[...] contribuem, de forma decisiva, para o processo de socialização política", ou seja, funcionam como [...] modo de incorporação numa dada sociedade política dos valores e princípios democráticos que a regem. Aceitar, por exemplo, as regras do jogo eleitoral, incluindo a posição de vencedores e derrotados, induz um efeito integrador na sociedade, ajudando a criar nos cidadãos hábitos de participação, percepção e compreensão do sistema político".

[62] "A prática da chamada 'alternância democrática' é uma característica essencial, e exclusiva, da Democracia: onde há Democracia existe sempre a possibilidade de alternância; onde não há Democracia ela não ocorre nem pode ocorrer. Entende-se por 'alternância democrática' a característica das Democracias segundo a qual os principais partidos que lutam pelo Poder ora ganham, ora perdem, pelo que – a médio e longo prazo – alternam uns com os outros no exercício do Poder" (AMARAL, 2014, p. 386).

incontrolada; e o sistema político em seu conjunto começa a decompor-se lentamente, desde seu próprio interior.

Com apoio em evidências empíricas, Pippa Norris (2013, p. 295-302) constata que eleições corrompidas geram efeitos negativos em distintos níveis. A pesquisadora da Universidade de Harvard sublinha que em democracias de longa duração os ilícitos eleitorais resultam em prejuízos políticos de menor dimensão, como (i) a corrosão da confiança no processo, (ii) o aumento do índice de abstenções e (iii) o déficit do envolvimento cidadão (apatia política). Em democracias recentes ou frágeis, todavia, os efeitos podem, de fato, alçar níveis mais drásticos, demonstrando a experiência mundial bastantes casos de (i) rupturas institucionais, (ii) instabilidade social e (iii) disseminação de violência.

A rigor, sabe-se que um processo eleitoral falto de integridade descumpre essencialmente o papel a que se destina; nesse diapasão, qualquer democracia que dele se extraia não será mais do que uma ficção política, máxime porque, nesses casos, as eleições são utilizadas como um subterfúgio no tabuleiro do jogo político.[63]

Isso posto, não há dúvida de que sociedades verdadeiramente democráticas supõem que a escolha dos governantes seja efetuada por meio de processos de escolha popular pautados por enfrentamentos

---

[63] No horizonte do neoinstitucionalismo político existem diferentes correntes a respeito das causas para o uso de eleições em regimes autoritários. Segundo Andreas Schedler (2016, p. 21), a primeira corrente toma as eleições autoritárias como um simples *adorno*. Nessa linha, Jason Brownlee (2004) as enxerga como "meros epifenômenos", simples reflexos das relações subjacentes de poder que não têm relevância causal por si mesmos. A segunda corrente, adotada por Jennifer Gandhi (2008), opõe-se à ideia de que as eleições autoritárias são puramente *decorativas*, concebendo-as como instrumentos empregados por governantes autoritários para fortalecer o seu controle do poder. As eleições podem servir a esse propósito de muitas maneiras; por exemplo, podem confundir os votantes, distrair os atores da oposição, canalizar relações clientelares, acalmar membros intranquilos da elite ou alertar o governo sobre oscilações no apoio popular. Na visão de Gandhi, independentemente de sua natureza concreta (seu caráter competitivo ou não competitivo, seu alcance nacional ou local), as eleições servem para aumentar a esperança de vida política dos governantes autoritários. São, pois, "utensílios na caixa de ferramenta dos ditadores". Não definem a natureza dos regimes autoritários, mas, mais propriamente, representam estratégias que qualquer tipo de governo autoritário pode utilizar. Ao lado da *teoria das eleições como adorno* e da *teoria das eleições como ferramentas*, Schedler propõe a *teoria das eleições como arenas*, sustentando que algumas espécies de eleições autoritárias são "mais do que meros instrumentos da ditadura". O especialista sustenta que a introdução de pleitos multipartidários regulares em nível nacional muda a lógica interna da política autoritária, abrindo uma arena de luta assimétrica, já que concede grandes vantagens ao governo, mas de forma ambígua, oferece aos atores de oposição valiosas oportunidades de impugnação e mobilização que não existiriam em regimes não eleitorais. Essas eleições, ainda que pelo desenho e pelas circunstâncias não sejam livres e tampouco justas, acabam servindo aos atores de oposição como um raro e interessante canal de voz para a divergência e, pois, para a subversão.

limpos, isentos de vícios, como fraudes, corrupção e desinformação, nomeadamente porque o mecanismo das eleições, quando comprometido em sua essência, falseia por completo o funcionamento do regime (COMPARATO, 2000, p. 316). Disso decorre a necessidade de se buscar de legisladores, atores políticos e órgãos de fiscalização e governança eleitoral posturas e soluções que permitam manter o equilíbrio e a estabilidade social, assim como a vigência dos altos valores encartados pelo Estado democrático de direito.

Mas se a busca pela integridade é, afinal, tão importante, a questão que se destaca diz com a sua efetiva substância, cabendo perguntar: qual é o conteúdo da legitimidade eleitoral? Que tipo de procedimento o texto constitucional exige quando menciona, em tom imperativo, a realização de eleições "normais e legítimas"? O que é, de fato, necessário para que determinado certame eleitoral possa, apropriadamente, ser apontado como autêntico e digno da chancela definitiva de seus órgãos de administração e controle?

Essas questões – provavelmente as mais importantes para a temática em tela – são, com enorme frequência, tangenciadas ou mal respondidas pela doutrina, possivelmente em função de dois importantes obstáculos que já de início dificultam a tarefa do pesquisador: (i) a constatação de que a legitimidade eleitoral se apresenta como um conceito aberto e complexo, aferível em distintas dimensões; e (ii) o fato de que a única menção legislativa expressa à legitimidade das eleições (art. 14, §9º, CF) é equívoca, constando de regra que não somente confunde como também incita a uma leitura que, fora do contexto, termina por atrofiar o seu real alcance.

A fim de jogar luzes sobre o tema, vale observar que a legitimidade eleitoral é polissêmica. Usada em diferentes contextos, a expressão aponta ora para (i) a justiça das regras e circunstâncias condicionantes do jogo, ora para (ii) a limpeza de um jogo efetivamente travado. Isso ocorre porque a noção pode ser examinada sob diferentes ângulos e dimensões.

Em termos normativos, a legitimidade envolve *todos* os aspectos relevantes para a performance da competição eleitoral, sejam eles legislativos, fáticos ou conjunturais, afetem eles a seleção de candidatos, a forma de cômputo dos votos, a postura dos órgãos judiciais de controle, do Ministério Público e da imprensa e de outras instâncias sobejadamente influentes, assim como quaisquer outros detalhes que colham, para essas mecânicas, um grau de importância similar. A legitimidade eleitoral, por esse prisma, abriga um horizonte de análise bastante alargado, melhor compreendido à medida que se nota que, nessa conotação mais ampla, um processo eleitoral "legítimo" nada mais é do que um processo eleitoral "justo". Fala-se, nesse sentido, de eleições "legítimas" como sinônimo de eleições "íntegras" e "competitivas", forjando-se um conceito com *caráter positivo-negativo*: positivo por exigir a *presença* de condições que fazem do processo eleitoral um jogo justo; negativo porque reclama a *ausência* de comportamentos antijurídicos que comprometam a sua saúde global.

A legitimidade, contudo, comporta um cerne vital, que a define a partir de seu "núcleo duro". Entre todos os aspectos que contribuem *cum grano salis* para a realização de uma eleição legítima, alguns são considerados – em nível legislativo – como imprescindíveis ou fundamentais.

A fundamentalidade dessas escolhas políticas particulares fica evidenciada pelos valores jurídicos que resultam protegidos pelas diferentes técnicas processuais de cassação de candidatos ou diplomas e de impugnação de resultados. Esse núcleo pode ser encontrado em um conjunto de desvios que provoca, consoante a feliz expressão cunhada por Eneida Salgado (2015, p. 31), "nódoas na liberdade do voto". Esses, em sua concepção, são revelados por vícios que corrompem o processo de formação da preferência do eleitor, "[...] seja de maneira direta – por fraude, corrupção, compra de votos –, seja de maneira indireta, por restrições ou favorecimentos a determinados discursos políticos ou por tratamento diferenciado a partidos e candidatos".

Assim é que, na esfera própria do contencioso eleitoral, a legitimidade assume uma conotação mais restrita e objetiva. No entorno jurídico, um processo eleitoral "legítimo" é um processo eleitoral "isento de ilícitos eleitorais graves", como fraudes, abusos e manipulações. Em uma palavra, as eleições "legítimas" são apreciadas como um sinônimo de eleições *limpas*, ou como um antônimo de eleições viciadas, manipuladas ou comprometidas.[64] Como se percebe, nesse ambiente a legitimidade se apresenta como um conceito com um *caráter negativo*, referente à *ausência* de transgressões que inviabilizem o reconhecimento da conformidade do jogo com o direito, com o consequente impedimento da validação de seus respectivos resultados.

---

[64] O sentido restrito é adotado, *v.g.*, por Caramuru Afonso Francisco (2002, p. 9), que define como legítimas e normais as eleições que não apresentam elementos que maculem o processo.

Ante o exposto, nota-se que ausência de legitimidade na segunda conotação conduz à presença de pleitos inválidos, fraudulentos ou viciados; já pelo primeiro prisma, a integridade não se põe em relação de exclusão: ao contrário, insere-se em uma lógica gradativa: a maior ou menor incidência de seus pressupostos revela a existência de pleitos mais ou menos excelentes ou otimizados. Nesse sentido, em análise detida, a legitimidade *lato sensu* (legitimidade em sentido político) diz respeito ao índice de apreciação positiva atribuído aos procedimentos de escolha popular, comunicando-se de maneira estreita com o conceito de *qualidade* das eleições, a envolver, por exemplo, avaliações sobre as tendências da cobertura política realizada pela imprensa, sobre as condições de acesso do eleitorado a informações adequadas sobre os distintos competidores e sobre a medida de justiça relativa ao fracionamento de recursos públicos destinados à viabilização das campanhas, tudo a determinar a dose de equilíbrio efetivamente encontrada no tabuleiro onde jogaram os oponentes.

No particular, a legitimidade enquanto objeto de apreciação *política* não é julgada em termos de eficácia (aptidão para produzir efeitos jurídicos), mas em termos de desempenho. O fato de que se reconheçam como legítimas (e dignas de homologação) eleições realizadas em dois diferentes municípios não significa que os certames tenham gozado da mesma qualidade e do mesmo nível de aceitação. Nessa seara científica, cabe sempre indagar se os procedimentos enfrentaram problemas, se poderiam ser melhorados e de que maneira.

A diferença entre ambas as perspectivas pode ser mais bem compreendida a partir das peculiaridades destacadas no quadro a seguir.

	Natureza do conceito	Base de análise	Viés de análise	Objeto da análise	Escopo da análise	Lógica de análise
Legitimidade eleitoral (sentido amplo)	Metajurídica (política)	Legislativa Fática Institucional	Político	Qualidade das leis e do ambiente em que se desenvolvem os pleitos	Formular juízos sobre a justiça das regras e das circunstâncias externas que envolvem o jogo (buscando eleições de alta qualidade)	Escalonada (as eleições são consideradas legítimas em maior ou menor grau)

	Natureza do conceito	Base de análise	Viés de análise	Objeto da análise	Escopo da análise	Lógica de análise
Legitimidade eleitoral (sentido estrito)	Jurídica	Fática	Judicial (contencioso eleitoral)	Realidade concreta de determinado certame eleitoral	Verificar a presença de ilícitos eleitorais graves (checar a existência de uma legitimidade mínima)	Assertiva (as eleições são consideradas válidas ou não)

Fonte: Elaboração própria.

Retomando as perguntas anteriormente lançadas, é possível notar que as duas primeiras indagações – (i) "qual o conteúdo da legitimidade eleitoral?"; (ii) "que tipo de procedimento o texto constitucional exige quando menciona a realização de eleições normais e legítimas?" – aludem à legitimidade em sua inteligência mais ampla (sentido político), ao tempo em que a última ("o que é, de fato, necessário para que determinado certame eleitoral possa ser apontado como autêntico e digno da chancela definitiva de seus órgãos de controle?") é respondida a partir de seu conceito reduzido (sentido jurídico).

Em termos políticos, o conteúdo da legitimidade eleitoral deve atender a uma ótica mais ampla, a abarcar o processo de escolha popular desde o seu projeto antecedente, identificado na concepção do marco legislativo que define as consabidas "regras do jogo". Eleições legítimas, como as exigidas pelo texto constitucional, começam pelo estabelecimento de leis justas e razoáveis, aptas à configuração de uma competição equitativa, e seguem com a observância de suas regras e princípios básicos por todos os atores direta ou indiretamente envolvidos (candidatos, partidos políticos, influenciadores, organismos eleitorais, Ministério Público, indústrias informativas etc.). Ao cuidar da legitimidade, a Constituição dá abrigo a um constante mandado de otimização no tocante às normas eleitorais, pois, como afirma Mirón Lince (2006, p. 37), se a democracia oferece a qualidade de ser flexível para se adaptar às mudanças e crescentes demandas hauridas da incessante evolução social, o marco legal destinado a regulá-la necessita ser, também, congruente com essa característica.

Em nosso sentir, o estádio atual de avanço normativo permite o reconhecimento de que o Estado brasileiro sói produzir eleições que gozam de excelentes níveis de legitimidade e prestígio,[65] a despeito do que alardeiam os mercadores do caos, detratores de má-fé. Sob o ângulo jurídico, portanto, não há dificuldade em perceber que aí se cumpre o papel a que se destina a disciplina eletiva.

No entanto, é certo que a importância do direito eleitoral positivo vai ainda além. Como escreve Dieter Nohlen (1995, p. 12), um governo surgido de eleições livres e universais pode ser reconhecido como legítimo, mas é *o nível de competitividade o que determina, de fato, a dimensão da "força legitimadora" do sistema*, máxime porque cada espécie de eleição desenvolve e apresenta um "peso político próprio" (SCHEDLER, 2016, p. 124). Assim, a natureza específica do ordenamento eletivo o eleva ao plano político, em que lhe cumpre oferecer um produto tão positivo quanto inclusivos e depurados sejam todos os seus mecanismos e instituições. A legalidade eleitoral, ultrapassando a função de normatizar e tornar factível a democracia, atuará também como uma importante fonte de promoção da cidadania e de sustentação das instituições, para além do próprio regime de governo.

Nessa ordem de ideias, torna-se imperativo a seus criadores e operadores zelar pela conformação de um arranjo eleitoral que, para ser ótimo na produção dos efeitos sociopolíticos pretendidos, deve tender à realização de eleições cada vez melhores, isto é, cada vez mais limpas, claro, mas também mais transparentes[66] e, sobretudo, mais parelhas ou equitativas.

Quando se pergunta, porém, o que é de fato necessário para que a validade de um processo possa ser confirmada pelos órgãos distribuidores de justiça eleitoral, está-se a falar da legitimidade em um prisma

---

[65] A iniciativa *Global Perceptions of Electoral Integrity* (PEI) confere boa credibilidade às eleições brasileiras. Segundo dados atuais (PEI_9.0), o Brasil ocupa a 38ª posição em um *ranking* que contempla 169 países. Os escores obtidos (73, nas eleições legislativas, e 69 nas presidenciais, para um máximo de 100) superam com folga as médias globais. Com a nota, o país se situa na categoria quatro, relativa a eleições com "alta taxa de integridade". Fonte: http://electoralintegrityproject.com.

[66] "Electoral processes have not only to be free and fair but also to be perceived as being free and fair, as this helps to ensure that the are accepted as a legitimate and efficacious tool for exercising popular control. Voting requires the citizenry to overcome a huge collective action problem; they must be convinced that their expressions of individual preference contribute meaningfully to political outcomes. Of course, they contribute meaningfully only in the aggregate, not individually. Voters must therefore be persuaded that it makes sense to vote and to vote their true preference. The most effective means of overcoming this collective action problem is by making people believe in the efficacy of the system, and therefore in the efficacy of their own personal contribution to it. Transparency of the system is necessary, if insuficiente, condition for confidence in the election process" (BIRCH, 2011, p. 26).

mais estreito. Os processos eletivos, visando à estabilidade, devem intenso respeito à segurança jurídica e, nesse passo, seus resultados não podem ser anulados senão em face de ilícitos típicos muito graves que comprometam – de modo inconteste e em dosagem contundente – os seus postulados axiais.[67] Nesse diapasão, por muito que alguns aspectos do arranjo deixem a desejar, sobremodo em termos da igualdade nas condições da competição, no plano jurídico o reconhecimento da plena observância das regras tende a redundar na chancela dos resultados de uma eleição.

Em conclusão, as regras legislativas postas e aceitas constituem, como regra, mandados incontornáveis para os órgãos de controle, sobretudo no que concerne à tarefa de certificação de resultados. Ainda que adelgaçada, p. ex., por uma distribuição desigual quanto ao direito de antena, por uma cobertura jornalística algo parcial na imprensa escrita ou por alguma diferença entre a capacidade financeira das forças em disputa, a legitimidade de uma eleição específica não poderá será desconsiderada judicialmente se o cerne da ordem de regência haja sido inequivocamente preservado. Dentro desse contexto, não é impreciso considerar que o Poder Judiciário, no exercício da adjudicação de mandatos, notadamente na atividade de expedição de diplomas, mira a legitimidade muito pelas lentes da legalidade, uma vez que não se encontra, ao menos em tese, legitimado a negar o acesso ao poder a atores que não tenham corrompido, substancialmente, o quadro normativo regente do jogo.[68]

Em síntese, na linguagem técnica a legitimidade das eleições pode indicar tanto (i) um conjunto de pressupostos que permitem disseminar, no plano coletivo, uma apreciação geral positiva a respeito da justiça das eleições e de seus resultados (sentido político, amplo) como

---

[67] Alvarez Conde (1991, p. 15), na trilha de Entrena Cuesta, tacha de imperativa a necessidade de que as decisões de invalidação eleitoral não ocorram senão quando incontestável a ocorrência de um "falseamento da vontade popular", o que se pode verificar não apenas nos resultados, mas "em toda e cada parte do processo eleitoral". Para mais, confira-se o capítulo derradeiro desta obra.

[68] Em nossa percepção, vitórias hauridas em função de assimetrias estruturais proporcionadas pelo sistema constituem, em essência, um problema político que escapa, em linha de princípio, do alcance da Justiça Eleitoral. São temas para discussão em outros foros, como o acadêmico e o legislativo, com vistas à consagração de reformas que concebam uma disputa mais justa. Não autorizam, todavia, a invalidação jurídica de um certame, uma vez que a vontade popular obtida em total conformidade com o sistema em vigência vincula o Poder Judiciário, impedindo-o de barrar o início da representação.

(ii) um parâmetro geral e definitivo para a certificação da validade das disputas (sentido jurídico, estrito).

Em vista dessas considerações iniciais, para uma aproximação do problema relativo ao abuso de poder nas competições eleitorais, é mister que o raio conceitual da legitimidade eleitoral seja colocado em termos ainda mais claros e concretos, sendo este o objetivo do tópico sequente.

2.1 A legitimidade em sentido amplo e o oferecimento de parâmetros para o reforço da integridade eleitoral

Como viemos de assentar, em sua conotação política a legitimidade ultrapassa a exigência mínima de depuração das práticas atinentes ao processo eleitoral para demandar também a concepção de disputas eleitorais abertas e isonômicas, mais do que meramente acordes com as expectativas provindas do desenho programado pelo conjunto legislativo.

A noção ampla da legitimidade condiz com a ideia de integridade eleitoral e experimenta bastantes variações de nomenclatura, consoante diferentes fontes doutrinárias e legais. Em um apanhado geral, no sentido ora aplicado as eleições legítimas surgem como sinônimo de eleições: *livres* (Correa Freitas; Duhamel; Fernández Segado; Mackenzie; Sartori; Lipset); *democráticas* (Gonçalves Figueiredo; Andrade Sánchez; Torrens; Carreras e Vallés); *pluralistas* (Hermet); *abertas* (Alcubilla); *confiáveis* (Mirón Lince; Serrano Migallón; Roseno de Oliveira); *significativas* (Medvic); íntegras (Norris, Martínez i Coma e Grömping; Comissão Global sobre Eleições, Democracia e Segurança); *plurais* (Schedler); *corretas* (Galvis Gaitán); *honestas* (Lowenstein; Jorge Miranda; Hartlyn, McCoy e Mustillo; Declaração Universal de Direitos Humanos; Pacto Internacional sobre Direitos Civis e Políticos); *sinceras* (Duverger; Freire Barros; Fernandes; Fayt); *idôneas* (Dahl); *sérias* (Barretto); *puras* (Gálvez Muñoz); *genuínas* (Merloe; Declaração de Princípios para a Observação Internacional de Eleições/ONU); *equitativas* (Birch); *concorrenciais* (Oliveira Baracho); *disputadas* (Caggiano); *autênticas* (Fernández Ruiz; Galván Rivera; Eneida Salgado; Orozco Henríquez; Convenção Americana sobre Direitos Humanos); *justas* (Bealey; Pasquino; Tullio; Gonçalves Figueiredo; Carta Democrática Interamericana); ou *competitivas* (Nohlen; Bateson; O'Donnell; Birch; Pedicone de Valls; Sánchez Muñoz; García Soriano).

A lista de adjetivos decerto é mais longa, englobando predicados análogos como eleições "limpas" ou "hígidas", assim como expressões correlatas concernentes à justiça, retidão, depuração ou lisura eleitoral.

Exemplo de aplicação de uma leitura ampla consta da enciclopédia da rede ACE (ELECTORAL KNOWLEDGE NETWORK, [s.d.]), que define a integridade (legitimidade) eleitoral como o "[...] conjunto de normas baseadas em princípios, medidas e mecanismos democráticos para a garantia de eleições livres e transparentes".[69] Um sentido expansivo consta também de uma visão que concebe a legitimidade como uma fórmula aberta destinada ao resguardo da franqueza eleitoral, pressupondo, entre outros, a observância de certos comandos reitores, a saber: autenticidade do resultado, legalidade do pleito, eficácia do voto livre, igualdade de oportunidades entre os candidatos e firmeza na condução das eleições (ALVIM, 2016, p. 45).

Como categoria de análise, a integridade eleitoral é composta por parâmetros que servem à realização de um importante exercício valorativo: corresponde, nesse sentido, a um conjunto de elementos cuja maior ou menor presença determinará a valência (positiva ou negativa) da percepção coletiva referente à correção intrínseca de certo certame. Se a competição eleitoral deve ser bem vista para que difunda segurança e estabilidade, os estudos de integridade se ocupam justamente de identificar elementos que a dotam de credibilidade, tanto perante os atores políticos (partidos, coligações, candidatos, órgãos do Ministério Público, observadores internacionais) como diante da sociedade civil (eleitores, grupos de pressão e organismos da imprensa).

Valverde Gómez (2016, p. 127-128) giza que a integridade deve significar algo mais do que a ausência de fraudes e manipulações grosseiras, e que as eleições devem ser valoradas pela constatação de todos os seus elementos virtuosos e não apenas como uma mera formalidade que, deficiente em algumas partes e mais ou menos efetiva no desenvolvimento em outras, acabe por gerar na população inquietudes sobre o todo ou sobre partes da qualidade do processo.

O autor costarriquenho considera que, para tal exercício, três fatores guardam uma especial relevância: (i) a elaboração de um bom marco jurídico;[70] (ii) o alcance de uma institucionalidade forte e respei-

---

[69] *Integridad Electoral. Panorama general* (ELECTORAL KNOWLEDGE NETWORK, [s.d.]).

[70] A idoneidade do marco jurídico também é lembrada pela *Enciclopédia ACE* (ELECTORAL KNOWLEDGE NETWORK, [s.d.]) como um indicador a ser escrutinado pelos órgãos de

tada; e (iii) a sensibilidade para que o processo eleitoral seja cada vez mais técnico, inclusivo, profissional, honesto e participativo.

Por seu turno, a *Enciclopédia ACE* considera que o selo da integridade eleitoral envolve a presença agregada de cinco elementos, a saber:

- um conjunto de normas baseadas em princípios democráticos de aceitação geral;
- um marco jurídico que imponha pesos e contrapesos à influência da estrutura institucional;
- mecanismos de proteção bem afiançados que incluam a vigilância das eleições pela sociedade civil, observadores e meios de comunicação independentes;
- medidas para assegurar o cumprimento das normas; e
- uma administração eleitoral justa, transparente e equitativa.[71]

Em esforço similar, a Comissão Global sobre Eleições, Democracia e Segurança (2012, p. 6-12) estabelece – sob a rubrica de *conteúdos mínimos* – algumas características que devem ser observadas pelos Estados de modo a assegurar a seus cidadãos um acesso adequado aos canais de participação política. Fala-se, especialmente, sobre a necessidade de:

I. construir um efetivo Estado de direito que assegure aos cidadãos, inclusive a competidores políticos e a membros da oposição, recursos jurídicos para a correção de situações que lhes impeçam de exercer seus direitos políticos de caráter eleitoral;

II. criar e manter organismos de administração eleitoral profissional, com competência e independência (inclusive financeira) para oferecer eleições transparentes que concitem a confiança pública;

III. desenvolver instituições e processos que desestimulem a violência eleitoral e, em caso de insucesso, sancionem os seus perpetradores;

IV. reformar e projetar sistemas eleitorais que reduzam as dinâmicas de ganhadores absolutos;

---

monitoramento da integridade eleitoral, notadamente as missões de observação eleitoral (*Integridad Electoral. Monitores de la Integridad Electoral*).

[71] *Integridad Electoral. Panorama general* (ELECTORAL KNOWLEDGE NETWORK, [s.d.]).

V. eliminar as barreiras à participação de mulheres, jovens, minorias, pessoas com deficiência e outros grupos tradicionalmente marginalizados, assim como adotar medidas positivas para promover a liderança e a ampla participação da mulher, inclusive mediante o uso razoável de quotas de gênero;

VI. conceber instituições e formular normas de competição multipartidária e de diluição de poderes que promovam a democracia como um sistema de segurança mútua entre os competidores;

VII. garantir eleições transparentes e equitativas, removendo barreiras legais, administrativas, políticas, econômicas e sociais à participação política universal; e

VIII. regular as questões relativas ao financiamento político.

Ademais, no âmbito das missões internacionais de observação eleitoral é possível divisar a utilização de um conjunto de critérios comumente aplicados na avaliação dos níveis de integridade de pleitos ao redor do mundo, critérios esses que se revelam bastante úteis para retirar a noção de "eleições livres e justas" do limbo semântico ou do campo infértil da abstração.

O que constitui uma eleição "livre e justa"?

Um processo eleitoral livre é aquele no qual as liberdades e direitos humanos fundamentais são respeitados, incluindo:

- liberdade de discurso e de expressão por parte de eleitores, partidos políticos, candidatos e veículos da imprensa;
- liberdade de associação, isto é, liberdade para formar organizações como partidos políticos e organizações não governamentais;
- liberdade de reunião, para celebrar encontros políticos e demais atos de campanha;
- liberdade de acesso para que eleitores transmitam e recebam informações de caráter político e eleitoral;
- liberdade para o registro de eleitores, partidos e candidatos;
- exclusão de violência, intimidação e coerção;
- liberdade de acesso às seções de votação por parte de eleitores, fiscais de partidos e observadores credenciados;
- liberdade para votar em segredo; e
- liberdade para questionar, desafiar e registrar queixas ou objeções ao processo sem o receio de represálias ou repercussões negativas.

O que constitui uma eleição "livre e justa"?

Um processo eleitoral justo é aquele no qual o "campo de jogo" é razoavelmente nivelado e acessível a todos os eleitores, partidos e candidatos, incluindo:

- existência de uma organização eleitoral apartidária e independente a conduzir todo o processo;
- respeito a direitos e garantias e observância dos procedimentos constitucionais e legais atinentes à matéria eleitoral;
- sistema eleitoral que proporcione uma representação equitativa dos eleitores;
- sufrágio universal e sigilo do voto claramente estabelecidos;
- cobertura midiática equitativa e equilibrada;
- acesso parelho a fontes financeiras e materiais para as campanhas de candidatos e partidos políticos;
- iguais oportunidades quanto ao recebimento de informações políticas e eleitorais por parte dos eleitores;
- acessibilidade dos locais de votação;
- igualdade de tratamento a eleitores, candidatos e partidos políticos por parte das autoridades eleitorais, governo, polícia, militares e órgãos jurisdicionais;
- procedimentos de apuração de votos abertos e transparentes; e
- processos eleitorais não descaracterizados pela violência, intimidação ou coerção.

Fonte: Medvic (2010, p. 8), a partir de parâmetros aplicados pela *CommonBorders* (http://www.commonborders.org) e pela *Inter-Parliamentary Union* (http://www.ipu.org).[72]

---

[72] Recorrendo a uma extensa lista de tratados e documentos internacionais, Patrick Merloe (YOUNG, 2009, p. 9-10) externa um olhar análogo, ao considerar que, para ser "genuinamente democrático", um processo eleitoral deve ser realizado com estrito respeito aos direitos humanos e em um contexto que exclua discriminações e restrições irrazoáveis, incluindo, *litteris*: "the right to associate into political organizations (such as political parties, candidate support organizations, or groups favoring or opposing referenda propositions); the right to peacefully assemble for meetings and ralies and to otherwise demonstrate support for electoral competitors; the right to move freely to build electoral support; the right to be free of the threat of violence or other coercion, while making political choices or exercising political expression; the right to hold political opinions without interference; and the right to freedom of political expression, including the freedom to seek, receive, and impart information and ideas in order to develop informed choices required for the 'free expression of the will of the electors'". Em uma perspectiva mais geral, Merloe (YOUNG, p. 10-38) considera que as eleições democráticas demandam: (i) inclusão (fortalecimento do direito e da oportunidade de votar e de ser votado); (ii) transparência (informação sobre os competidores, direitos eleitorais e funcionamento do processo eleitoral, além da possibilidade de amplos monitoramento e observação); e (iii) *accountabilty* (efetiva reparação em casos de violação de direitos, comportamento adequado por parte de autoridades e organismos de administração eleitoral e efetiva responsabilização em face da ocorrência de ilícitos).

Na cena acadêmica, diversos especialistas igualmente se dedicam a apontar elementos-chave para a identificação de eleições íntegras.

Para Pedicone de Valls (2001, p. 93), o reconhecimento de eleições competitivas demanda a presença das seguintes condições: (i) liberdade de candidatura; (ii) real competição entre os candidatos; (iii) igualdade de oportunidade entre os competidores; e (iv) liberdade de escolha, garantida mediante a previsão de voto secreto.

Blanco de Morais (2018, p. 80-86) considera regulares as eleições marcadas pelo cumprimento da lei e pela observância efetiva de critérios de equidade e de controle a respeito do sufrágio. Em sua opinião, são estas as características que, em termos de regularidade, devem ser atendidas em um procedimento eleitoral: (i) observância da legalidade preestabelecida; (ii) sufrágio direto e secreto; (iii) transparência; (iv) processo equitativo; (v) controle independente.

Daniel Ortiz (YOUNG, 2009, p. 57), por seu lado, defende que um sistema verdadeiramente democrático de seleção de governantes deve dispor de eleições periódicas baseadas na existência: (i) de um sufrágio relativamente amplo, se não universal, e (ii) de um alto nível de igualdade entre os cidadãos autorizados a votar; além (iii) da ausência de coerção, com um consequente estímulo à formação do voto consciente.[73]

Em uma visão aproximada, Fernández Segado (2000, p. 418-422) sustenta que a realização de eleições transparentes e livres depende da presença conjugada dos seguintes requisitos:

---

[73] Jorge Malem Seña (2002, p. 130-131) acredita que a formação consciente dos cidadãos depende de um trabalho de longo prazo. Em sua visão, a dinâmica de curto prazo das campanhas eleitorais estimula tomadas de decisão rasas e influenciada por aspectos emocionais. Discorre, pois: "De lo que se trataria entonces es de alcanzar un 'punto de saturación electoral, informado y meditado'. Este puede ser definido como aquel punto de equilibrio inestable que supone para un momento electoral dado su no alteración significativa por un incremento de propaganda política. Que sea 'informado y meditado' supone que el votante tiene a su disposición la información relevante para ejercer su derecho ciudadano de votar y que lo hace sobre la base de razones; esto es, de un modo reflexivo y consciente. Este 'punto de saturación' es más fácil de ser alcanzado si se considera la práctica política a largo plazo. En efecto, las organizaciones políticas dispondrían de más tiempo para hacer conocer sus propostas, permitiendo, de esa manera, que los electores en conocimiento de los aspectos más substanciales de los problemas afectados en los programas políticos tomen sus decisiones autonomamente y hagan uso de su voto como un medio de contribuir al autogobierno colectivo. En períodos electorales de corta duración la acción política se dirige fundamentalmente a fomentar y determinar una actitud electoral específica, que el ciudadano vote, y que lo haja en un determinado sentido. En estas condiciones, la persuasión irracional juega un papel essencial. No se trata ya de conseguir un voto informado y reflexivo, difícil de alcanzar a través de una publicidad vertida con machacona insistencia y cuyo mensaje raramente puede superar eslóganes vacíos [...], cuanto de influir en el votante a través de los procedimentos y estímulos que sean".

(i)   universalidade e igualdade do sufrágio;
(ii) liberdade para a postulação de candidaturas;
(iii) igualdade de oportunidades entre os concorrentes;
(iv) liberdade na formação da escolha eleitoral;
(v)   tipificação de condutas comprometedoras da lisura do processo;
(vi) garantia de acesso à jurisdição eleitoral.

Em exame agregado, a falta de tais pressupostos denuncia a emergência de pleitos não competitivos, aqueles cujos resultados podem ser antevistos não em razão da preferência clara e constante da maioria dos eleitores (explicitada mediante pesquisas de sondagem de opinião), mas pela existência de manipulação pelo poder central ou pela incidência de "coerções extrapolíticas quase irresistíveis" (ROUQUIÉ *in* HERMET *et al.*, 1982, p. 56),[74] ou, ainda, pela sedimentação de situações de flagrante desnível, que inserem a competição em um ambiente injusto, com características de campo inclinado (*uneven playing fields*).[75]

---

[74] Nessa linha, Adalberto Agozino (1997, p. 345) considera que o fato de que se celebrem eleições não é, *per se*, suficiente para outorgar a um regime o selo democrático. Em sua visão, a característica em questão necessita mais, pois sem competição aberta pelo poder político não se pode falar em democracia. A ideia de competição aberta, afinal, comunica-se com a noção de uma disputa *a priori* apta a ser vencida por qualquer dos contrincantes. Eleições competitivas são, portanto, as francamente disputadas. Trata-se, conforme Gicquel (*apud* SÁNCHEZ MUÑOZ, 2007, p. 60), de pleitos nos quais os candidatos: (i) representam ideologias diferentes; (ii) concorrem por partidos diferentes; (iii) apresentam-se perante os eleitores para confrontar e contestar seus méritos recíprocos (ou os de seus partidos); e (iv) entram em competição para obter os votos, não podendo os resultados ser previstos com anterioridade. Também para Wojtasik (2013, p. 28), a imprevisibilidade define a noção de eleições competitivas. Segundo o pesquisador polonês, as características-chave para o reconhecimento de eleições em sistemas democráticos são: (i) incerteza quanto aos resultados, os quais dependem, exclusivamente, do arbítrio dos votantes; (ii) possibilidade de real alternância nos cargos; e (iii) formação de uma divisão *ipso facto* entre os sujeitos que estarão no poder e a respectiva oposição. Em termos gerais, consideram-se competitivas as eleições cujo resultado não está predeterminado, e que estejam realmente aptas a produzir efeitos na formação política do governo (TAAGEPERA; SOBERG, 1989; HARROP; MILLER, 1987; REMMER, 1984; LAPALOMBARA; WEINER, 1969; LIJPHART, 1986). Outro parâmetro possível para identificar eleições competitivas é conferir se o sistema concede a alternância do poder, isso é, se é teórica e legalmente possível para "os de fora" (*outsiders*) substituir "os de dentro", sem que se recorra à violência (LAPALOMBARA; WEINER, 1986; SARTORI, 1976), tudo conforme Méndez (2003, p. 30-31), que identifica entre todas as acepções uma espécie de denominador comum, qual seja uma clara associação entre a ideia de competição política e a preservação das condições mínimas de liberdade, que devem prevalecer na configuração e na prática do "mercado político".

[75] Lembrada por Garrido e Martínez (2014, p. 14), a expressão é comumente usada no âmbito da ciência política para designar contextos que se caracterizam por um evidente desequilíbrio nas condições de competição entre agentes opositores. Como pontua Birch (2011, p. 25), as eleições democráticas devem ser realizadas em um campo de jogo nivelado (*level playing*

CAPÍTULO 2
O CONTEÚDO DA LEGITIMIDADE E DA NORMALIDADE ELEITORAL | 69

Com esteio em Celso Bastos, Farias Neto (2011, p. 182) julga que no contexto atual as eleições devem respeitar alguns princípios gerais, sem os quais o processo de seleção popular ficaria minorado em sua essência democrática. Os critérios democráticos descritos pelo célebre constitucionalista são: (i) generalidade (absorção de cidadãos adultos sem a imposição de discriminações de qualquer ordem); (ii) paridade (atribuição de valor igual à opinião de todos os votantes); (iii) voto secreto; (iv) voto direto; e (v) liberdade.[76] Segundo Farias Neto (2011), no bojo de eleições legítimas, deve-se ainda impor a igualdade de condições entre os candidatos, inclusive de forma a assegurar igual participação nos espaços proporcionados pelos veículos de comunicação.

Nesse ponto, tece impressões coincidentes com as do Professor José Jairo Gomes (2016, p. 70), que destaca não bastar, para a legitimidade, a observância do procedimento legal,[77] sendo ainda necessário que a configuração normativa estenda as mesmas oportunidades aos participantes do certame. Na mesma linha, Gianfranco Pasquino (2010, p. 144) reputa evidente admitir que "[...] as eleições serão tanto mais livres, competitivas e democráticas quanto melhor se consiga manter o equilíbrio entre os concorrentes, sejam eles candidatos individuais, partidos ou coligações".

Dieter Nohlen (2012, p. 227) defende que o caráter democrático de um procedimento eleitoral é teoricamente garantido (i) pela vigência

---

field), tanto no que tange à concepção das normas como em suas efetivas observância e aplicação, como forma de se assegurar a indispensável equidade da disputa.

[76] Sánchez Muñoz (2007, p. 39) aclara que, embora a escolha política se expresse por meio do voto, o voto pode não ser a expressão de uma autêntica escolha. Em uma democracia, o direito de sufrágio não consiste apenas em um direito a votar, senão também, como pressuposto prévio, em um direito a escolher e a fazê-lo em liberdade. Em outras palavras, o catedrático espanhol sustenta que, para que o sufrágio possa ser considerado democrático, não basta que todos os cidadãos tenham a faculdade de introduzir na urna uma cédula com o nome de um dos candidatos: é necessário que realmente possam escolher, ou seja, que possam escolher livremente entre distintas alternativas políticas. Isso é o que permite diferenciar eleições democráticas de eleições meramente aparentes, como as costumeiramente organizadas por regimes ditatoriais.

[77] O apego ao *due process of law* é destacado por Paulo Ferreira da Cunha (2014, p. 93-94). Para o cientista político, quando se furta ao procedimento legal vigente para designar o titular de um corpo político, o título daí havido deve ser considerado ilegítimo. Em seu conceber, o sistema pode tolerar desvios de pouco relevo, mas nunca a preterição de formalidades importantes. Ao recordar que as eleições formam a base de todo o quadro democrático, Paloma Biglino Campos (2010, p. 5) prega que defeitos na maneira como as eleições são conduzidas carregam potencialmente consequências mais sérias do que erros detectados em outras espécies de processos públicos. Logo, julga possível afirmar que falhas nos processos eleitorais, quando não devidamente remediadas, podem colocar em xeque os próprios fundamentos do sistema político em que se inserem.

do sufrágio universal, igualitário, direto e secreto, (ii) pela liberdade para a realização da escolha entre candidaturas concorrentes representando distintas plataformas políticas ou ideologias, assim como (iii) pelo caráter aberto do resultado eleitoral e sua aceitação pacífica por parte de todos os competidores, ao tempo em que para Reinaldo Dias (2013, p. 183) eleições livres e verdadeiramente íntegras são aquelas que conjugam, ao menos, os seguintes fatores: (i) existência de um marco geral de garantias jurídicas; (ii) manutenção do princípio do pluralismo de ideias no processo eleitoral;[78] (iii) ocorrência de eleições periódicas; (iv) liberdade de escolha do eleitor (o que inclui a presença de sufrágio universal e igualitário; a possibilidade de escolher em quem votar e emitir o voto efetivamente sem pressões exteriores); e (v) a segurança de que o voto não será manipulado de modo fraudulento. Dias (2013) estipula exigências básicas para o conceito de integridade, formando um quadro reconhecidamente passível de ser complementado por fatores outros que auxiliem o jogo em sua constante evolução, na imparável busca por uma apreciação difusa amplamente positiva.

Ainda sobre o tema, esquema mais detalhado é cunhado por Alejandro Tullio (2008, p. 18-19), para quem, no caminho para o reconhecimento da integridade eleitoral, deve-se consentir que os marcos legal, político e social assegurem que:

(i)　a autoridade eleitoral seja imparcial e totalmente independente, e que no desempenho de suas funções jurisdicionais cuide para que se cumpra a normativa eleitoral;

(ii)　que a legislação preveja a existência de mecanismos processuais manejáveis diante de quaisquer atividades que restrinjam arbitrariamente o exercício de direitos políticos;

(iii)　o sufrágio igual e universal esteja efetivamente reconhecido;

(iv)　o direito ao voto secreto seja facilitado pelos mecanismos de votação escolhidos;

---

[78] "If elections simply replace one personality with another, with no corresponding change in public policy, elections would not be very consequential. This is precisely the situation in countries with one-party rule. But even where there is competition between parties, if the policy propolsals of those parties do not differ significantly, it hardly matter which one wins. For elections to matter, therefore, there must be diferences between the platforms of at least two parties competing for office, the voters must be aware of those diferences, and the winning party must be able to implemente its policy proposals" (MEDVIC, 2010, p. 304).

(v) o resultado eleitoral reflita exatamente a preferência dos votantes;

(vi) os cidadãos estejam registrados sobre a base de seus respectivos domicílios eleitorais;

(vii) exista ampla liberdade para organização política e postulação de cargos eletivos, salvo restrições legais estabelecidas de maneira razoável e prévia ao processo eleitoral;

(viii) os candidatos vejam assegurado o direito a competir em um marco de segurança e confiabilidade tanto pessoal como institucional, em que as liberdades de expressão, difusão de ideias pela imprensa livre, associação, petição e reunião, sejam estritamente respeitados; e

(ix) a ocupação dos principais cargos institucionais do país seja fruto de eleições livres, confiáveis e transparentes.

Finalmente, os especialistas designados para a Comissão Global sobre Eleições, Democracia e Segurança (2012, p. 15) entendem que, para que sejam reconhecidas como íntegras, as eleições devem: (i) estar baseadas em princípios democráticos (sufrágio universal, igualdade política etc.); (ii) ser preparadas e geridas profissionalmente; (iii) ser imparciais e transparentes em todas as suas etapas; e (iv) produzir percepções que auxiliem a governabilidade e o incremento da segurança e do desenvolvimento humano.

Numa síntese abreviada, é lícito afirmar que na senda doutrinária os critérios para o reconhecimento do nível de integridade eleitoral soem ser enquadrados em cinco eixos geralmente considerados principais: (i) a garantia de liberdade para o exercício do sufrágio; (ii) a estrita observância da legalidade da disputa (garantida por um eficiente sistema de contencioso eleitoral); (iii) o reconhecimento da autenticidade de seus resultados; (iv) a certeza de imparcialidade e firmeza na condução das eleições pelos órgãos de administração e jurisdição eleitoral; e (v) a preservação da igualdade de oportunidade entre os candidatos que competem pela preferência popular. Essas exigências, em termos gerais, condensam uma gama de critérios indispensáveis à evolução progressiva das práticas eleitorais, rumo a um incremento paulatino e progressivo nos índices de qualidade da experiência democrática, com o decorrente reforço das instituições.

Nada obstante, é notável que na área jurídica o problema tem sido enfrentado de modo abstrato, generalizado e relativamente superficial.

Malgrado decorra de uma impressão geral referente à justiça do procedimento como um todo, cabe perceber que a integridade das eleições pode ser entendida e avaliada de maneira menos etérea e mais efetiva, a partir da identificação e de um exame criterioso sobre os seus pontos nodais, em par com uma linha de pesquisa já avançada nos domínios da ciência política e que em muito contribui para subsidiar estudos voltados ao aprimoramento das práticas político-eletivas.

Cuida-se, na linha de Easton e Norris (*apud* BARRIENTOS DEL MONTE, 2010, p. 6), de desenvolver estudos especiais sobre os componentes de toda a engrenagem, evoluindo de uma *verificação de desempenho difuso* para uma *verificação de desempenho específico*. Nesse ponto, o campo em que se move tem recebido importantes contributos, oriundos de iniciativas de avaliação empírica promovidas na politologia. Esses trabalhos atendem à necessidade constante de verificar se a realidade eleitoral, em cada qual de seus subconjuntos, cumpre com os postulados garantidores de certa "substancialidade democrática", revestindo-se, portanto, de grande relevância prática, na medida em que produzem subsídios importantes para a otimização contínua das mecânicas eleitorais.[79]

No terreno empírico, no qual é mais bem esquadrinhado, o problema da qualidade dos processos de escolha popular enseja o surgimento de um conjunto de investigações focadas na exploração de questões como o desenvolvimento de padrões internacionais de integridade eleitoral, sua aplicação a distintos casos para detectar fraudes e a discussão sobre a introdução de técnicas e métodos que mitiguem as más práticas nesse meandro especial (GARRIDO; MARTÍNEZ, 2014, p. 10).

No particular, o conceito de integridade eleitoral corresponde a um conjunto de princípios internacionais, valores e padrões de eleições aplicados universalmente a todos os países do mundo por meio do ciclo eleitoral, que inclui o período pré-eleitoral, a campanha, o dia

---

[79] Segundo alerta a *Enciclopédia ACE* (ELECTORAL KNOWLEDGE NETWORK, [s.d.]), em função das rivalidades sociopolíticas e da constante ameaça de corrupção eleitoral, *a integridade nunca se pode dar por assentada*. Em tese, cada passo do processo eleitoral pode ser ameaçado; para diminuir o risco de práticas fraudulentas, é essencial que legisladores e organismos eleitorais tomem em conta a importância da integridade eleitoral quando desenvolvam novos sistemas ou modifiquem os já existentes. No espírito da integridade, encontra-se inserta a ideia de contínua abertura para mudar tudo o que se faça necessário (*Integridad Electoral. Panorama general. Principios guía*). Como decorrência, em função da velocidade em que se altera a dinâmica político-social, surge para o legislador eleitoral uma espécie de dever de vigilância permanente, algo claramente demonstrado pela paulatina identificação de novas formas de abuso de poder.

da votação e seu epílogo (NORRIS, 2013, p. 353-358). Aqui, a noção de integridade não diz necessariamente respeito à validade jurídica das eleições, mas à noção de *qualidade* do processo como um todo, remetendo, portanto, ao que viemos chamando de legitimidade em sentido político (ou em sentido amplo).

Ao revés do que se passa com as análises jurídicas, não se trata de indagar sobre a possibilidade de confirmação (ou certificação) da validade dos resultados à luz do direito, mas de proceder a um exame pormenorizado a respeito da eficiência do sistema estabelecido, com olhos postos em suas aparentes falhas e nas respectivas possibilidades de otimização. Veicula-se, enfim, da ideia de que os processos eleitorais devem ter os pressupostos específicos de todas as suas etapas fielmente cumpridos para que se possa qualificar ou tachar de boa uma eleição em seu conjunto, isto é, em sua globalidade de partes (VALVERDE GÓMEZ, 2015, p. 124).[80]

Bem a propósito, as iniciativas empíricas de integridade não divisam apenas entre eleições legítimas ou ilegítimas pelo prisma da validação; ocupam-se, mais propriamente, de desenvolver definições empíricas sobre conceitos afins, decompondo-os em indicadores concretos que sejam cientificamente "observáveis e medíveis" (GARRIDO; MARTÍNEZ, 2014, p. 12) e que possibilitem a realização de ajustes, com vistas à melhoria do marco regulatório procedimental. Nesse diapasão, as investigações em questão servem sobremaneira para a evolução do direito eleitoral positivo, máxime quando se nota que o seu maior desafio é, precisamente, a superação da defasagem entre seus postulados frios e a realidade social concreta, em prol de que o seu conjunto normativo siga desempenhando, eficazmente, a função de legitimação do sistema político (SÁNCHEZ MUÑOZ, 2007, p. 4).

Os conceitos em tela têm sido trabalhados de forma bastante interessante no âmbito de uma iniciativa científica de destaque mundial: a escala PEI – concebida pela iniciativa *Global Perceptions of Electoral Integrity* –, que tem como escopo aferir a qualidade de competições

---

[80] A noção de uma sequência lógica de condições necessárias implica que uma eleição só pode ser considerada democrática se – e apenas se – cumpre com cada uma delas. A analogia matemática é a multiplicação por zero, no lugar da soma. Cumprimentos parciais das normas eleitorais não produzem em soma uma democracia parcial. A violação flagrante de qualquer parte da engrenagem invalida o correto cumprimento de todas as demais (SCHEDLER, 2016, p. 130).

eleitorais celebradas em países de todos os continentes, mediante a aplicação do método de sondagem da opinião de especialistas.[81]

Para efeitos de análise, o índice global de percepções sobre a integridade eleitoral submete os processos eletivos a um recorte temporal, dividindo-os em quatro etapas:[82] (i) etapa pré-eleitoral; (ii) período de campanha; (iii) jornada eleitoral; e (iv) etapa de repercussão dos resultados (ou pós-eleitoral).

---

[81] Nessa seara, é verdade que o cardápio metodológico oferece aos investigadores distintas alternativas para a coleta de dados relativos à integridade eleitoral. Entre os métodos possíveis, encontram-se o emprego de *relatórios produzidos por observadores eleitorais*, a consulta ao bloco de *informações produzidas pelos meios de comunicação*, a realização de *pesquisas de sondagem de opinião junto aos cidadãos* e o *exame sobre a jurisprudência eleitoral*. Todas as técnicas, contudo, carregam deformidades: as missões de observação não obedecem a critérios unificados, por vezes chegando a conclusões opostas, e, ademais, frequentemente descuram de acompanhar, de perto, todas as fases do processo, pelo que tendem a exagerar na simplificação das questões (MARTÍNEZ I COMA; VAN HAM *apud* MARTÍNEZ I COMA; NORRIS; FRANK, 2015, p. 44); a consulta aos meios de comunicação é sempre arriscada, uma vez que não se pode descartar a possibilidade de se lidar com coberturas tendenciosas ou perspectivas enviesadas; as questões relativas à integridade dos processos eleitorais comportam nuanças e tecnicismos que escapam ao nível de conhecimento das pessoas comuns, pelo que as enquetes ao eleitorado restam inviabilizadas; finalmente, a análise de julgados releva-se insuficiente porque, como já mencionado, a noção de integridade deve traspassar a ideia de violação do marco legal, alcançando inclusive críticas sobre a pertinência e a eficácia do próprio ordenamento. Nesse contexto, o índice PEI opta por uma combinação de métodos, estabelecendo uma técnica em que prevalece a realização de pesquisas de opinião junto a experts selecionados. Para Martínez i Coma, Norris e Frank (2015, p. 43), a pesquisa proporciona uma informação "exaustiva, sistemática e convincente" para comparar e controlar a qualidade das eleições em todo o mundo. Os idealizadores da iniciativa (MARTÍNEZ I COMA; NORRIS; FRANK, 2015, p. 43-44) enfatizam que a inquirição de especialistas constitui uma técnica cada vez mais habitual para avaliar dimensões da governança democrática que não podem ser observadas de outras formas, como é o caso do respeito à lei, da qualidade das burocracias ou dos índices de corrupção.

[82] A cisão do processo eleitoral em diferentes fases ou etapas é um recurso comum nos manuais da disciplina. Trata-se de uma técnica didática interessante, por permitir uma análise particularizada de seus institutos e instituições. Jorge, Liberato e Rodrigues (2016, p. 70) identificam o processo eleitoral como "[...] uma sequência de atos jurídicos que se sucedem de forma lógica e cronológica". Os referidos atos caracterizam-se por serem autônomos (separadamente possuem início e fim) e interdependentes (o fim de um ato habilita o início do subsequente, em ordem sucessiva). Concebem, nesses termos, o processo eleitoral como um "fenômeno dialético", formado por uma sequência de atividades que se sucedem no tempo e no espaço. Essas atividades são agrupadas por Rodolfo Viana Pereira (*apud* OLIVEIRA, 2010, p. 24-25) em três grandes fases do processo eletivo: (i) *preparatória*; (ii) *constitutiva*; e (iii) *integrativa de eficácia*. Assim: "A primeira fase compõe-se das operações que visam habilitar os atores políticos, informar o corpo eleitoral e criar a infraestrutura necessária à recolha da vontade popular, tendo como atos principais o alistamento eleitoral e atualização do cadastro de eleitores, o registro dos candidatos e a campanha eleitoral; a segunda fase engloba a realização e a decodificação do sufrágio, comportando a votação, a apuração e a publicação dos resultados; e finalmente, a terceira fase prevê mecanismos que possam verificar se a manifestação da vontade apurada foi livre e desimpedida e, consequentemente, se os resultados a ela se adaptam, a fim de se reconhecer a eficácia definitiva da diplomação [...]".

Em linhas gerais, a metodologia envolve análise e atribuição de notas a quarenta e nove diferentes aspectos do pleito, os quais funcionam como indicadores concretos a respeito da qualidade de cada eleição.

Fugindo à lógica simplificadora dos exames dicotômicos,[83] as questões são desenhadas para a coleta de concordâncias ou discordâncias (em termos positivos ou negativos) com variação elástica, em uma escala de zero a cinco pontos. Como exemplo, para uma pergunta do tipo "quando se trata das leis aplicáveis às eleições de seus país, você concorda com a afirmação de que elas favorecem o partido do governo?", os questionários possibilitam uma multiplicidade de respostas: (i) *discordo fortemente*; (ii) *discordo*; (iii) *não concordo nem discordo*; (iv) *concordo*; e (v) *concordo fortemente*. Há, ademais, uma opção neutra (resposta *não aplicável*) destinada ao descarte de avaliações sobre indicadores estranhos ao arranjo em julgamento.[84]

As quarenta e nove variáveis estabelecidas buscam medir onze importantes dimensões do ciclo eleitoral, agrupadas entre as já mencionadas etapas sucessivas do processo. As dimensões em questão versam sobre aspectos dos universos fático, normativo e institucional, como se passa a explicar.

A primeira dimensão de análise remete ao *espectro regulatório do certame*. Nessa seção, avaliam-se os níveis de liberdade e de competitividade da disputa, em especial a presença de regras discriminatórias ou de favorecimento em relação a determinados concorrentes, assim como a imposição de restrições indevidas a prerrogativas democráticas. Especificamente, questiona-se:

(a) se as leis são injustas com partidos de menor expressão;
(b) se as leis favorecem as forças do governo; e
(c) se as leis restringem direitos dos cidadãos.

---

[83] No particular, a escolha metodológica é respaldada por Elklit e Reynolds (2015, p. 149), os quais julgam que a oitiva de *experts* é preferível em relação a outros procedimentos porque permite enquadrar as eleições em termos multidimensionais, indo além de classificações binárias, que simplesmente as categorizam como boas ou ruins. Segundo os autores, nessa categoria de pesquisa a criação de uma variável dicotômica é inadequada porque estorva a compreensão dos graus de variação estabelecidos entre os casos. Em contrapartida, as avaliações em escala oferecem maior probabilidade de que as diferenças sejam percebidas em dimensões mais próximas da realidade.

[84] Pense-se, por exemplo, em uma pergunta sobre as condições para a formulação de candidaturas independentes onde elas não são admitidas, caso do Brasil.

Um juízo sobre a qualidade dos regulamentos é considerado importante pelo fato de que a integridade de uma eleição depende de algo mais do que a mera subsunção das práticas às hipóteses legais, haja vista que as deficiências normativas podem solapar o caráter democrático de uma disputa. Nessa esteira, Sánchez Navarro (1998, p. 21) recorre a Santolaya Machetti para lembrar que os arranjos eleitorais são muito frequentemente influenciados por fatores políticos estranhos à sua axiologia própria. O ex-membro da Junta Eleitoral Central espanhola sublinha que, nesse ambiente específico, a modificação das regras do jogo afeta, em primeiro lugar, aos próprios jogadores, pelo que não deixa de ser lógico que o interesse político e a conveniência de cada grupo ou partido desempenhe um papel determinante em qualquer debate acerca de reformas políticas.

Também nessa linha, J. Vasconcelos (2011, p. 73), em tom mais ácido, afirma que, com o propósito de se manterem no poder, os "políticos profissionais" buscam artifícios para "obter permanência *ad infinitum*". Em sua perspectiva, não é raro que os parlamentares, ao assumirem os seus mandatos, comecem a "articular textos legais para consolidar a sua vitaliciedade no cargo". Andreas Schedler (2016, p. 142), em perspectiva complementar, sublinha que a integridade eleitoral pode ser minada logo na concepção do quadro regulatório, mediante a normatização de pleitos injustos, cercados do que denomina "condições estruturais de injustiça".

Por tudo isso, é fato que a integridade das eleições depende da existência de um marco de regulação apto a impor limites à atuação dos competidores, de sorte a "garantir que as disputas ocorram num campo de jogo nivelado, no qual prevaleça o equilíbrio", e por meio do qual sejam desencorajadas eventuais tentações relativas a abusos e transgressões (OLIVEIRA, 2018, p. 355).

No espectro constitucional, o princípio da legalidade das eleições somente é admitido como corolário do imperativo da legitimidade, visto que a Carta Fundamental (art. 14, §9º), ao exigir a justiça no desenvolver do processo, não se limita a sugerir uma mera correição formal, incapaz de alimentar, no corpo social, o grau de aceitação necessário à conformação do sistema democrático liberal. Significa então que a Lei Suprema consagra a expectativa de que as competições eleitorais, à sua luz, somente se desenvolvem em termos politicamente aceitáveis quando as suas regras condicionantes reflitam os valores básicos da ideia democrática. Há que se lembrar, para o caso, que a legitimidade se difere da legalidade justamente porque invoca que as leis estabelecidas atendam a uma sorte de "padrão superior" (MALTEZ, 2018, p. 300).

Na linha da experiência democrática vigente, portanto, é dado reconhecer que "[...] a legalidade não mais atua em neutralidade, tendo de coadunar-se com o espírito constitucional e difundir seus conteúdos [...]",[85] sendo preciso evitar, a todo custo, que "[...] o aparato legal apresente-se contagiado de faccionismos, fomentando óbices aos adversários e atribuindo regalias aos afeiçoados" (RIBEIRO, 1990, p. 85; 93). Ao fim e ao cabo, é de se afirmar que as eleições têm por finalidade servir à política e, como se propaga:

> [...] no puede existir política en serio y con estabilidad institucional si no hay reglas de juego, o si, habiéndolas, no se las consiente y no se las cumple. Se trata de una condición primordial. Y si aspiramos a una política justa, entonces a esa condición primaria hay que agregarle la de que las reglas de juego sean éticas y justas. (BIDART CAMPOS, 1985, p. 391)

Em seguida, a avaliação recai sobre a *realidade das práticas e procedimentos eleitorais*, com o propósito de aferir o grau de fidelidade guardado em relação ao ordenamento positivo, assim como os níveis de equidade e eficiência imprimidos em todo o processo. A pesquisa, pois, procura aferir o modo em que os processos eleitorais são conduzidos, ao indagar:

(a) se as eleições são bem administradas;
(b) se há suficiente oferta de informações sobre os procedimentos;
(c) se as autoridades eleitorais atuam de maneira justa;
(d) se as eleições são desenvolvidas em consonância com a lei.

Trata-se de uma análise sobremaneira importante, convindo recordar a clássica lição de Ortega y Gasset (2013, p. 74), no sentido de que a saúde de todas as democracias depende da qualidade de seus processos eleitorais, pois, "sem o apoio de um autêntico sufrágio as instituições democráticas vagam no ar".

---

[85] No quadro constitucional pretende "[...] que a representação popular seja genuína, autêntica e, sobretudo, originada de processo legítimo. Não basta, pois, que haja mero cumprimento das formalidades do processo eleitoral, pois a legitimidade exsurge sobretudo do respeito àqueles valores [liberdade, virtude, igualdade, sinceridade, normalidade e legitimidade no jogo democrático]" (GOMES, 2018, p. 25).

O terceiro cenário alude ao *desenho das circunscrições eleitorais*, aspecto a rigor mais importante para a avaliação de sistemas que adotam alguma das variantes do voto distrital (puro ou misto). Em âmbito nacional, as circunscrições eleitorais coincidem com a geografia das unidades federativas, excluindo riscos relativos à criação de flancos de manipulação relacionados com a tática de *gerrymandering*[86] que, em última instância, é o que a pesquisa, nesse ponto, pretende escrutinar. Nesse quesito, questiona-se:

(a) se há divisões territoriais prejudiciais a alguns partidos;
(b) se há divisões territoriais favoráveis aos partidos da situação;
(c) se as divisões atendem a critérios imparciais.

O índice *de depuração do cadastro de eleitores* representa o quarto raio sopesado. Cuida-se de suposto obrigatório para a realização de pleitos adequados, já que por meio dele é que se garante que o consenso político exsurja de sua única fonte aceitável, a autodeterminação de indivíduos investidos na qualidade de cidadãos. As questões objetivam desvendar:

(a) se há cidadãos (injustamente) excluídos do corpo eleitoral;
(b) se o cadastro eleitoral apresenta falhas;
(c) se existem eleitores alistados indevidamente.

A correção no banco oficial de eleitores é um instrumento sem o qual não se pode falar de eleições íntegras, uma vez que é inadmissível tomar por legítimos pleitos em que o corpo de votantes comporte impedidos, falecidos ou eleitores alistados em duplicidade (HERNÁNDEZ VALLE, 2000, p. 512).[87] Na mesma linha, defendemos que, a par de apon-

---

[86] A noção remete a uma espécie de manipulação ligada à tendenciosidade no desenho de unidades territoriais eleitorais. Alcubilla (2009, p. 255) a define como a operação de geometria eleitoral por meio da qual se delimitam os distritos ou circunscrições eleitorais, de forma a beneficiar determinadas opções e prejudicar outras. A expressão deriva da junção do sobrenome de Elbridge Gerry (governador de Massachusetts, a quem se atribui a invenção engenho) ao sufixo do substantivo *salamander* (salamandra, em inglês). Bealey (1999, p. 17) registra que a prática era comum em estados do sul dos Estados Unidos, até que a Suprema Corte, no julgamento do caso *Baker v. Carr* (1962), decidiu que disputas a respeito da reconfiguração de distritos entre estados passaria à competência de tribunais federais. Em fórmula sucinta, o *gerrymandering* é definido por Blanco de Morais (2018, p. 84) como o "[...] desenho artificial e malabar dos limites dos círculos eleitorais em termos que favoreçam indevidamente a uma determinada força política em detrimento da representação real do eleitorado".

[87] Veja que o déficit de credibilidade enfrentado pelas eleições presidenciais norte-americanas em 2000 derivou, em parte, da carência de um cadastro eleitoral nacionalmente organizado. Até então, cada estado organizava a seu critério o corpo de votantes, havendo enormes

tar o registro escorreito como um pressuposto fundamental da lisura de um processo eletivo, "[...] a segurança do processo democrático demanda a instituição de instrumentos de depuração do cadastro eleitoral, com o objetivo de mantê-lo limpo, isento de fraudes e deturpações" (ALVIM, 2016, p. 197).[88] Como consequência, para as autoridades eleitorais é de rigor assegurar que o cadastro de votantes espelhe apenas e tão somente a massa legalmente habilitada a atuar no processo mecânico de legitimação da representação política, afastando, por completo, casos de falsidades, duplicidades e pluralidades, assim como habilitação de eleitores já falecidos, a inscrição indevida de estrangeiros e a seleção de domicílio à revelia das exigências específicas.

O foco seguinte reside nas *condições de inscrição e enfrentamento impostas aos candidatos e partidos políticos*. Avalia-se, concretamente, a presença de obstáculos fáticos ou institucionais ao efetivo exercício do *jus honorum*, isto é, dos direitos políticos passivos. Em especial, quer-se descobrir se:

(a) se candidatos opositores são impedidos de concorrer;
(b) se as mulheres gozam de oportunidades iguais;
(c) se minorias étnicas ou nacionais concorrem em igualdade de oportunidades;
(d) se no interior dos partidos os candidatos são selecionados em bases democráticas;
(e) se partidos ou candidatos sofrem restrições em atividades de proselitismo político.

Modernamente, o grau de competitividade deve ser encarado como um elemento determinante para a avaliação da qualidade de um certame eleitoral. Como cediço, toda eleição supõe, por princípio, a possibilidade real, para o eleitor, de adotar livremente uma decisão ante as

---

discrepâncias. Após o escândalo das cédulas duvidosas no estado da Flórida, o Congresso aprovou o ato *Help America Vote* (HAVA), que obrigava todos os estados a aplicar de maneira efetiva uma lei precedente, mas escassamente atendida, por meio da qual se exigia o desenvolvimento de um rol estadual de eleitores único, uniforme, oficial, centralizado, interativo e informatizado (DADER, 2017, p. 18).

[88] Como sustenta Jorge Miranda (2018, p. 134): "O recenseamento desempenha [...] uma função importantíssima de segurança jurídica, assim como de transparência política: a) De segurança jurídica em geral e de proteção da confiança, porquanto cada eleitor inscrito tem a garantia de votar – e, na medida em que o recenseamento seja permanente – de votar em quaisquer eleições; b) De transparência política, porque a autenticidade do recenseamento – quer dizer, a correspondência entre eleitores e eleitores inscritos – é condição básica de formação correta da vontade popular e da autenticidade do sistema democrático".

várias opções que, abertamente, competem pela honra de obter o seu voto. O pleito em que não se cumpram esses requisitos mínimos só será democrático em aparência: em verdade, consistirá em um simples rito de caráter formal, usado para revestir de democracia um regime onde essa, concretamente, não existe (HERNANDEZ BECERRA, 2000, p. 147).

O sexto conjunto também aborda a *competitividade*, agora *na atmosfera específica das campanhas eleitorais.*[89] Nele, pretende-se mensurar a taxa de abertura da disputa, mediante a análise das condições de visibilidade disponíveis, em tese, a cada um dos contendores. Indaga-se, notadamente:

(a) se a mídia impressa realiza uma cobertura igualitária;
(b) se os noticiários televisivos favorecem o partido do governo;
(c) se partidos políticos e candidatos possuem um acesso adequado aos espaços destinados à propaganda política;
(d) se os jornalistas oferecem uma cobertura justa a respeito das eleições;
(e) se as mídias sociais são utilizadas como ferramentas para a exposição de desvios ou ilícitos eleitorais cometidos pelos diferentes atores.

A realização de um balanço sobre o comportamento da imprensa é sobremaneira importante para a inspeção do equilíbrio de condições da disputa, especialmente em virtude de seus influxos sobre a sorte das preferências coletivas, amplos o suficiente para que as agências informativas sejam vistas já não como meros "espaços" políticos, mas como verdadeiros *players* no jogo do poder. Sempre antecipado, Alexis de Tocqueville (2010, p. 144) pressagiaria o problema da mídia ao sugerir,

---

[89] As campanhas eleitorais representam "conjuntos de conteúdos comunicativos de finalidade política que as diversas opções eleitorais produzem em um prazo taxativamente fixado em uma norma legal, e que incluem uma expressa petição de votos". São, pois, períodos nos quais candidatos e partidos "põem em prática uma série de estratégias encaminhadas à maximização de seus possíveis benefícios eleitorais" (MORENO, 2015, p. 49-50). O exercício das atividades de campanha "congrega a realização de diversas prerrogativas fundamentais. De um lado, a liberdade de expressão de atores políticos e o direito à informação que assiste à população; de outro, a igualdade de oportunidades entre os candidatos e o direito difuso a um certame aberto, competitivo e justo. Vem daí a sua importância para a qualificação do ambiente político. Por meio das atividades de comunicação política, os eleitores tomam conhecimento dos candidatos, de seus currículos e plataformas, podendo, a partir de então, questionar, ponderar e amadurecer as escolhas que farão na hora máxima do exercício cívico. Nesse contexto, na medida em que desperta a sociedade civil para a consciência e para a participação, a interação dialética entre as elites políticas e o corpo social é indispensável para a realização da democracia na vida cotidiana" (FUX; FRAZÃO; ALVIM, 2018, p. 12).

há quase dois séculos, que os escritores, afinal, podem ser vistos como "os soldados de um grande exército".

Aspectos contábeis e financeiros compõem o sétimo subconjunto da avaliação. Determinante para os rumos da pugna eletiva,[90] o dinheiro é, simultaneamente, um elemento necessário e potencialmente nocivo para os processos eleitorais, pelo que cabe investigar:

(a) se os competidores possuem um acesso equânime a verbas de origem pública;

(b) se os competidores possuem um acesso equânime a doações de origem privada;

(c) se partidos políticos e candidatos fornecem informações transparentes sobre os registros financeiros de suas campanhas;

(d) se as eleições são compradas por indivíduos abastados;

(e) se recursos estatais são utilizados de forma indevida com o objetivo de assegurar o resultado dos pleitos.

---

[90] Se os recursos não são uma garantia de vitória, sua ausência é, em si, suficiente para assegurar uma derrota eleitoral (PALETZ, 1997, p. 206). Isso porque, como é óbvio, "candidatos que concorrem com acesso maior a recursos fazem campanhas mais bem informadas, com abundância de gente e materiais, levando sua mensagem (especialmente na versão recomendada pelos 'marqueteiros') a mais eleitores" (GONÇALVES, 2018, p. 296). Como posto por Duverger (1966, p. 253): "O tema do 'dinheiro-soberano' é uma caricatura da realidade política: o dinheiro nunca foi o único rei. Mas, em inúmeras sociedades, e não apenas nas sociedades capitalistas, a riqueza é uma arma política essencial". Nesse passo, Karl Loewenstein (1979, p. 343-344) assevera: "[...] el desarollo de la sociedad de masas en nuestra época tecnológica ha introducido un nuevo elemento de desigualdad en las *chances* electorales. Las modernas campañas electorales, en las que se dan a conocer a los electores las personalidades y los programas de los partidos en lid, están esencialmente determinadas por el efecto de la propaganda de los partidos en cada elector. La propaganda llega al electorado de masas a través de los medios de comunicación de masas, y no, como era norma el el tempo del constitucionalismo clásico, a través del contacto personal entre los candidatos y los electores en reuniones personales y en mítines. La famosa frase de Montecuccoli sobre la triple necesidad para hacer guerra rige absolutamente en la campaña electoral: dinero, dinero y otra vez dinero. En los Estados totalitarios el partido único domina todo el aparato de propaganda y sólo él puede gozar de todos los medios de comunicación. Pero en el Estado democrático constitucional no se ha vuelto menos crítico el problema de mantener igualdad en el acceso a las técnicas de comunicación. Durante largo tempo esta situación fue ignorada en una actitud de avestruz, o bien aceptada como una inevitable manifestación en un orden social libre. Hoy hay desaparecido toda duda de que la desigualdad de los partidos y de los candidatos en los medios de económicos de que disponen para la campaña electoral y, conseguientemente, la desigualdad en el uso de los medios de comunicación tiene una importancia decisiva para el resultado de una elección. Sería desde luego una exageración afirmar que el partido mejor dotado financeiramente ganará con seguridad la elección. Sin embargo, desde el principio tiene uma vetaja sobre sus rivales menos ricos, que no es fácil superar ni aun con los más brillantes y poderesos contraargumentos".

No plano teórico, a razão substancial do projeto eleitoral acarreta a necessidade de uma "reposição da igualdade perante o poder econômico" (CALDAS, 2016, p. 139), para que o pêndulo da competição não esteja fatalmente inclinado a favor das forças que disponham do maior aporte de receitas.

Dessa maneira, um exame sobre a qualidade das eleições não pode deixar de perscrutar se diferenças quanto à capacidade financeira dos concorrentes resultam em desequilíbrio para as forças em disputa, já que a integridade eleitoral exige que o enfrentamento pela preferência popular ocorra em termos razoavelmente parelhos. Nessa linha de raciocínio, autores como Gianfranco Pasquino (2009, p. 143) andam bem em ressaltar que as vantagens conquistadas pelos candidatos que dispõem de maiores disponibilidades materiais podem transformar as eleições em uma luta desigual, produzindo resultados artificiais e distorcidos. Cumpre lembrar, então, que:

> Se o poder econômico tem força para deslegitimar um certame eletivo – afetando a liberdade de escolha e minando o equilíbrio de oportunidades entre os candidatos –, também o possui para descredenciar a atuação do governo escolhido, na medida em que o coloca refém de pressões para o atendimento de interesses particulares [...]. Sob a bandeira da legitimidade, [pois] permite-se e limita-se, ao mesmo tempo, a utilização do fator econômico nas campanhas eleitorais. O financiamento é aceito para que os competidores tenham meios para a condução de suas campanhas, deixando-se bem conhecer pelo corpo de cidadãos; mas para que sua influência disso não passe, a seu uso contrapõem-se os deveres de observar as regras e de prestar contas perante a Justiça Eleitoral, a quem interessa, por todo o exposto, o controle e a fiscalização da atividade financeira realizada durante o certame. (ALVIM, 2016, p. 368-369)

Por sua vez, a *integridade no processo de votação* guarda relação não apenas com o ambiente de liberdade em que o ato último se desenvolve, mas ainda com questões relacionadas à amplitude e facilitação do acesso àquele direito político fundamental.[91] A dimensão em evidência é medida com base em percepções a respeito das seguintes condições:

---

[91] A questão da amplitude guarda relação com a demanda pela máxima extensão do voto, pilar incontesto das democracias hodiernas. Sobre o tema, Robert Dahl (2009, p. 62) assinala que o elemento em análise não se esgota no amplo reconhecimento formal do direito ao voto, pois a satisfação das exigências de uma democracia pressupõe que "[...] os direitos nela inerentes devem realmente ser cumpridos e, na prática, devem estar à disposição dos cidadãos. Se não estiverem, se não forem compulsórios, o sistema político não é democrático,

(a) se os eleitores são vítimas de violência no momento da votação;
(b) se alguns votos são computados de maneira fraudulenta;
(c) se os eleitores dispõem de genuínas opções de escolha plasmadas nas cédulas;
(d) se o método de emissão do sufrágio comporta alguma modalidade de voto a distância;
(e) se há seções eleitorais especialmente adaptadas para atender às necessidades de cidadãos com deficiência;
(f) se os eleitores residentes no exterior têm a possibilidade de votar;
(g) se o ordenamento admite alguma forma de voto pela internet.

É certo que um sistema que se pretende íntegro deve prover máxima segurança à liberdade dos eleitores, a fim de que os votos mantenham um conteúdo democrático, refletindo projeções externas que sejam, essencialmente, frutos de decisões íntimas e pessoais (ALCUBILLA, 2009, p. 493).

Nesse contexto, Sánchez Muñoz (2007, p. 39) agrega que, embora a escolha se expresse por meio do voto, o voto pode não ser a expressão de uma autêntica escolha. Em uma democracia, o direito de sufrágio não consiste apenas em um direito a votar, senão também, como pressuposto prévio, em um direito a escolher e a fazê-lo em liberdade. Em outras palavras, para que o pleito seja considerado democrático não basta que todos os cidadãos tenham a faculdade de introduzir na urna uma cédula com o nome de um candidato: é necessário que realmente possam escolher, ou seja, que possam selecionar livremente entre distintas alternativas políticas. No limite, é isso o que permite diferenciar eleições democráticas de eleições meramente aparentes, típicas daquelas celebradas por regimes ditatoriais.

O exame da etapa pós-eletiva tem início com um olhar sobre a *atmosfera que envolve o procedimento de apuração dos votos,* a fim de ensejar um correto juízo sobre o nível de ajuste entre os resultados oficialmente declarados e a realidade da vontade coletiva externada nas urnas. A

---

apesar do que digam seus governantes, e as 'aparências externas' de democracia serão apenas fachada para um governo não democrático".

seção visa ainda a considerar o padrão de transparência conferido ao processo como um todo. Nesse quesito, questiona-se:

(a) se as urnas oferecem um nível satisfatório em matéria de segurança;

(b) se os resultados eleitorais são anunciados sem atrasos indevidos;

(c) se os votos são regularmente contabilizados;

(d) se os governos ou órgãos de administração eleitoral restringem a atuação de organismos de observação internacional;

(e) se a fiscalização, em nível doméstico, sofre alguma forma de constrangimento ou restrição.

É sabido que a integridade eleitoral pressupõe, entre outras coisas, a neutralidade oficial e a abertura (transparência) na condução do processo. Nesse passo, a qualidade do pleito depende diretamente da possibilidade de fiscalização sobre todos os atos que a compõem, refutando, por mínimas que sejam, quaisquer nuanças obscuras tendentes à opacidade. A vigilância e o consequente controle externo são sobremodo salutares, à medida que desestimulam desvios institucionais e movimentos fraudulentos, patologias inquestionavelmente nocivas à saúde global do procedimento.

Como prega Hernández Becerra (2000, p. 336), em um sentido geral a palavra "fiscalizar" denota a ideia de controlar, vigiar, supervisionar. Aplicada ao processo eleitoral, a fiscalização consiste no exercício de todos os meios estabelecidos e aceitos pela lei com o objetivo de assegurar que a eleição seja realizada em conformidade com a legislação eleitoral e que o seu resultado traduza a expressão livre, espontânea e autêntica do corpo de cidadãos. O autor define, assim, os mecanismos de fiscalização eleitoral como a expressão mais concreta de garantia aos direitos constitucionais e políticos, aos interesses legítimos dos partidos políticos, candidatos e cidadãos e, em suma, da legitimidade do processo representativo.[92]

---

[92] Os efeitos positivos da fiscalização são também ressaltados pela *Enciclopédia ACE* (ELECTORAL KNOWLEDGE NETWORK, [s.d.]), nos seguintes termos: "A través de la observación, los partidos políticos y candidatos juegan un rol de pesos y contrapesos a lo largo del proceso electoral. Informes que sacan a la luz un gran número de irregularidades pueden provocar un debate público y desencadenar apoyo público para las reformas electorales o medidas de corrección. Informes positivos pueden calmar las preocupaciones públicas acerca de los problemas de integridad y fomentar la confianza pública en el sistema" (*Integridad Electoral. Organizaciones de partidos. Efecto positivo en la integridad*).

De igual modo, as missões de observação – sejam nacionais, internacionais ou independentes – cumprem semelhantes efeitos dissuasórios sobre as irregularidades, na medida em que exercem pressão sobre os órgãos de governo, pelo que o exame sobre a excelência das competições eleitorais deve ter em conta o índice de tolerância ou receptividade dispensado àquelas legações.[93]

Prossegue a iniciativa com uma inspeção sobre a *capacidade institucional para a oferta de resultados incontestes*, bem assimilados tanto pelos derrotados como pela população. O reconhecimento do resultado eleitoral como legítimo é, com efeito, um critério usualmente aplicado para julgar o trabalho das instituições que velam pela distribuição da justiça eleitoral (NOHLEN, 2012, p. 239). No particular, mede-se a aptidão do certame realizado para a conclusão de sua tarefa precípua, qual seja a circulação do poder político sem fraudes ou traumas (PINTO, 2010, p. 2), ou seja, sem altercações.

Também assim, afere-se a capacidade sistemática para a resolução pacífica de conflitos, com a estrita aplicação do ordenamento legal. Com tal objetivo, os especialistas são incitados a responder:

(a) se partidos políticos ou candidatos questionam os resultados oficialmente proclamados;

(b) se a eleição dá azo à realização de manifestações populares pacíficas;

(c) se a eleição engatilha protestos violentos;

(d) se eventuais conflitos encontram soluções dentro dos canais legais oferecidos.

Descabe negar que inconformismos externados pelos derrotados são, por vezes, infundados e fazem parte de obscuras estratégias de *marketing* político (construção da imagem de vítima, encenação de perplexidade para justificar excesso de confiança demonstrado durante

---

[93] De acordo com o Informe da CGEDS (2012, p. 58-59), além de figurar como uma ferramenta-chave para promover e proteger a integridade dos pleitos, a observação eleitoral tem se mostrado um poderoso instrumento para a condução de mudanças democráticas, ao menos em três diferentes áreas: em primeiro lugar, tem auxiliado transições democráticas em países autoritários; em segundo lugar, tem melhorado a qualidade das eleições ao largo do tempo; finalmente, tem ajudado a diplomacia que tenta corrigir eleições viciadas em quaisquer de suas fases. Consulte-se, a propósito, a Declaração de Princípios para a Observação Internacional Eleitoral, formulada pela Organização das Nações Unidas e endossada por inúmeros países e organizações não governamentais (Disponível em: https://www.osce.org/odihr/16935?download=true. Acesso em: 7 ago. 2018).

a campanha etc.), direcionadas a conquistar a simpatia da opinião pública. Não obstante, excessos no discurso, assim como a contestação sistemática dos resultados (fenômeno conhecido como "judicialização da política") operam, sem dúvida, efeitos negativos sobre a credibilidade sistêmica da competição,[94] de modo que a eficiência no fornecimento de resultados confiáveis constitui um dos principais alvos da estrutura de proteção da integridade eleitoral.

Para tal fim, não basta que as regras do jogo sejam informadas por valores democráticos e que o processo se desenvolva com total transparência: é necessário, ainda, a dotação de um modelo de contencioso claro, eficaz e objetivo, capaz de assegurar a aplicação da lei e a imposição de sanções a tempo e modo adequados,[95] mormente porque "a concepção de uma eleição hígida, que possibilite o acesso ao poder constituído pelos representantes justamente eleitos em conformidade

---

[94] Dieter Nohlen (2012, p. 235-237) sobreleva os efeitos negativos provenientes de discursos de vitimização e do consequente excesso de judicialização da política. O pesquisador alemão sublinha que em contextos ameaçados pela fraude e marcados por uma descrença generalizada ante as instituições, não surpreende que apareçam atores interessados em usar a desconfiança para fins políticos. Entre outras estratégias, aqueles atores, na intenção de anular reveses, soem superestimar faltas que ocorrem em qualquer processo eleitoral e que não deveriam deslegitimar o pleito, disseminando, reflexamente, a impressão de que as eleições foram realizadas de maneira fraudulenta. Surge, assim, uma explosão de litigiosidade que assoberba as cortes eleitorais, acompanhada de dois riscos apontados pelo autor: primeiro, a sedimentação de uma cultura de controvérsia nos tribunais, em detrimento do desejável desenvolvimento de costumes políticos de adesão às regras do jogo, de honestidade, de negociação e respeito aos compromissos firmados entre forças conflitantes; segundo, a pretensão de suprir a falta de legitimidade democrática pela intervenção dos tribunais. Nesse ponto, Nohlen (2012, p. 237) enfatiza que o poder eleitoral é um poder *pas comme les autres*: convém recordar que o poder eleitoral está com os eleitores, eles é que decidem quem ganha uma eleição. A Justiça Eleitoral cumpre a função de garantir que o processo eleitoral se desenvolva de acordo com as normas, mas não pode pretender substituir a função de legitimação democrática que o sistema constitucional reserva ao corpo de cidadãos.

[95] No ambiente estudado, talvez mais do que em ramos afetos à denominada Justiça Comum, o tempo constitui elemento de acentuada importância, sendo a celeridade uma das notas características da legislação eleitoral adjetiva. Como coloca Guilherme de Salles Gonçalves (2008, p. 216): "Por regular matéria necessariamente transitória, que afeta bens jurídicos com tempo de duração e vigência definidos (mandatos, eleições etc.), mais que em qualquer outra área do Direito parece evidente a efetividade de um princípio que denominamos como temporalidade certa. Enuncia esse que, como o Direito Eleitoral (aqui, como meio regulador da democracia, não se olvide) via de regra tem um momento certo para desaguar toda a sua eficácia e sentido [...], sua regulação deve, sempre, mitigar institutos de natureza procedimental para a adequada garantia de seus bens mais relevantes". A premência pela agilidade tem como desdobramento um comando duplo: que as ações jurisdicionais eleitorais possuam ritos bastante céleres, e que os órgãos jurisdicionais atuem regularmente com inegável prontidão, a fim de tutelar os interesses a que oferecem proteção (ALVIM, 2016, p. 57).

com as regras do jogo, pressupõe a correta observância do arcabouço normativo vigente" (ZILIO, 2018, p. 444).

Por fim, submete-se a crivo o próprio *comportamento dos organismos eleitorais*, em termos de neutralidade, eficiência e democratização. Questiona-se, então:

(a) se as autoridades eleitorais são imparciais;

(b) se as autoridades fornecem suficiente informação aos cidadãos;

(c) se a performance das autoridades eleitorais é submetida à avaliação da sociedade civil; e

(d) se as autoridades eleitorais apresentam um bom desempenho.

Como explica José Néri da Silveira (1998, p. 20), os órgãos de administração das eleições assumem posição de fundamental importância no sistema democrático, uma vez que guardam o processo eleitoral, "[...] zelando pela organização, direção e vigilância dos atos relativos ao sufrágio", a fim de "[...] a vontade geral se manifeste, sem fraude nem violência, na conformidade das leis, que hão de ser aplicadas na perspectiva da realização dos valores da democracia, indissociáveis dos superiores interesses do bem comum".

A retidão na conduta das autoridades responsáveis por levar a cabo os atos que operacionalizam a soberania popular é condição *sine qua non* não apenas para a integridade da experiência democrática, mas ainda para a realização efetiva do regime constitucional de direitos e liberdades. Daí a necessidade de se cobrar uma atuação firme e imparcial por parte daqueles órgãos e de submetê-los a um constante, rigoroso e atento escrutínio público.

No tocante ao Brasil, o índice PEI atualmente leva como paradigma o segundo turno das eleições presidenciais de 2022. O *ranking* global abarca, até o momento, 547 processos eletivos celebrados em 169 países de todos os continentes; no cenário atual (PEI_9.0), o Brasil ocupa, mundialmente, a 38ª colocação. A posição representa um acentuado avanço em comparação com relatórios anteriores (em 2014, o Brasil ocupava a 50ª posição).

Em geral, as eleições nacionais foram dadas como mais do que satisfatórias: as escalas obtidas (73, nas eleições parlamentares, e 69 na nas presidentes, para um máximo de 100) superam a média global, firmada em 50 pontos. Com a nota, o país se encaixa na categoria quatro, relativa a eleições com "alta taxa de integridade".[96]

Conceitos atribuídos aos ciclos das eleições brasileiras (notas individuais em nível imputado, média entre eleições parlamentares e presidenciais)

Índice de integridade geral

Pleito	Nota (faixa de integridade)	*Ranking*
Gerais 2014	68 (alta)	27
Gerais 2018	60 (alta)	49
Parlamentares 2022	73 (muito alta)	–
Presidenciais 2022	69 (alta)	38

Quesito 1 – Qualidade das leis

Pleito	Nota
Gerais 2014	74
Gerais 2018	66
Parlamentares 2022	90
Presidenciais 2022	83

Fonte: Elaboração própria.

Quesito 2 – Procedimentos eleitorais

Pleito	Nota
Gerais 2014	87
Gerais 2018	69
Parlamentares 2022	94
Presidenciais 2022	94

Fonte: Elaboração própria.

---

[96] O *ranking* agrupa as eleições realizadas em cinco diferentes categorias de integridade: a) muito baixa (0-40); b) baixa (40-49.9); c) moderada (50-59.9); d) alta (60-69.9); e muito alta (acima de 70).

Quesito 3 – Delimitação de distritos

Pleito	Nota
Gerais 2014	73
Gerais 2018	67
Parlamentares 2022	70
Presidenciais 2022	76

Fonte: Elaboração própria.

Quesito 4 – Registro de votantes

Pleito	Nota
Gerais 2014	75
Gerais 2018	72
Parlamentares 2022	89
Presidenciais 2022	80

Fonte: Elaboração própria.

Quesito 5 – Registro de candidatos e partidos

Pleito	Nota
Gerais 2014	63
Gerais 2018	47
Parlamentares 2022	74
Presidenciais 2022	50

Fonte: Elaboração própria.

Quesito 6 – Cobertura midiática

Pleito	Nota
Gerais 2014	48
Gerais 2018	44
Parlamentares 2022	49
Presidenciais 2022	68

Fonte: Elaboração própria.

Quesito 7 – Financiamento de campanha

Pleito	Nota
Gerais 2014	38
Gerais 2018	36
Parlamentares 2022	49
Presidenciais 2022	43

Fonte: Elaboração própria.

Quesito 8 – Processo de votação

Pleito	Nota
Gerais 2014	65
Gerais 2018	59
Parlamentares 2022	67
Presidenciais 2022	66

Fonte: Elaboração própria.

Quesito 9 – Processo de apuração

Pleito	Nota
Gerais 2014	92
Gerais 2018	85
Parlamentares 2022	92
Presidenciais 2022	93

Fonte: Elaboração própria.

Quesito 10 – Resultados eleitorais

Pleito	Nota
Gerais 2014	64
Gerais 2018	68
Parlamentares 2022	47
Presidenciais 2022	35

Fonte: Elaboração própria.

Quesito 11 – Autoridades eleitorais

Pleito	Nota
Gerais 2014	82
Gerais 2018	57
Parlamentares 2022	99
Presidenciais 2022	90

Fonte: Elaboração própria.

Em análise isolada, as percepções dos especialistas em relação às diversas etapas do ciclo brasileiro comportam evidentes disparidades, o que demonstra que as partes de seu todo não são desenvolvidas com a mesma eficiência: consoante as impressões colhidas, algumas dessas etapas funcionam de modo adequado (quando não excelente), ao tempo em que outras apresentam deficiências em dimensões ora mais, ora menos gravosas. Chama a atenção, em especial, o fato de que a pior entre todas as notas (35, entre pontos 100 possíveis) diz com a aceitação dos resultados das eleições presidenciais, o que evidencia que o país perdeu a possibilidade de avançar ainda mais no *ranking* mundial em função do grau de contágio afeto à epidemia de desinformação contra as instituições eleitorais.

2.2 O conteúdo mínimo da legitimidade eleitoral

É possível afirmar que a garantia de legitimidade está para o direito eleitoral como a dignidade humana para o constitucionalismo: surge como um elemento central, norte de referência para o qual confluem os demais valores que compõem o seu sistema e justificam, categoricamente, a sua realização. Ao estimular a realização de eleições íntegras, o ordenamento eletivo empreende a proteção de altos valores comunitários, como a forma democrática de governo, a soberania popular, o sufrágio universal, a participação livre, o pluralismo político, a paz social e a equivalência de condições no acesso a cargos públicos (COVARRÚBIA DUEÑAS, 2008, p. 138-139; OROZCO HENRÍQUEZ, 2006, p. 293-310).[97]

---

[97] Sobre o liame entre valores e fins, é clássica para a disciplina a lição de Sosa Clavel, lembrada por Fernández Ruiz (2010, p. 216); "El fin del Derecho Electoral es realizar la justicia y la

Sem integridade, o ato eleitoral pende de sustento lógico e de justificação ética; mais do que mero adjetivo, a integridade é de ser vista como razão substancial do que atualmente se entende por eleição, já que é ela o que permite distinguir entre um simples "verniz" de legitimidade democrática e uma "legitimidade democrática autêntica" (CGEDS, 2012, p. 14). Logo, é evidente que:

> Preservar a normalidade e a legitimidade das eleições, em respeito à própria soberania popular, que não pode ser maculada, viciada, iludida ou enganada por práticas infelizmente corriqueiras é comando constitucional. Não se pode falar de respeito ao Estado Democrático de Direito, princípio fundamental, sem que se dê total proteção à soberania popular, por meio da garantia da participação do povo nos pleitos e da total lisura destes contra qualquer espécie de abuso. (FARIA, 2012, p. 83)

Nessa direção, Felipe Lins Caldas (2016, p. 28) pondera que "[...] de nada adianta criar as condições necessárias para a realização do pleito eleitoral se estiverem esvaziados seus elementos materiais", já que "um processo eleitoral que se preocupa apenas com a estrutura pela qual será desenvolvido não atinge os fins e os valores preconizados pela democracia representativa".

Ademais, a integridade transcende como elemento de qualificação do regime político, pois o vigor global do sistema popular depende logicamente do grau de respeito que os atores e instituições conferem à matéria eleitoral (NOHLEN; SABSAY, 2007, p. 18). Isso porque a

---

seguridad jurídica como valores generales del Derecho aplicables a todas y cada una de sus ramas. La realización de la justicia y seguridad jurídica en materia electoral genera la realización de estos valores en todas las areas de la organización política. Justicia es el proceso espontaneo o institucional mediante el cual se otorga a cada quien lo que le correspónde de conformidad a sus méritos, obras, capacidades, necesidades y conducta. La seguridad jurídica es la certidumbre de que el Estado como organización política protege la conducta congruente con el orden jurídico establecido y reprueba la contraria al orden señalado". Nessa trilha, Corona Nakamura (2013, p. 20-21) pontua que, para que as eleições possam ser qualificadas como legítimas, é necessário que sejam celebradas com apego e respeito a diversos princípios de nível constitucional e aos valores e direitos fundamentais vinculados ao sistema democrático, sem os quais a votação e seus resultados careceriam de qualquer legalidade. O Informe da CGEDS (2012, p. 15) também explora a essencialidade das eleições para os valores e para o espírito da democracia, ao pontuar que os pleitos criam oportunidades para que as pessoas identifiquem e exerçam suas opções políticas, participem no processo político e forcem seus representantes a prestarem contas, sem medo de represálias ou violência. No olhar de seus membros, as eleições também oferecem à cidadania meios para se informar e debater sobre temas-chave para a governabilidade, de sorte que as campanhas políticas e a competição aberta e livre adquirem a mesma importância que o próprio ato de emissão do sufrágio.

realização de eleições livres, abertas e participativas estimulam a edificação de uma sociedade de semelhantes, tanto em sua base como nas instâncias de poder.[98] Como decorrência, o sucesso no alcance de eleições honestas diminui em medidas sensíveis a probabilidade de conflitos pós-eleitorais e de instauração de crises contra as autoridades eleitas (HARTLYN; MCCOY; MUSTILLO *apud* DEL MONTE, 2010, p. 3).

Nesse quadrante, a confiança nos processos eleitorais grassa como uma condição necessária para a solidificação da crença em outras instituições da democracia (DEL MONTE, 2010, p. 1) e, ainda, como uma forte circunstância indutora de estímulos positivos no seio das numerosas esferas da participação política.

O prólogo do Informe da Comissão Global sobre Eleições, Democracia e Segurança (2012, p. 5) traça, com acuidade, o paralelo existente entre o vigor do sistema político e o padrão de qualidade dos pleitos eleitorais. Nos termos do documento, para que as eleições sejam democráticas, fomentem o desenvolvimento e promovam a segurança, devem ser celebradas com integridade. Quando as eleições são íntegras, honra-se o princípio democrático básico da igualdade política: os cidadãos elegem os seus líderes e exigem que esses lhes prestem contas. Em contrapartida, quando as eleições não gozam de integridade, os políticos, as autoridades e as instituições não têm de atender à população, que se vê privada da oportunidade de participar e influir no processo político; a confiança no processo eleitoral é frágil e os governos carecem de legitimidade. Em tais casos, as instituições se encontram vazias de conteúdo e desprovidas dos valores e do espírito da democracia.

Uma das notas funcionais atribuídas ao mecanismo eletivo é a já mencionada aptidão para o estímulo do conformismo ante reveses políticos e a consequente produção de relações sociais mais estáveis e cooperativas. Segundo o Informe da CGEDS (2012, p. 22), a eficácia na aceitação da derrota responde ao fato de que as eleições, quando íntegras, conferem não apenas autoridade legítima aos vencedores (a já mencionada legitimidade de título), mas ainda uma segurança política para os vencidos, já que não são mais do que uma das instâncias de um processo repetitivo em que derrotas imediatas podem ser superadas

---

[98] Domenico Fisichella (2008, p. 63), ao tratar da inter-relação entre as eleições e os hábitos cívicos, ressalta que se não se respeita a orientação da atividade eleitoral, a cultura política vê-se privada de eficácia vinculante, o que arrisca o funcionamento do processo político. A partir desse ângulo, não é demasiado dizer que o mau funcionamento eleitoral repercute negativamente em outros processos políticos ligados à temática da participação.

mediante reorganização e mobilização, para que se transmudem em vitórias, depois.[99] Se o jogo é justo – e tido como tal –, firma-se em geral a impressão de que o êxito eleitoral em médio prazo será, sempre, uma possibilidade real. Essa perspectiva promove, obviamente, a sedimentação de uma cultura de respeito pelo processo, o que o envolve, em termos práticos, o acatamento indistinto dos resultados colhidos.[100]

O *núcleo* da legitimidade, logo, é de ser preservado ao nível máximo. Essa missão é acometida pela lei brasileira aos órgãos que compõem a Justiça Eleitoral, os quais, nessa tarefa, devem identificar os seus contornos decisivos, tendo em conta a já referida abstração característica do ambiente legislativo em que a ideia se insere. Dita abstração, a propósito, é comum nesse ambiente de estudo, cumprindo um papel benfazejo, como ressalta, com propriedade, a Professora Michelle Pimentel Duarte (2016, p. 112):

> A linguagem aberta possibilita abertura uma axiologicamente orientada do sistema jurídico eleitoral, trazendo, salutarmente, os sujeitos e o

---

[99] Consoante os termos do documento (2012, p. 27): "Cuando las elecciones se celebran con integridad, los gobiernos electos se ciñen al Estado de derecho y los partidos derrotados y sus votantes se sienten en libertad de participar en las actividades políticas sin temor a intimidaciones o amenazas de violencia. Del mismo modo, las autoridades electas y sus simpatizantes no temen represalias violentas en caso de que deban abandonar los cargos de poder. Las democracias con integridad electoral crean un juego reiterativo donde, para los actores y grupos políticos, es mejor formar parte del proceso electoral que volver a las luchas violentas, lo que ayuda a garantizar un nivel de seguridad recíproca para todos". Em perspectiva análoga, Pippa Norris (2014, p. 427) atenta para a contribuição de eleições íntegras para o estabelecimento da paz social: "In particular, by accomodating all groups trough electoral channels, integrity is expected to reduce the underlying grievances that trigger intercomunal violence, popular uprisings and civil wars. Conversely, electoral malpractices are predicted to have negative consequences in all these regards".

[100] Não por acaso, a celebração de eleições íntegras é exigida em diversos diplomas jurídico e políticos, nacional e internacionalmente. Entre eles, podem ser citados: Declaração Universal dos Direitos do Homem (art. 21); Pacto Internacional de Direitos Civis e Políticos (art. 25, b); Carta Democrática Interamericana da Organização dos Estados Americanos – OEA (art. 3º); Convenção Americana de Direitos Humanos (art. 23, b); e Constituição da República Federativa do Brasil de 1988 (art. 14, §9º). Mencionem-se ainda documentos relevantes, como: Manual sobre Aspectos Jurídicos, Técnicos e de Direitos Humanos referentes às eleições (ONU, 1994); Declaração da União Parlamentar sobre critérios para eleições livres e justas (1991); Código de Boas Práticas em Assuntos Eleitorais (Comissão Europeia para a Democracia através do Direito – Comissão de Veneza, 2002); Normas Eleitorais Internacionais: diretrizes para revisão do marco legal das eleições (IDEA Internacional, 2005); Declaração de Princípios para a Observação Internacional de Eleições (ONU, 2005); Manual de Observação Eleitoral (OEA, 2010); Informe da Comissão Global sobre Eleições, Democracia e Segurança (IDEA Internacional e Fundação Kofi Annan, 2012); Princípios e Diretrizes que regem Eleições Democráticas (Comunidade de Desenvolvimento da África Austral, 2015); e Princípios Internacionais de Proteção da Integridade Eleitoral (*International Foundation for Electoral Systems* – IFES, 2015).

objeto do processo judicial eleitoral para a dimensão da concretude e da dinâmica social em que se descortina (e a que se dirige) a escolha de representantes de um povo.

A maleabilidade das definições no sistema jurídico eleitoral é útil para manter equilibrada e atual a relação ente o direito e o meio social, evitando fraturas que a evolução ou peculiaridades locais ou temporais pudessem expor em um sistema jurídico rígido e imutável.

Sendo a legitimidade um conceito jurídico aberto, órfão de maior clareza, o seu significado deve ser extraído a partir de uma conjugação com os demais elementos normativos que confluem para a construção de uma ideia mínima a respeito do que seja um processo eleitoral válido, porquanto autêntico.[101] A determinação do alcance da legitimidade mínima mostra-se possível, de fato, a partir de uma análise sistêmica realizada sobre o conjunto de normas que perfazem o direito eleitoral sancionador.[102]

Argumenta-se, então, que o conteúdo nuclear da legitimidade repousa latente sob a lógica que fundamenta o instrumental de *ultima ratio* do regramento eleitoral: se tudo o que compromete o seu imo atrai, potencialmente, a desconstituição da vontade das urnas, segue-se que

---

[101] Como prescreve Michelle Duarte (2016, p. 111), no âmbito eleitoral a impressão de densidade semântica a conceitos indeterminados depende do estabelecimento de *conexões intrassistemáticas* (dentro do conjunto de normas eleitorais), *intersistemáticas* (em outros sistemas normativos como a Constituição) e *extrassistemáticas* (dirigindo-se para fora do sistema jurídico). No particular, malgrado não o faça explicitamente, o ordenamento brasileiro evidencia o conteúdo mínimo da legitimidade de modo reflexo e esparso, especialmente quando formata o seu esquema acautelatório particular.

[102] Essa identificação é possível porque o contencioso nacional é inspirado pelo princípio da tipicidade das ações eleitorais. Como descrito em outro trabalho: "Em matéria processual o arcabouço legislativo eleitoral estabelece um rol *numerus clausus* de instrumentos passíveis de ser invocados, cada qual com as suas especificidades [...]. [Essa] regra de tipicidade incide especialmente sobre as *ações eleitorais impugnativas* (aquelas em que se pleiteia eliminar adversários, obstando a permanência na competição ou o acesso aos cargos pretendidos) [...]. Em última instância, a lógica da tipicidade processual fechada contrapõe-se à de sistemas de contencioso que admitem as chamadas 'cláusulas de nulidade abstrata', brechas normativas para o questionamento judicial da regularidade do pleito em virtude de circunstâncias conspurcadoras graves, verificáveis em concreto porquanto não previamente arroladas pelo legislador" (ALVIM, 2016, p. 54-55). Nos modelos de nulidade abstrata não existem fórmulas processuais específicas e, consequentemente, faltam previsões mais claras acerca das hipóteses condutoras de cassação e invalidação. Nesses arquétipos, seria infértil procurar a legitimidade nas fórmulas processuais porque essas se acham sobremaneira abertas, para não dizer imprecisas. Exemplo da aplicação do modelo abstrato pode ser encontrado no art. 111 do Código Eleitoral argentino que, no que tange ao questionamento da validade do certame, limita-se a prever – sem nenhuma especificação – que, nas quarenta e oito horas seguintes ao pleito, qualquer organismo diretivo dos partidos pode formular protestos ou reclamações contra as eleições.

o significado estrito da legitimidade – a legitimidade nuclear – reside nos valores jurídicos que recebem do ordenamento uma tutela especial, traduzida na escolha dos mais drásticos efeitos como respostas a possíveis transgressões.

Nessa senda, *o cerne da legitimidade* é *composto por todos os valores cujas ofensas impeçam a certificação da validade do pleito*, seja por acarretar a exclusão de determinados candidatos, seja por impor a anulação de mandatos obtidos pelo voto ou o cancelamento da própria eleição.

Em conclusão, se em um sentido negativo a legitimidade eleitoral depende da exclusão de condutas indicadoras de fraude, corrupção e abuso de poder, por uma lógica inversa o alcance mínimo da legitimidade depende da constância substantiva de suas três âncoras ou elementos principais, a saber: (i) a *liberdade para o exercício do sufrágio*; (ii) a *igualdade de oportunidades entre os candidatos*; e (iii) a *apresentação de resultados fidedignos*, que espelhem o produto real da vontade comunitária. Essas exigências são, isolada ou conjuntamente (e com maior ou menor aprofundamento), lembradas pelo corpo da doutrina.

No tratamento do tema, alguns autores colocam acento no elemento da *depuração* do processo, por vezes conectando-o com a necessidade de preservação da paridade de armas entre os competidores.

Nessa direção, José Jairo Gomes (2015, p. 70) sublinha que o cumprimento das regras do jogo é extremamente relevante para a legitimidade das autoridades eleitas. Em suas palavras, o normativo regente "[...] deve ser observado com isenção, de sorte a proporcionar as mesmas oportunidades a todos os participantes do certame". Antônio Peleja Júnior e Fabrício Batista (2012, p. 41), por seu turno, defendem que a legitimidade impõe a necessidade de se "[...] preservar a intangibilidade dos votos e a igualdade dos candidatos no pleito, com o fito de se evitar eleições corrompidas e viciadas, nas quais imperam o abuso de poder [...]".[103]

Já para Karl Loewenstein (1979, p. 334), a ideia do povo soberano como detentor do poder não será senão uma estéril e equívoca hipótese se os mecanismos eleitorais não refletirem, honrada e exatamente,

---

[103] Por esse caminho também caminham o Min. Luiz Fux e Carlos Eduardo Frazão (2016, p. 120): "[...] a legitimidade é pressuposto para regularidade formal e material do processo eleitoral, repercutindo, inclusive, na investidura dos mandatários eleitos. Uma eleição cujo vencedor não tenha atendido aos reclames da legitimidade, com práticas abusivas de poder político, econômico ou uso indevido dos meios de comunicação, de captação ilícita de sufrágio, enseja a invalidação do resultado das urnas, com a consequente cassação do registro ou do diploma do eleito".

a vontade dos eleitores, do que surge a necessidade de se assegurar a "máxima legitimidade" e a "mínima falsificabilidade" dos mandatos eletivos (PEREIRA, 2008, p. 133-135).

Outros acadêmicos propõem uma mirada complementar, de modo a qualificar a discussão em tela, situando a ênfase no elemento *liberdade*.

No bojo dessa corrente, Marcus Vinicius Furtado Coêlho (2006, p. 46) sustenta a liberdade de voto como "[...] *conditio sine qua* non para a legitimação do exercício do poder, transformando o homem em sujeito de sua própria história". Jorge, Liberato e Rodrigues (2016, p. 76), por seu lado, pregam que a proteção da democracia se encontra associada ao "[...] direito que tem o cidadão de votar de forma livre, isto é, sem pressões ou constrangimentos provocados pelas influências econômicas, políticas, morais ou de qualquer tipo", no que se aproximam da sempre precisa ótica de Rodrigo Zilio (2016, p. 34), para quem "o processo eletivo de escolha dos mandatos representativos somente se justifica se a formação da vontade do eleitor não sofrer interferências indevidas".

A maioria doutrinária, no entanto, aponta a *presença conjugada da igualdade e da liberdade* como mandamento indispensável para a impressão da legitimidade eleitoral. Nesse guiar, a Professora Eneida Salgado (2015, p. 29) – já no início de seu ensaio sobre a principiologia estruturante do direito eleitoral – giza que a autenticidade das eleições exige que seus procedimentos estejam "[...] amparados em garantias de igualdade e de liberdade, sob pena de ilegitimidade do sistema representativo". Lauro Barreto (1995, p. 11), analogamente, arrola como pressupostos para o assentamento da integridade eleitoral a livre formação da vontade do eleitor e a igualdade de oportunidades entre os candidatos:

> A lisura de uma eleição evidentemente não pode ficar limitada à mera exatidão da conferência numérica entre o resultado final da apuração das urnas e os votos que efetivamente nelas foram depositados. Não basta, mesmo, que não se paire dúvida quanto a totalização dos votos; também é insuficiente a certeza, ou mesmo a comprovação, da não-ocorrência de práticas fraudulentas que viciam por completo a aferição da vontade expressa através do voto. É fundamental para a garantia da seriedade de uma disputa eleitoral que, além de uma correta e fiel contagem de sufrágios, haja ainda uma série de outros fatores que garantam ao cidadão, no processo individual e personalíssimo de reflexão que o deveria levar à escolha de seu candidato, a possibilidade de uma opção completamente liberta e descompromissada de qualquer *pressão* que possa influenciá-lo ou coagi-lo de tal forma que seu voto, longe de ser fruto de uma decisão pessoal, assuma feições de simples imposição de tal pressionamento. É

indispensável, ainda, que aos candidatos, a todos os candidatos, sejam oferecidos, em perfeita igualdade de condições, os meios de levar ao conhecimento do eleitorado as suas mensagens e propostas.

Marcelo Roseno de Oliveira (2010, p. 19) levanta um argumento igualmente abarcador, conforme o qual "a busca pela lisura da eleição não se deve limitar a aspectos meramente formais, circunscritos à garantia da correção na apuração dos resultados (contagem dos votos)". Para o notável magistrado cearense:

> a veracidade dos resultados, conquanto importante, não é suficiente, de modo que se exige um sistema de controle eficaz, que atue tanto, ou com maior força, no sentido de garantir a lisura do processo de formação da vontade do eleitor, tolhendo o abuso de poder (econômico, político, dos meios de comunicação etc.), evitando a ilícita captação de votos e o agravamento do desequilíbrio entre os contendores [...].

Trata-se de ótica também referendada, entre outros, por Erick Wilson Pereira (2004, p. 63), Emerson Garcia (2006, p. 16), Robert Dahl (2009, p. 109-119), Felipe Lins Caldas (2016, p. 29-30) e Michelle Duarte (2016, p. 71-72), assim como pelo eminente Professor Gomes Canotilho (2003, p. 301). Na esteira de suas lições, a relação entre a liberdade de sufrágio e a isonomia entre os concorrentes é, afinal, simbiótica e natural, quanto mais quando se repara que a noção de sufrágio livre repercute no direito fundamental à candidatura, haja vista que "[...] a liberdade de convencimento e manifestação conferida aos eleitores é complementada pela liberdade dos candidatos no sentido de transmitir suas ideias e propostas, tudo no âmbito de um processo eleitoral livre, aberto e igualitário" (NÉVITON GUEDES *apud* SARLET *et al.*, 2017, p. 715). Em lição definitiva, observa-se que:

> Em verdade, *a noção de normalidade e legitimidade das eleições – porque traduz um substancial compromisso com a lisura do processo eleitoral – é necessariamente englobante da ideia de proteção da liberdade de voto do eleitor e da isonomia entre os partidos e candidatos.* Dito de outro modo, normalidade e legitimidade do processo eleitoral podem ser concebidas como um gênero do qual a isonomia dos candidatos e a liberdade de voto são espécies. No entanto, tendo em vista o irretorquível compromisso do Estado Democrático de Direito brasileira com uma noção de higidez da eleição, a técnica legislativa adotou uma ideia de reforço protetivo, referendando a importância de se destacar uma efetiva autonomia entre os aludidos princípios estruturantes do Direito Eleitoral. Dessa forma,

os princípios da normalidade e legitimidade das eleições, da isonomia entre os candidatos e da liberdade de voto do eleitor guardam uma convivência autônoma e harmônica no arcabouço normativo brasileiro. (ZILIO, 2018, p. 445) (Grifos nossos)

Como registrado, a liberdade para o exercício do voto e a preservação da igualdade de oportunidades entre os candidatos constituem, sem dúvida, pontos centrais para o estudo adequado do abuso de poder nas eleições. Cumpre, pois, abordá-los, doravante, com maiores minúcia e atenção.

2.2.1 A liberdade para o exercício do sufrágio

> *O voto livre é a condição e a ponte necessária para a sociedade se sentir autora dos atos do poder público, inclusive e principalmente das leis que regem o conjunto social [...]. O voto livre, cidadão e consciente, possibilitado pelo método democrático, é conditio sine qua non para a legitimação do exercício do poder, transformando o povo em sujeito de sua própria história.*
>
> (Marcus Vinicius Furtado Coêlho)

> *[...] há um aspecto da liberdade que parece coincidir com o poder sobre si, o poder exercido sobre si mesmo. Por um lado, posso dizer que a minha liberdade se realiza negando aspectos, dimensões, espaços de poder de outrem. Por outro lado, posso sustentar que a minha liberdade se realiza quando eu conquisto a possibilidade de governar a mim mesmo, isto é, de exercer poder sobre mim: de ser, no significado originário do termo, autônomo, ou seja, de estabelecer leis (normas) a mim mesmo.*
>
> (Michelangelo Bovero)

De um ponto de vista estrutural, o direito de sufrágio constitui o eixo central do edifício democrático, uma vez que a instituição do voto permite a realização de valores do ordenamento relacionados com a democracia, em especial a liberdade, a igualdade, a participação e o pluralismo político (PRESNO LINERA, 2011, p. 14). Na quadra do sistema político:

> O sufrágio corresponde à expressão concreta de um direito que reconhece ao indivíduo a possibilidade de intervir no processo de selecção dos governantes que acedem a esta condição através da eleição política. Traduz, basicamente, uma condição de cidadania que é independente do

seu uso. O exercício deste direito implica um acto (voto) que manifesta uma escolha especificamente destinada à legitimação do mando.

Ao traduzir uma operação de vontade do eleitor, o voto concretiza o princípio da representação popular. Nos termos de António Cândido (1998), significa o "exercício do direito de soberania" e, na sua relação com a representação política, corresponde a uma "operação de vontade que se chama consentimento", isto é, a uma operação de assentimento e de confiança. (HAURIOU, 1929 *apud* MOREIRA, 2014)

Como apontado por Presno Linera (2011, p. 15), o voto serve: (i) à liberdade porque se concebe como a expressão, manifestada de maneira autônoma e voluntária, da opção pessoal sobre o modo em que se deve desenvolver a ordenação política do sistema social; (ii) à igualdade, porque se atribui o mesmo valor a todos os atos de participação, como consequência do idêntico valor de todas as opções, o que, por sua vez, tem relação direta com (iii) o pluralismo político, que se define como a garantia da existência de distintas maneiras de se entender a organização do poder político dentro da sociedade, assim como a atribuição a todas elas de similares possibilidades de realização prática. Na pena do constitucionalista espanhol, o exercício do sufrágio, ao tempo em que realiza a democracia, assegura a autonomia de processos desenvolvidos dentro do sistema social, autonomia que se revela imprescindível e fundamental para a legitimação dos procedimentos e para a consequente redução da complexidade social.

Para que tenha sentido, o voto deve emanar da autodeterminação política de cada indivíduo,[104] tendo em vista que essa espécie de manifestação cívica busca força e sentido na expressão íntima da vontade individual.[105] Sob o ângulo teórico-normativo, a escolha elei-

---

[104] Consoante Patrick Merloe (YOUNG, 2009, p. 6-7), as eleições são organizadas para que o povo escolha aqueles que exercerão as funções de governo em atenção aos seus interesses. Em seu juízo, esse propósito ilustra o caráter coletivo do direito à celebração de eleições íntegras. O pesquisador norte-americano ensina, ademais, que o direito a eleições genuínas dialoga com a ideia de que a soberania do Estado pertence aos cidadãos, que possuem a prerrogativa da autodeterminação, entendida, em termos coletivos, como abarcadora do direito a determinar livremente o seu *status* político e livremente perseguir o desenvolvimento econômico, social e cultural através da participação em assuntos públicos e governamentais, diretamente ou através de representantes livremente eleitos.

[105] A teoria demoliberal projeta a ideia de que o voto seria fruto de manifestações de vontade livres, espontâneas e, ademais, altruístas (i.e., proferido com vistas à concretização de interesses comuns). É óbvio que no plano dos fatos essa expectativa normativa raramente se perfaz. Nesse sentido, João de Almeida Santos (2012, p. 224) explica que a ideia do homem "racional e diretamente responsável pelas próprias escolhas políticas" não passa de um mito, mito este que, todavia, é estruturante para o arquétipo democrático: "Porque se é

verdade que ele se coloca como *horizonte ideal*, também é verdade que funciona como uma *função* do próprio sistema. Isto é, a democracia funciona como se o cidadão fosse dotado da capacidade de decidir plenamente segundo os *princípios da razão*, os únicos que lhe permitem decidir de acordo com o *interesse geral*, para além, portanto, da esfera dos *interesses subjectivos* ou da esfera dos valores afectiva e emocionalmente partilhados. Mas, por outro lado, ele é uma ficção-utopia, já que o que se verifica na realidade é que a *vontade* do eleitor flutua entre dois extremos que espartilham o *princípio universalista: impulsos* de natureza particularística, que ferem a sua pretensão de validade universal, e a 'construção' de uma grelha cognitiva e axiológica por acção directa e indirecta do sistema mediático, que fere o princípio da autodeterminação individual, quando se admita que o sistema mediático possui essa capacidade de influir sobre a vontade". Nesse tocante, Reinhold Zippelius (2016, p. 401) assim se manifesta: "Embora o princípio da livre formação da opinião não tenha por base a crença numa verdade política ou ético-social estabelecida de uma vez por todas, baseia-se, no entanto, na confiança otimista e racionalista no poder da razão: a livre discussão é um procedimento para descobrir os aspectos mais relevantes [da problemática social]. Nesta discussão impõe-se a força convincente dos melhores argumentos. Nela, a opinião pública está muito mais aberta para a autocorreção". Bastante preciosas, nesse tocante, as observações de Daniel Ortiz (YOUNG, 2009, p. 60): "The final condition [for democratic eletions] – some degree of thoughtfulness among voters – is the least well-recognized. It does not require voters to deliberate deeply with others or to transcend their own private interests in pursuit of some concept of public good. Thoughtfull voters can be good, old-fashioned interest group pluralists. But if they are pursuing their narrow private interests, they must do so thoughtfully. As John Muellers, a proponente of minimalist democracy, has put it: 'People do not need to be good or noble, but merely to calculate their own best interests, and, if so moved, to express them'. In other words, thoughtfull voters should cast their votes on the basis of a candidate's positions, character, experience, political party afiliation, or ability to achieve some end, not randomly or non on some basis unreleated to how well the candidate will advance certain values". À margem das expectativas normativas, não preocupa ao direito que alguns cidadãos abandonem critérios mais nobres ou racionais para a seleção de seus candidatos. Como avalia Aline Osorio (2017, p. 216): "[...] a própria ideia de que o eleitor é capaz de determinar seu voto *unicamente* de acordo com a sua consciência e sem quaisquer influências é, antes de tudo, irreal. Diversos fatores não racionalizados e até mesmo irracionais são determinantes para o voto. Desde os laços de identificação partidária, plataformas políticas e amizades, até as pesquisas de opinião. Nenhum deles, porém, pode ser julgado ilegítimo, sob pena de se violar, além da liberdade de expressão, a soberania popular e a própria democracia". Nesse caminho, pontua Wolfgang Donsbach (2001, p. 3) que a moderna democracia constitucional conduz o Estado a crer na responsabilidade de seus próprios cidadãos, o que inclui acreditar que os eleitores têm a capacidade de selecionar, com independência, entre todas as informações disponíveis, aquelas que se mostram realmente relevantes para a moldura definitiva de suas decisões. Afinal, é imprescindível ter em mente que, no campo eleitoral, "[...] a adoção de uma visão paternalista é [...] intrinsecamente incompatível com a democracia, uma vez que nega aos indivíduos a autonomia fundamental à própria ideia de autogoverno e de soberania popular, tratando-lhes como 'eternas crianças imaturas'" (OSORIO, 2017, p. 221). Essa visão é também encontrada na doutrina de Neisser (2016, p. 266): "Ao liberar o cidadão da tarefa de selecionar a informação política que chega ao seu conhecimento, a Justiça Eleitoral [...] trata o eleitorado como são tratadas as crianças. Este fenômeno produz uma gravosa consequência, perpetuando um estado de infantilidade, de imaturidade no eleitorado". Sem embargo, nota-se que a expectativa normativa tem sido frustrada pelos tribunais eleitorais, como aponta Néviton Guedes (2018, p. 112-113): "[...] tenho insistido com meus alunos no fato de que os protagonistas do processo democrático hão de ser, sempre e sempre, o candidato e o eleitor. A Constituição não quer juiz, nem advogado, ou promotor, protagonizando o processo eleitoral. Dia desses li num órgão de comunicação social que quem quisesse vencer as próximas eleições deveria contratar um bom advogado. Infelizmente, suspeito que o diagnóstico seja correto, pois, tudo, no toral é realizada por indivíduos autônomos, que tomam suas decisões de maneira solitária, perante o "tribunal de sua própria consciência". Em última instância, o esquema constitucional assume a suposição de que os votantes ponderam os argumentos políticos dos competidores, ao tempo em que permanecem impenetráveis aos meios externos de persuasão, como as ameaças de forças, os incentivos econômicos e as possíveis condenações sociais (SCHEDLER, 2016, p. 145-146). A esse respeito, Maurice Hariou (*apud* MOREIRA, 2014, p. 181-182) sustenta que:

> [...] o poder chamado sufrágio corresponde a uma operação de vontade que se chama consentimento, operação esta que consiste em aceitar uma proposta feita ou uma decisão tomada por outro poder. A eleição é uma das funções deste poder, pela qual se dá o consentimento a uma candidatura; o referendo é uma outra das suas funções, pela qual dá o seu assentimento a uma lei votada pelo legislativo; podemos chamá-lo poder de sufrágio, com a condição de manter à palavra sufrágio o seu sentido primitivo, que é o de assentimento e de confiança, porque o assentimento repousa essencialmente sobre a confiança.

Segundo Gross Espiell (*apud* CORREA FREITAS, 2009, p. 95-96), sendo a democracia uma forma de organização do Estado que implica um governo baseado na aceitação comunitária, é óbvio que, no contexto das competições eleitorais, a expressão do "livre consentimento" deve ser controlada de tal modo que seja pouco menos que impossível a presença de qualquer forma direta ou indireta de coação, para que o pronunciamento do corpo de cidadãos não reflita senão a mais pura manifestação de sua própria liberdade.

Em vista do exposto, é dado concluir que assegurar a livre expressão da vontade popular acaba por ser o "princípio superior" de toda a ordem democrática (GONÇALVES FIGUEIREDO, 2013, p. 57), inclusive porque a garantia dessa liberdade é o que garante a existência de uma comunidade política regida pelo princípio da autodeterminação.

---

processo eleitoral brasileiro, vai-se confiando ao Poder Judiciário. Quem bem observar o direito eleitoral em nosso país irá concluir que, por trás de uma retórica de sacralização do eleitor, o que se vem verificando desde sempre é uma enorme desconfiança com a sua capacidade de proceder à melhor escolha possível. Essa desconfiança, por óbvio, não se pode manifestar abertamente por autoridades públicas, porquanto absolutamente contrária aos desígnios da nossa democrática Constituição de 1988. Mas, fora dos acontecimentos oficiais, escuta-se aqui e ali que uma intervenção judicial nas eleições é benéfica para o Brasil, pois o eleitor não sabe votar".

Em nossa concepção, a liberdade para o exercício do sufrágio prescinde de regras expressas para que seja extraída do texto constitucional: a rigor, constitui uma exigência inerente ao espírito democrático por ele conformado.

No caso brasileiro, as normas constitucionais que prescrevem o voto secreto[106] e a exigência de eleições normais e legítimas (art. 14, *caput* e §9º, da Constituição) estão, implicitamente, conclamando a inafastabilidade do voto espontâneo e autodeterminado.[107] Bem a propósito, em julgado emblemático, o Tribunal Superior Eleitoral consignou:

> O direito de liberdade se manifesta sob diversas faces e prismas e uma delas é a liberdade de manifestação de ideias, de pensamento e de expressão, nos termos do caput e incs. IV e IX do art. 5º, bem como o art. 220 da CF/1988. Daí decorre, dentro outros dispositivos associados à proteção da democracia, o direito de cada um votar livre, ou seja, livre de influências econômicas, políticas, morais ou de qualquer tipo (art. 14, §9º, da CF/1988). Para a incolumidade da democracia é essencial que o voto seja secreto, e, nada obstante o dever (obrigatoriedade) de comparecer às urnas, *esta escolha deve ser absolutamente livre. Não sendo livre, não há democracia.*

---

[106] O princípio do voto secreto "associa-se ao reconhecimento da individualidade, da dignidade e da privacidade. Exige-se para evitar pressões de terceiros e para que não se transforme num objecto de troca. Segundo Rokkan (1970), este princípio acentua a igualdade de cada votante, isola-o da influência de terceiros e elimina a subordinação do indivíduo no plano social e político. Deste ponto de vista, consubstancia a ideia do 'cidadão abstracto' que contraria a ideia do 'cidadão concreto', na decorrência da qual não se lhe pode atribuir qualquer responsabilidade pelo acto [de votar]" (MARTINS, 2015, p. 160). "Si la libertad de elección descansa en la libre comunicación de ideas, [...] debe garantizarse a la par a través de un conjunto de garantías de entre las que hay que destacar el secreto del voto. Si en una sociedad perfecta no existieran motivos para propugnar el secreto del voto, la realidad de las presiones politicas, sociales y económicas, e incluso de toda suerte de coacciones, abogan por la necesidad de respetar aquel secreto, que de esta forma se presenta como un requisito ineludible del libre ejercicio del derecho de sufragio y de la autenticidad en la manifestación de voluntad del ciudadano elector. La supresión de la votación abierta es una garantía frente a la corrupción e intimidación organizadas, ya provengan de personas influyentes, de la presión de la opinión pública o de los propios poderes de gobierno. El aseguramiento, jurídica y organizativamente, de la posibilidad del secreto en la emisión del voto es asi un requisito imprescindible en unas elecciones que se quieran auténticamente libres. Y la quiebra del secreto del voto debe, consecuentemente, ser sancionada administrativa o penalmente, según los casos, por la propia legislación electoral o, de modo alternativo, por el Código Penal" (FERNÁNDEZ SEGADO, 2000, p. 420).

[107] Acresce que a garantia do sigilo do voto é também determinante para a manutenção da participação eleitoral em níveis altos (uma vez que o medo de represálias desestimula o comparecimento dos eleitores) e, igualmente, para o incremento da confiança pública na competição como um todo, haja vista que a proteção contra repercussões negativas encoraja a livre expressão do querer coletivo (MERLOE *in* YOUNG, 2009, p. 35).

Por ser uma base fundamental, um alicerce da existência da democracia, o sufrágio popular deve ser exercido livremente, para que a escolha reflita a real intenção do eleitor, com absoluto respeito à sua liberdade, sua dignidade e os direitos políticos mantidos constitucionalmente. (AgR-REspe nº 29.662. Rel. Min. Joaquim Barbosa. *DJe*, 16.12.2008) (Grifos nossos)

Também nessa linha, o Min. Gilmar Mendes (MENDES; BRANCO, 2016, p. 742) sugere que, embora não esteja explícito nessa norma constitucional, é evidente que o voto velado tem outra qualificação: ele há de ser livre, pois "[...] somente a ideia de liberdade explica a ênfase que se conferiu ao caráter secreto do voto".[108] Paulo Bonavides (2015, p. 256), em conexão com a ideia, aduz que o voto secreto é uma garantia instrumental para a liberdade e para o autoconvencimento, uma vez que a proteção do sigilo significa:

[...] a máxima garantia de independência moral e material do eleitor contra o peso das pressões políticas a que ficaria ele sujeito se seu voto fora dado a descoberto. Com efeito, essas pressões podem vir do governo mesmo ou dos partidos que têm o poder nas mãos, bem como da Igreja, dos sindicatos, da classe patronal, fazendo, pois, delicadíssima para o eleitor a opção entre sua consciência e seus interesses mais imediatos. A liberdade individual ficaria com o sufrágio público consideravelmente diminuída, e o eleitor teria de mover-se num círculo fechado, sob o império de intimidações, ameaças de perseguição, promessas, enfim, numa só palavra: corrupção.

---

[108] Conforme Gianfranco Pasquino (2010, p. 143), a exigência de segredo significa a garantia de expressão do voto "ao abrigo dos olhos e das sanções de outrem, especialmente dos detentores do poder político, econômico, social e religioso". Assim, a garantia em exame atua como precaução indispensável para a regularidade dos pleitos, na medida em que opera uma significativa redução da pressão que se exerce sobre o eleitor e atua como elemento inibidor de expedientes como a compra de votos, haja vista que gera para o corruptor um risco identificado pela ausência da contrapartida no ato de negociação do voto (SPECK, 2003, p. 157). Para Galvéz Muñoz (2009, p. 25-26): "Esta característica del sufragio se traduce en la exigencia básica de que el sentido del voto del elector no pueda ser conocido por los demás sin su consentimiento. El voto se convierte, así, en el momento de su expresión, en un acto individual, solitario e íntimo del elector. [...] Este principio tiene una gran importancia. Con el carácter secreto del sufragio no sólo se garantiza la intimidad del individuo, sino también, y lo que es más importante, su libertad de voto". Nessa esteira, o autor espanhol recorre às palavras de Espín Templado para gizar que o segredo do voto é a única forma de se garantir tanto uma liberdade completa de opção para o votante como a sinceridade do resultado geral da eleição, visto que atua para impedir coações de toda índole ao tornar incontroláveis as ações dos eleitores.

CAPÍTULO 2
O CONTEÚDO DA LEGITIMIDADE E DA NORMALIDADE ELEITORAL | 105

A respeito da liberdade, Márlon Reis (2012, p. 78) assinala que o direito ao voto não retrata uma prerrogativa meramente processual, ou seja, não se encerra em admitir a emissão de determinada opinião eleitoral. Mais do que isso, constitui uma "grandeza jurídica substancial", de sorte que a expressão da vontade contida nesse ato deve ser vista como a consequência da aplicação de uma série de garantias destinadas a "[...] permitir que a opção eleitoral seja alcançada de forma livre de coações morais ou materiais e que seu exercício se dê sem a intercorrência de quaisquer modalidades de fraude".

Também assim, Canotilho (2003, p. 303) sinaliza que o espírito do procedimento democrático supõe "[...] garantir ao eleitor o exercício do direito de voto sem qualquer coação física ou psicológica de entidades públicas ou privadas".[109] Em inclinação semelhante, Sánchez Muñoz (2007, p. 37) adverte:

> La elección se expresa a través del voto, pero el voto en sí puede no ser la expresión de una auténtica elección. En una democracia, el derecho de sufragio no consiste solo en un derecho a votar, sino también, como presupuesto previo, en un derecho a elegir y hacerlo en libertad. En otras palabras, *para que el sufragio pueda ser considerado como democrático no basta con que todos los ciudadanos tengan la facultad de introducir una papeleta con el nombre de unos candidatos en la urna, es necesario que puedan realmente elegir, es decir, que puedan escoger libremente entre distintas alternativas políticas.* Eso es lo que nos permite diferenciar unas elecciones democráticas de unas elecciones meramente aparentes como las que suelen organizarse en los regímenes dictatoriales. (Grifos nossos)[110]

---

[109] Reinhold Zippelius (2016, p. 320-321) acrescenta que "a liberdade de voto significa a proibição de se exercer qualquer coação sobre os eleitores, quer por parte do Estado, quer pelo lado privado, com o fim de forçar a votação daqueles numa determinada orientação ou de impedir uma votação com determinado conteúdo. Com este objectivo não pode, portanto, ser exercida qualquer coacção no sentido de alguém não comparecer às eleições, nem de forçá-lo a votar a favor ou contra um determinado candidato ou num determinado partido". Javier Pérez Royo (2016, p. 489) também identifica o imperativo do voto livre como "[...] la prohibición de cualquier tipo de presiones en el proceso de formación de la voluntad y emisión del sufragio por el ciudadano". Para o acadêmico da Universidade de Sevilha, é dever da lei eleitoral garantir a liberdade para o exercício do sufrágio, de tal maneira que não se produza uma manipulação do mesmo, tudo para que haja uma efetiva correspondência entre a vontade da sociedade e a vontade do Estado. Jorge Fernández Ruiz (2010, p. 313-314), somando-se à corrente, comenta que a ideia de liberdade de sufrágio contempla, para além da eliminação de pressões, coações e intimidações, o completo afastamento de hipóteses de suborno, uma vez que o voto não se pode apresentar como uma mercadoria suscetível de comércio.

[110] Fernández Segado (2000, p. 422) faz coro ao entendimento perfilhado, anotando que a liberdade de escolha eleitoral deve ser preservada não apenas mediante o segredo do voto,

Pode-se notar que o doutrinador espanhol põe em relevo o fato de que a prerrogativa libertária possui, em verdade, mais de uma dimensão. Sito na mesma quadra, Gherardo Colombo (2012, p. 34) ensina que a noção de liberdade não se esgota em uma *faceta negativa*, sendo entendida como a ausência de coações, subornos ou manipulações, mas possui ainda um *sentido positivo*, concernente às condições para um exercício categórico do "livre arbítrio" político. Na mesma senda, Michelangelo Bovero (2002, p. 76-77) ensina que a *liberdade negativa* veicula um conceito segundo o qual "uma pessoa pode ser definitiva como livre se – e uma vez que – a sua conduta *não* encontre impedimento e *não* sofra coerções", ao tempo em que a *liberdade positiva* indica a existência de um "poder sobre si", invocando a ideia de autonomia, como a capacidade de "determinar a própria vontade", ou seja, de "escolher".[111]

Em face do exposto, é bem de observar que a plena liberdade para a aposição do voto não se perfaz com simples falta de constrangimentos, sendo identicamente necessária a presença de outros atributos concernentes à autonomia, entre os quais se pode apontar a exclusão de processos de desinformação ocasionados por distorções na comunicação circulante.

O aspecto ambiental é também sublinhado por Gálvez Muñoz (2009, p. 23), quando evidencia que a preservação da liberdade do sufrágio pressupõe, para além da eliminação de pressões externas sobre os eleitores, a experiência de uma "sociedade pluralista na qual vigorem de maneira efetiva os direitos fundamentais, entre os quais a liberdade de discussão e a igualdade de acesso aos meios de comunicação", a fim de que se estabeleça um "clima de comunicação pública livre". Como consequência, a liberdade para o exercício do sufrágio trava uma estreita relação com a liberdade de expressão dos candidatos, assim como com a garantia do direito à informação adequada assegurado a todos os cidadãos.

Nesse tocante, cabe ressaltar:

---

mas também pelo impedimento de práticas políticas orientadas à manipulação do corpo de eleitores, evitando-se a violência, o abuso de poder e a manipulação de pesquisas.

[111] "Se a primeira liberdade é chamada negativa porque é definida a partir daquilo que falta, e deve falar, para que seja liberdade (o impedimento e a coerção), a segunda liberdade é chamada positiva porque é definida em referência àquilo que deve estar presente, para que seja liberdade (a capacidade de determinar a própria vontade por si mesmo, sem se deixar determinar por outrem" (BOVERO, 2002, p. 77).

A eleição é [...] um dos principais mecanismos de expressão da vontade popular, que visa a garantir a participação dos eleitores na tomada de decisões que afetam a vida pública. Essa participação só será efetiva quando for assegurado aos eleitores o acesso às mais diversas fontes de informação para que possam formar sua convicção e votar naqueles que se consideram mais aptos a representar os seus interesses. A soberania popular, portanto, só poderá ser exercida em sua plenitude se os eleitores tiverem acesso a variadas fontes de informação acerca de quem são os candidatos, se for assegurado o amplo e livre debate sobre as ideias e propostas de cada um dos sujeitos do processo eleitoral, bem como se forem permitidas, inclusive, as críticas aos candidatos. Sem a liberdade de expressão e de informação, o processo eleitoral perde todo o sentido. (RAMOS; RAIS, 2018, p. 219)

No mais, a liberdade eleitoral deve ser interpretada da maneira mais ampla possível,[112] a exemplo do que faz Gilmar Mendes (MENDES; BRANCO, 2016, p. 742-743), para quem a ideia de voto livre se arma em dois pressupostos principais: (i) a ninguém é dado interferir na liberdade de escolha do eleitor; e (ii) a liberdade não compreende apenas o momento de realização do voto, senão igualmente as etapas que o precedem, como o registro de candidatos em número suficiente para que o eleitor disponha de alguma alternativa. Favorável a essa premissa, o Professor Jorge Miranda (2018, p. 91-92) defende que o princípio da liberdade, na seara eleitoral, encontra manifestações em diversos setores, a saber:

Quanto aos candidatos, envolve:
1.º) A liberdade de se candidatar, sem dependência de qualquer autorização, designadamente do superior hierárquico;
2.º) A liberdade de aceitar ou não a propositura;
3.º) A liberdade de desistir da candidatura [...];
4.º) Como garantia, ninguém pode ser prejudicado na sua colocação, no seu emprego, na sua carreira profissional ou nos benefícios sociais a que tenha direito em virtude do exercício dos direitos políticos ou do desempenho de cargos públicos [...].
Quanto aos proponentes, a liberdade compreende:

---

[112] A liberdade de escolha do eleitor é limitada somente pelo quantitativo de candidatos que se apresentam à disputa. Ainda que a escolha seja considerada inadequada, que o escolhido não represente a melhor alternativa para a sociedade, o desejo do votante tem de ser respeitado. O reconhecimento da vontade do eleitor não comporta juízos de valor ou censura de qualquer natureza" (CARVALHO, 2016, p. 105).

1.º) A liberdade de formação e de organização de entidades com direito de propositura – o que se correlaciona com a liberdade de criação de partidos políticos, sobretudo quando a estes seja reservada a propositura;
2.º) A liberdade de decisão de candidatura, de propor ou não candidatos – embora a lei possa tomá-la como ónus quanto aos partidos, por incumbir aos partidos concorrer para a formação da vontade popular [...];
3.º) A liberdade de escolha dos candidatos a propor;
4.º) A liberdade de retirar a candidatura (o que implica, no entanto, um acordo de vontades com os candidatos propostos, simétrico do acordo de propositura das candidaturas).
Quanto aos cidadãos em geral, implica:
1.º) A liberdade de apoiar ou não esta ou aquela candidatura, ou de não apoiar nenhuma;
2.º) A liberdade de participação na sua assembleia de voto, pelo menos de assistir à votação e ao apuramento de votos.[113]

Giovanni Sartori (1965, p. 88-89) aduz que se as eleições registram as decisões dos votantes, importa demasiado questionar como essas decisões se processaram. Assim, em forma de indagação o pensador italiano convida a um exercício de ponderação sobre aspectos profundos da temática em apreço:

Eleições computam opiniões; mas de onde procedem essas opiniões, e como se formaram? Qual é, em resumo, a gênese da vontade e da opinião que as eleições se limitaram a registrar? A votação possui um bastidor pré-eletivo. Assim, [...] não podemos isolar o acontecimento eleitoral do círculo completo do processo de formação da opinião [...]. O poder eleitoral torna-se *per se* a garantia mecânica do sistema, mas a garantia substantiva é conferida pelas condições sob as quais os cidadãos obtêm a informação necessária e são expostos à pressão dos articuladores da opinião.[114]

---

[113] O constitucionalista português pretende, assim, demonstrar que a liberdade eleitoral do cidadão não se reduz "à dimensão negativa ou de não interferência nos atos de procedimento", adquirindo, em conjunto, "uma dimensão positiva, com o direito a prestações pontuais que permitam a realização desses atos e, no limite, o direito à proteção do Estado contra quem o ameace ou ofenda, seja entidade privada ou pública" (MIRANDA, 2018, p. 92).

[114] Canotilho (2003, p. 304) repara que a liberdade de voto diz com o ambiente em que a preferência é formada. Nessa esteira, considera que o tema também é convocado a propósito das pesquisas eleitorais, que muitas vezes influenciam (indevidamente) a opinião do eleitor. Da mesma forma, Jiménez de Aréchaga (2016, p. 190) escreve que nas democracias representativas não basta que os representantes sejam escolhidos pelo povo, sendo ainda necessário garantir a livre formação da opinião pública, o que, entre outras coisas, depende da garantia da liberdade de informação a respeito da gestão dos interesses coletivos.

Em visão semelhante, Fernando Matheus da Silva (2018, p. 287) acresce:

> [...] o bem jurídico a ser tutelado pela Justiça Eleitoral não se refere [apenas] ao desencadeamento de atos formais que culminam com a eleição de um candidato, mas à própria ideia de concorrência, tendo em vista que somente assim será possível uma escolha efetiva pelo eleitor, exatamente como ocorre com o consumidor no âmbito econômico, caso em que há escolha somente nas hipóteses em que se verifica concorrência entre *players*.

Por isso, citando Salomão Filho e Silva (2018), o autor sustenta que a Justiça Eleitoral deve intervir para assegurar a qualidade das informações que circulam na esfera pública, haja vista que a "[...] a preferência só será eficaz se houver conhecimento efetivo da realidade por parte dos eleitores, o que impõe a necessidade de difusão de [boas] informações". Eneida Desirre Salgado (2009, p. 52), em esplêndida síntese, oferece um raciocínio complementar:

> Em uma democracia representativa, inspirada por princípios republicanos, a soberania popular determina a vontade política. *Não apenas a manifestação do voto deve ser cercada de garantias, a formação do voto deve ser pura e imaculada. De nada adianta o voto ser eletrônico se a cidadania for de papel.* (Grifos nossos)

Outrossim, interessa perceber que o mesmo raciocínio desenvolvido por Sartori pode ser relacionado com a fase da campanha eleitoral, já que o espírito de liberdade, por certo, conduz à exigência de que a vontade dos cidadãos seja sumamente protegida para que surja de modo espontâneo, isento da influência viciante de todas as formas de abuso de poder,[115] ou seja, para que o voto não apresente nenhum "nível de cautividade" (VILLORIA MENDIETA, 2006, p. 263).

---

[115] Pedicone de Valls (2001, p. 92), nesse passo, adverte: "la función de legitimación se cumple no sólo mediante la realización del acto formal de la votación, sino, también, por medio de todo el proceso de sufragio y, muy significativamente, en la campaña electoral, en la cual se produce una amplia comunicación entre representantes y representados, entre partidos y sociedad, que refuerza de manera considerable la participación popular y hace de las elecciones una verdadera escuela de cultura cívica". A propósito, Eneida Salgado (2010, p. 35) propõe que a legitimidade da disputa eleitoral, entre outras coisas, deve ser garantida a partir da proteção contra determinadas condutas em defesa dos direitos subjetivos de cada eleitor. A doutrinadora paranaense discorre que "as nódoas na liberdade do voto se revelam por vícios na sua formação, seja de maneira direta – por coação, fraude, corrupção,

Certo também que a liberdade para o exercício do voto encontra, ainda na etapa de campanha, outra importante face, relativa à composição de um ambiente isonômico no que tange às possibilidades desfrutadas por aqueles que competem pelas intenções dos eleitores. Afinal, para que se fale em liberdade de escolha, é necessário que os sujeitos que representam as distintas opções de voto hajam obtido uma oportunidade substancialmente igual de – por meios obviamente legítimos – influir nas decisões dos votantes.

Nesse diapasão, Sánchez Muñoz (2007, p. 38) entende que sem a garantia dessa igualdade os eleitores poderiam concluir sobre a base de informações distorcidas ou manipuladas, o que evidentemente representaria um menoscabo do seu direito de escolher em liberdade. Acrescenta que a escolha do eleitor, teoricamente, é concebida como o resultado de um processo de comunicação travado entre os membros da comunidade política e, em consequência, quanto mais livre seja aquele processo, mais livre será a própria eleição (SÁNCHEZ MUÑOZ, 2007, p. 43).[116]

A ideia é pertinente por colocar em evidência o fato de que a liberdade do processo de formação da escolha pode ser ameaçada não apenas no intuitivo plano individual, quando um eleitor se encontra vítima de pressões ou coações que o obrigam a optar por uma das

---

compra de votos –, seja de maneira indireta, por restrições ou favorecimentos a determinados discursos políticos ou por tratamento diferenciado a partidos ou candidatos".

[116] Nessa linha, o Tribunal Europeu de Direitos Humanos considera violadoras da liberdade de expressão interpretações excessivamente rígidas sobre as normas de propaganda, para o fim de rechaçar a aplicação de punições em virtude de atos publicitários que, pela dimensão, não alterem o necessário equilíbrio entre as oportunidades dos diversos candidatos (TEDH, *Bowman v. Reino Unido*, de 19.2.1998). Com efeito, o Tribunal de Estrasburgo sugere que, em geral, "[...] um maior nível de liberdade de expressão redunda em eleições mais livres, enquanto que, ao inverso, restrições excessivas ou injustificadas sobre o discurso soem ensejar processos com mais baixa qualidade democrática". Também assim, a Corte Interamericana de Direitos Humanos opina que a liberdade de expressão é de ser amplamente protegida não somente em função de sua dimensão individual, por servir de base para o exercício da autonomia pessoal, mas ainda em razão de sua dimensão coletiva, plena de relevância em virtude da centralidade que essa liberdade assume para um adequado funcionamento do regime democrático de governo, abrindo vias para um debate público vigoroso e para uma participação informada da cidadania, submetendo-se a constante escrutínio a ação das autoridades. Nesse diapasão, a CIDH constata, com inegável lucidez, que: "A liberdade de expressão é uma pedra angular para a existência de uma sociedade democrática. É indispensável para a formação da opinião pública. É também conditio sine qua non para que os partidos políticos, sindicatos, sociedades científicas e culturais e, em geral, todos aqueles que desejem influir sobre a sociedade possam desenvolver-se plenamente. É, enfim, uma condição para que a comunidade, no momento de exercer as suas opiniões, esteja suficientemente informada. Portanto, é possível afirmar que uma sociedade que não está bem informada não é plenamente livre" (CIDH, Opinião Consultiva – OC nº 5/1985, §70).

CAPÍTULO 2
O CONTEÚDO DA LEGITIMIDADE E DA NORMALIDADE ELEITORAL | 111

alternativas sem que isso seja fruto de seu arbítrio livre, mas ainda no plano coletivo, quando o processo de comunicação prévio à concretização da votação não seja um processo no qual as diferentes alternativas tenham recebido as mesmas chances de se fazerem visíveis perante os eleitores, em função do fato de que algumas delas contaram com vantagens ilegítimas.[117]

Neste último caso, ainda que do ponto de vista subjetivo, a decisão do eleitorado possa ser vista como livre, porquanto isenta de constrições individuais, pelo ângulo objetivo o processo de formação da vontade é claramente afetado pela atmosfera tendenciosa na qual as opiniões são construídas. Fala-se, no particular, de uma limitação de vontade que afeta de maneira *difusa* o conjunto dos eleitores, que se torna menos livre para escolher na medida em que se encontra sujeito a determinados "condicionamentos ambientais".[118] É isso o que ocorre, por exemplo, quando alguma das opções em liça goza de privilégios na cobertura da imprensa ou se beneficia de desvirtuamentos operados na tônica da propaganda institucional, ou mesmo no âmbito das redes sociais (questão que levanta o problema das *fake news*).[119]

---

[117] Preocupação também externada por Arnaldo Alcubilla (CAPEL, 2007, p. 664): "El sufragio es libre cuando no está sujeto a presión, intimidación o coacción alguna. Pero no basta con preocuparse de la protección del elector considerado aisladamente, pues – como escribe W. J. M. Mackenzie (1962) – 'la fuerza organizada y el poder del capital no deben emplearse para influir al elector individuo, porque destruyen la naturaleza del sufrágio. Pero ¿no es igualmente improcedente que la intimidación y el suborno influyan en los electores cómo conjunto? Este problema es más difícil. La fuerza organizada y la libertad de disponer dinero son los resortes del poder en la sociedad y ningún acto social – y la elección lo es – puede sustraerse por completo a su influencia. Con todo, es una premisa fundamental del sistema el que las elecciones no pueden ser libres si quienes gobiernan pueden manejarlas para afianzarse en el poder, porque las elecciones libres tienen como finalidad esencial la legitimación y la limitación del poder'".

[118] Sánchez Muñoz (2007, p. 43-44) marca a diferença entre os condicionamentos subjetivo e objetivo por meio de um exemplo: se o prefeito de um pequeno município envia aos cidadãos uma carta com o timbre da Prefeitura para advertir-lhes das nefastas consequências que a economia local sofrerá se houver o triunfo de uma determinada opção política, está vulnerando a liberdade do sufrágio em um sentido objetivo, visto que usa o Poder Público de forma parcial, em benefício de uma alternativa em prejuízo das contrárias. Não está claro, pelo contrário, que esteja vulnerando a liberdade subjetiva de nenhum eleitor, pois que não exerce sobre qualquer deles alguma ameaça ou coação com o fim de forçar a sua decisão. Se esse prefeito é, também, o proprietário de uma empresa que oferece trabalho a uma porcentagem importante da mão de obra local, então, essa mesma ação poderia adentrar o terreno das ameaças, com o que se estaria afetando a liberdade para o exercício do sufrágio não apenas em um sentido objetivo, senão também em um sentido subjetivo, já que a vontade particular de cada eleitor que dele depende economicamente poderia ver-se indevidamente condicionada.

[119] No caso específico da cobertura jornalística, a questão é assim tratada por João de Almeida Santos (2012, p. 36-37): "Utilizado o conceito de 'pressão ambiental' por analogia com o

Segue-se, em conclusão, que a preservação da liberdade para o exercício de sufrágio supõe, mais do que somente a exclusão de quaisquer injunções ou desmandos sobre o comportamento dos votantes, a dissipação de condicionamentos ou pressões ambientais que possam influir demasiadamente sobre a amplitude do seu leque de escolhas.[120] Nesse quadro, entende-se que "o sufrágio é livre quando se exerce no quadro de uma sociedade pluralista e autodeterminada, e na qual sejam garantidos a autonomia privada e os direitos fundamentais dos cidadãos" (BLANCO DE MORAIS, 2018, p. 77).[121]

Amparada na concepção mais ampla a respeito da liberdade, a ideia de legitimidade é radicalmente contrária tanto à supressão do livre-arbítrio do votante como à modulação de sua vontade por uma atmosfera comunicativa propícia ao enviesamento, à desinformação ou ao dirigismo.[122] Em arremate, não é difícil reparar que a ideia de legitimidade eleitoral é absolutamente incompatível com qualquer

---

conceito de 'concussione ambientale' de larga utilização em Itália [...]. Neste processo, a pressão ambiental – ou sistémica – sobre o quadro cognitivo geral para a apreensão do real pode ser de tal modo forte que um determinado *esquema cognitivo* (interpretativo ou descodificador) se torne dominante e passe a determinar esse significado. Esta 'pressão ambiental' ou sistémica é exercida pelos *media*, através da emissão torrencial de opinião num determinado sentido, independentemente da informação puramente descritiva, factual ou simplesmente literal".

[120] Nessa esteira, entende o Tribunal Superior Eleitoral: "O art. 14, §9º, da CF/1988 outorga ao legislador o dever de regulamentar o princípio da liberdade do voto, e este o faz na medida em que fixou regras de conduta e sanções respectivas contra a corrupção eleitoral e as diversas formas de abuso de poder. O princípio da liberdade de voto deve ser sempre utilizado para a interpretação das normas eleitorais, como já assentou o TSE ao assumir que "tem interpretado as normas eleitorais de forma a preservar os valores mais caros ao regime democrático, em especial a liberdade de voto e a moralidade pública" (AgRg-REspe nº 29.662, Rel. Min. Joaquim Barbosa. *DJe*, 16.12.2008).

[121] "No plano eleitoral, estando em causa a designação dos governantes mediante o consentimento dos governados, devem ser assegurados ao eleitor condições para que possa escolher, sem constrangimentos, uma dentre várias candidaturas alternativas ao poder. Ora, essas condições começam por assentar no reconhecimento e na garantia dos direitos civis e políticos. Uma comunidade livre implica, em primeiro lugar, a consagração constitucional e legal de condições efetivas de exercício de direitos indispensáveis à formação da opinião individual e coletiva, à organização de candidaturas políticas alternativas e à realização do sufrágio universal sem manifestações de coação. Tomando como referência a ordem constitucional portuguesa, esta consagra direitos qualificados para o exercício da atividade política, dos quais cumpre destacar: i) *o direito à cidadania* [...]; ii) *o direito de sufrágio* [...]; iii) *liberdade de criação de associações e partidos políticos* [...]; iv) *o direito de oposição* [...]; v) *a liberdade de expressão e informação* [...], bem como *a liberdade de reunião e manifestação* [...]; vi) *o direito de acesso a cargos públicos* [...]" (BLANCO DE MORAIS, 2018, p. 77-78).

[122] Karl Lowenstein (1979, p. 346), entre outros autores, trabalha a ideia de que o falseamento da vontade popular pode derivar de manipulações que "dirigem imperceptivelmente" a decisão do eleitorado. Na mesma linha, confira-se a doutrina de R. Zippelius (2016, p. 396 *et seq.*).

CAPÍTULO 2
O CONTEÚDO DA LEGITIMIDADE E DA NORMALIDADE ELEITORAL | 113

modalidade de abuso de poder, inclusive no que diz com a conformação do ecossistema de mídias, da saúde e do equilíbrio do entorno informativo.

2.2.2 A igualdade de oportunidades entre os candidatos

A realização efetiva do Estado democrático exige, entre outros fatores, a conformação de uma ordem jurídica estruturada em termos aptos à regulação do exercício do poder tanto nas condutas públicas como nas ações individuais, uma vez que o modelo constitucional se preocupa não apenas com os fundamentos do governo estabelecido, mas também com a justiça e harmonia do corpo social.[123] Esse escopo estatal encontra amparo não somente em uma exigência jurídico-instrumental de manutenção da ordem (promoção do bem-estar coletivo), mas ainda em uma necessidade metajurídica escorada nos preceitos da igualdade e do pluralismo, valores estruturais do edifício democrático.[124]

---

[123] "Toda pessoa vive em sociedade e, consequentemente, não se relaciona somente com o Estado, senão também com outros indivíduos e grupos. Essa realidade faz com que o problema da liberdade avance, atualmente, para o nível dos poderes da sociedade civil: 'Não importa que o indivíduo seja livre em relação ao Estado, se não é livre no plano da sociedade. O que caracteriza a sociedade democrática não é o homem escravo, o homem servo, mas sim o homem, o homem reduzido a um autômato, a uma engrenagem de uma grande máquina. A sociedade, em sua totalidade, é considerada uma imensa competição para a consecução de bens escassos, e o princípio da igualdade de oportunidades, elevado a princípio geral, situa todos os membros de uma determinada sociedade em condições de participar na competição da vida, ou na conquista do que é vitalmente mais significativo, partindo de posições iguais. Contudo, deve-se atender ao fato de que, precisamente, se situamos indivíduos desiguais por nascimento nas mesmas condições de partida, pode ser necessário favorecer aos despossuídos e desfavorecer os mais acomodados, é dizer, introduzir artificialmente, ou imperativamente, discriminações de outro modo não existentes, como sucede em algumas competições desportivas nas quais aos competidores menos experimentados se lhes concede uma vantagem a respeito dos que o são mais. De tal modo, uma desigualdade se converte em um instrumento de igualdade, pelo simples motivo de que corrige uma desigualdade precedente; a nova igualdade é o resultado da nivelação de duas desigualdades' (Bobbio). Esse ponto de partida pressupõe a distinção entre igualdade formal e igualdade substancial; igualdade de direito e de fato; *law in book / law in action* (*Gianformaggio*), expressões que hoje têm um lugar destacado entre os juristas" (Kemelmajer de Carlucci *in* CARBONELL, 2003 p. 236-237). Na inteligência de Marcelo Roseno de Oliveira (2018, p. 366): "É evidente que o delineamento do conteúdo atual do princípio da igualdade de oportunidades nas competições eleitorais rejeita a igualdade sob o ponto de vista meramente formal, aludindo à necessidade de que a interferência dos organismos eleitorais procure resguardar um ambiente de igualdade substancial, seja através da não discriminação, seja mediante ações positivas para desativar fatores irrelevantes nas competições".

[124] Maurice Hauriou (1927, p. 212-213) assinala que a ideia de igualdade individual é precisamente o que marca a diferença entre regimes aristocráticos e regimes democráticos. De sua lição, colhe-se que as aristocracias são "desiguais e se fundam em privilégios de classe, que produzem consequências sobre todas as relações sociais que habitam a sociedade

Também em função do ideal republicano, grassa, modernamente, um consenso doutrinário em torno da afirmação de que as eleições democráticas, ademais de livres, devem ser competitivas.[125] [126] Essa percepção alargada representa o ápice de uma evolução histórica em torno da ideia de que "a construção de condições equitativas para a competição entre os partidos constitui a base da legitimidade das eleições" (BUENDÍA HEGEWISCH; ASPIROZ BRAVO, 2011, p. 40) e da própria estabilidade política do Estado, uma vez que:

> O método de constituição de governos em sistemas democráticos envolve a realização de eleições que sejam ao mesmo tempo competitivas e consideradas confiáveis pelos diferentes atores políticos. Não por acaso, competitividade e confiabilidade são dois aspectos fundamentais das eleições em sistemas verdadeiramente democráticos que estiveram presentes, em graus variados, nas transições do autoritarismo para a democracia nos processos de democratização do final do século XX. [...] Um aspecto fundamental das disputas eleitorais em sistemas democráticos diz respeito à capacidade do Estado de regular a competição eleitoral de maneira a garantir a igualdade de chances aos diversos participantes dos processos eleitorais. Isso é crucial do ponto de vista de se imunizar um sistema democrático contra a possibilidade de insurgência da minoria com relação à maioria e de se garantir a sua livre submissão às decisões majoritárias. Evidentemente, isso exige a

política". Pelo contrário, "as democracias são igualitárias e destrutivas dos privilégios de classe; e esse espírito se deixa sentir, analogamente, nas relações mundanas e nas instituições políticas". Assim, o célebre publicista francês define a democracia como "o estado de um povo no qual o poder soberano reside na universalidade dos indivíduos, iguais perante a lei".

[125] Eleições competitivas são, portanto, as francamente disputadas. Trata-se, conforme Gicquel (*apud* SÁNCHEZ MUÑOZ, 2007, p. 60), de pleitos nos quais os candidatos representam ideologias diferentes, concorrem por partidos diferentes, apresentam-se perante os eleitores para confrontar e contestar seus méritos recíprocos (ou os de seus partidos) e entram em competição para obter os votos, não podendo os resultados ser previstos com anterioridade. Também para Wojtasik (2013, p. 28) a imprevisibilidade define o alcance das eleições competitivas: as características-chave para o reconhecimento de eleições em sistemas democráticos são, em sua visão: (i) a incerteza quanto aos resultados, os quais dependem, exclusivamente, do arbítrio dos votantes; (ii) a possibilidade de real alternância nos cargos; e (iii) formação de uma divisão *de facto* entre os sujeitos que estarão no poder e a oposição.

[126] Gianfranco Pasquino (2009, p. 143) vai além, defendendo a necessidade de eleições livres, competitivas e "[...] *significativas* (no sentido de definirem realmente as quantidades de representação e de governo conquistadas pelos candidatos e pelos partidos) [...]". O teórico italiano (PASQUINO, 2009, p. 144) advoga a tese de que a democraticidade de um regime não existe sem que se confiram efeitos significativos ao voto, em termos de distribuição cargos e de lugares nas sedes do Poder político. Essa necessidade, entre outros motivos, fundamenta nosso ceticismo (ALVIM, 2015) em face do sistema de voto distrital, em função da aptidão para gerar o fenômeno negativo da *super-representação da maioria*, verificado em muitos países onde o modelo é adotado.

adoção e o respeito às regras que preservem as perspectivas da minoria de hoje de tornar-se a maioria no dia de amanhã.

Assim, *a adoção do princípio da igualdade de chances é condição para que a minoria renuncie ao direito de resistência, tornando possível a afirmação inconteste de um sistema de exercício legal do poder.* (ZAULI, 2018, p. 87) (Grifos nossos)

A ideia de competitividade versa sobre a equalização das condições do jogo eleitoral e, portanto, à imprevisibilidade dos resultados em função do estabelecimento de uma paridade normativa *ex ante* entre os variados postulantes, medida importante em razão do fato de que as eleições serão tanto mais competitivas "[...] quanto melhor se conseguir manter o equilíbrio entre os concorrentes, sejam eles candidatos individuais, partidos políticos ou coligações" (PASQUINO, 2009, p. 144).

Resulta daí que a igualdade de oportunidades entre os competidores é de ser reconhecida como fundamental para a autenticidade de um certame eleitoral e, também, para a democratização do próprio regime, tendo em vista que implica a proibição de obstáculos à participação no exercício do poder constituído.[127]

Nessa esteira, a Corte Superior Eleitoral tem reconhecido:

A normalidade e a legitimidade do pleito previstas no art. 14, §9º, da Constituição Federal decorrem da ideia de igualdade de chances entre os competidores, entendida assim como a necessária concorrência livre e equilibrada entre os partícipes da vida política, sem a qual se compromete a própria essência do processo democrático, qualificando-se

---

[127] Alerte-se, com Aline Osório (2017, p. 152-153), que a busca pela concessão de uma igualdade material de oportunidades não significa uma tentativa de uniformização plena entre as chances de todos os candidatos. Isso porque: "Diversas *desigualdades* (ou atributos) funcionam como critério legítimo de diferenciação, seja entre os candidatos (articulação, oratória, inteligência, reputação e trajetória), seja entre os partidos (sua história, seus programas e o apoio popular conquistado). A figura do jogador importa. Isso vale tanto em duelos, corridas e partidas de xadrez, quanto nas eleições. Se é certo, de um lado, que as regras do jogo devem prover condições materiais de igualdade, de outro lado, seria um erro pretender estratificar ou padronizar os candidatos e partidos políticos. Isso equivaleria a tolher a própria liberdade de escolha da cidadania e prejudicar a qualidade da representação. Cabe ao eleitor julgar quais atributos devem ser valorados na escolha de candidatos e partidos, devendo o Estado apenas adotar algumas precauções para que esses atributos não sejam manipulados artificialmente pelo uso indevido dos poderes econômico, político ou midiático". Na mesma linha, Blanco de Morais (2018, p. 89) reflete que a igualdade na atmosfera das competições eleitorais é uma igualdade inclinadamente formal, haja vista que uma igualdade real será, sempre, obstaculizada pelo fato de que, "para além de diferentes recursos humanos, financeiros e materiais entre candidaturas, os partidos que obtiveram maior número de mandatos dispõem de maior financiamento público para suas campanhas".

como violação àqueles princípios a manipulação do eleitorado (REspe nº 68.254/MG. Rel. Min. Gilmar Mendes. *DJe*, 20.5.2014)

Com efeito, a paridade de condições entre os competidores surge como um dos pilares da autenticidade dos processos eleitorais, entre outras razões, em função do imperativo de maximização dos efeitos do sufrágio, como repara Gonçalves Figueiredo (2013, p. 226):

> La igualdad es un carácter universal del sufragio y, aunque generalmente se la invoca con referencia exclusiva al derecho de votar – bajo la fórmula "un hombre, un voto" – también atañe al derecho de ser votado, como parte que éste es sufragio, en su faz pasiva. De manera que en un proceso electoral democrático, los contendientes deben tener un grado razonable de igualdad de oportunidades para aceder a una competencia libre y equilibrada, para poder participar en la formación de la voluntad política del electorado.
> Por esto, se ha dicho que uno de los aspectos fundamentales de la realización de "elecciones libres y democráticas" es que verifiquen una serie de prácticas que permitan asegurar igualdad de oportunidades y equidad electoral.

Amplamente recordada em sedes legislativas, a exigência de eleições competitivas aparece como reflexo do reconhecimento da prerrogativa de igualdade de condições de acesso a cargos e funções públicas a todos os membros ativos de comunidades políticas[128] que se pretendem democráticas e plurais. Veja-se, a propósito:

> Faz parte da concepção básica de democracia que todos os possíveis interesses e opiniões tenham uma oportunidade de competirem entre si, e que procurem ganhar influência sobre a ação estatal. Desta forma, a democracia apresenta-se, ao mesmo tempo, como Estado pluralista, que permite que uma pluralidade de interesses e opiniões produzam efeito enquanto elementos constitutivos do processo político. [...]
> O modelo pluralista satisfaz a exigência de garantir ao mesmo número possível de pessoas tanta margem de manobra para o desenvolvimento

---

[128] Pedicone de Valls (2000, p. 35), com muita precisão, assevera que em uma sociedade democrática a igualdade de oportunidades não consiste em uma distribuição aleatória de suas distintas posições, mas em torná-las acessíveis a todos os cidadãos da mesma maneira, desde um ponto de partida em virtude do qual seja possível alcançar objetivos particulares dependendo da própria competitividade. Ao sublinhar que todo critério de distribuição equitativo deve ter em conta o mérito, a autora sustenta que a igualdade de oportunidades consiste na "uniformização de potencialidades" como pressuposto para a igualdade de acesso aos cargos representativos.

CAPÍTULO 2
O CONTEÚDO DA LEGITIMIDADE E DA NORMALIDADE ELEITORAL | 117

de sua personalidade e para a defesa de seus interesses quanto isso seja compatível com os desejos de desenvolvimento e interesses, em igualdade de direitos, dos seus concidadãos. Graças à sua maior diferenciação e liberdade de ação, este modelo [...] oferece também as possibilidades mais variadas de fazer experiências com ideias e formas de vida social e de eliminar por meio da concorrência aquilo que provou ser menos eficaz. Ele mantém, pois, vivo em grau mais elevado o processo de *trial and error*, através do qual se desenvolve o discernimento e a civilização humanos. Acresce que a pluralidade de grupos concorrentes constitui uma garantia essencial contra o perigo de um poder de Estado totalitário. (ZIPPELIUS, 2016, p. 363-364)

O princípio da igualdade de oportunidades entre os candidatos consta, explícita ou implicitamente, de inúmeros diplomas domésticos – como exemplo, da Constituição da República Portuguesa (arts. 47º e 113º, 3, "b") e da Constituição espanhola (art. 23) – e internacionais, *v.g.* Declaração Universal dos Direitos Humanos (art. 21º, 2), Pacto Internacional sobre Direitos Civis e Políticos (art. 25º), Convenção Americana sobre Direitos Humanos (art. 23, "b") e Carta Democrática Interamericana (art. 23, "c"). Ademais, faz-se presente em documentos internacionais de relevo, entre os quais a Carta de Padrões Internacionais Sobre Eleições da Organização para a Segurança e Cooperação Europeia – OSCE (item 7.6), a Declaração Universal sobre a Democracia da União Interparlamentar (art. 5) e o Código de Boas Condutas em Matéria Eleitoral da Comissão de Veneza, no seio do Conselho da Europa (art. 12).

Em termos praticamente universais, portanto, admite-se modernamente que o emblema da igualdade representa um bem axial para o constitucionalismo, notadamente porque não existe democracia constitucional que não se assente sobre o fundamento de que todos os homens livres são essencialmente iguais,[129] e de que o autogoverno não existe

---

[129] Observe-se, no entanto, que um enunciado aparentemente simples, como o exposto, em análise detida acaba por exprimir, de fato, uma hermenêutica assaz dificultosa. Carlos Santiago Nino (2002, p. 411-412) relaciona os três enfoques pelos quais se interpreta o princípio da igualdade: (i) um enfoque *descritivo*, conforme o qual os homens são de fato relevantemente iguais; (ii) um enfoque *normativo*, que prescreve que os homens *devem ser* tratados igualitariamente; e (iii) um enfoque *analítico*, calcado na afirmação de que o conceito de "homem" regido pela ótica do *tudo-ou-nada*, sendo uma propriedade impossível de ser aferida pela ótica da graduação, o que implica que as consequências normativas hão de se estender aos homens com igual alcance. José Afonso da Silva (2013, p. 214-215), de outra banda, arrola outros prismas pelos quais a igualdade é entendida: (i) uma visão *nominalista*, pela qual a igualdade não passa de um simples nome, tendo em vista que os homens nascem e perduram desiguais; (ii) uma visão *idealista*, fincada em um igualitarismo absoluto entre as pessoas; e (iii) uma visão *realista*, que reputa os homens desiguais em múltiplos aspectos,

sem a possibilidade de que os cargos de dirigência estejam, em princípio, à disposição de todos os cidadãos. Dessa feita, não há exagero em afirmar que a igualdade acaba por constituir, de certa forma, o "signo fundamental" (SILVA, 2013, p. 213), o "valor medular" (BLANCO DE MORAIS, 2018, p. 88) ou o "símbolo por excelência" (SARTORI, 1965, p. 348) da própria democracia.[130]

Com isso, é preciso que a busca pela igualdade inspire todos os planos do espectro normativo, afetando incisivamente o cenário eleitoral, eis que os ditames que condicionam e justificam a existência do próprio Estado devem também incidir sobre o arranjo conferido à técnica de legitimação coletiva da governança popular. Nesse tocante, o Min. Luiz Fux e o Professor Carlos Eduardo Frazão (2016, p. 119) bem sublinham:

> O princípio da igualdade de chances (*Chancengleichheit*), também referido como igualdade de oportunidades, é um mandamento nuclear na seara eleitoral. Sua *origem* remonta ao direito alemão.[131] Aludido princípio reclama uma postura de neutralidade do Estado em face dos *players* da competição eleitoral (i.e., partidos, candidatos e coligações), de forma a

---

sem que se impeça de enxergá-los ainda como iguais, considerando-se a identidade de características inteligíveis que proporcionam aptidão para que se estabeleçam realidades individuais.

[130] Em todo caso, o princípio da igualdade não exclui a possibilidade de diferenciação legislativa, em razão da diversidade de situações, como sublinha Manoel Gonçalves Ferreira Filho (2010, p. 205), para quem o selo da justiça retributiva reclama a distinção. Em ordens democráticas, a atuação legislativa se legitima inclusive pela busca de uma igualdade material; por tal razão, autores como José Afonso da Silva (1976, p. 218) apontam o legislador como principal destinatário do axioma em exame. Sartori (1965, p. 348) obtempera, porém, que os conceitos de igualdade e democracia não coincidem nem se esgotam entre si. A seu modo de ver, "essa identificação simplesmente significa que a exigência de igualdade alcança sua maior força e expansão dentro de um sistema democrático. Isso não quer dizer que não existam quaisquer igualdades fora da democracia, ou que todas as igualdades sejam um empreendimento democrático". Sobre a igualdade material, Fávila Ribeiro (2001, p. 64) dizia que: "Não basta que os diplomas legais consagrem com específicos enunciados o princípio da isonomia jurídica, sendo necessário, em proveito da igualdade no processo eleitoral, a extirpação de privilégios nas condições concretas das disputas eleitorais, estando a exigir maior preocupação sobre a propaganda, para evitar abuso pelo poder social da comunicação, pelas corrosões generalizadas do poder econômico, e pelo protecionismo e clientelismo do poder político por qualquer de suas satelitizações".

[131] Gonçalves Figueiredo (2013, p. 231) destaca decisão paradigmática proferida pela Segunda Câmara do Tribunal Constitucional Federal da Alemanha em 24.6.1958, pela qual se entendeu que, embora o legislador não se encontre obrigado a equilibrar as diferenças de oportunidades fáticas originadas pelas diferenças na estrutura ideológica dos partidos, tampouco está autorizado a, sem critérios de discriminação contundentes, adotar disposições que tornem mais graves as diferenças existentes. Gilmar Mendes (MENDES; BRANCO, 2016, p. 792) reporta que o princípio em exame cobra origem na República de Weimar, especificamente com os escritos de Herman Heller e de Carl Schmitt.

coibir a formulação de desenhos e arranjos que favoreçam determinados atores em detrimento de outros.[132]

A Professora Aline Osório (2017, p. 15) acresce que o princípio da igualdade de oportunidades busca inspiração na ideia de "qualquer jogo, inclusive o democrático, somente pode ser jogado se os competidores estiverem em condições de igualdade, não se podendo admitir que ganhadores e perdedores estejam definidos antes da partida". Assim, recorre aos lúdicos exemplos de Sartori para frisar que "um duelo não pode ser disputado entre quem tem uma arma de fogo e quem tem uma espada"; "uma corrida não pode ser apostada entre quem está a pé e quem está motorizado"; "e em uma partida de xadrez, um jogador não pode ter duas rainhas".

É óbvio que esse princípio se aplica às campanhas políticas. De acordo com Osorio (2017), o princípio da igualdade de oportunidades:

> [...] é deduzido dos princípios democrático, representativo, republicano, do pluralismo político e da própria soberania popular. Ele se funda na concepção de que os candidatos e partidos políticos desempenham uma função- -chave para o Estado Democrático de Direito, viabilizando a representação política e contribuindo para a formação e para a expressão da vontade popular. Por isso, as eleições devem se submeter a um regime jurídico próprio que estabeleça condições para uma disputa libre e equilibrada, em que, de um lado, se assegure a plena liberdade de acesso à competição eleitoral, sem qualquer discriminação e, de outro, promova-se a igualdade de oportunidades na disputa por cargos eletivos.

Como mais, aponta-se que a afirmação da igualdade de chances como um postulado constitucional finca pé na constatação de que a paridade de oportunidades entre os competidores constitui "uma expressão jurídica da neutralidade do Estado em relação aos diferentes concorrentes em uma disputa eleitoral" (ZAULI, 2018, p. 287), elemento essencial para o correto funcionamento do jogo político no contexto do Estado democrático.

Nessa ordem de ideias, por uma extensa gama de razões a igualdade se afirma como um bem capital para a legitimidade e para

---

[132] Pelo mesmo ângulo, Erick Wilson Pereira (2004, p. 65): "A igualdade diante de todas as manifestações do poder é uma necessidade básica para afastar o abuso e oferecer legitimidade ao pleito eleitoral. A Carta Política de 1988 firmou a igualdade como um direito subjetivo público em que o tratamento igualitário é um imperativo da república e, sobremais, do processo eleitoral".

validade das competições eleitorais.[133] À medida que se assenta sobre o princípio republicano e sobre o dogma da isonomia, a Constituição Federal toma a máxima igualdade entre os candidatos como um verdadeiro princípio estruturante do direito eleitoral (SALGADO, 2015, p. 189), tornando imperativa a expectativa de que a pugna eletiva ocorra entre candidatos que disputem em condições de "paridade de armas" (REIS, 2012, p. 86).[134]

No caso brasileiro, destacamos que o silêncio da Carta de 1988:

> [...] não significa que o preceito esteja dissociado do *zeitgeist* constitucional. Como mencionado, a estrutura do edifício constitucional nacional apresenta claros indícios sobre a necessidade de se respeitar a isonomia eleitoral (princípio democrático, princípio republicano, sufrágio igualitário) não apenas de forma conceitual, mas também através de ações. Demais disso, é evidente que uma alusão expressa à "igualdade de oportunidades entre os candidatos" pode, de certa forma, ser vista como uma "medida supérflua", haja vista que seu conteúdo certamente habita o espectro do direito geral de igualdade previsto no *caput* do art. 5º da Carta Maior.[135]

---

[133] A fundamentalidade da igualdade no domínio eleitoral é bem destacada por Jorge Miranda (2007, p. 241), que atenta para premência de sua amplitude: "Igualdade eleitoral abrange tudo quanto tenha a ver com eleições, mesmo antes de iniciados os respectivos procedimentos. É igualdade: na formação dos sujeitos proponentes de candidaturas; na obtenção dos elementos necessários à formalização das candidaturas; nos direitos das candidaturas e dos candidatos; na fiscalização das operações de votação e apuramento; nos meios contenciosos". O mestre português salienta ainda que o princípio da igualdade "[...] não rege apenas as relações dos cidadãos com o Estado ou no âmbito da comunidade política em geral, mas também as relações das pessoas singulares no interior de quaisquer instituições, associações ou grupos". Nesse caminho, Roberto Moreira de Almeida (2017, p. 55) atribui tanta importância ao axioma da igualdade que chega a trabalhar a isonomia de oportunidades como um sinônimo da própria lisura eleitoral.

[134] "A equidade chama à colação as noções de justiça material e 'devido processo legal', implicando que as regras que presidem ao processo eleitoral devam ser justas, de forma a permitirem que a vontade dos eleitores tenha tradução efetiva da eleição dos mandatários da sua escolha, sem que se verifiquem distorções desigualitárias ostensivas ou desaproveitamento desproporcional dos sufrágios expressos". Essa a lição do professor Blanco de Morais (2018, p. 83-84), para que o assentamento de um processo eleitoral equitativo implica: (i) a exclusão de leis eleitorais que procedam a manipulações demográficas; (ii) o afastamento de cláusulas de barreira que excluam a representação de grandes franjas do eleitorado; (iii) a eliminação de circunscrições eleitorais artificialmente desenhadas; (iv) a proporcionalidade na distribuição do direito de antena e das verbas estatais de financiamento de campanha.

[135] Com essa exata visão, o Tribunal Constitucional espanhol chegou a afirmar que o direito de acesso às funções públicas em condições equivalentes decorre naturalmente do axioma geral da igualdade, de sorte que, ainda que a constituição espanhola não contemplasse, em termos expressos, a igualdade de oportunidades na competição eleitoral, ela por isso não deixaria de figurar como um inegável direito fundamental (TCE, STC nº 293/1993). Mateus Henrique de Carvalho (2018, p. 372) também extrai o mandamento da igualdade

CAPÍTULO 2
O CONTEÚDO DA LEGITIMIDADE E DA NORMALIDADE ELEITORAL | 121

A ideia decorre, também, do fato de o legislador constitucional claramente ter optado pela defesa intransigente da legitimidade das eleições (art. 14, §9º) e, de forma ainda mais contundente, pela ampliação do plexo de direitos fundamentais operada pelo art. 5º, §2º, que incorpora ao ordenamento jurídico interno normas oriundas de tratados que tenham entre os signatários o Estado brasileiro, hipótese que abarca os pactos internacionais alhures mencionados [Declaração Universal de Direitos Humanos; Pacto Internacional de Direitos Civis e Políticos; Pacto de San José da Costa Rica]. (CARVALHO; ALVIM, 2018, p. 289-290)

A rigor, a igualdade de chances integra a ordem constitucional pátria não apenas porque "o postulado de igualdade tem ampla aplicação entre nós, não se afigurando possível limitar ou restringir a sua aplicação a determinadas situações ou atividades", senão ainda porque "a concorrência é imanente ao regime liberal e democrático" (MENDES; BRANCO, 2016, p. 797-799). Por certo, se "um dos postulados do sistema democrático-representativo é a igualdade na esfera político-eleitoral" (SARLET *et al.*, 2017, p. 760), segue-se que a previsão expressa de um princípio de isonomia para a competição entre os candidatos torna-se dispensável para o constituinte, sobretudo quando se nota que o axioma em evidência surge, também, como um inegável imperativo da República (PEREIRA, 2004, p. 64). Por tudo isso, entende-se:

> [...] o que a Constituição Federal de 1998 busca, em especial pelo que descreve no §9º do art. 14, é que as eleições sejam um campo de oportunidades iguais aos postulantes, a possibilitar que o vencedor seja o mais preparado segundo a preferência do eleitorado, em face de suas propostas e realizações, tudo isso exercido de forma livre, sem influências, fraudes ou desvirtuamentos, garantindo-se assim a normalidade e a legitimidade das eleições, em respeito à própria soberania popular. (KUFA, 2018, p. 345)

Ademais, o direito à igualdade nas competições eleitorais adentra o cabedal legislativo brasileiro pela via do direito internacional,

---

de chances do direito geral de igualdade: "A Constituição Federal, em seu art. 5º, prevê o princípio geral da igualdade, podendo-se concluir pela exigência lógica de que o sistema jurídico e o processo eleitoral devam proporcionar ou visar garantir a todos os partidos e cada candidato basicamente as mesmas oportunidades na campanha eleitoral e semelhantes recursos para competir pelo voto popular. Daí por que os institutos do abuso de poder e o das condutas vedadas ganharam destaque no Estudo do Direito Eleitoral, pois suas previsões legais e constitucionais possibilitam um mínimo de limites e restrições no uso de recursos e instrumentos para a obtenção do voto e consequentemente para a vitória eleitoral".

uma vez que a prerrogativa em exame consta do art. 23, 1, "c", da Convenção Interamericana de Direitos Humanos, assim como do art. 25, "c", do Pacto Internacional de Direitos Civis e Políticos, dos quais o Brasil figura como Estado-Parte.[136] Pelas regras assinaladas, os países signatários ficam obrigados à configuração de eleições competitivas, devendo afastar arranjos normativos ou situações fáticas que facilitem ou dificultem as chances de êxito de alguns contendores,[137] atuando ainda para promover, no exercício de seu múnus legiferante, o máximo nivelamento das condições em que a classe política disputa o poder.

Para Gomes Canotilho (2003, p. 305) o princípio da igualdade de voto "[...] não se limita ao ato eleitoral em si,[138] antes envolve todo *procedimento* de sufrágio", refletindo na igualdade das candidaturas e, sobretudo, na "igualdade na concorrência eleitoral". Sob o mesmo ângulo, Karl Loewenstein (1979, p. 334) assinala que a ideia do povo como detentor soberano do poder não passa de uma ficção se as técnicas eleitorais não estiverem configuradas de sorte a conservar – honrada

---

[136] Convenção Interamericana de Direitos Humanos: "Art. 23. Direitos políticos. 1. Todos os cidadãos devem gozar dos seguintes direitos e oportunidades: [...] 3. de ter acesso, em condições gerais de igualdade, às funções públicas de seu país". Pacto Internacional de Direitos Civis e Políticos: "Art. 25. Todos os cidadãos gozarão, sem qualquer das distinções mencionadas no art. 2º, e sem restrições indevidas, dos seguintes direitos e oportunidades: [...] c) ter acesso, em condições de igualdade, às funções públicas de seu país".

[137] Sobre as normas internacionais, cumpre esclarecer que a Constituição "[...] faz ver a superioridade dos tratados internacionais sobre a legislação infraconstitucional [...], reconhecendo a sua prevalência sobre o direito ordinário", como afirma Luiz Guilherme Marinoni (SARLET *et al.*, 2017, p. 1.370-1.371) e como reconhece o próprio STF, desde o exame do RE nº 466.343 (prisão civil do depositário infiel). Naquele julgamento, a Corte Suprema firmou posição pela superioridade normativa dos diplomas internacionais. Outrossim, em seu art. 5º, §2º, a CF rege que os direitos e garantias nela inscritos são complementados por outros decorrentes do regime e dos princípios por ela adotados, ou dos tratados internacionais dos quais o Estado brasileiro seja parte. A respeito do tema, Marcelo Peregrino Ferreira (2016, p. 75-83) leciona que a Carta criou "[...] um vaso de comunicação com o espaço internacional pela possibilidade de incorporação de direitos e garantias surgidos neste cenário no ordenamento interno". Como consequência, a Constituição termina por, expressamente, incluir, no rol dos direitos com fundamento constitucional, todos aqueles oriundos de tratados em que o Brasil seja parte: "Autoriza-se, ou melhor dizendo, preconiza-se a recepção pela ordem interna, no ordenamento jurídico brasileiro, dos direitos e garantias fundamentais fixados em tratados internacionais. Daí dizer que esses direitos previstos nos documentos internacionais pactuados pelo Brasil são norma de incidência no país com todas as consequências dessa assertiva".

[138] Quanto ao ato eleitoral, Zippelius (2016, p. 400) assim explica a ideia por trás do princípio da igualdade do voto: "Se ninguém pode pretender fundamentadamente que conhece a solução absolutamente correta ou a chave de solução absolutamente válida para todos os problemas de justiça e para as outras questões que devem ser resolvidas no âmbito do processo político, então as convicções morais de cada um têm de ter igual validade. Cada indivíduo então deve ser por princípio tratado como instância moral digna de igual respeito".

e exatamente – a vontade do povo. Para tanto, considera que as leis eleitorais devem ser "imparciais e absolutamente objetivas entre todos os competidores", o que só ocorre quando aquela ordem assegure, em seu conjunto, que todos os candidatos e partidos tenham "as mesmas chances de receber os votos dos eleitores". Em perspectiva conexa, Adilson Dallari (*apud* FRANCISCO, 2002, p. 77) assenta que as eleições devem proporcionar "iguais oportunidades de sucesso a todos os postulantes, de maneira a que vença aquele que efetivamente merecer a preferência do corpo eleitoral".

Bidart Campos (1985, p. 407) soma que uma ideia formada sobre um procedimento eleitoral, robusta em termos éticos, deve, por evidente, afastar a incidência de trapaças ou manipulações, mas, mais do que isso, retroceder à etapa pré-eleitoral para garantir a vigência de alguns "ingredientes" que garantam a celebração de eleições disputadas, destacadamente a igualdade de oportunidades: (i) na publicidade e na propaganda de candidatos e partidos políticos; (ii) no uso da liberdade de levar informações ao público; (iii) no exercício das liberdade de expressão, associação e reunião; e (iv) no acesso parelho aos meios de comunicação. Coincide, nesse tocante, com a concepção cunhada por Meirinho Martins (2015, p. 185), para quem o princípio da igualdade de oportunidades entre as candidaturas se desdobra em algumas exigências, como (i) a liberdade de propaganda (liberdade de expressão/ liberdade de reunião/liberdade de manifestação/liberdade de imprensa/ direito de antena); (ii) a igualdade de tratamento jornalístico por parte dos órgãos de comunicação social; (iii) a igualdade na utilização de espaços públicos para a divulgação de ideias; e (iv) a imparcialidade das diferentes entidades públicas perante os competidores.

Menções ao princípio da igualdade são deveras recorrentes entre especialistas de vanguarda. Felipe Caldas (2016, p. 65-69), por exemplo, considera a paridade entre as candidaturas essencial para a lisura eleitoral, o que a coloca no centro das maiores preocupações do Estado democrático de direito. Em sua leitura, exige-se do regime democrático uma rígida fiscalização da igualdade de oportunidades no processo de formação da vontade popular, visto que "a falta de cultivo ao princípio da igualdade na vida política leva ao surgimento de privilégios e distorções alimentadas por práticas que vão de encontro aos valores essenciais da democracia".

Andrade Sánchez (2010, p. 21), por sua vez, pontua que axioma igualitário se define como um princípio geral do direito eleitoral, consistente em considerar as condições específicas do processo eleitoral consoante fatores que permitam a oferta de uma competição equilibrada, procurando evitar a concessão de vantagens ou a imposição de obstáculos a quaisquer competidores.[139] Por esse prisma, Aline Osorio (2017, p. 150) aponta a paridade de armas como "a regra de ouro do jogo eleitoral".

Segundo Luiz Fux e Carlos Eduardo Frazão (2016, p. 119), a centralidade do princípio vem do fato de que a ausência de uma concorrência livre e equilibrada entre os competidores "amesquinha a essência do processo democrático",[140] no que perfilham o entendimento externado por Gilmar Mendes (MENDES; BRANCO, 2016, p. 791; 802), conforme o qual a falta de uma "concorrência livre e equilibrada entre os partícipes da vida política" compromete "a essência do processo democrático" por, potencialmente, transformar a concorrência entre partidos e candidatos em "algo ficcional".

Por isso, Marco Aurélio Bellizze Oliveira (2005, p. 4) enfatiza que o sistema normativo brasileiro é totalmente orientado "[...] para a busca do equilíbrio entre os candidatos e partidos na disputa popular", repelindo as "indevidas e indesejáveis" interferências resultantes do abuso de poder.[141] Na mesma trilha, Marcelo Roseno de Oliveira (2018, p. 356) opina que em nosso ordenamento constitucional:

> [...] é perfeitamente possível identificar – à luz de princípios como os da democracia, isonomia, pluralismo político e legitimidade das eleições,

---

[139] Textualmente, o autor assinala que o conceito implica "[...] un tratamiento no necesariamente igualitario, sino proporcional a las circunstancias en que se encuentran los distintos actores que intervienen en las elecciones" (ANDRADE SÁNCHEZ, 2010).

[140] Nesse caminho, evidencia-se a correção de decisões proferidas, por exemplo, pela Câmara Nacional Eleitoral argentina, a qual reconhece que o princípio da "competição legítima e legal", extraído do art. 38 da Constituição daquele país, resguarda o princípio da igualdade, que impõe que todas as forças políticas estejam em equidade de condições competitivas (CNE, *Fallos* 2652/99 e 3352/04).

[141] Pedicone de Valls (2001, p. 35) esclarece que em uma sociedade democrática a igualdade de oportunidades não se refere especificamente à distribuição de distintas posições no estrato social, mas sim em torná-las acessíveis a todos os cidadãos de idêntica maneira, desde um ponto de partida coincidente em razão do qual seja possível alcançar objetivos dependendo da própria competitividade. Para que exista igualdade de oportunidades os indivíduos devem ter satisfeitas as necessidades elementares, o que ocorre quando exista uma equivalência econômica que permita a uniformização das potencialidades, pressuposto da igualdade de acesso. Com o mesmo espírito, Darcy Azambuja (2011, p. 257) preleciona que a igualdade democrática não simboliza "uma negação absurda das desigualdades naturais, que fazem de cada homem um ser diverso de todos os outros", sendo, pelo contrário, mais propriamente a negação de desigualdades artificiais geradas por injustos privilégios de classe, nascimento e fortuna tipicamente verificados em sociedades de cariz aristocrático.

e como decorrência deles – a exigência de igualdade de oportunidades nas campanhas eleitorais, cuja conformação reclama, num ambiente concorrencial, a atuação do Estado para o fim de impor limites a candidatos e partidos, mas também para compensar as desigualdades, realizando ações positivas, de modo a evitar que alguns fatores distantes dos ideais democrático e republicano possam ser decisivos para os seus resultados.

Na análise do tema, importantes propostas derivam da *teoria da justiça como equidade*,[142] de John Rawls (1997), e da concepção elaborada por Óscar Sánchez Muñoz (2007) sobre a igualdade de oportunidades na competição eleitoral.

Expoente do *novo liberalismo*, Rawls se concentra mais na questão da justiça do que no problema da legitimidade política. Não se atém, portanto, aos limites da problematização liberal clássica ("o consentimento voluntário sanciona a origem de um governo legítimo"), preferindo investigar a substancialidade inerente aos processos políticos decisórios. Ocupa-se, então, com a questão da justiça, que, ao lado do consentimento, traça os limites da legitimidade democrática (ARAÚJO, 2002, p. 75-85). Seu projeto teórico se assenta sobre dois diferentes enfoques: o estudo das liberdades públicas e o exame da igualdade de chances no acesso a cargos públicos.

Como ideia central, o filósofo norte-americano defende que o valor das liberdades políticas para os cidadãos, independentemente de sua realidade social ou econômica, deve ser igual – ou pelo menos suficientemente igual –, de sorte que todos possuam uma oportunidade parelha de ocupar uma função pública e de influenciar o resultado das decisões políticas.

A par de consignar que a estrutura básica da sociedade (modo como as principais instituições sociais distribuem os direitos e deveres fundamentais e determinam a repartição das vantagens decorrentes da cooperação social) constitui o objeto principal da justiça, Rawls (1997, p. 8) observa em tal estrutura a existência de diferentes posições sociais

---

[142] A título de introdução, Rawls (1997, p. 3) oferece já nas primeiras linhas de sua obra a suma de sua concepção: "Apresento, então, a idéia central da justiça como equidade, uma teoria da justiça que generaliza e eleva a um nível mais alto de abstração a concepção tradicional do contrato social. O pacto social é substituído por uma situação inicial que contém certas restrições procedimentais aos argumentos apresentados, cujo fito é levar a um consenso original no tocante a princípios da justiça. [...] O objetivo que me orienta é elaborar uma teoria da justiça que seja uma alternativa viável a essas doutrinas que há muito dominam nossa tradição filosófica".

que conduzem a privilégios e desigualdades marcantes.[143] A busca pela justiça impõe que sobre tais desigualdades sejam aplicados os princípios de justiça social que devem reger a escolha de uma constituição política e o cerne do sistema econômico e social, já que o equilíbrio do arranjo social depende, essencialmente, "[...] de como se atribuem os direitos e deveres fundamentais e também as oportunidades econômicas e das condições sociais dos diversos setores da sociedade" (RAWLS, 1997, p. 9).

A teoria *rawlsiana* pretende encontrar a concepção política de justiça mais adequada para uma "sociedade bem-ordenada",[144] tendo como base um contexto em que todos os cidadãos são vistos como livres e iguais, isso significando: (i) que todos tenham acesso ao mesmo esquema de liberdades; e (ii) que desigualdades somente são admitidas quando se assegure a todos uma igualdade equitativa de oportunidades (OLIVEIRA, 2013, p. 176). A atribuição de um peso equânime às liberdades políticas teria o condão de assegurar a todos os cidadãos as mesmas oportunidades no contexto das atividades políticas, notadamente para influenciar o resultado das eleições, não apenas como eleitores, mas como postulantes a cargos de comando executivo ou representação parlamentar.[145]

O plano de Rawls foi aplicado à realidade eleitoral por Sánchez Muñoz (2007), com destaque para a tarefa da atuação estatal na busca pela desativação de fatores de vantagem irrelevantes para a lógica da pugna política, inclusive mediante o desenvolvimento de ações

---

[143] "Aqui a ideia intuitiva é que essa estrutura contém várias posições sociais e que as pessoas nascidas em condições diferentes têm expectativas diferentes de vida, determinadas, em parte, tanto pelo sistema político quanto pelas circunstâncias econômicas e sociais. Assim, as instituições da sociedade favorecem certos pontos de partida mais do que outros. Essas são desigualdades muito profundas. Além de universais, atingem as oportunidades iniciais de vida [...]" (RAWLS, 1997, p. 8).

[144] A *sociedade bem-ordenada*, para Rawls (1997, p. 5), é aquela que efetivamente se regula por uma concepção pública de justiça, fundada em princípios aceitos por todos: "Ou seja, é uma sociedade na qual (1) todos aceitam e sabem que os outros aceitam os mesmos princípios de justiça; e (2) as instituições sociais fundamentais geralmente atendem, e em geral se sabe que atendem, a esses princípios". O filósofo trabalha a partir de um modelo idealizado, visto que admite que as sociedades existentes raramente são ordenadas nesse sentido, pois a regra é existir discordância sobre quais princípios devem definir as condições fundamentais da associação (RAWLS, 1997, p. 6). Araújo (2002, p. 75) confirma que a teoria da justiça é eminentemente normativa, visto que discorre sobre o que *deveriam ser* as instituições políticas.

[145] No campo da comunicação político-eleitoral, Rawls destaca a importância da garantia de acesso aos meios de comunicação, defendendo a ideia de que a imposição da garantia de visibilidade aos diferentes *players* é perfeitamente compatível com a liberdade de informação, ainda que na prática seja necessária a realização de alguns ajustes (leitura de Sánchez Muñoz *in* RÍOS VEGA, 2015, p. 329, a partir do que consta de Rawls, *Justice and Fairness*, §45, p. 148 e ss.).

afirmativas que possam estimular a paridade entre os adversários. A tese sustenta, grosso modo, que o respeito à equivalência de chances na corrida eleitoral aparece como um dos elementos básicos do sistema representativo, na medida em que o regime democrático pressupõe, inexoravelmente, a ideia de uma ordem política aberta e renovável (SÁNCHEZ MUÑOZ, 2007, p. 34).

Para Sánchez Muñoz (2007, p. 35), o preceito em estudo goza de um duplo encaixe constitucional, podendo ser vislumbrado tanto pela ótica dos votantes como pela ótica dos votados: (i) desde a *perspectiva do eleitor*, não pode existir eleição livre sem que exista uma igualdade de oportunidades entre os competidores no momento de influir na formação da vontade eleitoral; (ii) pelo *prisma do concorrente*, a competitividade deriva do direito político de acesso a cargos públicos em condições de igualdade. Por óbvio, ditas alocações são complementares e não ofuscam outras possíveis associações normativas, de maneira que, a título de exemplo, no plano brasileiro a isonomia entre os candidatos decorre, inclusive, do princípio geral da igualdade e da exigência de normalidade e legitimidade no desenvolvimento das eleições (arts. 5º e 14, §9º, CRFB), como assinalado anteriormente.

Brea Franco (2000, p. 73-76) sugere, em reforço, que para que a eleição possa ser considerada livre e competitiva, não basta que se assegure que todo aquele que tenha direito de votar possa fazê-lo em liberdade, igualdade e sem pressões; deve-se também assegurar que se estabeleça, entre os candidatos, um grau aceitável de competição, o que, entre outras coisas, demanda que partidos e candidatos tenham acesso aos eleitores em um cenário de liberdade e isonomia no que concerne à projeção ou visibilidade. Com efeito, no que tange à paridade de armas, a comunicação eleitoral e a visibilidade dos competidores têm uma importância fulcral. A esse respeito, Sánchez Muñoz (*in* RÍOS VEGA, 2011, p. 333-334) assim discorre:

> El concepto clave en esta materia es el concepto de visibilidad de las distintas opciones electorales. La visibilidad es un concepto muy amplio que se refiere al conjunto de medios a través de los cuales los competidores electorales pueden hacer llegar sus mensajes al electorado, mensajes que pueden ser de todo tipo de programas electorales, informaciones, imágenes, símbolos o cualquier otro contenido comunicativo capaz de intervenir, en mayor o menor grado, en la formación de la decisión electoral. La visibilidad, además, puede verificarse a través de una comunicación directa entre los competidores electorales y los electores,

o puede llevarse a cabo a través de terceros, lo que nos lleva una vez más a destacar el papel de los medios de comunicación de masas en las competiciones electorales. Todo esto nos lleva a la conclusión que, en el campo de la regulación de la comunicación de los actores políticos, el principio de igualdad de oportunidades actúa como un mandato de optimización de la visibilidad de las fuerzas políticas que concurren a las elecciones [...].

Dentro dessa perspectiva, o autor dominicano (BREA FRANCO, 2000, p. 76) aponta que o desenho normativo das campanhas eleitorais deve, em termos ótimos: (i) assegurar um regime amplo de liberdades públicas, em especial as políticas (liberdade de expressão, informação e reunião para todos os grupos, partidos e demais participantes do processo eleitoral); (ii) manter a neutralidade e imparcialidade dos entes públicos que possam influir no resultado das eleições; e (iii) dirigir sua ação com o objetivo de igualar, no que for possível, os meios à disposição dos candidatos, semeando entre aqueles semelhantes "chances abstratas de vitória".[146]

Ainda na linha da exigência de nivelamento do certame, na visão de Fávila Ribeiro (2001, p. 64), não basta que os diplomas eleitorais consagrem enunciados específicos ao princípio da isonomia jurídica, sendo necessária uma séria atuação no sentido da extirpação de privilégios nas condições concretas das disputas eleitorais, tudo isso a exigir a contenção do "[...] abuso pelo poder social da comunicação, pelas corrosões generalizadas do poder econômico, e pelo protecionismo e clientelismo do poder político por qualquer de suas satelizações". Unindo-se à visão, Marcelo Roseno de Oliveira (2018, p. 355-356) salienta que o

---

[146] Brea Franco (2000, p. 77) explica: "Pero aun en la hipoteses que exista un régimen de amplias libertades y que se asegure la imparcialidad de los poderes públicos, ello no conlleva que los candidatos y grupos que tercian en las elecciones dispongan de una igualdad de recursos para aceder y presentar sus opciones al electorado. Naturalmente, esta última condición no puede interpretarse en términos absolutos. En efecto, una completa igualdad es practicamente imposible. Obviamente existen candidatos con una mayor base social o popular que otros, o también puede darse el caso de candidatos con un menor seguimiento popular, pero que dispongan de cuantiosos recursos. De lo que se trata, entonces, no es de lograr una igualdad total y plena, sino bien una igualdad de oportunidades. Que los recursos guarden cierta proporción con el apoyo popular con que cuenta cada una de las opciones concorrentes. Evitar, en otros términos, que un partido o candidato sepulte con su propaganda a los demás. Claro está: hay que señalar que no siempre disponer de muchos recursos es una carta de triunfo electoral. En efecto, incide también la calidad comunicativa de los mensajes y de su oportunidad, en una palabra, el grado de efectividad de la inversión publicitaria. En este sensible aspecto las cuestiones más reglamentadas en las leyes electorales suelen ser fundamentalmente dos: a) facilitar el acceso a los medios de comunicación de masas; b) ofrecer subvenciones o financiamiento público a los partidos".

"igualitarismo eleitoral" pressupõe uma dupla demanda, a envolver tanto a eliminação de abusos e transgressões como as próprias opções do ente legislador.[147]

Com respeito à configuração das regras do jogo, os pressupostos levantados por certo se amoldam ao conteúdo do princípio da isonomia competitiva, que, para Sánchez Muñoz (2007, p. 66-69), pode ser bipartido entre: (i) a *liberdade de acesso* à *competição* (requisito prévio à própria disputa, relacionado com a existência de competidores a ofertar diferentes alternativas políticas) e (ii) a *igualdade de oportunidades* em sentido estrito, ligada à regulação da atuação de sujeitos que intervêm na competição eleitoral (essencialmente os próprios competidores, entretanto sem deixar de lado outros atores capazes de exercer influência, como igrejas, órgãos de Estado e veículos de comunicação).

O segundo elemento cobra especial interesse para o presente estudo, pois é de fato onde se encaixa a análise do abuso de poder como fator de quebra da igualdade entre os candidatos e, portanto, da própria legitimidade dos pleitos.[148] As ligações entre igualdade e legitimidade

---

[147] Marcelo Roseno (2018) considera, com acerto, que boa parte do desequilíbrio presente nas eleições deriva não do comportamento dos atores, mas do arranjo configurador dos certames. Aponta, nesse caminho, a título exemplificativo, alguns aspectos que induzem à quebra da paridade de condições entre os *players*: "o desenho institucional do modelo do financiamento das campanhas, com a admissão de aporte de recursos privados (incluídos os do próprio candidato), cujos limites incidem sobre bases flexíveis; os parâmetros utilizados para a fixação do teto de gastos eleitorais; os critérios acentuadamente desiguais – e, a partir da Emenda Constitucional nº 97/2017, até mesmo excludentes – de rateio do Fundo Partidário, bem como do acesso ao rádio e à TV; e a marcante quebra da neutralidade governamental, em especial no contexto da reeleição dos chefes do Poder Executivo. Todos eles compõem um quadro de rigoroso desnível nas contendas, decorrente de parâmetros normativos pouco resistidos pelos envolvidos nas disputas e pelo Poder Judiciário, uma vez que se os toma como algo institucionalizado, inerente à própria competição".

[148] A relação de antagonismo entre a equidade eleitoral e o fenômeno do abuso de poder é também destacada por Erick Pereira (2004, p. 65): "A igualdade diante de todas as manifestações do poder é uma necessidade básica para afastar o abuso e oferecer legitimidade ao pleito eleitoral. A Carta Política de 1988 firmou a igualdade como um direito subjetivo público em que o tratamento igualitário é um imperativo da república e, sobremais, do processo eleitoral. Os efeitos do exercício do poder estão inversamente conjugados com a observância do princípio da isonomia. O principal escopo do princípio da igualdade é a exclusão do abuso de poder, não havendo ato ou prática eleitoral que possa desconsiderar o primeiro". Da mesma forma a posição de Eneida Salgado (2015, p. 201), quem confirma que "o princípio constitucional da máxima igualdade na disputa eleitoral impõe ainda a coibição dos abusos de campanha". Essa conexão é também destacada por Celso Ribeiro Bastos (1995, p. 110): "Do mesmo modo que o voto do eleitor deve possuir o mesmo peso no processo de escolha, garantindo a paridade dos votos, os concorrentes também devem competir em igualdade de condições, para que todos tenham igual participação, pois 'a liberdade significa que nem aos particulares nem aos Estado é lícito exercer pressões sobre o eleitor no sentido de determinar o conteúdo do seu voto ou mesmo de impedir que ele exerça esse direito'". Com o mesmo espírito, Frediano Teodoro (2018, p. 99) assevera que:

derivam da ideia de que a injustiça (*unfairness*) da competição eleitoral geralmente provém da desigualdade no acesso aos recursos de poder (SCHEDLER, 2016, p. 142).

Nesse diapasão, tem-se por irretocável afirmação de que o poder "é uma irresistível ferramenta cujo uso desmoderado atinge diretamente a igualdade necessária para a garantia da legitimidade dos Estados democráticos". Isso porque "as suas variadas manifestações representam – cada uma à sua maneira – formas de obtenção de vantagens que desequilibram o duelo eleitoral quando excessivamente utilizadas pelos candidatos ou partidos em confronto" (CALDAS, 2016, p. 2).

Os efeitos nefastos do abuso de poder nas campanhas eleitorais são assim destacados por Sánchez Muñoz (2007, p. 3-4):

> Una competición electoral en la que el partido que ocupar el poder hiciera un uso abusivo del mismo en su favor, por ejemplo a través de la manipulación de los medios de comunicación públicos o de la instrumentalización partidista de la publicidad institucional; una competición en la que, más allá de la igualdad formal entre los candidatos, garantizada por la ley, sólo tuvieran posibilidades reales de resultar elegidos aquellos candidatos dispuestos a desembolsar cantidades ingentes de dinero en la campaña, convirtiéndose así en deudores de oscuros intereses privados; una competición electoral en la que, por una razón o por outra, los medios de comunicación no permitieran una visibilidad adecuada de las distintas opciones en liza; una competición, en definitiva, en la que no estuviera garantizada la igualdad de oportunidades entre los sujetos que participan en ella, correría el *riesgo de ser percibida por los destinatarios del poder como una competición trucada y por ello podría incluso desembocar en una deslegitimación global del sistema.* (Grifos nossos)

Em um ângulo estrito, o professor da Universidade de Valladolid (SÁNCHEZ MUÑOZ, 2007, p. 71-72) sugere que a igualdade de oportunidades entre os concorrentes pode ser examinada sob duas diferentes dimensões de análise, fincadas, respectivamente, em um viés positivo e em outro negativo.

A *dimensão positiva* da isonomia eleitoral se identifica com a necessidade do estabelecimento de ações ativas por parte do Estado, no sentido de implementar medidas tendentes à otimização da visibilidade

---

"Qualquer manobra abusiva no processo eleitoral, tendente a desigualar as oportunidades na disputa pelos cargos eletivos merece ser reprimida, para a mantença da igualdade de oportunidades, com o fim de se garantir o interesse maior que é a igualdade na concorrência democrática".

das alternativas políticas por meio de uma série de prestações estatais, como as medidas relacionadas com a ampliação de espaços publicitários, com o implemento de formas de financiamento público ou ainda com o barateamento das campanhas eleitorais.[149]

Em outra ponta, a igualdade de oportunidades assume também uma *dimensão negativa*, cujo fim é impedir que situações de superioridade fática sejam aproveitadas de forma exacerbada por parte de alguns competidores eleitorais, o que se materializa mediante ações limitadoras da atuação dos diversos atores políticos,[150] inclusive na seara extrema do direito eleitoral sancionador.

Em definitivo, Sánchez Muñoz (2007, p. 73) aponta dois elementos que permitem identificar o conceito abstrato do presente princípio.

Em primeiro lugar, a ideia de que em toda competição por determinado bem cabe estabelecer uma diferenciação entre fatores que devem ser tidos em conta para a atribuição desse bem (fatores relevantes) e outros que não devem ser tidos em conta para isso (fatores irrelevantes),

---

[149] A propósito da visibilidade, anote-se que a livre e ampla circulação de informações é um dado central para se identificar se os candidatos possuem uma verdadeira "oportunidade", além do simples direito abstrato e formal de trabalhar para a conquista de votos (MEDVIC *in* YOUNG, 2009, p. 20).

[150] Marcelo Roseno de Oliveira (2018, p. 367-368) comenta a proposta de Sánchez Muñoz, relembrando, inclusive a influência de John Roemer na formulação do autor espanhol: "Como se observa do delineamento do princípio da igualdade de oportunidades nas competições eleitorais, uma das faces em que se manifesta, dita positiva, é exatamente a de buscar otimizar a visibilidade perante o eleitorado das diferentes alternativas políticas que disputam os postos de governo. Para além da mera fixação de limites aos competidores (dimensão negativa), o princípio envolve uma ação estatal no sentido de compensar as desigualdades, invocando, neste campo, a influência da economia política de John Roemer. De acordo com Roemer (1998), duas concepções de igualdade de oportunidades predominam hoje nas democracias ocidentais: uma, a afirmar que a sociedade deve fazer tudo a seu alcance para nivelar o campo de jogo (*level the playing field*) entre indivíduos que disputam posições, especialmente durante o período de formação, de modo a permitir que todos aqueles com potenciais relevantes possam eventualmente ser admitidos entre os candidatos; e a outra, por ele identificada como princípio da não discriminação, que preceitua que na competição por posições na sociedade, todas as pessoas que possuem atributos relevantes para o desempenho das funções do posto em disputa devem ser influídas no rol de candidatos elegíveis e que a possibilidade de uma delas vir a ocupá-lo deve ser julgada apenas com respeito a essas características relevantes. As duas concepções até aqui reportadas serviram de inspiração para o desenvolvimento dos atuais contornos do princípio da igualdade de oportunidades aplicado às competições eleitorais. Propugna-se, com efeito, que nas competições para conquistas o voto dos eleitores os candidatos possam ser escolhidos, exclusivamente, a partir de atributos válidos para ocupar os postos eletivos, sem a influência, portanto, de fatores inválidos (assim valorados pelo legislador), como o abuso do poder econômico, político ou midiático; além de serem vistas como necessárias as subvenções estatais para nivelar o campo da disputa, permitindo aos menos dotados dos meios necessários para ocupar os postos, que possam competir em condições mínimas de equilíbrio".

vindo definida a relevância ou a irrelevância de cada fator por uma decisão, em última instância, "política", baseada na natureza do bem sobre cuja atribuição se produza a competição. Em segundo lugar, a ideia da necessidade de uma atuação pública destinada a compensar as situações de superioridade fática, atuação que incide precisamente sobre os fatores definidos como irrelevantes para conseguir que a insignificância seja efetiva (e não apenas teórica).

Considera o autor que a competição eleitoral será tão mais íntegra quanto menor seja o peso dos fatores irrelevantes na definição de seu curso e de seus resultados.[151] Em linhas gerais, portanto, na concepção descrita o princípio da igualdade de oportunidades nas competições eleitorais:

> [...] possui dois conteúdos específicos: (i) a garantia da liberdade geral de atuação lícita dos competidores no processo eleitoral, permitindo o acesso de todos na disputa, bem como a liberdade de campanha e de fazer chegar ao eleitorado a mensagem política; e (ii) a limitação das influências abusivas sobre o eleitorado, fomentando o pluralismo e a livre formação da opinião pública. Essa segunda perspectiva parte da premissa de que a arena eleitoral não tem se mostrado, na prática, uma disputa equânime: as campanhas eleitorais têm selecionado e filtrado as

---

[151] Visão parelha pode ser encontrada na obra de Giovanni Sartori, como observa, oportunamente, Marcelo Roseno de Oliveira (2018, p. 368): "Também a aludir a essa dupla dimensão, Sartori (2007, p. 211) afirma que a igualdade de oportunidades envolve o igual acesso aos cargos públicos em razão do mérito (capacidade, virtude e inteligência), o que decorre da inspiração do liberalismo e está relacionado a condições formais de disputa, abrangendo aspectos procedimentais, mas não se resume a isso, na medida em que se deve garantir, também, pontos de partida iguais, ou seja, condições materiais que resguardem a equidade: 'iguales puntos de partida quiere decir: los que toman la salida deben estar en condiciones iguales. El igual acceso elimina obstáculos; los arranques iguales son puntos de partida que hay que fabricar. [...] Los puntos de partida iguales se basan en condiciones y circunstancias materiales. El acceso igual es prohibición de discriminación. Los puntos de partida iguales en cambio se ayudan (como veremos) de discriminaciones'". De fato, Giovanni Sartori (1965, p. 352-353) aventa a ideia de que a igualdade de oportunidades significa, propriamente, uma "equiparação de circunstâncias", compreendida, entre outros fatores como a igualdade de oportunidades no sentido formal de "acesso igual" às oportunidades; e como a igualdade de oportunidades no sentido material de igualar as fases iniciais, criando, por meio de uma distribuição relativamente igual de recursos, as condições materiais para o acesso igual às oportunidades. Conforme autor, os critérios de justiça que inspiram as igualdades democráticas devem ter como base, também entre outros, os seguintes princípios: a) para todos os mesmos direitos legais e políticos; b) para todos a mesma importância social, isto é, o poder para resistir à discriminação social (de *status*, de classe ou qualquer outra); c) para todos as mesmas oportunidades de ascensão, isto é, o poder para se levar em conta os méritos próprios de alguém; e d) para todos o mesmo ponto de partida, isto é, um poder inicial adequado (no sentido de condições materiais) para adquirir a mesma situação e habilitação como qualquer outro mais.

informações que chegam ao eleitor, por diferentes fatores (disparidade financeira, acesso facilitado aos meios de comunicação, controle da máquina administrativa etc.).

Nesses termos, o princípio da igualdade de oportunidades exige do Estado não apenas uma atitude negativa – vedando práticas tendentes a induzir a superioridade de determinados competidores –, mas também uma atitude positiva, com a adoção de medidas para mitigar disparidades que não deveriam desempenhar um papel decisivo no contexto eleitoral (como o acesso a recursos econômicos). (MENDONÇA; TERRA, 2018, p. 171)

É evidente que a igualdade entre os candidatos constitui uma imposição constitucional com destinatários múltiplos. Dirige-se, obviamente, aos poderes públicos, mas igualmente a entes particulares, como repara Canotilho (2003, p. 323), quando defende que a eficácia horizontal dos direitos fundamentais determina que entidades privadas com "caráter de domínio" – como veículos da imprensa hegemônica – ou "visivelmente condicionadores da liberdade de voto" – como as igrejas – igualmente se abstenham de exercer influência no pleito, preservando uma dinâmica equivalente entre todos os competidores.

Ante o exposto, tem-se por certo que os esforços para proteger e fomentar a integridade eleitoral devem refletir um compromisso permanente que envolve a criação de marcos jurídicos que assegurem que os postulantes contem com oportunidades semelhantes para competir (CGEDS, 2012, p. 44).

Dentro desse raciocínio, pelo prisma da equidade a legitimidade eleitoral autoriza, sempre que observada a proporcionalidade, a limitação temporária de direitos fundamentais outorgados a pessoas e entes particulares, entre os quais a liberdade de imprensa.[152] Tal como defendido por Lenio Streck e Bolzan de Morais (2014, p. 210-211), embora a democracia tenha sido compreendida, durante muito tempo, como um regime de liberdade total, isso já não vale no mundo atual, pois "[...] o jogo democrático passou a ser enquadrado por regras jurídico-constitucionais cuja finalidade é proteger os direitos fundamentais dos indivíduos contra os possíveis abusos por parte dos diversos atores sociais, públicos ou privados". Pelo mesmo argumento, importa

---

[152] A restrição de direitos fundamentais durante o transcurso do período eleitoral é também admitida por Sánchez Muñoz (2007, p. 59) e por Eneida Salgado (2015, p. 199), esta última destacando apenas que tais restrições "não podem ir além do mínimo necessário para garantir a efetividade dos princípios estruturantes" do direito eleitoral.

assinalar que a preservação do equilíbrio do certame justifica, sob o prisma constitucional, a redução do espectro de incidência da garantia de liberdade de expressão, inclusive pelo fato de que:

> [...] o uso de ferramentas ou táticas proscritas ou irregularmente financiadas propicia condições favoráveis não experimentadas pelos demais concorrentes e, principalmente, que a difamação contumaz paralisa e condiciona as campanhas adversárias, que se veem obrigadas a jogar na defensiva, refutando acusações falsas e perdendo, como reflexo, sucessivas janelas de oportunidade para uma comunicação persuasória com acento programático ou propositivo. O desequilíbrio, nesse quadrante, materializa-se em sérios prejuízos políticos, haja vista que, no território das campanhas, ninguém nega que, em diversos sentidos, "defender é mais caro que atacar" (Ivoskus, 2019, p. 102). (ALVIM; ZILIO; CARVALHO, 2024, p. 122)

Nessa esteira, considerando que a igualdade eleitoral só existe onde se preserve uma efetiva competitividade entre as opções contrastantes, com o afastamento de desvantagens indevidas, assume-se que a persecução da legitimidade política ordena a eliminação do todos os traços de abuso de poder nas eleições,[153] uma vez que o princípio da isonomia em matéria eleitoral impede a realização de eleições injustas ou desleais, assegurando aos participantes um embate especialmente aberto, equilibrado e justo.

Como decorrência, o exercício do poder em suas numerosas vertentes "deve estar afeto ao controle jurisdicional e ao ordenamento jurídico pátrio, sob pena de a própria ideia de democracia tornar-se inócua e meramente formal" (CARVALHO, 2018, p. 366), tendo em vista que "sem a implantação de técnicas limitadoras da influência do poder

---

[153] Pensamento também evocado pela professora Raquel Ramos Machado (2018, p. 22): "segundo o princípio da legitimidade, o processo eleitoral deve ser conduzido de forma a garantir a maior representatividade da vontade popular. Legítimo é o que é aceito, desejado, que está de acordo com a vontade livre, e ainda o que respeita os envolvidos, levando em conta, com seriedade, seus pontos de vista e direitos fundamentais. Assim, as eleições devem garantir que os eleitores possam expressar livremente sua vontade, sem serem prejudicados pelo abuso do poder econômico, ou o abuso do poder político, nem pelo uso indevido dos meios de comunicação. Ao fim de uma eleição, portanto, o candidato vencedor deve ser aquele que a população escolheria com base nas suas convicções livres. Não é legítimo, por exemplo, o candidato eleito com base na compra de votos, ou em qualquer coação, ainda que subliminar. Afinal, se o voto é comprado ou fruto de fraude ou abuso de poder, o candidato sabe que para vencer basta praticar tais irregularidades a cada nova eleição, o que o isenta de preocupação verdadeira com sua conduta ao longo do exercício do mandato caso seja vitorioso".

nas eleições, indubitavelmente, não haverá equilíbrio de forças entre os postulantes em disputa por cargos eletivos" (ALMEIDA, 2017, p. 504).

Não sobeja frisar, aliás, que o axioma em questão não força a criação de uma igualdade fria e artificial entre os concorrentes, mas somente o cuidado para que a competição política respeite os seus propósitos e conserve a sua essência. Nessa direção, pedem registro as lições de José de Jesús Orozco Henríquez (2006, p. 312):

> Ciertamente, el requisito de equidad en la contienda comicial no implica la igualdad (aunque en este valor aquél encuentre su inspiración) en las condiciones de cada uno de los participantes o de las alternativas políticas (es claro que pretender equiparar artificialmente las fuerzas políticas cuyo esfuerzo y la voluntad del electorado ha colocado en situaciones diferentes, resultaría también injusto y limitaría la ciudadanía), sino el establecimiento de ciertas bases jurídicas [...] para impedir que las diferencias se transformen en injustificados privilegios, como sería el caso de aquellos que tienen mayores recursos (económicos o de acceso a los medios de comunicación) puedan usar sus ventajas para controlar el curso del debate público (por lo que también se hace indispensable el pluralismo de los medios de comunicación social) y, eventualmente, el sentido del voto, pervirtiendo los procedimentos democráticos.

Em síntese, o princípio da legitimidade nega aceite a competições eleitorais desniveladas, disputadas em "arenas de luta assimétricas" (SCHEDLER, 2016, p. 22) ou em palcos de campo inclinado (*uneven playing fields*), determinando que a competição pelos cargos representativos seja concebida (no plano legislativo) e executada (no plano fático) em ordem a possibilitar que todos os postulantes tenham reais condições de captar a vontade individual dos sujeitos participantes do corpo eleitoral. Nesse diapasão, a igualdade de condições conclama o Estado democrático de direito a fazer o possível para "nivelar, previamente, o terreno em que jogarão os indivíduos que competem" (ROEMER, 1998, p. 71), no caso das eleições, por parcelas do poder político instituído.

2.3 A normalidade eleitoral como pilar de sustentação da ordem constitucional

A progressão estável das sociedades democráticas depende, necessariamente, da preservação dos métodos pacíficos de processamento dos desencontros ideológicos e das divergências de pensamento. A solução dos problemas coletivos, não raro dificultada pela exacerbação das crenças individuais e pela agudez do antagonismo de interesses, queda melhor encaminhada quando as diferenças de fundo assomam suavizadas por um consenso de forma. Nos regimes democráticos, pois, assenta-se que a governação coletiva acompanha o sentido mandatório da vontade popular, de acordo com orientações políticas selecionadas pelo próprio povo, quando do comparecimento nas urnas. Dentro desse cenário, cristaliza-se um acordo amplo, geral e inarredável, de acordo com o qual o povo em bloco aceita ser temporariamente governado pela vontade contabilizada de sua maioria, a qual para surtir efeito é de ser aferida de acordo com manifestações livres colhidas dentro de uma competição satisfatoriamente dotada de fundamentos éticos, previsibilidade e segurança jurídica.

Em par com essas impressões, defende-se em doutrina que:

> A *normalidade eleitoral* [...] alude à manutenção dos pleitos em uma chave regular, mantida com a preservação de elementos indispensáveis ao seu fim primordial de "processar conflitos de maneira pacífica" (PRZEWORSKI, 2019, p. 232). Isso posto, conste que a paz democrática, ao redor das eleições, depende da absorção natural do julgamento popular, tanto pelas instâncias derrotadas como, também, pela franja minoritária da cidadania. Nessa perspectiva, todo comportamento público, póstumo ou antecipado, tendente a estimular, de forma ampla ou setorizada, a rejeição global do método eletivo como instrumento de legitimação de novos representantes atenta, diretamente, contra o postulado em comento. A imposição de condições para a aceitação dos resultados, a ameaça prematura de rejeição do julgamento público e o questionamento verborrágico do escore das urnas (com argumentos frágeis, vagos ou falaciosos) constituem exemplos típicos de práticas autoritárias que atentam, violentamente, contra a normalidade das eleições. [...]
> Nesse horizonte, o conceito de normalidade eleitoral, numa vertente adjacente e complementar (mas não sinonímica da legitimidade dos pleitos) implica o reconhecimento puro, duro e irrevogável dos seguintes elementos mínimos:
> a) reconhecimento das eleições como único método válido para a conversão da vontade popular em mandatos representativos;
> b) aceitação prévia, incondicionada e intransigente das regras eleitorais, incluindo os mecanismos de coleta e apuração de votos;
> c) respeito à autoridade dos árbitros estabelecidos e aos resultados das urnas, com o endereçamento de eventuais reclames, exclusivamente, pelos canais jurídicos instituídos, com a apresentação de provas das alegações;

d) compreensão dos competidores como legítimos opositores, aptos a assumirem os mandatos, caso escolhidos;

e) o reconhecimento da dignidade política e do direito de escolha da cidadania; e

f) a manutenção das eleições em sua chave pacífica e não-conflituosa, excludente de todas as formas (físicas, verbais e psicológicas) de chantagem, ameaça ou violência. (ALVIM; ZILIO; CARVALHO, 2024, p. 369-471)

Nesse espectro, o princípio da normalidade eleitoral dialoga com a manutenção dos processos eletivos em sua chave esperada, sem dramas e surpresas e sem a incidência de elementos ou práticas antissociais capazes de colocar em xeque a sua aptidão para o cumprimento de suas funções. Eleições normais, sob esse prisma, são aquelas desenvolvidas conforme o esperado, com campanhas que informem os cidadãos e à luz de práticas comunicativas que não questionem a autoridade dos árbitros e tampouco impeçam que a disputa de ideias transcorra em um entorno de respeito, liberdade e tolerância.

A defesa da normalidade eleitoral, atualmente, se resume na necessidade constitucional de salvaguardar a democracia e suas instituições contra a desordem informacional e fenômenos sociodiscursivos associados, incluindo as práticas de assédio, violência ideológica e discriminação. A ideia se resume em defender as instituições democráticas e a ordem constitucional, por meio da denunciação do caráter ilícito da antipolítica centrada na produção do caos e da desconfiança social, a partir da distribuição de narrativas incendiárias falsas ou descontextualizadas tendentes a elevar as tensões e a colocar em risco a soberania popular, depreciando o capital de aceitação dos resultados eleitorais.

CAPÍTULO 3

AS ELEIÇÕES E O FENÔMENO DO PODER

3.1 O uso lícito de recursos de poder nas competições eleitorais

Na medida em que se apresenta como um "elemento de partici-pação em processos decisórios" (LASSWELL; KAPLAN, 1979, p. 110), o poder consiste em uma espécie ou modo do exercício de influência.[154]

---

[154] A afirmação acima é vulgar e livre de precisões terminológicas. Moisés Naím (2013, p. 49), inspirado em MacMillan, porém, em uma incursão conceitual, cuida de apartar as ideias, da seguinte forma: "Tanto o poder quanto a influência podem mudar o comportamento dos outros ou, mais especificamente, podem levá-los a fazer algo ou deixar de fazê-lo. Mas a *influência* procura mudar a *percepção* da situação, e não a própria situação. Portanto, [...] a influência é uma subcategoria do poder, no sentido do poder que não inclui apenas ações que mudam a situação, mas também ações que alteram a forma de *perceber* a situação. A influência é uma modalidade de poder, mas é evidente que o poder pode ser exercido por outros meios, além da influência. Cabe aqui um exemplo: exaltar as qualidades de um bairro a fim de mudar a percepção do comprador a respeito do valor de um imóvel, e com isso levá-lo a fechar um negócio, é diferente de baixar o preço da casa para alcançar esse objetivo. Enquanto um agente mobiliário que muda a percepção do comprador recorre à *influência* para isso, um proprietário que baixa o preço para vender a casa tem o *poder* de mudar a estrutura do acordo". Não é difícil reparar que o autor venezuelano reserva para o termo "influência" um sentido compatível com a ideia de abuso de poder ideológico. No campo do direito eleitoral, a expressão em evidência dissocia-se da noção de poder, sendo empregada, de um modo mais apropriado, como sinônimo de intento de convencimento, de estratégia para a alteração de comportamentos, independentemente do canal utilizado para tanto. Do contrário, excluir-se-iam do raio do abuso *de poder* as modalidades eminentemente exercidas por intermédio de atividades discursivas, em especial o abuso de poder midiático e o abuso de poder religioso, além do abuso de poder político derivado do mau uso dos instrumentos de propaganda oficial ou institucional, assim como o novel emaranhado de problemas surgidos em torno das *fake news*. Para nosso objetivo, a influência é assumida como um subtipo do fenômeno do poder, nomeadamente um exemplo típico do exercício de um *soft power*.

A influência, logicamente, não é estranha às atividades de captação da preferência eleitoral,[155] de maneira que a presença de fatores de poder não pode –[156] nem deve – ser completamente excluída do plano das competições políticas. Pelo contrário, eles muitas vezes servem à própria viabilização de suas práticas típicas, algo facilmente perceptível quando se tenta imaginar um embate político sem a presença das plataformas de comunicação ou do dinheiro.

Essa realidade é reconhecida não apenas pela doutrina como também, embora sem tanta frequência, pelos próprios tribunais eleitorais. Veja-se, por ilustração, a observação de Pedro Henrique Távora Niess (1996, p. 24), no sentido de que a Constituição

> não condena a influência do poder econômico no pleito eleitoral. O exercício do poder é lícito, tanto que é regulado. É a má influência, a excessiva intervenção do poder econômico que deve ser coibida: recusa-se a sua influência na normalidade e na legitimidade das eleições.

Também assim a manifestação do Min. Luiz Fux no julgamento do AgR-AI nº 9-24/SP, no Tribunal Superior Eleitoral:

---

[155] A propósito, é de se reconhecer que o poder habita, de certa forma, todas as interações sociais. Como giza Chalco Reyes (2014, p. 184), não há relação humana na qual uma pessoa não exerça poder sobre outra; inclusive na relação familiar existe um pai ou uma mãe que manda, do que resulta a conclusão de que o poder é, de fato, "inerente à natureza humana". O especialista peruano recorda que Maurice Duverger, a esse respeito, afirma que o poder "é um dado imediato da consciência reforçado pela educação", pois que desde a primeira infância somos orientados a nos apegar à vontade de nossos pais e, posteriormente, à vontade da escola, de seus professores, diretores e inspetores, havendo toda uma engenharia destinada à sedimentação do sentido de autoridade e de obediência.

[156] O termo "vazio de poder", que exprime, no âmbito da literatura política situações em que os recursos para o exercício de obtenção de obediência e cooperação estão disponíveis, mas não são postos em ação (VILAS, 2013, p. 23), certamente, é inócuo e inaplicável ao cenário das competições eleitorais. A rigor, portanto, inexistem vazios de poder na arena eleitoral, precisamente porque "o poder é um fator imperativo em todos os campos em que tenhamos de lutar, competir ou organizar" (NAÍM, 2013, p. 35). Segundo Adriano Soares da Costa (2016, p. 384): "Não há negar que o poder econômico e o poder político influenciam as eleições, eis que são fatos inelimináveis da vida em sociedade, como o carisma, a influência cultural sobre outros, a dependência econômica etc. O ordenamento jurídico não pode amolgá-los, eis que são fatos sociologicamente apreendidos, frutos do convívio social e do regime econômico capitalista por nós adotado. Nada obstante, embora não os possa proscrever da vida, pode o direito positivo impor contornos ao seu exercício legítimo, tornando ilícito, e por isso mesmo abusivo, todo uso nocivo do poder econômico ou do poder político, que contamina a liberdade do voto e o resultado legítimo das eleições. Assim, pode o partido político obter recursos, quer públicos (fundo partidário), quer privados, com a finalidade de divulgar ideias, a plataforma política de seus candidatos; porém, não poderão, esses e aqueles, utilizar tais recursos – ou outros, aferidos ilegalmente – no sentido de comprar votos, ou adquirir a preferência do eleitorado explorando sua miséria, fome e falta de instrução".

CAPÍTULO 3
AS ELEIÇÕES E O FENÔMENO DO PODER | 141

[...] a proibição total e apriorística de gastos [...] teria o condão de suplantar o direito à liberdade de expressão, notadamente porque seria contraditório entoar loas à garantia do discurso, vedando o uso de ferramentas que o tornem, de fato, efetivo. Quanto mais porque, nesse contexto, o discurso nada mais é do que um instrumento para o exercício de influência, com vistas ao estímulo da participação e do engajamento político e, principalmente, ao incremento do índice de competitividade do pleito. Não há negar que a completa exclusão do dinheiro acarretaria graves limitações fáticas ao exercício da liberdade de expressão, máxime porque mesmo as formas mais comezinhas de propaganda carregam, naturalmente, os seus respectivos custos intrínsecos.

Nesse panorama, é fundamental admitir que a legitimidade eleitoral convive em termos relativamente tranquilos com a possibilidade da aplicação lícita de determinados recursos de influência, pelo que o ambiente em que se desenvolve a competição pelo voto popular não pode deixar de ser visto como uma "arena de poder";[157] e, se o poder pode ser visto como uma espécie do gênero "influência", interessa lembrar que a política não é senão um campo onde jogam os sujeitos influentes (DEUTSCH, 1979, p. 47).

Em definitivo, é uma questão de *origem*, *forma* e *intensidade* o que permite distinguir entre a interferência (tolerada) e o abuso (intolerado) do fenômeno em causa.[158] Em nosso sentir, o limite da tolerância jurídica

---

[157] Consoante a terminologia aplicada por Kaplan e Lasswell (1979, p. 113), entende-se por arena de poder "qualquer situação na qual se busca o poder e na qual pessoas são trazidas ao domínio do poder". A realidade da campanha eleitoral se amolda a esse conceito, inclusive, porque em sua atmosfera o eleitor submete-se à incidência de diversas espécies de poder, exercidas por diferentes atores e provenientes de diferentes campos. O processo de construção da opinião política é influenciado pela ação dos variados candidatos, cada qual se valendo – legal ou ilegalmente – da carga de potência que possui (dinheiro, aparato governativo, hegemonia no domínio religioso, entrada privilegiada em veículos de comunicação etc.). Com base na observação de Zippelius (2016, p. 361), é possível situar a ideia em tela no espírito do Estado pluralista, promotor de uma democracia que "[...] proporciona a todos os grupos e associações que procuram exercer influência política ou social a oportunidade de se construírem e concorrerem uns com os outros para conseguirem o acesso ao poder e à influência. Esta oportunidade de ganhar influência e poder no Estado têm-na não só os partidos políticos que, de forma legítima, aspiram diretamente a ocupar os órgãos supremos do Estado, sobretudo o Parlamento e o Governo. Também as associações patronais, os sindicatos, as igrejas e as comunidades ideológicas conseguem e utilizam a possibilidade de recrutarem adeptos e de exercerem influência sobre a vida econômica e social, bem como o próprio poder estatal".

[158] A distinção entre influência e abuso de poder no contexto das eleições é trabalhada na seara eleitoral por Caramuru Afonso Francisco (2002, p. 10-11). Ao notar a diferença terminológica adotada pelo Código Eleitoral (que, no art. 237, usa o termo "interferência") e pela Constituição (que, no art. 14, §9º, trata do '"abuso" de poder), o autor considera ser evidente que "[...] o legislador sabe que o poder irá participar e influenciar o processo

reside na preservação da legitimidade eleitoral nuclear, de sorte que o limiar permissivo é de ser considerado transposto somente quando resulte alquebrada a liberdade para a emissão do voto ou, alternativamente, quando seja contaminado pela falta de equidade o ambiente no qual concorrem os sujeitos antagonistas que buscam canalizar a aclamação política popular.[159]

Para Sánchez Muñoz (2007, p. 68), no particular a normativa eleitoral deve levar em conta as possíveis vantagens detidas *ex facto* por certos competidores e tratar de determinar quais delas – e até que ponto – podem influir legitimamente na competição, e quais, pelo

---

eleitoral". Fora do direito, no espaço das ciências sociais, a *influência* é vista como uma forma de intervenção no comportamento alheio diferente do *poder*. Octaciano Nogueira (2019, p. 217), *v.g.*, entende que a distinção entre ambos os institutos reside "no meio de que cada um se vale". Em sua visão, a influência é uma modalidade menos coercitiva, porquanto centrada, primordialmente, na persuasão. Trata-se de olhar compatível com o de Karl Deutsch (1979, p. 47), que vislumbra a influência como uma forma mais suave de exercício do poder. De sua lição, colhe-se que "a influência tenta penetrar dentro da personalidade de uma pessoa, enquanto que o poder age sobre ela essencialmente do exterior". Kaplan e Lasswell (1979, p. 54), por sua vez, usam genericamente o termo "influência", reservando o vocábulo "poder" para casos em que a conduta é influenciada por ameaças de privações ou promessas de favores. Não há negar, contudo, que em seu sentido social mais amplo o poder não deixa de figurar como uma espécie de influência, gênero que abrange "tudo o que, em qualquer contexto social e sobretudo político, leva os indivíduos ou grupos a se afastarem de uma linha de conduta predeterminada", indicando mudanças de comportamento "decorrentes da reação antecipada de outrem" (FGV, 1987, p. 597). Conforme o *Dicionário de Ciências Sociais da Fundação Getúlio Vargas* (FGV, 1987): "Dos exames sobre as bases da influência, as formas pelas quais é exercida e os métodos empregados para medi-la, emergem algumas pequenas diferenças entre o poder e a influência. A influência, mais do que o poder, é observada onde a mudança de comportamento do influenciado se deve ao conselho, manipulação, imitação e atitudes semelhantes, em vez de coerção ou exercício da autoridade moral. Enquanto os valores que infundem respeito podem servir tanto ao influente quanto ao poderoso, as sanções são geralmente menos severas quando se faz referência à influência".

[159] Com a mesma perspectiva, João Batista Rebouças (2012, p. 31): "O uso adequado do poder, seja político ou econômico, é salutar e necessário durante o procedimento das eleições. Pedro Roberto Decomain, de acordo com esse entendimento, registra: 'Em primeiro plano, cumpre ficar registro que o uso do poder econômico e mesmo o uso do poder de autoridade, durante um pleito eleitoral, não significará, por si mesmo, atividade que constitua ilícito eleitoral'. É verdade, não há o que censurar: o uso legal do poder durante o pleito eleitoral não é só permitido como previsto; no entanto, quando se põe em risco a lisura das eleições e a legitimidade do mandato popular, face uma atuação abusiva desse poder, seja pelo candidato ou partido político, deve-se reprimir esse comportamento. Conclui-se, neste ponto, que o uso do poder no procedimento eleitoral por si só não constitui um ilícito eleitoral, em face de que a própria legislação eleitoral o disciplina [...]. O que não se tolera em hipótese alguma é o seu abuso, o seu exacerbamento, a sua prática contrária à lei". Assim também o escólio de Rodrigo López Zilio (2016, p. 540): "O abuso de poder é conceituado como qualquer ato, doloso ou culposo, de inobservância das regras de legalidade, com consequências negativas na esfera do direito. O que a lei proscreve e tacha de ilícito é o abuso de poder, ou seja, a utilização excessiva – do poder, já que, consagrado o Estado Democrático de Direito, possível o uso de parcela do poder, desde que observado o fim público e não obtida vantagem ilícita".

CAPÍTULO 3
AS ELEIÇÕES E O FENÔMENO DO PODER | 143

contrário, hão de ser consideradas abusivas e, por consequência, ser objeto de uma regulação restritiva ou mesmo expurgatória.

As posições de vantagens mais "perigosas", porquanto suscetíveis de desvirtuar em maior grau a competição eleitoral, devem, segundo o autor (SÁNCHEZ MUÑOZ, 2007, p. 75-76) ser evitadas mediante a articulação de uma série de normas limitadoras cujo fim partilhado é restringir ou evitar as suas possibilidades de uso em detrimento da liberdade ou do equilíbrio do jogo. Em suas palavras:

> Las normas limitadoras pueden tener diverso grado de incidencia en la libertad de actuación de los competidores en función, por así decirlo, de la "peligrosidad" de cada situación de dominio. En algunos casos, el legislador encargado de concretar el principio de igualdad de oportunidades puede considerar que la influencia de determinadas situaciones de superioridad debería ser nula, mientras que en otros casos puede entender que quepa una cierta influencia, siempre que no se trate de una influencia abusiva.
>
> Dicho de otra manera, algunos factores de diferenciación son definidos por el legislador como absolutamente irrelevantes, y en ese caso el principio de igualdad de oportunidades se traduce en la prohibición absoluta de la utilización de ciertos medios de campaña, mientras que otros factores son definidos sólo como relativamente irrelevantes, y entonces el principio ya no se concretaría en una prohibición absoluta de la utilización de certos medios de campaña, sino sólo en limitaciones condicionadas a ciertas circunstancias.

Por esse prisma, se o legislador considera que a posição de superioridade derivada da ocupação de um cargo político não deve ter nenhuma influência nos rumos da disputa eleitoral, a solução será a previsão de regras vocacionadas ao desestímulo e à punição pelo uso da máquina administrativa com o espeque de alavancar candidaturas. De outro modo, se o Poder Legislativo assimila a ideia de que a posse de maiores recursos econômicos não deve ser completamente eliminada do contexto da disputa – porque o dinheiro é fator *sine qua non* para a condução de uma campanha –, então o que ocorre é o destacamento de normas que apenas contenham o seu volume de aplicação, por exemplo, com a exclusão de formas de propaganda demasiado onerosas, com a vedação de canais inapropriados de financiamento ou com a estipulação de tetos máximos para a realização de despesas.

Veicula-se, como se percebe, um modelo bastante realista, na medida em que enfrenta a certeza de que o desequilíbrio relativo será, sempre, um elemento presente na competição eleitoral. Nessa esteira, não há como não assumir que:

> [...] sempre haverá desigualdade no pleito eleitoral. Sejam desigualdades por parte do candidato, como ter maior acesso ao poder econômico (possuir maior patrimônio o conseguir doações maiores), ou ter mais acesso ao poder político, por ser detentor de mandato ou integrar partido governista; sejam desigualdades geradas em razão de partidos maiores, que têm maior tempo de propaganda eleitoral no rádio e na televisão e recebem maior repasse de verbas para o fundo partidário. Contudo, tratam-se todas de desigualdades pautadas em fatores lícitos e justos e, inclusive, previstos em lei.
>
> Assim, vantagens naturais devem ser aceitas, cabendo a definição e a repressão das situações que configurem vantagem excessiva para um mesmo candidato ou partido, vantagem essa que desequilibre sobremaneira o pleito e não possa ser tolerada pelo Direito.
>
> Ou seja, dentro do possível, deve-se buscar o equilíbrio entre os candidatos, impedindo excessos que inviabilizem a competição eleitoral. (MACHADO; TORRES, 2018, p. 422)

Como consequência, se é impossível e indesejável que as influências externas incidam sobre o processo de construção da opinião eleitoral, o que se procura, em última instância, é que aquelas "[...] brotem do seio da sociedade, evitando-se o direcionamento da escolha em função dos interesses de uma minoria, como consequência de uma manipulação econômica (política, social ou de qualquer outra ordem) profundamente indesejável". Isso porque uma escolha efetuada nesses termos refletirá uma discrepância entre as decisões políticas futuras e as expectativas e necessidades dos sujeitos representados (LIMA, 2009, p. 33).

3.2 A caracterização do abuso

A palavra "abuso" encontra raiz no vocábulo *abusus*, termo latino formado pela junção de *ab* (contra) e *usus* (uso). A expressão remonta, em princípio, a um uso contrário ou a um mau uso – no caso, de um direito subjetivo (PRIETO MOLINERO, 2010, p. 68).

Para Sílvio Venosa (2000, p. 564), o abuso abarca sempre a noção de excesso, ou seja, a ideia do aproveitamento de uma situação em desfavor de uma pessoa ou coisa. Em seu conceito, "o abuso de direito pode ser entendido como o fato de se usar de um poder, de uma faculdade,

CAPÍTULO 3
AS ELEIÇÕES E O FENÔMENO DO PODER | 145

de um direito ou mesmo de uma coisa, além do que razoavelmente permitem o Direito e a sociedade".

Em um sentido leigo ou vulgar, todo direito peja um poder respectivo; nesses termos, qualquer sujeito que possua uma posição jurídica de vantagem respaldada por uma lei *pode*, *i.e.*, tem a prerrogativa de exercê-la.

Todavia, num sentido jurídico próprio, direito e poder podem estar em descompasso. Como cediço, há diferentes formas de exercício de direito – e, assim, de exercício de poder. O modo de exercício pode, inclusive, determinar a sua anulação, já que todo direito pessoal é limitado pelo direito de outrem, tendo em vista que aos membros de uma comunidade política impõe-se um preceito jurídico geral e obrigatório, consoante o qual uma ação está em conformidade com o direito (apenas) quando permite à liberdade do arbítrio de cada um coexistir com a liberdade de todos segundo uma lei universal (KANT *apud* NAUCK; HAZER, 1996, p. 109). Essa máxima de coexistência resulta rompida em casos de abuso, ocasiões em que o poder, em princípio regular, afasta-se daquilo que a ordem jurídica assume como legal.[160]

A proximidade entre as noções de direito e poder autoriza que a doutrina especializada associe o abuso de poder na seara eleitoral com a teoria do abuso de direito, cunhada no âmbito da esfera privada.

Originada no direito medievo e consolidada no século XIX, por ocasião dos movimentos codificadores, a teoria do abuso surge da necessidade de introdução de alguma flexibilidade em um sistema rígido, apto a ensejar injustiças em casos concretos que não se amoldam exatamente aos raciocínios que levaram à criação de determinada regra jurídica (PRIETO MOLINERO, 2010, p. 76). Ante uma ordem sistemática e engessada, a teoria do abuso atende a uma premência operacional: prover uma saída capaz de evitar a proliferação de injustiças decorrentes

---

[160] Não se deve, porém, confundir a ilegalidade com o abuso de direito. Conforme Roberto Rosas (2011, p. 18): "No primeiro caso caracteriza-se a violação da lei, ao passo que no abuso de direito há exercício do direito de modo anormal, bem como a fraude a lei, que ocorre quando há norma cuja proibição é afrontada. Há a superação de uma norma, que é usada para um fim diferente". Também assim, Felipe Caldas (2016, p. 99) assinala que "[...] o abuso de direito tem a mesma natureza jurídica do ato ilícito, o que nos leva a entender que o primeiro carrega o mesmo significado do segundo. Porém, há uma contundente diferenciação entre eles que reside no modo pelo qual ambos violam o dever jurídico. Enquanto o ato ilícito ofende diretamente um dispositivo legal, revelando, assim, uma conduta que já nasce contrária a lei, o abuso representa um exercício regular de um direito que, embora inicialmente encontre respaldo no ordenamento jurídico, acaba excedendo os limites que lhe são impostos pela norma".

de condutas impossivelmente abarcadas pela pretensão generalíssima da atividade do legislador.

Nesse sentido, Prieto Molinero (2010, p. 73-74) pontua que o instituto do abuso de direito tem como escopo evitar que as prerrogativas individuais sejam transformadas em elementos de opressão, sem que se ofenda a segurança jurídica e a sistematicidade representadas pelo princípio da legalidade garantido aos cidadãos. Dentro dessa ideia, acolhe-se a regra geral de que quem exercita um direito a ninguém prejudica, todavia, nega-se a ela o *status* de um dogma absoluto e insofismável.

Nessa quadra, acresce o autor argentino que a teoria do abuso procura fazer com que este princípio subjacente às ideias de legalidade e liberdade entrem em contato com o fato de que as prerrogativas individuais serão, necessariamente, exercidas em sociedade, logrando que ambos os conceitos se relacionem e frutifiquem com base em um critério estritamente racional.

O instituto do abuso de direito atua, assim, como um mecanismo que, para além dos limites regulamentares específicos que oferecem os sistemas codificados, permite contar com uma fórmula destinada a determinar, com a maior precisão possível, os casos em que a segurança jurídica deverá ceder, permitindo o afastamento de normas concretas com o espeque de garantir um virtuoso objetivo final: a preservação do sistema como um todo civilizado, absolutamente compatível com a ideia de justiça.

Pelas lentes de Emerson Garcia (2000, p. 5-6), a teoria do abuso preconiza que, independentemente do modo de seu exercício, todo direito deve se amoldar ao ideal de harmonia social, fonte imediata e razão de ser do próprio ordenamento. A legalidade do exercício de um direito, portanto, fica condicionada à satisfação de um interesse legítimo, dissociado da vontade de causar um dano ou de impedir que outrem exerça um direito conferido pela lei.[161]

Dentro dessa perspectiva, o abuso de direito vem à luz por meio de *atos emulatórios* (realizados com o pendor de prejudicar outrem) ou ainda pela *exacerbação no exercício do direito inicialmente legítimo*. O titular de uma prerrogativa jurídica que, ao exercitá-la, contrarie a boa-fé, a moral e os bons costumes, ou ainda os fins econômicos e sociais a que

---

[161] Na lição lapidar de Rui Barbosa (*apud* ROSAS, 2001, p. 67): "Claro está que em todo poder se encerra um dever: o dever de não se exercitar o poder, senão quando dadas as condições que legitimam o seu uso [...]".

se dirige a norma, embora esteja, em princípio, respaldado pela ordem jurídica, deixa de sê-lo na medida em que viola a finalidade difusa do sistema, por cometer um ato abusivo (VENOSA, 2000, p. 565), em prejuízo ao espectro de garantias de outrem com quem partilha a convivência.

No campo eleitoral, a teoria do abuso de poder costuma ser construída a partir das premissas do abuso do direito, dissociando-se, porém, em alguns pontos, em função de certas singularidades indisfarçáveis.

O próprio Emerson Garcia (2000, p. 5) argumenta que a maior parte da massa de atos lesivos ao procedimento eletivo que se enquadra no conceito de abuso de poder, na verdade, não caracteriza abuso de direito. São, a rigor, atos que "[...] desde o nascedouro carregam a mácula da ilegalidade, pois que praticados em frontal e flagrante dissonância do ordenamento jurídico". O ponto do autor é que, como não se trata de exercício irregular de um direito (já que direito nunca houve), seria impossível falar em abuso de direito. Por essas razões, "[...] o abuso de poder pode ser conceituado como o uso exorbitante da aptidão para a prática de um ato que pode apresentar-se, incialmente, em conformidade com as normais ou, alternativamente, desde a origem destoar do ordenamento jurídico".[162]

Extraem-se dessa concepção parâmetros iniciais para a identificação do abuso de poder no âmbito próprio das competições eleitorais.

A prática abusiva pode provir, em primeiro lugar, do *exagero no uso de prerrogativas que, em medida razoável, são pelo direito permitidas* (como o uso dosadamente ministrado do dinheiro ou o aproveitamento de visões algo condescendentes nos veículos da mídia) – quando, então, a teoria do abuso tem utilidade prática para o desvelo da antijuridicidade.

De outra banda, podem ainda partir *práticas que, mesmo em monta discreta, são abstratamente inadmitidas* (como o abuso do poder político, ou a utilização de expedientes violentos ou coercitivos, como os empregados por milícias e organizações criminosas), ocasiões em

---

[162] Mateus Henrique de Carvalho (2018, p. 368) é outro autor que procura apontar diferenças na transposição da teoria do abuso à disciplina eleitoral: "O instituto jurídico do abuso de poder recebe contornos distintos quando aplicado às eleições e disputas eleitorais, já que tais ilícitos, quando praticados, tornam-se ainda mais gravosos à sociedade, com alcance significativo sobre a formação política e ideológica do eleitor. O arcabouço constitucional e eleitoral brasileiro – no exame da existência ou não do abuso de poder – segue um caminho muito mais subjetivo do que no sentido objetivo, ou seja, nosso ordenamento jurídico, embora preveja alguns requisitos objetivos para caracterização da conduta ilícita, permite à Justiça Eleitoral um amplo juízo de valor na análise da gravidade da conduta ilícita e da violação ou não da normalidade e legitimidade do pleito eleitoral ou de sua capacidade de ferir os inúmeros bens jurídicos tutelados pelas normas eleitorais".

que os atos se apresentam, desde logo, flagrantemente contrários ao direito,[163] dispensando o apoio auxiliar de teorizações.

Como se sabe, o exercício da atividade administrativa toma o interesse público como finalidade invariável.[164] Muito natural, quando se percebe que o seu alvo não é outro senão a gestão dos interesses coletivos pelo Estado (CARVALHO FILHO, 1997, p. 4). Segue-se que toda realização administrativa válida deve estar amparada em uma norma jurídica socialmente interessante, o que reduz a um plano secundário os desígnios do administrador, ante a primazia que se confere à vontade da lei. Assim o defende Garcia (2000, p. 11), para quem, nesse cenário, considerada a estrutura em que se alicerça a administração, hão de ser tidos por inválidos *a priori* todos os atos realizados com abuso de poder, visto que em tais casos os instrumentos (poderes) outorgados ao agente deixaram de ser invocados em nome do benefício coletivo.

No contexto das eleições, importa particularmente a análise de duas espécies de transgressões administrativas relacionadas com a competência de agentes estatais para a prática de atos de gestão executiva. Por esse ângulo, o abuso de poder administrativo materializa-se sob duas diferentes formas, denominadas, respectivamente, *excesso* e *desvio* de poder.

O *excesso de poder* tem lugar quando um agente, servindo-se inicialmente de uma competência que a lei lhe confere, ultrapassa os

---

[163] No último caso, é cristalino que a fórmula do abuso de direito padece de aplicação ante a impossibilidade de reivindicação de um direito subjetivo. Quanto ao uso de violência, a ilicitude é suficientemente flagrante para que se dispensem maiores elucubrações, haja vista que o direito natural automaticamente o repudia. Já quanto ao uso da máquina governamental, o fenômeno é mais bem explicado a partir de lições extraídas da publicística relacionada ao abuso na esfera administrativa.

[164] Refere-se aí ao objetivo da atividade estatal, que, sob a ótica jurídica, identifica-se sempre com o prosperar da coletividade. Não sobeja, contudo, aprofundar-se a questão, chamando a atenção para a fluidez do que se pode considerar de interesse social. Nesse cenário, é indispensável a lição de Bobbio (1999, p. 167): "Com relação ao fim da política, a única coisa que se pode dizer é que, se o poder político é, exatamente em razão do monopólio da força, o poder supremo em um determinado grupo social, os fins que vierem a ser perseguidos por obra dos políticos são os fins considerados segundo as circunstâncias preeminentes para um dado grupo social (ou para a classe dominante daquele grupo social): para dar alguns exemplos, em tempos de lutas sociais e civis, a unidade do Estado, a concórdia, a paz, a ordem pública etc.; em tempos de paz interna e externa, o bem-estar, a prosperidade ou até mesmo a potência; em tempos de opressão por parte de um governo despótico, a conquista dos direitos civis e políticos; em tempos de dependência de uma potência estrangeira, a independência nacional. Isso significa que não há fins da política para sempre estabelecidos, e muito menos um fim que compreenda todos os outros e possa ser considerado o fim da política: os fins da política são tantos quantas forem as metas a que um grupo organizado se propõe, segundo os tempos e as circunstâncias".

limites por ela estabelecidos ou, então, quando dissimuladamente os contorna, apossando-se de outras prerrogativas inexistentes no raio de incidência do espectro legal. Há, aí, uma invasão de atribuições acometidas a agente diverso, ou então a avocação de prerrogativas que a lei não confere. Pense-se, *v.g.*, em um funcionário que, valendo-se de sua condição de agente público, executa ato administrativo fora de sua alçada, a fim de capitalizar apoio à sua própria candidatura (ou à de um aliado político). Conquanto na esfera jurídica o ato padeça de aptidão, no mundo dos fatos não há negar que o expediente pode muito bem produzir os efeitos políticos planejados.

Por outro lado, o *desvio de poder* (ou de finalidade) ocorre quando o agente público, embora dentro dos limites de sua competência específica, pratica um ato com o fito de atender a uma finalidade diversa daquela contemplada pela previsão normativa inicial. Ocorre quando "a autoridade atua embuçada em pretenso interesse público, ocultando dessarte malicioso desígnio" (BANDEIRA DE MELLO *apud* CARVALHO FILHO 1997, p. 40). Exemplos típicos de desvio de finalidade podem ser encontrados no estabelecimento oportuno e indiscriminado de programas sociais, frequentemente utilizados por governantes como forma de controle social, ou ainda pela admissão de pessoal em larga escala, independentemente da realização de concurso público, ou mesmo pela providencial concessão de benesses ao corpo de servidores estatais.

Na ânsia pela conservação do poder político, a manipulação da estrutura de governo é uma constante na equação eleitoral. Sob as mais variadas e graves formas, o equilíbrio da disputa eletiva fica amainado pelo arranjo utilitário do aparato de governo, como adiante se verá.

Não obstante, em face das peculiaridades que lhes são inerentes, assim como em virtude da dimensão em que interferem na esfera de interesses comunitários, os casos de abuso de poder não respondem, de maneira integral e automática, aos institutos do direito privado e do direito administrativo, de modo que a sua interpretação, a cargo dos órgãos da jurisdição eleitoral, encontra-se forçosa e constantemente sujeita à necessidade de adaptações. Mateus Henrique Cardoso (2018, p. 373), nesse compasso, salienta:

> Como já destacado, a doutrina tende a distinguir o abuso de poder em "desvio de poder", "uso indevido do poder" e "excesso de poder", mas no Direito Eleitoral essa divisão torna-se insuficiente, não satisfazendo a necessidade de um aprofundado estudo e de uma melhor compreensão sobre o tema. Embora o Direito Administrativo aproveite o abuso de

poder como meio jurídico de anular atos ilícitos e tentar garantir a legalidade dos atos do Poder Público, esse conceito apresenta demasiadamente insuficiência para a garantia da integridade da democracia e dos princípios constitucionais. Aliás, é no Direito Eleitoral que o abuso de poder se reveste de maior gravidade e adquire maiores proporções e consequências, pois é no momento da disputa partidária e da disputa entre candidatos a cargos eletivos que os excessos e desvios de conduta tornam-se evidentes e capazes de prejudicar a vontade política nacional, regional e municipal.

Com isso, deve-se analisar o abuso de poder como o uso indevido, o excesso e o desvio de poder, mas também como o uso ilícito de instrumentos de poder capazes e direcionados a ampliar ou manter o exercício do poder nas relações sociais, levando-se sempre em consideração que o exercício ilegal do poder e dos instrumentos de poder são calcados por um objetivo específico no Direito Eleitoral: vencer as eleições ou fazer com que determinado político ou partido político não as vença.

Também assim, a par de reconhecer a importância do contributo teórico oferecido pelas teses recém esposadas, Fávila Ribeiro (1988, p. 21-22) defende que *o enfrentamento do tema relativo ao abuso do poder, no direito eleitoral, não se prende, necessariamente, aos cânones do abuso de direito, devendo ser mais amplo, em ordem a permitir a transposição daquelas linhas em busca de apoios mais abrangentes, aptos a desvendar circunstâncias concretas da realidade contemporânea, para que o regime democrático conserve um apoio eleitoral escorreito, livre de vícios que maculem o caráter genuíno dos processos eletivos.* Conclui, então, que a luta contra o abuso de poder nas eleições é:

> [...] menos restrita do que se possa supor, tendo de cobrir todos os flancos, escudando-se nos mananciais da ordem, seja para impedir as manifestações opressivas do poder com dano para a liberdade, seja a não permitir que esta degenere com exorbitâncias possessivas, articulando situações discriminatórias que levam ao aniquilamento das reservas essenciais da igualdade, solapando as bases da justiça na convivência social e da equidade na participação política. (RIBEIRO, 1988, p. 21-22)

Em definitivo, o abuso de poder nas eleições se apresenta como um fenômeno aberto à epistemologia. Na busca pela identificação do fenômeno, é preciso "ora ampliar a sua focalização para o macrossocial, ora reduzir a percepção para aspectos microssociais, para que se possa impedir compativelmente as injunções que assediam o processo eleitoral". Malgrado a disciplina eleitoral não tenha como responsabilidade regular o processo social em toda a sua amplitude, com total detalhamento, e tampouco possa "arcar com o ônus conceitual, nem participar da reconstrução de uma teoria do pensamento social, é igualmente certo que não poderá se furtar de procurar, por todos os modos, alcançar (e combater) as ingerências que se imiscuam na dinâmica eleitoral" (RIBEIRO, 1988, p. 26-27).

Em conclusão, é evidente que, na seara eleitoral as teorias do abuso de poder – seja no âmbito privado, seja no público – representam tão apenas parâmetros para a identificação de práticas ilícitas, não sendo apropriado entendê-las como totalmente aplicáveis, em caráter absoluto, inescapável e definitivo. A rigor, as teorias desenvolvidas nesse âmbito de pesquisa certamente auxiliam a compreensão do problema, mas, de maneira alguma, limitam ou condicionam o seu reconhecimento na *práxis* judicial.

Consideradas as peculiaridades das contendas eleitorais, o abuso de poder cobra um enfoque particularizado, sempre atrelado aos valores jurídicos que informam a legitimidade das competições eleitorais. Isso posto, o professor José Jairo Gomes (2018, p. 25) encerra a ideia de que:

> No Direito Eleitoral, por *abuso de poder* compreende-se o mau uso de direito, situação ou posições jurídicas com vistas a se exercer indevida e ilegítima influência em dada eleição. Para caracterizá-lo, fundamental é a presença de uma conduta em desconformidade com o Direito (que não se limita à lei, cumpre sempre recordar), podendo ou não haver desnaturamento dos institutos jurídicos envolvidos no evento. No mais das vezes, há a realização de ações ilícitas ou anormais, denotando mau uso de situações ou posições jurídicas ou mau uso de bens e recursos detidos pelo agente ou beneficiário ou a eles disponibilizados, isso sempre com o objetivo de se influir indevidamente em determinado pleito eleitoral.

Na síntese final de Eduardo Fortunato Bim (2003, p. 46), o combate ao abuso de poder eleitoral não se confunde com o arquétipo de tutela desenhado no direito público comum e também no direito privado. Ao enfrentá-lo, portanto, deve o hermeneuta ter em mente a necessidade de conservação da autenticidade dos pleitos, guiando-se, mais adequadamente, pela necessária proteção do núcleo da legitimidade do método democrático de seleção de lideranças.

3.3 O fenômeno do poder e suas características

No arranjo brasileiro, o direito eleitoral sancionador trabalha o princípio da legalidade a partir da estipulação expressa de duas diferentes espécies de ilícitos: de um lado, os denominados *tipos eleitorais fechados*, facilmente identificados a partir de elementos normativos exclusivamente previstos nos tipos (caso, *e.g.*, da captação ilícita de sufrágio e das condutas vedadas a agentes públicos), e, de outro, os *tipos eleitorais abertos*, cuja característica é a desnecessidade de qualquer hermetismo em sua adequação típica. As ações jurisdicionais que versam sobre tipos penais abertos "têm sua *causa petendi* formada por conceitos jurídicos indeterminados e composta por elementos descritivos voltados para uma proteção mais ampla das mais variadas facetas que interferem no processo eleitoral" (ZILIO, 2018, p. 456).

Casos típicos de ilícitos eleitorais abertos são a fraude e a corrupção (hipóteses autorizativas do manejo de ação de impugnação de mandato eletivo), assim como o ora estudado abuso de poder, expressão decerto eivada de uma acentuada carga de indeterminação.

Em valiosa incursão sobre o tema, Michelle Pimentel Duarte (2016, p. 110-112) explica que "a técnica dos conceitos indeterminados e o seu preenchimento no caso concreto atestam uma ruptura com a visão oitocentista totalitária que impedia a comunicação do Direito com outras instâncias sociais e que preconizava uma abordagem matemática do fenômeno jurídico", abordagem essa que o impedia de estar atado "à experiência humana concreta, de uma dada sociedade, em um certo momento de sua história". No que tange ao direito eleitoral, leciona que a linguagem aberta propicia "uma abertura axiologicamente orientada do sistema eleitoral", permitindo que os objetos discutidos no bojo de ações eleitorais sejam compreendidos a partir da dinâmica regente desse microuniverso da experiência social.

Como é óbvio, tanto o enfrentamento prático como a construção doutrinária em torno do problema do abuso de poder nas contendas eleitorais dependem da adoção de certo marco referencial, capaz de conferir materialidade semântica àquele conceito jurídico *a priori* vago e impreciso. Embora o alinhamento terminológico não seja absolutamente necessário para fazer com que o instituto se torne operativo, é palmar a conclusão de que a determinação, na medida em que dissipa o elevado índice de abstração que caracteriza os conceitos jurídicos abertos, dota de validade[165] e de legitimidade[166] as decisões jurisdicionais que os invocam, além de colaborar com o controle do devido processo legal substancial e, claro, com a inestimável preservação da segurança jurídica.

Nada obstante, assinala a doutrina que a aplicação *in concreto* das fórmulas jurídicas abertas tem de ser criteriosa, a fim de que se evitem excessos e arbitrariedades, muito comuns na condução do mister hermenêutico,[167] quiçá até com maior frequência no conflituoso terreno do contencioso eleitoral. Assim, Maldonado e Cunha (2018, p. 210) aduzem, assertivamente:

> Para não ser rompida essa linha tênue entre a judicialização do processo eleitoral (atividade jurisdicional no exercício da jurisdição contenciosa)

---

[165] Recorde-se que o novo Código de Processo Civil estabelece, em seu art. 489, §1º, que não se considera devidamente fundamentada a sentença ou o acórdão que "empregar conceitos jurídicos indeterminados, sem explicar o motivo concreto de sua incidência no caso". A ideia plasmada é a de que "a existência de enunciados que contenham conceitos indeterminados ou cláusulas gerais exigem do juiz enfrentamento direto da abertura do texto, [...] 'determinando o seu conteúdo no caso concreto'. Assim, 'além de revelar o que compreende daquela noção vaga, considerando os dados sistemáticos (ex. precedentes, outros dispositivos de lei correlacionados, ditames principiológicos) e extra-sistemáticos (ex. usos, costumes, standards, padrões valorativos), deve o magistrado indicar as razões concretas que justificam a sua aplicação ao caso" (CARVALHO NETO, com excertos de DIDIER JR.; BRAGA; OLIVEIRA, 2018b, p. 111).

[166] Valendo-se das lições de Zegarra Valdivia, o Min. Tarcísio Vieira de Carvalho Neto (2018b, p. 105) pontua que "a obrigação de motivar as decisões não só contribui para fazê-las aceitáveis, mas também para que o Direito possa cumprir a sua função de guia da conduta humana. O dever de motivar é exigência de uma Administração democrática, de vez que o conjunto de cidadãos pode pretender conhecer as razões pelas quais foram tomadas as decisões". A lição, conquanto voltada às decisões administrativas, por certo revela uma lógica tranquilamente compatível com a teoria da decisão judicial.

[167] Em última instância, os excessos não causam surpresa, uma vez que: "[...] o grau de densidade semântica do texto é um critério fundamental na distribuição de tarefas entre o juiz e o legislador. Quanto maior a abertura do texto, maior será a permeabilidade da interpretação a valores, maiores serão as possibilidades de significação e, consequentemente, maior será o espaço de criatividade conferido ao Judiciário" (PEREIRA *apud* DUARTE, 2016, p. 112-113). No caso específico da ação de investigação judicial, exemplo evidente de excesso interpretativo diz com a admissibilidade de discussões em torno de fraudes à quota de gênero em sede de AIJE (*vide*, nesse sentido, o REspe nº 1-49/PI, julgado pelo TSE), técnica processual reservada a casos de abuso de poder. Andréa Ribeiro Gouvêa (2018, p. 284-285), nesse caminho, tece uma crítica bastante precisa: "[...] a lei não inclui a fraude entre hipóteses de cabimento da AIJE, tal como o faz a Constituição Federal ao tratar da AIME. E a conduta narrada não pode ser enquadrada no conceito de abuso de poder político". Assim, faz-se eco à doutrina de Andrade Neto, Gresta e dos Santos (2018, p. 276) quando questionam, de forma irretocável e contundente, a solução aplicada pelo Tribunal Superior Eleitoral no REspe nº 631-40/SC, ao assentar a fraude como espécie de abuso de poder. Como colocam os eminentes professores mineiros, o caso revela um "transporte conceitual deficiente", que depõe contra a cientificidade do direito e, especialmente, contra a segurança jurídica no âmbito da jurisprudência eleitoral.

e a judicialização da política, a atividade jurisdicional de interpretação, argumentação e decisão não pode incidir em discricionariedade ou decisionismo na extração do significado de abuso de poder diante dos casos que lhe serão postos para processamento e julgamento. Obviamente, como proposição de superação dessa intempérie, antes de tudo, a Legislação serve como primeira barreira de contenção ao arbítrio da atividade interpretativa. "Daí dizer que interpretar é construir a partir de algo, por isso significa reconstruir: a uma, porque utiliza como ponto de partida os textos normativos, que oferecem limites à construção de sentidos" (ÁVILA, 2007).

Isso porque não se pode separar o texto da ideia que procura exprimir, vez que os significados não possuem existência independente dos signos pelos quais são expressos. Assim, essas expressões simbólicas (que são os signos) serão sempre um dado de entrada (ponto de partida) para a interpretação jurídica.

No mesmo caminho, Jane Pereira (*apud* DUARTE, 2016, p. 113) avisa que a atividade de complementação de sentido das normas não é desgarrada de parâmetros, estando vinculada à Constituição da República, à experiência jurídica e às regras próprias da linguagem, embora exista uma abertura para que se estabeleça uma ponte entre o texto e elementos extratextuais, como aqueles próprios aos campos da ética e da política.

Diante do exposto, não é de se estranhar que a teoria política venha auxiliar o direito eleitoral na tarefa de imprimir sentidos a conceitos para os quais o direito não tem solução disponível; dessarte a interação entre essas duas disciplinas particulares não é, senão, a interconexão entre duas ciências-irmãs.[168]

Nesse panorama, verifica-se que a construção de significados jurídicos no âmbito da disciplina eleitoral frequentemente demanda

---

[168] Como dissemos em outra obra (ALVIM, 2016, p. 33): "A respeito da Ciência Política, aliás, não é demais sublinhar que sua conexão com a matéria em estudo é fundamental: Direito Eleitoral e Ciência Política promovem uma interação, para além de necessária, simbiótica. Nesse sentido, Dieter Nohlen e Daniel Sabsay apontam-na como o parceiro ideal do Direito, no estudo da matéria eleitoral. Em sua visão, a associação entre as ciências justifica-se, entre outras circunstâncias, pela constatação de que os princípios e preceitos que regem o processo eleitoral desenvolvem-se como resultado de experiências históricas que formam parte do catálogo de problemas aos quais se dedica a politologia. De fato, sem a Ciência Política – e seu hábil emprego do método comparativo de investigação – o Direito Eleitoral evolveria a esmo, desprovido de uma percepção concreta de seus próprios resultados; mas sem o Direito Eleitoral, aquela disciplina resultaria estiolada, órfã do núcleo central de seu objeto. Afinal, um dos problemas fundamentais da Ciência Política é o de saber qual a melhor maneira de selecionar as pessoas que hão-de atuar como titulares dos órgãos do aparelho do Poder".

CAPÍTULO 3
AS ELEIÇÕES E O FENÔMENO DO PODER | 155

a importação de elementos tipicamente descobertos e explorados no terreno da política, sendo esse exatamente o caso em que se enquadra o instituto do poder.

De fato, na acepção que nos interessa, o fenômeno da influência comportamental invoca, sem nenhuma dúvida, a busca de uma conexão semântica transdisciplinar, haja vista que a sua realidade específica é demasiado complexa para que se veja esgotada no horizonte frio, estático e limitado da experiência jurídica.

3.3.1 Delimitação conceitual

O problema em questão possui complexidades que remontam ao alcance léxico: a expressão "poder" denota o vocábulo polissêmico "mais ambíguo de nossa língua" (NOGUEIRA, 2010, p. 332), tendo em vista que os dicionários chegam a lhe atribuir mais de trinta sentidos diferentes.[169]

No espaço específico da política, Galvis Gaitán (2005, p. 11) apresenta os seus possíveis significados, assinalando que a palavra pode, entre outras coisas, sugerir: (i) a função incorporada por órgãos estatais (Poder Executivo, Legislativo, Judiciário); (ii) a aptidão para o exercício de prerrogativas jurídicas (poder para reivindicar direitos subjetivos); (iii) centros de competência do Estado (poder federal, estadual, municipal); (iv) a noção de mandato (poder para atuar em

---

[169] Do alto de sua notória erudição, o Professor José Adelino Maltez (2018, p. 226), decano do Instituto de Ciências Sociais e Políticas da Universidade de Lisboa, oferece uma incursão etimológica sobre a expressão em estudo: "A expressão portuguesa *poder* tanto recobre um verbo, equivalente a ser capaz, como um polissêmico substantivo. Ambas as formas vêm do mesmo verbo, *potere*, dominante no latim vulgar, que, por sua vez, é originário do clássico *posse*. Até se usam, em português vernáculo, termos como *poderio* e *podestade*, para efeito interno, e potência, no plano internacional. É dessa raiz que, ainda no latim, surgem as expressões *potestas e potentia*, as quais, entretanto, se vão distinguindo, dotando-se, cada uma delas, de uma especial carga conceitual. A *potestas* passa a significar algo de durável e permanente, suscetível de um ter. Já a *potentia* trata de exprimir o mero ato de exercício da *potestas*, a ação suscetível de se exercer, a passagem do ato da *potestas*. A *potestas*, enquanto capacidade de produzir as coisas, tem, portanto, a ver com o potencial, o poder ser, o poder vir a exercer o ato de poder. Por seu lado, a *potentia* quer dizer a força que produz as coisas em ato. Isto é, por sua própria natureza, cada coisa tem, dentro de si, uma *potestas* que apenas pode concretizar-se através de uma determinada *potentia*. Não tarda que a *potestas* adquira contornos normativos, tanto no plano jurídico como no plano político, aproximando-se do conceito de autoridade. Por seu lado, a *potentia* passa a significar a força, a capacidade de execução, a ação, a eficácia, a aptidão de uma determinada coisa para afetar outra. Porque expressa um poder físico, um poder de facto, entendo-se o *potente* como o poderoso, que tem a posse do poder. Aquele que é capaz de exercer a *potentia*, que é capaz de exercer a *potestas*, ou então como o *possante*, o que é capaz de *possança*".

nome de outrem); e, finalmente, (v) a autoridade (hegemonia) que se assume dentro de determinado grupo social. Bidart Campos (2008, p. 30) acresce que o vocábulo "poder" pode significar energia, força ou, ainda, a capacidade para fazer, obrigar, influenciar, impor vontades, induzir condutas, conseguir obediência, dominar – e assim por diante...

O uso do vocábulo em diferentes contextos impele, logicamente, a um esforço de precisão. Na teoria política, o fenômeno do poder tem sido abordado, principalmente, sob três perspectivas ou linhagens científicas, correspondentes, respectivamente, aos paradigmas[170] institucionalista; substancialista (materialista); e interacionista (relacional). Vejamo-los detalhadamente.

3.3.1.1 O paradigma institucionalista

A escola institucionalista associa o *poder* à noção de força pública, usando o termo para designar a energia de comando incorporada pela figura do Estado: falar de poder, nessa trilha, é falar da casta governante, da elite intendente ou, alternativamente, de um ente coletivo transcendente e oposto à sociedade civil (BRAUD, 2014, p. 235). Nessa perspectiva, portanto, o poder corresponde à autoridade (soberania), elemento constitutivo da ordem jurídica estatal.

Por esse prisma, o poder é tão somente o poder institucionalizado, regente da organização das relações de mando e obediência que caracterizam a dinâmica administrativa das comunidades modernas. Com vênia para o lúdico, é esse o significado empregado no clássico do cancioneiro que declara "os meus inimigos estão no poder", ou quando se faz uso da expressão vernacular atinente aos "meandros", às "camarilhas" ou "bastidores" do poder. De volta ao âmbito científico, a aplicação da semântica institucional pode ser encontrada, *v.g.*, na valiosa doutrina de Reinhold Zippelius (2016, p. 110):

> O Estado, como estrutura organizada de poder e ação, desempenha a função de assegurar uma convivência segura e organizada, sem contradições [...] Só pode cumprir essa tarefa uma ordem de conduta eficaz e homogênea. A eficácia específica da ordem de uma conduta jurídica reside, como já se afirmou, na probabilidade segura de impor a observância de suas normas mediante um procedimento coercitivo,

---

[170] Adota-se aqui o termo no sentido sociológico clássico proposto por Merton, correspondendo o paradigma a um conceito explicitamente determinado para a orientação de uma investigação numa área específica do conhecimento (MITCHELL, 1968, p. 353).

juridicamente organizado. Como condição essencial para a ausência de contradições na ordem de conduta jurídica surgiu um *poder de regulação central* que dispõe do instrumento de controlo normativo. A fim de poderem cumprir a função de estabelecer a ordem e a paz, os titulares de funções públicas devem ser, pois, dotados de 'autoridade pública': do poder de regular vinculativamente (no âmbito das suas competências) a conduta nesta comunidade e dos meios de poder para impor a conduta prescrita, em caso extremo, até o emprego da força física.

Com idêntico sentido, o poder é definido em termos institucionais por Darcy Azambuja (2011, p. 74), autor para quem o conceito remete à "[...] possibilidade efetiva que tem o Estado de obrigar os indivíduos a fazer ou não fazer alguma coisa em nome da proteção do interesse público", assim como por António Fernandes (2010, p. 87), quando descreve o poder como a faculdade conferida ao Estado para "definir as normas de conduta e de as fazer respeitar pelos membros da comunidade política". Octaciano Nogueira (2010, p. 332) bebe da mesma fonte para apresentar o poder como a força "dominante na sociedade e na civilização", caracterizada "pelo monopólio da coerção legal, que significa a faculdade de usar a força, se necessário, para reduzir os cidadãos à obediência".

Paulo Bonavides (2015, p. 115), por seu lado, diz que "o poder representa sumariamente aquela energia básica que anima a existência de uma comunidade humana num determinado território, conservando-a unida, coesa e solidária". Um último exemplo dessa linha de aplicação vem da importante doutrina de Freitas do Amaral (2014, p. 97), que descreve o poder político como "o poder exercido em nome do próprio povo, num certo território, com vista à regulação da vida colectiva, através da aprovação de regras e de actos unilaterais, bem como da imposição coercitiva do seu cumprimento".

É lógico que a concepção institucionalista não resolve o problema do abuso no cenário eleitoral, notadamente porque a preservação da integridade da competição política reclama o afastamento de toda e qualquer espécie de ingerência ilegítima sobre o comportamento dos eleitores, venha ela do aparato institucional governativo, em uma *relação vertical* (Estado governante *versus* cidadão governado), venha ela da própria sociedade, em uma *relação horizontal* na qual se debatem indivíduos ou grupos socialmente influentes contra o espaço íntimo do cidadão comum.

Nesse contexto, não se nega que no marco da comunidade o Estado se apresenta como a "forma preponderante de domínio (*Herrschaft*) social"; nada obstante, é certo que a sociedade, vista como um todo, apresenta-se como "um sistema de relações de poder cujo caráter pode ser político, [mas também] social, econômico, religioso, cultural ou de outro tipo" (LOEWENSTEIN, 1978, p. 26).

E, se é assim, segue-se que o marco referencial adotado nesse âmbito do conhecimento, por imperativos lógicos e heurísticos, tem de ser suficientemente amplo para abarcar as múltiplas categorias de poderes sociais, tendo em vista que a energia de dominação humana não reside de forma exclusiva no cerne das instituições oficiais, por mais poderosas que essas se demonstrem.

3.3.1.2   O paradigma substancialista (enfoque material)

Os teóricos materialistas entendem o poder como um elemento suscetível de posse, isto é, como um bem ou uma prerrogativa que se pode possuir (ANDRADE SÁNCHEZ, 2012, p. 44). Josep Vallès e Martí i Puig (2015, p. 31-32) explicam que por esse filtro o poder se apresenta como um *recurso* controlado por indivíduos, grupos, classes ou elites – ou depositado nas mãos de instituições.[171] Quem o detém, maneja-o como um instrumento e o aplica sobre outrem com a intenção de obter determinados resultados.

Sob tal ótica, o poder é entendido como um objeto de que se serve o homem para o alcance de uma meta desejada (BIDART CAMPOS, 2012, p. 30; OLIVOS CAMPOS, 2012, p. 29). O fenômeno do poder é, na esteira dessa perspectiva, "assimilado a uma espécie de capital [...] que se adquire, se acumula, dilapida, e que cria benefício ou acarreta vantagens" (BRAUD, 2014, p. 235). Em suma, pela visão em evidência o simples ato de possuir dinheiro, informação ou influência, por exemplo, equivale a ostentar uma parcela de poder.

Ocorre que a visão substancialista é, como a institucional, insuficiente para explicar o abuso no contexto eleitoral. Mario Stoppino (2009, p. 934), a propósito, argumenta que em perspectivas substanciais o poder é entendido, muito singelamente, como "um objeto ou uma substância que se guarda em um recipiente", o que se revela inapropriado, na medida em que, na verdade, "não existe poder se não existe, ao lado do indivíduo ou grupo que o exerce, outro indivíduo ou grupo induzido

---

[171]   Entre os autores clássicos, arrolam-se como expoentes substancialistas autores como Thomas Hobbes, Karl Marx, Maurice Hariou, Gaetano Mosca, Gumplowicz, Betrand Russell e Wright Mill.

a comportar-se tal como aquele deseja". O professor da Universidade de Pavia argumenta:

> Sem dúvida [...] o Poder pode ser exercido por meio de instrumentos ou coisas. Se tenho dinheiro, posso induzir alguém a adotar um certo comportamento que eu desejo, a troco de recompensa monetária. Mas, se me encontro só ou se o outro não está disposto a comportar-se dessa maneira por nenhuma soma de dinheiro, o meu Poder se desvanece. Isto demonstra que *o meu Poder não reside numa coisa (no dinheiro, no caso), mas no fato de que existe um outro e de que este é levado por mim a comportar-se de acordo com os meus desejos. O Poder social não é uma coisa ou sua posse: é uma relação entre pessoas.* (STOPPINO, 2009) (Grifos nossos)

Uma segunda crítica ao paradigma em tela é tecida por Kaplan e Lasswell (1979, p. 110), que aduzem que o poder, sob o olhar substancial, tende a ser visto como uma capacidade de produzir efeitos pretendidos em um "sentido geral", quando, mais propriamente, versa apenas sobre efeitos que envolvem diretamente outras pessoas. O paradigma substancial, assim, pecaria por englobar no conceito de poder a capacidade de modificar a natureza, sendo que, a rigor, o poder político se distingue mesmo como um poder *sobre outros homens*. Nessa quadra, consideram que "ter poder é ser levado em conta nas decisões políticas dos outros" (KAPLAN; LASSWELL, 1979, p. 122), o que autoriza a conclusão de que, em termos politicamente precisos, não existe poder fora de uma situação social (CHARAUDEAU, 2016, p. 18).

Ante essas observações, conclui-se que enfoque material tampouco resolve, apropriadamente, a questão do abuso de poder nas competições eleitorais. Isso porque a legitimidade dos pleitos é sensível não à presença do poder em termos estáticos e meramente hipotéticos ou existenciais, mas à sua efetiva aplicação, é dizer, ao seu exercício presente, factual e ativo.

A rigor, é indiferente para a preservação das instituições eleitorais a presença de um candidato bilionário, se este se abstém de aplicar uma parte vultosa de sua fortuna em sua própria campanha. Do mesmo modo, não ofende a autenticidade do pleito toda e qualquer discussão ou ato político travado no interior de uma igreja, apenas porque as agremiações religiosas congregam um importante poder ideológico; ao revés, para que isso ocorra é preciso que a hegemonia eclesiástica se veja efetivamente aplicada, ou seja, é preciso que a *máquina do predomínio* seja posta em funcionamento, em detrimento da liberdade de pensamento dos fiéis.

Tudo pesado, no didático chiste de Sartori (2009, p. 20), no terreno da política poder não é uma matéria: é uma relação. Nestes termos, "um indivíduo tem poder sobre outro quando o obriga a fazer algo que de outra forma não faria.[172] Robinson Crusoé, sozinho na ilha onde naufragou, enquanto esteja sozinho não possui poder nenhum; somente o adquire quando chega o Sexta-Feira".

3.3.1.3   O paradigma interacionista (enfoque relacional)

Majoritária entre os especialistas, a corrente interacionista é a que melhor espelha a realidade do poder no sentido aplicado à questão eleitoral. Por essa perspectiva, "todo poder implica uma relação, em que de um lado está quem manda e do outro quem obedece, [...] sendo usual considerar o poder como causa e a obediência como efeito pretendido e, se possível, conseguido" (MONTEIRO, 2003, p. 293).

No contexto específico das competições eleitorais, uma vez adotada essa linha, a ideia de poder remete a um fenômeno operado no seio das relações pessoais, de maneira que o sentido que se lhe confere assume um nítido feitio social. Designado como a "capacidade do homem em determinar o comportamento de outro homem" (STOPPINO, 2009, p. 933), como o "processo social em que indivíduos ou grupos sociais apresentam condições de modificar ou alterar o comportamento de outros grupos ou pessoas" (DIAS, 2013, p. 29), ou como "a possibilidade de eficazmente traçar a conduta alheia" (CAETANO, 2003, p. 5), o poder afinal se traduz na aptidão para conseguir que outros indivíduos façam (ou deixem de fazer) o que se quer (ou se deixa de querer) (COTARELO, 2015, p. 35).

Em suma, falar de poder, nesse ambiente de estudo, é falar de um tipo particular de interação humana, razão pela qual ele deve ser visto, em perspectiva política, como um "intercâmbio entre subjetividades"

---

[172] A doutrina *sartoriana* encontra eco nas lições de Donatella Della Porta (2003, p. 24), que também dialoga com Weber, como se vê: "O poder é, numa primeira abordagem, definível como a capacidade de um actor A de influenciar o comportamento de um actor B. Pode dizer-se que o primeiro tem poder sobre o segundo no sentido em que A é capaz de mandar fazer a B qualquer coisa que siga na direcção por ele pretendida e que B, de outro modo, não realizaria. Na definição clássica de Max Weber, 'a potência indica qualquer possibilidade dentro de uma relação social, mesmo perante uma oposição a sua vontade, qualquer que seja a base dessa possibilidade. Por poder, deve entender-se a faculdade de encontrar obediência, junto de certas pessoas, a uma ordem com um determinado conteúdo'".

(COTARELO, 2015) no qual um sujeito é reificado ou objetificado por ser tratado como um reles instrumento para a concretização de um desígnio externo ou alheio. Desde logo, é possível perceber que o poder abusivo conflita com valores básicos do constitucionalismo democrático, primordialmente com a liberdade de autodeterminação política.

Vallès e Martí i Puig (2015, p. 32) apontam que quando se pensa no poder como o efeito de uma relação, esse já não se possui: mais propriamente, ele é algo que acompanha posições favoráveis em relações travadas com outros agentes ou grupos. O poder não é, portanto, uma substância: no sentido aqui aplicado, ele é mais uma circunstância ou uma situação. Patrick Charaudeau (2015, p. 14), reforçando a corrente, enxerga o poder como:

> [...] a situação que permite a alguém decidir mudar alguma coisa no mundo, agindo sobre outro ou sobre um grupo. *Agir sobre outro* quer dizer: ter a possibilidade de submeter o outro, por algum meio. Estabelece-se, então, uma relação entre um dominante e um dominado, que faz com que o poder se defina numa relação de alteridade, de maneira [muitas vezes, mas nem sempre] coercitiva.

No espectro da visão relacional, o poder não é apinhável; não se armazena nem se acumula. Brota das relações sociais e se difunde, continuamente, como um fluxo constante que perpassa todas elas. Apresenta-se mais como uma oportunidade do que como um recurso. Na busca pelo poder, cada grupo ou indivíduo deve identificar e explorar as oportunidades de melhorar a sua situação, agindo estrategicamente de modo a obter maiores vantagens relativas, aumentando dessarte o seu alcance (VALLÈS; MARTÍ I PUIG, 2015).

O poder é, enfim, entendido como o efeito de uma conduta sobre outras condutas: um *choque produtor de obediência*.[173] Nesse guiar, Andrade Sánchez (2013, p. 44-47) o descreve como "a capacidade de uma pessoa ou grupo de pessoas para determinar, condicionar, dirigir ou induzir a conduta de outros". Na mesma trilha, Philippe Braud (2014, p. 235-236) expõe-no como "uma relação que se caracteriza pela mobilização

---

[173] A obediência, evidenciada pelo surgimento de condutas determinantes e determinadas, antecipa a presença do desnível como um elemento essencial para a identificação de relações de poder. Esse aspecto é destacado por Manuel Castells (2015, p. 57), quando descreve nosso objeto de estudo como "[...] *a capacidade relacional que permite a um ator social influenciar assimetricamente as decisões de outro(s) ator(es) social(is) de formas que favoreçam a vontade, os interesses e os valores do ator que detém o poder*" (Grifos nossos).

de recursos para conseguir que outrem adote um comportamento pelo qual não se tinha decidido fora dessa relação", em franca semelhança com a ótica conceitual de McLean e McMillan (2009, p. 425), investigadores que definem o poder como a "habilidade de fazer com que pessoas façam o que de outro modo não teriam feito".[174]

Clássicos expoentes dessa vertente, Abraham Kaplan e Harold Lasswell (1979, p. 110) resumem a ideia ora exposta num ensaio seminal, apresentando o poder em termos bastante precisos. Para os autores, o poder nada mais é do que uma "participação condicionante em processos decisórios", aproximando-se de perspectiva lapidada por Karl Loewenstein (1978, p. 26-27), que descreve o poder como uma "relação sociopsicológica" baseada em um recíproco efeito, qual seja o controle social[175] exercido por quem detém o poder sobre aquele a quem o poder é dirigido.

Ante o exposto, assenta-se o perfeito amoldamento da teoria interacionista às necessidades e particularidades da disciplina e da problemática em exame. Nesse guiar, Mateus Henrique de Carvalho (2018, p. 360) nota:

> [...] ao abordar o conceito de poder dentro do Direito Eleitoral, estar-se-á abordando um conceito específico de poder, qual seja: o poder na relação socioeleitoral. Em outras palavras, o conceito de poder nas relações sociais a ser esmiuçado, no Direito Eleitoral, só terá importância e só

---

[174] Soma-se a essa corrente o entender de Bovero (2002, p. 73), que entende que o poder existe quando se pode afirmar, dentro de uma relação social, que a conduta de um sujeito seria completamente diferente, não fosse a sujeição imposta por um agente empoderado. Assim: "Descrevendo no modo mais simples a relação de poder entre duas pessoas, Ana e Bruna, diremos que Ana *tem poder sobre* Bruna sempre que condicione a conduta de Bruna: isto significa que a conduta de Bruna seria totalmente distinta daquela que é se esta conduta pudesse se desenvolver fora do condicionamento de Ana". Com isso, na visão do professor de filosofia da Universidade de Turim, as relações de poder antagonizam com a liberdade. Então, é possível dizer que "[...] Bruna, em relação a Ana, *não é livre*, ou seja, encontra-se em condição de *não-liberdade*. Mas observando a mesma relação entre Ana e Bruna, não apenas podemos dizer que Bruna não é livre em relação a Ana, mas também que Ana é livre em relação a Bruna, porque [...] Bruna não tem poder sobre Ana [...]. A relação assimétrica entre Ana e Bruna pode, portanto, ser descrita de dois modos complementares: a) o poder de Ana implica a não-liberdade de Bruna; b) a liberdade de Ana implica o não-poder de Bruna".

[175] Na doutrina do autor alemão (1978, p. 27), entende-se por "controle social" a "função de tomar ou determinar uma decisão, assim como a capacidade dos detentores de poder de obrigar os destinatários do poder a obedecer aquela decisão". De forma semelhante, Recásens Siches (1965, p. 265-266) chama de controle social o "conjunto de meios, sociais ou com repercussões sociais, aptos a ordenar e regular o comportamento humano exterior em diversos aspectos".

deverá ser observado quando este encontrar alguma relação com o processo eleitoral, violando ou sendo tendente a violar algum bem jurídico tutelado pela Justiça Eleitoral.

Não obstante, é evidente que o conceito de poder tem papel central na esfera dos fatos e atos jurídicos eleitorais: em toda e qualquer relação social relevante no âmago do processo eleitoral, estando sempre à vista a ideia de exercício de poder (ou a busca de poder), seja numa relação entre candidatos, seja entre candidatos e Partidos Políticos, mas principalmente entre candidatos e eleitores ou Partidos e eleitores. Assim, pode-se concluir que o conceito de poder que se está a analisar, em termos teleológicos, é o poder sobre os homens: o poder de um agente sobre outros agentes. Pode parecer redundante, ou mesmo lógico, em um primeiro momento; contudo, qualquer poder que não reflita ou se insira de alguma forma nas relações sociais deverá ser afastado no âmbito da Justiça Eleitoral.

Sem embargo, a dicotomia conceitual entre o poder como prerrogativa (acepção leiga) e o poder como fenômeno de ingerência no comportamento alheio (sentido social) não impede uma consideração conjunta para o desvelo de sua real natureza. Fernández Ruiz (2010, p. 10), nesse passo, não desconsidera o poder como uma prerrogativa, vislumbrando-o, porém, como uma prerrogativa especial, conectada com a capacidade de influenciar alguém com quem se trava alguma espécie de relação.

Ademais, a estreita colagem entre a substância (visão substancial) e a aptidão para a realização do poder em uma relação (visão interacionista) é selada por Friedrich (*apud* DIAS, 2013, p. 30), quando propõe que a aquisição de certa soma de poder equivale à aquisição da capacidade de compelir, e por Bobbio (2000, p. 161), quando indica que uma correta definição do poder deve integrar a posse dos meios que permitam, exatamente, a obtenção dos efeitos desejados.

3.3.2   As características do poder

À vista do conhecimento acadêmico acumulado, empós de uma passagem por diversas obras de referência, torna-se possível afirmar que o fenômeno do poder apresenta ao menos nove importantes características, a saber:

- presença em relações sociais assimétricas;
- potencial para o vencimento de impulsos iniciais de resistência;

- emprego eventual de sanções;
- índole potencialmente antagônica ou conflituosa;
- alcance relativo;
- caráter distributivo;
- tendência aglutinativa;
- caráter expansivo;
- caráter polimórfico ou multiforme.

3.3.2.1 Presença em relações sociais assimétricas

A capacidade para o exercício de influência – traduzida na aptidão para atrair condutas determinadas em direção a condutas determinantes – antecipa a presença do desnível como um componente importante para a compreensão dos variados atos de poder. A rigor, é certo que as trocas de poder não raro se apoiam na existência de determinadas posições de supremacia.

Esse elemento é destacado, entre outros autores, por Manuel Castells (2015, p. 57), especificamente quando apresenta o objeto pesquisado como "a capacidade relacional que permite a um ator social influenciar assimetricamente as decisões de outros atores sociais, por formas que favoreçam a vontade, os interesses ou os valores do ator que detém o poder".

Do mesmo modo, Carlos Fayt (2009, p. 201) privilegia esse caráter ao explicar o poder como um fenômeno social consistente "na relação de subordinação em que se colocam, reciprocamente, dois ou mais seres humanos", ao tempo em que Stoppino (2009, p. 939) o realça ao assentar que "toda a forma de Poder é habitualmente a expressão de uma desigualdade de recursos".

Em um molde bastante sucinto, Philippe Braud (2014, p. 237) repercute a impressão em voga apontando a presença do poder em comportamentos derivados de "trocas desiguais". Fleiner-Gerster (*apud* DIAS, 2013, p. 30), em análoga abordagem, sugere que o poder "repousa sobre a força e a superioridade, de uma parte, e, simultaneamente, sobre a – relativa – dependência ou fraqueza da outra".

Tendo em vista que relação de domínio geralmente deriva de uma *assimetria nas relações sociais*, é lícito considerar que o fenômeno da obediência é mais bem compreendido a partir da constatação de que o poder surge, muitas vezes, onde alguma desigualdade se impõe. Como consequência, as superioridades e as subordinações que sustentam as relações de poder podem surgir de uma multiplicidade de questões, como diferenças de idade, gênero, filiação, posse de recursos, produção e apropriação de informações, ocupação de posições institucionais, entre outras (VILAS, 2013, p. 18). Nesse quesito, são valiosas as impressões de Reinaldo Dias (2013, p. 30), *litteris*:

> O poder sempre implica relação, i.e., é a capacidade de decisão sobre o outro. O poder constitui uma relação social. O indivíduo encontra-se com o poder quando sua conduta não é decidida por ele mesmo, mas uma decisão tomada por outro que é capaz de determinar o seu comportamento. Na relação com o outro, pode-se encontrar uma relação de inferioridade, de igualdade ou de superioridade. O poder supõe [em regra] uma relação específica de superioridade. Toda situação social que estabelece vínculos de dependência gera algum poder, ou seja, a possibilidade de determinar a conduta do outro, provocando consequências que podem ser benéficas ou prejudiciais. A base essencial do poder está na submissão e no conformismo dos membros do grupo sobre o qual atua.

Há, sem embargo, bastantes contextos nos quais a vontade do agente condicionado não se encontra completa ou totalmente absorvida pelo desejo do *player* dominante. É que, em análise profunda, as interações de poder ocorrem sob diferentes dimensões de influência, sendo válido gizar que nem todas as relações de poder são, por assim dizer, "unidirecionais", uma vez que o poder convive, em termos relativamente tranquilos, com algum grau de reciprocidade nas trocas interpessoais (STOPPINO, 2009, p. 936).

Kenneth Galbraith (1989, p. 3-4) classifica os *instrumentos de poder* em categorias que auxiliam na assimilação do detalhe *sub examine*. Para o laureado professor de Harvard, "o poder cumpre, há séculos, uma regra de tríade", por haver "três principais instrumentos para manejá-lo ou exercê-lo". A partir dessa premissa, Galbraith (1989) apresenta três diferentes espécies de poder:

(i) *Poder condigno*: o poder condigno obtém submissão pela capacidade de impor às preferências do indivíduo ou do grupo uma alternativa suficientemente desagradável ou dolorosa para levá-lo a abandonar as suas autênticas preferências. Há uma ênfase de punição no termo "condigno" que transmite a impressão adequada. O escravo das galés indubitavelmente preferia esquivar-se do seu árduo trabalho, mas a perspectiva do sofrimento de ser açoitado caso fingisse doença junto aos remos era suficientemente repulsiva para assegurar o esforço necessário, mesmo que penoso. Num nível menos terrífico, o indivíduo deixa de expor a sua ideia e aceita o ponto de vista do outro porque uma eventual reprimenda seria muito áspera.

(ii) *Poder compensatório*: o poder condigno obtém submissão infligindo ou ameaçando consequências adequadamente adversas. O poder compensatório, em contraste, conquista submissão oferecendo uma recompensa positiva – proporcionando algo de valor ao indivíduo que assim se submete. Em um estágio anterior do desenvolvimento econômico, como ainda hoje em economias rurais e rudimentares, a compensação assume diversas formas, inclusive pagamentos em espécie e o direito de lavrar um pedaço de terra ou dividir o produto das terras do senhorio. E, da mesma forma como uma repreensão social ou pública é uma forma de poder condigno, o elogio é uma forma de poder compensatório. Entretanto, na economia moderna, a mais importante expressão do poder compensatório é, sem dúvida, a recompensa pecuniária – o pagamento em dinheiro por serviços prestados, o que vale dizer, pela submissão aos objetivos econômicos ou pessoais de outros.

(iii) *Poder condicionador*: um traço comum aos poderes condigno e compensatório é que o indivíduo está ciente de sua submissão – num caso, compelido, no outro, comprado. O poder condicionador, por sua vez, é exercido mediante a mudança de uma convicção, de uma crença. A persuasão, a educação ou o compromisso social com o que parece natural, apropriado ou correto leva o indivíduo a se submeter a uma vontade alheia. A submissão reflete o rumo preferido; e o fato da submissão não é reconhecido pelo sujeito que se rende.[176]

---

[176] Na doutrina portuguesa, a tipologia em tela é assim sintetizada pelo professor J. A. Pereira Monteiro (2003, p. 293): "Na procura da obediência – ou da aquiescência – J. Kenneth Galbraith invoca a possibilidade de utilização de meios ou instrumentos de três tipos: *condigno, compensatório e condicionador*. O primeiro consubstancia-se numa acção ou simples ameaça de consequências adequadamente adversas. O segundo consiste na oferta de uma retribuição positiva, algo de valor. O terceiro visa a mudança das crenças ou convicções através da educação, da persuasão/manipulação ou do compromisso social". No que

Em termos sumários, Galbraight (1989) enfrenta o poder a partir de seus efeitos, afastando-se do pensamento tradicional que sói estudá-lo em função dos fatores ou bases que o sustentam (poder político, poder econômico, poder ideológico etc.). Essa abordagem, sem dúvida, contribui fortemente para o logro do enfrentamento adequado do problema ora sobre a mesa.

Em linhas gerais, é possível resumir a taxionomia de Galbraight (1989) da seguinte forma:

(i) o poder condigno induz comportamentos pelo exercício da coerção;

(ii) o poder compensatório induz comportamentos por meio da corrupção; e

(iii) o poder condicionador induz comportamentos mediante ações de persuasão, indução ou manipulação.[177]

---

tange, especificamente, às atividades de Estado, ou seja, no exercício do Poder Político, centro de suas preocupações, o cientista político lusitano (PEREIRA MONTEIRO, 2003, p. 293-294) explica que: "Os instrumentos *condignos* são prevalecentes na prevenção da criminalidade, mediante a cominação de penas; os *compensatórios* caracterizam o pagamento de serviços prestados ao Estado ou à sociedade civil; e os *condicionadores* incluem o apelo a comportamentos merecedores de apreço social, como é o caso das campanhas cívicas nos domínios da educação e da saúde, à solidariedade, em caso de catástrofe, ao patriotismo perante um perigo externo ou, ainda, na invocação da necessidade de transmitir ao exterior uma imagem favorável do país, atitudes para as quais a população está emocionalmente, e geralmente, inclinada".

[177] Lasswell e Kaplan (1979, p. 133) usam diferentes expressões para, talvez, dizer o mesmo. Com uma terminologia própria, os acadêmicos norte-americanos chamam de *submissão* o resultado dos *poderes condigno e compensatório*, e de *sujeição moral* o resultado do *poder condicionado*. Para fins de esclarecimento, registre-se que a nomenclatura proposta pelos autores não é de todo acatada no presente trabalho. O termo "indução", em sua obra, remete ao "exercício do poder mediante promessa de recompensa" (LASSWELL; KAPLAN, 1979, p. 133) e, portanto, mais propriamente ao problema do abuso de poder econômico. No presente esforço, a indução é vista pelas lentes da manipulação simbólica, com a consequente aplicação no campo do "poder sobre a opinião" (RUSSELL, 2013, p. 127), isto é, na área delimitada pela incidência dos abusos de poder ideológicos, notadamente o abuso de poder midiático e o abuso de poder religioso. Em uma perspectiva paralela, Philippe Braud (2014, p. 236) classifica o poder em categorias baseadas na natureza dos recursos mobilizados para a obtenção dos resultados pretendidos. Assim, assenta que o poder pode ser distinguido, por um lado, em *poder de injunção* e, por outro, em *poder de influência*: "O primeiro pressupõe a possível intervenção da força em caso de não respeito pela norma decretada. É esta a característica normal das normas jurídicas; mas a par destas existem também injunções de facto, à margem ou com violação da legalidade [caso, em nossa impressão, de determinadas expressões do abuso de poder religioso e do abuso de poder coercitivo]. O poder de influência, pelo contrário, porque exclui a coação física como garantia última da sua efetividade, pressupõe a mobilização de recursos de outra natureza: a capacidade de oferecer gratificações como contrapartida à aceitação do comportamento sugerido. Podem ser remunerações materiais ou então informações entendidas como úteis (no trabalho da persuasão), ou gratificações simbólicas ao nível da autoestima". Adriano

Fica evidente, sobretudo à vista das particularidades relativas ao chamado "poder condicionador", que as manifestações de poder não se externam unicamente mediante processos de *anulação* de vontade, existindo do mesmo modo quando o julgamento alheio é apenas *modulado* ou *dirigido*.[178] Aliás, vezes há em que esses traços coexistem, como reparava Friedrich (*apud* GALVIS GAITÁN, 2005, p. 13), no ponto em que gizava que o poder eventualmente se manifesta "parcialmente pelo consentimento e parcialmente pela coerção", cabendo registrar, a propósito, que se encontra na literatura especializada a ideia de que "o poder é tanto mais forte quanto menos tem de usar a força, tal como a boa lâmpada é aquela cuja energia consumida é inversamente proporcional à iluminação emitida" (MALTEZ, 2018, p. 254).[179] Essa percepção é, aliás,

---

Moreira (2014, p. 110) também propugna uma escala conceitual de referências, divisando três espécies de influências sobre o comportamento alheio, a saber: manipulação; dominação e força. Extrai-se de sua doutrina: "A *manipulação* compreende todos os condicionamentos que é possível introduzir no ambiente do destinatário do Poder, de modo a orientar o seu comportamento sem declarar a intenção do agente; a *dominação* já implica o anúncio da intenção e a credibilidade do uso da força; finalmente, o uso dos *recursos físicos* ao dispor do agente traduz o estádio final e pleno do uso do Poder". Some-se que o termo "influência", por se associar à ideia de "indução", torna pertinente a reprodução de lição lembrada por Mateus Henrique de Carvalho (2018, p. 361): "Outra questão pertinente, e que deve ser observada no caso concreto, diz respeito aos níveis ou denominados tipos de indução, que se dividem em 'suave' e 'forte'. Como bem aponta José Roberto de Almeida Pinto, ao analisar o significado da palavra 'indução', este justifica a necessidade do uso de duas conotações particulares, ambas vinculadas com a noção de poder na relação entre agentes (indivíduos e grupos), 'e que aparecem em diferentes formulações do conceito: a conotação mais forte, ligada à ideia de 'controlar' ou 'determinar' o comportamento alheio; e a conotação mais 'suave', ligada à ideia de 'influenciar', 'afetar' ou 'ter impacto' sobre o comportamento'".

[178] Lasswell e Kaplan (1979, p. 133) partilham de semelhante compreensão: "Demais, a concepção aqui desenvolvida não exclui e nem mesmo minimiza o elemento de consentimento nas relações de poder. 'Coerção por consentimento', embora seja uma expressão paradoxal, refere-se a um aspecto importante e familiar no processo de poder – especialmente, às perspectivas daqueles sobre os quais o poder está sendo exercido. Identificações, expectativas e reivindicações tornam o poder autorizado, e isto constitui um consentimento com relação à estrutura e às práticas de poder. O fato de que o poder, por definição, repousa sobre a coerção, não implica que a própria situação de poder não possa ser o resultado, em parte de uma escolha".

[179] Confira-se, a propósito, a perspectiva de Steven Lukes, assim comentada por Maltez (2018, p. 244-245): "Utilizando as categorias de Lukes [...], importa distinguir o poder unidimensional, ou visível, do poder bidimensional, um rosto com duas faces, e os dois do poder tridimensional, ou radical. Numa perspectiva unidimensional, podemos dizer que o exercício de um poder constitui uma relação na qual um ator A tenta, de forma visível e observável, incitar um outro ator B a fazer o que A quer que ele faça, mas que B não faria noutras circunstâncias. Então, se a tentativa de poder de A resulta, podemos dizer que A tem poder sobre B, no respeitante ao conflito particular no qual [em tese] eles estavam abertamente em desacordo. Já na concepção bidimensional, o poder é como o rosto de duas faces de Jano. Se há uma face visível, onde atua a perspectiva unidimensional, há outra que aparece escondida, que não pode ser observada diretamente. Com efeito, a melhor forma que A tem de exercer o seu poder é, por exemplo, controlar o programa de debates que marca o

CAPÍTULO 3
AS ELEIÇÕES E O FENÔMENO DO PODER | 169

a base para a criação do conceito de *soft power*,[180] muito difundido em investigações no âmbito das relações internacionais e que será usado no final da obra, quando da apresentação de nossa "Escala de Gravidade Predeterminada" relativa às manifestações de abuso de poder.

Lasswell e Kaplan (1979, p. 132-133), nesse tocante, sustentam que a incidência da coerção ou da indução na formação das escolhas individuais é, por essência, escalonada e, portanto, invariavelmente sujeita a extensas "variações de grau". O poder, portanto, é plenamente possível de ser exercido mediante privações e benefícios suaves, e não apenas no bojo de ameaças e propostas irresistíveis.

Com base na proposta dos autores norte-americanos, cabe argumentar que o nível de poder expressado determina o índice de reciprocidade de qualquer troca social. Dito com outras palavras, quanto maior o grau de coação, de corrupção ou de indução imposto pelo ator empoderado, menor a dose de consentimento presente na resposta do sujeito exposto aos influxos do seu poder.

Em definitivo, a título de conclusão parcial, é possível sustentar que as ideias de *poder* e *consentimento* não se excluem mutuamente, máxime porque também constituem *poder* os produtos derivados de estratégias de induzimento, embuste ou manipulação.

---

jogo de negociação e de troca, porque, se for capaz de limitar a discussão, consegue que as decisões digam apenas respeito a questões que não ameacem os seus respetivos interesses. A pode também aproveitar as influências introduzidas no sistema político que tendem a favorecer os respetivos interesses, em detrimento dos de B. Uma terceira hipótese ainda é possível: B pode querer antecipar a derrota, ou as represálias, não querendo afrontar A numa determinada questão. De um ponto de vista tridimensional, ou radical, já se considera que A exerce o poder sobre B quando A afeta B de uma maneira contrária aos interesses de B, quando este fica sem saber quais são os seus interesses reais. Porque B pode enganar-se quanto aos seus próprios interesses, isto é, sobre aquilo que os homens prefeririam (entre alternativas) se tivessem a escolha, e não o que desejam na prática [...]. *De facto, a maneira mais eficaz de A poder exercer um certo poder sobre B é quando trata de exercer uma influência sobre o que B pensa ser de seu interesse, e no sentido conforme aos interesses de A. Se A conseguir levar B a ter uma interpretação errada dos próprios interesses de B e se tirar partido da situação, então o poder de A é quase total, sendo tanto maior quanto é praticamente invisível aos olhos daquele sobre que se exerce*" (Grifos nossos).

[180] Cunhado por Nye Jr. em uma prestigiada obra publicada em 2004 (*Soft Power: the means to success in World Politics*), a noção de *soft power* é bem explicada, sucintamente, no seguinte excerto: "O conceito básico de poder é a capacidade de influenciar os outros para que façam o que você quer. Basicamente, há três maneiras de se fazer isto: (i) uma delas é ameaçá-los com porretes; (ii) outra é recompensá-los com 'cenouras'; e (iii) a terceira é atraí-los ou cooptá-los para que passem a querer o mesmo que você. Se você conseguir atrair os outros, de modo que queiram o que você quer, então você gastará muito menos em cenouras e porretes" (NYE JR. *apud* IKENBERRY, 2004) (tradução livre). Nos dois primeiros casos, vislumbra-se a presença de *hard power*; no último, o que se verifica é o *soft power*.

É lógico, sem embargo, que no espectro das relações de mando e obediência os traços do poder são mais visíveis e significativos (e naturalmente mais "graves", na linguagem do direito eleitoral) nas trocas mais próximas do polo da "coerção total" do que aquelas situadas mais cercanas ao polo das "escolhas livremente perfeitas".[181]

3.3.2.2 Potencial para o vencimento de impulsos iniciais de resistência

Em linha de princípio, a assimetria é o que dá suporte ao potencial para o vencimento de resistências, sendo esse o elemento destacado por Max Weber (2011) como preponderante na caracterização dos contatos pessoais da espécie em exame. Pioneiro nessa frente de pesquisa, o célebre sociólogo alemão explica o poder como "a probabilidade de impor a própria vontade dentro de uma relação social, *ainda contra toda resistência* e independentemente do fundamento dessa probabilidade" (WEBER, 2011, p. 43).[182]

---

[181] Os polos da "coerção total" e da "escolha perfeita" constituem tipos-ideais elaborados por Lasswell e Kaplan (1979, p. 134).

[182] A linha weberiana repercute na visão de inúmeros acadêmicos, cabendo agregar outras definições oferecidas para o tema em estudo. Alberto Natale (1998, p. 6) define o poder como "fuerza social destinada a imponer comportamientos humanos en las direcciones que fija quien efetivamente la ejerce". Carlos Vilas (2013, p. 18), outrossim, concebe o fenômeno como uma especial relação social em razão da qual uma pessoa ou grupo de pessoas obriga ou induz outra(s) a realizar determinadas ações ou abster-se delas, quase (mas nem) sempre sob a ameaça de alguma sanção, em caso de resistência. Nisso, aproxima-se de Galvis Gaitán (2005, p. 13), para quem o poder é uma relação humana de subordinação, na qual, a despeito de obstáculos e oposições porventura apresentados, prevalece a vontade dos que mandam sobre a vontade dos que obedecem, o que implica a incidência de dois elementos essenciais: o mando e a obediência e, consequentemente, a existência daqueles que mandam e daqueles que obedecem. Em poucas palavras, para o politólogo colombiano "[...] el poder es la capacidad para hacerse obedecer". Para Marcelo Caetano (*apud* MENDONÇA, 2010, p. 131), "chama-se poder a possibilidade de eficazmente traçar a conduta alheia". Moisés Naím (2013, p. 35-36) chama de poder a "capacidade de dirigir ou evitar ações futuras de outros grupos de indivíduos", ou seja, entende por poder "aquilo que exercemos sobre os outros para que tenham condutas que, de outro modo, não adotariam", ou, de outra forma, "aquilo que exercemos sobre os outros para que tenham condutas que, de outro modo, não adotariam". Essa definição se assemelha à de Leibholz (*apud* GALVIS GAITÁN, 2005, p. 13): "o poder é a capacidade de impor vontades diretamente a outros seres humanos". Donatella Della Porta (2003, p. 24) extrai das lições de Weber a afirmação de que o poder deve ser entendido como "a faculdade de encontrar obediência, junto de certas pessoas, a uma ordem com um determinado conteúdo". Luis de Sá (1999, p. 17), noutra banda, define o poder como "a capacidade de estabelecer qual deve ser a conduta alheia, seja qual for o processo utilizado, e de impor o que foi estabelecido, caso não seja voluntariamente acatado". Por fim, Marcelo Moreira (1998, p. 21) discorre: "O poder, genericamente falando, é uma forma de controle social, capaz de direcionar a conduta de um determinado grupo de pessoas".

Seguindo a tradição weberiana, Galvis Gaitán (2005, p. 13) situa o poder nas "relações humanas de subordinação nas quais, a despeito de todos os obstáculos e oposições que se possam apresentar, a vontade dos que mandam prevalece sobre a daqueles que obedecem". Karl Deutsch (1979, p. 46), em caminho análogo, anteriormente descrevera o poder como "a capacidade de prevalecer em conflitos humanos, superando quaisquer entraves", ou como "a capacidade de fazer com que aconteçam coisas que de outra forma não aconteceriam".

Na tarefa de bosquejar ou capturar os desígnios alheios, o poder tende à superação de obstáculos, usando, para tanto, ferramentas várias, mais ou menos sutis ou drásticas conforme as necessidades específicas de cada situação. Malgrado reconheça limites, o poder é, por certo, renitente: haverá de enfrentá-los, sempre que não os possa contornar com menores esforços ou custos.

Atuando sobre as sempre instáveis relações sociais, o enfrentamento de contingências faz parte do cotidiano do poder. Para identificar as barreiras pelas quais o exercício do poder pode ser amainado, calha conhecer uma amplíssima gama de causalidades aglutinada por Fernández Ruiz (2010, p. 14) em três categorias gerais, baseadas em motivos encontrados: (i) *no próprio sujeito* (apatia, indolência, desânimo, medo, preguiça, negligência, descaso etc.); (ii) *em fatores geográficos ou naturais*; ou (iii) *no contexto das relações humanas* (fatores políticos, econômicos, religiosos etc.), em que atuam, entre outros, influências contrárias,[183] também chamadas de "fatores de contrapoder".

Na tradicional referência de Bidart Campos (1985, p. 301), a palavra "contrapoder" insinua a ideia de oposição, de dissenso, de querela ou antagonismo. Nessa ordem de ideias, exercer contrapoder é estar, em concreto, "contra o poder". Os contrapoderes, em conjunto, "[...] forman un cerco, un enclave o una barrera de oposición para impedirle de hacer algo, para exigirle que haga u omita algo, para restarle energía, para luchar contra él, para esterilizar o neutralizar su acción". Em um nível sistêmico, entendemos que o contrapoder resulta do entrechoque entre determinada energia de poder com a energia de outras forças sociais discrepantes.[184]

---

[183] Não se olvide que "a mesma pessoa ou o mesmo grupo pode estar submetida a vários tipos de poder, oriundos de diversos campos" (STOPPINO, 2009, p. 934).

[184] Giovanni Sartori (1965, p. 416) situa, com precisão, a importância dos contrapoderes na contrafação do equilíbrio na democracia: "Quanto aos meios, a técnica para neutralizar o poder não é a de permitir que existam demasiados podêres poderosos: isto é, o expediente

É sobre a última categoria – as relações humanas – que, mais usualmente, atuam as diversas formas ou manifestações do poder. Obviamente, a par dos mencionados obstáculos, pessoais, naturais ou psicológicos, o poder é de ser frenado por mecanismos jurídicos, a fim de que se resguarde o mínimo de liberdade e de igualdade que a ordem constitucional anseia para as relações sociais, inclusive e especialmente as que se levam a cabo no cenário da competição pela renovação dos quadros políticos representativos. Os instrumentos de frenagem do abuso, especificamente no contexto mencionado, correspondem às diversas espécies de ações eleitorais, no seio das quais a ação de investigação judicial eleitoral (AIJE) e a ação de impugnação de mandato eletivo (AIME) ocupam quadras de elevado destaque.

Veja-se que, a depender da intensidade, a resistência pode acabar fulminando o poder, já que, como explica Bidart Campos (1985, p. 390), o fenômeno em questão, para que tenha eficácia, precisa ficar livre ou isento de qualquer estorvo capaz de manietá-lo ou diminuí-lo. Cada um dos fatores que resiste ao poder implica, na expressão do autor, um "débito em sua vitalidade". A força de resistência, por evidente, sempre o enfraquece. O crédito que subsiste representa a imagem do "poder disponível", até o extremo em que a conta já não apresente saldo e o poder se desvaneça por completo. Haverá, então, um poder falecido, impedido de atuar por indispor de suficiente energia. No limite, o certo é que a tenacidade da resistência pode, afinal, anular o poder.

Assim, como ensina Carlos Vilas (2013, p. 20), do ponto de vista da fenomenologia, a efetividade do poder é "essencialmente probabilística", porquanto se encontra sempre condicionada pela capacidade para o oferecimento de resistência ou para o uso de subterfúgios, evasivas ou dilações por parte dos agentes dos quais se espera uma reação qualquer de obediência, aquiescência ou acatamento. Em um esplêndido romance intitulado *A velocidade da luz*, o escritor espanhol Javier Cercas (2013) descreve com genialidade o estado de incerteza em que flutuam as coisas humanas, dizendo: "Não basta prever que as coisas vão acontecer para que elas aconteçam, nem basta desejar. Isto

---

consitem em permitir a existência de contrapoderes. Em relação ao fim, que é a democratização do poder, a exigência é a de que êsses contrapodêres sejam, numa larga extensão, de um tipo democrático, que o poder se torne difuso, que seja organizado para fluir por todo o conjunto da vida social e que seja investido em inumeráveis associações voluntárias, em governos privados. E nós não sabemos de outra solução senão esta". Sobre equilíbrio provocado pelo confronto (conflitos entre poderes), indispensável a teoria poliárquica de Robert Dahl (2015).

não é álgebra nem geometria: quando se trata de pessoas, dois mais dois nunca são quatro".

3.3.2.3 Emprego eventual de sanções

Os impulsos de poder também se destacam por comportar, em tese, a possibilidade de emprego de sanções, sejam elas de caráter positivo (prêmios) sejam de caráter negativo (castigos).

Na medida em que se apresenta como a capacidade de impor a outrem a própria vontade, baseando-se na possibilidade de aplicar efeitos benéficos ou prejudiciais aos agentes com quem se trava uma relação, o poder tem como "base prática" a aptidão para punir ou recompensar o comportamento alheio (FERNÁNDEZ RUIZ, 2010, p. 10-13).

Por esse ângulo, Carlos Vilas (2013, p. 18) apresenta o fenômeno como uma relação social especial em razão da qual uma pessoa ou grupo de pessoas obriga ou induz outra(s) a realizar determinadas ações ou abster-se delas, quase (mas nem) sempre sob a ameaça de alguma sanção, em caso de resistência.

Como anteriormente observado, o debuxo retributivo constitui a base dos poderes *condigno* e *compensatório*, na linha da taxionomia proposta por Kenneth Galbraight (1989, p. 3-4), muito útil para o estudo do problema do poder no âmbito das eleições.

Pelo prisma da atribuição de contrapartidas, a aplicação social do poder redunda em respostas comportamentais baseadas em cálculos utilitaristas. Nesse diapasão, com o espeque de tangenciar represálias (escapar a vinditas) ou aceder a proveitos (captar prêmios), os indivíduos expostos ao poder tendem a abandonar os seus impulsos e preferências pessoais em prol do acatamento de vontades externas, não raro adversas aos seus interesses e convicções originais. No que diz com a expressão do voto, essa ordem de influências dessora, por completo, a espontaneidade da escolha, contaminando sem volta a substância ética daquela manifestação.

Assim, por se apresentar como um *fenômeno indutor de automatismos*, em nossa visão o poder internaliza uma lógica radicalmente oposta à da livre determinação política, crucial para a animação ética do processo de seleção popular de governantes. Como consequência, é indene de dúvidas que a celebração de eleições legítimas e o respeito ao conteúdo e ao espírito do direito de sufrágio têm como corolário a rarefação de todo e qualquer desdobramento plutocrático, com o fim de preservar a autonomia das vontades individuais.

3.3.2.4 Índole potencialmente antagônica ou conflituosa

Não obstante o recurso a sanções em casos de descumprimento possa ser apontado como típico nas diversas relações de poder, é incerto assumi-lo como um imperativo inafastável de sua existência, uma vez que a influência nos processos decisórios pode surgir por maneiras não associadas com a coerção. O fenômeno do assistencialismo, por exemplo, é suficiente para demonstrar que o poder pode grassar em par com a confluência momentânea de interesses, nesse caso, com a cooperação.[185]

A influência da mídia sobre a opinião pública, por outro lado, evidencia igualmente que as práticas de poder independem do conflito. Nesse caminho, Stoppino (2009, p. 937) explica que a conflituosidade depende muito do modo de exercício do poder:

> As relações de poder são necessariamente de tipo antagônico? Do conflito entre a vontade de A e de B podemos falar, referindo-nos ao momento em que A inicia a tentativa de exercer poder sobre B ou tendo em conta o momento em que B executa o comportamento pretendido por A: no momento inicial ou no momento final do exercício do poder. Ora, que exista um conflito inicial entre a vontade de A e a vontade de B está implícito na definição de poder: B teria agido de maneira diferente daquela com que foi induzido a agir por A. O problema que interessa é saber se existe necessariamente um conflito entre a vontade de A e a de B, mesmo no momento final. Colocada assim em termos precisos, a pergunta não pode ter senão uma resposta negativa: a conflitualidade ou não conflitualidade depende do modo de exercer o poder. Consideremos, por exemplo, um exercício baseado sobre a persuasão, de um lado, e um exercício baseado sobre a ameaça de punição, de outro. Em ambos os casos, por definição, B teria tido – não havendo intervenção de A – um comportamento (que chamamos (a) diferente de (b) que proviria como consequência de tal intervenção. Mas, no caso do poder de persuasão, B, após a intervenção de A, prefere b a a e, tendo b, se comporta como é de seu agrado se comportar. Por outras palavras, B atribui *maior valor* ao comportamento que tem depois da intervenção de A do que ao comportamento que teria sem tal intervenção. Por consequência,

---

[185] Na literatura acadêmica, uma visão essencialmente cooperativa acerca do poder pode ser encontrada na obra de Hannah Arendt, que define o poder como "a capacidade humana de atuar em harmonia". Nessa concepção, o poder "pertence a um grupo e continua existindo somente enquanto o grupo se mantiver coeso" (LUKES, 1996, p. 581).

podemos dizer que não existe conflito de vontade entre A e B [embora tenha havido o exercício de uma situação de poder]. Bem ao contrário, no caso do poder baseado sobre a ameaça de punição, B, após a intervenção de A, continua a preferir a a b e tem o segundo comportamento não porque o prefira simplesmente ao primeiro, mas ao primeiro sem a ameaça de punição feita por A. Por outras palavras, B atribui *menor valor* ao comportamento que tem depois da intervenção de A do que ao comportamento que teria tido na ausência de tal intervenção. Podemos dizer, por isso, que nesta última relação de poder existe um conflito de vontade entre A e B.

Reconhece-se, dessarte, que o poder não surge somente em função de dinâmicas de imposição, anulação ou substituição de vontades, fazendo-se presente – muito efetivamente – de maneiras menos ostensivas e decerto mais sutis. Com efeito, a proposta adotada não deve descuidar de uma sorte importante de externalização: a manifestação do poder pela via indutiva. Assim como dizia Tawney (*apud* KAPLAN; LASSWELL, 1979, p. 111) "o poder pode ser definido como a capacidade de um indivíduo ou grupo de indivíduos de modificar a conduta de outros indivíduos ou grupos *da forma que quiser*".

Posto de modo alternativo, o poder "está em levar os outros a fazer o que desejamos – por meios que vão da persuasão até a coação" (CUNHA, 2014, p. 89), pelo que é dado admitir que o poder não repousa sempre e inescapavelmente sobre subornos, pressões ou ameaças de retaliação. Pelo contrário, é de se atentar para a existência de recursos outros para além da violência, em especial – mas não exclusivamente – as bases econômica e ideológica.[186] Se o poder se traduz numa força, essa força não significa, necessariamente, a posse de meios violentos, mas inclusive o manejo de meios que permitam "*influir* sobre a orientação dos alvos" (LEBRUN, 1984, p. 12). Nessa medida, tanto o dinheiro é uma força persuasiva[187] como o discurso e a hegemonia nas engrenagens

---

[186] Della Porta (2003, p. 25), *v.g.*, arrola as ideias como fonte de poder. Em seus dizeres: "As ideias podem acabar por ser extremamente úteis para legitimar um domínio baseado inicialmente na força. A necessidade de compreender o mundo, desenvolver normas de comportamento e exprimir simbolicamente os seus sentimentos foi colocada na base de um poder ideológico, gerido por quem é capaz de satisfazer essas necessidades". Manuel Castells (2015, p. 60) e Patrick Charaudeau (2015, p. 17) demonstram, como poucos, as razões pelas quais os atos de linguagem comportam, em si, potencial para a materialização de relações de poder.

[187] Mormente porque, como nota Colombo (2012, p. 48), não existe liberdade de escolha quando as pessoas se encontram vencidas por necessidades materiais. Nesses contextos, as ameaças

da comunicação representam reconhecidas fontes potenciais de manifestação do poder.

Em síntese, defendemos que uma noção adequada do poder não exclui nem minimiza o elemento de aquiescência nas relações em questão, sendo importante ter em mente que os influxos do poder não são (necessariamente) excluídos pela simples presença de alguma reciprocidade, isto é, de algum grau de tolerância, adesão ou consentimento.[188]

3.3.2.5 Alcance relativo

Kaplan e Lasswell (1979, p. 111) também sublinham que a relação de poder é triádica. Discorrem os pesquisadores:

"Poder sobre quem" ainda não é uma especificação completa: deve-se acrescentar "em relação a tais e tais aspectos" (o alcance do poder). A e B podem cada um ter poder sobre C, sendo este, entretanto, relativo a diferentes áreas do comportamento de C, determinando políticas que C deverá seguir em campos diferentes; mais simplesmente, A e B podem ter poder com diferentes valores de C. As decisões de A podem afetar, digamos, a formação e o usufruto de valores econômicos por parte de C, e as de B o seu quinhão de respeito.

Socialmente imersos numa infinita rede interativa, os indivíduos expõem-se, constantemente, a diferentes – e por vezes concorrentes – esferas externas de influência: o sujeito que frequenta uma igreja, por exemplo, tem parte de suas preferências pessoais defluídas dos valores e posicionamentos ali difundidos, mas é certo que os efeitos daquela exposição serão ora mais, ora menos limitados por contradizentes perspectivas que se apresentem àquele mesmo indivíduo em outros espaços

---

de privação grassam, muito provavelmente, como coerções irresistíveis (STOPPINO, 2009, p. 938).

[188] Ponto interessante consiste em apontar as razões pelas quais as relações de poder se exercem, o que implica indagar "como" e "porque" o detentor de um poder, afinal, logra ser obedecido. A rigor, a questão remete à investigação do que Kaplan e Lasswell (1979, p. 118) denominam "valores de base", condições causais que concedem eficácia ao exercício de uma posição de poder. Stoppino (2009, p. 937), Kaplan e Lasswell (1979, p. 112; 121) concebem fórmulas bastante abertas, assumindo que o poder pode ter como base inúmeros elementos, entre os quais respeito, riqueza, força, retidão, afeto, prestígio, riqueza, popularidade, conhecimento e informação. Os motivos são, naturalmente, numerosos, podendo a obediência ser *racional* ou *irracional*: tanto se obedece voluntária e conscientemente como por indolência, temor ou hábito. A obediência voluntária pode derivar dos mais variados interesses particulares ou de classe; o assentimento irrefletido, por seu turno, pode advir de crenças irracionais, de condições psicológicas ou mesmo do simples fato de que é mais fácil obedecer do que mandar (FAYT, 2009, p. 213-214).

de contato ou associação, como os ambientes acadêmico, familiar e laboral, além da exposição diária à cobertura da imprensa e, hodiernamente, do clima grassante em aplicativos de mensagens e redes sociais.

Ademais, ainda quando não concorra com forças antagônicas, ou seja, mesmo fora de contextos de disputa, o poder pode ser repelido. Em seu desfavor militam, hipoteticamente, diversas condições adversas, entre as quais podemos citar (i) os *filtros de resistência particulares*, como a educação, a cultura e a ética, ao lado de (ii) *preferências políticas pessoais*, como a orientação ideológica e a identificação partidária, assim como (iii) as *medidas institucionais de contenção e dissuasão*, plasmadas em soluções jurídicas reforçadas pela previsão de consequências coercitivas.

Nesse quadro complexo, embora tenda a colher obediência, o poder tem um alcance essencialmente relativo, já que, "salvo em casos extremos [...], ninguém tem um poder tão grande a ponto de conseguir governar todo e qualquer aspecto do comportamento de outro, todas as suas ações e intenções" (BOVERO, 2002, p. 74). Assim:

> [...] por más capacidad de persuasión que tenga una iglesia, por más disciplina que ejercite una empresa de negocios o una asociación de intereses, el poder de las organizaciones económicas o de convocatória ideológica tiene límites, porque su eficacia para motivar y controlar actitudes, opiniones y conductas refiere fundamentalmente a aspectos particulares de la vida de quienes pertenecen a ellas. La moderna empresa de negocios ejerce poder sobre sus trabajadores en todo lo referente a las relaciones laborales y dentro de las instalaciones de la firma, pero sólo indirectamente y con eficacia reducida puede condicionar los aspectos de sus vidas que se desenvuelven al margen de lo laboral: la elección de sus parejas, el nombre y educación de sus hijos, el comportamiento en los espacios públicos, el uso del tiempo libre, la participación en organizaciones sociales, la afiliación a un partido político. (VILAS, 2013, p. 33)

Como saldo, o êxito de determinada cartada de poder será, sempre, uma probabilidade, haja vista que o fenômeno em voga nem sempre atua isolado (enfrentando, algumas vezes, a concorrência de outros poderes) e que nem todos os comportamentos humanos são passíveis de um controle inescapável, inarredável ou absoluto, ainda mais quando levados a cabo em sigilo (o que é o caso do voto).

3.3.2.6 Caráter distributivo

Ainda na esteira das lições de Kaplan e Lasswell (1979, p. 131), diz-se que o poder é *distributivo* porque se dissemina entre as camadas prevalentes (elites) do tecido social. Embora certo que em alguns de seus feixes o poder se aglutina, em sociedades democráticas é inimaginável toldar ou amainar a sua secção.

Em contextos específicos, como o das eleições, a característica em questão pode favorecer o equilíbrio no jogo de forças travado entre os *players*. A elite ocupante do poder político (a força da situação), por exemplo, sofre por vezes a contestação da mídia (no exercício de sua função de vigilância), ou tem de enfrentar o descontentamento do sistema formado pelo capital financeiro (sobretudo em tempos de crise), ou ainda de setores industriais que controlam a produção.

Hipótese análoga se apresenta quando um postulante endinheirado concorre contra um adversário que, embora fraco sob o aspecto financeiro, tenha o apoio de uma ampla rede de igrejas, ou ostente alguma hegemonia no clima imperante na crescente quadra das redes sociais. Quando isso ocorre, uma condição fática de vantagem eleitoral – o controle da máquina pública ou a posse de meios materiais, por exemplo – é parcialmente anulada (ou amainada) pelos efeitos de um contrapoder, algo benéfico, em muitos sentidos, na medida em que equipara as chances políticas de cada qual.

O mesmo acontece em situações nas quais um mesmo território de influência é compartilhado por dois ou mais atores, *v.g.*, no entrechoque entre postulantes equivalentemente abastados, ou ainda em cenários cujo sistema midiático se mostra mais ou menos dividido. Em todos esses casos, os espaços de vantagem são também diminuídos, já não por um *efeito de compensação* (poder x reduzido pela incidência do poder y), como no caso antecedente, mas em virtude de uma *passagem de fragmentação* (poder x dividido entre os agentes A e B).

3.3.2.7 Tendência aglutinativa

O fracionamento das esferas de influência, todavia, nem sempre se impõe, uma vez que o fenômeno do poder também se demarca por propender à convergência e à concentração.

Segundo Kaplan e Lasswell (1979, p. 131), as formas de poder são *aglutinativas* porque "aqueles que têm algumas formas de poder tendem a adquirir outras formas também". Com palavras distintas, Della Porta

CAPÍTULO 3
AS ELEIÇÕES E O FENÔMENO DO PODER | 179

(2003, p. 28) aplica, nestes termos, uma ideia bastante similar, ao dizer que "os vários meios de poder se encontram sempre mais ou menos interligados uns com os outros", levando-nos a admitir que, na prática, "as ações dos poderes se entrelaçam de tal forma que é sobremodo difícil separá-los por completo" (RIBEIRO, 2001, p. 50).

Essa característica é bem visualizada, por exemplo, na histórica comunhão de interesses sedimentada entre a classe econômica dominante e os veículos formantes da mídia hegemônica,[189] bem como no tradicionalíssimo elo de irmandade entre os círculos financeiros (mormente as grandes corporações financiadoras de campanhas eleitorais) e a elite burocrática estatal.[190] Essa constatação não escapa à atenção de Michelangelo Bovero (2002, p. 51), que diz:

> [...] no que concerne às relações entre poder político, poder econômico e poder ideológico, a história mostra uma ampla gama de formas de colusão ou confusão entre os diversos poderes sociais, ou seja, entre o

---

[189] "Livre emprêsa não significa liberdade, antes de mais nada pelo fato de basear-se no dinheiro. De direito, não importa quem queira fundar um jornal; mas, de fato, é preciso dispor de mais de vinte milhões de francos para lançar um jornal diário em Paris. Pode-se escrever o que se quiser em um jornal existente, com a condição de que os membros do conselho administrativo, proprietários da empresa, não lhe oponham obstáculos. Os meios de informação são livres em relação ao Estado no regime pluralista, mas não são livres em relação ao dinheiro. O poder de informação está sempre em mãos do poder econômico" (DUVERGER, 1966, p. 263).

[190] A tal respeito, veja-se a crítica comunicativa de Ignacio Ramonet (MORAES *et al.*, 2013, p. 64): "Não há um único poder: ele não é apenas financeiro, mas sim econômico-financeiro e [também] midiático. Se esses poderes não estivessem juntos, não funcionariam, pois não basta vencer, é preciso convencer. A vitória neoliberal não seria completa se o vencido não estivesse convicto, não estivesse feliz de ter sido vencido. Ele não deve nem mesmo perceber que foi vencido, deve pensar que está participando da vitória de seu adversário, não percebendo a si mesmo como vítima. No geral, a missão dos meios de comunicação é a de domesticar as sociedades – ou, em outras palavras, a de 'levá-las pelo bom caminho' [...]". Sem embargo, o aspecto aglutinativo torna os enlaces entre as esferas de poder estáticos ou definitivos. Cuida-se de um jogo certamente dinâmico e complexo, sempre sujeito a idas e vindas. Nessa direção, Della Porta (2003, p. 28-29) observa que: "O nível de independência do poder político em relação ao poder econômico é sempre relativo. Este último exerce pressão no outro – em primeiro lugar, porque existem 'instituições complexas e sofisticadas, como propriedade, contrato, sucessão hereditária, mercados, empresa, contratação colectiva, bancos, seguros, aquisições a prestações, profissões, sociedades por acções' (POGGI, 1998, p. 73). Com o seu aparelho repressivo, o Estado deve aplicar as leis que garantem a sobrevivência no mundo dos negócios. E acontece com muita frequência ele intervir 'socializando' alguns custos – ou seja, financiando subsídios e serviços vantajosos para o mundo econômico. O Estado gasta para garantir a ordem pública e para favorecer economicamente as empresas económicas. Apesar disso, o poder político entra, com frequência, em conflito com o económico: defende direitos dos trabalhadores, investe em políticas de assistência aos mais fracos, garante a possibilidade de se entrar em greve. Finalmente, o poder político resiste com frequência, de um modo mais ou menos vigoroso, aos pedidos provenientes do mundo dos negócios de 'menos Estado', defendendo as suas funções e competências".

comando político de um Estado ou de um grupo detentor dos meios de coação (da força); a autoridade cultural de uma igreja, ou de um corpo sacerdotal, ou de um grupo intelectual depositário (suposto) do saber e/ou detentor do controle sobre a transmissão de ideias e opiniões, noções e valores; e o domínio econômico de uma classe ou de um grupo possuidor. Basta pensar, de um lado, nas inúmeras alianças entre o trono e o altar, e, de outro, nos tantos governos políticos que foram de fato comitês de negócios de potentados econômicos. Talvez mais raras, na história, sejam as formas daquela mistura, monstruosa já na sua enunciação, resultante da propriedade econômica dos meios de controle das consciências.

No tocante às eleições, cremos que a aglutinação do poder depõe fortemente contra o nível de autenticidade da competição, tendo em vista que a concentração de forças prejudica, claramente, o equilíbrio das oportunidades estendidas aos diferentes *players*, impactando, também negativamente, o clima de liberdade que deve pautar o processo de orientação das vontades de que embalam os votos.

3.3.2.8   Caráter expansivo

O poder, ademais, é tentacular, na medida em que busca, invariavelmente, ampliar as suas bases de domínio, fortalecendo-se de modo constante. "Todo poder tende por natureza a mais poder, a aumentar sua extensão e suas capacidades", disse Freund, em fórmula que resume uma ideia também mencionada por Vilas (2013, p. 35):

> En virtud de una dinámica que le es inherente, el poder tiende a la vez a la expansión y a la concentración; a aumentar su extensión y sus competencias, y a proyectar su eficacia sobre ámbitos siempre más amplios en cuanto a las personas, los grupos y asuntos afectados por su dominio, al mismo tiempo que a circunscribir la toma de las decisiones estratégicas para la dominación, en una única voluntad de mando. Esta propensión está presente de un modo u otro y con mayor o menor intensidad en todas las formas de poder y no solamente en el poder político. [...] Se advierte eso en el ejemplo típico del poder ideológico, el de las religiones organizadas, en sus intentos de incorporar a las filas de creyentes a cantidades siempre mayores de personas, sin reparar en medios y tanto para salvar almas como para incrementar la recaudación de tributos. Tambien se aprecia, en ocasiones con no menor empeño, en los esfuerzos de algunos intelectuales para convencer de los méritos de su obra a números crecientes de alunos, colegas, autoridades y público en general. [...].

No caso específico do jogo eleitoral, essa característica do poder se revela de modo bastante evidente, na medida em que os competidores procuram ocupar todos os espaços de influência, com vistas à captação da preferência da maior parcela do universo de votantes. Numa perspectiva estratégica, ao ator que persegue a vitória, não basta – nem deve bastar – o domínio de determinado flanco de interferência, se a regra maioritária condiciona o êxito político ao logro das preferências em suprema magnitude.

Nesse domínio, a dinâmica do poder favorece os seus detentores iniciais por um princípio de inércia, pois, como aduzem Lasswell e Kaplan (1979, p. 127): "As formas de poder são interdependentes: uma certa quantidade de várias formas de poder é uma condição necessária para uma grande quantidade de qualquer forma".

Nesse passo, em geral a disponibilidade do dinheiro e o controle do aparelho estatal surgem como moeda de barganha, instrumentalizando o granjeamento do apoio de outros repositórios de poder, como as indústrias informativas (rádios, emissoras de televisão, veículos da imprensa escrita), as corporações financeiras e as organizações religiosas. Também horizontalmente o poder se protrai, designadamente quando se alastra entre organizações do mesmo nicho, seja do vértice à base, ou vice-versa (caso em que o poder cresce em função da confluência organizada de interesses setoriais).

A rigor, os caracteres aglutinativo e expansivo existem em franca conexão: como é cediço, a tendência para a concentração tem, como seguimento natural, uma incontroversa vocação para a disseminação e para o alastramento e, logo, para a intensificação e para o reforço, até o nível em que o poder fica incontrolável e se converte em um "poder selvagem", na icônica e muito divulgada expressão cunhada por Luigi Ferrajoli (2014, p. 24).[191]

---

[191] Ferrajoli chama de poderes selvagens "aqueles poderes que crescem na sociedade civil por acumulação e concentração de 'meios' de vários tipos, privados de freios e limites constitucionais. De fato, caso certos indivíduos, organismos, movimentos, associações, consigam concentrar nas próprias mãos enormes meios de poder social, e graças à concentração de tais meios cumpram com sucesso a escala da pirâmide política [...], tais organismos podem virar do avesso o curso ascendente do processo decisório, invertendo com isso o seu caráter democrático e transformando-o em um processo autocrático" (BOVERO, 2002, p. 157).

3.3.2.9 Caráter polimórfico ou multiforme

Como se sabe, são múltiplas as formas de exercício de poder, e múltiplos também os esquemas que procuram explicitar os meios normalmente utilizados para a obtenção de obediência.

Segundo a impressão acadêmica majoritária, as relações de poder podem ser concretizadas mediante a invocação de um ou alguns dos seguintes recursos indutores de aquiescência:

(i)   força;

(ii) autoridade;

(iii) posse ou controle de recursos determinantes para a subsistência ou para a qualidade de vida das pessoas;

(iv) posse ou controle sobre a produção e distribuição de saberes, informações ou conhecimento.[192]

Exercida sobre o corpo, a *força* se apresenta como a mais antiga e palpável ferramenta de poder. O recurso à força é chamado por Russell (2013, p. 78) de "poder nu", tendo em vista que se exerce despido de quaisquer "disfarces e pretextos". O poder nu não é senão o poder exercido sem qualquer consentimento (KAPLAN; LASSWELL, 1979, p. 134); sua forma de manifestação típica é a ameaça de castigo corporal.

No plano eleitoral, a *força* é o que ampara o exercício do poder coercitivo, muito comum no passado[193] e hoje novamente verificado

---

[192] Os recursos arrolados surgem como denominadores comuns entre as principais perspectivas construídas no terreno doutrinário. Em óticas específicas, os elementos de poder apontados são: submissão física; atribuição de recompensas ou castigos; e influência sobre a opinião (RUSSELL, 2014, p. 35); ameaça de punição; promessa de recompensa; persuasão; e manipulação (STOPPINO, 2009, p. 938); consentimento; força; riqueza; e domínio do conhecimento (GALVIS GAITÁN, 2005, p. 16-17); saber; poderio; influência; e autoridade (ANDRADE SÁNCHÉZ, 2013, p. 47-48); força; controle de recursos essenciais; código; e mensagem (NAÍM, 2013, p. 724-760; 766); coação e indução (KAPLAN; LASSWELL, 1979, p. 111); coação; autoridade; e influência (VALLÉS; MARTÍ I PUIG, 2015, p. 34); força; capacidade de incutir medo; e ideias (DELLA PORTA, 2003, p. 24-25); posse de recursos necessários para a subsistência ou qualidade de vida e persuasão de ideias (VILAS, 2013, p. 29); força; capital; e posse de saberes privados (COTARELO, 2015, p. 45-48).

[193] No século XIX, o uso de violência física era relativamente recorrente nos pleitos brasileiros. Como lembra Márlon Reis (2012, p. 33): "Em certa época, os eleitores mais propensos a votarem na oposição podiam ser esperados à porta das seções eleitorais por agressores mercenários. Esse foi o caso dos 'capoeiras' (Bahia) e dos 'cacetistas' (Rio de Janeiro). A violência que promoviam não raramente chegava às agressões físicas. Os cacetistas (nome alusivo ao uso que faziam de cacetes ou bordunas) 'eram grupos armados que repeliam, da porta das matrizes, os votantes da oposição (Costa Porto, 2000, p. 87). O aludido autor ainda nos recorda que o ano de 1840, no Rio de Janeiro, entrou para a história como aquele em que se deram as 'eleições do cacete'".

em certames pontuais, sobremodo em comunidades periféricas com altas taxas de criminalidade, cotidianamente afligidas pela violência e, consequentemente, pela sombra do terror e do medo.

A *autoridade* consiste em um poder de mando amparado no aspecto da normatividade. Difere do "poder nu" pelo fato de que a sanção que lhe é implícita se encontra regulamentada (ANDRADE SÁNCHEZ, 2013, p. 47). Nessa espécie, a ordem jurídica fundamenta o poder, pelo que ele atua sobre os destinatários com uma energia duplicada: ao peso de uma sanção potencial, soma-se a ideia de que aquele que manda está legitimado a fazê-lo. Em cima das ideias de Sartori, José Adelino Maltez (2018, p. 306) explica:

> Quem tem autoridade precisa do reconhecimento dessa qualidade superior pelo outro, e só a tem aquele a quem os subordinados reconhecem legitimidade. A autoridade, com efeito, exige tanto superioridade como reconhecimento, porque há um que é superior e outro que reconhece, no primeiro, essa posição de supremacia, o que lhe permite transformar o poder, enquanto *vis coactiva*, em poder, enquanto *vis directiva*. Logo, havendo autoridade, tanto não há igualdade, dado existir um que está acima e outro que está abaixo, como não há plena liberdade, dado que o reconhecimento é exigido.

No âmbito das competições eleitorais, a autoridade aparece, tipicamente, como um elemento de sustento do poder político, embora igualmente possa ser encontrada em outros contextos, como na exploração da fé pelo mau uso da religião ou mesmo no abuso do poder diretivo em detrimento da liberdade de eleitores imersos em dependências econômicas próprias da dinâmica regente das relações de trabalho.

A *posse* ou o *controle exercido sobre recursos determinantes para a subsistência ou qualidade de vida* das pessoas, por sua vez, apresenta-se como instrumento de domínio simplesmente pelo fato de que a atribuição de recompensas ou castigos materiais serve como um forte incentivo para a modulação de condutas particulares (RUSSELL, 2013, p. 35).

Desse modo, a ocupação de posições estratégicas no que tange à distribuição, interrupção ou cancelamento de acesso a direitos ou vantagens econômicas solapa, em dimensões decisivas, o espectro de escolhas dos indivíduos, direcionando suas ações na proa dos desígnios dos poderosos. Cuida-se, por excelência, do meio pelo qual se materializa o clientelismo político,[194] usualmente encontrado no contexto do abuso do poder econômico, mas igualmente passível de identificação em expedientes governamentais como, *v.g.*, no planejamento de ações sociais destinadas menos à redução das diferenças do que no estímulo da dependência como mecanismo de amanho de capital eletivo.

Na medida em que o resultado das condutas voluntárias responde, quase sempre, ao filtro das preferências estabelecidas, a *direção exercida sobre os processos de construção e divulgação de saberes, conhecimentos e informações* se revela assaz influente no que tange às condutas individuais. Assim como indicava Hobbes, "o controle da ação humana [...] consiste, em primeiro lugar, no bom controle das opiniões".

Nesse quadrante, o uso das modalidades ideológicas de poder tem sido constante nas disputas eleitorais, servindo como ferramenta de modulação da opinião coletiva. Eis a base natural do abuso de poder midiático, podendo também ser usada como meio para a materialização do abuso de poder político (com o desvio na propaganda institucional) ou do abuso de poder religioso (com a utilização do argumento espiritual como elemento de convencimento político). Esse também é o edifício em que se pavimentam as novas formas de abuso de poder crescentes no decisivo ambiente virtual.

No plano concreto, as diferentes formas de exteriorização do fenômeno do poder obviamente implicam distintas razões para a consecução do consentimento. Com efeito, o motivo pelo qual se cede ao oferecimento de uma vantagem econômica não é o mesmo pelo qual se verga ante uma pressão da engrenagem estatal; da mesma forma, são diferentes os contundentes fatores que robustecem ações coercitivas – notadamente a ameaça de violência –, se comparados à sutileza que ampara a força ideológica que confere fortaleza e eficácia às investidas políticas das indústrias da mídia, da máquina de propaganda oficial ou das congregações religiosas.

Tais razões serão objeto de análise pontual, quando do exame tópico do abuso de poder em suas diversas espécies. Por ora, basta que se consigne que o potencial para a obediência deriva diretamente dos diferentes fundamentos em que se arma o poder. O poder é, fundamentalmente, um gênero que comporta formas variáveis de exteriorização,

---

[194] Conforme Stokes (2009, p. 605), o clientelismo político pode ser conceituado, sucintamente, como um método de mobilização pessoal baseado no oferecimento de bens materiais em troca de apoio eleitoral.

e cada uma delas possui peculiaridades que as caracterizam e, ademais, determinam a forma em que, teoricamente, atuam para lograr formatação das condutas individuais.

3.3.3 A magnitude do poder

Se o conceito de poder é fundamental para a compreensão de muitas formas e aspectos da política, o seu entendimento deve ir além de um quadro conceitual isolado, na estreita, imprecisa e pouco eloquente forma "A tem poder sobre B". É preciso alçar a análise a um patamar mais aprofundado e abrangente, a englobar elementos comparativos e qualificativos, como nas fórmulas "A tem mais poder do que C no contexto x", ou "A tem mais poder do que qualquer outro agente no contexto y".

Essa constatação, obviamente, gera problemas demasiado complexos, máxime porque o terreno onde se situam as relações de poder é especialmente resvaladiço, tendo em vista que o fenômeno lida, continuamente, com o imponderável humano. No particular, Moisés Naím (2013, p. 36) explica:

> Embora não haja dúvida de que o poder é uma motivação humana muito básica, também é inegável que se trata de uma força "relacional", no sentido de que implica inevitavelmente uma relação entre dois ou mais protagonistas. Portanto, não basta medir o poder usando indicadores indiretos, como quem tem o maior exército, as maiores fortunas, a maior população ou o maior número de eleitores infiéis. Ninguém circula por aí com uma quantidade fixa e quantificável de poder, porque na realidade o poder de qualquer pessoa ou instituição varia conforme a situação. Para que o poder seja exercido, é necessária uma interação ou um intercâmbio entre duas ou mais partes: senhor e escravo, governantes e cidadão, chefe e empregado, pai e filho, professor e aluno, ou uma complexa combinação de indivíduos, partidos, exércitos, empresas, instituições, até mesmo nações. Conforme as partes implicadas passam de uma situação a outra, a capacidade que cada um tem de dirigir ou evitar as ações dos outros – em outras palavras, o seu poder – também varia.

Assim, em termos eleitorais, um candidato milionário pode não ter nenhum poder sobre um eleitor completamente satisfeito em suas necessidades básicas,[195] assim como um noticiário de muita credibilidade pode, a despeito de promover um intenso jornalismo panfletário, falhar em surtir alguma influência sobre eleitores ideologicamente convictos. De igual modo, uma torrente de notícias falsas será provavelmente inútil em alterar as preferências de um agrupamento de votantes críticos, perspicazes e bem informados.

Nesse diapasão, observa-se que o raio de variáveis potencialmente úteis para comparar o poder entre duas pessoas interagentes é, sem dúvida, consideravelmente largo, como observam McLean e McMillan (2010, p. 426-427):

> Diferentes autores têm dado diferentes nomes a essas variáveis, porém um cálculo sobre o poder deve considerar, além das extensões geográficas e demográficas sobre as quais o poder se espalha, o escopo das questões afetadas. Eis o tema quando se objetiva medir o poder de A em comparação com o Poder de C, isto é, até que ponto A pode exercer um controle sobre outros indivíduos consigo envolvidos. É também

---

[195] Mateus de Carvalho (2018, p. 362), nessa questão particular, sedimenta a diferença entre o poder e o seu fundamento, escrevendo: "Numa relação de poder e riqueza, por exemplo, cabe destacar a diferença entre ambos, ainda que por vezes esses conceitos estejam interligados e sejam utilizados como sinônimos: ao contrário do poder, que [...] é um conceito abstrato e indeterminável, a riqueza pode ser medida, comparada e até mesmo concretizada em bens móveis e imóveis. Em uma comparação entre a riqueza e o poder, Olavo de Carvalho pondera que '[...] por mais medida que esteja pelas relações sociais, a riqueza é, em última instância, domínio sobre as coisas' – e que por outro lado – 'o poder é domínio sobre os homens', e assim fundamenta, *in verbis*: 'Um rico não se torna pobre quando seus vizinhos também enriquecem, mas um poder que seja igualado por outros poderes se anula automaticamente. A riqueza desenvolve-se por acréscimo de bens, ao passo que o poder, em essência, não aumenta pela ampliação de seus meios, e sim pela supressão dos meios de ação dos outros homens. Para instaurar um Estado policial não é preciso dar mais armas à Polícia: basta tirá-las dos cidadãos. O ditador não se torna ditador por se arrogar novos direitos, mas por suprimir os velhos direitos do povo'. Ou seja, o domínio sobre coisas, portanto, jamais será poder em si, mas possivelmente será utilizado como fonte de poder. O simples fato de um sujeito possuir riquezas não lhe confere, automaticamente, poder, ainda que a riqueza seja um indicador natural do poder e mecanismo potencialmente eficaz no abuso de poder. [...] Visto isso, a riqueza deverá, em regra, ser percebida como fonte de poder, e não como sinônimo de exercício de poder, pois a mera posse de quantias ou valores financeiros não implicará, necessariamente, poder ou abuso de poder. O poder, na verdade, consiste no fato de que o agente indutor, através de um elemento concreto ou um vínculo emocional, consiga levar determinado grupo ou indivíduo a praticar determinada conduta pré-estabelecida, que no caso será o votar ou deixar de votar em A ou B". A esse respeito, mostra-se pertinente, ainda, a lição de Friedrich, citada por Lasswell e Kaplan (1979, p. 112): "Nem coisas nem ideias são poder, mas podem tornar-se instrumentos nas mãos de quem procura o poder. Para convertê-las em poder, quem o procura deve encontrar seres humanos que valorizem suficientemente as coisas para, em troca, obedecer às suas ordens...É portanto impossível estudar a política como um processo de aquisição, distribuição e perda de poder sem levar em consideração os principais objetivos dos seres humanos envolvidos nas situações estudadas".

uma equação subjetiva identificar nessa ordem de interação quais são os objetivos realmente pretendidos pelo agente A. O dilema também é complicado pelo fenômeno das reações antecipadas: atores políticos astutos cambiam de alvo conforme o ambiente. Para eles, a posse do poder pode ser um fim em si mesmo, tornando irresolúvel um exame sobre a sua a aptidão para a realização de vontades. Portanto, é extremamente difícil comparar o poder entre dois indivíduos, grupos ou instituições. Frequentemente, a dificuldade é logicamente tão simples como comparar uma pessoa que tem laranjas com o fim de concluir quem possui mais "frutas". Seria intuitivamente óbvio achar que uma pessoa que possui quinze maçãs tem mais frutas do que outra que possui cinco laranjas, mas um exame mais acurado evoca padrões alternativos no mercado dos valores subjetivos, uma vez que o cotejo pode derivar para um exame de valor econômico, peso, volume, riqueza nutricional e assim por diante. Em conclusão, uma simples comparação de poderes pode ser impossível em diversas circunstâncias. (Tradução livre)

Em que pese a evidentemente pesada complexidade do assunto, Moisés Naím (2013, p. 42) acredita existir uma maneira produtiva de se enfrentar o poder:

[...] o poder tem um componente material e outro psicológico, uma parte tangível e uma parte que existe [apenas] na nossa mente. Como força, o poder é difícil de classificar e quantificar. Mas como uma dinâmica que molda uma situação específica, o poder pode ser avaliado, do mesmo modo que seus limites e seu alcance.

Em suas palavras:

Mesmo não tendo como quantificar o poder, podemos saber como ele funciona. O poder nunca existe de maneira isolada; sempre envolve outros atores e é exercido em relação a eles. O poder de uma pessoa, empresa ou país é sempre relativo ao poder detido por outra pessoa, outra empresa ou outro país. Quanto mais precisa for nossa definição dos atores e do que está em jogo, maior a clareza com que veremos o poder; ele deixará de ser uma força pouco definida para originar todo um cardápio de ações e possibilidades de moldar e mudar determinada situação. E se compreendemos como o poder funciona, então podemos saber o que o faz funcionar bem, sustentar-se por si só e aumentar; e também o que o faz fracassar, dispersar-se, deteriorar e mesmo evaporar. (NAÍM, 2013, p. 44)

Por essa via, Kaplan e Lasswell (1979, p. 112-113) sugerem uma gama de aspectos que permitem avaliar o "grau de eficácia" dos atos de poder.[196] Julgam que, como o poder está compreendido na influência, é possível falar em "peso", "alcance" e "domínio" do poder. Propõem, nesse raciocínio, que: "O peso do poder é o grau de participação na tomada de decisões; seu *alcance* consiste nos valores cuja formação e fruição são controlados; o *domínio* do poder consiste nas pessoas sobre as quais o poder é exercido". Todos os três atuam na construção de uma noção por eles denominada "magnitude do poder".

Segundo os autores, um aumento ou uma diminuição de poder pode envolver uma mudança do seu (i) *peso* (por exemplo, quando um poder é exercido com ou sem a concorrência de outros poderes); (ii) do seu *alcance* (por exemplo, quando um recurso de poder está ou não está sujeito a um controle normativo); ou (iii) do seu *domínio* (por exemplo, quando o poder se exerce sobre grupos sociais mais ou menos extensos).

Sob o ângulo do *peso*, um poder será mais forte quanto menos concorrência encontrar no mercado da competição pelo controle do comportamento alheio. A título ilustrativo, é evidente que a força de convencimento de um diário jornalístico decresce conforme apareçam, na região em que opera, fontes alternativas de informação ao alcance de potenciais leitores.

Já pelo prisma do *alcance*, uma fonte de poder há de aflorar mais fortemente quanto mais permissivo seja o quadro regente de suas atividades, na medida em que tudo o que proíbe, limita. Por essa perspectiva, formas não regulamentadas de poder possuem uma vantagem

---

[196] Mateus Henrique de Carvalho (2018, p. 365-366) propõe um esquema mais básico, nestes termos: "[...] o conceito de poder deve ser compreendido não só no aspecto conceitual, mas também qualitativo e quantitativo. Do ponto de vista quantitativo, o poder pode ser mensurado: 1) pela probabilidade de resultado quando do exercício do poder; 2) da extensão do exercício de poder, ou seja, a mensuração do limite espacial em que o sujeito exerce influência numa determinada sociedade; ou 3) da contagem de pessoas possivelmente submetidas às pretensões do agente indutor. Já do ponto de vista qualitativo, pode-se analisar o espaço social em que o poder é exercido, ao representar e integrar determinados grupos, categorias, associações, bem como pela esfera em que o poder é exercido, sempre de forma a verificar o grau de modificação das condutas e opiniões do agente induzido. Ou seja, o poder de determinado agente indutor poderá ser mensurado pela intensidade de alterar, manter, ampliar ou restringir determinado comportamento. Ao analisar o conceito de poder, não há como ignorar o fator psicológico dentro de uma relação de poder ou até mesmo de uma conduta abusiva no exercício do poder. Por isso, o Direito Eleitoral deve observar e analisar não só o agente indutor e o agente induzido, de forma restrita, mas também os efeitos do exercício do poder [...]".

estratégica em comparação com manifestações de domínio socialmente reprovadas ou controladas/proscritas pelo direito.

Por fim, na esfera do *domínio*, o poder se espraia consoante a sua capilaridade, de sorte que é mais poderosa, exemplificativamente, a Igreja que possui maior número de fiéis, assim como é mais poderoso o jornal com a maior carteira de leitores, ou o político cujas ações de assistencialismo abarcam um número maior de pessoas carentes.

Kaplan e Lasswell (1979, p. 133) acrescem que, além de peso, alcance e domínio da influência, cabe falar do seu *grau de coercitividade*, traduzido no índice de limitação das escolhas dos indivíduos sujeitos à incidência do poder. Essa característica depende dos valores que servem de base para a influência (como a aplicação de sanções positivas ou negativas), assim como das quantidades dos valores prometidos ou ameaçados.

Nesse diapasão, o nível de eficácia do poder é inversamente proporcional à margem de ação do seu alvo, sendo a concretização da relação de mando tão mais provável de ser obtida quanto mais substanciais e irresistíveis sejam as contrapartidas postas em jogo. Assim, os eminentes sociólogos consideram:

> O exercício do poder é simplesmente um exercício de coercitividade.[197] Quando os valores prometidos ou ameaçados são suficientemente importantes para aqueles que sobre quem a influência está sendo exercida, estes últimos estão sendo coagidos: estão sujeitos a uma relação de poder. A situação de poder é sempre intensa – há uma pressão para a ação criada por induções e coações consideráveis. A intensidade da situação é assim às vezes útil como índice de se é o poder que está envolvido ou alguma forma de influência com baixo grau de coercitividade. (KAPLAN; LASSWELL, 1979)

Em todo caso, os resultados das relações de poder não são aritméticos, porquanto respondem, por natureza, a uma lógica propriamente tendencial.[198] Segue-se que nesse campo investigativo não se pode fazer mais do que *supor*, em um juízo de probabilidade, que

---

[197] Cabe aclarar que para Kaplan e Lasswell (1979) a definição de coerção inclui a indução, de maneira que a menção à coercitividade não exclui do conceito de poder a modulação de comportamentos realizada com o consentimento dos destinatários do poder, na mesma linha do que propunha Galbraight.

[198] "[...] si bien el poder es intencional, su efectividad es probabilística, condicionada siempre por la capacidad de resistencia, subterfugios, evasivas, dilaciones, de aquellos de quienes se pretende acatamiento" (VILAS, 2013, p. 20).

algumas pessoas têm mais poder do que outras em certos contextos, circunstâncias e interações.

Em matéria de poder, não se caminha, pois, no terreno sólido e seguro das constatações. Por isso, cobra proveito a metodologia proposta por Robert Dahl (NOGUEIRA, 2010, p. 332; LUKES, 1996, p. 581), que no estudo do poder oferece métodos alternativos de avaliação, quais sejam: (i) o *método posicional*, que avalia o fenômeno pela hierarquia que existe na estrutura do Estado ou da sociedade: quanto mais altamente colocadas, mais poder têm as pessoas e as autoridades que detêm uma parcela de poder; e (ii) *método reputacional*, pelo qual mais têm poder os indivíduos que possuem maior reputação, prestígio ou autoridade entre os seus semelhantes.

Ainda assim, o tema permanece aberto, uma vez que esses métodos – e também um outro – possuem bastantes fragilidades em contrapartida às suas virtudes, como ensina Mario Stoppino (2009, p. 941-942), em lições assim resumidas:

> 1. *Método posicional*: Consiste na identificação das pessoas mais poderosas que têm uma posição formal de cúpula nas hierarquias públicas e privadas mais importantes da comunidade. O maior valor dessa técnica de pesquisa é a sua simplicidade. Basta saber quem ocupa formalmente certas posições para estabelecer que detém maior Poder. Mas é também nesta simplicidade que está o defeito fundamental do método, justamente porque o poder efetivo não corresponde, necessariamente, à posição ocupada no plano formal, porque podem existir estruturas informais que exerçam influência maior.[199]
>
> 2. *Método da reputação*: Fundado essencialmente na avaliação de alguns membros da comunidade estudada, os quais, quer pelas funções, quer pelos cargos que exercem, são considerados bons conhecedores da vida política da comunidade. Nesse método, o pesquisador se fia na "reputação" formulada por um certo número de juízes que previamente considera particularmente atendíveis. Os poderosos da comunidade são as pessoas que os "juízes" reputam como tais. Esse método é relativamente econômico e de fácil aplicação, mas sofre duras críticas. A mais importante objeta que o modelo não atinge o poder efetivo, mas somente o poder reputado. Peca também por colher a reputação a partir de figuras que não participam necessária e diretamente dos

---

[199] Os prováveis desencontros entre o poder formal e o poder efetivo são também explorados, entre outros, por António José Fernandes (2010, p. 175), quem explica que a análise dos processos de influência nas tomadas de decisão é extremamente complexa, haja vista que os decisores se sujeitam a influências variadas e raramente decidem isoladamente.

processos de poder. De todo modo, carrega a vantagem de poder revelar relações de poder que não são abertamente visíveis, na medida em que se desenrolam nos bastidores da vida pública.

3. *Método decisional*: Baseia-se sobre a observação e sobre a reconstrução dos comportamentos efetivos que se manifestam no processo público de decisões. Para determinar quem são as pessoas poderosas, os pesquisadores se limitam a considerar a participação ativa no processo de decisão, seja porque conseguem que seja tomada uma decisão agradável, seja porque impedem que seja tomada uma decisão não quista. Trata-se de um método menos simples e econômico que os precedentes, cujo valor reside em pesquisar o poder em seu real desenvolvimento. Mesmo assim, submete-se a críticas, das quais se destacam duas consideradas mais incisivas. A primeira afirma que através do estudo de alguns setores de decisão, não se pode reconstruir de modo satisfatório a distribuição geral do poder na comunidade. A segunda crítica está em que o processo de decisão pública não é todo o poder, mas apenas uma parte. Quem exerce poder é quem propugna, com sucesso, uma certa decisão: exerce poder quem impede que seja tomada uma decisão proposta, mas também o exerce quem controla de fora todo o processo de decisão e impede que certas decisões sejam propostas ou tomadas. Ele parte de instituições, de regras de jogo e de valores dominantes que pré-selecionam as propostas admissíveis ao processo de decisão e caracterizam a orientação geral da ação pública. O método decisional falha, especialmente, em desconhecer de condicionamentos estruturais que constituem uma parte decisiva das manifestações do poder na comunidade.

Diante da insuficiência particular de cada um dos métodos, Mario Stoppino (2009, p. 942) indica que, para estudar o poder empiricamente, mostra-se mais adequado o abandono de técnicas isoladas, em favor da utilização de um "leque articulado de técnicas de pesquisa, dirigidas para a averiguação não só do dinamismo dos processos de decisão, mas também para os Poderes estruturais que condicionam esses dinamismos de formas mais ou menos profundas".

Em vista do exposto, a impressão que fica é a de que, sem prejuízo de um sem-número de teorias que permitem conhecê-lo e precisá-lo, é cientificamente impossível quantificar ou medir, com absoluta acuidade, a capacidade real de influência dos diversos atores políticos, assim como os efeitos concretos de determinada prática de poder levada a cabo num cenário de interação social. Com o propósito de evitar excessos e injustiças, esse aspecto de incerteza deve sempre ser levado em conta pelas atividades judiciais eleitorais, no exame de casos que envolvam o abuso de poder.

CAPÍTULO 4

O ABUSO DE PODER NO CONTEXTO DAS COMPETIÇÕES ELEITORAIS

A doutrina especializada sugere que as relações de poder apresentam, como regra, para além de circunstâncias variáveis em função de singularidades conjunturais, duas grandes características básicas: a efetividade e a intencionalidade (VILAS, 2013, p. 20).

A *efetividade* se refere à constatação de que poder cobra existência em seus próprios efeitos, ou seja, materializa-se apenas quando logra, de fato, obter a obediência que buscava. Dentro dessa perspectiva, um poder que manda sem encontrar cumprimento, a rigor, não é um poder, mas apenas um "propósito frustrado" (FERNÁNDEZ RUIZ, 2010, p. 12),[200] em especial porque "a existência real do poder necessita da existência de vontades submetidas" (DALLARI, *apud* FARIAS NETO, 2011, p. 11). Partindo desse prisma, Mario Justo López (2005, p. 33) considera:

> Um determinado sujeito só possui [e exerce] um poder real quando, de fato, suscite comportamentos alheios, é dizer, quando seja concretamente obedecido; do contrário de nada adianta que leve uma coroa na cabeça, que se sente em um trono de ouro ou que o Diário Oficial o intitule Presidente. (Tradução livre)

De outra banda, a *intencionalidade* – atributo também apontado por Weber e Russell (LUKES, 1996, p. 581) – significa que a relação de poder se conecta, invariavelmente, com um propósito determinado, estando sempre orientada à obtenção de uma resposta específica, produzida pelo sujeito sobre o qual o poder se exerce. Nessa esteira, todo poder

---

[200] "O exercício frustrado do poder não é exercício de poder nenhum. Enquanto não se produza a indução, há apenas tentativa, e não exercício de poder" (PINTO, 2008, p. 54).

carrega uma "intencionalidade finalista", haja vista que sua força existe e atua *com* e *para* um desígnio particular (BIDART CAMPOS 1985, p. 31).[201] Dahl, Goldhammer e Shils (*apud* MOREIRA, 2014, p. 110), nessa ordem de ideias, colocam o predicado em destaque quando afirmam que "só existe uma relação de poder quando e na medida em que o seu utente influenciar o comportamento dos outros no sentido de suas próprias intenções".

No plano das competições eleitorais, a intenção perseguida pelo emprego do poder é bastante clara: a acumulação do maior número de preferências expressáveis em votos, com o fito de condicionar o resultado final do certame. Com este propósito o detentor de poder, frequentemente, utiliza-o para maximizar a eficácia de ações destinadas a um objetivo positivo, traduzido no intento de tornar-se vencedor da contenda; não é impossível, no entanto, que os efeitos do poder sejam utilizados com o desiderato de obstar o acesso de determinados atores ou grupos a espaços representativos, quando, então, com uma feição

---

[201] Também para McLean e McMillan (2010, p. 426), a intencionalidade é um elemento basilar para o problema do poder. Pregam os autores que, sem intencionalidade o conceito de poder se torna vago e inútil, porque o domínio se desvanece. Se uma pessoa tem poder, e o exerce, as consequências de seus atos decorrerão do exercício daquele poder. Sem um objetivo esperado, tudo que exista não será mais do que um fruto do acaso, alheio a essa questão. Na mesma marcha, Mario Stoppino (2009, p. 935) sinaliza que "*A* [só] exerce Poder quando provoca *intencionalmente* o comportamento de *B*". E acresce: "O requisito da intencionalidade é amplamente aceito nos escritos de politologia e sociologia respeitantes ao Poder. Contudo, alguns autores excluem-no, julgando que se pode falar de Poder sempre que um dado comportamento provoque um outro, embora não de maneira intencional. Mas tal definição do Poder parece demasiado ampla. É correto afirmar que o pai exerce Poder sobre o filho quando lhe dá, com êxito, uma determinada ordem; mas já não parece tão correto afirmá-lo quando o filho não obedece e, em vez disso, se rebela ou abandona a família em decorrência da ordem paterna. Neste segundo caso, é ainda verdade que o comportamento do pai provoca o comportamento do filho; descrevemos, todavia, esta relação não como um exercício de Poder do pai sobre o filho, mas como uma tentativa malograda de exercer o Poder". Steve Lukes (1996, p. 581), sem embargo, questiona o entendimento corrente, levantando algumas interessantes indagações: "O poder não é também a capacidade de realizar o que poderia, mas realmente não quero? Será que o poder não pode ser realizado de forma rotineira ou irrefletida, como quando, ao tomar decisões de investimento, privo pessoas desconhecidas de trabalho ou o proporciono a elas? Talvez, mais exatamente, os resultados de poder devam ser identificados como os que afetam os *interesses* dos poderosos e daqueles que o poder destes afeta. Que os primeiros só são promovidos à custa dos segundos é uma suposição injustificadamente restritiva encontrada em grande parte da literatura do poder, embora seja claramente uma possibilidade apenas". José Roberto de Almeida Pinto (2008, p. 20-23) adere ao flanco contestatório, argumentando, em suma, que "para que se configure o poder não é necessário que haja intencionalidade do agente indutor e que o comportamento do agente induzido corresponda a essa intenção, mas é imperioso que o comportamento do agente induzido seja de interesse do agente indutor".

negativa, será o poder aplicado com vistas a prejudicar ou sabotar opções políticas específicas.

Como medida didática, é possível contextualizar a ideia de Fernández Ruiz (2010, p. 14),[202] propondo um esquema básico para a compreensão do funcionamento do abuso de poder na perspectiva dos processos eleitorais. Adaptados para o plano eleitoral os elementos que, para o autor mexicano, caracterizam as relações de influência (sujeitos, objeto e fundamento), sugerimos que neste âmbito de estudo as relações de poder assumem uma estrutura triádica, na qual atuam:

(i) como *sujeitos*, aquelas pessoas ou grupos que ostentam alguma das formas de expressão do poder (candidatos, coordenadores de campanha, intendentes, cabos eleitorais, partidos políticos, coligações partidárias, corporações, conglomerados econômicos, veículos de mídia, ministros religiosos, influenciadores digitais etc.), e que se propõem a empregá-las, geralmente, na fase de campanha, em favor (o que é mais frequente) ou em detrimento (o que é mais raro) de determinada candidatura;

(ii) como *objeto*, o corpo de cidadãos votantes ou, mais propriamente, cada eleitor que o compõe, haja vista que o voto é individualizado e direto, e o que o fenômeno do poder, nesse sentido, opera em uma plataforma fragmentada ou microssocial; e, finalmente,

(iii) como *fundamento*, a vontade particular que se pretende impor, traduzida neste âmbito particular como o desejo de condicionar o sentido das manifestações de preferência política que serão exprimidas por ocasião do momento em que ocorre a votação.

---

[202] Sustentando o argumento de que o fenômeno do poder representa "uma substância potencialmente aplicada em uma relação social", o prestigiado catedrático da Universidade Nacional Autônoma do México (2010, p. 14) toma o poder como uma "energia disponível para uma conduta", energia essa que, para atuar, necessitaria de três elementos: (i) um *sujeito* (o depositário do poder); (ii) um *objeto* (o seu destinatário); e (iii) um *fundamento* (a vontade que se impõe a outrem). Tendo fixado esses requisitos, Fernández Ruiz (2010) concebe o poder como "a capacidade de um indivíduo ou grupo, gerada por sua libido dominandi, de conferir efeitos agradáveis ou desagradáveis à conduta de outro indivíduo ou grupo, com o fim de impor-lhe a sua vontade, para lograr um determinado comportamento individual ou coletivo".

Como referido, na esfera das consultas populares a vontade de poder tende a atuar, em linha de princípio, mediante a projeção de um resultado, positivo ou negativo, passível de ser auferido ou suportado pelo destinatário do poder (eleitor), a partir do efetivo emprego, por parte do sujeito ativo (agente empoderado), das prerrogativas de influxo ou ingerência que incorpora em função da qualidade e da dimensão da categoria (ou categorias) de poder que ele ostenta.

Nessa quadra, se por um lado é bem certo que o resultado concreto de uma ação de poder não é inescapável e tampouco aferível (muito em função do sigilo do voto), isso não torna absolutamente impossível a busca por uma identificação mais ou menos segura acerca da presença efetiva dos influxos do poder, notadamente porque na atmosfera das relações sociais a causalidade é medida peculiarmente. Leia-se, a esse respeito, a valiosa lição de Stoppino (2009, p. 935):

> Falemos, enfim, da relação que intermedeia entre o comportamento de *A* e o de *B*. Para que exista Poder, é necessário que o comportamento do primeiro determine o comportamento do segundo, o que se pode exprimir de outra maneira dizendo que o comportamento de *A* é a causa do comportamento de *B*. Deve-se, no entanto, explicar em que sentido é lícito usar aqui a noção de "causa". Antes de tudo, quando referida às relações do Poder social, a noção de causa não envolve em si uma perspectiva de determinismo mecanicista. As relações entre comportamentos são relações prováveis, não relações "necessárias". Por isso, nesse contexto, o conceito de causa está desvinculado do conceito de "necessidade", devendo ser entendido precisamente como "causa provável".[203]

---

[203] A lição de Stoppino (2009) é indispensável e merece ser reprodução integral. Segue o professor da Universidade de Pávia (STOPPINO, 2009, p. 935-936): "Em segundo lugar, pelo menos em muitos casos, a noção de Poder social serve para descrever uma determinada relação que intermedeia entre dois comportamentos particulares, sem que isso implique que a relação descrita seja um caso particular de lei universal ou geral. Em muitos casos, dizer que o comportamento *a* do sujeito *A* é causa do comportamento *b* do sujeito *B* não implica que todas as vezes que *A* adota um comportamento do tipo *a*, este seja seguido por um comportamento *b* de *B*, ou que sempre que *B* adote um comportamento do tipo *b*, lhe precede um comportamento do tipo *a* de *A*. *B* é induzido por *A*, p. ex., a votar no partido socialista numa determinada disputa eleitoral; mas, nas eleições seguintes, *B* pode votar no partido liberal, apesar de *A* tentar levá-lo, mais uma vez, a votar nos socialistas; ou então *B* pode votar de novo no partido socialista, mas sem a interferência de *A* nesse sentido. Por conseguinte, afirmar que, dentro do exercício do Poder, o comportamento de *A* é causa do comportamento de *B*, é apenas dizer, pelo menos em numerosos tipos de relação, que *a* é a causa de *b* *naquele caso determinado*. Outras vezes, contudo, um certo uso do Poder pode constituir um caso particular de lei ou de uniformidade geral. Isso se pode dizer, p. ex., em determinadas situações, de uma particular relação de mando e obediência que liga ao

CAPÍTULO 4
O ABUSO DE PODER NO CONTEXTO DAS COMPETIÇÕES ELEITORAIS | 197

O emprego do abuso de poder é, sem margem para dúvidas, uma constante indesejável no cenário eleitoral,[204] na medida em que afeta a liberdade da escolha do eleitor e mina, violentamente, a igualdade de oportunidades entre os candidatos, tornando complicado o atingimento de nível ótimo de legitimidade procedimental.

Em vista do exposto, diz-se que "o abuso se traduz em uma ação ou série de atos ilegais que acarretam gravidade no equilíbrio ideal entre os candidatos, sendo uma *espécie de concorrência desleal que abala a competição*, podendo levar o infrator à vitória no pleito eleitoral". Nesse panorama, a tutela jurisdicional em face das hipóteses de abuso

---

'Governo' um membro da sociedade política, pelo menos num dos sentidos acima referidos: às injunções de tipo *a* do Governo é provável, em geral, que se sigam condutas de obediência de tipo *b*, tanto desse como dos demais membros da sociedade política. Com as restrições agora mencionadas, pode-se, portanto, afirmar que a relação de Poder constitui um certo tipo de causalidade, particularmente um tipo de causalidade social. Mantém-se, todavia, aberta a questão de como entender, se bem que dentro dos limites referidos, o conceito de causa. Alguns autores entendem o nexo causal entre os comportamentos no sentido de que o comportamento de *A* é condição *necessária* do comportamento de *B* (o comportamento de *B* só ocorre, se ocorrer o comportamento de *A*). Outros, consideram demasiado rígida tal interpretação, entendem o nexo causal no sentido de que o comportamento de *A* é condição *suficiente* do comportamento de *B* (se se verifica o comportamento de *A*, verifica-se também o comportamento de *B*). Há ainda quem opta por uma orientação contrária, pensando que se deveria reformular o conceito de Poder equiparando-o à noção de condição *necessária e suficiente* (o comportamento de *B* se dá quando e só quando se dá o de *A*). Penso, com Oppenheim, que entre estas três noções de causa convém escolher a noção de condição *suficiente*, que é a que mais se conforma com a perspectiva provável. Por um lado, um comportamento *a* que seja uma condição necessária, mas não suficiente, de um subsequente comportamento *b*, pode não ser um exercício de Poder. Por exemplo, a inclusão do meu nome nas listas eleitorais pelo funcionário público designado é uma condição necessária para que eu vote, assim como para que eu vote em um certo partido. Mas certamente não se pode dizer que esse funcionário exerceu Poder sobre mim e isso, mesmo no caso em que ele estivesse interessado na vitória eleitoral desse partido: eu, na verdade, poderia votar em outro partido ou abster-me de votar. Por outro lado, quando um comportamento *a* é condição suficiente de um subsequente comportamento *b*, é razoável qualificar tal relação como exercício de Poder, mesmo que *a* não seja condição necessária de *b*. Com as bombas de Hiroshima e Nagasaki, os EUA exerceram um indubitável Poder sobre o Japão, no sentido de que o levaram à rendição (condição suficiente); mas não se pode afirmar que sem essas bombas o Japão não se teria rendido, pois não é possível excluir absolutamente que ele o houvesse feito de modo autônomo ou que não fosse induzido a isso por qualquer outro agente (a URSS, p. ex.) Concluindo, pode-se, portanto, afirmar que, na prática do Poder, o comportamento *a* é a causa determinante, pragmaticamente decisiva, do comportamento *b*; ou seja, é a sua condição 'suficiente', não a sua condição 'necessária', nem, com maior razão, a sua condição 'necessária e suficiente'".

[204] Em expressa alusão às categorias de poder criadas por Galbraith, e referidas alhures, Pereira Monteiro (2003, p. 295-296) considera que no atuar para obter o domínio do Estado os membros da elite política "[...] não se detêm perante estratagemas, artimanhas e mentiras. Enquanto não forem contidos, recorrerão tanto aos instrumentos *condignos*, como aos *compensatórios* e de *condicionamento*, sendo as circunstâncias que determinam as opções que, sem considerações de ordem ética, têm como paradigma apenas a eficácia, isto é, a capacidade de captura do sufrágio".

tem como desiderato imediato a proteção dos "valores fundamentais à eficácia social do regime representativo" (RAMAYANA, 2018, p. 703-704) (grifos nossos).

À medida que contamina o processo de formação do convencimento do eleitor, ou em que embaraça o necessário equilíbrio de forças entre os variados *players*, as práticas de abuso de poder ensejam a produção de manifestações e resultados políticos artificiais, em ordem a comprometer a normalidade e a legitimidade dos pleitos por meio da quebra da necessária correspondência entre a manifestação espontânea dos cidadãos e a vontade encontrada nas urnas. Segundo Felipe Caldas (2016, p. 123), no contexto em exame:

> O Poder [...] se encontra consubstanciado na capacidade do agente em condicionar, influenciar ou até determinar a conduta de eleitores com vistas à quebra do equilíbrio e da normalidade do pleito eleitoral. Ou seja, através de privilégios oriundos de determinada manifestação do Poder que lhe seja peculiar, o candidato/competidor busca aliciar eleitores para facilitar a obtenção de votos e, assim, adquirir vantagem na concorrência com os demais postulantes a cargos eletivos.
>
> Tem-se, dessa forma, um duelo de capacidades de influência no lugar do que deveria ser um embate democrático onde se discutam projetos políticos de Poder. A disputa política, nesta linha, sai do campo ideológico e descamba para a luta de interesses, onde o candidato que se utiliza indevidamente de determinada posição de privilégio dissemina a ideia de que o voto é um objeto de troca, e não o exercício de um direito do cidadão que visa ao bem comum.
>
> Com base nisso, podemos dizer que essa espécie de propensão ao uso desmedido do Poder como forma de garantir vantagem ilícita na disputa eleitoral é, justamente, a fonte de onde brotam os atos abusivos que, em suas variadas facetas, visam interferir negativamente nas eleições e inviabilizar a fiel representação política.

Na visão acadêmica, a associação entre o sufrágio livre e o resultado da votação determina o que se chama de "verdade eleitoral", requisito "indispensável para a consolidação de um Estado democrático", como aponta Marcelo Moreira (1998, p. 17). Em última instância, essa "verdade" não pode ser encontrada senão na pureza e na legitimidade do sistema, que

> somente estarão garantidas se for possível assegurar que o mandato popular representativo – elemento básico da democracia representativa – será outorgado apenas aos legítimos representantes do povo, isto

é, àqueles que lograram obter, através do pleito eleitoral, o mandato popular de forma legal e legítima, sem desvios, abusos ou fraudes que tenham ou possam ter viciado a vontade popular. (OLIVEIRA, 2005, p. 22)

A ofensa a esses valores constitucionais, inclusive, é levada em conta por Eduardo Fortunato Bim (2003, p. 46) e Emerson Garcia (2006, p. 17), que os manejam para forjar interessantes e precisos conceitos. Nas palavras do primeiro, o abuso de poder nas eleições caracteriza-se por ser "[...] um complexo de atos que desvirtuam a vontade do eleitor, violando o princípio da igualdade entre os concorrentes do processo eleitoral e o da liberdade de voto, que norteiam o Estado democrático de direito", ao passo em que, para o segundo, o abuso eleitoral pode de ser identificado "[...] sempre que alguém, ao exercer um suposto direito, prejudicar o direito de igualdade de todos no pleito, afetando o seu regular desenvolvimento e a imperiosa correlação que deve existir entre a vontade popular livre e o resultado das urnas".

Na mesma linha, o Professor José Jairo Gomes (2009, p. 245) é categórico ao ressaltar a sua nocividade, dizendo que o pleito em que o abuso se instala resulta necessariamente corrompido, na medida em que impede que as urnas reflitam a vontade genuína do eleitor. Em sua visão, isso redunda na formação de uma representação política "inautêntica e mendaz". Com notada semelhança, Marcos Ramayana (2018, p. 22) sustenta que processos eleitorais corrompidos pelo abuso de poder "atingem diretamente a soberania popular". Por tudo isso, verifica-se que, ao fim e ao cabo, o abuso de poder se afigura, em tese, como um expediente que agride o experimento democrático, haja vista que afeta, muito negativamente, a "livre e justa concorrência pelo poder" (ALCUBILLA *apud* BIM, 2003, p. 49).

É sabido que os processos eleitorais contemplam, necessaria-mente, uma fase especialmente destinada a atividades de convenci-mento do eleitorado. Resulta evidente, no entanto, que esse processo de captação de preferências políticas há de estar muito bem delineado, comportando limites normativos que, sem prejuízo da proteção e da promoção da liberdade de expressão, estejam adequadamente armados com vistas à preservação de sua legitimidade. Existem, nesse passo, *fronteiras legítimas* a condicionar os modos e a extensão das atividades, e mesmo as possibilidades de discurso empregadas, como ensina Porto Lima (2009, p. 33):

É claro que as influências externas sempre farão parte da formação da vontade do eleitor. O que se deseja [porém] é que tais influências brotem naturalmente do seio da sociedade, evitando-se o direcionamento da escolha em função apenas de interesses de uma minoria, como consequência de uma manipulação econômica [política, social ou de qualquer outra ordem] profundamente indesejável. A escolha efetuada nesses termos traduz-se na discrepância entre as decisões políticas e as reais expectativas e necessidades dos próprios representados.[205]

A campanha eleitoral, compreendida como um conjunto de atividades políticas desenvolvido com o propósito aberto da captação de votos, tanto no aspecto financeiro como nos aspectos político e ideológico, deve ser conduzida de acordo com os limites previstos no ordenamento, e esses limites hão de plasmar escolhas legislativas que resguardem a liberdade de sufrágio e preservem um mínimo de competividade, sob pena de comprometimento da integridade de todo o processo de escolha dos representantes.[206] Quanto à promoção da liberdade e da igualdade no contexto das campanhas eleitorais, aduzem Fux, Frazão e Alvim (2018, p. 14; 20-21) que tais princípios "habitam o substrato ético das competições eleitorais, havendo de ser estritamente

---

[205] Em lição complementar, o Professor Adriano Soares da Costa (2016, p. 257) assenta: "O chamado macroprocesso eleitoral é o procedimento pelo qual os candidatos habilitados pela Justiça Eleitoral buscam captar os votos dos eleitores, com a finalidade de serem eleitos para os mandatos eletivos em disputa. Os candidatos, entendidos tais aqueles que estejam registrados perante a Justiça Eleitoral, devem buscar captar o voto dos eleitores através de propaganda eleitoral, comícios, debates nos meios de comunicação social, exposição de suas ideias e ideologias etc. O convencimento dos eleitores é, em última análise, o fim da campanha eleitoral. Porém, o convencimento dos eleitores não pode ser feito de qualquer modo, por meio de técnicas e formas que quebrem o equilíbrio da disputa entre os candidatos e que viciem a vontade livre e soberana dos cidadãos votantes. Assim, são repelidos pelo ordenamento jurídico o uso abusivo do poder econômico ou polítco, o uso indevido dos meios de comunicação social, além de outras condutas a que a legislação atribui a pecha de ilícitas e, para inibi-las, impõe a sanção de inelegibilidade". Acompanha-o José Jairo Gomes (2016, p. 722-723): "Constitui truísmo afirmar que os votos devem ser captados licitamente, dentro das regras do jogo democrático, ou seja, por meio de propaganda eleitoral, do teor e da seriedade das propostas, dos debates públicos, da história dos partidos e dos candidatos, bem como de suas realizações. Condenam-se, portanto, as práticas malsãs e fraudulentas, que afastam a lisura da disputa e viciam a vontade popular manifestada nas urnas".

[206] Os fundamentos para a coibição do abuso de poder nas eleições aí apresentados recebem de Fortunato Bim (2003, p. 47) uma interessante classificação, consoante a qual podem ser separados em fundamentos principiológicos (ou implícitos) e legais (ou explícitos). Os primeiros situados em imperativos específicos dos princípios democrático e republicano, especialmente relacionados com a exigência de legitimidade do pleito (lisura do certame e igualdade de oportunidade entre os candidatos); já os fundamentos explícitos, no direito brasileiro, espraiam-se pelo sistema normativo, sendo certo que o principal exemplo consta do art. 14, §9º, da Constituição Federal.

observados em todas as consultas populares, sob pena de resultarem expostas a um flagrante processo de deslegitimação".[207]

Tudo pesado, confirma-se que o combate ao abuso de poder nesse contexto tem como pano de fundo "[...] a defesa de eleições livres, isentas de práticas viciadas e abusivas, visando à construção do cenário ideal em que cada cidadão vota tendo como único compromisso a sua própria consciência" (COÊLHO, 2006, p. 40-44). Afinal, se a democracia pressupõe a existência de legitimidade no exercício do poder, e se "a pureza dessa representatividade depende da qualidade do processo eleitoral empregado" (ZILIO, 2018, p. 443), é possível concluir que:

> [...] o espaço democrático [somente] será consolidado e ampliado, em quantidade e qualidade, com um processo eleitoral que permita a livre escolha dos representantes, legitimando os dirigentes dos poderes do Estado, com a criação de mecanismos que inibam ao máximo possível a adaptação dos que se perpetuam no poder com práticas lesivas e abusivas contra a consciência popular. (COÊLHO, 2006, p. 40-44)

Por certo, à vista do premente resguardo de delicados imperativos constitucionais, numa leitura perfeitamente compatível com a axiologia do sistema democrático, somos levados a perceber que os indivíduos que conquistam o poder valendo-se "de métodos que não reflitam a vontade popular em sua pureza e integridade", a rigor, não podem se apresentar como representantes desta uma vez que se verão destituídos de legitimidade. Sob tal premissa, segue-se que "quaisquer

---

[207] Também para Felipe Caldas (2016, p. 30-31) a liberdade e a igualdade avultam como requisitos materiais necessários à efetivação de eleições íntegras, sem os quais a lisura do pleito desvanece, esvaziando de sentido o caráter democrático que lhe é peculiar. Para o autor pernambucano, a liberdade política representa uma "base primária para o exercício dos direitos políticos, a qual deve ser difundida a todos os participantes do certame eleitoral, garantindo-lhes a livre expressão da opinião, o acesso às informações e aos meios suficientes para a formação da convicção política do cidadão". Noutra ponta, a igualdade eleitoral igualmente aparece como um "requisito indispensável à garantia de eleições justas e democráticas, de maneira a afastar possíveis privilégios que deem origem à disparidade entre eleitores ou candidatos, comprometendo, assim, a lisura do pleito". Também pertinentes, a esse respeito, as observações de Lauro Barretto (1995, p. 11): "É fundamental para a garantia da seriedade de uma disputa eleitoral que, além de uma correta e fiel contagem de sufrágios, haja ainda uma série de outros fatores que garantam ao cidadão, no processo individual e personalíssimo de reflexão que o deveria levar à escolha de seu candidato, a possibilidade de uma opção completamente liberta e descompromissada de qualquer pressão que possa influenciá-lo ou coagi-lo de tal forma que seu voto, longe de ser fruto de uma decisão pessoal, assuma feições de simples imposição de tal pressionamento. É indispensável, ainda, que aos candidatos, a todos os candidatos, sejam oferecidos, em perfeita igualdade de condições, os meios de levar ao conhecimento do eleitorado suas mensagens e propostas".

atos idôneos a desvirtuar, modificar ou suprimir a vontade exteriorizada pela coletividade que participa do procedimento eletivo devem ser [totalmente] coibidos" (GARCIA, 2006, p. 16).

Nesse compasso, o uso desmedido do poder, em qualquer de suas formas de expressão, deve ser impedido tanto no *plano fático*, a partir de soluções desenhadas no campo normativo e implementadas (ou mesmo construídas) como no *exercício da atividade jurisdicional*.[208] A realização dessa missão, contudo, não é nada fácil, porquanto o poder, por natureza, tende ao desconhecimento de limites e, outrossim porque, também por natureza, com imensa frequência se disfarça ou se transforma, em função de seu reconhecido caráter fluido e multifacetário.

4.1 O polimorfismo do abuso de poder e a evidente insuficiência do arranjo nacional

> [...] *não há poder, como tal, que possa prescindir de controle, deixando no vácuo o sistema de defesa dos interesses coletivos, pois é próprio de sua natureza expandir-se o quanto seja tolerado.*
> (Fávila Ribeiro)

Ernesto Sábato (1993, p. 45), grande expoente da literatura continental, afirma, no clássico *Homens e engrenagens*, que "a ideia de que o poder está unido somente à força física e à matéria é crença de pessoas sem imaginação". Elias Canetti (2011, p. 202), laureado com o Nobel de Literatura, escreveu certa feita que: "Amiúde, o poder se serve também da metamorfose, seu verdadeiro dom, ajustando-se com precisão às características do animal de que está atrás". Frases simples, mas profundas e plenas de razão.

---

[208] Somente quando isento de pressões externas, como as oriundas do abuso de poder, tem o eleitor a possibilidade de externar uma escolha livre e consciente. Farias Neto (2011, p. 133) opina que a escolha consciente depende de que o eleitor procure obter, previamente, o máximo de conhecimentos sobre o candidato e o cargo que ele almeja. Em seus dizeres: "Os conhecimentos sobre cada candidato abrangem: (a) as atividades precedentes desenvolvidas; (b) a responsabilidade e o preparo para exercer as funções pertinentes ao cargo; (c) a coragem cívica para enfrentar oposições; (d) a consciência e a firmeza ética para sustentar seus pontos de vista e para resistir aos assédios constantes dos corruptores; (e) o espírito público e a disposição permanente de fazer sacrifícios pessoais em prol dos interesses dos representados. Os conhecimentos sobre o cargo abrangem: (a) as responsabilidades e as atribuições que devem ser assumidas pelo escolhido; (b) os assuntos e as ações pertinentes à área de atuação do cargo".

CAPÍTULO 4
O ABUSO DE PODER NO CONTEXTO DAS COMPETIÇÕES ELEITORAIS | 203

Em termos sociológicos, o poder é um fenômeno radicalmente complexo. Muito embora o Estado concentre uma imensa capacidade de mando, pressupondo a obediência como questão de sobrevivência, o certo é que a sociedade civil abriga outros muitos centros de força, de sorte que "o poder está obsidiantemente presente em todos os níveis e setores da vida social" (CUNHA, 2014, p. 66). A sociedade não é apenas um lugar de indivíduos, mas também da economia privada e de numerosas e potentes organizações de todas as sortes e tipos. Consectário disso é que, paralelamente ao Estado, encontramos outras fontes de poder, por exemplo, em empresas, igrejas, grupos de pressão e meios de comunicação (URIARTE, 2010, p. 45). Portanto, para além do "macro-poder estadual", dentro do tecido social verifica-se a presença do "[...] micro-poder que se desenvolve, por vezes sob formas bem menos claras, e raramente democráticas (deve dizer-se) ao nível da organização (empresa ou ente público), da família ou mesmo nas relações interpessoais" (CUNHA, 2014, p. 66).

Em definitivo, a indubitável pluralidade de poderes não advém de uma fonte única, visto que "na origem do poder não há unidade, mas sim, pluralismo". Para Gérman Bidart Campos (1985, p. 26), a maneira mais simples de não confundir o poder político com os demais poderes é aquela proposta por Burdeau: "los poderes sociales no pretenden regir a toda la sociedad entera: o buscan el bien de 'algunos' individuos, o si se dirigen a todos es a través de un interés o bien limitado". Fávila Ribeiro (2001, p. 23) igualmente atenta para a multipolaridade do fenômeno, ao reforçar que as pressões ostensivas que em outros momentos dimanavam do espectro estatal, atualmente, derivam também de dominações privadas, encontrando-se na realidade social numerosos focos de poder, de um poder que, em nossa visão, diferencia-se do poder político estatal, precisamente por ostentar uma natureza particularista, voltada à persecução de interesses próprios, não raro egoístas.

Em fórmula sucinta, Burdeau resume essa ideia ao dizer que a sociedade é uma verdadeira "constelação de poderes",[209] os quais, para Carlos Fayt (2009, p. 201), encontram-se quantitativa e qualitativamente diferenciados, segundo a magnitude dos grupos sociais e dos

---

[209] Em sintonia com a proposta, Pierre Lebrun (1984, p. 20) assenta que poder "é o nome atribuído a um conjunto de relações que "formigam por toda a parte na espessura do corpo social". A multiplicidade de relações de poder na sociedade é uma ideia também explorada por Foucault (1980). Também assim, Pereira Monteiro (2003, p. 295) adiciona que "a panóplia dos instrumentos de acesso à exercitação do poder [...] é praticamente inesgotável".

instrumentos que controlam, e segundo também a força que possuem,[210] os propósitos que perseguem e os modos como influem sobre a conduta dos demais. Há, por esse prisma, poderes econômicos, políticos, religiosos, militares e sociais, entre outros, compreendendo-se dentro do conceito de "poderes sociais" os infinitos processos que resultam dessa forma peculiar de relação humana (FAYT, 2009, p. 201).

Daí por que Max Weber (*apud* RIBEIRO, 2001, p. 13) acerta em dizer que o conceito de poder é "socialmente amorfo", haja vista que todos os atributos assimilados pelo homem podem, em princípio, colocar alguém em condições de impor a sua vontade sobre outras, em determinadas situações. Como decorrência, nenhuma listagem de recursos pode ter a pretensão de abarcar *todas* as formas de poder exercidas por *todos* os agentes em *todos* os âmbitos da vida social (PINTO, 2008, p. 46).

Em análogo direcionamento, Karl Loewenstein (*apud* FERNÁNDEZ RUIZ, 2010, p. 15) indica que o poder se registra tanto na esfera do Estado (âmbito político) como nas demais frentes em que atua o ser humano, afirmando por isso que, considerada em sua globalidade, a sociedade constitui um sistema de relações de poder cujo caráter pode variar entre político, social, econômico, religioso, cultural etc., sendo essa razão pela qual é possível divisar, teoricamente, diferentes "classes" ou "espécies" de poder.[211]

Amplamente conhecida, nesse diapasão, é a classificação trabalhada por Norberto Bobbio (2000, p. 221), que situa o fenômeno do poder em três grandes categorias, sendo: (i) *poder político*; (ii) *poder econômico*; e (iii) *poder ideológico*.

Julga Bobbio (2000) que o critério mais adequado para a distinção dos poderes sociais é o que leva em conta *os meios utilizados na busca dos efeitos desejados* pelo agente que ostenta o poder. Nessa perspectiva,

---

[210] Quanto à sua força, Adalberto Agozino (2000, p. 215-220) opina que a extensão do poder pode ser analisada a partir de quatro diferentes dimensões: peso (medida em que o poder se apresenta como capaz de alterar o resultado do processo em questão); domínio (conjunto de pessoas cuja conduta provavelmente muda de forma significativa mediante a aplicação do poder); âmbito (grupo de relações ou questões de conduta que estão efetivamente submetidas ao poder); e alcance (diferença entre a máxima recompensa e o pior castigo que um detentor de poder pode aplicar a uma pessoa ou a um grupo sob seu domínio). Para mais, remete-se o leitor para o tópico intitulado "A magnitude do poder".

[211] Sobre o caráter pluralista do poder, Fávila Ribeiro (2001, p. 15) ensina que "não implica o isolamento de uma categoria para uma posição exclusivista de suas linhas específicas de atuação, mesclando-se com muita frequência, fazendo-se da separação dos tipos culturais, sociais, econômicos e políticos por seus fatores predominantes para que possam ser identificados, mesmo porque cada qual tem inconfundível traço característico, acrescentando algo peculiar no estilo de influência e manipulação".

pondera que uma pretensão social de mando, para ser obedecida, em regra pode se servir: (i) da *força*; (ii) da *posse de bens necessários* – ou assim reputados – para induzir aqueles que nada possuam ou que muito necessitem à adoção de certo comportamento; ou (c) da *posse ou manipulação de saberes, doutrinas, conhecimentos ou informações inacessíveis* aos demais, para induzir a que se comportem de determinada maneira. A julgar pelas diferentes formas de pressão utilizadas, estar-se-á, respectivamente, diante de poder político, econômico ou ideológico.[212]

Taxionomia do poder

Categoria de poder	Base (meio utilizado para obter obediência)
Poder político	Força
Poder econômico	Recursos financeiros
Poder ideológico	Conhecimento

Fonte: Elaboração própria, a partir das lições de Bobbio (2000).

Interessa frisar que o modelo de Bobbio (2000) não esgota, absolutamente, as variadas formas de poder; pelo contrário, limita-se a oferecer determinadas "categorias conceituais" capazes de abarcar, em tese, todos os seus possíveis meios de exteriorização. Sendo forçoso reconhecer que o poder, como fenômeno social, detém uma natureza fluida, estando apto a apresentar-se sob infinitas e imprevisíveis fórmulas, o esquema desenvolvido pelo pensador italiano vem ao encontro da necessidade de se alcançar uma proposta aberta que facilite a sua compreensão.

Fávila Ribeiro (2001, p. 5) há muito advertia que o poder tem um caráter pluralista, haja vista que o espaço social está sempre exposto a que germinem e operem esquemas de dominação de diversos matizes.

---

[212] Para Edurne Uriarte (2010, p. 49), a ideia dos três tipos de poder pressupõe certa autonomia entre eles, o que significa, primeiro, que as origens de cada um são diversas e, depois, que os interesses que envolvem e determinam a ação de seus detentores são distintos e, às vezes, antagônicos. Sem embargo, é necessário reparar que, se bem existem ocasiões em que os interesses se chocam, muitas vezes os fatores apontam para a sua confluência. Não é raro, p. ex., que veículos de imprensa pertençam a políticos poderosos, do que decorre uma relação promíscua entre o poder político e a força desempenhada pelos meios de comunicação social. É óbvio que a associação implica o recrudescimento e, como dito por George Mason (*apud* DAHL, 2009, p. 88), "da natureza humana, podemos ter a certeza de que os que detêm o poder em suas mãos, sempre que puderem, tratarão de aumentá-lo". Cuida-se, como é óbvio, de manifestações dos caracteres aglutinativo e expansivo do fenômeno do poder.

Também nesse sentido, Darcy Azambuja (2011, p. 77) enxergava no poder um caráter difuso, reconhecido a partir da constatação de que inexiste sociedade em que os indivíduos não se vejam sempre, em alguma medida, submetidos a pressões externas, manifestadas sob os mais variados aspectos. Em arremate, é de se notar que lidar com o poder é lidar com um fenômeno que, "assim como a energia, possui muitas formas" (AGOZINO, 2000, p. 29),[213] com o que se conclui que qualquer investigação ou tentativa regulatória do poder levada a cabo em marcos restritivos tenderá ao erro, à insuficiência e à inadequação. Kaplan e Lasswell (1979, p. 131), nesse tocante, advertem:

> Os fenômenos políticos são obscurecidos pela pseudossimplificação que se alcança com qualquer concepção unitária do poder como sendo sempre e em toda parte o mesmo (violência ou poder econômico ou...). O que é comum a todas as relações de poder e de influência é apenas o efeito sobre a política. O que é afetado, e em que base, só pode ser determinado através de investigação sobre as práticas efetivas dos atores em cada situação.

Os legisladores pátrios, contudo, descuram dessa realidade sociológica comezinha. No caso brasileiro, o art. 14, §9º da Constituição da República, assim como o art. 22, *caput*, Lei Complementar nº 64/1990 encaram o poder como um fenômeno de manifestação restrita, de externalização limitada, de forma rígida. Os dispositivos proscrevem, no contexto eleitoral, a utilização exacerbada do poder político, econômico e de comunicação social, como se esses fossem os três únicos meios pelos quais o manejo das ferramentas de domínio pudesse ser observado na dinâmica dos pleitos.

Cuida-se de opção legislativa equívoca e lamentável, derivada de uma falha de percepção que, infelizmente, não se encerra no plano etéreo das questões conceituais. Pelo revés, a solução estrita carrega graves implicações práticas, identificadas pela inibição de decisões

---

[213] "También el poder, como la energía, tiene muchas formas, como por ejemplo la riqueza, las armas, el conocimiento tecnológico, la autoridad civil, la influencia sobre la autoridad civil, el influjo sobre la opinión pública" (AGOZINO, 2000, p. 29). Em consonância, Fernández Ruiz (2010, p. 12) aduz que o poder, enquanto substância, é intangível, pois não se trata de um corpo sólido ou líquido, ou de um fluido, como a eletricidade, mas de um impulso ou energia, e, como tal, é acumulável, de modo que, assim como se conserva o calor em um recipiente térmico e se armazena a eletricidade em uma bateria, também se guarda o poder em um depósito, que será (i) do Estado quando do político se trate, (ii) da Igreja quando se refira ao poder religioso, e (iii) da empresa ou do capital quando verse sobre o econômico.

jurisdicionais que reconheçam formas atípicas de abuso de poder, bem ainda pelo cabuloso efeito de impedir o desenho de medidas normativas de contenção realmente aptas à frenagem do uso indiscriminado desse fenômeno de força na batalha eleitoral, em ordem a preservar a liberdade para o exercício do sufrágio e a equidade eleitoral, impactando os resultados dos pleitos e, assim, ensejando um déficit de legitimidade que, em algumas experiências, põe por terra a missão confiada pelo ordenamento jurídico às instâncias de administração das eleições.

Com isso, é urgente notar que, se bem os poderes econômico, político e de imprensa manifestam-se com mais frequência e com maior percepção no bojo dos certames eletivos, o poder decerto pode assumir os mais diferentes formatos, à medida que não obedece (e nunca obedecerá) a um catálogo preestabelecido de formas. Ante essa realidade, para além de suas formas tipificadas, cumpre ir além do que fazem os manuais da disciplina, para colocar em discussão a possibilidade de reconhecimento de espécies atípicas ou anômalas de abuso de poder no terreno das competições eleitorais. Dedicamos a essa matéria os tópicos seguintes.

CAPÍTULO 5

O ABUSO DE PODER EM ESPÉCIE

5.1 Formas típicas de abuso de poder

Denominamos formas típicas de poder aquelas previstas de modo expresso na legislação constitucional e infraconstitucional. A expressão é usada em contraposição às formas atípicas de abuso, espécies não antevistas pelo legislador, mas experimentadas, atualmente, na *praxis* de processos eleitorais levados a cabo em território nacional.

À vista do que consta dos arts. 14, §§9º e 10, da Constituição da República, e 22, *caput*, da Lei Complementar nº 64 de 1990, o ordenamento brasileiro tipifica, em linha de princípio, três espécies de abuso de poder, a saber: (i) abuso de poder político ou de autoridade; (ii) abuso de poder econômico; e (iii) uso indevido dos meios de comunicação social (abuso de poder midiático). Por outro lado, a empiria tem evidenciado a presença de modalidades abusivas adicionais, cabendo destacar, especialmente, outras três categorias: (i) abuso de poder religioso; (ii) abuso de poder coercitivo; e, finalmente, (iii) abuso de poder no cenário virtual.

5.1.1 Abuso de poder político

Devido ao papel que desempenha, o Estado concentra, em geral, a maior parcela da autoridade flutuante no esquema social.[214] A sociedade

---

[214] "O Estado, no que se refere à compreensão de seu poder, a todos suplanta por afirmar a sua supremacia no plano interno, convivendo com outros poderes que não lhe são equivalentes e que não o podem ultrapassar. Ao poder do Estado se acrescenta, em exclusivo caráter, o atributo soberano, que exprime a sua independência no plano internacional, correspondente

deposita o seu poder no Estado, o qual, por intermédio do governo, promove a sua direção política e jurídica, em suas instâncias de decisão, ação e sanção. Consoante as impressões de Carlos Fayt (2009, p. 33):

> El gobierno materializa el poder en el Estado teniendo a su cargo la dirección jurídica y política en sus instancias de decisión, acción y sanción. El poder que se encuentra investido es poder de autoridad porque la dominación en el Estado moderno tiene por fundamento el supuesto de la dominación legal, de carácter racional, basada en la creencia en la legalidad de ordenamientos impesoales y objetivos. Es el orden legal quien confiere autoridad a los gobernantes. Los gobernados, al obedecerlos, obedecen al derecho racionalmente estatuido, que regula por igual la conducta de todos los miembros de la comunidad política. Como consequência do controle e da disposição exercidos sobre uma portentosa estrutura burocrático-administrativa e sobre um extenso cabedal de recursos tangíveis e intangíveis, os agentes político-estatais, na qualidade de dirigentes do Estado, têm sob seu domínio um imensurável aparato de poder, poder esse nem sempre manejado em harmonia com as expectativas constitucionais, democráticas e republicanas, e que pode, facilmente, ser convertido em capital eleitoral. Afinal, é notável que:
> A elite que ocupa o aparelho do Estado tem, em princípio, assinaláveis vantagens sobre os que porfiam em disputar-lho. Beneficia da possibilidade de, a cada momento, tomar decisões do agrado do eleitorado, cuja memória é frequentemente curta; e pode ainda recolher recursos financeiros com recurso à ilegalidade da pressão e dos favores dos que dependem das suas decisões, num terreno em que a sua detecção é difícil. Pode ainda orientar ou influenciar o sistema educativo (escola, televisão e imprensas públicas, e mesmo a religião) a seu favor. E o de arregimentar uma larga clientela pela via das colocações no aparelho do Estado. (MONTEIRO, 2003, p. 301)

Nessa ordem de ideias, em definição cunhada por Villoria Mendieta (2006, p. 256-257), o abuso de poder político, em sentido amplo,

---

à capacidade de autodeterminação que lhe assiste, e que se reflete no âmbito interno por lhe caber estabelecer e manter seu sistema interrelacionado de ordem e poder, em condições de abater toda e qualquer resistência que se lhe contraponha" (RIBEIRO, 2001, p. 57). "[...] la mayor preocupación por acotar el poder dentro de ciertos márgenes se ha referido, a través de los tiempos, al poder político y más exactamente al poder de los gobiernos. La razón de esto se entiende con facilidad: el poder económico puede llevarnos a la miseria y el poder ideológico puede meter en nuestras cabezas ideas extravagantes, pero el poder político puede hacer ambas las cosas y además privarnos de la libertad, el honor y la vida" (VILAS, 2013, p. 36).

[...] consiste no uso das instituições públicas para reforçar o poder da ocasião e dificultar o trabalho da oposição; trata-se de um intento deliberado de quebrar o princípio da igualdade política mediante a ocupação e o uso partidário de organizações que haveriam de ser independentes e imparciais na busca do interesse geral, e que se instrumentalizam para consolidar o poder de turno.

No âmbito estrito das competições eletivas, o abuso de poder político pode ser conceituado como toda ação ou omissão perpetrada por agente público que, no contexto de um pleito, desatenda a um ou mais comandos normativos constitucionais[215] ou legais,[216] empregando recursos públicos com o propósito oculto (ou relativamente disfarçado) de impulsionar ou estorvar candidaturas, mediante estratégias que implicam o detrimento da liberdade de sufrágio ou da paridade mínima entre os adversários, com prejuízos estruturais à legitimidade das eleições.

---

[215] Marco Aurélio Bellizze de Oliveira (2005, p. 31-32) prega que: "A observância dos princípios constitucionais que regulam a Administração Pública constitui inegável parâmetro ou referencial para a aferição do uso legítimo do poder ou do abuso no ato praticado, o que se comprova com a leitura do art. 37 da Constituição da República. [...] O desrespeito aos referidos princípios constitucionais, com a possibilidade de repercussão no pleito eleitoral, constitui sintoma denunciador da ocorrência do abuso do poder político ou de autoridade, a ensejar a aplicação das penalidades previstas na Lei de Inelegibilidades". No entanto, é óbvio que o problema não se resolve de modo tão simples. Isso porque o ofício administrativo se move, por natureza, dentro de um espaço de manobra insindicável por parte dos órgãos externos de controle, o que embota, por vezes, a identificação de abusos. Assim, Marcelo Moreira (1998, p. 31) comenta que: "Uma das maiores dificuldades encontradas no combate ao abuso de autoridade é o de retirá-lo da esfera da discricionariedade que é conferida à Administração Pública. Como é sabido, discricionariedade não se confunde com arbitrariedade. O abuso de autoridade ou desvio de poder dá-se, portanto, quando os poderes discricionários exercidos na prática de determinado ato administrativo são utilizados para fins diversos daqueles conferidos pela lei, ou por razões outras que fogem da direção que a norma conferiu a tais poderes". A observação serve para ilustrar quão problemática é a questão que se põe quando um órgão da jurisdição eleitoral tem de julgar a regularidade de determinada política pública à luz dos insondáveis desígnios do administrador. Afinal, é certo que a perseguição da "finalidade eleitoreira", tão frequentemente citada em precedentes judiciais pela cassação de mandatos, é de ser feita com extrema parcimônia e à luz de evidências concretas e irrespondíveis, sob pena de ser o Poder Judiciário o protagonista final de um arbítrio oriundo do Estado. O problema é, sem dúvida, extremamente difícil, quanto mais porque o abuso de poder político não é sempre visível, e regularmente surge encoberto por uma fumaça de legalidade.

[216] A prática do abuso de poder político surte efeitos negativos não apenas em relação ao pleito, mas corrompe, ainda, as bases do sistema representativo. Na inteligência de Djalma Pinto (2010, p. 199): "Quem abusa do poder para conquistá-lo seguramente não pretende exercê-lo para servir à coletividade, mas para servir-se dele, usufruindo, pessoalmente ou através de parentes e correligionários, de suas benesses".

Em doutrina, o instituto em apreço recebe um farto enquadramento, cabendo pinçar algumas valiosas lições:

> [O abuso de poder político] configura-se na utilização das prerrogativas auferidas pelo exercício de uma função pública para a obtenção de votos, esquecendo-se do tratamento isonômico a que todos os cidadãos têm direito, geralmente com o emprego de desvio de finalidade. (VELLOSO; AGRA, 2012, p. 380)

> O poder deve ser necessariamente exercido em harmonia com as regras e princípios regentes da atividade estatal, sendo injurídico o seu direcionamento a objetivos outros que não a satisfação do interesse público, máxime quando redundar em comprometimento do próprio ideal democrático, fonte última de sua legitimação. Desrespeitando o administrador público as regras e os princípios norteadores do seu obrar, em detrimento da normalidade e da legitimidade do procedimento eletivo, será flagrante o abuso do poder político. (GARCIA, 2005, p. 24-25)

> [...] não há dúvidas de que aqueles que disputam eleições tendo em mãos o Poder, ou sobre o aporte do mesmo, se veem diante da possibilidade de se autopromoverem eleitoralmente através da utilização deste em prol de interesses partidários. O uso político do poder estatal é uma maneira de desequilibrar a competição eleitoral utilizando-se da condição de superioridade e da capacidade de penetração social do Poder Público. (CALDAS, 2016, p. 127)

> O emprego legítimo da autoridade é indispensável para a realização dos fins do Estado. Todavia, não se pode exercê-la de forma abusiva, descuidada, exagerada ou desviada de sua finalidade própria. O abuso do poder de autoridade compreende condutas que, qualitativa ou quantitativamente, se afastam do uso adequado da autoridade e das competências assinaladas pela Constituição e pela lei. (GONÇALVES, 2018, p. 297)

> O abuso do poder de autoridade é todo ato emanado de pessoa que exerce cargo, emprego ou função na Administração Pública que excede os limites da legalidade ou de competência com finalidade de beneficiar determinado candidato. Trata-se da utilização da estrutura, dos recursos ou do pessoal da Administração Pública em favor da campanha eleitoral. (ROLLEMBERG; KUFA, 2018, p. 465)[217]

---

[217] Gabriela Rollemberg e Karina Kufa (2018, p. 465-466) advertem, com acerto: "[...] atos ímprobos que não possuem relação direta com as eleições não caracterizam abuso de poder político, mas tão somente irregularidades com repercussão na esfera administrativa, cível (Lei 8.429/92) e criminal". Com efeito, descabe cogitar de punir, nesta seara particular, condutas sem um mínimo de impacto no certame, caso, por exemplo, do desvio de verbas de subvenção destinadas à entidade prestadora de serviços de assistência social, com o propósito estrito de enriquecimento ilícito, sem qualquer conluio concretizado na promoção da candidatura do agente político responsável pela destinação dos montantes envolvidos.

CAPÍTULO 5
O ABUSO DE PODER EM ESPÉCIE | 213

É notório que os candidatos que desempenham cargos e funções públicas, ou que são apoiados por sujeitos que os ocupam, largam em posição de vantagem em relação aos demais competidores,[218] em razão de alguns fatores relevantes, entre os quais cumpre apontar, em *numerus apertus*: (i) a contínua prestação de serviços diretos à comunidade; (ii) a posse e a disposição de recursos materiais e humanos; (iii) o apoio especializado e constante fornecido pela engrenagem da publicidade institucional; (iv) a capacidade de articular medidas administrativas ou soluções legislativas com acentuado cunho populista; e (v) a exposição qualificada nos espaços em que se desenvolve a comunicação coletiva.

A *prestação de serviços públicos como função cotidiana* estende aos agentes públicos uma contrapartida positiva, fortemente capitalizável em termos eleitorais, concernente ao alastramento paulatino, no seio da comunidade, de um sentimento natural e amalgamado de dependência, dívida e gratidão.

Se a lealdade social em função de serviços prestados é, por um lado, uma consequência política idealmente desejada e positiva, porquanto indicadora, em tese, de uma disseminação horizontal de impressões individuais abonadoras da eficiência e da responsividade dos agentes do governo, pelo ângulo da paridade de oportunidades a presença de detentores de mandato nos prélios eleitorais será, sempre, um aspecto problemático, tendo em consideração o fato de que as possibilidades proporcionadas pelo atributo da governança oferecem aos dirigentes uma vantagem tal que nenhum sistema eleitoral poderá

---

[218] "O agente público, ou seja, aquele que detém o exercício de uma função pública, coloca-se em situação de vantagem perante o 'cidadão comum', porque tem como atividade cotidiana o atendimento dos interesses da coletividade e porque está naturalmente em evidência. Sem qualquer esforço, pode conquistar a simpatia dos que buscam o serviço público, bastando que cumpra com presteza o seu mister. Então, sem necessidade de se falar em abuso, o exercente de função pública já tem posição de destaque no contexto social, principalmente nos centros menores. A verdade é que esses agentes públicos, em período eleitoral, acabam se utilizando da sua posição de destaque para beneficiar candidaturas. Sempre foi prática corriqueira o uso da 'máquina administrativa' em prol de candidatos que têm a simpatia do Administrador. Quando o Prefeito, o Governador ou o Presidente querem se reeleger ou fazer o seu sucessor, toda a Administração se empenha em mostrar-se eficiente aos olhos dos eleitores, para convencê-los da necessidade da continuidade daquele governo. Para isso, as obras públicas se avolumam, não param as inaugurações e as campanhas publicitárias são intensificadas, sempre associando-se os benefícios levados ao povo com o Administrador de então. Esses atos de governo/administração, em outras ocasiões até entendidos lícitos, podem caracterizar abuso do poder político, porque assumem finalidade eleitoreira. [...] É essa a roupagem do abuso de poder político ou de autoridade. Porque essa prática também desequilibra o jogo de forças do processo eleitoral, deve ela ser firmemente combatida" (CASTRO, 2012, p. 304).

se aproximar de uma igualdade minimamente substancial enquanto permita que determinados *players* concorram com o apoio dos recursos oficiais. Surgem daí as numerosas e algo procedentes críticas direcionadas ao instituto da reeleição.[219]

Em diversos casos, essa vantagem política se materializa em razão da *posse e disposição de recursos materiais e humanos* pertencentes às Casas públicas, o que ocorre, a pretexto de exemplo, quando chefes do Poder Executivo promovem a distribuição gratuita de bens (tijolos, cestas básicas, *vouchers* para transporte intermunicipal etc.) ou favores (abreviação do tempo de espera para atendimento no serviço de saúde, atalhos em procedimentos burocráticos etc.), quando destacam veículos oficiais ou quotas de combustível pagas com o erário para a aplicação em campanha, ou ainda quando abreviam o horário de expediente de servidores com o propósito de conceder-lhes tempo para a realização de proselitismo político nas ruas.[220]

Outro sério fator de vantagem a inclinar a balança em prol dos intendentes reside no potencial para a captação de preferências individuais oportunizado pela engenharia da *publicidade institucional*, idealmente concebida para a divulgação impessoal de atos, programas, obras, serviços e campanhas dos órgãos públicos, com caráter educativo e de orientação (art. 37, da Constituição Federal), mas, sem embargo,

---

[219] Somente pelas condições injustas em que os intendentes competem, do ponto de vista eleitoral, o instituto da reeleição pode ser considerado condenável. Há, entretanto, razões políticas para também fazê-lo. De fato, críticas à reeleição são tecidas há quase dois séculos, como se infere dos estudos de Tocqueville (2010, p. 118), os quais concluem que o presidente que busca a renovação de mandatos despreocupa-se de seus encargos muito antes das eleições, passando a pensar apenas nelas. Isso faz com que acabe por deixar de agir de modo responsável e racional, tornando-se um executor de práticas populistas ou, de acordo com os termos que utiliza, um "dócil instrumento nas mãos da maioria". Não obstante, do ponto de vista político a possibilidade de recondução repercute, positivamente, na qualificação da representação política, à medida que o horizonte de recondução pressiona o detentor de mandato rumo à eficiência, a fim de que incremente a probabilidade de êxito no teste sucessivo do sufrágio.

[220] Nesse diapasão, conste que: "O abuso de poder político supõe posições de mando, ainda que de variada hierarquia. É rara a situação na qual o abusador age sem valer-se da estrutura organizacional da administração pública. São ordens dadas a terceiros que nem sempre estarão cientes do alcance ou finalidade efetivamente buscada pelo ordenador. Isso não significa que todo ato abusivo seja formalizado, apresentado com o cumprimento das exigências comuns aos atos administrativos ou à edição de normas. Uma ordem telefônica determinando ao chefe da Polícia Militar que obstrua logradouro onde haveria um comício de adversários políticos é um ato de abuso de poder. Um discurso feito a pessoas carentes com ameaça de cortes de benefícios, caso não se vote em determinado candidato, é ato de abuso de poder, nesse caso, político e econômico. Pode ser um ato de abuso de autoridade em sentido estrito, a exemplo de uma coação exercida, ilicitamente, ao sabor da posição hierárquica de alguém no serviço público" (GONÇALVES, 2024, p. 168-169).

atuando *in concreto*, aqui e ali, como ferramenta para o incremento dos índices de aprovação dos governantes perante a opinião pública, em clara ofensa ao princípio da impessoalidade e ao axioma republicano. Como narra a doutrina (PINHEIRO, 2018, p. 312), a prática governamental

> [...] tem relevado o completo desvirtuamento de tal instrumento, tendo a publicidade institucional (custeada pelos cofres públicos) servido como valioso instrumento de divulgação pessoal do gestor de plantão ou de seus aliados políticos, maculando, inequivocamente, o pleito eleitoral.[221]

Existe um consenso doutrinário em torno da ideia de que o uso desmedido da propaganda institucional, muito além de afetar o equilíbrio dos certames eletivos, arrisca também a normalidade da vida política. Para Sánchez Muñoz (2007, p. 285), é possível afirmar que o uso crescente desse recurso expõe o sistema a dois grandes riscos: em primeiro lugar, que a publicidade institucional se converta em um instrumento de propaganda política, mais ou menos sutil, a favor do

---

[221] De fato, Edson de Resende Castro (2012, p. 323) aponta: "Sabe-se que a Administração Pública pode promover a publicidade de seus atos, programas, obras, serviços e campanhas, sempre visando à educação, à informação e à orientação social dos administrados. A experiência vem evidenciando, entretanto, que essa publicidade institucional é invariavelmente desvirtuada e acaba trazendo muito pouco de informação e orientação social. Ao contrário, presta-se a promover pessoalmente o administrador. Só isso é suficiente para que ela seja suspensa e o administrador punido por improbidade, já que não observado, no mínimo, o princípio constitucional da impessoalidade". Na ótica de Rodrigo López Zilio (2016, p. 614): "O constituinte erigiu o direito à informação das atividades de governo à categoria de interesse público dos administrados, os quais têm o dever de exigir transparência do administrador público, o que importa conceber uma propaganda institucional adstrita aos limites legais. Ao consagrar o princípio da impessoalidade, o desiderato do legislador é proibir ato de promoção pessoal de autoridade ou de grupo (partido político, associação, sindicato etc.), que exerça ou tenha relação de afinidade com o poder governamental, na propaganda institucional". Em virtude do exposto, conclui o doutrinador gaúcho que "para ser válida, a publicidade institucional deve agregar, ao interesse público, o caráter educativo, informativo ou de orientação social". Do contrário, o expediente adentra o campo do ilícito, que, aliás, considera de tipo objetivo, a prescindir que seja vasculhada a intenção do agente responsável pela sua exibição. Sem embargo, excluída a possibilidade de uso da propaganda eleitoral com finalidade eleitoreira, é logicamente lícita a exploração de êxitos administrativos na campanha eleitoral, como bem aponta o Professor Adriano Soares da Costa (2016, p. 384): "Assim, o administrador pode e deve pleitear votos para seus correligionários com base em sua atuação frente à Administração Pública, pois se assim como a má gestão da coisa pública será explorada contra o grupo político ligado ao administrador, a boa gestão deve ser exposta como motivação para a continuidade administrativa. Não se pode deslembrar que a Administração Pública não é politicamente assexuada, sendo julgada nas urnas pelo que foi feito e pelo que deixou de sê-lo. Esse é o sentido mais profundo da democracia, e seria absurdo ser tolhido o candidato da situação de mostrar, em sua campanha, as conquistas apreendidas. Do mesmo modo, deve ser garantido aos partidos de oposição o direito de exprobrar a atuação dos que estão no exercício do mandato, buscando mostrar também os desmazelos, inércia e improbidade dos atuais mandatários e de seus candidatos".

partido governante, deixando de lado sua função primordial de servir aos cidadãos; de outra parte, o risco de que por meio das receitas geradas por contratos de publicidade os governos tratem de controlar os meios de comunicação, premiando aqueles que lhes sejam afins e castigando os que insistam em fazer-lhe oposição.

Nota-se, com isso, que em matéria de transgressões eleitorais a publicidade institucional pode tanto materializar, *per se*, o abuso de poder político (quando desvirtuada de seus fins), como ainda para instrumentalizar uma outra modalidade de abuso, a saber o uso indevido dos meios de comunicação social (quando usada como pretexto para a destinação de verbas publicitárias a órgãos hegemônicos da indústria da informação, a troco do oferecimento de uma cobertura jornalística sobejadamente benevolente). Pode, ademais, configurar o uso indevido das tecnologias de informação e comunicação, quando, *v.g.*, o corpo funcional é desviado de suas funções, mediante ordem para que interrompam suas atividades ordinárias para desenvolver uma militância política digital em ações de proselitismo ilícito ou em campanhas coordenadas de desinformação.

Soma-se em proveito dos gestores públicos a *capacidade para a articulação de medidas administrativas ou soluções legislativas de cunho populista*, como a criação ou a gestão irregular de programas sociais, bem ainda a contratação ou demissão de pessoal à revelia do quadro normativo de regência. Eis o caso, por exemplo, da omissão no dever de realização de concursos públicos, assim como a quebra das regras afetas à admissão de colaboradores em caráter emergencial ou urgente. Da mesma sorte, o lançamento de programas assistencialistas em ano eleitoral, em desrespeito aos requisitos impositivos inscritos no art. 73, §10, da Lei das Eleições, assim como o implemento oportunista de anistias tributárias em momento próximo ao das eleições.

Ainda nessa ordem de ideias, diga-se que para Lauro Barretto (1995, p. 47) o próprio lançamento do Plano Real constitui um exemplo perfeito e acabado da manipulação da competência normativa como instrumento para a realização de abuso de poder.[222] Marcelo Silva

---

[222] "Não é segredo para ninguém que o lançamento do *Plano Real* ficou estrategicamente subordinado ao momento eleitoral e às necessidades de impulsionamento da candidatura de Fernando Henrique Cardoso à sucessão do Presidente Itamar Franco. Ou seja, o Governo Federal, mesmo diante de um processo inflacionário galopante que já chegava às raias insuportáveis de 43% (quarenta e três por cento) ao mês, achou por bem sujeitar os critérios da *conveniência* e da *oportunidade* que lhe são conferidos pelo poder discricionário, às necessidades de seu candidato e só detonou o seu plano de estabilização da Economia no

(1998, p. 33 *et seq.*) cita, nessa esteira, a distribuição calculada de verbas orçamentárias e a outorga interesseira de anistias como exemplos do que chama de "neoclientelismo", derivação particular e atualíssima do ilícito eleitoral ora em estudo.

Finalmente, em contraposição ao relativo ostracismo midiático experimentado pelo "candidato médio", os gestores que disputam a reeleição gozam, regra geral, de uma *exposição privilegiada nos veículos de notícias*, como explica María Canel (1999). A politóloga espanhola considera ser habitual que os mandatários estejam em "campanha permanente" (CANEL, 1999, p. 102-103),[223] pois, depois de chegarem ao poder, precisam, para manter a popularidade, seguir com as mesmas técnicas de cálculo estratégico e de criação de imagem utilizadas durante o período eleitoral.[224]

---

momento que julgou mais rentável do ponto de vista político. Sobre essa questão, o jornalista Jânio de Freitas foi magistral ao afirmar, em um de seus antológicos artigos, [...] que 'o Itamar que apareceu de mãos dadas com Fernando Henrique foi o que viu, passivamente, a inflação subir de 26% a 43% ao mês sem exigir a menor providência. E sabendo muito bem do aperto crescente nos salários e vencimentos. Foi o que sabia ser verdadeira a informação pública de Winston Fritsch, segundo a qual levava ao exame do FMI o novo plano econômico (pronto desde que André Lara Resende deixou o governo no princípio de novembro de 93). Foi o Itamar que permitiu, passivamente, o engavetamento do plano por meio ano, para adequar seu lançamento à cronologia eleitoral de Fernando Henrique – enquanto os pesados custos sociais desta espera mais enriqueciam os enriquecidos e mais miséria distribuíam'. Evidentemente, não houve nesse *engavetamento* a menor violação de qualquer dispositivo legal: afinal a Administração Pública é soberana na escolha da *conveniência* e na *oportunidade* de seus atos. No entanto, sob o ponto de vista ético e moral, nada poderia ser mais reprovável do que a vinculação do lançamento do *Plano Real* ao cronograma da campanha eleitoral do candidato palaciano" (BARRETTO, 1995, p. 47).

[223] O conceito de "campanha permanente" (*permanente campaigning*) foi cunhado por Pat Cadell, conselheiro do recém-eleito Presidente James Carter. Cadell entregou a seu chefe um extenso documento no qual assinalava que as campanhas já não podiam ser encerradas com a vitória eleitoral, sendo necessário seguir "cortejando" os votantes por meio de diversas ações e programas desenvolvidos pela Presidência (SÁNCHEZ GALICIA, 2015, p. 55). "De acuerdo com Lilleker (2007), la campaña permanente se refiere al uso de los recursos de la oficina de individuos u organizaciones electas – gobiernos, partidos en el gobierno, miembros del parlamento, congresistas o cualquier otro representante –, para construir y mantener el soporte popular. La comunicación política refiere con ese concepto la utilización del cargo por parte de los elegidos [...] para construir y mantener una amplia y suficiente base de apoyo popular. Para realizar la campaña permanente, los sujetos se valen de los instrumentos de la comunicación política, a fin de abrirles espacios a sus programas, facilitar la victoria de su partido y sus candidatos en la siguiente elección y lograr una permanencia o continuidad del proyecto o grupo político. En la campaña permanente, gobernar se convierte en una campaña perpetua (Blumenthal, 1980) y convierte al gobierno en un instrumento diseñado para sostener la popularidad de un político electo" (SÁNCHEZ GALICIA, 2015, p. 55).

[224] Consoante Panke e Pimentel (2018, p. 75; 80-81), a formação da imagem pública é vital para os almejantes ou detentores do poder, e sua criação ocorre por meio de um processo que envolve "diversas instâncias, em diferentes momentos e instituições". Explicam que: "A fim de conquistar a adesão de eleitores, consumada nas urnas, os candidatos precisam

Essa necessidade de estar em constante campanha para conseguir que os governados mantenham a adesão é, em seu juízo, consequência do crescente desenvolvimento dos meios de comunicação, que permitem uma maior acessibilidade do público às atuações governamentais e proporcionam ao governante a possibilidade de estar em constante diálogo com os cidadãos.

Para Canel (1999), essa acessibilidade mútua entre cidadãos e líderes políticos faz com que os governantes se convertam em "seres públicos", isto é, em "indivíduos cujas ações estão constantemente submetidas à publicidade". Como consequência, a "campanha permanente" transforma os detentores de mandato em sujeitos muito visíveis no espaço midiático, sendo evidente que tal característica é rentável em termos eleitorais, na medida em que os torna "claramente reconhecíveis e identificáveis pelos votantes".[225]

---

ponderar a respeito de três elementos presentes em campanhas eleitorais, mas que não necessariamente coincidem: aquilo que o candidato realmente é; a imagem que ele almeja projetar; e aquilo que os eleitores percebem a partir dessa combinação (Salgado, 2004). Para tal, é necessário realizar a construção de um conceito, que seja factível com a versão original do candidato ao conjugar aspectos simbólicos ideais e reais do personagem. Assim, até chegar o momento da comunicação desse conceito, que ocorre essencialmente no período eleitoral, há a necessidade de uma equipe de pesquisa que investigue variáveis que podem ter como ponto de partida as seguintes questões: qual é a necessidade do meu eleitorado? Quais as crenças do meu candidato? Qual a personalidade deste candidato? Quais fatos relativos ao meu candidato serão atacados pelos oponentes e que devem ser evitados? Quem são os oponentes? O que o eleitorado espera de um representante? Com base nessas questões podemos construir e divulgar a imagem de um candidato que de forma coerente e crível agregue elementos como a plataforma de campanha (proposta), conceitos e ideias, o histórico do candidato e do partido, e a imagem apresentada por ele com sua postura física, sua forma de falar, vestir e se movimentar [...]".

[225] À vista dessa realidade, com o propósito de realçar a necessidade de equiparação entre as forças políticas, Burguera Ameave (2013, p. 63) lança uma relevante questão: se os governantes realizam uma campanha política permanente, por que a oportunidade não seria estendida à oposição, isto é, a todos os outros partidos políticos? A especialista registra, então, que: "si se tiene presente que unas elecciones democráticas deben caracterizarse por ser periódicas, libres, auténticas y disputadas, y permitir que los candidatos puedan ser suficientemente conocidos (tanto ellos como sus ideas y proyectos políticos, es menester que dispongan en igualdad de condiciones, todos ellos, de unas garantías suficientes de ejercicio de la libertad de comunicación política". Assim, revela-se sobremaneira pertinente o pensamento de Aline Osorio (2017, p. 189) que, na trilha de Arthur Rollo, defende que não se deve esquecer "que as atividades de proselitismo são uma constante na vida dos políticos e dos partidos. São de sua própria essência. Assim, não se pode, a pretexto de garantir a igualdade de oportunidades na disputa, sufocar a atividade política e a liberdade de expressão desses atores em períodos não eleitorais. Até mesmo porque isso também implica a criação de vantagens indevidas aos detentores de cargos políticos e outras figuras públicas, como atores e músicos, já que estes, em razão de suas atividades, mantêm-se constantemente no centro das atenções da mídia e da população. Desse modo, impedir que os demais políticos possam se apresentar e buscar obter visibilidade junto ao público fora dos períodos eleitorais, apresentando suas

CAPÍTULO 5
O ABUSO DE PODER EM ESPÉCIE

219

Sublinhe-se, mais, que a intervenção indesejada do aparelho administrativo na competição eleitoral encontra ainda formas indiretas de espelhamento, tendo em vista que, ao lado de expedientes diretos, canaliza-se, ainda, mediante uma "influência difusa" (RIBEIRO, 2001, p. 56; COÊLHO, 2006, p. 51), pelas mãos de entidades e organizações sociais que recebem favores ou contribuições compulsórias, reagindo, em compensação a essa espécie de compra de apoio institucional, com esforços em prol do incremento da base eleitoral do candidato do governo.

Essa realidade tem como consequência, sobretudo para os autores que diferenciam o abuso de poder político do abuso do poder de autoridade,[226] a ampliação do espectro de agentes que podem, em hipótese, levar a cabo o ilícito em exame. Nessa linha, Luiz Carlos Gonçalves (2018, p. 297) aduz:

---

ideias, objetivos, trajetória e formação, constitui verdadeira mácula à igualdade de chances e, ainda mais profundamente, à liberdade de expressão".

[226] Ao se referir ao abuso de poder político, a Constituição Federal (art. 14, §9º, *in fine*) pretende coibir "o abuso do exercício de função, cargo ou emprego na administração direta ou indireta". A Lei Complementar nº 64/1990 internaliza a ideia aludindo à expressão "abuso do poder de autoridade". O cotejo direto de ambos os dispositivos conduz à conclusão de que o termo "abuso do poder de autoridade" é sinônimo de "abuso de poder político". Essa percepção é majoritária, tanto na jurisprudência como na doutrina. Não obstante, um setor da doutrina prefere diferenciar os institutos. À guisa de ilustração, a diferenciação é realizada em laborioso trabalho de Mateus Henrique de Carvalho (2018, p. 371): "Embora alguns autores prefiram não distinguir o abuso de poder político do abuso de poder de autoridade, é de fundamental relevância a sua distinção, uma vez que o abuso de poder político será sempre de natureza pública, voltada ao uso da máquina estatal e de suas influências no sistema eleitoral. De outro lado, o abuso de poder de autoridade poderá ter natureza pública, e, então, poderá ser sinônimo de abuso de poder político, mas também poderá ser de natureza privada, como no caso do abuso de poder religioso ou sindical, que nada mais são do que subespécies do abuso de poder de autoridade. O poder político, portanto, caracterizar-se-á pelo uso da máquina pública para fins específicos, visando à permanência ou ampliação do poder de um grupo, partido ou candidato. Já o abuso de poder de autoridade caracterizar-se-á pelo uso ou proveito de seu cargo ou função, de sua hierarquia e liderança perante os demais, com o objetivo de impor um pensamento ou pretensão sobre os demais membros da sociedade como um todo ou de um grupo específico desta. Essa denominada 'autoridade' poderá ser pública ou não, mas sempre em condição de superioridade, com a capacidade de tomar decisões que repercutam na vontade de seus subordinados, de forma que aquela defina os termos dentro dos quais se espera que outras unidades coletivas ajam". Rodrigo López Zilio (2016, p. 542) é outro autor que aponta diferenças entre as espécies, propondo, no entanto, um corte conceitual mais sutil, e menos significativo do ponto de vista prático. Em seu julgamento: "Enquanto o abuso de poder de autoridade pressupõe a vinculação do agente do ilícito com a administração pública mediante investidura em cargo, emprego ou função pública, o abuso de poder político se caracteriza pela vinculação do agente do ilícito mediante mandato eletivo". No particular, a percepção de Zilio é plenamente coincidente com a de Emerson Garcia (2006, p. 25).

Tradicionalmente se entendia que o abuso do poder político supunha o exercício de cargo, emprego, função ou atividade pública, detendo a pessoa, portanto, parcela do poder estatal, excluindo do conceito pessoas que, em instituições particulares, exercessem mando. Esse conceito tem sido mitigado para incluir lideranças de partido político (que são instituições privadas) e de igrejas (que, conquanto sejam instituições privadas, gozam de especial proteção e favores do Estado).

Em confronto com os outros postulantes, portanto, os intendentes e demais agentes públicos desfrutam de avançadas posições de vantagem, fazendo com que a legislação eleitoral, em sua missão de assegurar a plena competitividade do pleito, proíba uma série de atos que, uma vez realizados, alargariam as distâncias entre os contendores, comprometendo, em seu âmago, a integridade da disputa. Cuida-se, claro, de manifestações normativas externadas em pleno compasso com o princípio da paridade de armas entre os candidatos, o qual pressupõe que os órgãos de Estado quedem substancialmente à margem do que sucede na contenda política.[227]

Nesse passo, a ordem regulatória desenha, nos arts. 73 a 77, da Lei das Eleições, uma série de condutas vedadas aos agentes públicos nas campanhas eleitorais,[228] as quais, consoante Marcos Ramayana (2010, p. 429), correspondem a obstáculos criados em razão de ações ilegais que fomentam a prática do abuso do poder, conformando um conjunto de regras que procura afastar a desigualdade entre os atuais mandatários

---

[227] "Outro aspecto do princípio constitucional da máxima igualdade entre os candidatos é a exigência da absoluta neutralidade dos poderes públicos na campanha eleitoral. No caso do poder político, seu uso já se configura abusivo, pois se trata de fator absolutamente irrelevante na disputa eleitoral, que não comporta sequer medidas para compensar a desigualdade entre os candidatos" (SALGADO, 2015, p. 218). Na sentença de Sánchez Muñoz (2007, p. 77): "La primera forma abusiva que es preciso evitar es la que puede derivarse de una utilización partidista de los resortes del poder político. En consonancia con ello, la dimensión negativa del principio de igualdad de oportunidades se traduce en un mandato de *estricta neutralidad de los poderes políticos en la campaña electoral*, lo que lleva consigo que éstos últimos van a tener vedada la realización de cualquier tipo de actividad comunicativa destinada a ejercer influencia en la decisión del electorado a favor o en contra de alguno de los competidores. En resumen, del principio de igualdad de oportunidades se desprende una prohibición terminante: los poderes públicos no pueden tomar parte en la campaña electoral".

[228] Pontue-se que o uso abusivo da máquina administrativa no curso dos processos eleitorais não é uma exclusividade da casuística brasileira. Pelo contrário, o abuso de poder político é objeto de preocupação por parte de diversos ordenamentos jurídicos estrangeiros, cumprindo, a propósito, pontuar, à guisa de exemplo, que a lei eleitoral argentina (art. 64, do Código Eleitoral) arrola algumas hipóteses bastante assemelhadas a algumas daquelas presentes nos arts. 73 e seguintes da Lei nº 9.504/97.

CAPÍTULO 5
O ABUSO DE PODER EM ESPÉCIE | 221

e aqueles que pretendem substituí-los no exercício dos mandatos eletivos. Seu propósito explícito – encontrado logo no *caput* do artigo inaugural – é preservar a isonomia entre os postulantes, evitando que os encarregados da máquina do Estado utilizem-na para modular, em favor de seus próprios interesses, o resultado da concorrência pública pelos espaços de representação política.[229]

Em tais dispositivos, a lei eleitoral retira da margem de manobra dos agentes públicos as seguintes possibilidades, alçadas à categoria de ilícitos ensejadores, a depender da hipótese, de multa e cassação, ou apenas multa: (i) ceder ou usar, em benefício de candidato, partido político ou coligação, bens móveis ou imóveis pertencentes à Administração direta ou indireta da União, dos estados, do Distrito Federal, dos territórios e dos municípios, ressalvada a realização de convenção partidária; (ii) usar materiais ou serviços, custeados pelos governos ou casas legislativas, que excedam as prerrogativas consignadas nos regimentos e normas dos órgãos que integram; (iii) ceder servidor público ou empregado da Administração direta ou indireta federal, estadual ou municipal do Poder Executivo, ou usar de seus serviços, para comitês de campanha eleitoral de candidato, partido político ou coligação, durante o horário de expediente normal, salvo se o servidor ou empregado estiver licenciado; (iv) fazer ou permitir uso promocional em favor de candidato, partido político ou coligação, de distribuição gratuita de bens e serviços de caráter social custeados ou subvencionados pelo Poder Público; (v) nomear, contratar ou de qualquer forma admitir, demitir sem justa causa, suprimir ou readaptar vantagens ou por outros meios dificultar ou impedir o exercício funcional e, ainda, *ex officio*, remover, transferir ou exonerar servidor público, na circunscrição do pleito, nos três meses que o antecedem e até a posse dos eleitos, sob pena de nulidade de pleno direito, ressalvadas: (a) a nomeação ou exoneração de cargos em comissão e designação ou dispensa de funções de confiança; (b) a nomeação para cargos do Poder Judiciário, do Ministério Público, dos Tribunais ou Conselhos de Contas e dos órgãos da Presidência da República; (c) a nomeação dos aprovados

---

[229] Com efeito, na esteira da repressão ao abuso de poder político, "[...] a norma eleitoral foi concebida precipuamente com a finalidade de punir o agente político que manipular a seu favor as probabilidades do êxito eleitoral em boicote às possibilidades de vitória dos demais opositores. Nesse caso, os potencialmente lesados são os adversários políticos pretendentes aos mesmos cargos eletivos almejados pelos manipuladores" (BOVÉRIO; BOVÉRIO, 2018, p. 234).

em concursos públicos homologados até o início daquele prazo; (d) a nomeação ou contratação necessária à instalação ou ao funcionamento inadiável de serviços públicos essenciais, com prévia e expressa autorização do chefe do Poder Executivo; (e) a transferência ou remoção *ex officio* de militares, policiais civis e de agentes penitenciários; (vi) nos três meses que antecedem o pleito: (a) realizar transferência voluntária de recursos da União aos estados e municípios, e dos estados aos municípios, sob pena de nulidade de pleno direito, ressalvados os recursos destinados a cumprir obrigação formal preexistente para execução de obra ou serviço em andamento e com cronograma prefixado, e os destinados a atender a situações de emergência e de calamidade pública; (b) com exceção da propaganda de produtos e serviços que tenham concorrência no mercado, autorizar publicidade institucional dos atos, programas, obras, serviços e campanhas dos órgãos públicos federais, estaduais ou municipais, ou das respectivas entidades da Administração indireta, salvo em caso de grave e urgente necessidade pública, assim reconhecida pela Justiça Eleitoral; (c) fazer pronunciamento em cadeia de rádio e televisão, fora do horário eleitoral gratuito, salvo quando, a critério da Justiça Eleitoral, tratar-se de matéria urgente, relevante e característica das funções de governo; (vii) realizar, no primeiro semestre do ano de eleição, despesas com publicidade dos órgãos públicos federais, estaduais ou municipais, ou das respectivas entidades da Administração indireta, que excedam a média dos gastos no primeiro semestre dos três últimos anos que antecedem o pleito; (viii) fazer, na circunscrição do pleito, revisão geral da remuneração dos servidores públicos que exceda a recomposição da perda de seu poder aquisitivo ao longo do ano da eleição, a partir do início do prazo estabelecido no art. 7º desta lei e até a posse dos eleitos; (ix) no ano em que se realiza eleição, promover a distribuição gratuita de bens, valores ou benefícios por parte da Administração Pública, exceto nos casos de calamidade pública, de estado de emergência ou de programas sociais autorizados em lei e já em execução orçamentária no exercício anterior; (x) infringir o disposto no §1º do art. 37 da Constituição Federal; (xi) nos três meses que antecedem as eleições, contratar *shows* artísticos pagos com recursos públicos para a animação de inaugurações; e (xii) comparecer, nos 3 (três) meses que precedem o pleito, a inaugurações de obras públicas.

Em uma análise panorâmica, as hipóteses acima descritas veiculam proibições especiais e momentâneas, vocacionadas à preservação da higidez da competição eleitoral contra: (i) o *clientelismo de Estado* (art. 73, inc. IV e §10, LE); (ii) o *desvio de recursos públicos para o fomento de campanhas eleitorais* (arts. 73, incs. II e III, e 75, LE); (iii) a *cooptação de apoio direto mediante a contratação ou revisão de normas remuneratórias com desvio de finalidade* (art. 73, inc. V, LE); (iv) a *cooptação de apoio indireto mediante a transferência voluntária de repasses a unidades federativas* (art. 73, inc. I, "a", e inc. VIII); e (v) o *uso anormal ou aproveitamento irregular de espaços ou ações publicitárias atinentes ao Estado* (art. 73, inc.VI, "b" e "c", assim como arts. 73, inc. VII, 74 e 77, LE).

Veja-se, porém, que o rol de condutas vedadas a agentes oficiais não esgota, de todo, a possibilidade de enquadramento do fenômeno do abuso de poder político nas disputas eletivas. Por certo, o plexo de atividades proscritas nesse capítulo da Lei das Eleições conforma um excelente e didático leque de possibilidades, mas é certo que o rol legislativo assume um caráter inequivocamente exemplificativo,[230] uma vez que o abuso de poder político constitui um ilícito cuja subsunção ordena, necessariamente, o exame do caso concreto, sendo, portanto, bastante mais fluido e abrangente do que as ações glosadas nos arts. 73 *et seq.* do estatuto eleitoral. Thiago Bovério e Paulo Henrique Bovério (2018, p. 232-233) esclarecem, muito pertinentemente:

> As vedações constantes dos arts. 73 e seguintes da Lei 9.504/97 são dispositivos taxativos, ou *numerus clausus*, isto é, trata-se de descrições normativas objetivas, de caráter exaustivo e proibitivamente imperativas.

---

[230] Luciano Tadau Sato e Sérgio de Souza (2008, p. 81) defendem o contrário: nesse sentido, limitam a abrangência do abuso de poder político às hipóteses de condutas expressamente proscritas, sob o argumento de que, assim, confere-se maior segurança jurídica, consistente na previsibilidade das hipóteses configuradoras do abuso, evitando-se o casuísmo na aplicação do direito. A afirmação, sem embargo, merece ressalva. A segurança jurídica é, obviamente, um valor a ser considerado num Estado de direito. Todavia, não há democracia de direito sem eleições normais e legítimas. Os valores ora ponderados – segurança jurídica de um lado, normalidade e legitimidade das eleições do outro – orbitam em torno do Estado, todavia em perspectivas diferentes, de antecedência e consequência: eleições normais e legítimas garantem a existência da democracia de direito que, por sua vez, admite a segurança jurídica como um de seus valores. Além disso, é curial reparar que a segurança jurídica nem sempre demanda um rol fechado de proibições. A ampla maioria doutrinária, inclusive, depreende, do conjunto de artigos em exame, um rol exemplificativo de condutas que podem, em tese, recair em abuso. Nessa senda, a título de ilustração, Caramuru Afonso Francisco (2002, p. 85) esclarece não haver uma lista única dos atos de abuso de poder político, de sorte que o catálogo da Lei das Eleições elenca, sem nenhuma dúvida, injustos eleitorais que não esgotam a matéria. De todo modo, parece claro que a legislação existente comporta características bastantes para um reconhecimento juridicamente seguro das hipóteses de abuso de poder político. Nessa linha, José Jairo Gomes (2016, p. 217) admite que o abuso de poder veicula "conceito jurídico indeterminado, fluido e aberto, cuja determinação semântica só pode ser feita na prática, diante das circunstâncias que o evento apresentar".

Em outras palavras, por estarem detalhadamente expostas no corpo da lei, não se requer o exame sobre a intensidade das práticas para a subsunção à norma, mas a descrição do fato, os sujeitos envolvidos e o período em que ocorreram para se aferir a ilicitude. [...]

Diferentemente do enquadramento de uma conduta vedada, o abuso do poder político é identificável mediante uma avaliação de ordem subjetiva, que surge a partir de parâmetros variáveis, pois geralmente se trata de uma prática administrativa lícita que se transforma em ilícita em razão da sua intensidade. Não se faz necessário para a sua caracterização, portanto, a categorização de um fato antijurídico descrito na norma, combinado com a exclusiva participação de agentes públicos em períodos que se avizinham às eleições.

Para aferir o abuso do poder político, deve ser apurado um conjunto de fatores comportamentais somados à dinâmica dos fatos praticados pela administração pública. [...]

Sem dúvida, portanto, algumas hipóteses de uso abusivo da máquina administrativa se tornam de difícil compreensão por serem intangíveis. Podemos, então, considerar que a prática do abuso de poder político é ilimitada e pode ser imperceptível, dissimulada ou até mesmo involuntária, enquanto que as condutas vedadas são aquelas descritas em um rol exaustivo e predefinido.

A jurisprudência do Tribunal Superior Eleitoral confirma o reconhecimento do abuso de poder político em termos abertos e abrangentes, adotando a ideia de que

> o abuso do poder político, de que trata o art. 22, *caput*, da LC 64/90, configura-se quando o agente público, valendo-se de sua condição funcional e em manifesto desvio de finalidade, compromete a igualdade da disputa e a legitimidade do pleito em benefício da sua candidatura ou de terceiros. (RO nº 172.365/DF. Rel. Min. Admar Gonzaga Neto. *DJe*, 27.2.2018)

Para o Professor Djalma Pinto (2010, p. 165), o abuso de poder político consiste na utilização de bens públicos ou na prática de ações, no exercício da função pública, visando ao favorecimento de candidato. O conceito, acertado em linhas gerais, aceita algumas ampliações, cujo apontamento se demonstra interessante para a qualificação da discussão.

Em leitura inicial, poder-se-ia pensar que, na caracterização do abuso de poder político, existe a necessidade de identificação de um especial fim de agir, o que se revela equivocado. Como visto anteriormente, a teoria do abuso de poder nas eleições parte da teoria geral do abuso de direito, comportando, decerto, as suas peculiaridades. Esta é uma delas: a responsabilidade no direito eleitoral carrega forte influência objetiva, como ensina José Jairo Gomes (2016, p. 165), que a vislumbra voltada para a efetiva proteção dos bens jurídicos tutelados (liberdade do eleitor, normalidade das eleições, legitimidade dos resultados), dispensando a investigação sobre aspectos psicológicos ou genéticos dos infratores e colocando a ênfase em demonstrar a existência objetiva de fatos reveladores de abuso de poder, com aptidão para o comprometimento indelével de dada eleição.

Além disso, a definição parece, em uma leitura superficial, transparecer que o abuso de poder deve pressupor, invariavelmente, alguma espécie de favorecimento. Sendo a ele inerente o desvirtuamento da normalidade eleitoral, é cediço que pode ser manejado não apenas para auxiliar, mas também para *prejudicar* aqueles que tomem parte na disputa,[231] o que ocorreria, p. ex., na hipótese de um candidato impedido de disputar a reeleição que deseje transferir o cargo para qualquer competidor, exceto o representante registrado pelo grêmio arquirrival.

Sobre os participantes da disputa, inclusive, versa a terceira observação vislumbrada a ser imposta a partir da definição oferecida por Pinto (2010). Com efeito, o conceito soa um pouco restritivo no que tange à delimitação subjetiva dos favorecidos: o abuso de poder político pode ocorrer em favor – ou desfavor, como se viu – não apenas de candidatos, mas também de partidos políticos e coligações partidárias.

Uma construção teórica mais abarcadora poderia mencionar, ainda, a existência de formas outras de abuso político além daquelas evidenciadas pelo uso de bens públicos ou prática de ações no exercício da função pública, como a factível figura do abuso de poder político por omissão.

A esse respeito, Caramuru Antonio Francisco (2002, p. 83), assim como José Jairo Gomes (2016, p. 316), José Herval Sampaio Júnior (2014, p. 94)[232] e Luiz Carlos dos Santos Gonçalves (2024, p. 169), enfrenta a

---

[231] Nesse ponto, relembre-se a lição de Nicolau Maquiavel (2010, p. 72), propalada aos novos príncipes, quando, ao lamentar o único erro que percebe na conduta de César Bórgia, observa: "Pois, como se disse, embora não pudesse eleger o papa de sua preferência, podia evitar que um adversário chegasse ao papado; e jamais deveria ter consentido que chegasse ao pontificado um daqueles cardeais que ele havia ofendido ou que, tornando-se papa, pudesse temê-lo: porque os homens ofendem por medo ou por ódio. [...] Portanto o duque errou nessa eleição, e tal erro foi a causa de sua ruína".

[232] Para o magistrado potiguar, o abuso de poder político por omissão ocorre, por exemplo, quando o prefeito deixa de fiscalizar ou aplicar multa a determinada empresa que apoia a

modalidade omissiva. Sua definição, nada obstante, também comporta alguns comentários. Nas palavras do autor, o abuso de poder do poder político significa uma ação ou omissão:

> [...] realizada por uma autoridade [...] fora dos limites traçados pela legislação eleitoral, limites estes que fazem exsurgir uma presunção *jure et de jure* de que o exercício do poder estará influenciando indevidamente o processo eleitoral, estará fazendo com que a Administração Pública esteja sendo direcionada para o benefício de candidato ou de partido político.

Embora bem construído, o conceito é limitador, já que, em verdade, o poder político não afronta apenas os limites da legislação eleitoral. Seu abuso constitui, também, acinte à principiologia constitucional da Administração Pública, à democracia e, portanto, à própria República.[233] Cuida-se, efetivamente, de ilícito medido pelo peso das *normas*, não apenas das regras, como nota Emerson Garcia (2006, p. 17), designadamente ao defender que a identificação do abuso de poder político deve ser realizada tendo como filtro os princípios legais e constitucionais que regem a matéria.

---

candidatura de quem é apoiado pelo atual prefeito, ou ainda no caso em que admite que seus subordinados procedam à contratação de servidores temporários sem justificativa e sem concurso público (SAMPAIO JÚNIOR, 2014).

[233] Como anota Canotilho (2003, p. 229), o princípio republicano adquire densidade mediante a estipulação jurídico-constitucional de diversos traços que lhes são característicos. Entre eles, no que se comunica com a questão do abuso de poder político nas eleições, cabe apontar "a ideia de um arranjo de competências e funções" que possibilite a existência de "esquema organizatório de controlo do poder", assim como a articulação de soluções normativas "antiprivilégios". No meandro específico do processo eleitoral, o catedrático da Universidade de Coimbra leciona, no caminho do espírito republicano, que: "A mais moderna formulação do princípio da igualdade de acesso aos cargos públicos aponta para a garantia do justo valor das liberdades políticas, significa que este valor, seja quais forem as posições sociais e econômicas dos cidadãos, tem de ser aproximadamente igual, ou, no mínimo, suficientemente igual, no sentido de que todos tenham uma oportunidade equitativa de ocupar cargos públicos e de influenciar o resultado das decisões políticas". Ainda na quadra do princípio republicano, Marcelo Moreira (1998, p. 45) entende que "para caracterizar-se o cometimento do abuso de poder de autoridade, basta a marca de improbidade administrativa, no sentido de macular a normalidade e a legitimidade das eleições. Assim sendo, não se pode admitir que homens que foram designados pela coletividade para exercer cargos públicos se utilizem da res publica em benefício próprio, ou se transmudem em cabos eleitorais". José Jairo Gomes (2016, p. 315) também se manifesta sobre o ponto abordado: "É intuitivo que a máquina administrativa não possa ser colocada a serviço de candidaturas no processo eleitoral, já que isso desvirtuaria completamente a ação estatal, além de desequilibrar o pleito – ferindo de morte a isonomia que deve permear as campanhas e imperar entre os candidatos – e fustigar o princípio republicano, que repudia o tratamento privilegiado a pessoas ou classes sociais".

No mais, a subsunção do caso à hipótese demanda criteriosa investigação do caso concreto, pois é na realidade dos fatos que se deve buscar a verificação de eventuais desbordes. Do ponto de vista de Márlon Jacinto Reis (2012, p. 258), é preciso que o próprio candidato ou qualquer de seus apoiadores esteja no exercício de cargo, função ou emprego público que lhe confira capacidade para solucionar problemas pessoais de eleitores, ou angariar recursos materiais ou mesmo serviços que interessem à campanha.

Historicamente, o uso desmedido da engrenagem política foi vivenciado em larga escala, desde a celebração das primeiras eleições no país. Nas décadas que precederam a guinada tendente à depuração dos procedimentos (Código Eleitoral de 1932), os pleitos brasileiros eram tendencialmente decididos em favor dos candidatos que representavam os interesses das forças da situação.

Num primeiro momento, os métodos de pressão eram tão indiscretos e contundentes que eliminavam (mais do que ofendiam) a legitimidade dos eventos de escolha popular. De fato, pese o anacronismo, pelos padrões atuais não se consideram autênticas eleições em que a intenção do sufrágio seja, quase literalmente, moldada à base do cacete, ou em que os resultados sejam talhados a "bico de pena".[234] Posteriormente, com o estabelecimento e a evolução dos mecanismos de coibição dos excessos em tela, a utilização do aparato do Estado, paulatinamente, passou a assumir formas cada vez menos patentes, porquanto mais sofisticadas, disfarçadas e sutis.

---

[234] Márlon Reis (2012, p. 33) recorda alguns dos principais expedientes utilizados para fraudar as eleições em meados do século XIX. As "eleições a bico de pena" eram assim chamadas em referência ao objeto utilizado para a realização das atas eleitorais. Nessas, "quem de fato escolhia os novos mandatários não eram os eleitores, senão os componentes de mesas eleitorais que simplesmente 'criavam' os mapas reveladores do resultado da eleição". Naquele tempo: "Era comum o voto dos mortos e daqueles que já não residiam na localidade. Em certa época, os eleitores mais propensos a votar na oposição podiam ser esperados à porta das sessões eleitorais por agressores mercenários. Esse foi o caso dos 'capoeiras' (Bahia) e dos 'cacetistas' (Rio de Janeiro)". Nesse contexto, informa que à oposição eram reservadas poucas cadeiras parlamentares, apenas para legitimar a incontestável supremacia do Governo. Segundo Volgane de Oliveira Carvalho (2016, p. 83): "[...] na década de 1920 surgiram manifestações sociais capazes de demonstrar a insatisfação dos cidadãos com o regime político, mas tais movimentos não alcançaram grande sucesso. Diante desses arremedos de contestação, o governo cuidou de desenvolver um derradeiro meio de fraudar o desejo dos eleitores: as comissões verificadoras de poderes, grupamentos designados pelas casas legislativas federais a fim de reconhecer os mandatos dos eleitos e conferir-lhes os diplomas. Esse mecanismo cuidava da depuração dos oposicionistas e mereceu a alcunha popular de degola".

Ainda hoje, à revelia de um sofisticado catálogo coibitivo, são inúmeras as formas pelas quais o abuso de poder político é empregado nas eleições. A modo de ilustração, citem-se casos em que ocupantes de cargos públicos obrigam subordinados a trabalhar em sua campanha; distribuem combustível, tijolos ou outros bens adquiridos com dinheiro público; realizam contratação de funcionários sem a realização de concurso público; estabelecem ligações entre suas figuras e a continuidade de programas sociais que gerenciam; concedem conscienciosamente favores como atendimento privilegiado em filas de atendimento do sistema de saúde ou primazia na obtenção de moradias populares; transformam dependências públicas em sedes de comitês ou depósitos de materiais de campanha; favorecem-se da personalização irregular de espaços de mídia destinados à realização de propaganda institucional; desvirtuam a utilização de espaços obrigatórios para a realização de pronunciamentos oficiais; manipulam a agenda para que a inauguração de obras (muitas vezes inacabadas) ocorra nos dias que antecedem o pleito eleitoral etc.

Como mencionado alhures, o abuso de poder pode se revestir tanto de uma forma comissiva como de forma uma omissiva, muito embora o abuso por inércia ou negligência seja, em geral, ignorado por alguns setores da doutrina.

Exceção entre a maioria, Armando Sobreiro Neto (2018, p. 63) se atenta para o tema, ainda que forma breve, para defender que:

> [...] o abuso, quanto ao modal comissivo, se dá com a prática de ato contrário ou desobediente à lei, ou ainda, com afronta aos princípios que dela emanam e que repercutem no certame eleitoral vindouro ou em andamento. Relativamente ao ato omissivo, haverá abuso quando, independentemente do resultado material dele, se violar os bens jurídicos tutelados pela legislação eleitoral, notadamente quando há abalo à igualdade de oportunidades entre candidatos.

O assunto é pertinente, devendo ser examinado com maior detalhamento.

A estrutura do ilícito eleitoral por abuso de poder não apresenta grandes diferenças em relação aos ilícitos encontrados em outros ramos do direito. Por esse motivo, José Jairo Gomes (2016, p. 222) reputa aplicável, no particular, a tipologia geral dos atos jurídicos. Na lição do célebre autor, no que toca à estrutura, o ilícito eleitoral apresenta os seguintes elementos: (i) conduta abusiva; (ii) resultado; (iii) relação causal; (iv) ilicitude ou antijuridicidade.

Em sua ótica, a *conduta* "não expressa necessariamente um comportamento único e individualizado, podendo ser a síntese de um complexo de atos", de sorte que o abuso de poder político pode exsurgir de uma somatória de pequenas condutas, perfazendo-se por seus efeitos acumulados, ou seja, pelo "conjunto da obra".

Já a *ilicitude* encontra-se em conduta que ofenda não apenas à lei, mas também aos princípios jurídicos aplicáveis à casuística administrativa, constitucional ou eleitoral (lembra, *v.g.*, do exemplo relativo à captação de votos mediante a decretação de anistia tributária).

A Lei da Ficha Limpa na LC nº 64/1990, em ponto específico cuja transcrição é oportuna – "Art. 22. [...] XVI - para a configuração do ato abusivo, não será considerada a potencialidade de o fato alterar o resultado da eleição, mas apenas a gravidade das circunstâncias que o caracterizam" –, torna necessário um exame detalhado sobre a estrutura do ilícito de abuso de poder político, notadamente porque a assinalada inovação legislativa realiza alterações axiológicas na estrutura do ilícito em exame.

O dispositivo em destaque teve como motor a superação de entendimento pacificado no âmbito do Tribunal Superior Eleitoral, no sentido de que configuração de abuso de poder, em qualquer de suas modalidades, exigia a demonstração da potencialidade lesiva, sendo essa indicada pela probabilidade de que o ato julgado tenha prejudicado a normalidade ou a legitimidade do pleito (GARCIA, 2006, p. 18).

Com efeito, o reconhecimento do abuso, na impressão da Corte Superior, reclamava a valoração do elemento *resultado*. A partir da reforma legal, a análise valorativa passa a recair, também, sobre a *conduta*, que há de ser tachada de "grave". Na esteira de Walber Agra (2016, p. 118-119), no modelo atual "a análise da gravidade não se detém ao resultado das eleições, perpassando todos os elementos que podem influir no transcurso normal e legítimo do processo eleitoral".

No contexto hodierno, então, o elemento da gravidade aparece como um parâmetro de interpretação para a análise da potencialidade.[235]

---

[235] À vista da gravidade, Edson de Resende Castro (2014, p. 283-284) propõe uma cisão entre as transgressões eleitorais que orbitam o espectro do abuso de poder. Chama, assim, de *abuso de poder simples* o conjunto de irregularidades que outros autores tratam como "subespécies" de abuso de poder, ou de abuso de poder "em sentido amplo" (notadamente, as hipóteses de captação ou gasto ilícito de recursos, captação ilícita de sufrágio e condutas vedadas a

Nesse caminho, é bem de ver que a inovação legislativa, num primeiro momento, acabou por não alterar o posicionamento do Tribunal segundo o qual o reconhecimento de abuso de poder dependeria da análise da potencialidade da conduta para alterar o resultado do pleito. Nesse guiar, em precedentes de antanho, assinalava a Corte que "a potencialidade constitui pressuposto do reconhecimento do abuso do poder e consiste no exame da gravidade do ato ilícito de modo a comprometer a normalidade e a legitimidade das eleições" (AgR-REspe nº 25.686.037/SP. *DJe*, 1º.8.2011).

Posteriormente, com a alteração legislativa e a consequente viragem jurisprudencial, a estrutura do ilícito eleitoral abusivo passaria a pressupor a presença de uma *conduta abusiva grave*, em acréscimo aos demais elementos mencionados pelo Professor José Jairo Gomes (ilicitude, resultado e nexo de causalidade).

No tocante ao *resultado*, difunde-se em doutrina a ideia de que o reconhecimento do abuso de poder político dispensaria maiores exames sobre o impacto das ações perpetradas no resultado do processo eleitoral. Caramuru Afonso Francisco (2002, p. 84), por exemplo, considera que o abuso de poder político representa um acinte à principiologia constitucional imposta à Administração Pública e, por isso, "não se tem como deixar de reconhecer que a simples ocorrência de prática considerada abusiva trará a necessária sanção no campo eleitoral, sem

---

agentes públicos, assim como a fraude e a corrupção). De outra banda, o eleitoralista mineiro enquadra na rubrica *abuso de poder qualificado* o rol de casos de abuso de poder em sentido estrito (abuso de poder político, econômico ou midiático), extraindo o adjetivo qualificador, justamente, da necessidade de demonstração da gravidade da conduta. A proposta de Castro repercute nas lições da Professora Raquel Ramos Machado (2018, p. 256-257) que, a esse respeito, destarte se posiciona: "O abuso de poder simples configura-se independentemente de afetar a lisura da disputa, ou a normalidade e a legitimidade, não sendo necessária a comprovação da gravidade da conduta. Sua teorização e normatização têm por fim levar ao aperfeiçoamento das instituições democráticas, combatendo condutas claramente ilícitas durante a campanha, que revelam a aptidão de *jogar qualquer jogo* para se alcançar o poder, como a compra de voto, a fraude, o uso de valores indevidamente arrecadados, gastos não declarados, o abuso de prerrogativas do cargo etc. Advém de gradativa alteração da legislação eleitoral, diante da percepção de que algumas condutas deveriam ser combatidas, com o manejo de ações próprias, por meio da tipificação específica de comportamentos prejudiciais ao desenvolvimento da democracia. A finalidade primordial das normas que visam a atacar o abuso de poder simples é a cassação do registro ou do diploma, ou ainda a desconstituição do mandato. Apenas indiretamente podem levar à inelegibilidade. Já o abuso de poder qualificado materializa-se apenas diante de condutas graves, nos termos do art. 22, XVI, da LC nº 64/1990 [...]. A finalidade imediata é, além da cassação do registro ou diploma do candidato diretamente beneficiado pela interferência do poder econômico ou pelo desvio ou abuso do poder de autoridade ou dos meios de comunicação, a aplicação direta da sanção de inelegibilidade".

se perquirir sobre sua influência, ou não, no resultado da eleição". José Jairo Gomes (2016, p. 318), no que lhe concerne, veicula o argumento de que nos casos de abuso de poder:

> O resultado não é necessariamente natural ou mecânico, podendo ser meramente normativo, traduzindo ferimento ao bem ou interesse protegido pela norma eleitoral. Ressalte-se que, no Direito Eleitoral, o resultado não apresenta caráter patrimonial, como ocorre no Direito Privado. Antes, malfere bens e interesses político-coletivos, difusos, no sentido de que diz respeito a todos indistintamente), preciosos ao adequado funcionamento das instituições e do regime democrático e à normalidade da vida político-social, tais como a legitimidade do exercício do poder político, a higidez do pleito, a veraz representatividade, a sinceridade dos votos, a confiança no sistema de votação etc. Desnecessário dizer que esses bens não são apreciáveis economicamente.

Nessa esteira, o que importa para a configuração dos tipos estudados, pelo aspecto do resultado da prática ilícita, é a caracterização de ofensa substancial a algum dos valores jurídicos tutelados pelo microssistema de proteção da integridade das eleições. Tendo em conta que a legitimidade eleitoral supõe a presença de três pilares fundamentais (liberdade para o exercício do sufrágio, igualdade de oportunidades entre os candidatos e autenticidade do resultado das urnas), segue-se que a régua pela qual se afere o abuso de poder apontará, positivamente, para a sua incidência sempre que qualquer daqueles elementos haja sido alvo de uma afronta grave, donde se conclui que, se por um lado, a aptidão para o comprometimento do escore da competição (a chamada "potencialidade para a alteração do resultado do pleito") é um forte indicativo da existência de abuso de poder punível, por outro lado, a ausência de indícios de tal comprometimento não elimina por completo a possibilidade de punição. É plenamente viável, do ponto de vista lógico, cogitar a presença de grave violação à liberdade do sufrágio, por exemplo, sem colocar em questão a matemática final do certame. Basta imaginar a hipótese de prefeito que suborna um grupo de cem eleitores, situados num universo de cinquenta mil votantes. No entanto, a questão não é tão simples, devendo ser examinada, sempre, à luz do princípio da soberania popular, tal como defendemos no capítulo final desta obra.

Por derradeiro, no que diz com o *nexo causal*, é cediço ser mandatória a presença de uma conexão entre a ação (ou inação) atribuída ao agente público responsável pelo abuso de poder, e a respectiva ofensa (resultado) ao valor jurídico prestigiado pela norma (legitimidade das eleições). José Jairo Gomes (2016, p. 318), contudo, vai além do óbvio, para aclarar que "embora se fale em relação causal", no caso "esse vínculo é lógico-jurídico, não material ou físico; cuida-se de relação imputacional em que um resultado é atribuído ou imputado a pessoa ou ente, que por ela deverá responder no âmbito do ordenamento eleitoral". Anote-se, todavia, a existência de um pensamento doutrinário aparentemente diverso, identificado na obra do Professor Djalma Pinto (2010, p. 199):

> O nexo de causalidade é essencial para a configuração do abuso de poder político ou econômico? Não. A quantificação ou correlação entre o abuso praticado e o proveito do ilícito, aferido com base no resultado da urna, só é tida por relevante por quem não atenta para a soberana popular. Quem alicia eleitor para receber um único voto é indigno de receber mandato. É necessário, porém, a prova inequívoca do fato caracterizador desse abuso.

Em última análise, porém, a posição externada não conflita com o sentir majoritário. A diferença, no caso, reside no fato de que o mestre cearense entende como resultado (o potencial para a reorientação do resultado das urnas). Nesse diapasão, as impressões doutrinárias são plenamente conciliáveis, desde que o resultado do ilícito seja entendido não apenas como a capacidade de surtir impacto no produto final da votação, mas também, ou mais principalmente, como a flagrante e grave violação de algum ou alguns dos axiomas regentes do microssistema de defesa da normalidade e da legitimidade das eleições.

O abuso de poder político por ação encontra menção expressa em qualquer manual da disciplina. A forma omissiva, por outro lado, raramente é lembrada; e arrostada, quase nunca. Sem embargo, o tema foi enfrentado de frente por Emerson Garcia (2006, p. 9):

> A unidade e a harmonia característica do sistema jurídico bem indicam que, a exemplo do abuso de direito na esfera privada, o abuso de poder pode estar presente tanto na ação quanto na omissão. O *facere e o non facere*, como é intuitivo, consubstanciam unidades existenciais norteadas pela ideia de dever jurídico, afastando qualquer possibilidade de disposição do agente público.

O abuso de poder político por omissão é realizado por meio de grave abstenção de agente político, que, deixando de fazer algo a que

CAPÍTULO 5
O ABUSO DE PODER EM ESPÉCIE | 233

estava juridicamente obrigado, compromete a normalidade ou a legitimidade das eleições, em benefício ou prejuízo de candidato, partido ou coligação.

No quadro regente, identifica-se a previsão expressa de pelo menos uma hipótese de ilícito político omissivo na regulação das eleições brasileiras. Trata-se de conduta vedada constante do inc. IV do art. 73, da Lei das Eleições, a proibir que se faça ou que se *permita* o uso promocional em favor de candidato, partido político ou coligação, distribuição de bens e serviços de caráter social custeados ou subvencionados pelo Poder Público. O verbo "permitir", como se nota, remete, claramente, à ideia de tolerância negligente, aludindo, portanto, a uma inação.

Tirante a hipótese legalmente prevista, é possível vislumbrar inúmeros outros expedientes configuradores, em tese, de abuso de poder político por omissão. Para demonstrá-lo, devemos, antes, analisar a estrutura do abuso omissivo, que, opina-se, assim se apresenta: (i) omissão grave; (ii) resultado; (iii) nexo de causalidade; (iv) ilicitude.

René Ariel Dotti (*apud* GRECO, 2009, p. 152) ensina que a omissão representa "a abstenção de atividade juridicamente exigida, [constituindo] uma atitude psicológica e física de não-atendimento da ação esperada, que devia e podia ser praticada". Dentro dessa perspectiva, é curial perceber que nem todo absenteísmo político-administrativo deve ser punido na seara eleitoral. A sanção por injustos eleitorais é de ser reservada, tão somente, a casos que evidenciem a presença do denominado "não fazer ilícito", sempre atrelado ao descumprimento culposo de uma obrigação legal de agir.

Qualquer norma jurídica pode servir de parâmetro para o reconhecimento do dever jurídico de atuação. Na análise do abuso de poder político por omissão, avultam de importância os princípios constitucionais de direito administrativo, em especial o da legalidade, previsto no art. 37, *caput*, CF. A ordem que dele se extrai é a de que nenhum agente público pode se abster diante de comando normativo, legal ou principiológico que exija sua atuação, a fim de evitar prejuízos ao serviço ou patrimônio público, às necessidades da comunidade e de seus membros ou a qualquer outro valor erigido pelo ordenamento jurídico.

Isso posto, como exemplo de abuso de poder político por omissão, registramos um exemplo histórico: em 1985, a inflação monetária no Brasil ultrapassava o patamar de 200% ao ano. O Estado encontrava-se tão endividado que se viu obrigado a declarar a moratória da dívida externa. No ano seguinte, pese a crise existente, o governo gozava de enorme aprovação popular, em virtude do Plano Cruzado que, entre outras medidas, determinou o congelamento de preços, mas não o de salários, reajustáveis segundo uma política de concessão de abonos. Em abril daquele ano, porém, setores do governo já enxergavam problemas no plano, entre eles a pressão na demanda causada pelo consumo desenfreado.

Segundo Bastos Marques (1988, p. 121), apenas ao final do mês foi tomada a primeira medida de restrição ao consumo, consistente na redução do crédito direto ao consumidor. Naquele tempo, técnicos do Banco Central argumentaram que teria sido mais eficaz a execução de uma política monetária mais ativa, com o fito de ajustar a taxa de juros. Em suas palavras, "isso denotava que a preocupação com a condução política monetária, ausente na formulação do plano, começava a manifestar-se" (MARQUES, 1988). Obviamente, as medidas consideradas mais adequadas pelo Banco Central não teriam um bom impacto no eleitorado. Assim, optou o governo por se omitir até que se realizassem as eleições. De acordo com a autora:

> Entre agosto e novembro, a questão político-eleitoral teve prioridade em relação à questão econômica. Durante este período foram tomadas apenas medidas paliativas, para minimizar a situação até a realização das eleições para governadores e para a Assembléia Constituinte. Logo após as eleições, no dia 21 de novembro, as autoridades econômicas apresentaram um programa de ajuste ao Plano Cruzado, denominado Cruzado. (MARQUES, 1988)

O cenário ilusório sustentado pela omissão do governo rendeu ao partido da situação a eleição de vinte e um entre os vinte e dois governadores de estado à época, surtindo, desta feita, um efeito eleitoral estrondoso, servindo o caso para demonstrar o potencial lesivo de determinadas omissões políticas no tocante à normalidade dos pleitos.

5.1.2 Abuso de poder econômico

> *Um poder sobre a subsistência de um homem equivale a um poder sobre a sua vontade.*
>
> (*O Federalista*, nº LXXIX)

A experiência democrática não se esgota na técnica eleitoral. Como propõe a teoria política, um regime governamental, ainda que surgido de eleições livres e competitivas, perde democraticidade quando se afasta radicalmente da legalidade ou quando ignora, sistematicamente, as expectativas e anseios emanados do tecido social. Destarte, a celebração de eleições não é mais de que um ponto de partida para a consecução de uma democracia saudável, na medida em que o verdadeiro teste para o modelo democrático envolve exigências adicionais, cabendo aos governos sucessivamente eleitos proteger os direitos de as minorias operarem sob as bases do Estado de direito e colaborarem para o progressivo fortalecimento da sociedade civil (BJORNLUND, 2010, p. 4).

Nessa quadra, Leite Pinto, Matos Correia e Roboredo Seara (2009, p. 61) opinam que a gênese legítima do poder não resolve, em definitivo, o problema da legitimidade democrática, tendo em consideração que a apreciação coletiva sobre a sua performance pode "questionar supervenientemente aquilo que era *ab initio* pacífico".

Em situações de estabilidade social e política, os aspectos formais e procedimentais constituem, de fato, o cerne do problema da legitimação; em períodos conturbados, no entanto, ou no caso da tomada de decisões socialmente graves e controversas, introduzem-se, nesses meandros, elementos substanciais de apreciação. Daí o acerto de Pedicone de Valls (2000, p. 49), ao prescrever que um sistema democrático é legítimo quando, para além de sujeitar-se aos princípios e normas do direito positivo, o poder de comando tem, não só em sua gênese como também em sua condução, a aprovação da maior parte da população,[236] manifestada por intermédio dos canais pertinentes.

A partir dessa percepção, distinguem-se entre duas espécies de legitimidade: a *legitimidade de origem* e a *legitimidade de exercício*.[237] A primeira é oferecida pelo ato eleitoral, que se apresenta como a face formal (ou procedimental) das democracias concorrenciais; a segunda, pelo estrito respeito aos fundamentos constitucionais no exercício concreto do poder representativo,[238] a fim de evitar o distanciamento entre

---

[236] Diagnóstico análogo pode ser encontrado em Pereira Monteiro (2003, p. 27), neste ponto exato: "[...] ou o Poder é exercitado de acordo com a vontade popular, e está-se perante uma situação caracterizada pela legitimidade democrática; ou é exercido à margem dessa vontade, [...] e então os que o exercitam carecem de legitimidade, tornando-se legítima a desobediência".

[237] Com extrema lucidez, a legitimidade de origem e a legitimidade de exercício são denominadas por Gianfranco Pasquino (2010, p. 360), respectivamente, como "democracia de entrada" e "democracia de saída".

[238] Sobre a questão, confira-se o aporte de António de Sousa Lara (2017, p. 240): "A legitimidade do poder é a relação de conformidade entre a origem e a conduta do poder e o disposto em regras morais ou religiosas determinantes para grupos sociais definidos. Aqui a relação

aquilo que o sistema democrático espera e aquilo que a classe política pratica, com o consequente desgaste indicativo do fenômeno que a doutrina chama de "erosão do poder" (MALTEZ, 2018, p. 258). Acerca do tema, Martínez Sospedra e Uribe Otalora (2018, p. 329) prescrevem:

> La representación es un instrumento para consagrar la legitimidad de los gobernantes, para establecer que los mismos son titulares de un justo título de mando. La razón última es clara, un gobernante es legítimo cuando se produce una adecuación de su origen, medios y actividad a los fines colectivos socialmente reconocidos, esa legitimidad queda asegurada en el caso de que los gobernantes puedan ser tenidos, y efectivamente sean, los representantes de los ciudadanos.

No *corpus* doutrinário, o delineamento da legitimidade de exercício é bem realizado por Betrand de Jouvenel (*apud* RIBEIRO, 1999, p. 44), para quem a ideia supõe que os mandatários estejam, frequentemente, em harmonia com a opinião pública corrente, na medida em que a aceitação generalizada do princípio democrático provoca "[...] não só a conclusão de que o povo ou os eleitores podem formar uma vontade juridicamente eficaz como também a de que esta deve ser a vontade fundamental do Estado e de que suas opções devem servir de critério de atuação dos governantes" (MIRANDA, 2018, p. 44).

Se dita harmonia não pode ser perfeita, em razão da inexistência de uma concepção coletiva coesa a respeito do que significa o invocado "bem comum", por outro lado ela também não deve ficar abaixo de certo nível, de modo que se houver um "divórcio muito pronunciado [entre ambas], os dirigentes tornam-se ilegítimos", notadamente quando suas práticas erosionem, sistematicamente, o "edifício do consenso" (HERMET, 2014, p. 157).

---

estabelece-se entre os mesmos factos e uma pauta muitas vezes não escrita (os costumes, os usos, as crenças) e de adesão subjectiva. A questão da legitimidade do poder conhece, ainda, uma distinção clássica que se regista e distingue entre: 1. A *legitimidade de origem, de título ou inicial* – referindo a relação de competência entre a pessoa ou órgão actuante e o poder que através deles se manifesta, e; 2. A *legitimidade de função, de eficácia ou de exercício* – relativa à relação de conformidade entre o poder em causa e o fim ou fins a que se destina". Para José Adelino Maltez (2018, p. 259), a legitimidade de título é objeto de estudo do constitucionalismo, cuja preocupação visa essencialmente, na quadra das constituições formais, das formas de governo e dos tipos de Estado, a "estática de saber-se quem manda" – e, acrescentamos, com base em que se encontra em condições de mandar. Em outro giro, a legitimidade de exercício habita os domínios da ciência política, que procura descobrir, no âmbito dos "tipos funcionais de governação", como se manda e até onde se pode mandar, versando, pois, sobre a "dinâmica da política", optando pelo critério da análise de fato em detrimento do critério da análise de valor.

CAPÍTULO 5
O ABUSO DE PODER EM ESPÉCIE

237

É claro que os limites do direito eleitoral não traspassam a questão do nascimento do governo. Tudo o que a partir daí se corrompa há de ser objeto de regulação dos ramos jurídicos constitucional, administrativo ou criminal, a depender do caso. Mas, em pontos particulares, à ciência em tela conferem-se maiores espaços de atuação, porque todo o ordenamento jurídico atua, também, com um mote defensivo, pautado no conceito geral de prevenção.

Nesse sentido é que surge o cuidado da legislação para com a questão da influência monetária nas competições eleitorais. Se o poder econômico tem força para deslegitimar um certame eletivo – afetando a liberdade de escolha[239] e minando o equilíbrio de oportunidade entre os candidatos –, também o possui para descredenciar a atuação do governo escolhido, na medida em que o coloca, hipoteticamente, refém de pressões para o atendimento de interesses particulares,[240] relegando a um segundo plano a persecução do bem-estar social. Como ponderou o Min. Teori Zavascki na apreciação da ADI nº 5.394, em passado recente:

> Tal como acontece em praticamente todas as instâncias da vida coletiva nas sociedades de mercado, a presença do dinheiro na política é inevitável. Mas, por mais natural que seja, ela inspira cuidados constantes. Quando encontra comodidade suficiente para radicalizar sua persuasão na forma do assédio, o dinheiro se torna uma ameaça insidiosa ao funcionamento republicano da política, colocando em risco de solapamento duas características elementares do sistema de democracia representativa: a igualdade de chances na disputa pelo poder e a autenticidade da representação popular.

Sob a bandeira da legitimidade, portanto, permite-se e limita-se, ao mesmo tempo, a utilização do fator econômico nas campanhas

---

[239] "Da intromissão do poder econômico na liberdade de escolha resulta [...] a eleição de representantes ilegítimos, à medida que esses representantes não são produto da vontade verdadeiramente livre dos representados, confundidos pela máquina eleitoral sutilmente azeitada por enormes somas de dinheiro. Como consequência última, observa-se um crescente afastamento entre as decisões políticas adotadas pelos representantes e as reais expectativas e necessidades dos seus destinatários, gerando uma crise de legitimidade evidente" (LIMA, 2009, p. 20).

[240] É que "todos aqueles que financiam [campanhas eleitorais] conseguem que lhes fique aberta a via para a obtenção de favores e benefícios" (REIS, 2012, p. 254). "O fato de alguém doar recursos para campanha de determinado candidato não lhe assegura direito algum para interferir na atuação do favorecido com a doação, caso venha a ser eleito. Doação [...] não é compra de commodity para interferir na atuação do governante cuja campanha foi favorecida com a dádiva. Não gera obrigação alguma para com o doador. [Sem embargo] A corrupção costuma ter seu ponto de partida no financiamento de campanhas" (PINTO, 2010, p. 290).

eleitorais:[241] a injeção financeira é juridicamente aceita para que os competidores tenham meios para a condução de suas campanhas, deixando-se bem conhecer pelo corpo de cidadãos, mediante a propagação de suas ideias, projetos e intenções;[242] mas para que sua influência disso não passe, em face de seu uso contrapõem-se os deveres de observar as regras e limites, bem ainda de prestar contas à Justiça Eleitoral, a quem interessa, por todo o exposto, o exercício de controle e fiscalização sobre toda a atividade pecuniária levada a cabo no decurso da competição.[243] Com efeito:

> No quadro atual, o poder econômico é o que ganha especial notabilidade em função da inevitável aproximação do capitalismo às injunções do poder, tornando o jogo democrático uma espécie de mercado de transações onde os financiamentos de campanha figuram como fontes de aliciamento de políticos através da ligação destes com as elites econômicas que circundam as nações.[244]

---

[241] "É possível o uso do poder econômico no âmbito eleitoral enquanto e na medida e que não colidir com os princípios republicano e democrático. Ele sempre será, no entanto, um fator a causar [alguma] desigualdade na disputa, ainda que não seja usado 'de modo irregular, oculto ou dissimulado'" (SALGADO, 2009, p. 51).

[242] Logo, como propunga Anna Paula Oliveira Mendes (2022, p. 33), "[...] deve-se ter em mente que o dinheiro não é o vilão do jogo político. Sem dinheiro não se faz campanha ou propaganda, e sem campanha não se faz uma democracia. A propaganda eleitoral não tem o único objetivo de captar votos para um pleito determinado, mas é igualmente essencial para o direito à informação do eleitor, que apenas irá escolher o seu representante de modo verdadeiramente autêntico se tiver acesso a tudo o que aquele candidato pensa e pretende". Assim, a permissão para o emprego de recursos financeiros, antes de se convolar em uma prática indesejada, é medida necessária para que a democracia complete o seu ciclo, com a reunião de condições que permitam o acesso a alternativas ideológicas e programáticas medidas e comparadas como parte do processo de desenvolvimento das escolhas conscientes.

[243] "A legislação eleitoral brasileira tem a cada dia se aperfeiçoado para encontrar mecanismos voltados a reduzir a influência do poder econômico nas eleições. Nesse diapasão, a Lei das Eleições previu regras para a arrecadação e aplicação de recursos nas campanhas eleitorais que, uma vez violadas, podem vir a caracterizar abuso de poder econômico nas eleições, a saber: i) limitação de gastos de campanha por cargo em disputa, através de lei; ii) indicação de quem seja o responsável financeiro pela campanha; iii) abertura de contas bancárias específicas para registrar toda a movimentação financeira da campanha eleitoral; iv) determinação para que candidatos se inscrevam no Cadastro Nacional das Pessoas Jurídicas (CNPJ); v) limitação da quantia em dinheiro ou estimável em dinheiro a ser doada para as campanhas eleitorais por pessoas físicas; vi) tramitação de todo recurso financeiro pela específica conta de campanha; vii) proibição de recebimento de doações de pessoas jurídicas; viii) indicação dos gastos sujeitos a registro a limites legalmente fixados; ix) obrigatoriedade da prestação de contas por partidos políticos e candidatos etc." (ALMEIDA, 2017, p. 505).

[244] Em ensaio sobre as relações entre o dinheiro e as eleições, o sociólogo Jorge Matar Vilela (2004, p. 269) aponta que, em termos históricos, os certames eleitorais municipais se afirmam como processos de troca de recursos por votos. Textualmente, defende, numa abordagem descritiva, que: "[...] a época da política é o tempo em que alguns querem votos e outros querem favores. Aos que desejam votos resta apenas dobrarem-se aos desejos dos que os

Tal situação revela não apenas um dos principais impasses do sistema político atual, mas, sobretudo, o maior dos desafios encarados pelo Direito Eleitoral na contemporaneidade. Os ordenamentos jurídicos se vêem obrigados a cumprir com o dever democrático de assegurar a presença de todas as correntes políticas no pleito eleitoral, mas, ao mesmo tempo, são provocados a impedir que pressões abusivas dos que detêm maior poderio econômico influenciem negativamente na decisão dos eleitores. (CALDAS, 2016, p. 2)[245]

O poder econômico tem como base a desigualdade na distribuição e na apropriação dos recursos necessários para a subsistência e determinantes para a qualidade de vida daqueles dos quais se espera determinada postura (VILAS, 2013, p. 29).[246] Trata-se, pois, de realidade que pesa e influi sobre o espectro de escolha de pessoas em situação de carência ou necessidade em sentido amplo.

Norberto Bobbio (2000, p. 162), acompanhando o pensamento de C. Wright Mills,[247] define o poder econômico como aquele que se vale da posse de certos bens necessários (ou assim considerados) em uma situação de escassez, para induzir pessoas que não o possuem a adotar

---

detêm. E como corolário: os que obtiveram favores devem reconhecer-se devedores dos que os concederam, obrigando-se a retribuí-los levando a efeito a palavra empenhada na época do recebimento. Ao detentor dos favores resta honrar seus compromissos junto aos donos dos votos. Essa é a regra, declarada ou tácita. Resta saber o modo como ela responde ao funcionamento da máquina social e as formas como as regras podem ser legitimamente rompidas".

[245] "Nesse viés, o combate a tal modalidade de abuso [o abuso de poder econômico] busca estabelecer limites ao emprego de recursos financeiros nas campanhas, para que os candidatos economicamente mais favorecidos não tornem impossível a participação no pleito e o acesso a cargos eletivos de outros candidatos menos abastados. Mais que isso, busca-se combater a utilização de recursos de forma desproporcional, com o intuito de obter vantagem nas eleições" (MACHADO; TORRES, 2018, p. 423).

[246] Em sua obra, Vilas (2013, p. 29-30) propõe um largo rol ilustrativo, com o fim de reforçar o ponto. Nesse guiar: "La amenaza de despido o de retrogradación en el empleo suelen ser herramientas a las que recurren las empresas para obtener un mejor desempeño de sus trabajadores y funcionarios; la falta de tierras laborales obliga a los agricultores a aceptar las condiciones que fija el terrateniente para el acceso temporal a una parcela; la retención de oferta de bienes o servicios puede forzar a un gobierno a autorizar un aumento de precios, a modificar una política tributaria o un esquema de relaciones laborales; el control de los espacios urbanos por consorcios inmobiliarios suele confinar a las familias de menores ingresos a areas insalubres de alto riesgo ambiental, con peor dotación de servicios básicos". Indo além, Márlon Reis (2012, p. 38) defende que também o abuso de poder político se assenta sobre a desigualdade social. Para ele, a exclusão econômica encontra-se ligada à exclusão política, do que decorre a eficácia na utilização dos mecanismos de governo para a distribuição de benesses, com vistas a assegurar à situação a vitória na batalha eleitoral.

[247] Como recorda Maltez (2018, p. 255), é Mills quem assenta a ideia de que "os que exercem poder fazem-no, exatamente, porque têm aquilo que falta àqueles que não o detêm".

um comportamento desejado por quem quer que o detenha.[248] Para o mestre de Turim, a posse de grandezas econômicas representa uma enorme fonte de poder, haja vista que, em geral, qualquer agente que possua bens em abundância torna-se capaz de condicionar o comportamento de indivíduos que se encontram em situação de penúria, por meio do oferecimento, da promessa ou da entrega de alguma espécie de compensação material. Assim é que poder econômico pode, naturalmente, traduzir-se numa substantiva capacidade de influência sobre o bem-estar alheio.

As fontes econômicas, nesse balanço, viabilizam uma sorte de "compra de obediência" (FERNÁNDEZ RUIZ, 2010, p. 18), no ponto exato em que se demonstram capazes de submeter tanto aqueles que carecem de recursos como aqueles que os têm escassos, bem ainda os sujeitos que, embora os possuam, tencionam tê-los com mais abundâncias, ou seja, em maior volume.[249] Isso porque um dos motores do comportamento humano é, precisamente, a busca incessante pela satisfação pessoal, possibilitada, sobretudo no mundo moderno, pelo acúmulo de recursos materiais.

A busca por ganhos financeiros se apresenta, portanto, como uma constante na ação dos indivíduos, motivo pelo qual o impulso por essa procura influi de maneira importante na dinâmica dos comportamentos humanos e, por conseguinte, na constância das relações sociais (URIARTE, 2013, p. 49). Jaz aí a razão pela qual os atores que

---

[248] A palavra "posse", em contraposição à "propriedade", não é utilizada em vão. Edurne Uriarte (2010, p. 49) aclara que: "[...] el medio para la posesión del poder económico no es unicamente la propriedad, tal como tradicionalmente se ha destacado. En las sociedades actuales, el poder económico se reparte entre los proprietarios tradicionales, por un lado, y los gerentes o gestores, por otro lado. Esta diferenciación nos llama la atención sobre el hecho de que la herencia constituye sólo una parte de los orígenes del poder económico. Las elites económicas están formadas por los proprietarios que han heredado la propriedad, por nuevos proprietarios que han adquirido esa propriedad a lo largo de su vida y por los gestores que tienen capacidad para hacer esa propriedad rentable y que, debido a esa capacidad, ocupan posiciones de control en las cimas del poder económico". Vê-se, então, que o poder econômico não é monopólio de proprietários, sendo também compartilhado e ostentado por agentes que gerenciam e dispõem do capital. No âmbito próprio do direito eleitoral, a constatação tem efeitos práticos e concretos, por exemplo, por permitir a associação do abuso de poder econômico em hipóteses de corrupção eleitoral mediante o uso do dinheiro público (interessante para que os casos possam ser discutidos em sede de ação de impugnação de mandato eletivo).

[249] "Ao negociar o voto, há de se supor que o eleitor dispõe de certa liberdade de opção, mas está disposto a aliená-lo em troca de bens ou vantagens materiais, imateriais, potenciais ou imediatas. Assim, concebe o voto como um possível meio para satisfação de carências e, por isso, opta por tratá-lo como objeto de negócio, tornando-se o sujeito passivo em uma negociata" (PRADO, 2013, p. 380).

dispõem de riquezas econômicas possuem grande capacidade para condicionar as decisões alheias, ao tempo em que os carentes de recursos (designadamente os hipossuficientes), em contrapartida, são certamente fragilizados pelo premente desejo de abandonar tal condição (FERNÁNDEZ RUIZ, 2010, p. 18).[250]

Por outro lado, a distinção em termos de potencial financeiro redunda na construção de vantagens em comparação com os demais candidatos, prejudicando o nivelamento das condições da competição, uma vez que "é evidente que os competidores que gozam de maiores recursos econômicos têm mais chances de alcançar uma visibilidade superior em relação aos menos abastados financeiramente". Como consequência, "o uso abusivo do poder econômico é visto como uma das maiores ameaças ao essencial equilíbrio das disputas eleitorais, atingindo em cheio aquilo que consideramos o coração da democracia representativa: a igualdade de oportunidades nas competições eleitorais" (CALDAS, 2016, p. 3).

No ambiente das eleições, o abuso de poder econômico pode ser entendido, em perspectiva geral, como "a exacerbação de recursos financeiros para cooptar votos para determinado(s) candidato(s), relegando a importância da mensagem política a um segundo plano" (VELLOSO; AGRA, 2012, p. 380).[251] Em fórmula alternativa, Fernando Muniz Santos (2008, p. 56) define o abuso econômico na seara eleitoral como a espécie de desmando:

---

[250] Esse jogo de dar e receber é característico das relações de clientelismo, sabidamente tradicionais em sociedades como a brasileira. A respeito da conexão entre os interesses materiais e a atividade política dos cidadãos, Othon Pereira (BAQUERO, 1998, p. 61) propugna que a "[...] chave conectora para o entendimento de suas percepções políticas está relacionada com a maneira como é processada a resolução de seus problemas materiais". Para o estudioso, o que se observa na prática é que a forma usual de resolução de problemas é a obtenção de favores pessoais, a partir dos quais é possível construir uma robusta clientela política.

[251] "Na vertente econômica, o abuso de poder se caracteriza com a interferência direta desse tipo de vantagem direcionada a influir no resultado das eleições. Veda-se a utilização da riqueza como requisito para a obtenção da vitória eleitoral. O mandato deve ser disputado com a verificação de critérios como a lista de serviços prestados, obras realizadas em favor da comunidade, autenticidade da liderança política, persuasão no plano das ideias, projetos defendidos, convicções apresentadas, companhias políticas, jamais por critério econômico. A influência do poder do dinheiro afasta da vida pública diversas lideranças autênticas, e os que permanecem, com bastante frequência, sem generalizações impróprias, costumam ceder aqui ou acolá a algum tipo de desvio no uso do poder econômico, até para garantir a sobrevivência política. É dizer, está cada vez mais difícil a vitória eleitoral baseada em ideias e convicções, pautada na força da palavra e do argumento" (COÊLHO, 2006, p. 49).

[...] decorrente de condutas comissivas ou omissivas, através das quais agentes econômicos utilizam fatores de produção (capital, trabalhos, insumos ou conhecimento) de modo a distorcer o resultado do pleito eleitoral, com o objetivo de controlar tal resultado em proveito próprio, ascendendo ao poder ou nele perpetuando-se, por si próprios ou através de seus correligionários ou financiados.

Em última análise, a ideia do abuso de poder econômico remete à utilização de todo e qualquer mecanismo de convencimento baseado no emprego de bens econômicos com o objetivo de proporcionar vantagens para influenciar eleitores, mediante a cooptação das preferências individuais e/ou a quebra do equilíbrio de oportunidades ou das regras econômicas do *fair-play* eleitoral, elementos que, como é cediço, devem informar, tanto no palco como nos bastidores, o espetáculo democrático no qual se desenrola a pugna pela ponteira da condução política.[252]

No que tange ao esforço de construção conceitual, para além de concepções essencialmente neutras,[253] é possível divisar, no corpo doutrinário, a existência de quatro diferentes linhas de abordagem quanto ao fenômeno do abuso de poder econômico. Essas linhas de abordagem, em verdade, resumem e explicam as suas principais maneiras de expressão.

Uma primeira corrente põe acento no *elemento mercantil*, associando o abuso em questão à prática da compra de votos em detrimento da liberdade para o exercício do sufrágio; outros autores, contudo, estudam-no pelo *prisma contábil*, definindo o ilícito em tela a partir do rompimento de regras atinentes ao comportamento financeiro de partidos e candidatos no decurso do pleito, em prejuízo à transparência e à probidade na condução de suas campanhas; outra gama de

---

[252] Ao coibir o abuso de poder econômico, "o intuito do legislador é prestigiar valores como liberdade, virtude, igualdade, sinceridade e legitimidade no jogo democrático. Pretende-se que a representação popular seja genuína, autêntica e, sobretudo, originada de procedimento legítimo. Não basta, pois, que haja mero cumprimento de fórmulas procedimentais, pois a legitimidade exsurge sobretudo do respeito àqueles valores" (GOMES, 2016, p. 313).

[253] Como exemplos de concepções neutras, podem-se citar, entre outras, as lições de Rodrigo López Zilio e Adriano Soares da Corta, *litteris*: "Caracteriza-se o abuso de poder econômico, na esfera eleitoral, quando o uso de parcela do poder financeiro é utilizada indevidamente, com o intuito de obter vantagem, ainda que indireta ou reflexa, na disputa do pleito" (ZILIO, 2016, p. 541); "[...] o abuso de poder econômico consiste na vantagem dada a uma coletividade de eleitores, indeterminada ou determinável, beneficiando-os pessoalmente ou não, com a finalidade de obter-lhes o voto" (COSTA, 2016, p. 385). No ponto, a neutralidade é cravada em razão da inexistência de direcionamento em relação ao corte taxionômico proposto.

especialistas coloca ênfase no *aspecto da visibilidade*, enfrentando o abuso de poder econômico pelo ângulo de sua repercussão no ambiente (ou nas condições) em que se enfrentam os *players*, destarte atraindo para a análise do tema questões conexionadas com a dimensão objetiva da liberdade do sufrágio e com a igualdade na distribuição de chances entre os contendores; por fim, na literatura acadêmica o abuso de poder econômico também é abordado eminentemente pela ótica dos valores jurídicos afetados.

A ênfase no *elemento mercantil* pode ser vislumbrada no magistério de estudiosos que associam o injusto em tela à sedimentação do "controle clientelista do eleitorado" (SCHEDLER, 2016, p. 147), chamando especial atenção para o problema relativo à conquista do voto em função da distribuição generosa de dinheiro e/ou favores particulares.[254]

---

[254] Manuel Villoria Mendieta (2006, p. 182) percebe que o rendimento de determinado ator político é valorado não apenas pública, mas ainda privadamente, dando a entender que a apreciação em torno de uma figura pública também se vincula aos benefícios proporcionados pelos candidatos tanto no nível micro (das trocas individuais) como no nível macro (das trocas coletivas). Dessa forma, entende que a orientação do voto se sujeita à consideração de consequências em termos de privilégios eventualmente distribuídos por aqueles que competem pela preferência dos votantes. Resume, pois, que no limite os candidatos triunfam, ou não, em virtude de uma soma, composta tanto pela notoriedade do que fazem pelo coletivo como pela clientela organizada que possuem e consigam, por meio do dinheiro, manter ativa. De acordo com o Professor da Universidade Rey Juan Carlos: "En el *clientelismo electoral* el cliente es un votante, quien da su voto, al que acede por derecho reconocido legalmente, a aquel partido que por promesas hechas personalmente por el candidato o sus representantes le garantiza mayores favores y beneficios materiales exclusivos. Lo que se intercanbian son necesariamente votos por favores. El rasgo típico del vínculo político clientelar frente al vínculo político programático es que, en el segundo, el partido votado no se compromete con sus votantes a proporcionarles favores y privilegios, sino a aplicar unas políticas determinadas de forma objetiva y universal (Máiz, 2004). En este segundo supuesto – vínculo programático – se intercambian promesas de políticas y programas públicos por votos" (VILLORIA MENDIETA, 2006, p. 190). Segue o autor para apontar, a partir das lições de R. Máiz, que o clientelismo possui, em geral, dez traços básicos, a saber: (i) o partido clientelista, ainda que se preocupe em assegurar uma forte organização interna, descuida de clarificar a sua pauta programática, ao revés do partido programático que investe bastante energia nessa definição; (ii) no partido clientelista o intercâmbio entre políticos e eleitores é direto (troca de votos por benefícios, ao tempo em que no partido programático os benefícios são indiretos, extraídos da implementação de seu programa; (iii) o clientelismo implica individualização e personalização (os benefícios não são universais e coletivos, mas concentrados nos indivíduos que participam da relação clientelar); (iv) em função da imediaticidade e da concretude, na relação clientelista a checagem de resultados é mais fácil de ser realizada; (v) o clientelismo é uma instituição informal, que cumpre funções de distribuição de informações e recursos como uma burocracia paralela; (vi) a relação própria ao intercâmbio clientelar é desigual e assimétrica, envolvendo interações de sujeição e subordinação; (vii) as redes sociais do clientelismo progridem verticalmente, e são comandadas pelos patrões; (viii) o clientelismo é um grande inibidor da ação coletiva e da mobilização política; (ix) o patrão deve manter a rede mediante uma autêntica estratégia de dominação política, na qual é muito importante o controle e a constante subministração de incentivos; e (x) o clientelismo tende a expandir-se: a disputa entre patrões pelos espaços

Nessa linha, Edson de Resende Castro (2012, p. 285) propõe que o abuso de poder econômico "[...] nada mais é do que a transformação do voto em instrumento de mercancia. É a compra, direta ou indireta, da liberdade de escolha dos eleitores". A compra de votos – como diz a doutrina – "frauda a aritmética política" e constitui, a rigor, uma espécie de "despotismo eleitoral", na medida em que "oprime a liberdade de escolha do mandatário político e reforça a submissão pelo sistema de desequilíbrio social, debilitando a integração econômica dos eleitores" (RAMAYANA, 2018, p. 780).

Segundo Edson de Resende Castro (2012, p. 285), a compra de votos é uma prática que, sem dúvida, "compromete a lisura e a normalidade das eleições, posto que o eleitor que recebe a benesse já não mais tem condições de decidir pelo voto baseado nos valores verdadeiramente

---

de dominação alavanca, com ela, os índices de corrupção (VILLORIA MENDIETA, 2006, p. 192-194). Ainda acerca das práticas clientelistas, são valiosas as lições de Rosario Espinal (1988, p. 114-115): "La relación patrón-cliente ha recebido múltiples atributos en la literatura sócio-política. Para Scott, la relación patrón-cliente puede definirse como un tipo especial de relación didática que asume en gran medida un carácter instrumental en el cual el individuo de status sócio-económico más alto (el patrón) usa su influencia y recursos para oferecer protección o beneficios a la persona del status más bajo, quien a su vez retribuye al patrón oferecendo apoyo, asistencia y servicios personales. Según Kaufman, la relación patrón-cliente se define como un tipo de especial de intercambio mutuo que muestra las siguientes características: a) la relación ocurre entre actores que tienen poder y status desigual; b) la relación se basa en el principio de la reciprocidad: esto es, es una forma de intercambio personal cuya estabilidad depende de los resultados que cada actor espera obtener mediante la entrega de bienes y servicios al otro, lo cual cesa cuando las expectativas dejan de materializarse; y c) la relación es particularista y privada, ligada sólo de manera difusa a la ley pública. Para Eisenstadt y Roniger, las principales características de la relación entre el patrón y el cliente son las siguientes: a) las relaciones son usualmente particularistas y difusas; b) la interacción que sirve de fundamento a esa relación se caracteriza por un intercambio simultâneo de recursos de diferentes tipos, sobretodo económicos y políticos (apoyo, lealtad, votos, protección), y promesas de reciprocidade, solidaridad y lealtad; c) el intercambio de recursos es usualmente combinado en 'paquetes', es decir, los recursos no se intercambian de manera separada, sino conjuntamente; d) tiende a haber un fuerte componente de reciprocidad y confianza en la relación que se proyecta en el largo plazo; e) la obligación interpersonal permea la relación – esto se expressa usualmente en términos de lealtad personal o reciprocidad entre el patrón y el cliente – mientras que el elemento de solidaridad puede ser muy flerte como en el caso de las relaciones primarias típicas del patronazgo clásico o débil como en el caso de las maquiarias modernas; f) las relaciones entre patronos y clientes no son fundamentalmente legales o contractuales, se basan en mecanismos 'informales' de entendimiento y con frecuencia se oponen a la ley formal; g) a pesar de su persistencia y consistencia, las relaciones entre patrones y clientes se inician de manera voluntaria y pueden, teoricamente por lo menos, romperse voluntariamente; h) las relaciones clientelistas se asumen en la forma vertical – siendo la manifestación más simple y didática – y tienden a subvertir la organización horizontal tanto entre los patronos como entre los clientes; i) las relacines entre patronos y clientes son muy desiguales y expresan la diferencia de poder entre unos y otros, con los patronos monopolizando recursos que necesitan o desean los clientes".

democráticos". Pelo contrário, "cansado de esperar pela iniciativa do Estado, [...] sente-se grato por aquele que lhe socorreu a aflição", alienando o seu voto e o de seus familiares de uma forma quase natural.[255]

Na trilha do doutrinador mineiro, quando se apoia no dinheiro, o ator político menospreza a função do voto como instrumento de cidadania plena, como manifestação do poder do povo na transformação do governo, conduzindo o cidadão a alienar a sua liberdade de escolha em troca de "vantagens econômicas de ocasião" (CASTRO, 2012, p. 277).[256] Assim como observa Pereira Monteiro (2003, p. 296), dando eco a Bobbio, o estágio clientelar deteriora a democracia na medida em que promove a diminuição do número de "votos de opinião" em prol do aumento da quantidade de "votos de troca".

Nesse caminho, em uma análise especificamente costurada sobre a compra de votos, Villoria Mendieta (2006, p. 268-269) julga a prática "altamente prejudicial" para a democracia e para a imagem objetiva da

---

[255] Marcos Ramayana (2018, p. 561-562) observa que o clientelismo político tem, hoje, uma forma institucionalizada de manifestação, identificada na instalação permanente de entidades ou centros sociais. Discorre que os centros sociais são "entidades que garantem proteção aos eleitores de um determinado partido político ou mandatário eleitoral, pelo seu estado de pobreza, miséria e por diversas carências de necessidades básicas e condições econômicas. O eleitor solicita os serviços de forma permanente ou temporária, sendo a assistência social de cunho eleitoral efetivada por instituições privadas, vinculadas à religião ou leigas, mas que podem de alguma forma angariar recursos públicos. A atividade organiza-se na forma de ações filantrópicas, ocupando espaço do Estado e neutralizando-o na fomentação da política social, na medida em que favorece classes sociais específicas com a finalidade eleitoral manifestada direta ou indiretamente na conquista de votos, sem compromisso de continuidade e afetando até mesmo à preservação da isonomia ideal entre os participantes das campanhas políticas eleitorais". Conforme Ramayana (2018): "O 'centro social' é uma forma de manutenção do subdesenvolvimento e a consagração da incompetência governamental. É uma forma de se negar a efetivação concreta de melhorias públicas para a população em determinadas regiões que se constituem em redutos e feudos previamente dominados, inclusive com a criação oportunista e o desmanche do estabelecimento clientelista nos anos de eleição, após o desfecho do resultado das urnas". Do ponto de vista das condições da disputa, o professor fluminense afirma que "o fato de um candidato efetuar doações e prestar serviços, gerando a dependência eleitoral da população local por meio de medicamentos, serviços de manicure e de construção civil, prestação odontológica, especialização em cursos de informática e enfermagem, garante-lhe a possibilidade concreta de vitória na eleição, além de ser um forte meio de manutenção do fiel eleitorado para as eleições vindouras, sendo inegável ainda o abuso do poder econômico e político pela fomentação da desigualdade nas campanhas eleitorais, associado à captação ilícita de sufrágio".

[256] Consigne-se, todavia, o alerta de Adriano Soares da Costa (2016, p. 260), no sentido de que "não se podem colocar em um mesmo patamar as promessas, feitas em campanha, de construção de escolas, calçamento de ruas etc., que são legítimas e dizem respeito à justa aspiração da comunidade de eleitores, com as promessas de vantagem de *natureza privada*". Certamente, o caráter genérico e abstrato das primeiras descaracteriza, em princípio, a presença de uma negociação particularista e comprometedora da autodeterminação do eleitor.

política, por três razões que, entre algumas outras, considera principais. Nos dizeres do acadêmico da Universidade Rey Juan Carlos (Madrid):

> En primer lugar, la *personalización de la política,* que se convierte en un intercambio particularista de interêses y no en una búsqueda del interés común.
> Segundo, que *separa el voto del control del gobierno,* de forma que nadie que vende su voto puede quejarse por la ineficacia o inmoralidad del elegido en el ejercicio del poder, pues con la recepción del dinero o incentivo se vendió el derecho a criticar. Quien vota libremente, sin vender su voto, mantiene plenamente su derecho a exigir al gobierno que rinda cuentas, y que cumpla con su plataforma electoral; quien vende su voto ya recibió con el dinero la contrapartida. Cuando la ciudadanía vota libremente se crea un vínculo de obligaciones entre el partido o candidato vencedor y el electorado, unos cumplieron con su deber ciudadano votando, los otros tienen que cumplir con su deber como representantes sirviendo al interés común. La compra de votos rompe ese vínculo: unos cumplieron con su deber votando al que paga, los otros cumplieron con su deber pagando.
> Tercero, *rompe el principio de igualdad política e igualdad básica entre candidatos,* pues finalmente deja en manos de los que pueden pagar el resultado de las elecciones y convierte en irrelevantes los interêses de los ciudadanos que no contribuyan a sostener economicamente tal sistema de intercambio. En suma, hace de la política una actividad que sólo pueden ejercer los potentados – o quienes desde el poder usan corruptamente fondos públicos para la compra – y que sólo considera los interêses de quienes pueden aportar fondos para la compra. (VILLORIA MENDIETA, 2006) (Grifos nossos)

Evidentemente, a interferência do poder econômico sobre a animação do tabuleiro eletivo tem o condão de implicar ao processo de escolha de representantes políticos uma inaceitável nota de venalização. O dinheiro é capaz de fazer com que a vontade do eleitorado deixe de ser creditada por motivos pertinentes como o reconhecimento por precedentes realizações na vida pública ou a confiança conquistada por meio de um trabalho de persuasão por afinidade de convicções, transformando as eleições em um simples "negócio de contraprestações pecuniárias" (RIBEIRO, 2001, p. 52). A esse respeito, é palmar o magistério de Felipe Caldas (2016, p. 130-131):

> [...] exercer abusivamente o poder econômico significa aplicá-lo de maneira desproporcional ao seu uso legal, com o intuito de desequilibrar uma relação de concorrência ou adquirir vantagem indevida em alguma

situação no cotidiano social. A ausência de moderação é medida, neste caso, pelo emprego excessivo de recursos materiais visando a um benefício futuro que normalmente só é satisfeito quando realizado em detrimento de outrem.

Tal prática é usualmente observada no dia-a-dia do mercado e nos arranjos da concorrência comercial, porém, quando transplantada para o processo eleitoral, representa uma das maiores ameaças à democracia representativa e, ao mesmo tempo, à estrutura principiológica de todo o ordenamento jurídico-democrático. A competição eleitoral que se deixa dominar pela luta entre os que detêm maior poderio econômico – assemelhando-se a concorrência inerente ao mercado financeiro – acaba tornando a representação política um objeto venal e fazendo do voto uma mercadoria cujos principais consumidores são os pleiteantes do poder. Dentro desse raciocínio, a principal característica do poder econômico, quando inserido nesta situação, é a capacidade de transformar a conquista do voto, que em regra deveria ser marcada pelo convencimento consciente do eleitor através do debate ideológico-partidário, numa espécie de negociação mercantilista onde se discute a melhor maneira de materialmente influenciar o eleitorado em troca da sua preferência no momento de decisão do voto.

É com razão, portanto, que a jurisprudência internacional entende que as práticas clientelistas produzem "efectos extremadamente perniciosos sobre los principios fundamentales del régimen representativo y en particular sobre la expresión genuina de la voluntad del elector, que es su presupuesto" (Argentina, Cámara Nacional Eleitoral, *Fallos*: 3605/05).

Lado outro, há especialistas que enxergam o fenômeno em exame pelo *prisma da contabilidade das campanhas*, identificando o abuso econômico no descumprimento do marco regulatório do financiamento e na rendição de contas da competição política. Nesse diapasão, Daniel Castro da Costa (2018, p. 157), apresenta o abuso de poder econômico como o "financiamento de partidos políticos ou candidatos, antes ou durante o período de campanha eleitoral, que afronte normas e instituições jurídicas eleitorais, pondo em xeque a legitimidade das eleições, e, por conseguinte, ocasionando o desequilíbrio da disputa". Em abordagem semelhante, Antonio Carlos Mendes (*apud* OLIVEIRA, 2005, p. 27) entende que:

> [...] o abuso do poder econômico em matéria eleitoral consiste, em princípio, no financiamento, direto ou indireto, dos partidos políticos e dos candidatos, antes ou durante a campanha eleitoral, com ofensa à

lei e às instruções da Justiça Eleitoral, objetivando anular a igualdade jurídica, ou seja, a igualdade de oportunidades – dos partidos, tisnando, assim, a normalidade e a legitimidade das eleições.

Na trilha de tal pensamento também se insere a doutrina de Pedro Decomain (*apud* OLIVEIRA, 2005, p. 27), que diz que o abuso do poder econômico aparece

> sempre que, em contexto eleitoral, ocorra emprego de recursos materiais ou de recursos humanos, ou a ameaça da realização de determinadas atividades em contexto econômico, fora do âmbito permitido pela legislação eleitoral, com o objetivo de obter vantagem para candidato, partido ou coligação.

Roberto Moreira de Almeida (2017, p. 505) repercute uma postura análoga, conceituando o abuso de poder econômico como

> o emprego de recursos financeiros e não financeiros, materiais e humanos, antes ou durante a campanha, com inobservância dos ditames fixados pela legislação eleitoral, com o afã de favorecer candidato, partido ou coligação, ocasionando lesão à normalidade e à legitimidade dos pleitos eleitorais.

Outros pesquisadores, no entanto, abordam o abuso com olhos postos no *aspecto da visibilidade*, preocupando-se mais com os influxos negativos da disparidade econômica na desejada isonomia ótima da disputa. Nesse caminho divisamos o escólio de Gabriela Rollemberg e Karina Kufa (2018, p. 464), autoras que entendem que o abuso de poder econômico se concretiza "[...] com o uso desvirtuado ou desproporcional de recursos patrimoniais, exorbitando os limites legais, de modo a desequilibrar o pleito em favor do candidato beneficiado". Também nessa corrente se encaixam os pensamentos de Marcelo Moreira e do Professor Luiz Carlos Gonçalves dos Santos, como se vê:

> O abuso de poder econômico, caracterizado pela utilização de recursos materiais (financeiros) para fins, principalmente, de propaganda eleitoral acima dos limites legalmente estipulados, atenta contra o "princípio da igualdade" que deve nortear as campanhas eletivas, excluindo da disputa candidatos que não possuem grande disponibilidade econômica, assim como aqueles que não são ungidos por grupos empresariais, interessados em se beneficiar do poder político a ser exercido pelo "candidato da situação", após eleito. (MOREIRA, 1998, p. 49)

> Quando a pujança [financeira] é orientada a constranger o eleitorado ou a criar empecilhos para os adversários, divisa-se o abuso do poder econômico. Não há definição legal direta do "uso indevido, desvio ou abuso do poder econômico". Ele se revela em condutas nas quais um aporte desproporcionado de meios e recursos é capaz de desequilibrar o pleito eleitoral, em favor de candidatos e em detrimento de outros. (GONÇALVES, 2018, p. 296)

No âmbito internacional, o potencial prejuízo ocasionado pelo fator econômico na equidade da contenda eleitoral é enfatizado por Sánchez Muñoz (2007, p. 77), em passagem na qual ressalta que os candidatos que gozam de maiores recursos econômicos podem, evidentemente, desenvolver nas campanhas eleitorais uma atividade publicitária muito mais eficaz e intensa. Assim, tendo em consideração os elevados custos próprios aos métodos publicitários mais influentes e operativos, conclui por um silogismo simples: "quanto mais dinheiro, mais visibilidade".[257] Em sua análise, surge dessa consequência a necessidade de que a superioridade financeira seja minimizada, a fim de que o dinheiro não determine, completamente, o destino do ritual de renovação do elenco governante.

Finalmente, um giro de perspectiva permite a definição do abuso de poder econômico desde a ótica dos valores jurídicos afetados, opção tomada, ilustrativamente, pela Professora Raquel Machado (2018, p. 259), que aponta o abuso econômico no "uso indevido do patrimônio ao longo do processo eleitoral, malferindo, dentro outros, princípios importantes como o da liberdade de voto, da igualdade entre candidatos, da transparência". Sob essa lente, o abuso de poder econômico poderia justificar a punição por excessos ou irregularidades operadas no manejo de recursos financeiros em atividades espúrias ou imorais, como o desvio de verbas de financiamento público para fins egoístas, ainda que sem impacto direto no equilíbrio das disputas eletivas.

Logicamente, essas correntes não são excludentes. Ao revés, contribuem em conjunto para a iluminação de matizes, assim evidenciando a ampla gama de alternativas pelas quais o abuso de poder econômico

---

[257] Afinal, "las ideas necesitan recursos económicos para difundirse (manutención de los predicadores, acceso a los medios de comunicación, presupuestos para publicaciones...) y esos recursos se encuentran muy desigualmente distribuídos, por eso siempre es más fácil difundir ideas agradables al poder económico que las que le resultan antipáticas" (VILAS, 2013, p. 31).

pode se fazer presente em determinado contexto eleitoral. Na suma do Desembargador José Ulysses Silveira Lopes, em julgado de antanho:

> Abuso econômico ou abuso do poder econômico no pleito não significa necessariamente pegar dinheiro e comprar voto. Abuso de poder econômico em Direito Eleitoral não significa necessariamente pegar uma cédula, rasgá-la, entregar para o eleitor, indagar onde ele vota, para que depois, se constatado o voto, dar-lhe a outra metade da cédula. Não, não é isso. Abuso de poder econômico é também e sobretudo, [...] gastar de forma anormal, gastar de forma má, fazer com que os gastos influam negativamente na vontade do eleitor – é [portanto] uma fraude. Induz em erro. Invalida aquele ato jurídico de votar, já que ele está incluído na grande gama de atos jurídicos que existem por aí. Não precisa, para se provar o abuso econômico, tal qual ocorreu num Estado da Federação, em que a televisão documentou, votos serem vendidos. Não. Até mesmo indiciariamente poder-se-ia chegar à conclusão do uso anormal, do uso abusivo ou do mau uso do poder econômico na atividade eleitoral [...]. (TRE-PR. Acórdão nº 14.428, de 30.12.1986, *apud* ALMEIDA, 2017, p. 504-505)

Em contornos gerais, portanto, o abuso de poder econômico se configura sempre que atores políticos (candidatos, partidos políticos, agentes ou grupos econômicos politicamente interessados) empreguem recursos não como meio para a condução otimizada de suas cruzadas, mas como fonte direta para a captação irregular de votos ou para a obtenção de proeminências ilícitas, em agravo a pressupostos axiológicos do sistema, em especial a liberdade para o exercício do voto, a igualdade de condições entre os *players* e a lisura/fidedignidade da escrituração de receitas e despesas da campanha.

Na jurisprudência brasileira, o Tribunal Superior Eleitoral tem replicado o entendimento de que a configuração do abuso econômico demanda a existência de aspectos relacionados à utilização excessiva, antes ou durante a campanha eleitoral, de recursos materiais ou humanos que representem valor econômico (como o destacamento de empregados privados para a militância ou a prestação pessoal de serviços, como atendimento médico), buscando beneficiar candidato, partido ou coligação, afetando assim a normalidade e a legitimidade da eleição (AgR-RCED nº 580/TO. Rel. Min. Arnaldo Versiani. *DJe*, 28.2.2012).[258]

---

[258] Em julgado recente, a ideia plasmada foi reafirmada nos seguintes termos: "Abuso de poder econômico caracteriza-se pela utilização desmedida de aporte patrimonial que, por

Como demonstrado, o emprego exagerado do elemento econômico não se encontra somente em práticas relacionadas com a compra de voto. Pelo contrário, vai muito além, envolvendo situações como a aplicação desmedida de receitas, ou de sua gestão em desacordo com regras de financiamento de campanha, como exemplo, a obtenção de receitas acima do limite estipulado pela legislação eleitoral, a extrapolação do teto legal de gastos ou ainda a percepção de contribuições oriundas de fontes vedadas ou mesmo não identificadas, desde que em valores expressivos, passíveis de caracterização de conduta grave, em homenagem ao princípio da razoabilidade e à exigência axiológica constante do quadro regente. Na suma de José Jairo Gomes (2016, p. 312):

> [...] a expressão *abuso de poder econômico* deve ser compreendida como a concretização de ações que denotem mau uso de situações jurídicas ou direitos e, pois, de recursos patrimoniais detidos, controlados ou disponibilizados ao agente. Essas ações não são razoáveis nem normais à vista do contexto em que ocorrem, revelando a existência de exorbitância, desbordamento ou excesso no exercício dos respectivos direitos e no emprego de recursos.

Nessa linha, sem pretensão de elaborar um rol taxativo, o abuso de poder econômico nas eleições admite entre suas formas mais comuns práticas como: (i) compra de votos; (ii) compra de apoio político[259] ou midiático; (iii) fornecimento indevido de transporte gratuito no dia da

---

sua vultosidade, é capaz de viciar a vontade do eleitor, desequilibrando a lisura do pleito e o seu desfecho" (REspe nº 62.454/SP. Rel. Min. Jorge Mussi. *DJe*, 11.5.2018).

[259] A compra de apoio ocorre quando candidatos subornam personalidades influentes (mandatários de instâncias federativas menores, como prefeitos e vereadores, ou ainda cabos eleitorais, presidentes de associação de bairro de sindicatos etc.), a fim de que essas trabalhem no sentido de transferir àqueles o seu respectivo capital político. Representa, em linguagem grosseira, uma "compra de votos indireta" ou "por atacado". Não é raro que a compra de apoio seja efetivada com a realização de recursos públicos, na forma de repasses de recursos públicos das instâncias superiores para as inferiores, sendo ainda presentes na distribuição de emendas parlamentares. A dependência dos municípios com relação a essas verbas estimula a celebração de acordos entre prefeitos e candidatos que as gerenciam. Nessa espécie de negócio, comprometem-se os mandatários municipais a trabalhar em suas bases pela reeleição de agentes políticos responsáveis pela destinação de dotações orçamentárias não obrigatórias, pela realização de obras como rodovias ou hospitais, ou ainda pela doação de equipamentos como máquinas de pavimentação ou ambulâncias. Atualmente, o expediente antijurídico também pode ser vislumbrado na destinação de receitas ocultas a influenciadores digitais, com o propósito de arrendar a sua credibilidade e o seu prestígio. Idêntico raciocínio se aplica a negociatas financeiras realizadas entre candidatos a partidos e ministros e líderes de organizações religiosas ou entidades que prestam serviços de assistência social.

eleição;[260] (iv) recebimento e utilização de doações financeiras oriundas de fontes vedadas; (v) realização de gastos eleitorais em montante abusivo, ou ainda em valor superior ao informado à Justiça Eleitoral; (vi) realização de despesas sem a respectiva inclusão no montante de gastos eleitorais, por ocasião da prestação de contas (o chamado *caixa-dois*) etc. Ainda nesse passo, consoante a doutrina, o abuso de poder econômico também pode ocorrer:

> [...] sempre que houver oferta ou doação, a eleitores, de bens, produtos ou serviços diversos, como atendimento médico, hospitalar, dentário, estético, fornecimento de remédios, próteses, gasolina, cestas básicas, roupas, calçados, materiais de construção. Também caracteriza abuso de poder econômico o emprego, na campanha, de recursos oriundos de *off shore* ou "caixa dois", ilicitamente arrecadados, não declarados à Justiça Eleitoral, e, ainda, a realização de gastos que superem a estimativa apresentada por ocasião do registro. (GOMES, 2016, p. 314)

Não sobeja anotar a plena viabilidade jurídica do reconhecimento de abuso de poder econômico pelo "conjunto da obra", quando o limiar de tolerância em relação à aplicação de recursos seja transposto não por uma conduta ou estratégia exclusiva, mas por um complexo de decisões e atos de caráter financeiro que, somados, passam a ameaçar os valores subjacentes à normalidade e à legitimidade das eleições. Trata-se de entendimento tranquilamente aceito no âmbito do Tribunal Superior Eleitoral:

> A apuração do abuso do poder econômico, nos feitos em que os fatos apontados são múltiplos, deve ser aferida a partir do conjunto de irregularidades apontadas. Assim, ainda que alguma delas não possua, em si, gravidade suficiente para autorizar a cassação do registro ou do diploma dos representados, é possível que, no conjunto, a gravidade seja reconhecida. (REspe nº 57.046/MG. Rel. Min. Henrique Neves da Silva. *DJe*, 10.12.2015)

Além disso, é assente que o excesso ilegal da capacidade econômica pode ocorrer por intermédio do emprego de incentivos negativos.

---

[260] A prática, proibida no Brasil (Lei nº 6.091/74), atua como um complemento da compra de votos. É que, além de, obviamente, representar uma vantagem, o oferecimento de transporte atua como uma garantia de cumprimento do pacto acordado. Villela e Marques (PRADO, 2013, p. 77) explicam que, após a compra do voto, há casos em que é preciso *amarrar* o eleitor, o que significa acompanhá-lo durante todo o trajeto, "protegendo-o" do assédio dos adversários.

CAPÍTULO 5
O ABUSO DE PODER EM ESPÉCIE | 253

Destarte, a hipótese também se alonga a práticas de violência ou grave ameaças pautadas em privações materiais. Fala-se, no caso, do granjeamento do sufrágio mediante o emprego de constrangimentos físicos ou psicológicos, como a intimidação por meio do prenúncio, explícito ou velado, de demissões ou da exclusão de cadastros necessários à entrada ou à permanência em programas sociais de auxílio ou distribuição de renda, como o Bolsa Família, Bolsa Escola ou Bolsa Gás.

Já no que tange à compra de votos, é certo que a sua identificação, no mais das vezes, é uma tarefa simples. Sem embargo, em determinados contextos o conteúdo das promessas de entrega de benesses pode se dar numa área cinzenta, havendo, portanto, ocorrências não muito claras, a demandarem uma cautela maior. Nesses casos, o reconhecimento da captação ilícita de sufrágio pode ser facilitado mediante a aplicação de um método proposto por Bruno Wilhelm Speck (2003, p. 156), para quem o voto negociado possui três dimensões importantes:

(i) o *número de eleitores envolvidos na troca*, que tanto pode ser individual como coletiva, abarcando grupos e organizações como moradores de um mesmo bairro ou membros de uma mesma igreja ou clube;

(ii) o *objeto da troca*, que, ademais de bens materiais, pode envolver compensações imateriais, como empregos, indicações ou outros favores;[261] e

(iii) o *momento da compensação*, que pode derivar de vantagens instantâneas ou postergadas, envolvendo compromissos futuros.

De acordo com o professor da Universidade de São Paulo (SPECK, 2003), o posicionamento de um fato concreto diante dessas três dimensões facilita a compreensão da transgressão em exame, visto que os níveis de individualização da transação, de materialidade da recompensa e de imediatidade da troca são diretamente proporcionais ao grau de eficácia da negociata política. Em sua lição:

Quanto mais individual a negociação, quanto mais material a compensação e mais imediata a troca, mais evidente será a compra de

---

[261] No tocante ao objeto da troca, cabe perceber que o naipe da vantagem oferecida determina a força de convencimento da proposta. Assim, o grau de constrangimento de uma proposta econômica responde diretamente ao poder de sedução do cenário sugerido, de forma que o índice de supressão da liberdade do eleitor aceita variações, conforme se trate de pequenos benefícios ou de benefícios irresistíveis.

votos [...]. Todavia, na medida em que a troca se baseia em negociações coletivas, em valores não materiais e em compromissos de longo prazo, esta relação de troca se descaracteriza. Surge uma outra relação mais complexa, que se aproxima do modelo representativo onde eleitores utilizam o voto para atribuir confiança ou retirar apoio ao representante político. (SPECK, 2003)

Conquanto inaceitável, o emprego desbordado do poderio econômico constitui uma realidade presente e bastante recorrente no cenário eleitoral. Cuida-se de um problema endêmico, aculturado e quase institucionalizado. No Brasil, sobretudo após a tipificação de pena de cassação em virtude de captação ilícita de sufrágio (Lei nº 9.840/99),[262] são incontáveis os casos de perda de mandato, muitos deles culminando com a necessidade de realização de novas eleições.[263]

Em que pesem os elevados índices de aplicação da pena política capital, o abuso de poder econômico ainda grassa fortemente no país. Recente pesquisa encomendada pelo Tribunal Superior Eleitoral revelou dados bastante preocupantes, sinalizando que 28% (vinte e oito por cento) dos entrevistados declararam ter conhecimento ou haver testemunhado compra de votos nas Eleições 2014.[264]

---

[262] "A captação ilícita de sufrágio é uma das facetas da corrupção eleitoral e pode ser resumida como ato de compra de votos. Tratando-se de ato de corrupção, a captação indevida de sufrágio necessariamente se caracteriza como uma relação bilateral e personalizada entre o corruptor e o corrompido. Em síntese, a captação ilícita de sufrágio se configura quando presentes os seguintes elementos: (i) a prática de uma conduta (doar, prometer etc.); (ii) a existência de uma pessoa física (o eleitor); (iii) o resultado a que se propõe o agente (o fim de obter o voto); (iv) o período eleitoral específico (o ilícito ocorre desde o pedido de registro até o dia da eleição)" (ZILIO, 2016, p. 573).

[263] De acordo com levantamento realizado pela Confederação Nacional de Municípios, nas Eleições de 2004, 4,9% dos prefeitos (274, de um total de 5.563) eleitos viram seus mandados cassados pela Justiça Eleitoral. Desses, cerca de 37% incorreram em infrações da legislação eleitoral, notadamente em ilícitos relacionados com o abuso de poder (Disponível em: http://prerj.mpf.mp.br/noticias/o-globo-para-274-prefeitos-a-cassacao/. Acesso em: 8 fev. 2015). Considerando-se apenas a compra de voto, entre 1999 e 2007, 215 políticos tiveram os seus mandatos cassados pelo Tribunal Superior Eleitoral (Disponível em: http://ter-pb.jusbrasil.com.br/noticias/128638/tse-cassou-215-politicos-por-compra-de-votos-em-oito-anos. Acesso em: 9 fev. 2015). Desses, 203 ocorreram apenas nos últimos cinco anos daquele intervalo (Disponível em: http://www1.folha.uol.com.br/folha/brasil/ult96u89694.shtml. Acesso em: 11 fev. 2015). Bastante impressionantes, os últimos números não levam em consideração os mandatos suprimidos pelas instâncias inferiores da Justiça Eleitoral. Colocando-as na conta, foram 421 os políticos cassados nas eleições municipais de 2000 e 2004 (Disponível em: http://www.oab.org.br/noticia.asp?id=9041. Acesso em: 11 fev. 2015).

[264] Disponível em: http://www.tse.jus.br/noticias-tse/2015/Fevereiro/pesquisa-revela-que-compra-de-votos-ainda-e-realidade-no-pais. Acesso em: 11 fev. 2015. Os números apontam um alto crescimento em relação à pesquisa realizada no ano de 2001, quando somente 7% dos entrevistados responderam positivamente à mesma indagação, como aponta Villoria Mendieta (2006, p. 267), em interessante estudo comparativo, que pontua a média obtida

Os números atestam, de modo patente, o adoecimento do sistema político pátrio, máxime porque o mau uso do dinheiro atinge não apenas legitimidade do procedimento eleitoral, mas também a higidez da própria república, tendo em consideração o fato de que o candidato que compra votos acaba por se considerar livre do compromisso posterior de prestar contas sobre a sua atuação política (SPECK, 2003, p. 157; VILLORIA MENDIETA, 2006, p. 268), sendo, ademais, um claro indicativo do alastramento dos perigosos tentáculos da corrupção.[265]

Nessa ordem de ideias, o abuso de poder econômico, em muitas de suas vertentes, produz efeitos nefastos sobre os rumos da governança, em especial sob as perspectivas da responsividade e da probidade no exercício do mandato. Os desvios na condução financeira das campanhas eleitorais produzem ainda impactos negativos na percepção comum dos cidadãos, acarretando, como consequência, um sentimento difuso de repúdio em relação à política, em ordem a plasmar um indesejável e custosamente reversível estado de "desencanto democrático" (ZOVATTO *in* CARRILLO *et al.*, 2003, p. 36).

5.1.2.1 Abuso de poder econômico putativo: o efeito exterminador do futuro

> *O modo como os homens "veem" o poder se reveste de muita importância. As realidades políticas têm uma entidade que se filtra pelo olho, pelos sentimentos e pelas vivências do espectador, o que significa que, ademais de ser como é, o poder também é como as pessoas o representam, como a gente lhe enxerga.*
>
> (G. Bidart Campos)

Giovanni Sartori (2012, p. 121) sustenta que o que torna o homem único é a sua capacidade de reagir a representações ou símbolos. Para ele, o homem é um "animal simbólico", na medida em que se demonstra capaz de compreender e reagir em função daquilo que é abstrato. Noutro trabalho, o professor italiano explora essa primeira ideia, deixando assentado:

---

em outros países: Filipinas, 7% (2001); México, 26% (2001); Argentina, 24% (1999); e Taiwan, 26% (1999), dados extraídos de pesquisa promovida pela ONG Transparência Internacional.

[265] "A corrupção econômica nas eleições tem como corolário a corrupção no exercício do mandato assim conquistado. É intuitivo que os financiadores não vertem seus fundos para campanhas eleitorais apenas por altruísmo ou elevada consciência cívica, antes o fazem com vistas a conquistar espaço e influência nas instâncias decisórias do Estado, bem como abrir porta para futuros e lucrativos contratos" (GOMES, 2016, p. 313).

Na natureza o efeito nunca precede no tempo a causa: é a causa que "vem em primeiro lugar". Primeiro chegam as nuvens, depois pode chover. No universo do homem, porém, pode acontecer o contrário: pode chover sem que cheguem as nuvens. O efeito pode preceder no tempo a causa. Não se trata de um paradoxo: um animal simbólico não reage a eventos, a coisas que aconteceram efetivamente, mas sim a expectativas. Em outras palavras: o que o homem sabe, sua consciência, suas previsões, decerto tem efeitos sobre ele. (SARTORI, 1997, p. 48)

Nesse mesmo ambiente, Moisés Naím (2013) explica que a questão central é que o poder constitui um fenômeno "sentido". Nas palavras do autor venezuelano, os seres humanos

temos múltiplos sensores que nos permitem detectá-lo e calcular seus efeitos sobre nós, seja no presente, no futuro ou como uma lembrança das consequências que teve no passado. Mesmo quando exercido de maneira sutil, ou apenas exibido, sabemos que está ali, sabemos que estamos na presença do poder.

Assim, é perfeitamente natural que se reconheça que, em ações sociais concretas, a simples reputação de que um ator possua um poder é suficiente para modular a atuação alheia segundo os desejos do agente mais forte (ANDRADE SÁNCHEZ, 2013, p. 46; BEALEY, 1998, p. 255), já que a capacidade real de um agente depende, em grande medida, da percepção que dela faça um segundo agente que com o primeiro interage. Em definitivo, a percepção da disponibilidade de recursos dos agentes é uma das facetas do que a doutrina denomina "aspecto psicológico do poder" (STOESSINGER *apud* PINTO, 2008, p. 50).

Com isso, é justo pensar que no cenário da competição pelo voto a mera ostentação de poder financeiro é por si só capaz impactar o eleitorado,[266] notadamente porque o poder, como referido, é indissociável de sua imagem social (BIDART CAMPOS, 1985, p. 90) e, ademais, porque o poder é, por definição, um "modo de comunicação que atua sobre as representações que as pessoas fazem dele" (LUHMAN *apud* VILAS, 2013, p. 23).

---

[266] "Com efeito, a simples ostentação de riqueza no contexto da eleição com a finalidade de impressionar, intimidar, constranger ou mobilizar o eleitorado, basta para a caracterização do abuso de poder econômico, sendo irrelevante a efetiva outorga de bens ou serviços" (REIS 2012, p. 405). A título de ilustração, a jurisprudência brasileira registra caso de utilização de helicóptero para a realização de propaganda em município de pequeno porte, com o propósito de impressionar a população (TSE, REspe nº 21.403/CE).

Dessarte, na esteira das interações entre indivíduos, sugerir ou mencionar a condição de proporcionar uma recompensa financeira pode ser tão eficaz como outorgá-la de pronto. Nesse quadrante, o agente a quem se dirige a promessa responde concretamente ao que supõe que virá a acontecer, numa espécie de reação que Sartori, em um novo exercício lúdico, chama de "efeito exterminador do futuro".

Mario Stoppino (2009, p. 938) agrega que a reputação que se atribui a um poder constitui, na lógica dos fatos, um recurso de poder efetivo. Em sua concepção, "A pode exercer um Poder que excede os recursos efetivos que tem à disposição [...] se aqueles que estão debaixo do seu Poder reputam que A tem de fato mais Poder do que aquele que seus recursos, sua vontade ou sua habilidade mostram". Por essa senda, Frank Bealey (1998, p. 255) aduz: "the perception that one has power may confer power on one".

Isso posto, em prol da depuração dos processos de renovação democrática, urge reconhecer a existência de um abuso de poder econômico putativo, configurado sempre que se proceda à manipulação da consciência dos votantes à revelia de um efetivo dispêndio de recursos, isto é, sempre que para a influência do eleitorado baste a força ideológica que carrega a mera suposição da existência/aplicação de uma capacidade financeira em potência.

Nesse raciocínio, vale lembrar que o juramento de favor econômico é uma *fattispecie* do art. 41-A, da Lei das Eleições, e que a captação ilícita de sufrágio em proporção suficiente a comprometer a normalidade e a legitimidade do pleito é, obviamente, hipótese típica da transgressão em estudo. Eis então, à guisa de exemplo, o caso de um candidato desabastado que, em determinado município: (i) divulgue entre os eleitores a falsa informação de que possui somas milionárias para distribuir entre aqueles que sufraguem em seu favor; (ii) contrate cabos eleitorais em quantidade ou com salários incompatíveis com sua realidade financeira, sabendo-se de antemão incapaz de honrar tais compromissos; ou (iii) estabeleça acordos venais com políticos de base ou formadores de opinião, tudo sem possuir condições de cumprir os escusos termos financeiros preestabelecidos.

O argumento aproxima-se bastante do que decidiu o Tribunal Superior Eleitoral no AgR-AI nº 11.708/MG, ao reconhecer possível a configuração de abuso econômico mediante a realização de promessa. No caso em questão, os candidatos se valeram do trabalho de cabos eleitorais que visitaram residências de família prometendo doação de quantia mensal, caso aqueles se sagrassem eleitos no pleito em andamento. Além disso, a própria Corte Superior (TSE, REspe nº 36.151/

MG) entende desnecessário, para a caracterização de captação ilícita de sufrágio, perquirir se o agente transgressor possui, ou não, meios para cumprir a promessa em que embasa a pressão tentadora que exerce sobre determinado eleitor.

Saliente-se, em desfecho, que o abuso de poder econômico putativo não deve ser confundido com o ato abusivo na modalidade tentada. No primeiro caso, fala-se de uma conduta perfeita e acabada, apta ao reconhecimento do ilícito porquanto idônea ao atingimento do seu fim, qual seja corroer a liberdade de escolha em detrimento da legitimidade do pleito, cabendo lembrar que o reconhecimento de ato abusivo pode ocorrer mesmo sem a efetiva concessão de benefícios diretos para o eleitor.[267]

5.1.3 Abuso de poder nos meios de comunicação social

> *O demagogo Anito não dispunha de outro recurso de difusão senão a sua própria voz, e mesmo assim conseguiu convencer as massas de que Sócrates deveria beber cicuta. E as massas, que alguns julgam ser fonte de toda razão e justiça, fizeram o homem maior da Grécia tomar o veneno. Imagine-se o que podem fazer os demagogos contemporâneos com o rádio e a imprensa [e a internet] nas mãos.*
>
> (Ernesto Sábato)

> *[...] utilizar as maravilhas técnicas da comunicação para manipular o processo de participação democrática de preferência a servi-lo. Os que controlam esses media usufruem de imenso poder; esse controle já se encontra em poucas mãos e cada vez mais o número do que os possuem diminui. Não existe proteção fácil contra o abuso deste poder.*
>
> (Carl Cohen)

> *Penser c'est dire non.*
> (Alain)

---

[267] "Não se pode considerar abusivo o ato não concretizado. Para que ocorra um abuso, é preciso que a conduta vista como ilícita tenha sido concretizada. Assim, a mera tentativa de abuso não acarreta a inelegibilidade, embora possa merecer tratamento legal no campo da vedação à captação ilícita de sufrágio [...]. Diversa é a situação do ato abusivo que se configura mesmo sem a concessão de benefícios diretos para os eleitores" (REIS, 2012, p. 257).

Os meios de comunicação de massas são instrumentos técnicos e materiais que possibilitam a expressão pública do pensamento. Fernández Ruiz (2010, p. 20) os descreve como as diferentes plataformas de produção de informação e entretenimento, veículos unidirecionais que levam mensagens de um emissor (indivíduo ou grupo de indivíduos) a um amplo universo receptor, por meio de diferentes canais, como imprensa, rádio, televisão e internet. Em seu conjunto, os *media* conformam "[...] uma série de instituições ocupadas com a produção em grande escala e a difusão generalizada de formas simbólicas" (THOMPSON, 1996, p. 114).

Na cena moderna, as plataformas de comunicação pública desempenham funções coletivas vitais, promovendo a necessária repartição de cultura, informação e conhecimento. Também assim, os meios comunicativos exercem funções indispensáveis para a vida democrática,[268] inclusive no campo do evento eleitoral, porquanto dão vazão à propaganda política e conferem transparência ao histórico, à atuação e às intenções dos poderes e das figuras públicas.[269] Conforme Cristina Menéndez (2009, p. 78):

---

[268] A teoria democrática atribui três principais funções aos jornalistas: (i) atuar como vigilantes da elite política (função *watchdog*); (ii) servir como um fórum aberto de ideias; e (iii) proporcionar informação útil aos cidadãos (MARTÍN SALGADO, *in* BURGUERA AMEAVE, 2013, p. 98). Nesse plano, Murilo Soares (MATOS, 1994, p. 16) encerra a ideia de que: "Não haveria espaço público na democracia de massas sem a existência dos meios de comunicação, cujo papel é favorecer um circuito mais curto entre os políticos e os cidadãos". Na esteira de Habermas (2014, p. 395), os meios de comunicação perfazem a instituição "mais proeminente" da esfera pública, na medida em que possibilitam, por meio da mediação, que as discussões em torno de temas de interesse geral ocorram de um modo aberto e amplo.

[269] Como coloca Aline Osório (2017, p. 286): "Os meios de comunicação desempenham diversos papéis essenciais nas eleições: eles servem como uma das principais plataformas de campanha dos candidatos e partidos, em razão de seu alcance e penetração; atuam como 'cão de guarda' (watchdog) do sistema político, por meio da fiscalização e escrutínio dos competidores e da gestão da coisa pública; transformam-se em um fórum público de debate, facilitando o engajamento dos cidadãos no pleito; e exercem uma função educacional e informativa, orientando os eleitores sobre o modo de funcionamento e sobre o andamento do processo eleitoral". Segundo Diogo Freitas do Amaral (2014, p. 351): "A liberdade de imprensa (ou *free speech*) é um elemento essencial de qualquer sociedade livre e democrática. Para além do *papel informativo* dos meios de comunicação social, há ainda a considerar as seguintes funções positivas: a) permitir a expressão fluente e regular das principais ideias e correntes de opinião, quer provenham dos partidos políticos quer de outras organizações ou de personalidades independentes; b) promover o debate cotidiano das opiniões, quer entre Governo e Oposição, quer no âmbito da sociedade civil, pois é bem verdade que 'da discussão nasce a luz'; c) relevar ou denunciar factos e situações incómodos para os vários poderes estabelecidos – poder político, poder económico, poder sindical, etc (jornalismo de investigação)".

Cuando los medios otorgan visibilidad al acto y al actor político, articulan su conexión con el público y cumplen la función latente de accountability mediática, operan como una forma de control social que sustenta el deber de los gobernantes a observar a la opinión pública. En ese contexto la visibilidad no sólo procede de la publicidad de los actos de gobierno sino del periodismo de investigación que revela y ubica en la agenda mediática hechos políticos desconocidos para la opinión pública. Por otra parte, en períodos no electorales, la existencia de este espacio mediático representa para los individuos aislados o sin representación organizacional la posibilidad de realizar sus denuncias anónimas de actos de corrupción y abrir nuevas líneas de investigación política.

A centralidade da mídia para o experimento social, inclusive, já fora descrita em termos de uma *teoria da dependência* (DEFLEUR; BALL-ROKEACH, 1993, p. 317), segundo a qual a experiência dos indivíduos do mundo "é moldada pela mídia, que coloca à disposição das pessoas os principais sistemas de significado para que elas entendam o mundo (externo e interno), para que orientem o próprio percurso existencial num equilíbrio entre busca por informações [...] e desejo de evasão". Nessa acepção, os homens dependem da mídia simplesmente porque ela se apresenta como um instrumento capaz de fornecer informações aptas a fazer com que o mundo seja (mais) compreensível. A mídia torna-se essencial na experiência moderna, na medida em que oferece sugestões de comportamentos e oportunidades para que os indivíduos fujam do isolamento e da angústia existencial (MININNI, 2008, p. 23) e, ademais, acedam aos meios necessários para o alcance de seus objetivos individuais.

Como consequência, o sistema de mídia adquire poder em função do controle que exerce sobre os escassos recursos de informação que indivíduos, grupos, organizações, sistemas sociais e sociedades dependem a fim de lograr os respectivos objetivos (DEFLEUR; BALL-ROKEACH, 1993, p. 322). Esse controle logicamente opera efeitos no comportamento social, como os autores tratam de explicar:

> A compreensão social gera dependências quando os indivíduos utilizam informações da mídia para compreender e interpretar pessoas, culturas e acontecimentos do presente, passado ou futuro. [...] A orientação da ação refere-se à multidão de maneiras pelas quais os indivíduos estabelecem relações de dependência com a mídia a fim de obter diretrizes para seus próprios comportamentos. Alguns são comportamentos mundanos, atinentes a fatos do quotidiano, como levantar pela manhã, ir levando

o dia inteiro e dormir à noite. Outros são mais requintados, como políticos (votar), econômicos (comprar uma casa), religiosos (apoiar ou opor-se ao tele-evangelismo), legais (ir ao tribunal de pequenas causas), médicos (fazer exercícios ou desistir de fumar), ou comportamentos para solucionar problemas (enfrentar uma catástrofe natural). (DEFLEUR; BALL-ROKEACH 1993, p. 325)

No plano em exame, a dependência dos meios de comunicação exsurge como um corolário do processo de racionalização que antecede e ampara o exercício do direito de voto: a busca por informação é essencial para a formatação da convicção política que, para ser externada nas urnas, depende de uma cadeia de atividades cognitivas que reúne operações de conhecimento, internalização, comparação, seleção e descarte.[270] Nesse diapasão, Orozco Henríquez (*apud* GONÇALVES FIGUEIREDO, 2013, p. 212) reconhece a existência específica de um direito fundamental de acesso à informação política em matéria eleitoral.[271]

Andreas Schedler (2016, p. 139-140), por seu turno, explica como o tema se relaciona diretamente com a preservação da igualdade de chance entre os *players*:

> No mercado de bens e serviços a demanda do consumidor pressupõe informação sobre a oferta disponível. Inclusive quando se trata de satisfazer necessidades humanas básicas, como a alimentação ou a moradia, os consumidores capazes e dispostos a pagar ainda necessitam saber quem oferece o que, onde e como para poder traduzir suas necessidades em demandas efetivas de produtos disponíveis. *A ignorância mata os mercados, porque impede que a demanda se encontre com a oferta. O mesmo ocorre com os mercados eleitorais. Se os cidadãos que exigem políticas alternativas não sabem nada dos políticos que as oferecem, é improvável que*

---

[270] Nada obstante, logicamente essa dependência não é absoluta ou total. Como pondera Ferran Martínez i Coma (2008, p. 20), assumir que os meios de comunicação de massa são os únicos provedores de informação é negar a riqueza informativa da realidade. Em verdade, os votantes podem obter informação política nos livros que tenham lido, nas conversas que mantêm com os amigos, em encontros casuais com algum político ou em reuniões na comunidade de vizinhos. Todas essas formas, como se deduz, interagem num sistema complexo que, sem embargo, é sem dúvida protagonizado pela indústria da comunicação.

[271] Traçando um paralelo entre o direito à informação e as expectativas democráticas em torno do voto consciente, Birch (2011, p. 22) prescreve: "In order for members of a community to develop and express informed preferences, a number of minimal criteria must be satisfied: voters must have access to adequate accurate information about the policy proposals and performance of the options on the ballot, they must be able and willing to access and process that information to make a judgement on its basis, and they must be able and willing to vote according their preferences".

votem por eles, tendo em vista que a demanda e a oferta de oposição estarão flagrantemente divorciadas. (Grifos nossos)

Nesse diapasão, Patrick Merloe (YOUNG, 2009, p. 19-20) defende que os Estados devem assegurar que não existam obstáculos legais ou administrativos a que os competidores informem os cidadãos como parte de suas campanhas para o acúmulo de apoio (e também para que os candidatos procurem ou recebam informações sobre o comportamento dos cidadãos a respeito de temas relacionados com as eleições). Difunde o argumento de que a transparência é um elemento fundamental para a realização de eleições legítimas, estando juridicamente baseada em direitos humanos e liberdades fundamentais internacionalmente reconhecidos.[272]

O professor adjunto da Universidade da Pensilvânia agrega que a base para o imperativo da transparência em processos eleitorais é a liberdade de procurar, receber e divulgar informações, como parte do conceito mais amplo relativo à liberdade de expressão (MERLOE *in* YOUNG, 2009). A liberdade de procurar, receber e divulgar informações, na esteira do autor, desempenha um poderoso papel na sociedade quando exercitada no contexto das eleições. Segundo Merloe, os direitos de votar e ser eleito não podem ser exercidos sem um exercício simultâneo daquelas liberdades, se se pretende que o sufrágio seja aplicado em pleitos verdadeiramente genuínos. Embora uma pessoa ou um partido político possa, teoricamente, tentar ser eleito sem compartilhar nenhuma informação com os eleitores, e embora um cidadão possa, também teoricamente, ir às urnas sem procurar nem receber um fio de informação sobre as alternativas em disputa, é claro que essas suposições são, para dizer o mínimo, bastante ridículas. Assim, arremata:

A vontade do povo fornece a base da autoridade do governo; em troca o governo deve garantir a livre expressão da vontade dos votantes por

---

[272] Também para Blanco de Morais (2018, p. 83), a transparência é um valor inseparável da regularidade eleitoral. De seu magistério, colhe-se que: "A transparência do processo eleitoral exige clareza de normas, de procedimentos e de condutas no plano da execução e controlo das eleições. Tal implica a rejeição de disposições obscuras que permitam: atos arbitrários das autoridades na condução do processo eleitoral; a não atualização e a não fiabilidade dos cadernos eleitorais; formas de contagem de votos insuscetíveis de escrutínio; o transporte e guarda dos votos escrutinados através de meios que não garantam segurança e isenção; demoras injustificadas no apuramento de resultados; informação imprecisa ou insuficiente aos eleitores sobre o local, o dia da eleição e modo de votação; e formas obscuras e ostensivamente desiguais no financiamento das campanhas [...]".

intermédio da promoção de eleições legítimas. O direito de procurar, receber e divulgar informações diz respeito ao direito dos eleitores de obter e dividir os conhecimentos e opiniões necessários à formação de suas vontades a respeito das alternativas políticas, sejam elas candidatos, partidos políticos ou propostas submetidas a referendo. Isso também diz respeito à liberdade da imprensa para a cobertura de questões significativas para o debate público em torno das eleições.

A livre e ampla circulação de informações é um dado central para se identificar se eleitores e candidatos possuem reais "oportunidades", além do simples direito formal de votar e ser votado. (MERLOE *in* YOUNG, 2009) (tradução livre)[273]

A essencialidade do direito à informação na seara política já foi reconhecida por tribunais estrangeiros, como a *Cámara Nacional Electoral* (Argentina), que consignou que as liberdades de expressão e informação atuam como instrumentos que tornam possível a participação nos assuntos coletivos e o acesso aos cargos públicos, ao mesmo tempo em que esse contexto delimita ou qualifica o alcance daquelas liberdades.[274] Por ser assim, afirma-se que, quando aquelas liberdades operam como instrumentos dos direitos de participação política, deve-se reconhecer que lhes cabe uma maior amplitude do que quando atuam em outros contextos, já que o bem jurídico fundamental por elas tutelado – a formação da opinião pública livre – adquire um relevo muito particular nessa circunstância (Argentina, CNE – *Fallos*: 3181/2003).

---

[273] Robert Dahl (2009, p. 49) arrola entre os critérios necessários para a sedimentação de um processo democrático o "entendimento esclarecido", dispondo que "dentro de limites razoáveis de tempo, cada membro deve ter oportunidades iguais e efetivas de aprender sobre as políticas alternativas importantes e suas prováveis consequências". Ainda para Dahl (2009, p. 111), a compreensão esclarecida é prejudicada em contextos de monopólio no fornecimento das notícias. Nesse compasso, aduz que em uma democracia efetiva "os cidadãos devem ter acesso a fontes de informação que não estejam sob o controle do governo ou que sejam dominadas por qualquer grupo ou ponto de vista". A esse respeito, Fernando Neisser (2016, p. 50) aduz que "ao corpo de eleitores deve ser dado conhecer tudo, saber o que cada opção representa, assim como os benefícios e prejuízos possivelmente dela decorrentes".

[274] A relação entre informação e liberdade é trabalhada por Gherardo Colombo. Segundo o autor italiano (2011, p. 92), a informação, assim como a educação, constitui uma premissa necessária para a democracia. A informação é um "canal de conhecimento", permite saber por que ocorrem as coisas, distinguir ou excluir as relações de causa, atribuir méritos ou responsabilidades, é a premissa para formar opiniões sobre as pessoas e os fatos, para elaborar as próprias preferências. Se não estão adequadamente informadas, as pessoas não podem decidir o que querem, e se eleição é sinônimo de liberdade, quando falta informação também falta aquele atributo. Na mesma esteira, Holgado González (2015, p. 22) escreve que: "A informação durante o processo eleitoral, além de ser verdadeira, deve ser completa, sem deixar de fora nenhuma das formações partidárias que concorrem às eleições, e oferecida com objetividade e imparcialidade" (tradução livre).

No mesmo sentido, a Corte Interamericana de Direitos Humanos, em sua Opinião Consultiva – OP nº 5/1985, colocou a relação entre democracia, informação e liberdade de expressão nos seguintes termos:

> [...] la libertad de expresión es un elemento fundamental sobre el cual sebasa la existencia de una sociedad democrática. Es indispensable para la formación de la opinión pública. Es también conditio sine qua non para que los partidos políticos, los sindicatos, las sociedades científicas y culturales y, en general, quienes deseen influir sobre la coletividad puedan desarrollarse plenamente. Es, en fin, condición para que la comunidad, a la hora de ejercer sus opciones, esté suficientemente informada.[275] Por ende, es posible afirmar que una sociedad que no está bien informada no es plenamente libre.

O ponto problemático é que o direito à informação esbarra nas limitações da realidade. A adequada formação do convencimento político claramente supõe o acesso a informações neutras e, nessa quadra, é preciso anotar que a existência de objetividade é, atualmente, bastante questionada pelos estudiosos da comunicação.[276] Nessa esteira, Clóvis de Barros Filho (2003, p. 30-34) menciona que os códigos de ética e os ordenamentos jurídicos a respeito da imprensa veem na objetividade uma garantia de proteção social, mas que, no plano fático, o comportamento da mídia tem por característica uma constante falta de objetividade informativa. Por esse motivo, são cada vez mais numerosos os especialistas a defenderem que no campo da comunicação aquele elemento é mesmo impossível, apresentando-se tão apenas como um conceito típico idealizado.

Assim, para Barros Filho, a objetividade não passa de um "[...] ideal-tipo, ou seja, um conjunto de características e abstrações que não existem enquanto tal, em estado puro, na realidade".[277] Em verdade, a

---

[275] Giza Cotarelo (2015, p. 188) que o assunto da qualidade da informação é crucial em qualquer contexto, tendo em vista que "las decisiones adoptadas en función de información deficiente serán, por ende, decisiones deficientes".

[276] Segundo Duhalde e Alén (2007, p. 233), clamar por objetividade no campo da informação significa exigir do jornalista que tanto a coleta de dados como o relato reflitam os fatos tal e como ocorreram, ficando isentos do seu modo de pensar. Em termos absolutos, tal exigência é incabível, porque resulta impossível que um homem que trabalha com fatos sociais não tenha, em última instância, certa postura ante a vida (ideologia). Na visão dos autores, pode-se no máximo reclamar que sua cosmovisão não modifique arbitrariamente os acontecimentos.

[277] Concebido por Max Weber, o "tipo ideal [...] consiste em um instrumento puramente analítico, que permite a aproximação de uma realidade por sua simplificação. O tipo ideal constitui um deliberado exagero da essência do fenômeno e sua reconstrução numa forma

isenção absoluta é uma suposição que não passa de uma "racionalização utópica". Em síntese, "[...] a 'objetividade informativa' é um modelo abstrato que, embora não possa ser atingido na sua plenitude, deve significar uma tendência, uma orientação, uma direção a ser buscada em permanência pela informação jornalística".

Nada obstante, essa objetividade improvável é, justamente, o que reforça no imaginário coletivo a credibilidade do produto midiático, na medida em que as informações difundidas pelos meios de comunicação gozam de uma falaz presunção de neutralidade, ao contrário do que ocorre, por exemplo, com a propaganda difundida por candidatos e partidos políticos, cujas mensagens tendem à ineficácia, precisamente pela relação atrativa existente entre a parcialidade e o descrédito. Na lição de Rallo Lombarte (*apud* CASADEVANTE MAYORDOMO, 2014, p. 265), enquanto a propaganda eleitoral é uma espécie de publicidade que goza de uma escassa credibilidade entre os eleitores, que a presumem repleta de um alto grau de manipulação e mascaramento, a informação política provida pela imprensa carrega uma "maior capacidade de influência na formação da opinião pública", pela simples razão de que ostenta uma tríplice "aura" de imparcialidade, objetividade e veracidade.

À vista do exposto, é preciso ter em mente que tanto os indivíduos que trabalham nos meios como as agências de notícias encontram-se insertos em um ambiente cujos valores impactam a informação que transmitem (ARUGUETE; AMADEO *in* CRESPO MARTÍNEZ *et al.*, 2015, p. 163).[278] Assim, já se escreveu que:

> [...] o fenômeno mais impressionante no jornalismo ocidental, tanto na práxis como na teoria, é a fé metafísica, obstinada e conservadora de que a linguagem é transparente. Ou de outra forma: o erro assenta na

---

cuja unidade interna é maior do que jamais aparece na realidade empírica" (PINTO, 2008, p. 37). "A ideia que subjaz ao tipo ideal é a de que o fenômeno social, em virtude da sua natureza multifacetada e fluída, só pode ser analisado relativamente às formas extremadas de suas características, que nunca podem ser observadas em forma pura" (MITCHELL, 1968, p. 484).

[278] Como resume Serrano (2013, p. 148): "Sabemos que a objetividade e a neutralidade não existem; o constante apelo que os meios de comunicação fazem à imparcialidade é inútil. A honestidade, a veracidade e, inclusive, a pluralidade existem, mas hoje ninguém discute o interesse ideológico e político que os meios de comunicação mostram em sua atividade diária. O tremendo poder que adquiriram, a perda de influência das ideologias neoliberais na América Latina e a ascensão de governos progressistas na região fizeram com que os meios privados se tornassem atores políticos de primeira ordem, gerando uma queda brusca de sua imagem como agentes meramente informativos e neutros". Igual visão pode ser encontrada nas lições do Professor Venício de Lima (2010, p. 104).

recusa dos jornalistas, mas também dos estudantes de jornalismo, em situar a profissão onde esta pertence, isto é, no contexto da expressão humana da actividade expressiva. É a recusa em lidar com a escrita das notícias por aquilo que é a sua essência – contar estórias. (ROEH *apud* TRAQUINA, 2002, p. 96)

Porém, a verdade é que sabemos que o jornalista, tal como o sociólogo, é um observador que partilha o mesmo mundo que o observado. Como será possível construir um relato objectivo sobre um determinado número de acções que são todas elas revestidas de um significado subjectivo? (CORREIA, 2004, p. 210-211)

O conteúdo veiculado pelos meios, suas formas e os processos pelos quais são produzidos sofrem a influência de interesses diversos e de múltiplas índoles (individuais, corporativas etc.) e, portanto, respondem a modalidades específicas de pressão social.[279] Isso porque, empiricamente, as mídias de informação operam segundo "[...] uma lógica econômica, que faz com que todo organismo de informação aja como uma empresa [...]; e uma lógica simbólica, que faz com que todo organismo de informação tenha por vocação participar da construção da opinião pública" (CHARAUDEAU, 2012, p. 21). Nesse contexto,

---

[279] Renato Janine Ribeiro (2012, p. 40) argumenta que os órgãos da imprensa pertencem a grupos empresariais que se abrem pouco ao contraditório e ao diálogo. Afirma, categoricamente, que "[...] a manipulação do eleitorado, pelo poder do Estado e do capital, é frequente". Na mesma senda, Fernández Ruiz (2010, p. 20) atenta para a relação entre imprensa e dinheiro, chegando a afirmar que o poder de mídia costuma surgir como uma modalidade do poder econômico, já que muitos magnatas empresários, entre seus múltiplos negócios, acrescentam jornais, revistas e canais de rádio e televisão. A posição é reforçada por Karl Loewenstein (1979, p. 418), quando afirma que, na ordem social capitalista: "[...] los medios de comunicación se consideran como un dominio legítimo de la economía privada; las empresas privadas buscan, en primera línea, obtener beneficios económicos y, sólo en segundo lugar, llevar a cabo un servicio a la comunidad, o, en el mejor de los casos, camuflan su deseo de obtener beneficios en forma de 'servicio público'". Também assim, Carlos Vilas (2013, p. 31) sugere que: "Las grandes cadenas de medios están estrechamente ligadas al poder económico y forman parte, de hecho, de ese poder; los convencionalmente considerados 'grandes diarios' y 'emisoras serias' deben mucho de esa caracterización y del prestigio social derivado de ella a su eficacia para difundir ideas y posiciones editoriales, y generar un estado colectivo de opinión que coincide con las ideas y los intereses del poder económico". Não se olvide, entretanto, que, além dos interesses financeiros, os meios de comunicação podem ainda deslegitimar-se pela submissão à própria direção estatal, quando a distorção de suas funções vise à promoção ou à blindagem dos órgãos de governo. Isso faz com que Dahl (2009, p. 111) se pergunte: "Como os cidadãos podem adquirir a informação de que precisam para entender as questões se o governo controla todas as fontes importantes de informação? Ou, por exemplo, se apenas um grupo goza do monopólio de fornecer a informação?". A resposta a tais questionamentos carrega a conclusão de que o imperativo democrático exige que os cidadãos tenham acesso a fontes de informação que não estejam sob o controle do governo nem sejam dominadas por qualquer grupo ou ponto de vista corporativo.

CAPÍTULO 5
O ABUSO DE PODER EM ESPÉCIE | 267

Francisco Fonseca (*in* TELLES *et al.*, 2013, p. 466) pondera que, em última instância, os periódicos:

> [...] são empresas capitalistas, que, portanto, objetivam o lucro. Seu papel empresarial torna-se distinto do de seus similares de outros setores, pois, não bastasse a função de modelar a opinião, sua mercadoria – a notícia – está sujeita a variáveis mais complexas e mais sutis. O fato de o capital fixo investido ser cada vez mais portentoso faz que uma eventual perda de leitores (e mesmo internautas) cause verdadeiros estrondos nesta "atividade de risco" que é a produção de *informação*. O poder da imprensa implica, portanto, um instável equilíbrio entre formar opinião, receber influências de seus leitores e de toda a gama de fornecedores, anunciantes e de interesses que representa, auferir lucro, e atuar como "aparelho privado de hegemonia.[280] [281]

Dessa forma, temos que, na prática, os veículos de comunicação tendem a descumprir os seus objetivos primários (MENÉNDEZ, 2009, p. 167), usando da força de que dispõem para agendar a audiência, selecionando pautas, imprimindo ou retirando ênfase às notícias ou continuidade às denúncias e investigações, enfim, matizando aconteci-mentos[282] com o fito não revelado de promover interesses setorizados,

---

[280] Em reforço, Duane Bradley (1966, p. 22) aponta: "O jornal tem problemas peculiares. É uma empresa industrial privada que funciona como uma instituição pública. Embora alguns jornais sejam publicados por interêsses privados e não tenham necessariamente de apresentar lucros, a maioria tem de obter lucros para poder viver. Como instituições públicas, espera-se que sirvam ao bem do público, mas como empresas industriais privadas devem cuidar dos seus interêsses próprios. Já se sugeriu que desde que são necessários ao bem-estar público o govêrno deveria ajudar a mantê-los, mas a ideia do apoio governamental implica a ameaça da supervisão do govêrno, que é inaceitável para uma imprensa livre". Dênis de Moraes (2013, p. 24), noutra ponta, sublinha a existência de uma interseção cada vez maior entre capital financeiro e capital midiático, reconhecida pela presença de evidências como a garantia de suporte financeiro, inclusive mediante financiamentos para compras, fusões e infraestrutura tecnológica. A seu ver, a junção de lógicas que deveriam estar apartadas eleva a dependência de grupos de mídia em relação a entidades de crédito, o que repercute numa confusão de filosofias, estruturas operativas e objetivos primordiais.

[281] A rigor, as crescentes necessidades comerciais dos veículos de comunicação massiva operam severas transformações sobre o seu modelo. Habermas (2014, p. 402) adverte que: "À medida que se desenvolve como um empreendimento capitalista, o jornal acaba enredando em um campo de interesses estranhos à empresa que que tentar ganhar influência sobre ele. A história dos grandes jornais diários da segunda metade do século XIX mostra que a imprensa se torna manipulável à medida que se capitaliza".

[282] Exemplo disso pode ser visto no modo como a agência Reuters, na linha dos tradicionais veículos de comunicação brasileiros, procedeu com a cobertura do escândalo da Petrobras. Por um erro de revisão, em entrevista em que o Ex-Presidente Fernando Henrique Cardoso atribuía a culpa sobre os escândalos mais a Lula do que a Dilma Rousseff, foi publicada uma observação do jornalista responsável dirigida a seu editor. Em um parágrafo em que o repórter lembrava que, de acordo com o delator Pedro Barusco, o esquema ilícito operava

em flagrante prejuízo ao sistema político em que se inserem.[283] Para Armagnague (2010, p. 183), uma das causas que colaboram para o desprestígio da política é justamente a postura de meios de comunicação que representam interesses comerciais importantes – em alguns casos contrários ao interesse geral da sociedade – e que vivem da divulgação de exposições erráticas sobre temas que despertam o interesse da cidadania.

Em resumo, vislumbra-se no caso dos *media* um patente dissenso entre o *ser* (dimensão da realidade empírica) e o *dever ser* (dimensão das expectativas normativas), e a distância que os separa marca, exatamente, a diferença entre enxergá-los como fatores de desprestígio ou como elementos de reforço e elevação da experiência democrática como um todo.

Como é cediço, nas democracias liberais a formação da opinião pública é o eixo em torno do qual gira o direito de transmitir informações (PÉREZ ROYO, 2016, p. 332). Essa condição denota, obviamente, uma extraordinária capacidade de influência sobre o comportamento

---

desde 1997 (portanto, desde a época em que o Brasil era governado pelo PSDB), foi publicada, entre parênteses, o comentário "Podemos tirar, se achar melhor". O equívoco foi rapidamente corrigido, mas não a tempo de ser registrado por diversos leitores, gerando inúmeras críticas em redes sociais. O caso foi registrado pela *Revista Fórum* (Disponível em: http://www.revistaforum.com.br/blog/2015/03/erro-da-reuters-gera-mobilizacao-de-internautas-contra-blindagem-da-midia-tradicional. Acesso em: 24 ago. 2017). Lapso semelhante foi, recentemente, denunciado pelo *blog Conexão Política*, o qual aponta que, em ato falho, o jornal *O Globo* acabou por expor um interesse interno, contrário às pretensões políticas do então candidato Jair Bolsonaro, por meio da sugestão de uma estratégia destinada à maximização da exposição de uma notícia que lhe era destanvajosa (Disponível em: http://www.conexaopolitica.com.br/ultimas/em-ato-falho-o-globo-expoe-interesse-interno-em-subtitulo-de-materia/. Acesso em: 20 ago. 2018).

[283] Nas palavras de Ramonet (2013, p. 53): "Costumamos pensar que os meios de comunicação são essenciais à democracia, mas, atualmente, eles geram problemas ao próprio sistema democrático, pois não funcionam de maneira satisfatória para os cidadãos. Isso porque, por um lado, se põem a serviço dos interesses dos grupos que o controlam e, por outro, as transformações estruturais do jornalismo – tais como a chegada da internet e a aceleração geral da informação – fazem com que os meios sejam cada vez menos fiáveis ou menos úteis à cidadania". Outrossim, Raúl Trejo (*apud* SÁNCHEZ RUIZ, 2004, p. 35) assevera que há poucas indústrias que funcionam de maneira tão autoritária como os meios de comunicação, nos quais poucos agentes tomam decisões sobre mensagens que serão transmitidas a muitas pessoas. A possibilidade de difusão reforçada pelas novas tecnologias, que já estão em condições de superar, praticamente, todo tipo de fronteiras, multiplica o poder dos meios e, dessa forma, também a influência de seus operadores. Em sua percepção, essa enorme capacidade que têm os meios eletrônicos para alcançar a audiência de dezenas ou centenas de milhões de pessoas implica sérios problemas para a democracia, em todos os países. Se uma das condições para o exercício democrático é a igualdade de oportunidades para o exercício dos direitos sociais, entre os quais o direito de informação, então se nota que os meios modernos, por sua organização vertical (na qual uns poucos comunicam para muitos) implicam dificuldades estruturais para que todos os cidadãos exerçam de igual maneira o direito em questão.

externo, que há muito desperta a atenção de especialistas, dando azo ao desenvolvimento de teorias críticas acerca de excessos praticados no exercício da sagrada liberdade jornalística.

No limite, esses autores não ignoram nem negam a proteção que esse direito dispensa em virtude do rol que executam no Estado constitucional; entretanto, cuidam de enfatizar o fato de que a imprensa se apresenta como detentora de um forte poder social,[284] e que as disfunções no exercício das atividades midiáticas acarretam, sem dúvida, danos à democracia. A teoria do controle social argumenta, em termos sucintos, que "a mídia assume uma tarefa normativa em relação ao comportamento da audiência" (MCQUAIL *apud* MATOS, 1994, p. 15).

Para Bobbio (2000, p. 163), a imprensa incorpora um poder de cariz ideológico, na medida em que produz informações massificáveis capazes de sugestionar a opinião pública, induzindo o corpo social a que reaja de uma maneira programada ou preconcebida. Edurne Uriarte (2010, p. 50) acresce que tal poder existe porque as ideias possuem uma enorme capacidade para influenciar os cidadãos, visto que os comportamentos econômicos ou políticos são explicados, em boa medida, com apoio em valores difundidos que se tornam predominantes. DeFleur e Ball-Rokeach (1993, p. 54), no mesmo caminho, explicam o poder midiático a partir do papel que os meios de comunicação de massas cumprem no exercício social da compreensão dos acontecimentos mundanos:

> Evidentemente, a mídia é parte central dos processos de comunicação das sociedades modernas. Ela contribui em suas descrições e relatos com interpretações da realidade que suas audiências internalizam. As pessoas podem criar construções de significado subjetivas e compartilhadas para as realidades físicas e sociais nas quais vivem, pelo que lêem, escutam ou vêem. Portanto, seus comportamentos pessoal e social podem ser em parte modelados por interpretações dadas pela mídia a acontecimentos e temas em debate acerca dos quais as pessoas dispõem de poucas fontes de informação alternativas.

Ademais, como observado por Walter Lippmann (2008, p. 28-30), "em qualquer sociedade que não esteja completamente voltada a si mesma [...] e nem tão pequena que todos possam saber tudo o que

---

[284] Algo, aliás, já notado mesmo pelo liberal Stuart Mill. Tal como explica Venício de Lima (2010, p. 51), para o pensador inglês "[...] o poder 'dos costumes', da uniformidade do pensamento (hoje, talvez ele dissesse da opinião pública construída, sobretudo, pela grande mídia) constituía uma verdadeira ameaça à individualidade, à diversidade e à pluralidade".

se passa, as ideias dizem respeito a eventos que estão fora da vista e do alcance dos cidadãos".[285] Nesse contexto, é dado reconhecer que os comportamentos humanos, afinal, respondem na realidade não aos fatos "tal como eles ocorrem", mas "tal como são relatados", o que torna os indivíduos potencialmente vulneráveis aos desígnios das grandes empresas de comunicação.

Para Lippmann, a realidade política é "demasiado grande, demasiado complexa e demasiado fugaz", e os seres humanos não estão preparados para afrontar "tanta subtileza, tanta variedade, tantas permutas e tantas combinações". Desse modo, quando tem que atuar ou se posicionar nesse meio, o cidadão precisa "reconstruí-lo num modelo mais simples", sendo aí a ocasião em que surgem as "pseudo-realidades" (SALGADO, 2007, p. 17).[286]

Em definitivo, à margem das teorias normativas puras (que julgam os *media* pelo que "deveriam ser") os veículos de comunicação se apresentam, na prática, como atores políticos de grande importância, sobretudo porque nossa compreensão acerca dos assuntos públicos depende, substantivamente, das informações que eles nos proporcionam (CARBONELL, 2008, p. 39).

Não por acaso, a doutrina crítica conclui que, ao fim e ao cabo, a luta eleitoral é travada, antes de tudo, no terreno dos meios de comunicação (DÍAZ ARIAS, 2000, p. 3), uma vez que os candidatos enfrentam não apenas os seus adversários, mas também um mercado de comunicação que, cada vez mais, desempenha um "papel ativo e militante" (FONSECA *in* TELLES; MORENO, 2013, p. 461).[287]

---

[285] Com palavras distintas, Vallés e Martí i Puig (2015, p. 301) reforçam: "La mayor parte de la experiencia política de los ciudadanos es indirecta: nos llega por medio de alguna forma de comunicación que nos aproxima datos y opiniones alejados de nuestro entorno imediato".

[286] Como explicam DeFleur e Ball-Rokeach (1993, p. 279), na análise da cobertura da imprensa na cobertura da primeira Guerra Mundial, Lippmann forja o argumento de que "[...] as descrições da imprensa foram muitas vezes espúrias pelo fato de serem enganadoras, criando 'imagens em nossas cabeças' deturpadas ou até completamente falsas acerca do 'mundo lá fora'. Por exemplo, quando a 6 de novembro de 1918 a imprensa noticiou falsamente um armistício (cinco dias antes dele realmente ocorrer), as pessoas rejubilaram baseadas em uma descrição falsamente construída da realidade. Entrementes, diversos milhares de jovens morriam nos campos de batalha". Lippmann, assim, conclui "[...] que as pessoas agem não baseadas no que realmente está se passando ou tenha ocorrido, mas naquilo que imaginam seja a situação real conseguida de descrições fornecidas pela imprensa – significados e interpretações que amiúde têm apenas limitada correspondências com o que se passou. Isso pode levar a ações e comportamentos inadequados, tendo apenas escassa relação com a real natureza do 'mundo lá fora'".

[287] Para Francisco Fonseca (TELLES; MORENO, 2013, p. 464), "[...] a grande imprensa, concebida como ator político-ideológico, deve ser compreendida [...] fundamentalmente

No conceito de Herman e Chomsky (2003, p. 12), os meios de comunicação têm servido para mobilizar o apoio em favor dos interesses especiais que dominam a atividade estatal e privada.[288] Em perspectiva análoga, Ignacio Ramonet (*in* SERRANO, 2009, p. 15-17) indica que a comunicação, tal como concebem os meios hegemônicos da imprensa, tem como função precípua levar o conjunto da população a aderir às ideias das classes dominantes – e de votar por aqueles que estejam dispostos a colocá-las em prática. O teórico da comunicação formula em termos retóricos perguntas que o encaminham a uma forte conclusão:

> El poder de los medios y su influencia en la opinión pública están vaciando a la democracia de su sentido. Es una cuestión que hoy se plantea en muchas sociedades. Por ejemplo, *cuando votamos, ¿lo hacemos libremente?, ¿ es libre mi albedrío el que me conduce a votar por Fulano o por Mengano? O bien, en realidad, ¿ es porque me han metido en la cabeza una serie de ideas que hacen que yo, como una marionete, vaya a votar por lo que me han dicho?* Como bien disse Noam Chomsky: *"En nuestras democracias, un presidente es un produto del sistema de construcción mediática de candidatos"* [...] *Ese sistema es claramente no democrático; un tipo de "ditadura por*

---

como instrumento de manipulação de interesses e de intervenção na vida social". Segundo o autor, "[...] a imprensa é uma das instituições mais eficazes no inculcamento de ideias no que tange a grupos estrategicamente reprodutores de opinião – constituídos pelos estratos médios e superiores da hierarquia social brasileira –, caracterizando-se (seus órgãos) como fundamentais aparelhos privados de hegemonia, isto é, entidades voltadas à propagação de ideias com vistas à obtenção de hegemonia".

[288] De acordo com Castells (*apud* GARCÍA, 2015, p. 235), os veículos da imprensa funcionam com caráter empresarial e se distribuem e regulam por meio do mercado e da lógica da propriedade privada, ocasionando que um número relativamente reduzido de empresas controle a maioria dos meios. Seus interesses soem transcender aspectos meramente jornalísticos, ao alinhar-se com posturas e decisões tanto políticas como econômicas, criando uma forte relação entre a concentração de poder e a concentração dos meios de comunicação. Nessa quadra, Carlos Vilas (2013) observa que: "[...] el 'mundo de las ideas' es tributario de la matriz de relaciones sociales a través de una multiplicidad de instancias condicionantes y de mediación política e institucional; esto es válido también para las ideas y teorías van contra las verdades establecidas. Las ideas necesitan recursos económicos para difundirse (manutención de los predicadores, acceso a los medios de comunicación, presupuesto para publicaciones...) y esos recursos se encuentran muy desigualmente distribuidos, por eso siempre es más fácil difundir ideas agradables al poder económico que las que le resultan antipáticas. Las grandes cadenas de medios están estrechamente ligadas al poder económico y forman parte, de hecho de este poder; los convencionalmente consideradas 'grandes diarios' y 'emisoras serias' deben mucho de esta caracterización y del prestigio social derivado de ella a su eficacia para difundir ideas y posiciones editoriales, y generar un estado colectivo de opinión que coincide con las ideas y los intereses del poder económico. Los organismos financieros multilaterales como el Fondo Monetario Internacional (FMI) o el Banco Mundial son al mismo tiempo grandes usinas de pensamiento, y no sólo en materia económica o financiera [...]".

elección"; una construcción política en la cual el Pueblo contempla la acción y no es protagonista. (Grifos nossos)

Tal inquietude é partilhada por Giovanni Sartori (1965, p. 88-89), a quem também preocupam os meandros do processo intelectual que determina a formatação final da preferência eleitoral. Também a partir de perguntas o pensador italiano lança algumas pertinentes questões:

> As eleições registram as decisões dos votantes; mas como essas decisões se processaram? Eleições computam opiniões; mas de onde procedem essas mesmas opiniões e como se formaram? Qual é, em resumo, a gênese da vontade e da opinião que as eleições se limitam a registrar? A votação possui um bastidor pré-eletivo. Assim, conquanto não devamos esquecer a importância das eleições, não podemos isolar o acontecimento eleitoral do círculo completo do processo de formação da opinião eleitoral. [...] O poder eleitoral torna-se per se a garantia mecânica do sistema, mas a garantia substantiva é conferida pelas condições sob as quais os cidadãos obtêm a informação necessária e são expostos à pressão dos articuladores da opinião. [...] Dissemos que as eleições devem ser livres. Isso é realmente verdadeiro, mas não pode ser o bastante, porque a opinião deve também ser, em algum sentido básico, livre. Eleições livres com uma opinião que não seja livre [...] nada significam.

Segundo Sartori (1965), é muito importante distinguir entre "uma opinião pública apenas no sentido de que é determinada pelo povo" e uma "uma opinião pública que o povo de alguma forma moldou por si mesmo". Em sua análise, o segundo modelo é o mais caro para a democracia, pois é nele que o povo se apresenta, verdadeiramente, como o seu sujeito ativo, surgindo o voto como um produto autêntico de sua autodeterminação.

João de Almeida Santos (2012, p. 225), por sua vez, não ignora que o cidadão plenamente autodeterminado, a rigor, não existe; entretanto, julga que a "utopia democrática" não pode deixar de buscar "uma aproximação a essa ficção". Para ele, a grande questão referente às tensões entre os meios e a democracia consiste em saber "se eles se mantêm como efectivo motor de promoção e aprofundamento desta capacidade de autodeterminação individual e universal, lançando as bases de uma democracia plena" ou se, por outro lado, "se constituem como fator de erosão dos fundamentos da democracia representativa tal como a conhecemos, ao produzirem fortes *efeitos de inibição* (p. ex., emocional) sobre a capacidade racional de livre autodeterminação".

Nesses termos, é possível afirmar que *as eleições* – e também a realidade social – *serão tanto mais democráticas quanto mais livres estejam da influência de instrumentos midiáticos que procurem exercer uma condução dirigista do eleitorado, negando-lhe o conhecimento dos fatos a partir de uma abordagem neutra ou, como mínimo, plural.* Em gizar resumido, Anna Paula Oliveira Mendes (2022, p. 67) bem observa:

> a reprimenda legal ao abuso de poder midiático deriva da ideia de que a malversação de meios de comunicação social tem potencial para violar a normalidade e a legitimidade do pleito eleitoral em razão da manipulação da opinião pública. Isso ocorrerá quando se verificar, no caso concreto, um abuso da liberdade de expressão e da liberdade de imprensa.

Expoentes da teoria crítica da comunicação argumentam que, modernamente, os métodos de censura oficial (típicos de Estados autoritários) foram substituídos por uma espécie de censura invertida, operada pelos próprios veículos da imprensa livre. De forma categórica, Pascual Serrano (2013, p. 78) chega ao extremo de afirmar que "[...] a mídia não exerce o direito à liberdade de expressão, mas o direito à censura, na medida em que decide o que nós, cidadãos, vamos conhecer e o que não".

Com efeito, na medida em que atuam como *gatekeepers*, os meios "decidem o que é ou não publicado, seleccionando alguns temas em detrimento de outros" (SALGADO, 2007, p. 23) e surtindo, com esse tipo de prática, sérios efeitos sobre os destinos das competições eleitorais, tendo em vista que na práxis jornalística "a omissão deliberada é também uma forma de se posicionar, uma vez que a ausência implica a presença do que se quer ocultar (sobretudo em termos políticos e tendo em vista o papel da imprensa)" (FONSECA *in* TELLES; MORENO, 2013, p. 460).

Javier Gil García (2015, p. 235) explica que a censura midiática em sociedades democráticas se produz mediante processos informais que adotam inúmeras técnicas, como:

(i) a omissão como forma de excluir o conjunto ou partes de uma notícia;

(ii) a forma em que se enquadra uma notícia (i.e., como é formulada, tratada e apresentada);[289]

(iii) a falta de objetividade ou excessiva arbitrariedade quando, por exemplo, se trata de contrastar informação ou expor as diversas opiniões;

(iv) o tratamento simples ou repetitivo de uma notícia com o objetivo de silenciar outras; e

(v) a outorga de prioridade a uns acontecimentos sobre outros etc.

Kapuścisnki (*apud* SERRANO, 2009, p. 26), em esforço parecido, arrola, sob a rubrica de *estratégias de desinformação*, (i) o silenciamento; (ii) a frivolização; (iii) o desvio de atenção; (iv) a marginalização de contestadores; e (v) a difusão de mentiras.[290] Trata-se de estratégias essencialmente contrárias aos elementos constitutivos do exercício

---

[289] Duane Bradley (1967, p. 104-105) sinaliza que o tratamento noticioso distorcido não raro extrapola o âmbito narrativo e adentra, efetivamente, o campo simbólico. Explica que: "Hoje em dia, a fotografia faz parte da notícia quase tanto quanto as palavras com que é escrita. [...] Segundo um velho dito, 'a fotografia não mente', mas isso está longe de ser verdade. As fotografias de notícias, como as reportagens, podem ser torcidas. A aparência de um candidato a cargo público é, graças ao fotojornalismo, um fator importante de êxito nas urnas". Por isso, "têm-se acusado jornais de só publicarem as 'boas' fotografias dos seus candidatos favoritos e fotografias embaraçosas e poucos lisonjeiras dos contrários [...]".

[290] Menéndez (2009, p. 47-48) considera que parte da má qualidade hoje percebida nos veículos da imprensa advém de circunstâncias que ditam os termos da "operatória midiática contemporânea". Entre essas, a especialista argentina menciona: (i) restrições de tempo (*fast-thinking*); (ii) censuras econômicas e imposições comerciais baseadas em índices de audiência; (iii) a preferência de relatos de acontecimentos, em detrimento da explicação de processos; (iv) a busca por "furos" nas notícias; (v) a informação sobre o que se pode *mostrar*, acima daquilo que requer reflexão; (vi) a informação sem discussão; (vii) a exaltação da novidade, instantaneidade e descontinuidade; (viii) a falta de análises sobre mudanças imperceptíveis que vão configurando uma nova ordem das coisas; (ix) a permanente "amnésia estrutural" propiciada pela lógica do pensamento do dia; (x) a criação de uma realidade virtual que substitui a ação real e hierarquiza a imagem por sobre a ação; (xi) a evocação da realidade e a provocação de fenômenos de mobilização social; (xii) a instauração de uma sorte de democracia direta negativa apoiada na urgência que suplanta o necessário distanciamento de toda discussão racional; (xiii) o predomínio do extraordinário sobre a cotidianidade do real; (xiv) a homogeneização da oferta; (xv) a difusão circular da informação e seus efeitos de enclausuramento jornalístico; (xvi) o crescente domínio econômico e simbólico da televisão sobre a imprensa escrita nas relações de força comunicativa; (xvii) a criação, massificação, simplificação e despolitização dos temas; (xviii) a monopolização da informação e, portanto, da existência e da notoriedade pública dos assuntos; (xix) a mútua influência entre o Estado que condiciona o fornecimento de informações e a ordem do dia, e a sociedade que está penetrada pelos meios de comunicação que buscam a exclusividade jornalística; (xx) a debilitação da autonomia política e de outros campos de criação cultural etc.

CAPÍTULO 5
O ABUSO DE PODER EM ESPÉCIE | 275

legítimo da liberdade de imprensa, bastante afastadas dos critérios que pautam o "bom jornalismo".[291]

Na visão de Herman e Chomsky (2003, p. 14), o emprego deliberado desses mecanismos resulta na exclusão de qualquer dissidência fundamental (ainda que se possa visualizá-la na mídia marginal), gerando "processos de censura" que chegam a ser mais efetivos do que os métodos do mutismo tradicional. É certo, pois, que a despeito do bem que promove no plano do Estado, a imprensa pode, certamente, prejudicar o nível de integridade de um processo eleitoral, seja promovendo os mencionados processos de desinformação,[292] seja minando o equilíbrio competitivo que lhe é subjacente.[293]

---

[291] Como resposta a uma onda de críticas formuladas à imprensa norte-americana, formou-se nos Estados Unidos uma comissão destinada a definir o papel da mídia na sociedade moderna. De acordo com o relatório da *Hutchins Commission*, publicado em 1947, os meios de comunicação deveriam observar cinco pontos principais: (i) propiciar relatos fiéis e exatos, separando notícias (reportagens objetivas) das opiniões (que deveriam ser restritas às páginas de opinião); (ii) servir como fórum para intercâmbio de comentários e críticas, dando espaço para que pontos de vista contrários sejam publicados; (iii) retratar a imagem dos vários grupos com exatidão, registrando uma imagem representativa da sociedade, sem perpetuar os estereótipos; (iv) apresentar e clarificar os objetivos e valores da sociedade, assumindo papel educativo; e (v) distribuir amplamente o maior número possível de informação. Esses princípios – resumidos na exigência de objetividade, exatidão, isenção, diversidade de opiniões e interesse público – constam hodiernamente de grande parte dos manuais de redação dos veículos de imprensa, inclusive brasileiros (LIMA, 2010, p. 53-54).

[292] Por "desinformação", fala-se de toda atividade comunicativa "[...] destinada a ocultar os factos, a divulgar versões inexatas, tendenciosas ou propositadas equívocas" sobre um determinado grupo ou ator político (MOREIRA, 2014, p. 224). Na dicção de Fraguas (*apud* EMMERICH, 2015, p. 46), a desinformação é definida como "a ação do emissor que procede a uma construção de sentido com a intenção de diminuir, suprimir ou impossibilitar a relação entre a representação do receptor e a realidade do fato original" (tradução livre). De acordo com Emmerich (2015), em termos políticos os processos de desinformação são armas eficazes para a construção de lideranças eleitorais, na medida em que a imagem de um candidato posicionada desinformativamente nos meios de comunicação sustenta um imaginário de qualidades e valores positivos em torno dele. Não obstante, *a desinformação joga contra o fair play e contra a axiologia do jogo, haja vista que por intermédio desses "mecanismos de engano" as eleições se convertem em simples "consagrações procedimentais de um processo político realizado fora da expectativa do escrutínio democrático".* Uma terceira conceituação dada ao termo consta do relatório do *High Level Group* (Grupo Independente de Alto Nível sobre as notícias falsas e a desinformação *on-line*) da União Europeia, que insere na categoria de desinformação "todas as formas de informações falsas, imprecisas ou enganadoras criadas, apresentadas e promovidas para causar prejuízos de maneira proposital ou para fins lucrativos" (RAIS, 2018, p. 108).

[293] Como resume Della Porta (2003, p. 109), "o tipo de efeito dos meios de comunicação na consciência dos eleitores, suas atitudes e comportamentos continua a ser uma questão em aberto. Enquanto, de um modo geral, permanece limitada a capacidade dos meios para 'converter' um eleitor, fazendo-o mudar de preferências eleitorais, observou-se, porém, que esta capacidade, embora estatisticamente sem interesse, pode exercer efeitos políticos relevantes nos resultados eleitorais. Se o próprio Paul Lazarsfeld, que salientou numa investigação pioneira os escassos efeitos das campanhas eleitorais, admitiam que

Com essa ótica, Fávila Ribeiro (2001, p. 81) entende que os meios de comunicação prestam contributo à sociedade democrática sempre que sirvam de ponte entre o povo e os governantes informados, dando a estes subsídios para que reajustem suas condutas, conforme as circunstâncias das preferências difundidas. A partir do momento, porém, em que se afirmam como fatores de poder, ficam expostos às tentações do abuso; embora possivelmente não almejem o mal social, tendem a proteger desregradamente os interesses de corporações ou segmentos anunciantes, podendo, nesse afã, violar a regra da igualdade de oportunidades entre os candidatos, fragilizando o índice de integridade das eleições. E se assim é, cumpre reconhecer que o equilíbrio na cobertura das campanhas jornalísticas se apresenta como um ponto muito importante para a aferição da "qualidade democrática" dos processos eleitorais (JIMÉNEZ, 2009, p. 1).

No esquema de Bobbio (2000, p. 221), os veículos de comunicação encampam um poder de tipo ideológico, à medida que produzem informações potencialmente massificáveis, capazes de sugestionar a opinião pública, induzindo o corpo social a reagir de um modo artificial.[294] Como entendem Quadros *et al.* (2011, p. 144):

> A organização da mídia como campo social não tem somente o desejo em tornar-se uma instituição reconhecida socialmente com papéis definidos e especializados, a mídia reivindica monopolizar o papel de dar visibilidade à totalidade dos demais campos sociais na sociedade (Bourdieu, 1997). Ou seja, o campo da mídia vai além do simples interesse de se formar como um campo social no espaço social. O campo da mídia pela pretensão em monopolizar o ato de publicizar estabelece para si, frente aos demais campos, a função de tornar às coisas comuns compartilhadas e públicas. (RUBIM, 1999, p. 34)
> Ao preterir para si o monopólio de tornar as coisas públicas e defender o controle de tal ato como sendo de sua prerrogativa, o campo da mídia está inevitavelmente exercendo o poder de acordo com a sua definição

---

podiam deslocar até 10% dos votos, é fácil compreender que essa percentagem, embora absolutamente pouco significativa, pode, todavia, tornar-se decisiva na vitória de um ou outro partido [...]".

[294] Edurne Uriarte (2010, p. 50) ratifica a posição, acrescentando que o elemento que caracteriza o poder ideológico é a posse de conhecimento ou, sobretudo, da capacidade para manejar palavras, conceitos e símbolos, ressignificando-os de sorte a moldá-los a um interesse determinado. A cientista espanhola destaca que se o poder ideológico se manifesta, primordialmente, por meio da palavra, os jornalistas exercem sobre ele um grande controle, tendo em vista que a maior parte dos intelectuais opera fundamentalmente por intermédio dos veículos de comunicação.

CAPÍTULO 5
O ABUSO DE PODER EM ESPÉCIE

277

mais ampla existente na Ciência Política e na acepção mais geral, significando o poder como a capacidade ou a possibilidade de agir ou de produzir efeitos pretendidos. Neste sentido o campo da política, e, é claro, não só ele, mas os demais campos conferem ou reputam ao campo da mídia à posse de recursos extremamente importantes para o seu desenvolvimento na sua forma plena. O poder simbólico e não visível que a mídia detém é exercido com a cumplicidade daqueles que estão sujeitos a ele.

Nessa esteira, Duhalde e Alén (2007, p. 259) advertem que o jornalista não é só uma testemunha de sua época, mas também um ator dela, tendo em vista que em alguma medida se apresenta como um "partícipe da condução da sociedade". Isso porque possui a capacidade de oferecer elementos informativos e formativos para que a sociedade possa compreender o momento que vive. A missão do jornalista supera o mero fornecimento de informação porque engloba a possibilidade de interpretar os fatos sociais – e opinar sobre eles. Desse modo, conferem razão a Camilo Taufic, quando afirma, categoricamente, que "todo jornalista exerce um papel político".[295]

No tocante à mecânica, o poder midiático opera a partir da premissa de que o processo de compreensão (assimilação) depende essencialmente da comunicação (BARROS FILHO, 2003, p. 61). Nos meios de comunicação, o cidadão encontra informação, o que não é pouco, mas não é suficiente: falta-lhe um manual de instruções, um guia para entender o que acontece por detrás do que realmente acontece, um

---

[295] Conforme Chauraudeau (2012, p. 77-78): "Considerando os papéis que o jornalista deve desempenhar e, por extensão, os da instância midiática, vê-se uma vez mais a que ponto o contrato de informação está marcado por uma série de contradições. Em nome da credibilidade, o jornalista se coloca como simples fornecedor de informações, simples mediador entre os acontecimentos do mundo e sua encenação pública, assumindo-se como a "testemunha mais objetiva possível". Na realidade, como a instância midiática é obrigada a pôr a informação em cena, esta se torna um objeto inteiramente mediado. Não raro, o jornalista se apresenta como revelador da informação oculta e, nesse sentido, assume o papel de adversário dos poderes constituídos e de aliado do público, procedendo a interrogatórios, instruindo questões, aspirando ao papel de juiz ou detetive. Na verdade, a instância midiática só pode revelar pistas [...] que podem ser retomadas pelo poder judiciário ou político, mas correndo o risco de lançar uma informação forçosamente incompleta, cuja interpretação pode estar desvirtuada. Em outros momentos, o jornalista se apresenta como intérprete dos acontecimentos, buscando-lhes as causas e situando-os. Na realidade, a instância midiática pode no máximo propor algumas correlações provisórias, algumas hipóteses que, na maioria das vezes, são relativizadas ou destruídas por fatos posteriores. Enfim, o jornalista pretende ser didático, aspirando ao papel de educador da opinião pública. Na realidade, a instância midiática pode no máximo simplificar as explicações, o que não é a mesma coisa que explicar, pura e simplesmente".

mapa que lhe apresente detalhes sobre o terreno em que pisa (DEL REY MORATÓ, 2007, p. 31), é dizer, que ponha em evidência, bem à frente de seus olhos, o que por vezes somente um exame semiótico desvenda.

À falta de esclarecimentos, mediante uma falaz presunção de neutralidade, confia o cidadão médio na "verdade" que lhe chega. Embora para muitos especialistas a objetividade informativa não exista, a comunidade científica reconhece que informações com "aparência de objetividade" possuem um forte capital persuasivo.[296] Como argumenta Rallo Lombarte (*apud* HOLGADO GONZÁLEZ, 2003, p. 5), a informação jornalística sobre as eleições "[...] goza de mayor capacidad de influencia en la formación de la opinión pública en tanto se presume su imparcialidad, objetividad y veracidad".

Tudo pesado, é possível entender porque, atualmente, os meios de comunicação constituem poderosos fatores de desequilíbrio eleitoral.[297] E não se trata, absolutamente, de uma assimetria provocada pela disseminação de mentiras, o que, aliás, é pouco frequente. A questão, em verdade, tem uma conotação diversa, como explica Niklas Luhman (2005, p. 55-56):

> No caso de informações que são apresentadas na forma de notícias ou reportagens, supõe-se e acredita-se que sejam corretas, verdadeiras. Pode-se errar e, ocasionalmente, chegar-se a relatos falsos, mas isso é normalmente explicado (depois). Os atingidos têm o direito de exigir

---

[296] Barros Filho (2003, p. 76) explica que elementos formais e de conteúdo do produto mediático informativo "[...] fazem crer na ausência (aparente) do autor-codificador, que faz crer na objetividade (aparente), que, por sua vez, faz crer na mídia como 'espelho da realidade', e assim sucessivamente. Quando falamos em objetividade aparente, automaticamente falamos em crença, em adesão àquilo que não é, ou pelo menos que pode não ser, e, portanto, estamos diante de um dos muitos momentos em que se opera um 'ilusionismo social'. A adesão a ideias (sejam elas frágeis, falsas ou não) por parte de um interlocutor diante de uma argumentação é tema central das 'teorias da comunicação de massa', sob a denominação de 'persuasão'".

[297] "Los posibles supuestos de desequilibrio entre los competidores en relación con la utilización de los medios de comunicación pueden ser muy diversos. Sin necesidad de poner ejemplos concretos, es evidente que los gobiernos son frecuentemente acusados de utilización de los medios públicos de forma partidista. También es un supuesto muy verosímil el que se produzca un trato de favor hacia alguno de los competidores por parte de los medios privados e, incluso, es concebible una situación en la que una parte o la mayoría de dichos medios privados estén controlados directamente por personas que se presentan como candidatos o por personas próximas a ellos, como nos muestra el ejemplo de la realidad política italiana actual. Por último, también nos podemos encontrar con situaciones en las que el acceso privilegiado a los medios por parte de alguno de los competidores venga simplemente dado por una situación de superioridad financiera que permita una utilización masiva de los recursos publicitarios" (SÁNCHEZ MUÑOZ, 2011, p. 332-333).

correção. O prestígio de jornalistas, de jornais, de redatores etc. depende do fato de que eles pesquisem bem, ou, pelo menos suficientemente. Por isso, informações falsas são, antes, lançadas de fora pra dentro. Em geral, os jornalistas defendem-se remetendo às fontes; em outros casos, os erros vêm de causas externas.

Naturalmente, deve-se contar, como em toda parte, com uma cota de erros. O mais importante é que eles não são considerados como casos mais ou menos típicos. Permanecem como fatos isolados, pois, do contrário, desmoronaria aquilo que torna específico esse espaço de notícias [...]. A profissão serve à sociedade (e a si mesma) com verdades. Para inverdades são precisos interesses especiais que não podem ser generalizáveis.

Os meios de comunicação interessam-se por aquilo que é verdadeiro somente sob condições fortemente restritivas, condições que se distinguem claramente daquelas da pesquisa científica. *O problema, portanto, não está na verdade, mas na seletividade, que é inevitável* [...]. Da mesma forma como os mapas mal podem corresponder ao território na amplitude e em todos os seus detalhes, [...] tampouco pode haver correspondência ponto a ponto entre informação e fatos, entre realidade operacional e realidade representada.[298] (Grifos nossos)

No meio eleitoral, utiliza-se o jargão "abuso do poder midiático", em princípio, para se referir à utilização da capacidade de influência dos órgãos de produção informativa como fator de alteração do equilíbrio da competição. A ideia corresponde ao uso incisivo dos veículos de imprensa como instrumentos de manipulação do eleitorado, seja para a promoção ou para descredenciamento de certos concorrentes. Como pontuam Jorge, Liberato e Rodrigues (2016, p. 167), os veículos de comunicação social gozam de um alcance e penetração inimagináveis na população, sendo diversas as formas pelas quais podem beneficiar um partido ou candidato, valendo-se de mensagens diretas ou indiretas mais ou menos reiteradas, destinadas ao leitor/eleitor, enaltecendo

---

[298] Ademais, "[...] o 'mundo a comentar' nunca é transmitido tal e qual à instância de recepção. Ele passa pelo trabalho de construção de sentido de um sujeito de enunciação que o constitui em um 'mundo comentado', dirigido a um outro do qual postula, ao mesmo tempo, a identidade e a diferença. O acontecimento se encontra nesse 'mundo a comentar' como surgimento de uma fenomenalidade que se impõe ao sujeito, em estado bruto, antes de sua captura perceptiva e interpretativa. Assim sendo, o acontecimento nunca é transmitido à instância de recepção em seu estado bruto; para sua significação, depende do olhar que se estende sobre ele, olhar de um sujeito que o integra num sistema de pensamento e, assim fazendo, torna-o inteligível". Desse modo, no plano comunicativo os fatos não existem como são, uma vez que todo os acontecimentos são sempre construídos (CHARAUDEAU, 2012, p. 95).

ou denegrindo candidatos e realizações políticas, frequentemente com uma roupagem de isenção que escamoteia interesses obscuros.

Nesses termos, a legitimidade do processo demanda a sua proteção com relação à força influenciadora da mídia, evidenciada, p. ex., em pesquisa divulgada pelo Instituto Datafolha (2001), a revelar que, na maior cidade brasileira, 56% dos entrevistados escolhiam os seus candidatos a partir das notícias veiculadas pela imprensa (SOBREIRO NETO, 2008, p. 159).[299] Cuida-se de um desdobramento do fato de que, no país, os veículos de comunicação figuram entre as instituições a que a população atribui uma expressiva confiança, sobretudo se comparados com a fé dispensada aos atores políticos em sentido estrito – agremiações partidárias, mandatários em exercício e candidatos em campanha oficial.

Segundo dados do *Latinobarómetro* (2015), os brasileiros atribuem pouquíssima confiança aos partidos políticos, ao tempo em que outorgam um considerável crédito à imprensa. Enquanto 87,5% dos entrevistados depositam pouca ou nenhuma confiança nas agremiações partidárias, quase metade (47,3%) coloca fé nos meios de comunicação. De acordo com a pesquisa, apenas 11,5% dos brasileiros encaram com total desconfiança o sistema midiático,[300] percentual que coloca o país na antepenúltima posição no *ranking* das nações em número de céticos em nível regional.

Assim mesmo, uma pesquisa recentemente concluída pelo Instituto Reuters, por encomenda da Universidade de Oxford, colocou o Brasil no segundo lugar mundial no índice de confiança do público em relação aos meios de comunicação. Nada menos do que 60% dos entrevistados afirmaram confiar no conteúdo veiculado pelos meios de comunicação, número apenas superado pela Finlândia.[301] A aproximação entre os dois países se revela um tanto chocante, sobretudo quando

---

[299] Há alguns anos, resultados apurados em pesquisa realizada por Zukernik (2002, p. 30-42) confirmaram a hipótese de que a imprensa opera grandes efeitos sobre o eleitorado argentino e sobre o equilíbrio das eleições realizadas naquele país. Segundo a sondagem, 80% dos entrevistados acreditam que parte da mídia atua para promover ou desprestigiar determinados candidatos; 50% dos entrevistados creem que, nas campanhas eleitorais, os meios de comunicação não informam com responsabilidade; 71% dos entrevistados acham que os jornais possuem os seus próprios candidatos; 80% dos entrevistados afirmam que os meios de informação influem muito ou bastante para a configuração dos votos do eleitorado em geral, e 28% reconheceram que aqueles meios influem muito ou bastante sobre o seu próprio voto.

[300] Disponível em: http://www.latinobarometro.org/latOnline.jsp. Acesso em: 16 out. 2017.

[301] *Portal G1* (Disponível em: http://g1.globo.com/jornal-nacional/noticia/2017/06/brasil-e-segundo-pais-com-maior-confianca-na-midia-diz-estudo.html. Acesso em: 16 out. 2017).

se atenta para a evidente discrepância entre a qualidade da mídia de ambos os países, consoante o ranqueamento da escala GPEI.[302] Como saldo, fica evidenciado que *o sistema de mídia brasileiro, a despeito de sua baixa qualidade, colhe um alto prestígio, o que o torna, sob a perspectiva crítica da comunicação, acentuadamente perigoso e nocivo.*

Nesse quadro, é justo concluir que o produto da imprensa propicia resultados mais contundentes do que os oferecidos pela própria propaganda oficial, quando se fala no processo de persuasão eleitoral. Quanto à aptidão para se converter em capital político, os holofotes da imprensa são bem mais efetivos do que as luzes de qualquer palanque, o que leva a que os membros da classe política tenham acentuado interesse na aquisição de propriedades ou concessões de veículos de comunicação. Eis a raiz do chamado "coronelismo eletrônico", prática referente à tentativa de políticos exercerem, por meio da imprensa, "o controle político" do eleitorado e das decisões políticas (GUARESCHI; BIZ, 2005, p. 48).[303]

A relação do aspecto midiático na determinação do voto é bem resumida por David Paletz (1997, p. 207). Em seu julgamento, muitas pessoas decidem em quem votar mediante uma combinação de considerações sobre características e circunstâncias que envolvem o candidato

---

[302] Note-se que no que tange à qualidade da cobertura informativa das eleições, a Finlândia ostenta o terceiro lugar, ao passo em que o Brasil amarga a 85ª posição, de acordo com a escala GPEI – *Global Perceptions of Electoral Integrity*.

[303] Conforme Rômulo Farias (2009, p. 1), a expressão coronelismo "eletrônico" nasceu na imprensa da década de 1980, como forma de os jornalistas explicarem aos leitores o fenômeno de um suposto envolvimento de lideranças políticas, especialmente parlamentares, no exercício do mandato eletivo, com emissoras de rádio e de televisão. Venício de Lima (2007, p. 113) pontua que o fenômeno do coronelismo político, na medida em que promove a proliferação de emissora de rádio e televisão "mantidas em boa parte pela publicidade oficial e articuladas com as redes nacionais dominantes", dá origem a "um tipo de poder agora não mais coercitivo [como o coronelismo tradicional], mas criador de consensos políticos". Esses consensos, na esteira do autor, facilitam a eleição e a reeleição de representantes, o que, por sua vez, "permite circularmente a permanência do coronelismo como sistema". Assim: "Ao controlar as concessões, o novo coronel promove a si mesmo e aos seus aliados, hostiliza e cerceia a expressão dos adversários políticos e é fator importante na construção da opinião pública, cujo apoio é disputado tanto no plano estadual como no federal. No coronelismo eletrônico, portanto, a moeda de troca continua sendo o voto, como no velho coronelismo. Só que não mais com base na posse da terra, mas no controle da informação, vale dizer, na capacidade de influir na formação da opinião pública. A recompensa da União aos coronéis eletrônicos é de certa forma antecipada pela outorga e, depois, pela renovação das concessões do serviço de radiodifusão que confere a eles poder na disputa dos recursos para os serviços públicos municipais, estaduais e federais. Por tudo isso, a continuidade da prática depende não só da existência de 'brechas' legais que possibilitem o uso das concessões, mas também da exploração delas por políticos no exercício de mandato eletivo. Trata-se, portanto, de uma prática política de face dupla".

(filiação partidária, postura ante temas de discussão pública, histórico pessoal, imagem projetada etc.). Boa parte dessa informação provém dos veículos de comunicação, e, embora cada pessoa, por meio de predisposições particulares, filtre de maneira diferente os seus conteúdos, o fato é que o produto dos meios pode resultar especialmente influente entre pessoas cujo apoio a um ou outro candidato, quer por indecisão, insegurança ou indiferença, seja especialmente fraco.[304]

O professor da Universidade Duke escreve que os órgãos jornalísticos assumem notável posição de vantagem como observadores, relatores e analistas críticos das campanhas (PALETZ, 1997, p. 213). Nessa condição, em última instância são os redatores e seus chefes que estabelecem a ênfase empregada na cobertura informativa e aqueles que fixam o repertório de questões controversas que dominarão a atenção pública durante o intervalo das eleições. Por tal iniciativa, obviamente, tornam-se responsáveis por ajudar ou prejudicar, diretamente ou indiretamente (e em menor ou maior grau), os diferentes competidores.

A abordagem midiática desigual pode ocorrer sob as mais variadas formas, desde as mais evidentes até as mais sutis. Entre elas, destaca-se a *escolha tendenciosa de pautas*[305] (algumas vezes reforçada por uma descabida insistência ou um intempestivo resgate de temas específicos), assim como o *oferecimento de visibilidade desproporcional*, colocando em exagerada evidência a figura de um candidato em detrimento dos demais,[306] sem falar na realização de *maquiagem informativa*,

---

[304] Na ciência política, esse conjunto de eleitores é chamado de "eleitorado volátil" ou "eleitorado flutuante" (*swinging voters*).

[305] "[...] a seleção noticiosa é feita, em grande parte, pelos media. São eles, de uma forma geral, que escolhem os temas a apresentar à opinião pública, seguindo critérios habitualmente conhecidos como 'valores notícia', isto é, a noticiabilidade de um acontecimento. A noticiabilidade corresponde ao conjunto de critérios e operações com os quais os órgãos de informação enfrentam a tarefa de escolher, dentre um grande número de factos, as notícias que divulgam, respondendo implicitamente à questão: quais os factos importantes? (A importância pode não dominar a escolha, por vezes, é preterida em função da vendabilidade). São, normalmente, escolhidos os temas claros que não dão azo a contradições; os conflitos; o surpreendente; os temas ou acontecimentos com os quais o público pode se identificar, por ser próximo de si, física ou psicologicamente, o que afecta directamente e tem consequências para as pessoas. Como quase todos os jornalistas aplicam as mesmas regras de seleção, criam um certo consenso nas suas agendas, o que supõe, à partida, uma certa confirmação para o público, que vê os mesmos temas serem tratados por praticamente todos os órgãos de informação" (SALGADO, 2007, p. 22).

[306] Emblemático, nesse sentido, o tratamento privilegiado conferido pela imprensa mexicana ao candidato Carlos Salinas de Gortari que, em 1988, protagonizou 85% do tempo destinado à cobertura informativa do processo eleitoral, como reportam Aceves González (2002, p. 5) e Castillo Quiñonez (2014, p. 27).

conferindo às reportagens um velado matiz ideológico, seja a partir da *seleção léxica*, seja mediante a construção elaborada de *enquadramentos suspeitos* ou de *pontos de vista que excluam uma ótica plural.*[307]

Existe, portanto, um largo espaço para a manipulação da opinião pública, que envolve desde a eleição do conjunto de temas a serem discutidos (*agenda-setting*) até a escolha maliciosa de palavras ou imagens, sendo claro que a arbitrariedade dessas escolhas é completamente ignorada pelos consumidores da informação (BARROS FILHO, 2013, p. 71), uma vez que os *media* são, em geral, "socialmente opacos" em suas decisões editoriais (SANTOS, 2012, p. 185).

O público compreende a política por meio dos relatos que recebe da imprensa que, com sua cobertura jornalística, mediatiza os acontecimentos relevantes que se sucedem na esfera pública. A formação e o engajamento político, por óbvio, dependem de que o cidadão contate uma "enorme massa de informações sobre realidades não susceptíveis de experiência direta", realidades somente alcançáveis mediante a ação da imprensa que lhe apresenta um resumo dos fatos difundido "sob formas de narrativas e comentários" (SANTOS, 2012, p. 237). Ocorre que a *mediatização* dos fatos implica, necessariamente, a interpretação e a transmissão de "conteúdos simbólicos" (PRIOR, 2015, p. 251) que afetam a percepção da audiência, sendo essa a razão pela qual influem diretamente na orientação de comportamentos políticos.[308]

Como referido, o poder dos meios de comunicação não é abstrato nem meramente teórico. Pelo reverso, a estrutura midiática incide de modo concreto sobre os planos cognitivo, afetivo e comportamental da audiência (CASTILLO SÁNCHEZ, 1987, p. 92), em especial porque as escolhas e convicções pessoais nascem, necessariamente, em ambientes políticos tingidos com as cores apresentadas em suas representações do real.

---

[307] Na teoria de informação, o enquadramento remete à "forma de organização e apresentação da informação" (DUSSAILLANT *apud* BURGUERA AMEAVE, 2013, p. 104).

[308] Como explica João de Almeida Santos (2012, p. 185), no processo democrático os veículos da mídia formam um "poderoso sistema industrial de produção de informação", sendo, portanto, elementos-chave de seu funcionamento, já que: "a) produzem e divulgam representações e sistemas de representações, imagens, estereótipos, acerca da realidade social, constituindo-se como importante *grelha cognitiva* de acesso ao real social pelos cidadãos; b) instruem, de forma mais específica, porque veículos privilegiados do discurso político, a formação da vontade política do cidadão; c) alimentam, com saber-informação, com factos e opiniões, o cidadão acerca do exercício do poder político; d) controlam o exercício deste poder, através da divulgação de informação e de opinião; e) promovem a aferição permanente do grau de legitimidade do poder político".

Os efeitos dos media sobre o comportamento eleitoral

A concreta extensão dos efeitos da mídia sobre a opinião pública é ainda uma incógnita para a comunidade científica. A partir de diferentes enfoques, existem estudos que lhes atribuem maior ou menor capacidade de influxo nos comportamentos humanos, sem contanto precisá-la, em virtude impedimentos práticos.

Em termos de desenvolvimento histórico, os efeitos dos meios de comunicação sobre as condutas humanas foram objeto de pesquisas que podem ser abarcadas em três grandes arquétipos investigativos, considerados principais:[309] o *modelo hipodérmico (teoria dos efeitos ilimitados)*; o *modelo de efeitos mínimos (teoria dos efeitos limitados)*; e o *modelo de efeitos cumulativos (teoria dos efeitos fortes a longo prazo)*.

1. Em meados da década de 1930, desponta a *hipótese maximalista (teoria dos efeitos ilimitados)*, fincada na ideia de que os meios de comunicação massiva surtiam efeitos poderosos, inescapáveis e ilimitados sobre o público. Grassava, à época, a convicção de que os indivíduos obedeciam a determinados "automatismos comportamentais" (POLISTCHUK; TRINTA, 2003, p. 83).

Na altura, o consumidor de informações era considerado um elemento passivo e indefeso, alvo de um emissor supostamente onipotente. Os efeitos da comunicação de massa seriam exercidos de maneira total, direta e irreversível sobre cada elemento do público pessoal e diretamente atingido pela mensagem (SERRANO, 2006, p. 36).

À falta de investigações empíricas, seus pressupostos eram corroborados pela observação e pela reflexão em torno dos efeitos que a propaganda bélica produzira durante a Primeira Guerra Mundial (GARCÍA BEAUDOUX; D'ADAMO 2015, p. 149-151).

Em função do seu "sociologismo primário" e de sua "proposição sumária" (POLISTCHUK; TRINTA, 2003, p. 84), a hipótese maximalista não cobrou muito prestígio na cena acadêmica, perdendo espaço nas décadas seguintes, sobretudo em função da evolução metodológica com

---

[309] Há decerto outras importantíssimas correntes de investigação, não referidas no presente estudo por questões de escopo e espaço. Para maiores aprofundamentos sobre os efeitos cognitivos dos *media*, a incluir as hipóteses da *tematização* e do *knowledge gap*, assim como a *teoria social cognitiva das comunicações de massas*, a *perspectiva dos usos e gratificações*, a *teoria da enculturação*, a *teoria da espiral do silêncio* e a *teoria da recepção*, confira-se, entre outras, a obra de Maria Silvestre (2011, p. 111-168).

a aplicação da investigação empírica inaugurada com o modelo dos efeitos mínimos.

2. Segundo a *hipótese minimalista (teoria dos efeitos mínimos)*, os influxos dos *media* já não seriam diretos nem inescapáveis, em função de resistências potencialmente opostas pelos grupos sociais às mensagens emitidas, máxime quando contrárias às convicções dos destinatários (SERRANO, 2006, p. 38). Uma das premissas estabelecidas por essa teoria é a de que "todo ser humano se demonstra capaz de fazer escolhas" (POLISTCHUK; TRINTA, 2003, p. 90), o que, em nível agregado, conduz à negação de qualquer concepção do público como um organismo apático ou inerte.

Conclui-se, de modo geral, que o público não se comportava de maneira passiva ou inteiramente desprovida de intenção crítica, já que as pessoas interatuam interpretativamente com o seu entorno social imediato (POLISTCHUK; TRINTA, 2003, p. 93-94). Havia, portanto, que se ter em conta: "[...] mecanismos de defesa postos em jogo por um público capaz de aplicar a selectividade no campo da recepção, da percepção e da retenção das mensagens e do contexto da formação das opiniões e posições, entendido em termos de redes de relações interpessoais" (SANTOS, 2012, p. 234).

Para Daniel Dayan (*apud* SANTOS, 2012, p. 234), ao desenvolverem a hipótese minimalista, Katz e Lazarsfeld

> [...] propunham, em geral, que os grupos a que pertencem os indivíduos modelam suas percepções sobre a realidade política, funcionando como uma poderosa influência mediadora. Fixava-se, em suma, a premissa de que a influência interpessoal é mais poderosa do que a dos veículos de comunicação, já que entre a informação fornecida pelos meios e sua recepção por parte de uma audiência atuariam outras variáveis importantes, como a ação de líderes de opinião. (GARCÍA BEAUDOUX; D'ADAMO, 2015, p. 150)

Luis Felipe Miguel (2004, p. 96) conclui que os estudos em questão minimizam o impacto da mídia no comportamento eleitoral destacando da importância do fator ambiental, que seria primaz na orientação do voto. Aventa-se a hipótese de que as pessoas "seguiriam um comportamento de tipo mimético, reproduzindo as atitudes e as opiniões de suas familiares, amigos e vizinhos". Os efeitos da campanha eleitoral e das informações veiculadas pela imprensa, nesse contexto, ficariam reduzidos "à ativação e ao reforço de inclinações latentes", uma vez que a única opinião que a informação externa pode criar é "aquela à qual o indivíduo já está predisposto, pela ação do meio social". Logo, conteúdos eventualmente contrários às disposições dos indivíduos seriam, como regra, descartados, em decorrência do fenômeno da "dissonância cognitiva", respeitante à "tendência que as pessoas têm de rechaçar informações incompatíveis com as suas crenças".

3. Ao fim da década de 1960, inaugura-se uma terceira etapa, formada por uma série de estudos cujo denominador comum é a ideia de que os efeitos de mero reforço e de leves mudanças evidenciados pelo estágio anterior ganham maior dimensão se considerados ao largo do tempo, em perspectiva cumulativa. Trata-se da *hipótese da ação significativa (teoria dos efeitos fortes)*, cujas conclusões indicam que os meios têm uma influência poderosa, sutil e acumulada sobre as concepções do mundo social e político que os indivíduos desenvolvem e constroem ao longo de suas vidas (GARCÍA BEAUDOUX; D'ADAMO, 2015, p. 150).

No filão dessas novas formulações, cobra destaque a hipótese da *agenda--setting (teoria do agendamento)*, que, como descreve Aruguete (2015, p. 22), sustenta a capacidade dos meios de incrustar na opinião pública a importância dada a diversos elementos (temas, atributos ou objetivos) em suas coberturas, capacidade essa que confere aos meios de comunicação o poder de "construir" a realidade política mediante a seleção dos assuntos que serão expostos ou omitidos da população em geral (QUADROS *et al.*, 2011, p. 146).[310]

O modelo do agendamento surge, entre outros fatores, de uma mudança de paradigma, revelada pela percepção de que as comunicações não intervêm diretamente no comportamento explícito, tendendo, pelo contrário, a influir no modo como os destinatários das mensagens organizam a sua imagem sobre o ambiente que os envolve (ROBERTS *apud* WOLF, 2004, p. 60).

Assim, neste modelo já não se trata "da questão da persuasão", mas sim das variações da relevância (ou da hierarquia) que assumem alguns dos "argumentos que animam o panorama político, das coisas sobre as quais o público tem uma opinião", como explicam Lang e Lang (*apud* SANTOS, 2002, p. 246), que com estas palavras resumem o horizonte da teoria:

---

[310] "A função primária do conceito de *agenda-setting* é 'sinalizar' a atenção da audiência em relação a determinadas questões [...] Todavia, tal função primária, que se resume a uma transferência de visibilidade, contribui para que os indivíduos aprendam a compreender o seu ambiente 'para além de sua experiência imediata' (McCombs). Neste contexto, a seleção das notícias, a focalização da atenção dos indivíduos em determinadas temáticas e a capacidade de influenciar a perceção dos indivíduos confere normatividade e politiza o exercício de *agenda-setting*" (FERREIRA, 2017, p. 83).

> [...] a hipótese baseia-se também numa premissa simples e extremamente verossímil: as opiniões que as pessoas se fazem acerca do mundo e das coisas que não podem ver directamente, incluída a maior parte dos acontecimentos políticos, são raramente o resultado de uma experiência e de uma observação directas, mas, [...] são baseadas somente num conhecimento indirecto, extraído das descrições realizadas pelos mass media. Por mais importantes e eficazes que sejam, os outros canais organizados e interpessoais de comunicação desempenham, no âmbito da política, só um papel secundário e operam no interior de um mais amplo contexto simbólico construído através das mensagens dos media. O reconhecimento público das experiências directas dos cidadãos por parte dos media pode, além disso, acrescentar uma nova dimensão a estas experiências, mesmo quando o público tem familiaridade ou conhece já directamente os argumentos ou acontecimentos de que se ocupam as notícias.

Weaver (1997, p. 234) sintetiza que o processo de canalização midiática influi de maneira importante nos processos eleitorais, tanto na fixação do repertório temático de discussão como na definição da imagem dos candidatos. Ao fazer com que certos temas, certos candidatos e certas características destes sobressaiam em relação ao restante, os meios contribuem de forma significativa para a construção de uma "percepção da realidade" da qual dependerá a decisão de votar ou não, e por quem fazê-lo, em caso afirmativo.

Anduiza e Bosch (2012, p. 243) agregam que os efeitos do agendamento em longo prazo podem surtir diversas consequências, como: (i) criar um clima político propício, para que posteriormente se opere uma mudança de voto (p. ex., com a criação de uma clima de rejeição, mediante um bombardeio espetacularizado de escândalos); (ii) construir uma certa imagem dos candidatos que depois possa ser motivo de mudança de voto (mediante a potencialização determinados atributos – competência, liderança – ou debilidades – arrogância, desonestidade – de um futuro candidato); ou (iii) priorizar alguns acontecimentos sobre outros, de modo que os assuntos sobre os quais se centram a campanha sejam favoráveis para alguma das forças em disputa (p. ex., a partir do destaque intensificado de notícias sobre moradia ou educação, em detrimento da cobertura sobre segurança pública ou impostos).

Em um apanhado geral, as teorias sobre os efeitos cumulativos são pertinentes porque, como explica Zaller (*apud* MUNDIM 2010, p. 406), as "mudanças no fluxo de comunicações políticas não levam a experiências de conversão repentinas". Na verdade, "o acúmulo de informações disponibilizadas pelos meios de comunicação ao longo de um determinado período de tempo produz mudanças graduais no equilíbrio das considerações que estão presentes na cabeça das pessoas".

Conforme Mundim (2010, p. 406-407), as variações nas curvas de intenção de voto dos candidatos "não ocorrem, exclusiva e necessariamente, em função da cobertura da imprensa no dia em que foi coletada a opinião do eleitor". Elas surgem mais propriamente em função da "cobertura pretérita" da imprensa. Na medida em que a recepção mental "exige atenção, compreensão e retenção da notícia (ZALLER; PRICE, 1993, p. 164), mudanças de opinião exigem do indivíduo muito mais do que a exposição a uma simples notícia". Nesse quadro, é mais lógico supor que críticas insistentes a um governo surtem muito mais efeitos em médio e longo prazos do que em termos imediatos. Além disso, segundo o autor, "por mais escandalosas que certas notícias possam ser", muitas vezes tratam de assuntos complexos que exigem dos receptores "um pouco mais de atenção e esforço cognitivo. Por isso, demoram algum tempo para levar a efetivas mudanças de opinião".

Vistas as diferentes teorias, convém assentar que, no campo do comportamento eleitoral, o oferecimento de conclusões inequívocas é dificultado pela presença de alguns elementos complicadores.

Em primeiro lugar, o sigilo do voto, que impede a sua identificação e, por consequência, o estabelecimento de correlações cirúrgicas entre ações e resultados. Sendo impossível saber "quem votou em quem", elide-se a possibilidade de desenho de paralelos entre os alvos e suas condutas externadas nas urnas.

Além disso, impõe-se a lógica plausível de que os votos derivam de decisões complexas, construídas com base em mais de um elemento, sendo, como consequência, falaz colocar a mídia como único alimentador de todas as decisões políticas individuais. Como pondera Bouza (*in* BENAVIDES DELGADO, 1998, p. 6), não cabe imputar exclusivamente à mídia fenômenos complexos que possuem fundamento em outros lugares da realidade: nessa seara, é preciso evitar "explicações monocausais", que prescindem da complexidade real dos fenômenos. Outrossim, impossível escapar da erronia inerente a todas as generalizações coletivas. Em última instância, o certo é que "os meios efetivamente exercem um enorme poder sobre os públicos, mas esse poder não é simples, direto nem monolítico" (SÁNCHEZ RUIZ, 2004, p. 36).

Isso torna, para a área específica, bastante pertinente o interrogante formulado por Charaudeau (2012, p. 22): "O que garante, em todo ato de comunicação, que haja correspondência – sem falar em coincidência

> – entre os efeitos que a instância de enunciação almeja produzir na instância de recepção e os efeitos realmente produzidos?".
>
> Com apoio em Bouza (*in* BENAVIDES DELGADO, 1998, p. 6), opinamos que, a despeito da existência de trabalhos muito bem fundamentados, não se pode afirmar com contundência que os efeitos da mídia sobre o público já se encontram plenamente conhecidos e precisamente dimensionados. Sem embargo, o estado de conhecimento da questão permite afirmar, sem risco de errar, que eles existem e se fazem presentes, havendo de ser mantidos como objeto de constantes cuidados e investigação.

Tal qual destacado, a imprensa exercita um poder de tipo ideológico. Sua inegável aptidão para a orientação de condutas tem como base o papel predominante que desempenha no domínio do saber. Nessa direção, Patrick Charaudeau (2013, p. 63) argumenta:

> O discurso informativo não tem relação estreita somente com o imaginário do saber, mas igualmente com o imaginário do poder, quanto mais não seja, pela autoridade que o saber lhe confere. Informar é possuir um saber que o outro ignora ("saber"), ter a aptidão que permite transmiti-lo a esse outro ("poder dizer"), ser legitimado nessa atividade de transmissão ("poder de dizer"). Além disso, basta que se saiba que alguém ou uma instância qualquer tenha a posse de um saber para que se crie um dever de saber que nos torna dependentes dessa fonte de informação. Toda instância de informação, quer queira, quer não, exerce um poder de fato sobre o outro. Considerando a sua escala coletiva, isso nos leva a dizer que *as mídias constituem uma instância que detém uma grande parte do poder social*. (Grifos nossos)

Na disciplina jurídica, o abuso de poder midiático ocorre sempre que um ator político ou um veículo de comunicação social descumpre a legislação de regência, ocasionando benefício a determinado candidato, partido ou aliança de partidos (ZILIO, 2016, p. 423). Na dicção de Rollemberg e Kufa (2018, p. 469), o uso indevido dos meios de comunicação social remete à "distorção da vontade do eleitor a partir da violação de leis eleitorais pelos meios de comunicação, desequilibrando a disputa eleitoral ao beneficiar ou prejudicar algum grupo político". Roberto Moreira de Almeida (2017, p. 508), por seu turno, descreve o abuso na comunicação como o emprego ou a utilização excessiva, indevida ou deturpada dos veículos de imprensa escrita (jornais, revistas, livros e periódicos) ou do rádio, da televisão ou da internet nas campanhas eleitorais por candidato, partido ou coligação, produzindo lesões à normalidade e à legitimidade dos pleitos eletivos.

Em nossa visão, a modalidade de abuso relativa ao manejo irregular da comunicação de massas corresponde ao uso incisivo de aparelhos de comunicação coletiva como instrumentos para a realização de uma condução dirigista do eleitorado, com o propósito mais ou menos disfarçado de promover ou descredenciar alternativas políticas em medida suficiente a comprometer a plena lisura da competição eleitoral. Ademais, a própria jurisprudência oferece precedentes que permitem a identificação de um norte conceitual para o instituto. Nessa direção, vejam-se os seguintes precedentes do Tribunal Superior Eleitoral:

> A utilização indevida dos meios de comunicação social se dá no momento em que há um desequilíbrio de forças decorrente da exposição massiva de um candidato nos meios de comunicação em detrimento de outros. (REspe nº 4.709-68/RN. Rel. Min. Nancy Andrighi. *DJe*, 20.6.2012)
> [...] o uso indevido dos meios de comunicação se dá no momento em que há um desequilíbrio de forças decorrente da exposição massiva de um candidato nos meios de comunicação em detrimento de outros. (RO nº 457.327. Rel. Min. Gilmar Mendes. *DJe*, 26.9.2016)[311]
> O uso indevido dos meios de comunicação social caracteriza-se pela exposição desproporcional de um candidato em relação aos demais, ocasionando desequilíbrio na disputa eleitoral. (REspe nº 47.821. Rel. Min. Admar Gonzada Neto. *DJe*, 3.10.2018)

Em uma abordagem mais prática, Armando Sobreiro Neto (2010, p. 159) identifica, dentro dessa espécie, três ordens de desbordes comuns: (i) o desvirtuamento da propaganda oficial (publicidade institucional) em favor de candidaturas oficiais; (ii) a atividade calculada de profissionais da mídia que possuem pretensões políticas; e (iii) a propaganda eleitoral em rádio e televisão realizada fora do espaço oficial (horário eleitoral gratuito), inclusive pela deturpação da (agora extinta) janela reservada à emissão da propaganda partidária. Ao catálogo proposto, podem ainda ser acrescentados, exemplificativamente: (iv) a não

---

[311] À vista do repertório de julgados do Tribunal Superior Eleitoral, Maitê Marrez (2018, p. 189) indica que, no sentir da Corte, o abuso de poder midiático também se configura em função da promoção exagerada e reiterada de críticas negativas em desfavor de algum competidor.

concessão de tratamento isonômico por parte de entes sujeitos a regime de concessão de serviços públicos (emissoras de rádio e televisão); (v) a desobediência à exigência de afastamento de candidatos que atuam em programas de rádio e televisão, após a escolha de seus nomes em convenção; (vi) a realização de propaganda na imprensa escrita em constância ou formato incompatível com os limites traçados pela legislação; e (vii) a recusa ou seleção de venda de espaços publicitários a determinados candidatos na mídia impressa.[312]

Na composição de parlamentos ou à frente dos órgãos do Poder Executivo, é trivial encontrar políticos oriundos dos meios de comunicação. Embora seja clara a inexistência de motivos para a proibição de suas candidaturas, é inegável que a condição lhes confere ampla vantagem inicial na contenda; sobretudo no que tange a veículos de largo alcance, como o rádio e a televisão, a apresentação ou a participação em programas jornalísticos, de debates, de caridade, de defesa de consumidores ou afins significa ter à disposição uma plataforma de exposição e de comunicação comparável apenas com aquela usufruída por atores que já ocupam cargos políticos de destaque.[313]

Cremos que em um contexto democrático, pautado pelo respeito a direitos fundamentais como a liberdade de expressão e a liberdade de imprensa, assim como por garantias essenciais como a vedação à censura prévia, é obrigatório reconhecer que no desempenho de suas atividades o profissional de mídia é livre para agir como bem queira. Igualmente óbvio, porém, é o fato de que deverá responder judicialmente por possíveis excessos. No plano das disputas políticas, a conduta maliciosa dos agentes da mídia poderá configurar uso indevido dos meios

---

[312] A divulgação em veículos impressos de matéria paga com recursos públicos, embora não configure abuso do poder midiático, caracteriza abuso de poder político. Também assim, a publicação de matérias pagas com recursos privados pode, a depender da dimensão, evidenciar abuso de poder econômico. No cenário brasileiro, o reconhecimento importa, em especial, para fins do manejo de impugnação de mandato eletivo, cuja hipótese legal de cabimento, no tocante ao abuso, restringe-se a ilícitos de fundo financeiro, de sorte a excluir, ao menos em tese, as demais modalidades de prática abusiva (abuso de poder político, abuso de poder midiático etc.).

[313] No jogo eleitoral, é palmar a constatação de que saem na frente os atores que gozam de maior exposição midiática (PREZOTTO, 2018, p. 38). Por isso, toma-se por certa a afirmação de que, no tratamento da propaganda eleitoral, "a jurisprudência deve buscar um equilíbrio ideal entre as candidaturas, tendo por pressuposto a vantagem natural de exposição – quantitativa e qualitativa – daqueles que já exercem mandato eletivo em relação aos postulantes ao acesso na vida pública" (ZILIO, 2016, p. 337). É também básica, nessa linha de pensamento, a constatação de que as "limitações exacerbadas e a redução do tempo de propaganda" agem, em conjunto, "a favor de quem já é conhecido, dificultando a renovação política inerente à periodicidade das eleições" (SILVA, 2018, p. 204).

de comunicação social, principalmente em duas hipóteses específicas, nas quais se verifica de maneira bastante clara a extração de vantagens derivadas da autopromoção: no decurso do período eleitoral, no caso de desrespeito ao período de afastamento de suas funções, e, antes daquele período, mediante a identificação de condutas que denotem a realização de propaganda eleitoral antecipada.[314]

A concessão de tratamento desparelho pela imprensa é outra forma típica de produção do abuso midiático. Representa, por certo, uma das variantes mais efetivas do ilícito em estudo, pois, como reconhece a *Cámara Nacional Electoral* (Argentina, CNE, *Fallos*: 3181/2003), a desigualdade no uso dos meios tem uma importância potencialmente decisiva para o resultado de uma eleição. Não por acaso, a aquisição de empresas de comunicação é um fator comum entre sujeitos envolvidos com a política.[315]

---

[314] Outra modalidade comum consistia na realização de promoção eleitoral em espaços gratuitos de rádio e televisão destinados à divulgação da recém-extinta propaganda partidária. Esta espécie de propaganda era destinada à transmissão de temas ligados exclusivamente a interesses programáticos dos partidos, preponderando a divulgação de seus ideais ou a difusão de realizações de seus filiados, com o propósito de arregimentar novos militantes e adeptos. Exemplo de uso indevido dos meios de comunicação na propaganda partidária pôde ser observado no primeiro semestre de 2014, especificamente em *spot* denominado "Fantasmas do Passado", por meio do qual o Partido dos Trabalhadores usou de seu tempo para a divulgação de mensagem com caráter estritamente eleitoreiro, em peça dramática que difundia o temor de retrocesso no plano das conquistas sociais, insinuando, inclusive, que a sua derrota no pleito vindouro ensejaria o retorno da fome. A peça publicitária foi corretamente suspensa pelo Tribunal Superior Eleitoral, no julgamento da Representação nº 39.765/DF.

[315] No Brasil a aquisição de empresas de comunicação é uma prática bastante comum entre os sujeitos envolvidos com a política. A esse respeito, Amaral e Cunha (*apud* ZILIO, 2016, p. 380) asseveram que: "As emissoras, no plano nacional e principalmente nos planos locais, atuam como verdadeiros partidos políticos e interferem diretamente no processo eleitoral. Na sua grande maioria, os canais de rádio e televisão espalhados Brasil afora, esses meros repetidores das grandes redes, pertencem a partidos políticos e foram distribuídos pura e exclusivamente por critérios partidários, que privilegiam as grandes agremiações, reforçando a unilateralidade ideológica e partidária e, em muitos casos, de subgrupos partidários que, nas suas regiões, nos seus Estados, nos seus Municípios, dominam de forma monopolística os meios de comunicação de massa. São hoje inumeráveis os estudos acadêmicos e científicos sobre os critérios clientelistas e fisiológicos de distribuição de concessões como moeda política". Conforme pesquisa liderada por Bayma (2001), mais de dez por cento (11,2%) das outorgas de TV eram controladas por detentores de mandatos (GUARESCHI; BIZ, 2005, p. 49). Essa preocupante realidade é revelada, por exemplo, por um levantamento realizado pelo projeto Excelência junto à Agência Nacional de Telecomunicações – Anatel em 2007, o qual constatou que 10,7% dos membros da Câmara dos Deputados (55 deputados federais) detinham, em 2007, concessões de radiodifusão, direta ou indiretamente. O Rio Grande do Norte encabeçava o *ranking* de bancadas detentoras de concessões de radiodifusão na Câmara, com metade de seus integrantes na situação assinalada. No Senado, os índices subiam para impressionantes 28,4%, envolvendo nada menos do que 23 senadores. Cuida-se do resultado de um histórico processo de privilégios e corporativismo na assinação de licenças para a exploração de serviços de rádio e televisão acentuado na década de 1980,

A abordagem midiática desigual, ademais, pode ocorrer em diversas escalas de discrição. Calha, no particular, o esclarecimento de Stoppino (2009, p. 935), a evidenciar que a manipulação ideológica nem sempre é percebida pelo receptor. Assim, note-se:

> A pode provocar um determinado comportamento de *B* sem manifestá-lo explicitamente; pode até esconder de *B* que ele deseja esse comportamento e sem que B se dê conta de que está se comportando segundo a vontade de *A*. Isto pode verificar-se, por exemplo, em certos casos de propaganda camuflada. Este tipo de relação, habitualmente conhecido pelo nome de manipulação, entra, certamente, no âmbito do conceito de Poder.

Entre as inúmeras manifestações de cobertura política injusta, podem ser destacadas, a título ilustrativo:

(i) a escolha tendenciosa de pautas (algumas vezes reforçada por uma descabida insistência ou um intempestivo resgate de temas específicos já esgotados ou olvidados) benéficas a candidatos prediletos ou prejudiciais a concorrentes preteridos;

(ii) o oferecimento de visibilidade desproporcional, colocando em exagerada evidência a figura de um candidato em detrimento dos demais;[316]

(iii) a manipulação da linguagem, por meio do uso insistente e calculado de expressões carregadas de semânticas de forte impacto na avaliação política (*e.g.*, reservar a expressão "caixa-dois" para notícias relativas ao partido A, substituindo-a por "contabilidade paralela" ou algum equivalente mais ameno, em reportagens envolventes do partido B);

(iv) a manipulação de imagens, mediante a seleção maliciosa de reproduções fotográficas que desmentem ou distorcem o conteúdo da mensagem; e

---

com a redemocratização. Segundo Mendonça e Rebouças (2009, p. 6-7), essas concessões muitas vezes decorrem de barganhas políticas sobre assuntos delicados, como a extensão do mandato presidencial de José Sarney (cuja aprovação rendeu esse "prêmio" a 91 deputados constituintes) ou a negociação em torno da emenda constitucional que permitiu a reeleição (1997), no bojo da qual o então Presidente Fernando Henrique Cardoso distribuiu nada menos do que 1.848 licenças de rádio e televisão.

[316] O acesso dos candidatos aos meios de comunicação possui dupla relevância, como destaca Gonçalves Figueiredo (2013, p. 63): "El trato igualitario de los contendores en las elecciones respecto del acceso a los medios de difusión tiende a garantizar cierta igualdad tanto para los candidatos, que deberían tener la posibilidad de expresar sus mensajes de campaña con una intensidad semejante, como de los electores, pues deberían aceder también con análoga intensidad a los mensajes de todas las personas que conforman la oferta política".

(v) a realização de maquiagem informativa, conferindo-se às reportagens uma velada coloração ideológica, a partir da construção elaborada de pontos de vista suspeitos ou excludentes de uma ótica plural (maniqueísmo).

Ante o largo menu disponível para a manipulação da opinião pública, cresce em importância a necessidade de identificação de ferramentas aptas a evidenciar a concessão de coberturas políticas inclinadas no quadro da indústria jornalística, mormente no período que antecede a celebração de eleições.

Em termos científicos, o *teste de neutralidade da imprensa* é possível de ser realizado de acordo com parâmetros técnicos e objetivos. A propósito, a literatura acadêmica especializada fornece três grandes indicadores para o exame da parcialidade na cobertura informativa, especificamente referentes a critérios de (i) *visibilidade,* (ii) *valência* e (iii) *enquadramento*, parâmetros aplicados por alguns dos principais grupos de pesquisa de mídia no país, como o Laboratório de Pesquisa em Comunicação Política e Opinião Pública (Doxa/IUPERJ) e o Núcleo de Estudos em Mídia e Política (UNB).

A checagem de *visibilidade* incide sobre a quantidade de matérias e reportagens publicadas ou transmitidas pelos meios de comunicação, com o propósito de aferir o *grau de evidência atribuído aos diversos candidatos*, possibilitando a descoberta de vantagens derivadas da superexposição, assim como eventuais prejuízos provocados por uma *ostracização* política fundada na noção abstrata do "interesse jornalístico". Por esse método, é possível distinguir entre concorrentes que "aparecem muito", e que, portanto, têm maiores probabilidades de entrar no imaginário do eleitor, daqueles que "aparecem pouco", e que, portanto, tendem, naturalmente, a ser menos lembrados em diálogos públicos e privados e, consequentemente, também no momento do voto.

Dentro desse cenário, pensamos que, sobretudo em pleitos operados sobre grandes bases territoriais (eleições nacionais, estaduais e em municípios de grande porte), é possível supor uma *correlação natural entre o silêncio da imprensa e a baixa votação de candidatos marginalizados*, uma vez que o eleitor, teoricamente, não chancela opções que (praticamente) desconhece (ALVIM; ARANJUES, 2017, p. 71-72).[317]

---

[317] Ademais, como prega Mundim (2010, p. 403), "no exame da influência da mídia sobre o comportamento dos eleitores o índice de aparição dos candidatos é uma medida de avaliação importante [...] porque a intensidade da cobertura da imprensa sobre eles tende a crescer

A análise de *valência*, por sua vez, permite o aprofundamento da análise sobre as atividades jornalísticas, mediante a inserção de elementos qualitativos dirigidos à decodificação dos tons positivos ou negativos dos conteúdos veiculados nos suportes (SALGADO, 2007, p. 42). Seu objetivo é otimizar os efeitos da visibilidade mediante a *valoração do conteúdo tornado público*; na prática, as valências representam destaques conceituais atribuídos consoante o "potencial de impacto" transferido à candidatura.

Segundo os termos definidos pelos pesquisadores do Doxa/IUPERJ, as peças jornalísticas relativas à campanha eleitoral podem ser classificadas com:

(i) *valência positiva*: matérias que reproduzem promessas, programas de governo, declarações ou ataques a concorrentes, e que destacam bons resultados em pesquisas de intenção de votos;

(ii) *valência negativa*: matérias que contemplam denúncias, ressalvas, críticas ou ataques de concorrentes ou de terceiros aos candidatos, e que destacam desempenhos desfavoráveis em pesquisas eleitorais; e

(iii) *valência neutra*: matérias que apresentam agendas de campanha ou espelham reportagens sobre fatos sem avaliação moral, política ou pessoal sobre os candidatos.

Em linhas gerais, o modelo de valência acompanha a quantidade de vezes em que o nome do candidato surge na cobertura jornalística em cotejo com o valor intrínseco do conteúdo atribuído ao concorrente em cada oportunidade em que ele é mencionado. Um estudo pautado por tal método, além de medir a dimensão dos espaços conferidos a cada postulante, oferece ainda uma noção mais clara a respeito de quem o órgão de imprensa pode estar favorecendo (NEVES, 2008, p. 12), já que, em definitivo, um saldo de valência positiva estimula o crescimento de determinada campanha, ao tempo em que, em contrapartida, um tratamento valorativamente negativo impede qualquer candidato de "alçar voos maiores" (MUNDIM, 2010, p. 406) em um pleito eleitoral.

à medida em que se aproxima a data da eleição, especialmente em relação àqueles mais bem colocados. Isso significa que, para o bem ou para o mal, os concorrentes passam a ter mais visibilidade com o desenvolvimento da disputa. Nesse sentido, se a intensidade da cobertura importa, ela deve ser uma medida tão relevante quanto as valências".

O estudo de *enquadramento*, por fim, possibilita conhecer as posturas implicitamente adotadas pelos órgãos do sistema de imprensa, especificamente mediante o apontamento de suas orientações ideológicas e respectivas linhas de conduta. Por *enquadramento*, ou *framing*, entende-se o ato de "[...] selecionar alguns aspetos da realidade tal como ela é percecionada e torna-los mais salientes num contexto comunicativo", com o objetivo de "[...] promover uma deinificação específica de uma problemática, uma interpretação causal, uma avaliação moral e/ou uma recomendação para a resolução de uma questão em causa" (ENTMAN *apud* FERREIRA, 2017, p. 91).

O conceito de enquadramento concerne aos padrões de *apresentação*, *seleção* e ênfase utilizados na organização dos relatos, funcionando como um modo de avaliação da relação entre a mídia e a política, a fim de compreender se (e quando) ela é usada como instrumento de poder ou como meio de transmissão de informações imparciais (NEVES, 2008, p. 11-12). Ou seja, a checagem de enquadramento permite demonstrar quando a imprensa atua como um legítimo espaço de discussão ou, pelo contrário, como um *player* político autêntico.

O exame de enquadramento, em última análise, permite um escrutínio sobre a neutralidade do "filtro da imprensa", relevando-se importante à medida que se repara que:

> [...] los medios de comunicación no informan simplemente las noticias, sino que "construyen las noticias" y, dentro de esa "construcción", el marco, idea central o encuadre resulta fundamental. Por eso, a la hora de presentar o construir noticias en campaña se enfatizan ciertos detalles y se omiten otros, lo que ayuda a formar las percepciones políticas de los ciudadanos y sus preferencias, alentando de esta manera ciertas formas de piensar y actuar. El framing, por tanto, provee mecanismos a traves de los cuales el público interpreta los motivos y las acciones de los candidatos y juzga la conveniencia o no de votar por ellos. De ahí que, en definitiva, "el encuadre o enfoque que los medios den a la cobertura de una campaña electoral, y especialmente a los atributos o rasgos personales de un candidato, tendrá incidencia en la opinión pública, incluso cuando se opte por mecanismos de framing que beneficien o faciliten que el público reciba el mensaje encuadrado por los mismos candidatos, como puede suceder con la neutralidad". (DUSSAILLANT *in* BURGUERA AMEAVE, 2013, p. 104)[318]

---

[318] O problema do enquadramento também repercute na mediação da comunicação política, como realça Salgado (2007, p. 26), nestes termos: "O discurso político passa por uma

Em nossa percepção, essas eficientes ferramentas existentes para a análise e consequente denúncia de comportamentos irregulares por parte dos veículos de comunicação extrapolam o interesse acadêmico e podem ser utilizadas por operadores do direito e órgãos judicantes no bojo de processos jurisdicionais eleitorais.[319]

Em acréscimo, é necessário aclarar que, no Brasil, a legislação eleitoral acerca da imprensa é mais rigorosa no tocante aos veículos que atuam em regime de concessão pública, notadamente os canais de rádio e televisão. Já os meios impressos, prescindindo de autorização específica, funcionam, teoricamente, de maneira mais independente do Poder Público, podendo, dentro de certos limites, imprimir algum apoio político em suas linhas editoriais.

Nesse assunto, a jurisprudência do Tribunal Superior Eleitoral tem outorgado aos meios impressos permissão para a adoção de certa inclinação política, ao revés do que ocorre com a mídia audiovisual. O tema é pouco debatido e merece, pela importância, uma maior ponderação.

Em geral, a legislação pátria endereça um controle mais rígido às emissoras de rádio e tevê, primeiramente, pelo fato de que operam em regime de concessão pública. Isso ocorre porque, "[...] diversamente do que ocorre com a imprensa escrita, a rádio e a teledifusão não se situam exclusivamente no plano da livre iniciativa, sendo antes atributos do Estado", a quem a Constituição confere "o direito de explorar diretamente tais atividades ou concedê-las a particular que o faça" (REIS, 2012, p. 184).

Consoante José Jairo Gomes (2016, p. 515), as emissoras de televisão e radiodifusão prestam serviços concedidos pelo governo federal

---

filtragem que é realizada pelos intermediários, que são os media (estes interpõem-se entre a palavra política e o público ao qual ela se destina). Porém, às filtragens impostas pelos media sobrepõe-se uma outra categoria de filtros, constituídos pela 'percepção ativa' do destinatário do discurso. O que nos leva a questionar sobre a integridade da mensagem assim transmitida. Por outras palavras: o que resta da palavra original após atravessar todo este percurso?".

[319] Em recente trabalho (ALVIM; ARANJUES, 2017), fizemos uso dos critérios acima com o fito de tecer um trabalho de análise e interpretação de dados relativos à cobertura jornalística das Eleições de 2010 e 2014, em dois dos principais semanários políticos do país. As análises confirmaram as hipóteses levantadas, no sentido de que a mídia impressa brasileira pratica um jornalismo acentuadamente tendencioso, discriminando os diferentes candidatos tanto no que tange à concessão de visibilidade como atribuição de valências positivas ou negativas. Em conclusão, sugerimos que coberturas equilibradas são raríssimas na imprensa escrita, sendo quase sempre possível identificar nas linhas editoriais uma tendência de favorecimento ou perseguição a determinados representantes das forças em disputa (ALVIM; ARANJUES, 2017, p. 82), em detrimento da condição de equilíbrio que figura como um determinante da qualidade eleitoral.

e, portanto, têm os seus bens afetos à realização de uma finalidade pública. Por tudo isso, sua estrutura não pode ser empregada em prol de nenhum projeto político. Pelo contrário, essas empresas "devem pautar a sua atuação pela imparcialidade", ainda mais porque concessionárias de serviço público não podem efetuar doação direta ou indireta a partido ou candidato.[320]

Aline Osorio (2017, p. 287) vai além do que ordinariamente se expõe na doutrina para ensinar que o diferenciado tratamento conferido pela lei não se dá somente em função da submissão à ordem regulatória das concessões de serviço público, havendo fatores adicionais. Em sua dicção, o tratamento diferenciado tem origem nas seguintes particularidades:

> Em *primeiro lugar*, pela escassez do espectro. O espectro eletromagnético, composto por diferentes faixas de frequência, constitui um recurso natural limitado essencial à prestação dos serviços de radiodifusão. Em *segundo lugar*, pelo seu regime de exploração. Sendo o espectro radioelétrico um bem (público) escasso, decidiu-se que caberia ao Estado não somente regular e fiscalizar a sua distribuição e utilização, mas também explorar os serviços de radiodifusão, podendo fazê-lo diretamente ou por meio de delegação à iniciativa privada (art. 21, XII, CRFB). Assim, a radiodifusão constitui serviço público explorado por particulares, a partir da outorga de concessões, permissões ou autorizações (art. 223, CRFB), o que justifica a incidência de normas próprias. Em *terceiro lugar*, a regulação mais robusta também se fundamenta na maior intrusão dessas mídias na vida das pessoas e na maior influência que exercem sobre a formação da opinião pública.

Por esses motivos, em função da existência de uma "dualidade de regimes constitucionais" (SANTOS, 2016, p. 113) no que se refere aos meios de comunicação – a atividade da imprensa escrita (por meio de periódicos como jornais, tabloides e revistas) é livre e independe de prévia licença ou autorização (art. 220, §6º, CRFB), ao passo que a exploração de plataformas audiovisuais depende de outorga pelo

---

[320] Ainda consoante o doutrinador (2016, p. 516): "Com tais restrições, pretende-se privilegiar os princípios da imparcialidade e da impessoalidade na prestação do serviço público, bem como da isonomia e do equilíbrio entre os participantes do certame, impedindo-se que uns sejam beneficiados em detrimento de outros. Tendo em vista que o rádio e a televisão constituem serviços públicos cuja realização pelo particular depende de concessão do Poder Público, há mister que o concessionário aja com imparcialidade perante os candidatos e as agremiações participantes do certame".

poder público (art. 223, CRFB) –, a lei eleitoral configura uma diferença diametral de tratamento, criando para as mídias difusivas um marco de restrições que não atinge os veículos da senda tipográfica, as quais, em linhas gerais, na contramão do que ocorre com os canais de rádio e televisão, gozam de uma significativa margem de liberdade de ação, conforme o entendimento do Tribunal Superior Eleitoral:

> A diversidade de regimes constitucionais aos quais submetidos, de um lado, a imprensa escrita – cuja atividade independe de licença ou autorização (CF, art. 220, §6º) – e, de outro, o rádio e a televisão – sujeitos à concessão do poder público – se reflete na diferença marcante entre a série de restrições a que estão validamente submetidos os últimos, por força da legislação eleitoral, de modo a evitar-lhes a interferência nos pleitos, e a quase total liberdade dos veículos de comunicação escrita. (MC nº 1.241/DF. Rel. Min. Sepúlveda Pertence, 25.10.2002)
>
> Nessa esteira, o art. 45 da lei eleitoral dispõe que as emissoras de rádio e televisão não podem conferir tratamento privilegiado a candidatos, partidos ou coligações, querendo com isso evitar o direcionamento de apoios institucionais destacados ou evidentes. Essa regra, que encerra a principal diferença de tratamento entre a mídia escrita e a mídia difusora, contudo, não implica a obrigação de oferecer um tratamento *rigorosamente* igual aos diferentes *players*, que não se encontram, no plano fático, em uma situação de igualdade material.

Segue-se, em princípio, que a regra não se acha violada por abordagens relativamente díspares, uma vez que, segundo o Tribunal Superior Eleitoral:

> O art. 45, IV, da Lei 9.504/97 não garante espaço idêntico a todos os candidatos na mídia, mas sim tratamento proporcional à participação de cada um no cenário político. (AgR-REspe nº 225.306/DF. Rel. Min. Nancy Andrighi, 30.9.2010)[321]

> A imparcialidade que se impõe às emissoras de rádio e televisão, por serem objeto de outorga do poder público, não significa ausência de

---

[321] Na Espanha, a Junta Eleitoral Central, por intermédio da Instrução nº 4/2011, estipula regras para a aplicação do princípio da proporcionalidade na cobertura informativa. Esse princípio implica que a informação sobre as campanhas eleitorais proporcionada pelas emissoras de televisão privadas deverá atender preferencialmente aos resultados obtidos por cada formação política nas últimas eleições equivalentes, sem que esse critério impeça o oferecimento de informações sobre candidaturas que não se apresentaram ou não obtiveram representação nas últimas eleições. Em qualquer caso, estas últimas não poderão receber uma cobertura maior do que as formações políticas que conquistaram assento nos pleitos anteriores (CASADEVANTE MAYORDOMO, 2014, p. 271).

opinião ou de crítica jornalística, mas sim impedimento de que assumam uma postura que caracterize propaganda eleitoral em favor de candidato. (RO nº 317.093. Rel. Min. Jorge Mussi, 17.5.2018)

Como mais, o "tratamento privilegiado" é, a toda evidência, um conceito jurídico aberto e de difícil aferição. Há que se atentar – como sugere Zilio (2016, p. 381-382), que existem candidatos "com maior destaque e importância jornalística" que outros, quer em função de suas histórias pessoais, quer políticas, e que a reeleição sem desincompatibilização coloca o mandatário, invariavelmente, no centro das notícias. Logo, será sempre "cinzenta e limítrofe" a linha que separa a mera veiculação de notícia – que é lícita – e a possibilidade de ocorrer o tratamento privilegiado – que é ilícito.[322] No saldo, a visibilidade dos concorrentes à reeleição será sempre maior, uma vez que a cobertura – e também a crítica –, no que a eles concerne, versará também sobre os "atos de governo", em acréscimo aos "atos de campanha" (TSE. REspe nº 21.369/SC. Rel. Min. Fernando Neves, 19.2.2004).

No entanto, cabe avaliar que nem sempre a crítica da imprensa aos governos de turno será, no plano das campanhas, imune à atuação da Justiça Eleitoral, máxime porque algumas questões de fundo podem, eventualmente, suprimir a legitimidade intrínseca da narrativa difundida, quando esta visivelmente denote um intento concertado de perseguição, com vistas ao favorecimento de qualquer adversário. Nesse caminho, faz-se assaz oportuna a exposição de João de Almeida Santos (2012, p. 227), no roteiro de que as práticas jornalísticas por vezes se deslegitimam, quando se apartam da essência de seus códigos deontológicos ou esquemas normativos de referência.[323]

---

[322] Como observa Olivar Coneglian (2016, p. 308): "Há candidatos que conseguem ser notícia; outros, não. Há candidatos que atraem a atenção pública, por sua postura; outros, não. Nas eleições em que haja candidatos de cargos executivos à reeleição, esse fator será altamente agudo. Estando à frente do executivo, o candidato à reeleição terá muito mais condições de produzir notícia e de ser notícia do que os adversários sem cargos executivos. Essa dificuldade conviverá cotidianamente com as emissoras, que sofrerão um bombardeio por dar tratamento privilegiado a determinados candidatos, quando o tratamento adveio não da vontade da emissora, mas da própria postura de todos os candidatos. Muitas vezes, a emissora tem a intenção de divulgar a agenda dos candidatos, ou até mesmo a manifestação dos candidatos sobre determinado assunto, e procura todos os candidatos ao mesmo cargo, mas alguns não oferecem a agenda ou se recusam a emitir opinião sobre algum assunto abordado. Nesse caso, a ausência de um candidato, por ele mesmo provocada, não pode ser levada em conta como privilegiamento a outros candidatos".

[323] Para o sociólogo português: "É verdade que a tradicional ideologia espontânea dos media os remete invariavelmente para a crítica, o controlo e a fiscalização do poder político. O que faz parte da sua própria natureza originária, da ideologia da 'liberdade negativa'. *Mas a questão*

É preciso também perceber que o tratamento informativo isonômico não se resume a um conceito meramente quantitativo, encerrado numa concessão mais ou menos equitativa a respeito dos espaços de visibilidade (*i.e.*, destinação de tempos aproximados na cobertura de cada campanha). Ao revés, é inegável que, nesse campo, importa muito mais uma igualdade de abordagem de cariz qualitativo, com o espeque de se evitar um efeito totalmente contrário ao espírito do dispositivo, que visa justamente a assegurar o distanciamento das emissoras em relação aos candidatos, em nome do resguardo do índice de competividade do processo eleitoral. A regra, pois, tenta prevenir a realização de coberturas acintosamente tendenciosas,[324] como as que no passado deram o tom da cobertura em algumas eleições, inclusive presidenciais.

---

que se põe é a de saber como o fazem, em nome de quê e de quem, com que categoria e segundo quais principios. É a de saber se agem segundo os princípios da objectividade, da imparcialidade, do equilíbrio, do pluralismo e da relevância, garantindo sempre um 'patriotismo constitucional' (Habermas, 1982) que exprima os valores fundamentais pelos quais se rege uma sociedade democrática. Princípios que garantam as condições para uma verdadeira promoção da autodeterminação individual e que estimulem as funções de cidadania. E que implicam a afirmação de um estatuto de autonomia e de independência incompatíveis com a interferência *de critérios alheios à lógica e aos critérios editoriais,* designadamente critérios que subordinam a lógica editorial às estratégias de natureza proprietária, simplesmente comercial ou de natureza corporativa, quando as idiossincracias das elites midiáticas impõem a sua própria mundivivência, produzindo sistematicamente 'efeitos de interpolação' e manipulando semanticamente a realidade" (SANTOS, 2012) (grifos nossos).

[324] Susana Salgado (2007, p. 23) observa que uma das mais importantes consequências da elaboração do noticiário sobre a campanha eleitoral é a "amplificação dos excertos escolhidos para a divulgação" (o chamando *priming*), visto que os extratos selecionados "representam, para o público, a essência e peça fulcral da mensagem de origem partidária [...]". Nesse diapasão, Olivar Coneglian (2016, p. 308) sublinha a importância e o destaque da edição jornalística ao dizer que "[...] quando uma emissora pende para um candidato ela tem inúmeros meios de demonstrar isso. Pode ela, por exemplo, colocar no ar um minuto de notícias sobre o candidato de sua preferência. Mas para não cair em pecado legal, pode colocar no ar o candidato adversário, com o mesmo tempo. E sempre focaliza os candidatos no momento em que estão falando para o público. Mas escolhe para o seu candidato preferido os momentos de falas alegres, otimistas, eufóricas; já em relação ao preterido, mostra-o em momentos tristes, de pessimismo, de críticas, com o cenho fechado. Como resultado final, tem-se, de um lado, um candidato otimista, e de outro um pessimista [...]", caso em que a lei não terá sido cumprida. Sobre a importância da imagem como determinante cognitivo do voto, veja-se o que narra Soares (MATTOS, 1994, p. 114-115), acerca de um estudo realizado nos Estados Unidos, pela Universidade de Michigan: "O exame do papel de aspectos visuais a apresentação do candidato na construção de sua imagem e na preferência dos eleitores confirmou a hipótese de que a manipulação da imagem (pelos meios de comunicação) é possível e tem um impacto sobre a preferência dos eleitores. A pesquisa partiu do princípio de que: 1) os candidatos, por si mesmos, exercem influência sobre o voto; 2) a percepção das qualidades pessoais dos candidatos depende da imagem que projetam; 3) a imagem pode ser modelada. Com base nesses pressupostos, montou-se um arranjo experimental bem controlado, por meio do qual se demonstrou que diferentes fotografias de um mesmo modelo produziam imagens distintas para as pessoas, dando a ideia de sua adequação para a ocupação de cargos públicos. Diferentes apresentações de um

Noutro giro, defendemos que o maior problema em relação à dualidade de regimes é que a margem de liberdade conferida pelo ordenamento à imprensa escrita busca apoio em um argumento insustentável em termos científicos, nomeadamente a subestimação imprecisa de suas reais potencialidades.

Com efeito, a doutrina divulga que o rigor normativo emprestado ao rádio e à televisão, ao lado da questão referente à submissão ao regime de concessão pública, vem também da suposição, pouco contestada, de que esses veículos oferecem riscos substancialmente maiores ao processo de cristalização da opinião eleitoral (nesse sentido, *v.g.*, Fávere [2007, p. 11]; Zilio [2016, p. 380]; Castro [2014, p. 245]; Gomes [2016, p. 515]; Osório [2017, p. 331]).[325]

Essa concepção é também refletida na jurisprudência que, vez por outra, reproduz sem maior detimento a ideia geral de que a parcialidade dos meios impressos oferece baixos riscos à integridade do processo de consulta popular. Nessa linha, *v.g.*, a posição tomada pelo Tribunal Superior Eleitoral em decisão na qual se lê que "a abrangência da mídia escrita é limitada, uma vez que depende do interesse do leitor, ao contrário do que ocorre com os mecanismos de comunicação direta e de fácil acesso, como o rádio e a televisão" (REspe nº 56.173/SC. Rel. Min. Luciana Lóssio, 17.6.2016).[326]

---

mesmo candidato também afetaram significativamente a preferência dos votantes em uma eleição simulada. Podemos, assim, inferir que, em campanhas eleitorais pela televisão, além da importância própria do fator atração pessoal, a possibilidade de produção do aspecto visual do candidato é relevante para a construção da imagem pública total, na medida em que, como se demonstrou, a aparência pode ser associada a outras supostas qualidades pessoais, como competência e honradez, por exemplo".

[325] A proeminência da tevê como instrumento de controle social é recorrente, também, entre autores estrangeiros, constando de um vasto catálogo de especialistas elaborado por Aceves González (2002, p. 9-10), no qual figuram: Alva de La Selva; Trejo Delarbre; Corona *et al.*; Acosta y Parra; e Hallin. Sobre o poder de convencimento da televisão, Flora Neves (2008, p. 17) disserta: "É reconhecido que a televisão, em seu percurso histórico-institucional, torna-se, muitas vezes, o próprio poder. Se, por um lado, a mídia é um dos instrumentos de fortalecimento da democracia, por outro, também pode transformar-se em aparelho de divulgação e manutenção da ideologia dominante. Em todos os países, a TV prevalece como o veículo de comunicação com o maior poder de influência, mas o caso do Brasil é singular, porque aqui ela se torna mais forte. A presença da televisão na vida das pessoas chega a ser desproporcional em relação a outros meios, conferindo-lhe status de veículo monopolizador".

[326] Essa tradição se apresenta, de forma bastante emblemática, na manifestação do Min. Sepúlveda Pertence no julgamento do REspe nº 19.438/MA: "Parece-me que a própria natureza da comunicação social veiculada pelo jornal, em contraposição àquela veiculada pela radiodifusão, impõe e legitima a diversidade de tratamento que, a meu ver, com absoluto respeito ao princípio da proporcionalidade e à ponderação de interesses constitucionais em causa, fez a Lei 9.504/97: basta frisar a voluntariedade do acesso ao veículo impresso

CAPÍTULO 5
O ABUSO DE PODER EM ESPÉCIE | 303

É inegável que os canais de rádio e televisão, pelo alcance e calibre de penetração, constituem imensos repositórios de poderes fáticos. Sem embargo, reputamos equivocado desvalorizar a capacidade dos produtos informativos impressos, sobretudo em função de certas "qualidades compensatórias" que esses ostentam, como passamos a demonstrar.

Também entre os especialistas prevalece a ideia de que a televisão é a plataforma com maior influência sobre o desígnio coletivo (LOEWENSTEIN, 1979, p. 414-415; SARTORI, 2012, p. 101).

Os índices de penetração, de fato, reforçam as distâncias afirmadas. A diferença de alcance entre os principais canais de TV e os veículos escritos – sobretudo num país com baixa cultura de leitura –[327] é inegável e patente, o que se ilustra pelo resultado de levantamento realizado pelo Instituto Mídia Dados (2012), a revelar que 98% dos brasileiros veem televisão ao menos uma vez por semana.[328] À elevada gama de telespectadores contrapõe-se um menor volume de leitores, na casa de 21% quando se trata dos jornais, consoante números obtidos pela Pesquisa Brasileira de Mídia (PBM, 2014).[329]

Essas distâncias foram reafirmadas pela PBM/2016. De seus resultados, colhe-se que 63% dos brasileiros se informam sobre as coisas do país, primordialmente, pela televisão. Nada obstante, muito embora os jornais tenham sido apontados nominalmente por apenas 3% dos entrevistados, é certo que esse índice aumenta exponencialmente, quando se considera o elevado desempenho obtido pela internet (26%): sendo

---

em contraposição à invasão quase compulsória que os outros veículos representam. Não se trata – e isso, parece-me, está a merecer análise mais profunda – de subtrair o veículo impresso de medidas de prevenção ou repressão de abuso de poder econômico ou político, materializado na sua utilização numa campanha eleitoral. Está em distinguir até quando se pode considerar abusivo o uso do veículo impresso para manifestar solidariedade a uma determinada candidatura em contraposição a outras". Com base nessa lógica, o Tribunal acabou por consignar que: "Na aferição da potencialidade dos atos de propaganda eleitoral ilícita, distinguem-se os praticados na imprensa escrita daqueles realizados no rádio e na televisão".

[327] A primazia da televisão é uma realidade praticamente universal. Flora Neves (2008, p. 17), contudo, pontua: "Em todos os países, a TV prevalece como o veículo de informação com o maior poder de influencia, mas o caso do Brasil é singular, porque aqui ela se torna mais forte", designadamente porque, no país, "a presença da televisão na vida das pessoas chega a ser desproporcional em relação a outros meios, conferindo-lhe um status de veículo monopolizador".

[328] Disponível em: http://www.abert.org.br/web/index.php/dados-do-setor-estatisticas/estatísticas-de-comportamento. Acesso em: 29 jun. 2016.

[329] O percentual diz respeito a eleitores que consomem jornais ao menos uma vez por semana. Tratando-se de leitura diária, o índice reduz-se a 7% (Disponível em: http://www.brasil.gov.br/governo/2014/12/percetual-de-leitores-de-jornal-impresso-permanece-estavel-aponta-pesquisa- brasileira-de-midia. Acesso em: 1º nov. 2016).

certo que as agências jornalísticas dominam, atualmente, o mercado informativo na rede, é lógico e seguro atribuir-lhes, como consequência, uma boa fatia nesse nicho de consumo.[330]

A plataforma de exposição do produto televisionado é ainda ampliada pelo fato de que *a TV escapa ao filtro redutor da exposição selecionada*. É claro que as mensagens dos meios de comunicação necessitam chegar às pessoas antes de influenciá-las. Porém, os indivíduos não se expõem a todos os meios e mensagens; ao revés, sobretudo quando se trata de modalidades midiáticas que exigem um comportamento ativo por parte do receptor (como revistas e jornais, que precisam ser buscados e adquiridos), as pessoas se demonstram bastante seletivas, evitando o dispêndio de tempo e dinheiro com produtos cujo conteúdo – por razões ideológicas, estéticas ou qualitativas – não seja de seu agrado.

A seleção, ademais, frequentemente atende a uma tendência natural para a opção por veículos que espelham os valores políticos do consumidor (ANDUIZA; BOSCH, 2012, p. 41). Assim, é incomum que leitores de esquerda procurem periódicos de cariz conservador, e vice-versa. A televisão, todavia, fica um tanto imune a esse descarte, não apenas pela natureza mais generalista, mas também pelo fato de que suas mensagens são "especialmente difíceis de filtrar", porquanto acompanhadas de imagens vistas com os próprios olhos. Em contrapartida, em meios escritos é inclusive fisicamente mais fácil selecionar, porque se pode, simplesmente, "passar a página", algo impossível na televisão normal (ANDUIZA; BOSCH, 2012). Em conclusão, se as mensagens televisionadas são recebidas ainda que involuntariamente, isso comumente não ocorre com jornais, revistas e periódicos em geral.

Assim, é dado afirmar que a posição hegemônica do suporte televisivo pode ser explicada por diversos fatores, entre os quais se destacam: (i) o diferencial persuasivo atribuído ao vídeo;[331] (ii) a maior

---

[330] A pesquisa estimulada permite ainda uma segunda menção. No total (somatório da primeira e da segunda menções), 89% dos entrevistados buscam informações sobre a política do país na televisão; 49% fazem-no na internet; e o rádio é mencionado por 30% dos indivíduos envolvidos, ao tempo em que o jornal é lembrado por 12% e a revista por apenas 1%.

[331] Segundo Sartori (2012, p. 327), a televisão inverte a evolução, sobrepujando o sensível em detrimento do inteligível, reduzindo o processo intelectivo ao simples ato de ver. Em seu juízo, a televisão produz imagens que anulam os conceitos e, desse modo, "atrofia nossa capacidade de abstração e, com ela, toda nossa capacidade de entender". Como consequência, a televisão convence mais, à medida que enfraquece a capacidade cognitiva. Essa visão conta com a adesão de Murilo Soares (MATTOS, 1994, p. 111-112), que defende que "o formato do noticiário da TV prejudica a aprendizagem, devido à ênfase em visuais e mudanças

amplitude do público alcançado; e (iii) a independência em relação ao fenômeno da exposição seletiva.

Sobre o primeiro elemento, Mininni (2008, p. 81-82) registra que grande parte do fluxo de notícias a que estamos expostos atualmente passa pelo sentido da visão. Em sua concepção, os meios televisivos ocupam um lugar "muito especial" no sistema de influxos comportamentais, notadamente (i) porque são capazes de produzir novos nexos na informação sensorial, com a produção de estímulos dirigidos aos ouvidos e aos olhos e ainda (ii) porque atraem grandes massas de usuários, tanto em virtude da facilidade de acesso como em razão da poderosa vocação para o divertimento.

Ademais, o poder da televisão se reforça pela introdução do aspecto emocional. Nessa linha, Florence Toussaint (2004, p. 18) afiança que no processo comunicativo a influência da forma muitas vezes é mais eficaz do que o próprio conteúdo. Nesse compasso, normalmente as imagens predominam sobre as palavras, muito em função da qualidade que se desprende do uso das emoções como o principal veículo para a fixação de conteúdos na consciência do espectador. Os especialistas consideram que o gerenciamento das emoções constitui um recurso determinante no ambiente da comunicação política, na medida em que a comunicação racional é, sob o ângulo político, "pouco capitalizável" porque gera uma "baixa implicação", quando não o enfado, o tédio ou o cansaço (BERTOLDI, 2009, p. 15).

Nada obstante, não se pode ignorar que algumas particularidades qualitativas próprias à mídia escrita atuam de forma a compensar as vantagens apresentadas pelo produto televisivo. Esse conjunto de atributos, quando levado em consideração, indica que o comportamento da imprensa tipográfica também arrisca a normalidade eleitoral.

Uma primeira vantagem sobre a oralidade refere-se à *possibilidade de releitura*, o que contribui para a qualificação dos processos mentais de reforço e memorização. A plataforma escrita, na medida em que favorece a mecânica cognitiva, incrementa a probabilidade de fixação e reprodução comportamental, como explica Patrick Charaudeau (2012, p. 113):

> [...] como tal atividade se acompanha de um movimento ocular que percorre seguidamente o espaço escritural do começo ao fim (e mesmo em vários sentidos), o leitor põe em funcionamento um tipo de

---

rápidas originadas na pressuposição de que visuais surpreendentes são necessários para reter a audiência e evitar a mudança de canal".

compreensão mais discriminatória e organizadora que se baseia numa lógica "hierarquizada": operações de conexão entre as diferentes partes de uma narrativa, de subordinação e de encaixe de argumentos, de reconstrução dos diferentes tipos de raciocínio (em árvore, em contínuo, em paralelo etc.).

A escrita desempenha o papel de prova para a instauração da verdade, o que não é possível para a oralidade, não recuperável e aparentemente mais efêmera. Essas características próprias do dispositivo da imprensa permitem compreender porque essa mídia, universo por excelência do legível, é particularmente eficaz; por um lado, nas análises e comentários, nos editoriais, nas tribunas e reflexões, nas crônicas, em tudo o que aprofunda a informação, que a coloca em perspectiva e que indaga sobre as prováveis consequências dos acontecimentos; por outro lado, nas narrativas, nas notícias locais (os fait divers) e na montagem de dossiês; e, ainda, nas informações dos classificados, das variedades, local por excelência de um percurso sinótico; enfim, nas manchetes, que, funcionando como anúncios sugestivos semelhantes aos slogans publicitários, são destinadas a desencadear uma atividade de decifração, isto é, de intelegibilidade.

Outrossim, Murilo Soares (*in* MATOS, 1994, p. 112), ao destacar a *diferença em quantidade e qualidade da informação* de cada plataforma de comunicação, opina que os veículos escritos, devido "aos detalhes e à profundidade" de seus esquemas de abordagem, aumentam a probabilidade de fazer com que os eleitores percebam as diferenças evidenciadas entre os diversos candidatos, diferenças essas que, em hipótese, frequentemente passam ao largo da atenção dos espectadores na marcha acelerada em que os temas são expostos na televisão.

Além disso, o *oferecimento de esquemas simplificadores* como registros fotográficos mesclados com capas e manchetes transformam os produtos impressos em grandes instrumentos de fixação de conteúdos, em razão do oferecimento de uma valiosa economia de raciocínio. É fato que a condensação de mensagens complexas em poucas palavras ou símbolos reduz a complexidade intrínseca dos discursos, facilitando as atividades de intelecção e retenção (ALVIM; ARANJUES, 2017, p. 69). Ao mesmo tempo, criam um modelo atrativo para outra espécie de público, formada por sujeitos que não dispõem de tempo ou interesse para a busca de informações analíticas, mais completas ou aprofundadas, os denominados "catadores de informação".[332] Nesse quadro:

> [...] a exposição de primeira página surte enormes efeitos também entre não leitores ou leitores de ocasião, sobremodo porque poupa o interessado do "esforço da leitura" (Loewenstein, 1979, p. 414). Além disso, recorde-se a existência dos chamados "leitores de banca de jornal", que de passagem por esses estabelecimentos dispensam parte de seu tempo para correr os olhos sobre os destaques jornalísticos do dia. De acordo com Barros Filho (2003, p. 93), esses cidadãos possuem enorme peso estatístico entre os receptores desse meio de difusão. Atualmente, é razoável supor a multiplicação da gama de leitores de ocasião, considerando-se a exposição de conteúdos possibilitada por novas formas de tecnologia, como redes sociais e aplicativos de mensagens instantâneas. Não por acaso, o compartilhamento eletrônico de reproduções de capas e manchetes sensacionalistas ou contundentes – por vezes repaginadas em memes – tornou-se uma prática corriqueira em períodos eleitorais. (ALVIM; ARANJUES, 2017, p. 69)

O peso relativo da mídia escrita é ainda elevado pelo *alto nível de credibilidade agregada*. Considerando as estatísticas que demonstram que, no Brasil, os órgãos da imprensa escrita gozam de maior prestígio entre os cidadãos, quando comparados a alternativas tradicionais,[333]

---

[332] "Um estudo qualitativo realizado na França, com entrevistas detalhadas realizadas com grupos selecionados (*focus groups*), permitiu pôr em evidência julgamentos, atitudes e comportamentos coletivos, determinando diferentes categorias de consumidores midiáticos: os 'catadores', que colhem informações ao sabor das circunstâncias, os 'entusiastas', que são apaixonados pela informação, e os 'inativos', que consultam muito pouco as mídias" (CHARAUDEAU, 2016, p. 51).

[333] A última sondagem do *Latinobarómetro* (2015) revela que a credibilidade das diferentes plataformas de comunicação é percebida de maneira distinta pela população. A pesquisa indica que os brasileiros depositam maior índice de confiança nos meios escritos do que na televisão (47,3% dos entrevistados afirmaram dispensar muita ou alguma confiança na imprensa escrita; os números caem para 45,5%, quando se trata da televisão). A Pesquisa Brasileira de Mídias (2016) (BRASIL, 2017), noutra banda, apresenta resultados discrepantes. Ao avaliar o grau de confiança das notícias que circulam nos diferentes meios de comunicação, o estudo chegou ao seguinte resultado: "mais da metade dos entrevistados que assistem TV confiam sempre ou muitas vezes nas notícias veiculadas por esse meio. É possível observar que quase seis em cada dez ouvintes de rádio confiam sempre ou quase sempre nas notícias divulgadas por essa mídia, proporção semelhante à dos leitores de jornais. Por volta de quatro em cada dez leitores confiam sempre ou muitas vezes nas notícias veiculadas nas revistas. Por sua vez, a maioria dos usuários de internet confia poucas vezes ou nunca confia nas notícias de sites, de blogs e de redes sociais" (BRASIL, 2017, p. 33). Como se nota, o índice de confiança depositado na imprensa escrita, embora menor do que o da televisão, é ainda alto. Ademais, invoca-se o argumento de que o mercado nacional de informação apresenta um baixíssimo nível de pluralismo interno, razão pela qual, em geral, as visões apresentadas pelos grandes jornais, revistas e emissoras de televisão tendem a ser

segue-se que o seu discurso conflita com um menor ceticismo e, portanto, é pouco questionado e melhor absorvido, dado que enfrenta menos resistência à aceitação.

O incremento da credibilidade (qualidade do que é crível) é confirmado pelo fato de que esta não está propriamente vinculada à veracidade das mensagens, mas a componentes objetivos ou subjetivos que fazem com que as pessoas acreditem (ou não) em seu conteúdo (SERPA *in* CRESPO MARTÍNEZ *et al.*, 2015, p. 118). Assim, como entende Hartley (2004, p. 191), "no fim das contas, e de forma paradoxal, a objectividade (e a credibilidade) dos *media* não se prende tanto com a 'realidade' ou com a 'verdade', mas sobretudo com a *confiança* estabelecida entre o destinador e o destinatário".

Quanto à circulação, embora longe do alcance praticamente universal da televisão, *a imprensa escrita atinge um volume considerável de indivíduos*. Segundo dados da Associação Nacional dos Editores de Revistas (ANER), em 2014, as três revistas com maior circulação nacional somaram uma tiragem semanal média superior a 1.800.000 (um milhão e oitocentos mil) exemplares,[334] atingindo, na prática, um número bastante maior de eleitores, quando se leva em conta a cultura social do compartilhamento.[335] Supondo que cada diário ou revista tenha sido consultado por ao menos duas pessoas (algo plausível), chega-se que apenas essas três revistas alcançariam uma exposição superior a 3.600.000 (três milhões e seiscentos mil) eleitores, número bastante expressivo com respeito à globalidade do eleitorado.

E se consideramos a mídia escrita como um todo, os números são bastante maiores: com apoio em dados do Estudo Eleitoral Brasileiro (ESEB) 2002, Mundim (2010, p. 400) estima que 33% dos eleitores brasileiros leem um jornal pelo menos algumas vezes por semana, e que cerca de 11% leem diariamente: "Somados, esses números representam um

---

confluentes, e não contrastantes. Como consequência, as perspectivas políticas expostas pela mídia tipográfica hegemônica raramente contrariam os efeitos da tevê, e vice-versa.

[334] Dados da ANER (Disponível em: http://www.aner.org.br/dados-de-mercado/circulação. Acesso em: 17 jan. 2018).

[335] Como aduzem Alvim e Aranjues (2017, p. 70), as revistas circulam entre familiares, amigos e colegas de trabalho, devendo ainda ser lembrados casos de menor incidência, como compartilhamento em veículos de transporte público ou bibliotecas, além de salas de espera de consultórios, escritórios, salões de beleza e estabelecimentos afins.

contingente de aproximadamente 37,6 milhões de pessoas" – segundo cálculos do autor.[336]

Em paralelo, é preciso considerar que, hoje, *o conteúdo da mídia escrita é bastante amplificado no mundo eletrônico*, por intermédio da reprodução de notícias e editoriais em *sites*, *blogs*, aplicativos de mensagens e redes sociais de grande acesso. Esse ambiente recebe, diariamente, um número incalculável de matérias que se tornam alvo de ações massivas de compartilhamento, criando uma realidade que põe por terra a antiga impressão, ainda influente na jurisprudência anacrônica que considera que a imprensa escrita é menos capilar do que a difusiva porque depende de um comportamento ativo do leitor.[337]

Dando seguimento a um exame sobre os consumidores da informação, o corpo doutrinário (MUNDIM, 2010, p. 400; ALVIM; ARANJUES, 2017, p. 70) acrescenta que a menor gama do público-alvo (*target*) é compensada pela *extraordinária "qualidade" dos destinatários*, chamando a atenção para o fato de que a imprensa hegemônica é direcionada às camadas dominantes do estrato social, compostas por seus indivíduos mais influentes (os conhecidos "formadores de opinião").

Nessa linha, Fernando Azevedo (2006, p. 95) argumenta que os órgãos da mídia escrita compensam a menor penetração nas camadas populares com a grande capacidade de produzir agendas, formatar questões e influenciar percepções e comportamentos, seja mediante a ação dos líderes de opinião que os consomem,[338] seja por meio da

---

[336] Essa impressão é corroborada pela Pesquisa Brasileira de Mídias (BRASIL, 2017), segundo a qual 33% dos brasileiros leem jornais ao menos uma vez por semana. Consoante a amostra, a frequência de leitura é: um dia por semana, para 10% dos entrevistados; dois dias por semana, para 6%; três dias por semana, para 4%; quatro dias por semana, para 1%; cinco dias por semana, para 2%; seis dias por semana, para 1%; e sete dias por semana, para 8%. O mesmo número praticamente se repete para as revistas (3%), sendo que: 10% leem-nas um dia por semana; 6%, dois dias por semana; 3%, três dias por semana; 1%, quatro dias por semana; 1%, cinco dias por semana; 0%, seis dias por semana; e 2%, sete dias por semana.

[337] Nessa linha, *v.g.*: "Tratando-se de fato ocorrido na imprensa escrita, tem-se que o seu alcance é inegavelmente menor em relação a um fato sucedido em outros veículos de comunicação social, como o rádio e a televisão, em face da própria característica do veículo impresso de comunicação, cujo acesso à informação tem relação direta ao interesse do eleitor" (TSE. RCED nº 758/SP. Rel. Min. Marcelo Ribeiro, 12.2.2010).

[338] A ação dos líderes de opinião cobra elevada importância nos processos de comunicação, como explica a "teoria do fluxo de comunicação em dois passos" (*two-step flow of communication*), desenvolvida por Lazarsfeld na década de 1960. Como explicam Vallès e Martí i Puig (2015, p. 304): "La comunicación puede [...] concebirse como una relación directa – cara a cara – entre individuos. Cada uno de ellos participa en ella [...] con su filtro de predisposiciones: con ellas, selecciona e interpreta las fuentes de comunicación a las que se expone con mayor facilidad y a las que presta mayor atención. Sus mensajes son los que retiene también selectivamente. Así, es sabido que cada sujeto atiende con preferencia a algunos emisores

assídua repercussão de suas pautas na programação das rádios e da televisão aberta.

Ao seu lado, Francisco Fonseca (*in* Telles *et al.*, 2013, p. 464-465) sinaliza que o parco universo de leitores no Brasil não representa óbice à perspectiva de que tal nicho da imprensa opera como forte aparelho de hegemonia, tendo em vista que as "funções intelectuais reprodutoras" desempenhadas pelos estratos sociais que a ele têm acesso formam um núcleo capaz de disseminar suas ideias e sua visão de mundo nos espaços e comunidades nos quais interagem. Julga o analista que esses estratos funcionam estrategicamente como grandes "retransmissores das ideias centrais que a grande imprensa elabora e/ou transmite".[339]

Pelo mesmo motivo, Jorge de Esteban (*in* BURGUERA AMEAVE, 2013, p. 100-101) sustenta a ideia de que, a despeito de sua menor difusão, a imprensa escrita possui uma "influência capital" sobre o aspecto do poder, especialmente por duas razões: por um lado, porque sua influência afeta diretamente as elites da sociedade, que são as que leem preferencialmente; por outro, porque indiretamente também chegam ao grande público, desde o momento em que boa parte de seus conteúdos é recolhida pelas emissoras de rádio e teledifusão. Lida-se, consequentemente, com um meio amplamente mais poderoso, intelectualmente, do que se revelam as plataformas mais populares.

Na linha do que defendemos, Pedro Mundim (2010, p. 399-400) agrega que a preponderância da mídia televisiva não diminui a relevância dos meios tipográficos, por pelo menos quatro razões. Em *primeiro lugar*, "a importância política da mídia impressa é desproporcional ao seu índice de leitura, pois seus veículos são amplamente lidos pelas elites políticas nacionais, incluindo os líderes de opinião e os detentores

---

que le resultan más fiables y registra de modo más duradero determinado tipo de mensajes, según sean sus actitudes previas a la cultura política a la que pertenece. Pero ya hemos visto también que la comunicación se desarolla en un entorno colectivo: la comunicación es una actividad de grupo. En este grupo destaca la existencia de actores más atentos a los mensajes y que – después de selecionarlos, interpretarlos y reelaborarlos – los 're-emiten' hacia su círculo de contactos. Con gran frecuencia, pues, el flujo de comunicación suelle desarrollarse en dos etapas – two-step flow – del emisor a un líder de opinión u de este líder de opinión al ámbito en que él mismo se sitúa".

[339] Em suas palavras, portanto: "[...] são os periódicos os órgãos que, na imprensa diária, lançam ideias que potencialmente modelarão a opinião majoritária dos indivíduos, a começar pelos estratos capazes de reproduzi-las. Afinal, a televisão possui tanto uma linguagem (em sentido amplo) fundamentalmente fugaz como um público demasiado heterogêneo para que possa substituir os periódicos (notadamente os diários) como formadores nucleares de opinião. Estes, portanto, possuem um público mais homogêneo, constituído dos exíguos estratos médio e superior da hierarquia social brasileira" (FONSECA *in* TELLES *et al.*, 2013).

de decisões políticas". Em *segundo lugar,* ainda que os índices de leitura sejam relativamente baixos, "os jornais ainda são fonte importante de informação para uma parcela considerável dos eleitores". Em *terceiro lugar,* "os jornais desempenham, melhor do que a televisão, o papel de informar os eleitores, especialmente os mais escolarizados", entre outros motivos, porque a televisão "é primeiramente tratada como um meio de entretenimento, onde comparativamente menos problemas sociais são explorados". Em *quarto lugar,* "embora o alcance e a prevalência dos meios de comunicação sejam bem diferentes, o seu conteúdo é relativamente homogêneo".

Sendo certo que os veículos de comunicação "raramente ignoram o conteúdo de seus concorrentes", Mundim (2010, p. 400) conclui que as informações produzidas pela imprensa escrita "tendem a circular e atingir todos os tipos de eleitores, com maior ou menor intensidade", e com a ajuda de outros meios, como a internet e a própria TV.

De todo modo, é válido frisar que, em nossa visão, *a questão central não está em comparar o alcance da mídia escrita com o da televisão.* O parâmetro realmente relevante, e que deve ser observado pelas autoridades judicantes, diz com a *magnitude do público provável,* base apropriada para a correta mensuração dos impactos da cobertura facciosa sobre os rumos de uma eleição.

Numa análise rigorosa, é pouco significativo que um jornal tenha menos assinantes do que os telespectadores de um canal específico, se a massa de leitores representa, por si só, uma fatia considerável do público votante no âmbito da circunscrição. Como se apura da Pesquisa Brasileira de Mídias (2016) (BRASIL, 2017), o número de brasileiros que leem jornais ao menos uma vez por semana gira na casa dos 33%. Ante evidências empíricas, é impossível supor que a integridade eleitoral esteja assim tão imune aos desvios deontológicos dessa vertente específica do mercado social da comunicação.

Em conclusão, os veículos da mídia escrita, assim como os canais de rádio e a televisão, constituem poderosos instrumentos de formatação do sentir coletivo, o que reforça a ideia de que seu comportamento repercute concretamente nos rumos e na qualidade das competições eleitorais. Daí a importância de não se subestimar ou descartar o impacto causado por esse setor da imprensa no equilíbrio da competição política.

A doutrina da liberdade editorial irrestritamente aplicada à imprensa escrita impõe um pesado custo para a integridade eleitoral, pelo que não é absurdo cogitar, em nome da função social a que atendem,[340] a manutenção da equidistância, senão em suas linhas e posicionamentos editoriais, ao menos na maneira com que se comportam durante o período mais crítico do ciclo eleitoral, na seleção de temas que serão objeto, *v.g.*, de capas, matérias ou reportagens. Por isso, reputam-se acertadas as decisões do Tribunal Superior Eleitoral que não se furtam à aplicação de punições em face de exageros identificados na orientação da indústria da comunicação impressa.[341] Nesse sentido, por exemplo, o RO nº 688/SC, da relatoria do Min. Fernando Neves, a consignar:

> Jornal de tiragem expressiva, distribuído gratuitamente, que em suas edições enaltece apenas um candidato, dá-lhe oportunidade para divulgar suas ideias e, principalmente, para exibir o apoio político que detém entre outras lideranças estaduais e nacionais, mostra potencial para desequilibrar a disputa eleitoral, caracterizando uso indevido dos meios de comunicação e abuso de poder econômico, nos termos do art. 22 da Lei Complementar n. 64/90.

Num giro final, cumpre ainda frisar que a figura típica do abuso de poder midiático não se limita, tão somente, a irregularidades cometidas pela imprensa,[342] abrangendo, pelo contrário, um conjunto de possibilidades que adentra a esfera jurídica de todos os atores e instituições que se movimentam nas mídias, inclusive candidatos e figuras

---

[340] Como sugerido por Jorge Amaya (2015, p. 41), os meios de comunicação desempenham um papel essencial como veículos para o exercício da dimensão coletiva da liberdade de expressão em uma comunidade democrática. Por tal razão, é indispensável que recolham e reflitam as mais diversas informações e opiniões presentes no tecido social. Como consequência de sua fundamentalidade, então, surge a necessidade de que exerçam com responsabilidade a função social que lhes toca.

[341] Igualmente louvável, nessa direção, a visão doutrinária de Luiz Carlos dos Santos Gonçalves (2018, p. 300): "Mesmo na imprensa escrita, temos entendido que não é possível valer-se da liberdade jornalística para transformar o meio de comunicação num mero panfleto auxiliar de propaganda para determinado candidato. É o que se observa quando um jornal local, em ano eleitoral, concentra-se em difundir as realizações de um candidato, enaltecido e apontado como 'hábil', 'capaz', 'bom administrador', 'confiável', ao passo em que os candidatos adversários são ridicularizados ou menos prezados, com menções que se fazem acompanhar de epítetos depreciativos. Nessas hipóteses se caracteriza o abuso nos meios de comunicação social e, quando comprovado que o tratamento privilegiado a um dos candidatos se deveu a um acerto financeiro, ou à promessa de vantagens em caso de vitória, também o abuso econômico ou de autoridade".

[342] No ponto, diga-se que as resoluções do Tribunal Superior Eleitoral explicitamente preveem a possibilidade de configuração do ilícito em voga com a participação, anuência ou benefício exclusivo de candidato em razão da veiculação de propaganda eleitoral em emissoras de rádio clandestinas, as chamadas "rádios piratas".

públicas, assim como os *digital influencers* (influenciadores digitais).[343] A propósito, é evidente que a internet se enquadra no conceito de "meio de comunicação" para fins do perfazimento do abuso em exame,[344] tendo em vista que se apresenta como uma vastíssima plataforma para a difusão de ideias, informações e conhecimento.

---

[343] Nessa trilha, Edson de Resende Castro (2014, p. 334) sinaliza, com propriedade, que "como veículos e meios de comunicação social não se pode entender apenas a imprensa escrita, o rádio e a TV. Qualquer que seja a forma de comunicação que atinja um sem-número de eleitores, ou seja, que tenha como alvo o eleitor enquanto coletividade, que tenha expressiva capacidade de penetração, é meio ou veículo de comunicação social para fins de se submeter à possibilidade de abuso". Assim, o eminente procurador mineiro visita a jurisprudência para concluir que já se decidiu pela existência do ilícito mediante a utilização de sistema de som em parque de exposição, assim como pela realização de propaganda pela boca de artistas, no contexto de espetáculos de entretenimento. Segundo o autor, o mesmo entendimento deve ser aplicado à prestação de contas da Administração Pública, durante o processo eleitoral, se feita fora dos regulamentos pertinentes.

[344] Grassa polêmica com relação aos espaços do ambiente virtual hipoteticamente passíveis de dar ensejo à realização do uso indevido dos meios de comunicação social. No ponto, Maitê Marrez (2018, p. 188-189) chama a atenção para o dissídio jurisprudencial relativo à possibilidade de realização de abuso de poder em plataformas de conversação, como SMS, Telegram ou WhatsApp. A par de noticiar precedente em sentido positivo (TRE-GO, RE nº 35.117), a autora acompanha o posicionamento externado pelas Cortes Regionais de Minas Gerais (RE nº 53.545) e Paraná (RE nº 69.937), que descartam a possibilidade em voga. Segundo a especialista paranaense: "Só há abuso quando há desequilíbrio entre os candidatos. Como as mensagens de *SMS, Whatsapp* e ligações telefônicas não são exclusividade de nenhum candidato (não sendo necessário nenhuma posição privilegiada para utilizá-los, também permitindo aos adversários veicularem mensagens pelos mesmos meios, não há como restar configurada a desigualdade. Cabe ao candidato que se sentiu lesado responder com os próprios meios, ao invés de acionar o Judiciário". Ainda na opinião da autora: "Tal raciocínio pode ser estendido, em certa medida, às redes sociais. É comum que as conversas ali travadas sejam restritas aos vínculos de amizade entre os usuários. Portanto, a jurisprudência costuma rechaçar a configuração do abuso mediante publicações em redes sociais, utilizando, ainda, o argumento de que, nesses casos, não há indevida exposição do candidato. Assim, embora alguns Tribunais Regionais possuam entendimento contrário, parece correto analisar o uso indevido dos meios de comunicação social a partir de mensagens e/ou notícias veiculadas no rádio, TV e internet (sites ou blogs)". Em um olhar paralelo, não se descarta, de plano, a possibilidade de realização de abuso de poder midiático no âmbito das redes sociais. Assim, em estudo em colaboração com o Professor Volgane Carvalho (ALVIM; CARVALHO, 2018), em vista de algumas peculiaridades, defendemos a possibilidade de responsabilização por condutas realizadas pelos influenciadores digitais, mormente quando sua ação massiva e sequenciada assuma uma dimensão tal que coloque em xeque a normalidade do fluxo da comunicação eleitoral. No particular, cumpre ter em mente a natureza dúplice dessas plataformas, a fim de perceber que "as redes sociais podem funcionar não apenas como um instrumento de comunicação pessoal, mas ainda como legítimas ferramentas de comunicação de massa" (PANKE; PIMENTEL, 2018, p. 74).

5.2 Novas formas de abuso de poder

Em um estudo paradigmático sobre o tema enfrentado, Fávila Ribeiro (2001, p. 48) encaminha a assertiva de que, em assunto de eleições, "não há poder que possa prescindir de controle, deixando no vácuo a defesa dos interesses coletivos". Numa postura semelhante, Reinhold Zippelius (2016, p. 381-382) discorre sobre a importância da contenção do poder como estratégia para a preservação da experiência democrática:

> O facto de o poder de interessados influentes se desenvolver em grande parte fora do sistema dos controlos democráticos e do Estado de direito insere-se na imagem paradoxal que os Estados repetidamente apresentam. Por um lado, o sistema dos controlos estende-se até a pormenores da vida estatal politicamente insignificantes, ao passo que, por outro lado, os processos de poder com considerável relevância são abrangidos apenas de maneira insuficiente por estes controlos. No fim das contas, apenas se pode remediar esta discrepância através da adaptação contínua do direito constitucional à mudança progressiva das forças sociais, implicando, por exemplo, a manutenção destas forças de modo equilibrado no processo político.
>
> Também a exigência de submeter a controlos grupos de interesses e outras forças sociais começa na respectiva posição de força, portanto neste princípio: nenhum poder sem um controlo que garanta uma tomada em consideração da globalidade dos interesses afectados.

A necessidade de adaptação contínua sugerida por ambos os autores é, de fato, uma característica marcante da disciplina eleitoral (PÉREZ CORTI, 2010, p. 19; ALVIM, 2016, p. 36). Efetivamente, o dinamismo do marco regulatório das competições eleitorais deriva de uma necessidade surgida, de um lado, pelo fato de que, ao tutelar as sempre cambiantes relações de natureza política, esse arranjo específico demanda atualizações para que conserve a eficácia e, de outro, em virtude de sua relação com a questão da legitimidade democrática, que o deixa constantemente obrigado a animar um consenso em torno da justiça afeta às regras que pautam o enfrentamento político.

Galván Rivera (2006, p. 67) reputa inegável que, para o direito eleitoral, assume grande importância a realidade comunitária em todas as suas manifestações. Em sua opinião, uma eficiente elaboração da normativa político-eleitoral pressupõe que se tome em consideração o quadro real da sociedade, sob pena de que a legislação produzida esteja fadada ao fracasso jurídico e à desaprovação social.

Dentro dessa perspectiva, é evidente que o enquadramento normativo das eleições brasileiras deveria se adaptar aos desafios lançados pelas novas formas de domínio social. Tendo-se por certo que o fenômeno do poder é, em essência, fluido e multiforme, julgam-se inapropriadas quaisquer soluções normativas que o pretendam combater por intermédio de técnicas herméticas, estáticas e anacrônicas.

No modelo brasileiro, fundado no princípio da tipicidade das ações eleitorais,[345] o combate ao abuso de poder depende do ajuizamento de ações específicas, designadamente a ação de investigação judicial eleitoral (prevista no art. 14, §9º, CRFB, e regulamentada pelo art. 22, da LC nº 64/90), e a ação de impugnação a mandato eletivo (prescrita pelo art. 14, §10, CRFB). Cada um desses meios processuais possui diferentes prazos, procedimentos e hipóteses de cabimento; em consonância com a literalidade das normas de regência, AIJE é cabível diante de abuso de poder político, abuso de poder econômico e uso indevido dos meios de comunicação social (abuso de poder de mídia), ao passo em que

---

[345] "Em matéria processual, a lei eleitoral estabelece um rol *numerus clausus* de instrumentos passíveis de ser invocados, cada qual com as suas especificidades. No campo em estudo, em princípio, inadmite-se o ajuizamento de ações genéricas (ou ordinárias), de modo que o controle jurisdicional da regularidade dos pleitos eletivos somente se exerce nos estritos termos das fórmulas processuais constantes do catálogo normativo. Assim, de acordo com o Tribunal Superior Eleitoral, '*Não há como se admitir ilimitado exercício de ação na Justiça Eleitoral porque isso implicaria a insegurança dos pleitos, comprometendo o processo eleitoral como um todo, também regido por normas constitucionais, que atendem ao interesse público, daí decorrendo a tipicidade dos meios de impugnação que vigora nesta Justiça Especializada*' (AAG 4598/PI. DJ, 13.8. 05). A despeito de exaltarem a importância do princípio, Rodrigues e Jorge acenam para a possibilidade de mitigação da rigidez do sistema típico, em casos que levem a flagrantes incoerências que comprometam a segurança jurídica que o próprio sistema deve resguardar. Referem-se, especificamente, à existência de 'vácuos impugnativos', como o existente entre o encerramento do prazo para a impugnação de registro de candidatura e o termo inicial para o ajuizamento de recurso contra a expedição de diploma. Considerando, nesse contexto, que o surgimento de notórias inelegibilidades constitucionais supervenientes cria '*situações de absoluta indignação popular*', ponderam que, em respeito à inafastabilidade do direito de ação, bem como ao juízo de razoabilidade, deve-se permitir, excepcionalmente, ações autônomas declaratórias de inelegibilidade antes mesmo do manejo do RCED. Como se intui, a regra de tipicidade incide especialmente sobre as ações eleitorais impugnativas (aquelas em que se pleiteia eliminar adversários, obstando a permanência na competição ou o acesso aos cargos pretendidos), não impedindo, de consequência, o aviamento de ações genéricas que veiculem providências diversas, para as quais o ordenamento não destina um remédio específico. Em última instância, a lógica da tipicidade processual fechada contrapõe-se à de sistemas de contencioso que admitem as chamadas 'cláusulas de nulidade abstrata', brechas normativas para o questionamento judicial da regularidade do pleito em virtude de circunstâncias conspurcadoras graves, verificáveis em concreto porquanto não previamente arroladas pelo legislador" (ALVIM, 2016, p. 54-55).

AIME serve para casos de corrupção, fraude ou, no que toca a abusos, literalmente apenas quanto aos que se revestem de feição econômica.

Considerada, contudo, a realidade multifacetada do poder, verifica-se deficiente o arquétipo legal configurado para o seu enfrentamento: há, como apontado, formas outras de exteriorização do fenômeno de quebra da autodeterminação individual, de maneira que o catálogo normativo se revela, *a priori*, falho, em especial por reduzir conceitualmente uma realidade que, a bem da verdade, tem como característica fundamental o próprio desconhecimento de limites.

Essa postura aparentemente delimitativa, no entanto, pode ser vista, legitimamente, apenas como fruto da má técnica legislativa. Por esse ângulo, sustenta-se que o legislador descurou de algo básico para a construção de um sistema voltado ao enfrentamento do abuso: a flexibilidade. Nessa direção, Diego Valadés (2005, p. 12-13) sustenta que em virtude de sua natureza altamente dinâmica as atividades de identificação e de controle do poder não podem, nunca, prostrar-se estaticamente:

> Sería un contrasentido que el poder fluyera a través de múltiples expresiones, y que los mecanismos adoptados para controlarlo no pudieran adecuarse de continuo a esas diferentes expresiones. El papel de la Constitución es, precisamente, el de fijar las formas de expresión del poder y determinar su control. Dejado a su suerte, el poder fluiría con tal rapidez que se haría impredecible, en perjuicio de las relaciones sociales estables, seguras, libres y justas.

Na mesma linha, Fávila Ribeiro (2001) critica a técnica legislativa adotada para o desenho dos mecanismos de combate do abuso no direito brasileiro. Em sua opinião, o fato de que as normas destinadas à repressão do abuso eleitoral remetem a formas específicas de poder (político/econômico/midiático) cria uma ideia restritiva do alcance do controle a ser cumprido, o que, em verdade, contraria a sua real intenção (RIBEIRO, 2001, p. 50-51). Por isso, pondera que teria sido mais vantajosa a supressão liminar de qualquer especificação, simplificando-se a fórmula jurídica mediante "[...] um enunciado que transmitisse generalizada abrangência, mencionando apenas – contra qualquer forma de abuso de poder à lisura do processo eleitoral".

Em termos mais claros, temos defendido uma postura preponderantemente apoiada nos *efeitos* – e não na *forma* – dos atos lesivos, por ser essa uma técnica sem dúvida mais adequada ao resguardo dos valores cuja proteção é eloquentemente ordenada pelo sistema. Ainda sobre o tema, o incomparável eleitoralista cearense acresce:

> Pretendemos, assim, ficasse esclarecido que *o sentido literal das normas não é capaz de inibir o sentido amplo da ilicitude eleitoral, sendo aplicáveis as sanções previstas para abusos de todo e qualquer tipo de poder prevalecendo o saudável e consagrado princípio de hermenêutica de que o espírito sobreleva à forma, subordinando-se os meios aos fins, ou seja, a letra da lei deve ser harmonizada com os aspectos teleológicos explicitados.* (RIBEIRO, 2001, p. 51) (Grifos nossos)

A imperfeição do trabalho legislativo, como consequência, não deveria tornar menos operativa a tarefa de preservação da liberdade para o exercício do sufrágio e da igualdade na concorrência entre os *players*, travas-mestras do conceito da legitimidade eleitoral. Nesse diapasão, recordando-se o cabedal principiológico que suporta a busca incessante pela integridade do processo, a questão do abuso nas eleições torna obrigatória a imposição de uma análise fincada em um prisma hermenêutico mais elaborado do que a mera subsunção das hipóteses abusivas ao insuficiente critério literal.

Nesse diapasão, considerando que todas as normas resguardam valores, e que o conjunto de valores de um sistema jurídico pode ser conhecido a partir da análise de seus princípios, segue-se que um eficaz trabalho de decodificação jurídica depende de um amplo respeito aos preceitos que norteiam o ordenamento. No que tange à problemática do abuso de poder, cremos que por trás das letras habita uma inescapável *mens legis* no sentido de afastar do pleito condutas antissociais que frustrem a liberdade das consciências individuais ou amainem as chances abstratas de acesso à representação política, colocando em xeque a legitimidade das competições eleitorais e a solidez das formas e procedimentos de retroalimentação do sistema político.

Nesse quadrante, é indene de questionamento que *a proteção das eleições recomenda uma hermenêutica condizente com a sua irrefutável intenção de dissuadir abusos.* Igualmente certo o fato de que, a despeito de suas variantes formas de manifestação, a realidade do poder é uma só. Então, parece impossível sustentar que o constituinte, ao exigir a legitimidade no processo de formação de governos, tenha pretendido afastar da disputa o poder em apenas uma ou outra forma, admitindo-o, remansosamente, quando exteriorizado a partir das demais. Amilton Kufa (2018, p. 347) sustenta, com acerto:

O sentido da norma constitucional não é sancionar este ou aquele abuso, deixando brechas para que outros desvirtuamentos sejam praticados, mas, sim, como expressa o próprio texto do §9º do art. 14, "proteger a probidade administrativa, a moralidade para o exercício do mandato [...] e a normalidade e legitimidade das eleições", o que, por si só, é suficiente a ensejar que outras condutas abusivas, que não o abuso de poder econômico e o abuso do poder de autoridade, sejam devidamente reprimidas, mesmo que ausente legislação complementar trazendo o instituto de forma expressa.

Temos, então, que a Constituição estabelece expressamente o que entende por eleições legítimas e normais, que são aquelas em que não haja condutas relacionadas ao abuso de poder, corrupção ou fraude, enfim, elementos cuja presença possa macular todo o processo eleitoral. Dessa forma, os parâmetros constitucionais previstos de normalidade e de legitimidade das eleições se fundamentam na verificação da ausência desses fatores no processo eleitoral.

Como decorrência, aduz-se que, sob a ótica da Constituição, não existe via legítima para o menoscabo da liberdade para o exercício do voto, tampouco para a quebra da paridade de chances na competição política. Dito com outras palavras, para que se afaste qualquer desaviso, não há abuso de poder ou manipulação acentuada compatível com o princípio constitucional da legitimidade das eleições. Ademais, como bem percebem Raquel Machado e Jéssica Almeida (2018b, p. 412), é notório que:

> A liberdade que rege a disputa eleitoral não é negativa, típica do Estado liberal, em que se pode fazer tudo o que não estiver expressamente proibido pela norma. É [pelo contrário] uma liberdade regulada e tutelada e que deve ser exercida [sempre] de modo a não dominar e afetar a igualdade dos outros competidores e a liberdade de voto do eleitor.

Ainda dentro desse esquema, Eduardo Bim (2003, p. 47) subli-nha que a repressão ao abuso de poder possui um duplo fundamento normativo: ao lado de um fundamento legal e explícito, reside sempre um enraizamento principiológico implícito, destinado ao resguardo dos axiomas democrático e republicano. *Um regime assim qualificado não prescinde da lisura e da regularidade de seus pleitos e, dessa forma, exige, mesmo quando se cala, uma absoluta preservação da autenticidade e da isonomia eleitoral.* Por isso, defende o autor, o pilar axiomático constitucional determina que, mesmo inexistindo expressa previsão nesse sentido, qualquer tentativa de macular a limpidez das eleições atenta contra a

Constituição, à medida que toda condescendência com o excesso de poder viola em seu âmago os princípios fundamentais que sustentam o edifício da cidadania (BIM, 2003, p. 50).[346]

Em conclusão, argumentamos que a Constituição da República, quando, sem conceituar o abuso de poder, impõe com franco entusiasmo o seu combalido combate (art. 14, §9º), acaba por conferir aos órgãos jurisdicionais de controle um espaço de conformação apto a emprestar uma efetiva proteção à regularidade eleitoral, mediante o amoldamento do conceito jurídico de poder a situações tão abertas como as suas amplas possibilidades de manifestação. E, se falha ao não o fazer de modo suficientemente claro, o problema é somente de leitura fria, sendo adequadamente resolvido pela atividade de interpretação. Aliás, como propugnam Maldonado e Cunha (2018, p. 213-214), a "indeterminabilidade semântica" do conceito do abuso de poder acarreta a existência de:

> [...] casos difíceis que não incidirão no seu âmbito de conformação. Nessas situações não se terá aprioristicamente pontos de partida (decorrentes de dispositivos normativos) para a identificação do abuso de poder. Por via de consequência, pela necessidade de completude do ordenamento jurídico (princípio do *non liquet*), serão desveladas hipóteses outras de abuso de poder pela atividade criativa do juiz. [...]
> No caso da luta contra o abuso de poder, pela prática de ações que não são contra legem, mas que afetem a normalidade e legitimidade das eleições, invariavelmente haverá colisão com o princípio da legalidade

---

[346] A falha de redação constituinte poderia ter sido suprida pelo legislador ordinário. Com efeito, aquando da edição da LC nº 64 (1990), chegou o legislador a acrescentar o poder midiático, deixando, entretanto, ainda aberto o flanco quanto às demais formas do abuso de poder. Especificamente quanto à ordem infraconstitucional, vem a calhar a lição de Canotilho (2003, p. 309), que ensina que os princípios fundamentais relativos ao sistema eleitoral não foram deixados à liberdade de conformação do legislador. Isso significa que, nas relações entre o sistema eleitoral e os elementos que integram o princípio democrático – designadamente o princípio da igualdade – fixou-se uma prevalência e uma *reserva de constituição*, de modo que "[...] o conteúdo da igualdade eleitoral não ficou dependente do sistema eleitoral, ou seja, o princípio da igualdade eleitoral não é uma função do sistema eleitoral a regular pelo legislador. Pelo contrário: o princípio da igualdade, juntamente com outros princípios constitucionais, possui um carácter constitutivo para a definição e conformação de todo o sistema eleitoral". Logo, não é possível imaginar caber ao legislador limitar a proteção do processo eleitoral a algumas espécies de abuso de poder, franqueando, *contrario sensu*, a manipulação de resultado por outras de suas facetas, quando se sabe que a Constituição, ao exigir a legitimidade, quer ver assegurada a igualdade de oportunidades entre todos aqueles que adentram a disputa. Seria, portanto, francamente inconstitucional a fixação de padrões jurídicos flagrantemente permissivos a alguns métodos específicos de conspurcação da isonomia do pleito, como é o exemplo atualíssimo do abuso de poder religioso.

(art. 5º, inc. II, da Constituição), que predetermina que "ninguém será obrigado a fazer ou deixar de fazer alguma coisa senão em virtude de lei". Nesses casos difíceis haverá um incremento sobre o ônus argumentativo do intérprete (como é a exigência natural de motivação dos atos jurisdicionais almejada pelo art. 93, inc. XI, da Constituição, e atualmente procedimentalizado no art. 489 do Código de Processo Civil), que deverá explicitar razões compatíveis com o controle público da linguagem, que legitimem a conclusão do significado de abuso de poder diante de um caso concreto (pelo fundamentado retorno ao mundo dos eventos), de modo a respeitar o limite do livre arbítrio traçado pelo princípio da legalidade, e realizar substancialmente as normas do art. 14, §10, da Norma Fundamental, e art. 19 da Lei de Inelegibilidades.[347]

Quanto ao mais, sendo as normas "elementos dotados de contornos imprecisos" (LARENZ *apud* DINIZ, 2011, p. 447), conclui-se que sua aplicação depende, sempre, de uma prévia tarefa interpretativa. Desse modo, é justo que se enxergue o mundo jurídico como uma "grande rede de interpretações" (SOARES, 2008, p. 101), tendo em consideração que os profissionais do direito estão a todo tempo interpretando a ordem jurídica.

A ciência jurídica contempla um rol clássico de métodos de interpretação que envolve, em geral, as técnicas: (i) *gramatical*, baseada em exame sobre a origem etimológica e a semântica das expressões escolhidas pelo legislador; (ii) *sistemática*, centrada na análise da posição ocupada pela norma no sistema jurídico em que se insere, tomando em consideração a totalidade do ordenamento de referência, ultrapassando a referência da regra isolada; (iii) *sociológica*, traduzida na tarefa de encontrar na norma jurídica as necessidades da sociedade em que opera; e (iv) *teleológica*, guiada à investigação da finalidade ou escopo social do texto examinado.

Em matéria de direito eleitoral, obviamente, todos os métodos hermenêuticos são válidos; não obstante, entende-se que, considerada a missão que lhe toca, sobrelevam de importância, em sua aplicação, as técnicas de interpretação sociológica e teleológica. Na medida em que se o percebe como uma "técnica a serviço da democracia" (ARAGÓN,

---

[347] Segundo os autores, surgem como critérios para o exercício do "controle público da linguagem" na definição do abuso de poder no processo eleitoral: "a) que o ato ilícito seja praticado no curso de campanha eleitoral em curso ou vindoura; b) que essas mesmas ações contrárias ao direito estejam voltadas a favor de candidato/partido/coligação (intervenientes diretos do processo eleitoral)" (MALDONADO; CUNHA, 2018, p. 215).

1997, p. 31), não pode o microssistema jurídico em análise ser depreendido a descompasso do princípio democrático, em especial no que tange aos imperativos absolutos de respeito à soberania popular e à autenticidade do processo eleitoral.

O método teleológico, aliás, é prestigiado pelo legislador brasileiro, que o fez constar do art. 219, do Código Eleitoral, conforme o qual a autoridade judicial, na aplicação da lei eleitoral, deve sempre atender aos fins e resultados a que ela se dirige.

Também na doutrina o método teleológico cobra prestígio. Para Eliza Prado (2013, p. 552), nesta área o Poder Judiciário tem a missão de dizer o direito sob o prisma axiológico da sociedade. Andrade Sánchez (2010, p. 18), por seu lado, pondera que a interpretação teleológica (funcional) pode ir além de outros métodos, ao ter como objetivo cumprir a missão fixada pelo legislador, de modo que, ao se desvendar o conteúdo de uma norma, não se deixe de atingir o fim geral para o qual se a elaborou. Sustenta o eleitoralista mexicano:

> En múltiples ocasiones sucede que la redacción de alguna norma no es la más afortunada o induce a confusión; entonces el intérprete debe buscar que al aplicar la norma en cuestión, ésta efectivamente "funcione" conforme a lo que el legislador tenía en mente al crearla, es decir, de acuerdo con el "espíritu del legislador", a fin de que sea posible alcanzar el propósito para el cual fue diseñada. (ANDRADE SÁNCHEZ, 2010) (Grifos nossos)

Sem embargo, é interessante destacar que mesmo uma posição à primeira vista paralela, como a de Erick Pereira (2004), vem em auxílio do que ora sustentamos. Advertindo para a indissociabilidade que marca a união entre a normativa eleitoral e o desenho constitucional, defende o autor que o método de interpretação mais bem assimilado pelo direito eleitoral seria, de fato, o sistemático. Em sua percepção (PEREIRA, 2004, p. 88-89), o método contextual parece melhor por colocar luzes sobre todo o sistema normativo eleitoral, o que permite que, mais do que a função, seja analisada a essência das instituições, possibilitando a garantia da prevalência do coletivo sobre o individual.

Em nosso juízo, também a adoção do critério sistemático permitiria a ampliação do catálogo constante da normativa infraconstitucional, sobretudo o art. 22, da Lei Complementar nº 64/90, de modo a conceber a ação de investigação judicial eleitoral como um instrumento apto a defender a legitimidade das eleições contra o abuso de poder *em todas as suas formas*, como forma de dotar de maior alcance o espírito do comando constitucional voltado à máxima proteção da autenticidade dos pleitos.

Nesse sentido, as visões acima expostas realmente não são antagônicas. Pelo contrário, antes se reforçam do que se eliminam, cabendo destacar que, na tarefa de esclarecer o real sentido de um texto jurídico, os métodos hermenêuticos não se apresentam como técnicas excludentes, havendo, inclusive, vezes em que de sua conjugação é que se logra atingir a inteligência que permite a aplicação da norma ao caso concreto.[348] Nesse caminho, muito contribui para a resolução do problema investigado essa percepção de que, por caminhos decodificadores diversos, chegamos à mesma conclusão.

Embora os argumentos expostos sejam realmente contundentes – e as conclusões bastante claras –, o certo é que o tratamento conferido ao tema pelos tribunais eleitorais brasileiros é, para dizer o mínimo, pouco imaginativo. Ainda em casos claros de abusos anômalos (ou extravagantes), como o religioso e o coercitivo, as ainda escassas sentenças condenatórias originam-se de soluções artificiais, como o amoldamento (ou a associação) a hipóteses expressas, abuso de poder econômico, político ou de mídia.

Não é difícil imaginar que construções jurídicas assim frágeis são muito facilmente combatíveis, podendo ensejar casos de reversão em sede de recurso e, de consequência, incrementando uma inaceitável síndrome de ineficácia normativa. O Tribunal Superior Eleitoral, como instância última da Justiça Eleitoral, no cumprimento de sua missão institucional, deveria dar uma resposta à sociedade, traduzida, em termos gerais, em eleições absolutamente depuradas de vícios, tudo em conformidade com o sistema (escrito ou subentendido) da Carta Fundamental.

Isso implicaria, entre outras coisas, a produção de uma jurisprudência que, diante de omissões legislativas crassas, não se furte a um atuar proativo, assimilando a postura necessária à garantia da efetividade dos mecanismos que protegem os valores inerentes à legitimidade do processo eleitoral.[349] Como ilustra Orozco Henríquez (2012, p. 464),

---

[348] Nesse sentido, o REspe nº 12.922/PR, do TSE.

[349] Divulga-se, erroneamente, que no campo eleitoral a interpretação extensiva seria vedada. Nada mais equivocado. Mesmo no âmbito penal, de *ultima ratio*, a técnica é tranquilamente admitida (GRECO, 2009, p. 42). Dessa sorte, carecendo o julgador de conhecer a exata amplitude da lei, deverá alargar o seu alcance, sempre que, à luz do sistema em que se

não há dúvidas de que a distribuição de justiça eleitoral é uma tarefa complexa que requer uma escrupulosa ponderação dos princípios e valores envolvidos, harmonizando em cada passo a sua aplicação, com o propósito de resguardar os direitos políticos eleitorais e, principalmente, fazer prevalecer a base do Estado democrático de direito.

A discussão sobre a possibilidade de enquadramento de formas não tipificadas como hipóteses autônomas de abuso de poder, não obstante, foi recusada pelo Tribunal Superior Eleitoral, precisamente no julgamento do RO nº 8.285, em que, por maioria, restou assentada a premissa de que a prática de abusos não referenciados de forma expressa pelo legislador constitucional ou ordinário só é possível quando os supostos ilícitos incidam de forma entrelaçada com algumas das modalidades tipificadas em lei.[350] Em outras palavras, à exceção das práticas de abuso de poder digital, cujo amoldamento à figura típica do uso indevido dos meios de comunicação é pacífico e assente, as demais formas novas de abuso de poder nas eleições desenvolvidas neste livro (abuso de poder religioso e abuso de poder coercitivo) somente podem levar ao desfazimento do mandato e à declaração de inelegibilidade quando incidam de forma concomitante com o abuso de poder político, o abuso de poder econômico ou o abuso de poder midiático (art. 6º, *caput*, Res.-TSE nº 23.375/2024).

A recusa da solução interpretativa apta à garantia da integridade dos processos eleitorais, em nossa visão, somente reforça a necessidade de uma adequação legislativa, a fim de se assegurar a exclusão de intervenções indesejáveis sobre a liberdade do eleitorado e sobre o equilíbrio das disputas eletivas.

Por força do exposto, concluímos que o arquétipo brasileiro teria um grande salto qualitativo com a adoção de um reparo redacional, dirigido à eliminação da pretensão descritiva constante do §9º, do art. 14, da Constituição da República, assim como do art. 22, *caput*, da Lei

---

insere e da finalidade que persegue, concluir inequivocamente que, ao redigir uma regra, disse o legislador do que pretendia.

[350] Registre-se, por importante, que a tese acolhida pelo TSE no julgamento em questão conta com o apoio de importantes vozes doutrinárias, com destaque para Luiz Carlos Gonçalves dos Santos (2024, p. 176) e Anna Paula Oliveira Mendes (2022, p. 86-87), que argumenta que "a ideia de que o rol legal das espécies de abuso do poder seria meramente exemplificativo pressupõe uma postura mais ativista por parte da justiça eleitoral", a quem caberia "ditar quais outras espécies de abuso [...] poderiam ser reprimidas nas campanhas eleitorais". Em sua intelecção, "isso [...] fere a desejável separação dos poderes delimitada na Constituição de 1988", visto que conferiria ao Judiciário "a competência para inovar na ordem jurídica, de modo a invadir uma competência do legislativo".

Complementar nº 64, de 1990. Ter-se-ia, assim, por bem assentado o cabimento da ação de investigação judicial eleitoral diante de casos de abuso de poder em qualquer de suas faces, independentemente de prévia especificação, sempre que incisiva e concretamente ameaçados os valores relativos à liberdade, à igualdade e à normalidade do jogo eleitoral.

Selados os flancos apontados, não haveria necessidade de alteração da normativa referente à ação de impugnação de mandato eletivo, vez que a integridade eleitoral restaria suficientemente protegida com a configuração de uma técnica processual adequada, porquanto aberta e abrangente.

5.2.1 Abuso de poder religioso

> *The significant role played by religion on shaping election outcomes is as old as the ballot box itself.*
>
> (Esmer e Petersson)

A partir do que se denomina "silogismo da sociabilidade", reconhece-se a estreita e indissociável ligação existente entre o homem, a sociedade e o direito. Segundo o adágio romano, *ubi homo, ibi societas; ubi societas, ibi jus; ergo: ubi homo, ibi jus*. Somadas à sociabilidade, a racionalidade e a liberdade aparecem como elementos distintivos da existência humana. Segundo Jacy de Souza Mendonça (2010, p. 195), ao revés do que se encontra no gregarismo animal, a sociedade humana é racional e livre:

> Viver em comunidades, entre as quais a comunidade política, é forma livre e racional de exercício da sociabilidade. Vale-se o homem da racionalidade para ordenar o convívio (à semelhança da ordem sideral e da ordem psíquica), coordenar o exercício individual das liberdades por todos e para todos. A resultante dessa tríplice característica da natureza humana é a sociedade organizada, que convencionamos chamar de Estado.

A ordenação do convívio, mais do que nota caracterizadora, é uma verdadeira condição de subsistência do experimento social. Nessa quadra, o direito surge como um imperativo da convivência organizada, enquanto elemento de ordenação das relações sociais, formado por regras obrigatórias de comportamento e de organização (MENDONÇA, 2010, p. 195).

CAPÍTULO 5
O ABUSO DE PODER EM ESPÉCIE | 325

É certo, no entanto, que o mundo jurídico não monopoliza o espaço da harmonização coletiva. De fato, ele é apenas um dos possíveis mecanismos de regulação social, operando em conjunto com outros esquemas de dirigismo comportamental com igual enraizamento ético, sendo, portanto, auxiliado, nesse mister, por "sistemas normativos paralelos" (NINO, 2010, p. 118), como a moral, os usos e costumes e, claro, a religião.

Ao lado do conforto espiritual que oferece, individualmente, aos crentes, a religião cumpre um papel fundamental na manutenção da paz pública, ao contribuir para a propagação e para o desenvolvimento de preceitos éticos (valores) entre os homens, contribuindo para a diminuição dos conflitos sociais. Para Francis Fukuyama (2013, p. 54), em termos históricos a religião se apresenta como uma fonte de coesão social que permite que os seres humanos cooperem de forma muito mais ampla e segura do que o fariam se fossem os simples agentes racionais e egoístas preconizados pelos intelectuais economistas.

Sem prejuízo do exposto, superada a fase histórica marcada pela forte intervenção da religião nos assuntos de Estado, a organização política moderna deriva, a partir do Iluminismo, para a consolidação da neutralidade religiosa, a partir do estabelecimento da laicidade estatal, atualmente vista como um "subprincípio concretizador do axioma republicano".[351] É o que registra Jónatas Machado (2013, p. 22), para quem a laicização traduz a ideia de que a religião tem lugar no espaço público na medida em que isso reflita não uma imposição coercitiva de autoridades políticas e religiosas, mas a autonomia individual e o autogoverno democrático das comunidades.[352] As religiões, sob tal premissa,

---

[351] Segundo Luiz Eduardo Peccinin (2018, p. 107): "[...] quando as sociedades capitalistas passam a conviver com o pluralismo de religiões e concepções de boa vida, a secularização se manifesta nos Estados modernos pela separação e pela neutralidade do político frente ao religioso, ou seja, por meio da *laicidade* desses Estados. Enquanto *separação* implica dizer que há autonomia entre o Estado e as confissões religiosas, respeitando cada qual o seu âmbito de atuação; o poder estatal deixa de exercer o poder religioso e os cultos deixam de exercer o poder político, sobre o qual há primazia do Estado. Já a *neutralidade* significa que o Estado não pode professar uma religião oficial, favorecer ou embaraçar a profissão de qualquer fé ou atividade de qualquer templo ou culto. Como conceitua Gustavo Biscaia de Lacerda, a laicidade representa a ideia de que 'o Estado não professa nem favorecer nenhuma religião', contrapondo-se ao Estado confessional, traz em si três exigências: (i) separação institucional entre o Estado e as confissões religiosas; (ii) a inexistência de doutrina religiosa oficial do Estado; e (iii) o pressuposto de secularização da sociedade".

[352] Acerca do apartamento entre Estado e Igreja, Carlos Santiago Nino (2002, p. 282) aponta que da doutrina da separação institucional derivam três princípios mais específicos, a saber: (i) o *princípio libertário*, que estabelece que o Estado deve permitir a prática de todas as religiões; (ii) o *princípio igualitário*, que proíbe que o Estado dê preferência a uma religião sobre outras;

estão assim plenamente autorizadas a atuar (influir) sobre a opinião pública e inclusive sobre a vontade política, desde que respeitado um quadro compatível com a preservação de uma "esfera pública plural".

A rigor, como qualquer grupo social, as comunidades religiosas possuem um interesse legítimo na discussão de temas de interesse público. Gianfranco Pasquino (2010, p. 112) lembra:

> Em todas as sociedades existem organizações dotadas de uma certa estabilidade, cujos membros se encontram unidos por uma comunhão de interesses ao longo do tempo. Quer se trate de fiéis de uma confissão religiosa ou dos nobres que compõem a corte, de militares ou de burocratas, as respectivas organizações têm um óbvio interesse em tutelar as suas prerrogativas e em defender os seus privilégios precisamente na qualidade de instituições destinadas a durar.

Em termos práticos, as organizações eclesiásticas não funcionam sob uma lógica distinta das outras formas de associação.[353] Nesse diapasão,

---

e (iii) o *princípio da neutralidade*, motor do pluralismo, a proibir que o Estado promova a religião como tal, desalentando atitudes não religiosas. Sobre o mesmo tema, Maria Cláudia Buchianeri Pinheiro (2013, p. 474) explica que "a separação entre Estado e Igreja nada mais é do que uma garantia fundamental (direito-garantia), voltada especificamente à *proteção dos direitos integrantes do conceito maior de liberdade religiosa*, pois a história das sociedades já evidenciou que a associação entre o político e o religioso, entre os poderes temporal e espiritual, gera o *aniquilamento* das liberdades e promove *intolerância e perseguições*". Conforme a autora, existem dois requisitos indispensáveis à existência de um regime de separação: em primeiro lugar, a imposição, ao ente estatal, de uma "postura de neutralidade axiológica em tema de religião" ("não basta ao Estado não professar, oficialmente, nenhuma doutrina, é preciso que ele, Estado, mantenha-se neutro, abstendo-se de exercer qualquer influência no livre mercado de ideias religiosas e no dissenso interconfessional"); além disso, exige-se a presença de um outro "parâmetro comportamental", qual seja o da "não ingerência", a abranger "tanto a *não ingerência institucional*, de sorte a tutelar o direito fundamental à auto-organização religiosa, como a *não ingerência dogmática*, a proteger a própria autenticidade das doutrinas de fé". Essa última, em suas palavras, "traduz-se num impedimento a que o Estado interfira, avalie, emita juízos de valor, chancele, censure ou conforme qualquer doutrina espiritual pregada por organizações religiosas. Parte-se, pois, da premissa da total incompetência estatal em matéria de verdades religiosas, as quais não podem ser medidas, avaliadas, referendadas, rechaçadas ou alteradas por qualquer autoridade pública" (PINHEIRO, 2013, p. 474-476).

[353] "O requisito da alternância no poder [...] faz com que diferentes grupos políticos e de interesses, fundados num consenso mínimo a respeito das regras do jogo democrático, possam se alterar na condução da vida política, a ela conferindo, em cada momento, diferentes ideologias e visões de mundo. Presente essa realidade, é de se questionar qual a possível participação das religiões no processo político. Ou, ao contrário disso, se essa participação seria indesejável, pois poderia colocar em risco a existência de um Estado axiologicamente neutro diante do fenômeno religioso. Como já dito, *nenhum indivíduo e nenhuma instituição podem ser privados de seus direitos pelo só fato de professarem uma fé, pois não há que se falar em liberdade religiosa naqueles Estados em que a filiação a uma crença se traduz na automática restrição de direitos, em clara demonstração de hostilidade religiosa e em nítido descompasso com a neutralidade demandada por um regime de separação que se funde na maximização da liberdade*. Pois bem, presente esta consideração, já se conclui que não é legítima, num Estado plural e protetivo,

conquanto tenha como matéria-prima o sobrenatural, a religião não se isola na ordem metafísica; pelo contrário, cobra verdadeiro sentido na existência real, a qual pretende modificar, primordialmente, por meio da divulgação de determinados princípios e crenças, bem assim pela implementação de práticas que derivam de textos sagrados, os quais, em última instância, espelham regras ou códigos morais e modos particulares de condução da vida.

Por isso, é natural que as ordens religiosas tenham interesse em acompanhar discussões legislativas relacionadas, por exemplo, com a regulamentação do matrimônio, legalização do jogo, da prostituição ou do aborto, com a inserção do ensino religioso, da educação sexual ou de gênero em escolas, ou mesmo com temas mais práticos e menos abstratos, ou mesmo mundanos, como as imunidades tributárias que porventura atinjam as rendas que auferem ou as atividades que levam a cabo.[354] Nesse guiar, Maria Cláudia Buchianeri Pinheiro (2013, p. 481) argumenta:

> [...] os movimentos religiosos, enquanto detentores de uma específica mundivivência que entendem verdadeira e que, por isso mesmo, desejam ver prevalecida na sociedade, também devem ser encarados como grupos de interesses que desejam convencer a sociedade quanto às suas ideias e, também, influenciar o comportamento do Estado. [...]
> Tal reconhecimento [...] não pode ser encarado sob qualquer viés restritivo ou negativo, pois, numa sociedade plural, a variedade de ideias deve ser desejada e estimulada, sendo certo que as Igrejas, além de se posicionarem em relação a assuntos vinculados à fé, também possuem, como sabido, suas particulares convicções a respeito de assuntos políticos, sociais,

---

qualquer norma que venha a proibir que fiéis ou autoridades eclesiásticas possam assumir cargos públicos, sejam eles de confiança ou eletivos. Os critérios de ingresso na máquina pública devem ser fundados nos elementos da capacidade e da habilitação e não numa análise valorativa da crença professada ou do posto eclesiástico ocupado pelos indivíduos, pois, como visto, o Estado não dispõe de competência para tecer qualquer análise sobre conteúdos de fé, também não podendo assumir uma postura de hostilidade em relação à religião e seus seguidores" (PINHEIRO, 2013, p. 480) (grifos nossos).

[354] Cuida-se do que Buchianeri Pinheiro (2013, p. 485) chama de "políticas mistas", isto é, aquelas que possuem "forte coloração religiosa, mas que se projetam, por igual, nas esferas pertinentes à saúde pública, ao biodireito, à igualdade de gênero e à livre orientação sexual individual", citando a autora, a título de exemplo, pesquisas com células-tronco, políticas de distribuição de contraceptivos e questões relacionadas com o aborto e com o enquadramento jurídico a ser dado às relações homoafetivas.

econômicos, científicos, de saúde pública, desempenhando, portanto, um importante papel social.[355]

Considerado, porém, o poder que as igrejas e seus dirigentes concentram, bem como a sua capacidade para impactar o equilíbrio das forças eleitorais, sua participação nos processos de escolha popular deve ser analisada com alguma atenção. Isso porque, em matéria de eleições, o respeito ao princípio de liberdade de escolha e à igualdade de oportunidades entre os candidatos deve incidir sobre a atuação de qualquer pessoa ou entidade que se encontre em situação de exercer influência sobre o eleitorado, como é, justamente, o caso de ministros de ordens religiosas e de suas respectivas igrejas (SÁNCHEZ MUÑOZ, 2007, p. 59).

Não se trata, frise-se, de criminalizar a religiosidade, mas de dessacralizá-la, tratando-a como o fato sociológico que é, sem prejuízo da necessidade de se tomar em conta os seus princípios regentes, suas garantias específicas e demais particularidades. Muito importa, nesse sentido, notar que "as relações de poder somente são corretamente compreendidas quando considerados os meandros do sistema em

---

[355] Essa posição é reafirmada por Leo Pfeffer, em excerto traduzido e colacionado por Buchianeri Pinheiro (2013, p. 482): "Eu tenho sugerido que os grupos religiosos, de modo explícito ou não, buscam transformar suas particulares hierarquias e valores em imperativos categóricos para a comunidade como um todo, incluindo aqueles membros da comunidade que estão fora de suas respectivas esferas. Cada grupo religioso, conscientemente ou inconscientemente, procura modelar a cultura da comunidade de acordo com os seus próprios conceitos de bem comum. Tendo em vista que governo e lei são meios altamente potentes de transformar valores particulares em regras universais de conduta, cada grupo religioso em situação de concorrência buscará obter junto ao governo o reconhecimento de que seus particulares valores são os melhores". Há, todavia, limites. Como reconhece Pinheiro (2013, p. 483), "[...] a influência exercida pelos grupos religiosos sobre o Estado jamais pode chegar ao extremo de motivar comportamentos que violem as exigências inerentes à cláusula da separação (neutralidade axiológica e não-ingerência), pois, em tal ocorrendo, restará altamente comprometido o regime de liberdades, que é a própria condição de existência de uma sociedade plural. Em verdade, se a (legítima e desejada) influência exercida por grupos religiosos sobre o comportamento estatal chegar ao inaceitável ponto de culminar com a consagração de políticas sectárias, discriminatórias, ou mesmo com a eleição, para fins de adoção e justificação de atos oficiais, de uma específica doutrina espiritual em detrimento de todas as demais existentes no corpo social, então ultrapassadas estarão as fronteiras de atuação das Igrejas que são impostas pela cláusula da separação. Em casos tais, não mais se poderá falar na legítima, desejada e constitucionalmente assegurada atuação de grupos de interesse de viés religioso num contexto de concretização do pluralismo, mas, isso sim, na própria tentativa de subalterna instrumentalização do Estado, para fins de estabelecimento, através de leis e atos de caráter impositivo, de um específico pensamento religioso, ético ou moral, cuja aceitação, ou não, deveria ter sido reservada à esfera íntima de cada cidadão, e não imposta por meio de atos gerais e cogentes, emanados de autoridades públicas".

que se inserem", como, a propósito, ensina com maestria o Professor Philippe Braud (2014, p. 236):

> A relação de poder entre duas ou n pessoas não seria de forma alguma inteligível se se abstraísse dos condicionamentos da situação no seio da qual esta relação se tece. É o problema das relações entre a estrutura global e a interação pontual. Se o agente da polícia pode ordenar aos manifestantes para dispersarem, é porque está investido de uma competência legal, revestida de uma presunção de legitimidade, e dispõe eventualmente de meios materiais para fazer respeitar a injunção. Isto remete, assim, a montante, para a existência de uma organização hierárquica da política, colocada ela própria sob a autoridade de um ministro responsável. Qualquer relação de poder pode ser analisada como duplamente condicionada. Em primeiro lugar, a um nível fundamental. É-o na própria estrutura social. A detenção de um capital econômico, cultural ou social mais significativo permite, de fato, o acesso mais fácil a meios de influência mais eficazes e mais diversificados. O condicionamento da relação de poder expressa-se também no estabelecimento de formas de racionalidade. São, por um lado, as regras externas, e percebidas como tais, de ordem jurídica, cultural ou simplesmente estratégica (lógicas de situações) que se impõem aos atores nas suas relações específicas. São por outro as regras ou normas que eles interiorizaram por socialização, e que fizeram suas, a ponto de ter a sensação subjetiva de que ao conformar-se a elas mais não fazem do que obedecer a si próprios (disposições psicológicas dos agentes culturalmente condicionados, códigos de comportamento adquiridos, papéis assumidos). Assim, como no xadrez, em que o domínio de uma peça sobre outra, num momento determinado da partida, não é compreensível se se ignorar as regras do jogo, também a relação de poder só assume o seu verdadeiro significado em referência ao modo de funcionamento do sistema social no seu todo.

É preciso, portanto, estar atento às especificidades das relações de natureza religiosa. Esmer e Petterson (2009, p. 485), nesse caminho, assinalam que a clássica afirmação de Karl Marx ("a religião é o ópio das massas") serve para demonstrar que o elemento religioso, em determinados contextos, pode operar como um instrumento utilizado para a adestração de oprimidos, algo, inclusive, ressaltado séculos antes por Nicolau Maquiavel, para quem a religião, ademais de "fundamento da vida social do homem", já era vista como uma "arma poderosa em toda e qualquer luta política" (CASSIRER *apud* DEL REY MORATÓ, 2007, p. 272).

No mundo dos fatos, assim como ocorre com os aparelhos da mídia, o poder religioso representa um poder de caráter ideológico. Para Bobbio (2000, p. 162-163), o poder ideológico remete à capacidade de influência que "as ideias formuladas de um determinado modo, emitidas em determinadas circunstâncias, por uma pessoa investida de determinada autoridade, difundidas através de determinados procedimentos, têm sobre a conduta dos consorciados". Dessa espécie de condicionamento é que surge, em cada grupo organizado, a elevada importância social daqueles que sabem (os sapientes), como os sacerdotes ou ministros de ordens religiosas, porque por meio deles – e dos valores que difundem – cumpre-se o processo de socialização necessário à coesão, ao reforço de identidade e à integração do grupo.

A subsunção da categoria religiosa ao gênero ideológico é bem marcada por Carlos Vilas (2013, p. 30), ao sublinhar que o poder ideológico se assenta na persuasão das ideias como modo de influenciar comportamentos humanos. Uma ideologia, em sua leitura, consiste na seleção e organização de certas ideias para sublinhar e representar um "projeto particular que mantenha e aumente o poder nas relações sociais". Como decorrência, as ideologias oferecem interpretações do mundo, tornam-no compreensível e manejável ou oferecem recomendações e perspectivas para tanto. Nesse raciocínio, arremata que o poder que as igrejas exercem sobre sua freguesia, com suas promessas de salvação e ameaças de castigos ultraterrenos, constitui um caso típico da modalidade de dominação posta em questão.

Na prática, a força do poder religioso se manifesta por intermédio da construção e da propagação reiterada de diferentes esquemas interpretativos de textos sagrados, aliada à sugestão mais ou menos impositiva de condutas e estilos de vida, do que deriva uma considerável capacidade potencial para a modulação do comportamento de indivíduos engajados. Afinal, como giza Freitas do Amaral (2014, p. 346), "todas as religiões, sem excepção, contêm preceitos, regras e 'mandamentos' que vão muito além da sua dimensão vertical – a das relações do Homem com Deus –, assumindo também uma dimensão horizontal – a das relações dos homens uns com os outros". É justo considerar, pois, que a religião exerce um importantíssimo papel no estímulo de ações coletivas em larga escala (FUKUYAMA, 2013, p. 81).[356]

---

[356] Max Weber (2011, p. 16), na mesma toada, já apontara que a legitimidade de uma ordem pode ser garantida por razões religiosas, determinadas pela crença de que a salvação se encontra em sua obediência.

CAPÍTULO 5
O ABUSO DE PODER EM ESPÉCIE | 331

Adalberto Agozino (2000, p. 217) observa que todas as grandes religiões do mundo ensinam, explícita ou implicitamente, que existem leis e autoridades morais mais altas do que as políticas cambiantes de todos os Estados,[357] e que todas as religiões, ao interpretarem tais leis, criam substantivas *oportunidades* para o exercício da liderança moral e da influência, o que lhes estende um poder concreto à margem dos limites do Estado. Por isso, cabe considerar que as igrejas e os agrupamentos espirituais constituem, à sua maneira, "forças políticas organizadas", segundo a clássica expressão de Prelot (1975, p. 140).[358]

Nesse diapasão, é decerto imprudente subestimar o capital político das ideias religiosas, uma vez que, à diferença de outras espécies de poder, a força destas ideias comporta um denso "ingrediente normativo" (VILAS, 2013, p. 30), seja porque formulam mandamentos, seja porque pautam a compreensão da realidade segundo grades específicas de valoração. Victor Casal (2012, p. 108), ao recordar que esses fenômenos consistem, basicamente, em "crenças obrigatórias unidas a práticas concretas", conclui que, como tudo que é supostamente imperativo, as obrigações religiosas consistem, ontologicamente, em mandados e, de consequência, pressupõem, segundo a lógica, a existência de dois

---

[357] Exemplo dessa doutrina encontra-se na encíclica *Inmortale Dei*, do Papa Leão XIII, recordada por Fayt (2009, p. 214). Nesta, referindo-se a eventual colisão entre as potências espiritual e temporal, sustentava-se que Deus, criador de ambas, em sua sabedoria perfeita havia traçado o caminho de uma e de outra, para evitar toda desordem, devendo evitar unidas, em harmonia, como a união da alma com o corpo. Mas, querendo-se saber qual seria subordinada a outra, não haveria outro meio senão o de considerar suas respectivas naturezas, tendo em conta a nobreza de seus fins. Nesse exercício, chegar-se-ia à conclusão de que o poder temporal tem por fim próprio a proteção de bens perecíveis, ao passo que o poder espiritual se preocupa com os bens celestes e eternos. Disso extraía-se a justificação da supremacia da Igreja sobre o Estado, consignando-se ser por modéstia, e não por impotência, que o poder religioso não se fazia tão presente na vivência cotidiana.

[358] Para Vilas (2013, p. 33), a organização desponta como um elemento de expansão, consolidação e eficácia do poder: "Para ser efectivos y alcanzar amplia proyección, el poder económico tanto como el ideológico deben encarnar en organizaciones: empresas, gremios, asociaciones de consumidores o de productores, academias, medios de difusión. La plata guardada en la vieja lata de conservas y el predicador vehemente son insustituibles en los momentos iniciales de cualquier actividad productiva, comercial, religiosa o política; todas las grandes religiones y todas las grandes revoluciones comenzaron con la prédica de un profeta, y en el origen de todas las grandes empresas y grupos financieros hay una fortuna personal o familiar. Pero la gente se muere, las herencias se dilapidan, el viento se lleva o distorsiona las palabras y el tiempo diluye el recuerdo. Para perdurar y expandirse, las ideas y los negocios deben recurrir a algún tipo de organización y, por lo tanto, rutinizar acciones, disciplinar conductas, recaudar y administrar recursos, definir jerarquías, codificar mensajes. Una organización es mucho más que la suma de los individuos que la integran o de los recursos que cada uno aporta; amplía el alcance de los objetivos, potencia los recursos, incrementa la eficacia de las decisiones y, como decía Perón, 'vence el tiempo'".

polos, onde se situam, respectivamente, uma autoridade que ordena e que, em tese, costuma ser obedecida. Como decorrência, à diferença do que ocorre, por ilustração, com as mensagens propagadas pela mídia, os sinais de comunicação religiosa são acompanhados, em geral, por uma qualificação estrutural subjacente, que as situa em um plano acima do nível da mera sugestão, na medida em que os conselhos oferecidos nesse *habitat*, como regra, esperam algum acatamento.

Segue-se que a normatividade intrínseca à natureza dos comandos religiosos possibilita a criação de um ambiente profícuo para a sedimentação de relações de domínio, tendo em vista que no cerne das organizações sociais os sujeitos que habitam a cúpula não raro mantêm as massas em bases aquiescentes, designadamente quando o controle esteja institucionalizado em leis ou normas superiores que regem a dinâmica que movimenta o grupo (MANN *apud* CASTELLS, 2015, p. 60). Nesse sentido, o potencial para o governo das ações individuais é, por certo, recrudescido pela posição-chave ocupada por aqueles que compõem as elites religiosas, na medida em que, nesses casos, lida-se com um poder qualificado pela presença de um elemento de autoridade.[359]

Advirta-se, todavia, que essas relações não aportam, necessária e inequivocamente, um efeito patente e incontornável de alienação. Na análise jurídica do abuso religioso, não se persegue a incidência de um poder absoluto e inafastável, aliás, inexistente;[360] fala-se, pois, não da busca por "relações estabilizadas de comando-obediência", atinentes à

---

[359] "Georges Burdeau (1905-1988) considera que o poder é a possibilidade de ser obedecido, enquanto a autoridade é vista como a qualificação para dar uma ordem. Adianta que se os chefes dão tanto valor a que os considerem legítimos é porque a legitimidade lhes traz um acréscimo de autoridade que eles não podem receber senão daí. Ao poder que se impõe, ela acrescenta a qualidade que se liga a um poder consentido, porque a legitimidade enobrece a obediência, converte em obrigações nascidas de um dever o que eram somente atitudes ditadas pelo temor. Enfim, a legitimidade introduz o poder no universo mágico das representações e das crenças" (MALTEZ, 2018, p. 308). Acrescenta o professor da Universidade de Lisboa que: "Deste modo, a autoridade é algo que se interioriza, tornando-se parte integrante dos sentimentos mais profundos. É assim que aprendemos a associar as ordens de nossos pais com a realidade, dado que as ordens se confundem com a própria realidade. Depois, pela vida fora, as instruções de um professor, ou de um superior, acabam por recordar-nos a voz dos nossos progenitores. Tem também relação com a credibilidade de uma fonte de informação: acreditar-se-á nas suas mensagens sem se verificar o seu conteúdo, *dando-se mais atenção a quem fala do que àquilo que é dito*" (MALTEZ, 2018, p. 308-309) (grifos nossos).

[360] De acordo com Manuel Castells (2015, p. 57-58), embora a influência em uma relação social seja sempre recíproca, em uma relação de poder há sempre um grau maior de influência por parte de um ator sobre o outro (vimos, nesse sentido, que uma das características marcantes do poder é a presença em relações sociais assimétricas). Contudo, "nunca há um poder absoluto, um grau zero de influência daqueles submetidos ao poder em relação àqueles em posições de poder". Há sempre a possibilidade de resistência e, principalmente,

sedimentação de uma forma estável de "dominação" (PINTO, 2008, p. 33), senão, mais propriamente, da presença de uma notada assimetria que potencialmente embota – certo que sutilmente – possíveis resistências, levando a vontade de atores influenciados ao encontro de um desejo dominante, frustrando a autonomia de um modo tão orgânico em aparência que, fora do contexto sociológico, soaria aceitável e natural.

No campo em exame – de modo análogo à relação firmada entre as indústrias da mídia e seus consumidores –, é errôneo procurar por ações que anulem a vontade dos crentes, sobretudo porque se cuida, mais das vezes, de um poder semicooptativo, externado pela via da indução. Excluídos os casos evidentes (e bastante mais raros) de assédio e de violência simbólica, não se lida com operações de *substituição*, mas de *sobreposição* de vontades, ilícitas *somente* quando impliquem um cristalino detrimento da liberdade na formação da escolha eleitoral.[361] Posto de outra forma, e com nova recorrência à terminologia própria da ciência das relações internacionais, é mais provável a presença, nesse terreno, de casos denotativos do emprego do *soft power*, sobre manifestações mais incisivas do fenômeno (casos de incidência do *hard power*).

No entanto, é elementar prevenir contra excessos no comportamento judicial, marcando a necessária diferença entre "posse" e "exercício" de poder. Por certo, temos assentado a afirmação de que os líderes religiosos possuem (uma imensa) *base de poder*. Isso não significa dizer, em absoluto, que *sempre* que um eclesiástico fale de eleições com os fiéis exista um poder sendo exercido, precisamente porque não se pode eliminar, *ex ante*, a hipótese de que esse tipo de diálogo direto seja efetivado a descompasso de qualquer manipulação ou pressão política. Vale recordar, no particular, que no direito das eleições o poder é de ser visto não somente como uma aptidão potencial (perspectiva substancial), mas como um instrumento *efetivamente* aplicado em uma relação (perspectiva interacionista do poder). No escólio de Vilas (2013, p. 24):

---

há sempre certo grau de consentimento, sem o qual as relações de poder não teriam outra forma para além da violência.

[361] "O poder pode repousar sobre credos e lealdades tanto quanto sobre interesses, sem falar no hábito e na apatia. E mesmo quando prevalece o elemento da coação, não é necessário que tenha a forma de violência. Sanções podem ser aplicadas com relação a valores outros que a segurança e o bem-estar físico. [...] A relação de poder pressupõe valorizações específicas: falamos de poder como um controle sobre práticas com base em padrões de valor" (LASSWELL; KAPLAN, 1979, p. 112). No ambiente religioso, a coação pode ser materializada não somente mediante a sugestão de castigos ultraterrenos e futuros, menos prováveis na quadra atual, mas ainda por meio de ameaças imediatas com semelhante eficácia, entre as quais a segregação, a desaprovação, a acusação de deslealdade e o consequente desprezo.

Es por tanto desacertado y suele prestarse a confusiones pensar en el poder simplesmente como una capacidad, como algo que alguien tiene y puede ejercer o no [...], o como algo que está en determinado lugar (una institución, un órgano directivo). Capacidad significa aptitud para adoptar decisiones y disponibilidad de medios para ejecutarlas, pero esto no basta para generar una relación de poder. No es suficiente tener dinero, buenas ideas o instrumentos de coacción para que la gente haga lo que se instrue o ordena; esos medios deben ser efetivamente mobilizados hacia tal fin [...].

Logo, deve-se ter em mente, em todos os casos, que "o domínio ou controle do poder não se confundem com o poder em si" (CARVALHO, 2018, p. 373), uma vez que os recursos de poder apenas terão valor na análise de um caso concreto quando hajam sido, de fato, mobilizados, disso advindo a consequência de influenciar, ou seja, de restringir o espectro das alternativas de escolha do eleitor.[362] Isso ocorre, esquematicamente, *quando um líder espiritual interage com os liderados invocando explícita ou implicitamente um argumento de ascendência* – que pode ser própria, institucional ou divina – *para, no plano discursivo, trazer à baila a obrigação moral própria das transações religiosas com o propósito de exigir ou sugestionar o abandono altruísta do livre-arbítrio político em favor de interesses comunitários emergentes, por vezes traduzidos na fórmula da situação de "valores em risco", cuja salvaguarda reclamaria a vitória política da figura referendada – ou a ostracização do ator condenado – pelo sacerdote, pela célula ou pela cúpula da igreja.*[363]

Sem embargo, reforça-se a advertência: ao julgador não é dado apontar a existência de abuso de poder religioso em toda e qualquer prática de proselitismo executada no interior de uma igreja. Muito pelo contrário. O perfazimento do ilícito em exame, ou seja, a transposição completa das fronteiras da legalidade é, sem dúvida, excepcional, e só fica caracterizada quando se percebam práticas excedentes do exercício

---

[362] Por isso, discorda-se, veemente, de parte da posição externada por Mirla Cutrim (2010), no sentido de que os abusos nesse campo envolveriam uma conduta tão singela como o registro de números de candidatura que possuem identificação com números bíblicos. Não obstante, acatam-se sem maiores ressalvas outros exemplos mencionados pela autora, em especial os "apelos mais enfáticos e impositivos vindos do altar".

[363] Repare-se que a menção à ascendência não sugere, em absoluto, a presença obrigatória de um "discurso disciplinar". *A coação religiosa pode muito bem prescindir da atribuição de prêmios ou castigos, como exemplo, quando se recorre à necessidade de mobilização ante perseguições que arriscam a sobrevivência da instituição ou da própria fé, caso típico de narrativas fictícias que apontam para a possibilidade de fechamento das igrejas, na hipótese da ascendência de segmentos supostamente refratários da religião ao poder.*

da liberdade religiosa, porquanto destinadas à criação de climas supressores da liberdade de escolha eleitoral, em especial mediante práticas indutoras de "sujeição moral" ou "servilismo" (LASSWELL; KAPLAN, 1979, p. 135). Em nossa opinião, descabe – nesse campo, como em outros –[364] apontar a existência de abuso em uma análise *per saltum*, sem que se cogite, previamente, a hipótese de ocorrência de uma simples transgressão das normas que regem as atividades de propaganda eleitoral (art. 37, §4º, da Lei das Eleições),[365] como é o caso da realização de proselitismo em bens de uso comum.

Posto de outra forma, as autoridades jurisdicionais eleitorais devem *evitar a pressuposição de uma gravidade automática intrínseca*, inclusive a fim de evitar a prolação de sentenças fundadas numa visão míope e preconceituosa acerca do fenômeno,[366] segundo a qual o fiel religioso

---

[364] Sobre as atividades de propaganda em geral, Marcos Ramayana (2018, p. 716) discorre: "Uma conduta ilegal que seja isolada dentro do contexto da propaganda política eleitoral não acarreta, a princípio, a inelegibilidade. Na verdade, é o conjunto dos atos ilegais que forma um arcabouço seguro ao intérprete para o reconhecimento do abuso de poder [...]". Em nossa opinião, em linha de princípio não há razões para tratar a propaganda realizada no interior de um templo de forma radicalmente diferente. É certo que a depender das circunstâncias do caso concreto o abuso de poder religioso pode ser encontrado; nada obstante, o ilícito máximo não pode, jamais, ser simplesmente presumido, havendo de ser invariavelmente assentado mediante uma análise detida em torno das circunstâncias, que devem ser graves, sob todos os aspectos.

[365] Por esse fundamento, refutam-se posições doutrinárias e jurisprudenciais que vislumbram, em atos de propaganda levados a cabo no interior de templos religiosos, uma espécie "automática" de abuso. Nesse diapasão, a título ilustrativo, a opinião de Lídio Modesto da Silva Filho (2018, p. 84): "Qualquer líder religioso pode ser candidato e também o direito à livre expressão política, mas somente enquanto pessoa física e não como um líder, de modo que o lugar onde professa sua fé não pode servir de palco para campanha eleitoral, sobretudo por configurar abuso de poder sobre a fragilidade humana do fiel que vai até aquele local que entende ser sagrado em busca de orientação religiosa e para o fortalecimento de sua fé e não para ter orientação política".

[366] Valmir Nascimento Milomem Santos (2014, p. 94) aduz, com razão, que o reconhecimento imponderado de casos de abuso religioso muitas vezes se assenta em "pressupostos equivocados na compreensibilidade tanto da religião como do seu relacionamento com o Estado". Na visão competente do autor, a expressão "abuso de poder religioso" leva consigo "toda uma carga ideológica negativa da religiosidade e uma visão igualmente tacanha dos religiosos, tidos como desprovidos de discernimento racional e incapazes de pensarem autonomamente. Também desconsidera o papel da igreja como agente sociopolítico, com esteio em premissas enganosas sobre o princípio da laicidade". Santos (2014, p. 95) questiona o fato de que essa visão acerca do fenômeno religioso não é estendida a outras formas de associação, entre as quais entidades que congreguem homossexuais, ruralistas e ambientalistas, consignando, por isso, que a doutrina eleitoralista estaria se guiando por "dois pesos e duas medidas". Considera, então, que: "Tal postura dúplice tem início numa visão distorcida do fenômeno religioso, como sendo algo eminentemente acrítico e anti-intelectual e desprovido de profundidade epistemológica. Enquanto isso, os fiéis não passariam de meros autômatos, sem discernimento próprio, subservientes e incapazes de reagir a qualquer tentativa de abuso. Trata-se, pois, de uma visão caricata

seria visto, sempre, como um embrutecido, ou seja, um espectador passivo e incapaz de lidar com as informações que recebe, e de que o poder incorporado pelos ministros religiosos, ao contrário de todas as outras manifestações de poder, não teria um alcance por natureza relativo.[367]

É preciso, pois, imprimir uma análise muito cuidadosa sobre (i) *o teor do discurso*, (ii) *sobre o seu modo de exposição*[368] e (iii) *sobre as demais*

---

e desprovida de embasamento, fruto da secularização mental que vê o mundo de forma dicotômica, dividido em dois pavimentos, como diria Francis Schaeffer. No pavimento de cima estaria fé, o não racional e não lógico; no pavimento de baixo, a razão, o racional e o lógico. No pavimento de cima, as pessoas são induzidas pela emoção, fé e sentimento. No pavimento de baixo, pela reflexão crítica e pela racionalidade. Logo, ao que parece, em matéria eleitoral, só haveria abuso no pavimento de cima, pois no pavimento de baixo são todos entendidos e inteligentes o suficiente para rejeitar o discurso eleitoreiro, por mais coativo que seja". Com a devida vênia, discorda-se do autor quando equipara as agrupações religiosas com os demais coletivos de agregação de interesses (homossexuais, ruralistas ou ambientalistas), mormente porque, no caso da religião, o contexto sociológico indica, em teoria, a presença de relações assimétricas, em regra ausentes no caso de organizações com bases horizontais e formas não hegemônicas. Ademais, pesa no caso da religião a estrutura em torno da normatividade e da legitimidade para a orientação de condutas. Por essas razões, entende-se, em suma, que a relação entre ministro e o rebanho não reproduz, exatamente, as mesmas características da relação travada entre membros da base e da elite eleita, modo típico de regência interna das associações comuns. Sem embargo, assiste-lhe total razão no que tange ao cuidado com o preconceito, cuidado este impresso no presente trabalho, que, nada obstante, não exclui a possibilidade de reconhecimento de abuso de poder para além das hipóteses expressamente previstas no ordenamento, sempre que uma relação dessa espécie acarrete lesões graves à liberdade de escolha do eleitor ou à paridade de chances no certame. Noutro passo, cumpre registrar que, para certo setor da doutrina, essa amálgama entre as questões religiosa e política seria capaz de subverter a essência do voto. Na visão de Carlos Alberto Steil (2001, p. 81-82), a ação religiosa pode, em tese, "destituir o voto de sua conotação racional política, atribuindo-lhe uma função mágica". Por outro lado: "[...] se os votos dos crentes têm esta conotação positiva e mágica, os candidatos que são seus destinatários se tornam instrumentos da ação divina. [...] São, ao que tudo indica, portadores de uma investidura que lhes é conferida por graça e escolha divinas, independente de suas obras ou méritos".

[367] Oportuna, nesse caminho, a ponderação de Carlos Vilas (2013, p. 34): "[...] una iglesia puede establecer castigos terrenales (como la exclusión respecto de determinados ritos o el cumplimiento de penitencias corporales) y prometer sanciones ultraterrenas para quienes infrinjan los mandatos del culto que administran; sin embargo, ello no tiene influencia en el comportamiento de los feligreses de otros cultos, en quienes no practican culto alguno y a veces tampoco en considerables porciones de la feligresía propia – como se advierte, por ejemplo, en la reducida eficacia de las recomendaciones de la Iglesia Católica en materia de prevención del embarazo y en general relativas a la vida sexual de las personas". Igualmente válidas as conclusões sóbrias e bem ponderadas de Frederico Almeida e Rafael Costa (2015, p. 385): "Não há dúvidas de que a influência do discurso religioso na formação da vontade do eleitor deve estar sujeita a limites, pois a violação desses limites pode comprometer a legitimidade do processo democrático do Estado de direito. No entanto, a aplicação das normas que regem a matéria deve ser realizada com o devido critério para que o combate ao abuso de poder no direito eleitoral não se transmude em intolerância religiosa, igualmente condenada pelo ordenamento jurídico pátrio".

[368] Sob o aspecto particular do modo de exposição, interessa perscrutar se vem a jogo a posição de autoridade. Como aclara Maltez (2018, p. 249), a autoridade se apresenta quando "[...] o

circunstâncias que se façam relevantes, o que faz com que o abuso de poder religioso seja bastante mais fácil de ser teorizado do que visualizado na prática, mormente porque, no âmbito de relações sociais assimétricas, "a linha entre o diálogo legítimo e a pressão política é demasiado tênue" (LEHOUCQ, 2007, p. 17).

No trato da questão, portanto, é crucial que se realize um acurado diagnóstico das condições particulares do ambiente. Nesse diapasão, defende-se que *o desvalor da conduta cresce conforme o grau de asfixia virtualmente gerado pela pressão social exercida*; em outras palavras, *o dano à liberdade responde proporcionalmente à carga e às potencialidades do clima de constrição efetivamente estabelecido.* Nessa equação, *quanto mais direta, incisiva, frequente, ardilosa, vil, dramática e/ou emocionalmente apelativa seja a aplicação do argumento religioso para a conquista do apoio político, maiores as chances de que se esteja diante de um caso de abuso do poder natural aos profissionais da religião.*

E sendo certo que a violação à liberdade para o exercício do sufrágio pode ocorrer tanto pelo assédio moral, quando será mais visível, como por uma variante mais sutil e complexa, a manipulação,[369] cabe conhecer mais a respeito desta última prática, vindo a calhar as anotações de Patrick Charaudeau. Conforme o especialista em análise do discurso da Universidade Paris-Nord:

> Num sentido geral, a manipulação procederia da visada discursiva de incitação a agir: quando se está numa situação em que há a necessidade do outro para realizar um projeto, e não se tem autoridade sobre este outro para obrigá-lo a agir de um determinado modo, empregam-se estratégias de persuasão ou de sedução que consistem em fazer com que o outro (o indivíduo ou público) compartilhe de uma certa crença. Assim sendo, todo discurso que corresponda a uma visada de incitação seria manipulador. Entretanto, nada há aí que seja repreensível, pois

---

emissor da palavra já não está no mesmo plano do receptor", isto é, quando o emitente do discurso, "falando de um sítio superior", faz efetivo uso da "posição onde se concentra o poder". Divisa o autor lusitano que "na fase da autoridade, já não se utiliza apenas a arte de convencer pelo argumento", eliminando-se da interação comunicativa os traços básicos da igualdade.

[369] "Quando falham tanto a persuasão como a autoridade, isto é, o discurso feito a partir de cima, de um nível superior de autoridade, de um púlpito, de uma cátedra, de um microfone, de uma imagem televisiva, ou de uma posição dominante nas redes sociais, eis que se entra numa terceira fase para a obtenção do consentimento. Aquela que David Easton (1917-2014) qualifica como manipulação, onde se usam os métodos da astúcia, do engodo ou da manha. [...] É aqui onde entram formas como a ideologia, a propaganda e o próprio controlo da informação" (MALTEZ, 2018, p. 249).

isso faz parte do jogo de regulação social. Tal definição não nos parece rentável para a análise, pois deveria considerar todo discurso de influência como manipulador, com a conotação habitualmente ligada a esse termo. Num sentido particular, é possível considerar que, à incitação que procura fazer surgir uma opinião ou fazer com que o interlocutor mude de opinião, acrescentam-se outras características. Uma é que *o manipulador não revela a sua intenção ou projeto, e o disfarça sob um discurso contrário ou sob um projeto apresentado como favorável ao manipulado*. Outra característica é que *o manipulador, para impressionar o manipulado, tira partido de uma posição de legitimidade que lhe é dada* (podendo, às vezes, usurpá-la). Uma terceira consiste, para o manipulador, em *construir para si uma imagem passível de parar a opinião do outro*, seja pela ameaça, seja pela sedução. Enfim, a quarta característica, ligada à precedente, consiste em *dramatizar seu discurso, de maneira a inquietar o auditório* [...]. Assim, o manipulado, deixando-se persuadir ou seduzir por essas estratégias de *falsas aparências*, entra no jogo da persuasão do manipulador sem se dar conta. A manipulação, pois, é acompanhada de uma *falsidade*, pelo fato de que há uma relação entre um influenciador-manipulador que esconde sua real intenção, e um influenciado-manipulado que a ignora. [Além disso] O discurso manipulador recorre a argumentos de ordem moral ou afetiva (medo/compaixão) e é acompanhado, muitas vezes, de uma sanção potencial, positiva (promessa de um benefício, de um amanhã melhor) ou negativa (ameaça de uma desgraça), impedindo uma melhor reflexão por parte do manipulado. (CHARAUDEAU, 2016, p. 68-69) (Grifos nossos)

Segundo Carlos S. Fayt (2009, p. 48), o poder religioso traduz-se no "governo indireto dos homens através de suas necessidades espirituais". Fernández Ruiz (2010, p. 19) acresce que, baseadas no dogma, as disposições do poder religioso se referem não somente à conduta do ser humano em suas relações com seus semelhantes, mas que também operam na relação com Deus e no âmbito do seu "eu interno". Em sua perspectiva, os patronos dos cultos são os depositários do poder religioso, de sorte que o cumprimento ou a infração de seus mandados dará lugar a prêmios ou castigos em uma vida ultraterrena. O poder religioso, assim, possui aptidão para forcejar ou violentar o livre-arbítrio do indivíduo a ele subordinado, cuja conduta se modifica para não se fazer merecedor de castigo, mas, sim, de glória na vida subsequente.

Nesse passo, os ministros e sacerdotes se convertem, por diversos motivos, em poderosos formadores de opinião, agindo, na prática eleitoral, como exímios "puxadores de voto" no contexto da disputa pelo apoio popular.[370]

A *efetividade de seu discurso* decorre, em primeiro lugar, da *primazia* que exercem *sobre a questão do sagrado*, da qual emana uma força social que produz resultados diretos no direcionamento dos sentimentos coletivos (CASAL, 2012, p. 103). Decorre também do fato de que, pessoalmente, gozam em suas comunidades de elevados *respeito e prestígio*, elementos que facilitam a conquista de obediência e apoio, como assinalam, por exemplo, Lasswell e Kaplan (1979, p. 119; 124), Della Porta (2003, p. 90) e Azambuja (2011, p. 84-85).[371] Deriva, em último lugar, da influência indireta própria às características deste sistema específico, em função do que a ciência política chama de "poder estrutural" (PINTO, 2008, p. 30).[372]

---

[370] Cumpre assinalar que a religião se insere nas campanhas políticas não somente por intermédio das igrejas e seus representantes, mas, frequentemente, também, pelos próprios candidatos. Javier del Rey Morató (2007, p. 275), em análise sobre as estratégias de comunicação eleitoral, aponta que os candidatos têm plena ciência de que o elemento religioso representa um forte ativo na busca pelo voto, e, destarte, aplicam-no muitas vezes e em diferentes contextos. O professor da Universidade Complutense de Madri destaca que os concorrentes encontram na questão religiosa "uma oportunidade para alcançar a persuasão, com mensagens que interpretem de maneira adequada a sensibilidade de alguns segmentos do eleitorado". Esse recorte permite, a depender do contexto: (i) encontrar um caminho para sua luta e um suporte sólido para defender determinados temas e políticas públicas; (ii) demonizar adversários; (iii) elaborar uma estratégia de imagem; ou (iv) legitimar decisões difíceis de serem aceitas pela opinião pública.

[371] "A influência pode repousar sobre o poder, como exemplifica a doutrinação; ou sobre o respeito: a influência que decorre da reputação" (LASSWELL; KAPLAN). Os autores norte-americanos pontuam que a autoridade extraída do respeito ultrapassa o campo de atuação daquele que o ostenta. Assim: "Cabe assinalar que o alcance de tal autoridade é independente das qualificações específicas ou realizações que evocaram o respeito em primeiro lugar: assim, um físico ou um escritor pode falar com autoridade, nesse sentido, sobre questões teológicas ou políticas". Logicamente, o mesmo ocorre com um padre ou um pastor, em relação a temas político-eleitorais. Della Porta (2003), por seu turno, aduz: "Quem tem prestígio dispõe também de maior influência: a sua participação tem mais possibilidades de êxito, porque o estatuto social elevado comporta melhores oportunidades de acesso a quem toma as decisões". O prestígio, portanto, figura como uma condição para o exercício do poder. Este compreende fatores como respeito, simpatia, confiança e gratidão que, em muitos casos, transformam-se em idolatria. Comumente, o prestígio decorre da função importante ocupada pelo ocupante do poder, mas também pode surgir de qualidades excepcionais demonstradas pelo homem (caso em que é a pessoa que empresta prestígio à função) (AZAMBUJA, 2011).

[372] "Quando se pensa na relação de poder entre dois agentes, tende-se automaticamente a pensar em um vínculo *direto* entre *A* e *B*, pelo qual o primeiro leva o segundo a adotar certo comportamento. No entanto, há duas formas de indução indireta. Uma delas, por meio de agente interposto: *A* induz *C* a induzir um comportamento de *B*. A outra, especialmente importante, consiste no vínculo indireto entre *A* e *B* que se dá por meio de um *sistema ou estrutura* de que ambos participam. Esta forma responde por grande, provavelmente a maior parcela das relações de poder na vida social [...]. Mantido o foco sobre a relação,

Nessa esteira, Reinhold Zippelius (2016, p. 402) lembra que a formação da opinião pública decorre de um processo comunicativo no qual a importância das opiniões se encontra repartida de uma maneira muito diferente. Logo: "O que a rainha da Inglaterra, o que um presidente da república alemã ou uma eminente figura da Igreja diz tem [...] um peso diferente do da opinião de um cidadão vulgar".

Ainda sobre o prestígio, saliente-se que, em nível institucional, pesquisas revelam que as organizações religiosas ostentam índices de reputação mais elevados do que a imprensa. Segundo o *Latinobarómetro* (2015), 70,8% dos brasileiros depositam muita ou alguma confiança nas igrejas,[373] número acentuadamente maior do que os índices de credibilidade conferidos, por exemplo, aos veículos da imprensa (47,3%) e aos próprios partidos políticos (10,1%).[374]

Por isso, é lógico reconhecer que a imposição de limites às atividades eclesiásticas é uma medida necessária à proteção da liberdade de voto e da própria legitimidade das eleições, dada a ascendência incorporada por expoentes das igrejas em setores específicos da comunidade (México. TEPJF, *Tesis* XLVI/2004 e XXXVIII/2014). Na jurisprudência mexicana, esse argumento tem o sentido de impedir que força política alguma possa coagir moral ou espiritualmente os cidadãos, para que se afiliem ou votem por ela, além de garantir a liberdade de consciência dos participantes do pleito, que deve se manter livre de elementos religiosos, finalidade que não se lograria alcançar se fosse permitido que os partidos usassem, desregradamente, a ideologia religiosa na campanha, pois, com isso, evidentemente se afetaria a liberdade de consciência dos votantes e, consequentemente, a qualidade do voto na renovação dos órgãos do Estado (*Tesis* XLVI/2004).[375]

---

o poder estrutural significará a indução de *A* sobre o comportamento de *B* por meio do arranjo das unidades do sistema de que ambos participam, ou dos 'padrões internos de relacionamentos ou organização' do sistema a que *A* e *B* estão ligados. Esse arranjo ou esses padrões 'condicionam' (determinam ou afetam) o comportamento de *B*, induzem-no a um comportamento que é do interesse de *A*. As posições que ocupam na estrutura – suas 'situações estruturais' – é que conduzem a esse resultado. [...] Para se falar de 'poder estrutural' (como todo poder, indução de uma parte sobre o comportamento da outra), é evidentemente necessário que a estrutura existente seja mais favorável a *A* – a parte que tem ascendência na indução – do que a *B*" (PINTO, 2008, p. 30-33).

[373] Disponível em: http://www.latinobarometro.org/latOnline.jsp. Acesso em: 23 mar. 2014.

[374] A confiança dos brasileiros na Igreja é ainda bastante superior à que se apura no México (62,2%), país onde a preocupação do legislador eleitoral com a questão em exame redunda na construção de um arranjo algo radical.

[375] Tendo em vista a realidade de seu país, o Professor Jorge Fernández Ruiz (2010, p. 28) reputa notória a atual inclinação das Igrejas em tomarem parte do poder político. Cuida-se, em

CAPÍTULO 5
O ABUSO DE PODER EM ESPÉCIE | 341

Tirando as atividades de *lobby*, isto é, restringindo a análise ao processo de recolhimento de votos e a consequente conquista de mandatos, o poder exercido pelas igrejas, no Brasil, tem sido aproveitado, primordialmente, mediante duas diferentes formas: primeiramente, pela *apresentação de candidatos selecionados em seu próprio seio*, convertidos em "candidatos oficiais" das respectivas organizações de cunho religioso; em segundo lugar, pelo *estabelecimento de pactos ou acordos com elementos alheios àquelas comunidades*, frequentemente baseados na oferta de benefícios imediatos ou então de proveitos futuros em troca da disponibilização de apoio eletivo.

A depender da forma de que se trate, serão diferentes a abordagem e o grau de dificuldade encontrado pelos eclesiásticos na tarefa de angariar, em termos ótimos, o máximo de apoio político possível dentro do universo circunscrito ao seu "rebanho".[376]

Por razões intuitivas, considera-se muito mais simples e orgânico o trabalho em prol de frequentadores da própria comunidade religiosa, em favor dos quais operam tanto a lógica natural do corporativismo como a eficácia do facilmente assimilável lema "irmão vota em irmão". Nesses casos, a transferência de prestígio efetuada pelo ministro religioso vem ao encontro de uma predisposição para a identificação do fiel com o candidato apoiado, resultante do compartilhamento de laços afetivos, sociais e/ou religiosos.

---

sua opinião, de situação bastante indesejável, passível de instalar uma crise, consistente na vulneração de uma peculiaridade fundamental do poder político-republicano, a já comentada separação entre Estado e Igreja, preconizada inclusive pelo próprio Jesus Cristo, como recorda o autor, ao apregoar que se deve dar a César o que é de César, e a Deus o que é de Deus. Assim continua o autor: "La historia evidencia que un clero opulento olvida su misión espiritual y, mediante el ejercicio del poder religioso, trata de acrecentar sus bienes temporales en evidente abandono de la premisa de Cristo: 'mi reino no es de este mundo'" (FERNÁNDEZ RUIZ, 2010). Como referido, essa posição é de ser vista com cuidado, e acatada somente com algum temperamento.

[376] A própria terminologia usualmente empregada à comunidade de fiéis denota sua ligação com a influência e, por derivação, com o potencial estabelecimento de uma relação de poder. Segundo léxicos e lexicógrafos, o verbete *rebanho* indica, em sentido figurado: "conjunto de fiéis em relação a seu pastor, Papa, bispo ou pároco", mas também "grupo de pessoas que se deixa levar sem manifestar opinião e vontade próprias" (Aurélio Buarque de Hollanda); "a congregação da paróquia em relação ao pároco", mas também "grupo de pessoas sem vontade própria e facilmente manipuláveis" (Antonio Houaiss). Na língua espanhola, o mesmo ocorre com a entrada *rebaño*, que significa: "congregación de los fieles respecto de sus pastores espirituales", mas também "conjunto de personas que se mueven gregariamente o se dejan dirigir en sus opiniones, gustos etc." (*Diccionario de la Lengua – Real Academia Española*).

Noutra mão, a promoção de candidatos alheios à instituição é, em tese, mais dificultosa, dependendo de formas mais elaboradas de discurso e propaganda, a fim de que os competidores apoiados sejam apresentados, entre todos os postulantes, como os "verdadeiros servos do Senhor" (MONTES, 2014, p. 37). Em todos os casos, não é raro que se apresente aos fiéis um cenário social inserido em uma espécie de batalha espiritual, cuja vitória depende de um esforço político conjugado, isto é, de uma espécie de "cruzada" a ser travada por toda a comunidade em questão.[377]

A ideia acima lançada é corroborada por um estudo de sondagem de opinião recente: de acordo com o Instituto Datafolha (2017), *19% dos brasileiros que professam alguma religião consideram, na hora do voto, as recomendações de seus líderes espirituais.*[378] Contudo, entre esses, 4% o fazem apenas se o candidato for ligado à sua própria igreja.[379] Verifica-se, assim, que o potencial para a transferência de "capital

---

[377] A título de exemplo, Ari Oro (2003, p. 58-59) reproduz trechos de discursos proferidos pelo Bispo Rodrigues em cultos realizados antes das eleições de 2002: "Não votem nos políticos que estão a serviço de Satanás, que não querem que a obra de Deus prospere!". "Assim como o Senhor disse a Moisés: levanta a tua vara, estende a mão sobre o mar, e o Mar Vermelho se abriu, assim também nós vamos apertar os números na urna eletrônica com o nosso cajado e vamos abrir o mar do Evangelho, elegendo os homens de Deus. Vamos eleger os homens de Deus que vão trabalhar para a obra de Deus". O antropólogo da Universidade Federal do Rio Grande do Sul interpreta que essa espécie de discurso induz os fiéis a encararem o voto como algo além do exercício da cidadania. Dessa forma, o voto "também é concebido como um ato que preenche um sentido quase-religioso. Trata-se de um gesto de exorcismo do demônio que se encontra na política e de sua libertação para que ela seja ocupada por 'pessoas tementes ao Senhor Jesus', segundo a expressão do eclesiástico citado. Em outras palavras, o efeito de sentido produzido pelo discurso e pelo carisma da Igreja Universal do Reino de Deus (IURD) por ocasião do período que precede as eleições é tal que seus fiéis acrescentam um significado a mais ao ato de votar além do dever cívico. O gesto de votar adquire o sentido de um rechaço do mal presente na política e sua substituição pelo bem, ou seja, por pessoas convertidas ao evangelho, por 'verdadeiros cristãos', por 'homens de Deus'".

[378] Os números são altos, em termos relativos, e indicam uma influência numericamente maior do que a influência da mídia e a do efeito *bandwagon* provocado pelas pesquisas de intenção de voto no imaginário do eleitor. É claro que o percentual referente à mídia e às pesquisas é calculado, teoricamente, sobre todo o eleitorado, ao tempo em que a influência religiosa tem como parâmetro um nicho específico. De todo modo, a redução no universo de eleitores expostos é significativa e, ademais, provavelmente subestimada, levando-se em conta que o questionário aplicado veicula um tema em relação ao qual o entrevistado intui a resposta considerada socialmente aceitável. Dando-se por certa a existência de um consenso social em torno da ideia de que o voto deve ser fruto da vontade individual de cada eleitor, não é absurdo supor que alguns entrevistados tenham mudado a sua resposta por vergonha, embaraço, temor a represálias ou ainda por simples indolência.

[379] Disponível em: https://g1.globo.com/politica/noticia/8-em-cada-10-brasileiros-dizem-não-seguir-orientacao-de-religiosos-na-hora-do-voto-aponta-datafolha.ghtml. Acesso em: 23 out. 2017.

religioso" é flutuante, sendo notadamente menor quando a equação política é integrada por postulantes *outsiders*.

Sob um prisma histórico, é bastante significativo o sucesso eleitoral alcançado pela Igreja Universal do Reino de Deus (IURD), que, após a eleição de um deputado federal no ano de 1986,[380] logrou aumentar gradativamente a sua representatividade, pleito após pleito, elegendo sistematicamente alguns senadores e dezenas de deputados estaduais e federais.[381] Ari Oro (2003, p. 53-55) argumenta que o caso da Igreja Universal produziu um "efeito mimético", despertando em outras igrejas e ordens religiosas o desejo de realizar em termos políticos o seu capital institucional. Sua estratégia é assim descrita pelo pesquisador gaúcho:

> Como procede a Igreja Universal para alcançar tal façanha no campo político? Ela resulta de um modo próprio de fazer política que, desde 1997, adotou, no âmbito nacional, o modelo corporativo da "candidatura oficial", cujo número de candidatos para os distintos cargos eletivos depende do capital eleitoral de que dispõe. Dessa forma, [a igreja] realiza, antes das eleições, uma campanha para os jovens de 16 anos obterem seu título eleitoral e efetua uma espécie de "recenseamento" de seus membros/fiéis, no qual figuram seus dados eleitorais. Tais dados são apresentados aos bispos regionais que, por sua vez, os transmitem ao Bispo Rodrigues [à época do estudo, um dos maiores líderes da Igreja Universal e do Partido Liberal – PL do Rio de Janeiro]. Juntos deliberam quantos candidatos lançam em cada município ou Estado, dependendo do tipo de eleição, baseados no quociente eleitoral dos partidos e no número de eleitores recenseados pelas igrejas locais. Uma vez lançados os

---

[380] Nada obstante, a entrada das Igrejas no mundo da política é, certamente, mais antiga, servindo como exemplo o caso da Igreja Evangélica Pentecostal O Brasil para Cristo, cuja participação em pleitos eleitorais teve início na década de 1960, como informam Maçalai e Strücker (2016, p. 8).

[381] Conforme levantamento promovido por Ari Oro (2003, p. 53-55), foram três deputados federais e seis deputados estaduais em 1990; um senador, seis deputados federais e oito deputados estaduais, em 1994; dezessete deputados federais e vinte e seis deputados estaduais, em 1998; um senador, dezenove deputados federais e dezoito deputados estaduais no ano de 2000. Questão interessante também posta pelo autor está no fato de que, nas eleições de 2002, em pelo menos três estados (Rio de Janeiro, Ceará e Rio Grande do Sul), alguns deputados egressos ou apoiados pela Igreja Universal em pleitos anteriores decidiram concorrer à reeleição independentemente, sem o aval da Igreja, que optou por apoiar diferentes candidatos. A maioria dos candidatos com apoio da Igreja foi eleita, ao tempo em que os demais "amargaram uma estrondosa derrota". A perda do apoio, ainda segundo o autor, provavelmente decorrera da frustração da instituição religiosa quanto à atuação dos parlamentares, particularmente em relação à obediência de diretrizes e orientações estabelecida pelos articuladores políticos da Igreja, o que por vezes ocorre quando a organização religiosa e o partido a que pertencem os candidatos possuem interesses diversos com relação a questões de governo.

candidatos, usam os cultos, as concentrações em massa e a mídia própria (televisão, rádio, jornal) – de acordo com a legislação eleitoral – para fazer publicidade dos mesmos. (ORO, 2003)

Com maiores detalhes, Oro (2003) expõe as táticas utilizadas pela Igreja Universal no que tange ao direcionamento do voto de seus membros: ao final dos cultos mais concorridos, são mencionados os nomes e os números dos candidatos da Igreja, havendo vezes em que os próprios candidatos são apresentados aos fiéis/eleitores ou, em caso de sua ausência, bispos e pastores depositam no altar placas de publicidade com os dados necessários.

Além dos procedimentos mencionados, eventualmente realizam-se outros, mais imaginativos, como estes, também noticiados pelo autor: em Porto Alegre (2002), um mês antes das eleições, uma grande faixa foi encontrada nos fundos da Catedral da Fé, com os dizeres "Vamos orar pelos nossos representantes", seguida de seus nomes, após o que se lia uma passagem bíblica dos Provérbios, capítulo 29, versículo 2: "Quando se multiplicam os justos, o povo se alegra; quando, porém, domina o perverso, o povo geme". Demais disso, em alguns domingos um *banner* de uma urna eletrônica foi levado ao altar. Com ele, o sacerdote "ensinava, de forma bastante didática, seus fiéis a votarem em seus candidatos".[382] Estratégias como essas apresentam resultados políticos espetaculares, com a captação do voto de até 95% dos fiéis, como revela pesquisa realizada pelo Instituto de Estudos da Religião (ISER), em 1994 (ORO, 2003, p. 56).

Nada obstante, cabe aclarar que a participação de religiosos na política não é uma estratégia exclusiva de agremiações evangélicas, evidenciando as pesquisas concentradas nos nomes de urnas uma considerável inserção de postulantes de origem católica (em fórmulas como, por exemplo, "Padre Fulano" ou "Fulano do Padre", assim como

---

[382] Sobre a forma de abordagem, Oro (2003, p. 57) esclarece: "É claro que o sucesso do exercício da autoridade carismática institucional iurdiana na política não se dá de forma opressiva em relação aos seus fiéis. Ela é legitimada mediante a mobilização de vários elementos práticos e simbólicos. Por um lado, a Igreja faz uso da sua bem montada rede midiática, impressa e eletrônica, bem como de sua rede assistencialista, cujo fortalecimento ocorreu em 1994, com a criação da Associação Beneficente Crista (Cristã) (ABC), entidade que concentra a ação social e mantém diversos projetos assistenciais da Igreja. Mas, por outro lado, ela traz para o campo político e para a construção de sua representação política, elementos doutrinários e discursivos próprios do campo religioso, reproduzindo um procedimento comum aos evangélicos, qual seja, 'religiogizar o político'".

a presença de denominações ambíguas, notadamente com o título de "Bispo").

Quanto ao plano legislativo, em comparação com o Brasil, há países que demonstram uma preocupação maior com relação à influência das igrejas na celebração de processos eleitorais. São países em que o princípio da laicidade é implementado de maneira mais incisiva, em razão de questões particulares de natureza cultural ou histórica, acarretando, inclusive, restrições de direitos fundamentais no campo da política.

Esse é o caso do México, onde até 1992 os clérigos e ministros de cultos incidiam em causas de restrição dos direitos políticos ativos e passivos. A partir daquele ano, os profissionais da religião reouveram totalmente o direito de votar, tendo a prerrogativa de concorrer a cargos públicos condicionada ao afastamento de suas funções com pelo menos cinco anos de antecedência. Andrade Sánchez (2010, p. 52) explica que a razão das restrições, juntamente com o fato de que a experiência histórica mexicana compreendeu uma larga e sangrenta luta entre o Estado e a Igreja católica, está em que os eclesiásticos, particularmente os católicos, respondem a lealdades externas derivadas de sua organização religiosa, a qual é regida por autoridades supranacionais, o que representaria uma potencial ameaça aos interesses internos. Some-se que, naquele país, o ordenamento eleva à condição de crime a realização de proselitismo político no púlpito, de acordo com o art. 404 do Código Penal Federal.

Ademais, cabe assentar que a exigência da secularidade é comum em estatutos de elegibilidade presentes em muitas constituições latino-americanas, como aponta interessante pesquisa elaborada pelo Professor Manuel Aragón (2007).

Já nos Estados Unidos, Amilton Kufa (2018, p. 331) noticia a existência de expressa previsão, na seção 501 do Código da Receita Federal, no sentido de afastar a intervenção direta ou indireta das organizações religiosas em campanhas políticas, mediante a institucionalização de uma política de desestímulo fiscal. De acordo com o autor, naquele país a neutralidade político-eleitoral figura como uma condição para a manutenção do *status* de isenção tributária, de sorte que eventuais mobilizações políticas trazem como consequência a dispensa daquele valioso benefício.

Quanto ao Brasil, restrições à participação de candidatos oriundos (ou apoiados) por entidades religiosas não são encontradas, expressamente, no ordenamento.[383] O que se verifica, de fato, são proscrições pontuais que, por óbvio, funcionam, na *práxis*, como instrumentos limitadores. Fala-se, em especial, da proibição de realização de financiamento de campanha e da realização de propaganda eleitoral no interior de templos e demais locais destinados aos cultos (arts. 24, VIII e 37, §4º da Lei das Eleições).

Todavia, para alguns autores, como Caramuru Afonso Francisco (2002, p. 49), a proibição de apoio financeiro pode ser compreendida em termos bastante mais amplos, como se vê:

> A contribuição que se encontra vedada é toda e qualquer atitude ou gesto que provenha do culto religioso ou da igreja em prol de um [único] candidato ou partido, não só a entrega de recursos financeiros, mas, mui especialmente, a utilização de instalações para a realização de atos de propaganda partidária, ainda que envoltas com aparência de reuniões ou de celebrações litúrgicas, ou seja, cultos que, na verdade, não passam de comícios em que o candidato tenha oportunidade de falar e de discursar, defender suas ideias e programas, ou que tenha suas virtudes, ideias ou programas enaltecidos por pessoas que falam não por si sós, mas pela própria igreja ou culto religioso pela posição que ocupam na hierarquia eclesiástica.
>
> Deve-se ainda observar que, além de toda essa vedação, ainda incidem contra tais atos de propaganda a vedação legal de propaganda que se baseie em elementos que criem estados mentais, emocionais ou passionais artificiosamente estabelecidos e, nitidamente, a propaganda efetuada em meio a cultos ou liturgias se enquadra, precisamente, nesta hipótese, pois a experiência religiosa, por definição, açambarca elementos de sobrenaturalidade, está envolvida em estado emocional, passional e mental que foge à normalidade do cotidiano social[384], sendo, pois, de

---

[383] A exigência existe para todos os cargos representativos em El Salvador e no Panamá; para cargos parlamentares e de presidente e vice-presidente na Argentina, Bolívia, Equador, Honduras e México. Na Costa Rica, no Chile, no Paraguai e na Venezuela, a exigência de cunho religioso alcança apenas os postulantes aos cargos de presidente e vice-presidente. No Brasil, restrições dessa ordem não são encontradas no ordenamento (ARAGÓN, 2007, p. 117).

[384] Como já anotado, deve-se evitar a adoção de pré-concepções negativas acerca do fenômeno religioso e da comunidade crente, de maneira que não é dado ao órgão julgador presumir ou cravar a existência de manipulação ou sujeição emocional sem antes realizar uma análise detida sobre o teor, a forma de exteriorização e demais circunstâncias das práticas linguageiras colocadas em atividade nos casos sob exame. Por tais razões, não se acompanha, no ponto, a generalização sugerida pelo autor, julgando-se mais apropriado que esse tipo de inferência seja realizado caso a caso, e sem nenhuma espécie de preconceito. Registre-se, no entanto, que a posição de Caramuru Francisco não é isolada, e encontra eco na voz de outros doutrinadores, como é o caso de Lídio Modesto da Silva Filho (2018, p. 84): "Embora não haja na legislação deliberação direta quanto à vedação de eventual relação de igrejas

se presumir que qualquer propaganda que se faça sobre essa roupagem fere a disposição legal proibitiva do art. 242 do Código Eleitoral,[385] norma que se encontra em pleno vigor.

Sem embargo, como pontuado em momento antecedente, extrai-se do arcabouço constitucional, inclusive do comando voltando à conservação da legitimidade dos atos eleitorais, que nenhum indivíduo ou

---

e os cultos religiosos com o processo eleitoral no que tange à interferência do eleitor, há dispositivos que buscam manter a distância entre o Estado e as igrejas, e estas de vínculos financeiros com os candidatos e partidos. A Lei das Eleições elenca expressamente locais em que é vedada a veiculação de propaganda de qualquer natureza, tendo incluído templos religiosos como bem comum do povo, onde não é permitido o aliciamento de eleitores. Não somente por se tratar de um local de uso comum do povo, mas também pela vedação expressa de propaganda que crie estados mentais, emocionais ou passionais no indivíduo, sendo que um templo religioso é exatamente um lugar em que pessoas combalidas, necessitadas ou emocionalmente abaladas o buscam, de modo que a manipulação mental da pessoa nesse estado é mais fácil e qualquer modificação de sua situação o direciona para um novo estado de crença, de subordinação a determinada pessoa que se posta como um intercessor entre o céu e a terra, criando, assim, uma relação de poder sobre aquele que crê". Com a devida vênia, não é possível (nem apropriado) pré-conceber o votante fiel como um desprivilegiado pelo aspecto do alcance cognitivo. Para além da inafastável dose de erro própria à lógica das generalizações coletivas, é de se recordar ainda que o marco constitucional, ao distribuir entre todos os eleitores o direito a um voto igual, fá-lo a partir do pressuposto normativo de que todos os cidadãos possuem igual capacidade de contribuir para a construção do edifício que estrutura a persecução do bem comum.

[385] O art. 242 do Código fixa o que chamamos de "princípio da primazia da argumentação racional na propaganda" (ALVIM, 2016, p. 296). O axioma refuta a propaganda com emprego de meios publicitários destinados a criar, artificialmente, na opinião pública, estados mentais, emocionais ou passionais. Cuida-se de norma de leitura complicada, a combater o que a teoria comunicativa chama de "práticas discursivas de dramatização". Com efeito, o discurso político é praticamente inseparável do apelo à emoção, pois, como formula Sartori (1965, p. 60): "[...] os políticos são inclinados a utilizar em suas audiências registros emotivos a fim de produzir reações de 'sinal' (reações não pensadas, automáticas) e não reações 'simbólicas' (reações refletidas e demoradas). O objetivo, em política, não consiste em empregar a palavra que é mais adequada, mas a que possui um apelo emocional maior; e usamos essa palavra repetidas vezes, não importando quão incorreta e enganosa ela possa ser. Isso é inevitável, já que levamos o homem a agir despertando os seus sentimentos, e não apelando para a sua inteligência". Ademais, é de se ter em mente que toda atividade de propaganda, por definição, joga, em alguma medida, com os sentimentos humanos. Isso porque a publicidade utiliza, simultaneamente, a emoção e o raciocínio. O ordenamento eleitoral, entretanto, cria para esse jogo uma diretriz vinculada à primazia da argumentação racional. Pretende-se, por essa via, evitar que a atividade de propaganda eleitoral tangencie sua natureza lógica e sua finalidade informativa, derivando para a manipulação desenfreada de paixões ou afetos. Em matéria de comunicação eleitoral, pois, refutam-se artifícios notadamente destinados a explorar, na mente humana, as fraquezas de seu aparato sensitivo, o que ocorre, por exemplo, em campanhas direcionadas à criação de pseudoambientes de medo. Esse jogo de atemorização surge na prática, *v.g.*, com o superdimensionamento de riscos reais para a paz social – como a delinquência, o terrorismo, a ação violenta de movimentos contestatórios do direito de propriedade, a hiperinflação e o aumento da pobreza e do desemprego –, além da exploração maniqueísta de ameaças etéreas como a preparação silenciosa de golpes de Estado ou a paulatina implantação de regimes bolivarianos ou stalinistas.

associação está autorizado a promover quaisquer dos efeitos provocados pela realização de abuso de poder (violação à liberdade de sufrágio e rompimento da igualdade de condições entre os competidores eleitorais).[386]

Nesse diapasão, ainda que de modo incipiente, a existência do abuso de poder religioso já tem sido reconhecida por uma parcela expressiva da doutrina.[387] Frederico Almeida e Rafael Costa (2015, p.

---

[386] "A Constituição Federal assegura a liberdade religiosa e a proteção dos locais de culto e suas liturgias, art. 5º, VI, e concede às agremiações religiosas imunidade tributária (art. 150, VI, b). Os templos religiosos são considerados locais abertos ao público, nos quais não se permitem atos de propaganda eleitoral, art. 37, §4º, da Lei 9.504/97 e as agremiações religiosos não podem realizar doações eleitorais, art. 24 da lei referida. Esses elementos mostram-se suficientes para indicar que as agremiações religiosas não podem se valer da estrutura de suas igrejas para proselitismo político, sob pena de caracterização de abuso do poder econômico ou uso indevido dos meios de comunicação social" (GONÇALVES, 2018, p. 300). Para Maria Cláudia Buchianeri Pinheiro (2013, p. 494): "[...] o fato inquestionável é que tais restrições foram claramente concebidas para minimizar o equilíbrio que poderia se instaurar na disputa eleitoral em razão do poder de congregação e arrecadação que é próprio das Igrejas. Tudo isso, [...] não em razão de qualquer juízo pejorativo ou depreciativo a respeito da própria importância de tais entidades, mas, isso sim, com base na necessidade de se assegurar processos minimamente paritários entre os candidatos em disputa, pressuposto necessário à própria legitimação constitucional do mandato obtido pelo vencedor".

[387] Anote-se, sem embargo, ressalva externada por Valmir Nascimento Milomem Santos (2014, p. 93), que pugna pela "inexistência de um tipo de abusividade eleitoral relativa exclusivamente à religião", em função da falta de autorização legal expressa. Na jurisprudência, essa perspectiva encontrava eco, por exemplo, no Acórdão nº 134.223 do Tribunal Superior Eleitoral, da relatoria da Ministra Luciana Lóssio, posição relativizada em julgados posteriores que passaram a acatar a figura, ao menos quando o elemento eleitoral vem a lanço na companhia de outras formas de poder constantes do catálogo expresso do ordenamento, notadamente os fatores político, econômico e midiático. Nesse diapasão, Valmir Santos (2014, p. 93-94) julga oportuno destacar a distinção entre o "abuso de poder por meio da estrutura eclesiástico-religiosa" e "abuso de poder religioso" puro, discorrendo: "Na primeira situação, a entidade religiosa se vale, como é mais comum, do poder econômico e dos meios de comunicação para apoiar determinada candidatura, em detrimento da lisura e do equilíbrio do pleito. Exemplo de abuso dos meios de comunicação mediante atos religiosos é a hipótese de evento previamente denominado de fim religioso, mas em que a pregação faz apelo a expresso pedido de votos para candidatos a cargos eletivos que se encontram presentes e participam ativamente da 'encenação de fé'. Nessa hipótese, a igreja e a religião são usadas como instrumentos para o cometimento de atitudes abusivas no processo eleitoral, a configurar, obviamente, uma das espécies de abuso de poder previstas na legislação, devendo, portanto, receber a respectiva reprimenda do Poder Judiciário Eleitoral. Situação diferente é o assim cognominado 'abuso de poder religioso'. Aqui, parte-se do pressuposto subjacente de que o poder religioso, é dizer, a autoridade religiosa-eclesiástica, naturalmente, induziria a um tipo de abuso de repercussão eleitoral, por conta do assédio moral aos fiéis, mediante pressão psicológica espiritualizada, induzindo-os a votar nesse ou naquele candidato". Entende o autor que, "nessa perspectiva, a religião não poderia influenciar o voto de seus fiéis, na medida em que estaria se valendo da fragilidade espiritual dos indivíduos, inculcando doutrinação religiosa com fins eleitoreiros. [...] Esse tipo de 'abuso' na esfera eleitoral, além de não encontrar respaldo no ordenamento jurídico, é assentado em pressupostos equivocados na compreensibilidade tanto da religião quanto do seu relacionamento com o Estado".

384), por exemplo, sustentam que o exercício da liberdade religiosa não é absoluto e pode ser mitigado pelo Estado, quando em conflito com os demais valores e direitos protegidos constitucionalmente. Por isso, entendem que, a despeito da ausência de tipificação na Constituição e na legislação eleitoral, "a conduta de líderes religiosos violadora das normas e preceitos dispostos na legislação eleitoral que visem assegurar a normalidade e legitimidade das eleições não encontra proteção na liberdade religiosa e pode ser sancionada pelo Estado".

Amilton Kufa (2018, p. 337-338), por seu turno, entende que o abuso de poder religioso, à vista das regras constitucionais e legais que tangenciam o tema, pode ser visto como:

> o desvirtuamento das práticas e crenças religiosas, visando a influenciar ilicitamente a vontade dos fiéis para a obtenção do voto, para a própria autoridade religiosa ou terceiro, seja por meio da pregação direta, distribuição de propaganda eleitoral, ou, ainda, outro meio qualquer de intimidação carismática ou ideológica, casos que extrapolam os atos vedados pelo art. 37, §4º, da Lei 9.504/97.

Considera o autor que o abuso religioso, nesse contexto, remete a uma "indevida manipulação psicológica" causada pelo "desvirtuamento dos ensinamentos ou doutrinas da religião", levada a cabo por membros das igrejas que se valem de posições de superioridade para influenciar, geralmente, pessoas "mais vulneráveis emocionalmente". Nesses termos, Kufa (2018) arremata:

> [...] pode-se considerar que, toda vez que amparada na fé e na crença das pessoas, a autoridade se utiliza de seu 'privilégio religioso' sobre as pessoas que a seguem e confiam, com o intuito de se beneficiar politicamente para obter ilicitamente o voto, considerada a gravidade das circunstâncias da conduta, há o desvirtuamento do direito constitucional à liberdade religiosa, configurando, assim, ilícito eleitoral, que se pode caracterizar como abuso de um poder considerado religioso.

Maria Cláudia Buchianeri Pinheiro (2013, p. 494), em acréscimo, reconhece que os contornos do ordenamento constitucional e eleitoral brasileiro indicam a necessidade de preservação da legitimidade das eleições inclusive contra abusos oriundos de fontes religiosas. No entanto, plena de razão, obtempera que "não se pode jamais ignorar a regra básica de hermenêutica no sentido de que as exceções e proibições devem sempre ser interpretadas de modo restritivo". Forte nessa premissa, reitera que as igrejas, na qualidade grupos de interesse, devem ter liberdade para apoiar "candidaturas que se mostrem mais afinadas com seus respectivos pensamentos e posicionamentos, orientar fiéis a respeito de quem seriam esses candidatos e, enfim, organizar-se objetivando a eleição daqueles específicos candidatos que representem suas respectivas visões de mundo".[388] Defende, com isso, não existir

> nenhuma norma no ordenamento jurídico-constitucional que retire das Igrejas, enquanto entidades de direito civil e verdadeiros grupos de interesse, o direito de defender determinados posicionamentos e de orientar seus fiéis a respeito daqueles que melhor representariam essa específica forma de ver o mundo e as coisas. (PINHEIRO, 2013, p. 495-496)

Em síntese, a ex-ministra substituta do TSE julga plenamente lícita a mobilização de Igrejas em torno de um grupo de alternativas políticas, em especial quando não configurada qualquer espécie de propaganda, pela ausência de um candidato especificamente beneficiado. Sem embargo, opina que a questão se torna um tanto mais delicada "[...] naquelas situações em que líderes espirituais transformam seus altares em palanques e fazem uso de sua ascendência espiritual para intimidar os fiéis, retirando-lhes a liberdade de escolha". Em casos tais:

> [...] a liberdade de movimentação e organização das Igrejas enquanto legítimos grupos de interesse se desnaturará em típica prática abusiva, altamente comprometedora da legitimidade e validade de um dado processo eleitoral.
>
> Pense-se, por exemplo, em situações nas quais líderes religiosos indicam determinados candidatos como os "escolhidos de Deus"; ou recomendam o voto em determinado concorrente, sob pena de incidirem as "sanções divinas daquele que tudo vê"; ou, inda, mencionam que o voto em determinada pessoa se qualifica como uma verdadeira prova de fé e de lealdade à Igreja.
>
> Em todas essas situações, [...], o que se vê é a subalterna manifestação da crença e da fé para fins de aniquilamento espiritual da própria liberdade de escolha do eleitor, em clara situação do que, para nós, poderia ser enquadrado como típico "abuso de autoridade", passível

---

[388] Frisando, inobstante, que: "Uma coisa [...] é a liberdade dos movimentos religiosos, para que busquem eleger pessoas afinadas com suas respectivas mundivivências. Outro ponto absolutamente distinto [...] refere-se à total impossibilidade de que tais pessoas, enquanto representantes, venham a consagrar em políticas públicas impositivas doutrinas ou mandamentos derivados da fé, o que, a toda evidência, viola a cláusula constitucional da separação Estado-Igreja" (PINHEIRO, 2013, p. 494).

de questionamento em sede de investigação judicial eleitoral (LC 64/90, art. 22).

É claro que toda e qualquer pessoa, aí incluídos os líderes religiosos, podem externar suas preferências políticas e podem pedir votos a determinado candidato. *O que não podem, com todas as vênias, é fazer uso da ascendência espiritual que possuem em relação aos fiéis para, a partir daí, incutir em suas mentes que a escolha por determinado candidato se insere dentre as obrigações impostas pela crença, aniquilando o direito de escolha que a todos assiste.* (PINHEIRO, 2013, p. 496) (Grifos nossos)

No desenvolvimento do tema, Alexandre Francisco Azevedo (2017, p. 7) procura apontar, concretamente, algumas formas pelas quais o abuso de poder religioso pode se manifestar no contexto de determinada contenda. Nessa tarefa, elenca como exemplos do ilícito ora investigado:

(a) utilização da autoridade religiosa de modo a coagir os fiéis a votarem em determinada candidatura;

(b) repetição de sermões ou pregações direcionadas a beneficiar candidatos em detrimento de opositores;

(c) participação reiterada – e apenas no período eleitoral – de políticos nos cultos ou missas, fazendo, inclusive, o uso da palavra; e

(d) doações de bens móveis ou imóveis a entidades religiosas (em troca de apoio) durante a campanha eleitoral, ainda que isso tenha ficado apenas na promessa.

O abuso de poder religioso nas campanhas eleitorais não deriva tão somente das funções eclesiásticas exercidas pelos candidatos. Haja, ou não, restrições de direitos políticos, é claro que o ilícito apenas se verifica, de fato, com a efetiva utilização da posição de vantagem proporcionada por aqueles cargos e posições, para subverter a vontade dos eleitores congregados, ocasionando assim, paralelamente à violação da liberdade para o exercício do sufrágio, um desequilíbrio na esfera da isonomia eleitoral. O abuso a ser combatido sempre se refere não a uma simples possibilidade (poder potencial), mas a um poder efetivamente exercido, a um poder "em ato", o que os cientistas políticos denominam "poder atual" (STOPPINO, 2009, p. 934) ou "poder realizado" (PINTO, 2008, p. 44).[389] Como resume Anna Paula Oliveira Mendes (2022, p. 109-110):

> [...] o abuso do poder religioso se verificará quando for suprimida a liberdade de voto dos fiéis. Para isso, as técnicas empregadas pela autoridade mesclam a vontade do líder com a vontade do próprio Deus, e o candidato apresentado não é outro senão o enviado pelo divino para vencer o pleito. Desse modo, desrespeitar o líder significa punição eterna, e desobedecer-lhe, uma recompensa às almas dos fiéis.
>
> Tais práticas, por suprimirem a liberdade de escolha dos eleitores, servem ao propósito de macular a legitimidade do pleito. Assim, caso preenchidos os demais requisitos ensejadores da prática abusiva e, notadamente, a gravidade da conduta, devem ser coibidas. Entretanto, [...] apenas uma alteração na legislação vigente é capaz de inaugurar a vedação [isolada] do instituto no ordenamento jurídico brasileiro.
>
> A efetividade das práticas em questão, vale alertar, não se presta à invocação de uma certeza matemática, visto que, como exaustivamente colocado, as relações de poder são norteadas por juízos de mera probabilidade.[390] Então, no caso específico do poder religioso, descabe exigir a demonstração de que a postura de uma igreja tenha concretamente desencadeado uma votação expressiva em determinado sentido; pelo contrário, é bastante para o reconhecimento do abuso se conclua, fundamentadamente, que o apoio manifestado se apresenta, para tanto, como uma *causa suficiente*.

Especificamente quanto ao meio evangélico, no Brasil, o frequente engajamento das instituições em campanhas eleitorais é noticiado pelo Pastor Adriano Montes (2014, p. 81), que diz:

---

[389] Por esse ponto de vista: "O abuso de poder que tem o condão de afetar a legitimidade das eleições é aquele verificável quando há um desvirtuamento do poder carismático do líder por meio do mal uso da confiança e obediência que nele são depositadas. Este se dá, basicamente, quando há uma indução irresistível ao fiel, praticada, por exemplo, mediante coação, ameaça ou recompensa para obtenção de votos. O foco da coibição, portanto, deve estar no abuso do carisma do líder, [...] o que acaba por eliminar, por via transversa, a liberdade de expressão dos líderes religiosos, ao suprimir deles a possibilidade de uso das estruturas das entidades religiosas [para praticar proselitismo político]" (MENDES, 2022, p. 107).

[390] "Para que exista Poder, é necessário que o comportamento do primeiro determine o comportamento do segundo, o que se pode exprimir de outra maneira dizendo que o comportamento de A é a causa do comportamento de B. [...] quando referida às relações do Poder social, a noção de causa não envolve em si uma perspectiva de determinismo mecanicista. As relações entre comportamentos são relações prováveis, não relações 'necessárias'. Por isso, nesse contexto, o conceito de causa está desvinculado do conceito de 'necessidade', devendo ser entendido como 'causa provável'" (STOPPINO, 2009, p. 935).

Infelizmente a política simplesmente tomou conta da igreja [...]. Temos visto a igreja se envolver e participar de diversas formas no processo eleitoral; algumas participam apenas no momento eleitoral, durante as eleições; outras se envolvem um pouco mais, tentam participar e muitas vezes tirar proveito do Estado através dos representantes que colocaram lá. Os dirigentes que participam desse jogo político geralmente são oportunistas e tentam tirar todo o proveito possível, afinal isto é uma troca; querem os votos dos fiéis, então precisam de alguém que possa arrancar o maior número de votos possível, e ninguém melhor do que os pastores para tentar extorquir os votos de suas ovelhas.

Desse modo, em algumas experiências forma-se entre candidatos e figuras religiosas proeminentes um promíscuo círculo vicioso, "onde um tenta tirar do outro o máximo proveito possível". Pelo ângulo dos religiosos, a realidade indica que as relações se estabelecem tanto a troco de benefícios próprios como a câmbio de favores para a igreja, havendo pedidos variados, desde bancos e terrenos para a construção de templos até empregos ou cargos públicos para familiares e amigos das figuras eclesiásticas. Os benefícios oferecidos aos ministros são tão interessantes e tão fortes os laços estabelecidos que, na época do pleito, muitos pastores acabam fazendo campanha "em tempo integral" (MONTES, 2014, p. 81-91).

De mais a mais, a coibição de excessos como os estudados clama a aplicação de normas eleitorais genéricas, como a proibição da realização de propaganda eleitoral em bens públicos ou de uso comum (art. 37, *caput*, da Lei nº 9.504/97), ou a aplicação, por analogia, de regras particulares, como o enquadramento como conduta vedada (prática de assistencialismo com finalidade eleitoreira), ou, ainda, uso indevido de meios de comunicação social (quando usados veículos informativos de propriedade da igreja) ou abuso de poder econômico, quando a influência do poder religioso decorra de (ou seja motivada por) transações de caráter financeiro.[391]

Em muitos casos, o processo subsuntivo pode se dar de maneira natural, pois, afinal, a categorização do poder atende à formulação de tipos ideais. Na prática, as fontes de poder se confundem, na medida em que a realidade empírica indica que os empoderados usam de todas

---

[391] Alguns casos envolvendo atividades religiosas começam a surgir na jurisprudência. Citem-se, por exemplo: AIJE nº 537.003 (TRE/MG); RE nº 49.381 (TRE/RJ); AIJE nº 183.784 e AIJE nº 265.308 (TRE-RO).

as armas de que dispõem.[392] Casos há, enfim, em que o poder religioso atuará como uma *concausa*, em conjunto com outros elementos de poder, autorizando o manejo da ação de investigação judicial eleitoral, na linha da jurisprudência atual do Tribunal Superior Eleitoral, inaugurada com o histórico julgamento do Recurso Ordinário nº 265.308/RO, da relatoria do Min. Henrique Neves da Silva, assim ementado:

ELEIÇÕES 2010. RECURSOS ORDINÁRIOS. RECURSO ESPECIAL. AÇÃO DE INVESTIGAÇÃO JUDICIAL ELEITORAL. ABUSO DO PODER ECONÔMICO. USO INDEVIDO DOS MEIOS DE COMUNICAÇÃO SOCIAL E ABUSO DO PODER POLÍTICO OU DE AUTORIDADE. NÃO CONFIGURAÇÃO.

1. Os candidatos que sofreram condenação por órgão colegiado pela prática de abuso do poder econômico e político têm interesse recursal, ainda que já tenha transcorrido o prazo inicial de inelegibilidade fixado em três anos pelo acórdão regional. Precedentes.

2. Abuso do poder religioso. Nem a Constituição da República nem a legislação eleitoral contemplam expressamente a figura do abuso do poder religioso. Ao contrário, a diversidade religiosa constitui direito fundamental, nos termos do inc. VI do art. 5º, o qual dispõe que: "É inviolável a liberdade de consciência e de crença, sendo assegurado o livre exercício dos cultos religiosos e garantida, na forma da lei, a proteção aos locais de culto e a suas liturgias".

3. A liberdade religiosa está essencialmente relacionada ao direito de aderir e propagar uma religião, bem como participar dos seus cultos em ambientes públicos ou particulares. Nesse sentido, de acordo com o art. 18 da Declaração Universal dos Direitos Humanos, "toda pessoa

---

[392] "[...] na prática – ou, mais precisamente, no exercício do poder em situações concretas – os canais de exercício do poder tendem a se fundir e combinar entre si, e raramente aparecem tão bem definidos ou separados; o usual é que se combinem de maneiras muito complexas. Consideremos, por exemplo, o poder da religião, que utiliza vários canais. O dogma ou código moral, seja ele santificado em escrituras antigas, seja proposto por um pregador ou guru moderno, contribui de forma muito significativa para que uma igreja consiga atrair fiéis e obtenha deles e obtenha deles dedicação e tempo, compromisso de fé, presença nos cultos, pagamento de dízimos e trabalho voluntário. Mas quando igrejas, templos e mesquitas competem por fiéis, com frequência fazem uso de algum tipo de mensagem persuasiva – como ocorre na publicidade. Na verdade, nos Estados Unidos, por exemplo, muitas instituições religiosas organizam complexas campanhas dirigidas por empresas de publicidade altamente especializadas. E oferecem recompensas – não só a recompensa imaterial da prometida salvação, mas também benefícios tangíveis aqui e agora, como acesso à bolsa de empregos da congregação, creche, notas sociais ou participação numa rede de membros que funciona como um sistema de apoio mútuo. Em algumas sociedades, a participação religiosa é imposta pela força; um exemplo são as leis de certos países, que exigem algumas formas de comportamento e punem outras, que definem o comprimento das túnicas usadas pelas mulheres ou da barba dos homens, ou excomungam médicos que praticam abortos" (NAÍM, 2013, p. 47).

CAPÍTULO 5
O ABUSO DE PODER EM ESPÉCIE | 355

tem direito à liberdade de pensamento, de consciência e de religião; este direito implica a liberdade de mudar de religião ou de convicção, assim como a liberdade de manifestar a religião ou convicção, sozinho ou em comum, tanto em público como em privado, pelo ensino, pela prática, pelo culto e pelos ritos".

4. A liberdade religiosa não constitui direito absoluto. Não há direito absoluto. A liberdade de pregar a religião, essencialmente relacionada com a manifestação da fé e da crença, não pode ser invocada como escudo para a prática de atos vedados pela legislação.

5. Todo ordenamento jurídico deve ser interpretado de forma sistemática. A garantia de liberdade religiosa e a laicidade do Estado não afastam, por si sós, os demais princípios de igual estatura e relevo constitucional, que tratam da normalidade e da legitimidade das eleições contra a influência do poder econômico ou contra o abuso do exercício de função, cargo ou emprego na administração direta ou indireta, assim como os que impõem a igualdade do voto e de chances entre os candidatos.

6. Em princípio, o discurso religioso proferido durante ato religioso está protegido pela garantia de liberdade de culto celebrado por padres, sacerdotes, clérigos, pastores, ministros religiosos, presbíteros, epíscopos, abades, vigários, reverendos, bispos, pontífices ou qualquer outra pessoa que represente religião. Tal proteção, contudo, não atinge situações em que o culto religioso é transformado em ato ostensivo ou indireto de propaganda eleitoral, com pedido de voto em favor dos candidatos.

7. Nos termos do art. 24, VIII, da Lei 9.504/97, os candidatos e os partidos políticos não podem receber, direta ou indiretamente, doação em dinheiro ou estimável em dinheiro, inclusive por meio de publicidade de qualquer espécie proveniente de entidades religiosas.

8. A proibição legal de as entidades religiosas contribuírem financeiramente para a divulgação direta ou indireta de campanha eleitoral é reforçada, para os pleitos futuros, pelo entendimento majoritário do Supremo Tribunal Federal no sentido de as pessoas jurídicas não poderem contribuir para as campanhas eleitorais (ADI nº 4.650. Rel. Min. Luiz Fux).

9. A propaganda eleitoral não pode ser realizada em bens de uso comum, assim considerados aqueles a que a população em geral tem acesso, tais como os templos, os ginásios, os estádios, ainda que de propriedade privada (Lei 9.504/97, art. 37, *caput* e §4º).

10. O candidato que presencia atos tidos como abusivos e deixa a posição de mero expectador para, assumindo os riscos inerentes, participar diretamente do evento e potencializar a exposição da sua imagem não pode ser considerado mero beneficiário. O seu agir, comparecendo no palco em pé e ao lado do orador, que o elogia e o aponta como o melhor representante do povo, caracteriza-o como partícipe e responsável pelos atos que buscam a difusão da sua imagem em relevo direto e maior do

que o que seria atingido pela simples referência à sua pessoa ou à sua presença na plateia (ou em outro local).

11. Ainda que não haja expressa previsão legal sobre o abuso do poder religioso, a prática de atos de propaganda em prol de candidatos por entidade religiosa, inclusive os realizados de forma dissimulada, pode caracterizar a hipótese de abuso do poder econômico, mediante a utilização de recursos financeiros provenientes de fonte vedada. Além disso, a utilização proposital dos meios de comunicação social para a difusão dos atos de promoção de candidaturas é capaz de caracterizar a hipótese de uso indevido prevista no art. 22 da Lei das Inelegibilidades. Em ambas as situações e conforme as circunstâncias verificadas, os fatos podem causar o desequilíbrio da igualdade de chances entre os concorrentes e, se atingir gravemente a normalidade e a legitimidade das eleições, levar à cassação do registro ou do diploma dos candidatos eleitos.

12. No presente caso, por se tratar das eleições de 2010, o abuso de poder deve ser aferido com base no requisito da potencialidade, que era exigido pela jurisprudência de então e que, não se faz presente no caso concreto em razão de suas circunstâncias.[393]

No campo jurisprudencial, portanto, vige atualmente a tese de que, embora no Brasil o abuso de poder religioso não esteja especificamente proscrito pelo arranjo vigente, é juridicamente viável detectá-lo e puni-lo, notadamente quando o exercício ilegítimo da primazia eclesiástica seja colocado em prática em conjunto com outras modalidades abusivas repelidas pelo ordenamento. Em resumo, da forma como ensina Luiz Eduardo Peccinin (2018, p. 140-142), é definitivamente possível "[...] a análise do desvirtuamento da liberdade de crença e de culto sob a ótica das demais formas de abuso de poder", em especial pelo fato de que a Justiça Eleitoral não pode ser negligente em seu papel de "[...] guardiã da igualdade de oportunidades ('paridade de armas') no pleito, da liberdade do voto e da legitimidade dos mandatos conquistados".[394]

---

[393] Esse julgado marca uma mudança de paradigma no entendimento da Corte, ficando superado o precedente relativo à Ação Cautelar nº 134.223, relatada pela Ministra Luciana Lóssio, na qual se decidiu pela impossibilidade de condenações por abuso religioso, em razão da falta de previsão no ordenamento jurídico.

[394] A jurisprudência atual tende a reconhecer o abuso religioso "[...] não de forma autônoma, mas sim amparado, ora no abuso do poder econômico, ora no abuso nos meios de comunicação social, a pretexto de não existir, no ordenamento pátrio, previsão expressa de punição para o ato específico que configure, de forma autônoma, o referido instituto" (KUFA, 2018, p. 339).

Nada obstante, é lógico que subsistem, na experiência concreta, hipóteses em que o poder religioso opera, isoladamente, como elemento de supressão da liberdade para o exercício do sufrágio e de quebra da paridade eleitoral, tornando-se dessarte um inegável fator de risco para a normalidade e a legitimidade das eleições.[395] Para esses casos, a necessidade de dotar de máxima clareza as regras que regem o jogo eletivo impele à promoção de uma adequação legislativa, dirigida a uma reconfiguração das hipóteses de cabimento da ação de investigação judicial eleitoral, como opina Lídio Modesto da Silva Filho (2018, p. 85-86):

> Como ainda não há previsão legal em relação a esta nova modalidade de abuso, decisões são prolatadas com base na via reflexa de conexão do abuso de poder religioso com abuso de poder econômico ou com o uso abusivo dos meios de comunicação social, sendo que de toda forma deve a legislação se atualizar em relação aos fatos, pois há inúmeros casos acontecendo e já merecendo restrição por parte da Justiça Eleitoral, ainda que realizando uma análise sistêmica mediante o diálogo das fontes legislativas vigentes para que sejam coibidos eventuais abusos e seja possível a manutenção do equilíbrio de forças entre os participantes do processo eleitoral.

À falta de reforma específica, cogitava-se a possibilidade de enquadramento da modalidade religiosa no conceito de "abuso de poder de autoridade", previsto no *caput* do art. 22, LC nº 64/1990. Em nossa visão, trata-se de interpretação sem dúvida possível, sobretudo quando se toma a expressão no sentido oferecido por Bourricaud (*apud* HERMET, 2014, p. 31), para quem o termo designa "a condição ascendente exercida pelo detentor de um qualquer poder, que leva aqueles a quem se dirige a reconhecer-lhe uma superioridade que justifique o seu papel de comando ou de orientação".[396]

---

[395] No México, onde se goza de uma legislação que se reputa, no particular, mais avançada, registram-se vários casos de anulação de eleições em decorrência de causas religiosas. A título de exemplo, citem-se os julgados ST-JRC nº 34/2008, ST-JRC nº 38/2008 e ST-JRC nº 15/2008, todos provenientes do TEPJF.

[396] Não obstante, em acréscimo, é preciso reparar que uma característica fundamental para a noção de autoridade exclui, na prática, a maior parte dos casos hoje presenciados de abuso do poder religioso. Como pontua April Carter (1980, p. 5), falar de autoridade, em termos sociológicos, é falar de uma obediência "automática e irrefletida"; ou seja, é falar de um processo de substituição – e não de manipulação – de vontade. Consequentemente, para que se fale em conduta religiosa como reflexo de um exercício de autoridade, deve-se presenciar um grau de alienação talvez só encontrado em seitas radicais e ordens fanáticas. O poder religioso, como referido, opera menos em função do exercício de alguma autoridade do que como reflexo do prestígio, sendo estas manifestações muito diferentes do fenômeno do

Sem embargo, a tendência jurisprudencial se consolida no sentido de compreender a autoridade como ideia ligada à atividade da Administração Pública. Nada incontornável, obviamente. Como referido, a questão foi exaustivamente discutida pelo Tribunal Superior Eleitoral no contexto do RO nº 8.285, tendo a Corte concluído pela impossibilidade de reconhecimento do abuso de poder religioso como forma de abuso autônoma e independente. Seja como for, decidiu-se pela viabilidade da análise e glosa do fenômeno, sempre que os contornos fáticos tragam à baila, de forma inequívoca, a presença indelével de uma outra modalidade de abuso especificamente prescrita no ordenamento. No panorama assinalado, Luiz Carlos dos Santos Gonçalves aduz que:

> Líderes religiosos não estão proibidos de fazerem opções político-eleitorais, apoiarem partidos e candidatos e participarem dos debates relativos às eleições. A cláusula constitucional da separação entre igreja e Estado não tem tal alcance, que significaria, na verdade, indevida restrição a um segmento social, somente em razão da profissão de sua fé. Entretanto, como pessoas jurídicas, as denominações religiosas não podem proceder a auxílio material a candidaturas, à luz da decisão do STF na ADI 4.650, que reservou as doações eleitorais às pessoas físicas. E tampouco autoriza qualquer proselitismo político dentro dos templos religiosos, equiparados, pela Lei n. 9.504/97, a bens de uso comum. Dessa maneira, o abuso do poder religioso se insere nas figuras tradicionais do abuso de poder econômico ou do uso indevido dos meios de comunicação social, não trazendo, na lei, contornos próprios. [...] Um líder religioso pode, num comício, conclamar seus fiéis ao apoio a determinado partido ou disputante. Não há qualquer restrição a que ele próprio seja candidato. Todavia, não se pode, dentro do templo, mesmo que fora da cerimônia religiosa ou sem pedido expresso de votos, realizar atos de proselitismo político. Por igual, não se pode usar materiais ou recursos da denominação religiosa para fazê-lo ou proceder de modo a indicar que é a igreja quem está apoiando uma candidatura (ainda que fora do templo). São proibições aplicáveis igualmente a um sindicalista e a um líder espiritual ou comunitário. (GONÇALVES, 2024, p. 176-177).

A despeito da falta de tipicidade, contudo, reitera-se a posição anteriormente gizada, no sentido de que a tutela da legitimidade das eleições permite, sem extrapolação do marco constitucional positivado,

---

poder. No limite do rigor, se o agente religioso não coage nem obriga, mas seduz, ainda que possua alguma autoridade, não está a exercitá-la, efetivamente. Mais uma vez, a questão está em blindar o sistema eletivo contra os efeitos negativos do *soft power*.

a punição de quaisquer atos que, na prática, violem os valores inerentes à garantia da legitimidade das eleições, em especial a liberdade para a autodeterminação do voto e a manutenção da igualdade da disputa, de maneira que o art. 14, §9º, da Constituição da República, assim como o art. 22, da Lei Complementar nº 64/90, autorizam, no limite, a repressão de quaisquer modalidades de abuso de poder.

Pese o que fora dito, é certo que o risco do cerceamento da liberdade eleitoral por parte de instituições religiosas jamais existiria se, na prática, fossem estritamente observadas pelos ministros de todos os cultos religiosos as orientações constantes do *Decálogo do voto ético*, publicado pela Associação Evangélica Brasileira (1994), o qual, empós de consignar que os fiéis não devem violar a sua consciência política ainda que os líderes da igreja tencionem conduzir os seus votos em outra direção, prescreve que os eclesiásticos têm a obrigação moral de orientar os adeptos sobre como votar com ética e discernimento, abstendo-se, no entanto, de transformar o processo de elucidação política em um projeto de manipulação político-partidária.

5.2.2 Abuso de poder coercitivo

> *Em inúmeras comunidades humanas a autoridade se apoia na violência física. O mais forte, por seus punhos ou por sua faca, é não raro o líder nos bandos de blousons noirs, nas associações de malfeitores, nos pátios de recreio. [...] Um poder que é o único a dispor de armas em meio a um povo desarmado: isto põe o segundo à mercê do primeiro.*
>
> (Maurice Duverger)

> *La peur est la plus terrible des passions, parce qu'elle fait ses premier efforts contre la raison; elle paralyse le coeur et l'espirit.*
>
> (Antoine de Rivarol)

Como referido, o poder, em sentido social, representa a capacidade de um homem para determinar o comportamento de outro, sendo, portanto, um fenômeno de interferência sobre a ação alheia, fenômeno esse que, em linhas gerais, busca impulso, primordialmente, em duas diferentes bases: sobre a *capacidade de recompensar* (*i.e.*, atribuir efeitos benéficos) ou *de punir* (*i.e.*, impor efeitos prejudiciais) determinadas atitudes.[397]

Tomada como marco teórico a tese relacional ou interacionista do poder, vimos também que em matéria eleitoral o fenômeno em evidência deve ser entendido como a *aptidão para a imposição da própria vontade dentro de uma relação social, independentemente da existência de qualquer vontade ou impulso de resistência.*

No âmbito das interações humanas, é sabido que a violência marca presença desde o início da história, podendo-se afirmar que a experiência democrática surge, precisamente, como uma tentativa de superação das antigas formas despóticas e cruentas de organização da vivência coletiva (GRONDONA, 2000, p. 2). Nesse iter histórico, as ideias democráticas passam a integrar as constituições modernas, emergindo, precisamente, como o "[...] resultado de esforços que visavam a superação da obediência resultante da utilização do aparelho de constrangimento que, em nome próprio, era exercitado pelos que haviam se apropriado do Poder" (MONTEIRO, 2003, p. 90).

Nesse raciocínio, a democracia procura desmontar – até o limite do humanamente possível – a violência como um expediente político viável e aceite: ao oferecer um canal para a expressão e para a renovação da diversidade de opções políticas, o método democrático assenta as bases teóricas e normativas para que as controvérsias advindas do choque de interesses possam ser desafogadas por vias institucionais e pacíficas (WOLDENBERG, 2017, p. 69),[398] com assento no diálogo na racionalidade ponderada, respeitosa com as demais cosmovisões.

Sem embargo, a despeito das longas e sucessivas etapas da evolução civilizatória, bem à margem da construção normativa, ainda hoje o constrangimento violento permeia e aflige, constantemente e de diversas formas,[399] numerosos rincões do universo social, à revelia

---

[397] As capacidades de punir e recompensar constituem manifestações de *hard power*, segundo a já comentada teoria concebida por Nye Jr. (2004), e atuam ao lado de uma terceira expressão, mais evoluída, do fenômeno do poder: a capacidade de persuasão ou convencimento ideológico concernente ao *soft power* descrito pelo autor.

[398] "Se trata de un presupuesto y de una promesa. Y en esa dimensión las elecciones juegan un papel estratégico. La humanidad no ha diseñado una fórmula superior para que las diferentes ideologías, diagnósticos y propuestas, sensibilidades y reclamos –que cristalizan en partidos– puedan convivir y competir por los cargos de gobierno y legislativos. Por ello, reforzar el expediente electoral significa multiplicar las posibilidades de que nuestra germinal democracia se consolide" (WONDENBERG, 2017).

[399] O crime comum e o crime organizado esgarçam o tecido social, incrementam a desconfiança, provocam ceticismo ou ressentimento em relação às autoridades e instituições, geram um

de todas as expectativas de paz e harmonia subjacentes à substância animadora do contrato político fundamental. Esses retrocessos, como atesta a doutrina, são em grande medida explicados pela expansão da polarização, nutrida e fortificada pelos discursos de ódio e por campanhas de desinformação (ALVIM; ZILIO; CARVALHO, 2024, p. 189).

No terreno empírico das eleições, a violência foi amplamente utilizada a fim de assegurar vitórias políticas até as primeiras décadas do século XX, até que, com a edição de medidas normativas de depuração, deixaria de exercer protagonismo, recuando na primeira onda de elevação do índice de legitimidade dos pleitos brasileiros; sem embargo, embora certo que, ainda hoje, a sombra da brutalidade tem sido verificada em certames eletivos isolados do país,[400] sem prejuízo da visualização de um horizonte mais amplo e generalizado, como atestam os episódios quase-trágicos plasmados pelos movimentos contestatórios das eleições de 2022, e que culminaram com a invasão das sedes dos três poderes no fatídico 8 de janeiro.

Em verdade, a violência eleitoral moderna promove uma espécie de resgate do antigo "voto de cabresto",[401] prática cujos efeitos anulam,

---

temor contínuo, quebram a sociabilidade tradicional, corroem a vontade e as expectativas de participação e de comprometimento com a vida coletiva. Em outros contextos, como o norte-americano, a violência tem demonstrado ainda prejudicar o desenvolvimento cognitivo, as respostas emocionais, e aumentar a probabilidade de reprodução de comportamentos violentos no futuro (TAVERNISE *apud* ROMERO BALLIVIÁN, 2017, p. 52).

[400] Em âmbito mundial, a violência política faz-se ainda muito presente. Basta lembrar episódios como os ocorridos no Quênia (2007), em Gana (2008) e na Nigéria (2011). Segundo o Informe da Comissão Global sobre Eleições, Democracia e Segurança (p. 27), entre 1985 e 2005, quase a metade dos países onde se realizaram eleições teve de lidar em algum momento com casos de violência eleitoral. Nesse documento, a Comissão adverte: "La violencia no es [...] un problema que solamente afecte a las democracias nuevas en la fase de transición. No existe garantía alguna de que, a medida que transcurra el tiempo y los países adquieran mayor experiencia en los procesos electorales, la violencia electoral vaya a desaparecer. Por el contrario, la violencia electoral depende de la endeblez o el nivel de corrupción de las instituciones y, por lo general, es tan solo uno de los componentes de un patrón de violencia política de mayor amplitud". Mesmo em democracias consolidadas, como a Espanha, a violência ainda surge de forma ocasional: em determinadas localidades do país basco, por exemplo, há notícia de que eleitores são coagidos a votar em partidos favoráveis ao sistema constitucionalmente vigente, por parte de cúmplices historicamente ligados ao terrorismo do ETA (VILLORIA MENDIETA, 2006, p. 264). A tal respeito, confira-se ainda pertinente ensaio sobre a história político-eleitoral da Colômbia (DUDLEY, 2008).

[401] Reinante em eleições realizadas antes da promulgação do Código Eleitoral de 1932, a prática do voto de cabresto é comentada por Volgane Carvalho (2016, p. 82): "A fraude eleitoral era o luzeiro do processo de concentração de poder entre pequenos grupos elitistas, quando o eleitor não tinha liberdade de fato para a escolha de seus representantes e era subjugado pelos líderes locais. Os vícios eleitorais, então, avolumaram-se e a corrupção do voto foi praticamente institucionalizada através de sistemas repressores no interior do país. Nestes duros anos, a maioria dos eleitores se submetia ao voto de cabresto, associado

362 | FREDERICO FRANCO ALVIM
ABUSO DE PODER NAS COMPETIÇÕES ELEITORAIS

na essência, a liberdade para o exercício do sufrágio, destruindo, a rigor, a própria simbologia do que representa a maior das manifestações da cidadania, pois, como posto por Humboldt (*apud* CHOMSKY, 2013, p. 10), tudo aquilo que não provenha da liberdade de escolha do homem não penetra em seu ser, e por isso não é desempenhado com verdadeira energia humana, mas com uma "precisão meramente mecânica". Nesse compasso, é inquestionável que a violência no plano das competições eletivas "põe uma carga pesada sobre os ombros dos votantes" e deprecia a essência do voto, que de manifestação livre e autodeterminada se transforma, no limite, em uma mera "aquiescência resignada" (SCHEDLER, 2016, p. 146), órfã de qualquer significação política.[402]

O tema foi amplamente abordado pela Comissão Global sobre Eleições, Democracia e Segurança, que em seu já referido informe (CGEDS, 2012, p. 27) cuidou de descrever propósitos e formas mediante as quais a violência sói ser empregada no contexto de processos de seleção de governantes. Nos termos do prestigiado documento internacional, em linhas gerais a experiência eleitoral ao redor do planeta tem demonstrado que:

(i) a *violência eleitoral contra os cidadãos* tem o propósito de *evitar a emissão do voto*, com o fim de modificar os resultados eleitorais; em algumas ocasiões, é usada para obrigar os eleitores a votar de alguma forma, ou então para castigar os votos "incorretos";

(ii) a *violência contra candidatos e partidos* tem a finalidade de limitar as opções dos votantes, reduzindo – mediante o

---

com a coação física e moral. Concomitantemente, desenvolveram-se outras elaboradas formas de fraude da apuração baseadas na modificação do quantitativo de votos dados a um ou outro candidato". Rodolpho Telarolli (1982, p. 40-41) agrega: "A cédula poderia ser impressa ou manuscrita, dobrada em forma de sobrecarta ou colocada em envelope. Foi comum sua publicação em jornais, com o fim de colocá-la ao alcance do eleitor, que o recortava. Mas mais comum foi a sua entrega, já fechada, aos eleitores que, em caso de disputas acirradas com outra facção, eram reunidos em 'currais', na véspera ou no próprio dia, e acompanhados sob rígida vigilância por cabos eleitorais até a 'boca da urna'".

[402] Fala-se, nesse contexto, de uma violência que não é perpetrada "contra" a eleição, mas produzida dentro dela, e que pode "[...] desvirtuarla, vaciarla de sus significados auténticos, generar fronteras grises donde las normas y las prácticas democráticas se empobrecen y envilecen. Busca privarla de un componente esencial: la incertidumbre del resultado. No pretende eliminar la elección o la democracia, sino las subvierte para sus fines" (ROMERO BALLIVIÁN, 2017, p. 54-55).

desestímulo causado pelo temor – o espectro de concorrentes aos cargos do governo; e

(iii) a *violência contra funcionários eleitorais* objetiva, em regra, distorcer a eleição ou abrir caminho para a usurpação de mesas de recepção de votos ou centros de apuração de resultados.

Ainda segundo a Comissão Global (CGEDS, 2012), essas práticas habitualmente são perpetradas por um pequeno número de pessoas, e podem ocorrer antes ou mesmo no próprio dia da votação.

É óbvio que para que possam ser qualificadas como democráticas as eleições devem ser realizadas "em um ambiente aberto e seguro, no qual sejam protegidas, de maneira efetiva, todas as liberdades civis e políticas" (SCHEDLER, 2016, p. 140).[403] Por tal motivo, defende-se em doutrina:

> La democracia y las elecciones competitivas parecen excluirse mutuamente con la violencia. En el predominio de las primeras, el campo para la violencia se acota, desaparece, o si existe, pierde legitimidad ante los ojos de la mayoría, tanto dentro como fuera del país. En efecto, ellas suponen un ambiente pacífico, un régimen de libertades y pluralismo político y de fuentes de información, mecanismos institucionalizados para la disputa del poder: son la expresión de una sociedad que ha encontrado las instituciones, los procedimientos y las reglas para canalizar el conflicto, los antagonismos políticos, las divisiones sociales o las diferencias culturales.
>
> Por el contrario, la violencia busca dirimir el control del poder con la directa y brutal correlación de fuerzas, al margen del juego y de los canales institucionales, prescinde del consentimiento del ciudadano,

---

[403] "Una elección es una competencia por el poder legítimo que puede ser descrita como no violenta y dirimida dentro de un foro político. En este contexto, es importante reconocer que las elecciones no evitan la confrontación, sino que implican su administración y contención dentro de límites aceptados. En la práctica, la garantía de condiciones de seguridad durante el proceso electoral es esencial para preservar la confianza y el compromiso de los contendientes con la elección. Consecuentemente, la seguridad es tanto parte integral del objetivo de una elección como una parte inseparable del proceso electoral mismo. [...] Al igual que en una competencia deportiva, la rivalidad entre los adversarios implica su competencia dentro de un conjunto de reglas convenidas, en las que no se permite el uso de la violencia para buscar el triunfo. Siguiendo con esta comparación, el brote de la violencia puede provocar la descalificación de los jugadores (candidatos), de los equipos (partidos políticos), la modificación de los resultados o el abandono de la competencia. En tal virtud, el surgimiento de la violencia electoral no es resultado del desarrollo del proceso, sino señal de una desviación grave de las reglas aceptadas que lo rigen" (*Seguridad y elecciones*) (ELECTORAL KNOWLEDGE NETWORK, [s.d.].).

> aunque eventual y retóricamente apele a grandes colectividades sociales o nacionales, o a causas elevadas. (ROMERO BALLIVIÁN, 2017, p. 13)

A despeito das expectativas normativas, nos últimos lustros, o ódio e a indignação coletiva têm sido incentivados e explorados como um forte ativo na mobilização política. Nesse diapasão, a comunicação eleitoral assoma cada vez mais influenciada, desde alguns setores, pela preponderância de conteúdos tóxicos que nutrem processos de manipulação tendentes à formação de climas de opinião hostis e estados de engano que, quase naturalmente, decantam em episódios violentos (DOURADO, 2021, p. 42). Nas campanas contemporâneas, com efeito, tem-se observado "um crescimento escalado de discursos baseados no ódio e na violência política", por meio do emprego recorrente de uma gramática conflitiva que gera, a partir de entornos digitais, um ambiente de enfrentamentos contínuos, afundando as eleições em um ambiente bélico dentro do qual o debate tolerante é suplantado pela vontade de esconder a realidade sob um véu de mentiras emocionais e ruídos contínuos (ALVIM; RUBIO NÚÑEZ; MONTEIRO, 2024, p. 57).

Visando à proteção desse valor imperativo, o ordenamento brasileiro oficializou, no art. 41-A, §2º da lei eleitoral, a existência da captação ilícita de sufrágio pelo emprego de coação, caracterizada pela prática de violência ou de grave ameaça no processo de obtenção de votos.[404] Em termos sintéticos, o sistema normativo vem absorver e institucionalizar a ideia de que as capacidades física e psicológica de constrangimento constituem, inequivocamente, fontes robustas e inaceitáveis de manifestação do poder.

Com o indigitado acréscimo promovido pela Lei nº 12.034/2009, o instituto da captação ilícita foi então reformulado, passando a contemplar a possibilidade jurídica de repressão ao constrangimento ilegal no cenário das competições eleitorais.[405] Concretamente, o dispositivo tem

---

[404] Na seara penal, a conduta em tela já era passível de punição, nos termos do art. 301, do Código Eleitoral, que tipifica o ato de "usar de violência ou grave ameaça para coagir alguém a votar, ou não votar, em determinado candidato ou partido, ainda que os fins visados não sejam conseguidos". A pena prevista para o delito é de um a quatro anos de prisão, além do pagamento de multa.

[405] Zilio (2016, p. 580) comenta que o dispositivo acrescido "trabalha com os mesmos elementos normativos do tipo penal do art. 301 do CE", trazendo uma "maior amplitude à conduta de captação indevida de sufrágio, prevendo sanção àquele que praticar ato de violência ou grave ameaça contra a pessoa, com o desiderato de obter o voto". Explica também que "o ato de violência ou grave ameaça pode ser praticado contra qualquer pessoa – ainda que não tenha capacidade eleitoral ativa –, mas desde que vise à obtenção do voto de determinado eleitor.

o fim óbvio de combater o granjeamento de capital eleitoral mediante o emprego de constrangimentos físicos ou psicológicos ao eleitor, prática comprometedora da legitimidade do pleito e existente na realidade atomizada do país, mormente em localidades onde a engrenagem do crime organizado mantém-se em movimento, não raro em razão da obscura influência de um reprovável protetorado político.

Na linguagem jurídica, coagir significa obrigar, constranger ou forçar o comportamento de outrem (CÂNDIDO, 2006, p. 194). O poder coativo constrange e obriga, basicamente, por intermédio do medo, estado emocional reconhecido por Poggi (*apud* DELLA PORTA, 2003, p. 25) como um efetivo recurso de poder, na medida em que induz ao surgimento de consentimentos baseados em um temor provocado pela antevisão de consequências drásticas oriundas de uma eventual desobediência (GALVIS GAITÁN, 2005, p. 17). Por essa perspectiva, o sujeito sobre o qual se impõe o braço coercitivo tende a ajustar o seu comportamento aos desejos do agente coator, com o propósito imediato de evitar a possibilidade de vir a experimentar alguma variante de gravame, malefício ou castigo. Dentro dessa ordem de ideias, essa relação de poder específica se encontra vinculada "com a prevenção de uma situação avaliada como negativa" (HAN, 2019, p. 24).

Nesse guiar, Carlo Mongardini (2007, p. 9) inaugura um cuidadoso ensaio sobre o tema propondo que o medo é a emoção mais primitiva e incontrolável do homem. Pode responder a um perigo real ou imaginário, iminente ou possível, e dar lugar a um estado de alarme ou a uma série de reações que envolvem reflexos de acatamento, assim como impulsos de luta ou de fuga. Por essas razões, em seu julgamento o medo constitui, sem nenhuma dúvida, "um elemento fundamental do ânimo humano".

O exercício do poder coercitivo, então, enseja uma espécie de modulação comportamental que atua sobre o instinto natural de autopreservação do ser humano. Como expõe Stopppino (2009, p. 1.293), a segurança física é um valor fundamental para todas as pessoas e, assim, o poder de colocá-la em risco representa uma ferramenta efetiva de controle sobre a conduta, ferramenta inclusive mais forte do

---

Assim, caracteriza-se a captação ilícita de sufrágio se a conduta violenta é dirigida a um familiar do eleitor, mas tem em vista a obtenção do voto daquele que possui a capacidade eleitoral ativa".

que aquelas fundadas na aplicação de sanções metafísicas, como as de natureza política, econômica ou religiosa.

Teoricamente, no campo eleitoral o poder coercitivo encontra duas diferentes formas de manifestação, a saber (i) o *emprego da violência* (força bruta) ou (ii) a *invocação de uma grave ameaça* (força psicológica ou moral), tendo como resultado almejado a efetiva canalização da escolha do cidadão-eleitor.

Já sob o ângulo dos efeitos, pelo marco aqui adotado a coerção sedimenta, em geral, uma relação de influência na qual os "cursos de ação alternativos" do agente passivo estão associados à possibilidade de imposição de "privações intensas" por parte dos sujeitos ativos (LASSWELL; KAPLAN, 1979, p. 132). No caso específico do voto, essas privações hipotéticas cegam ou atrofiam as suas notas essenciais de autonomia e liberdade, tendo em vista que a violência limita as "possibilidades instrumentais" (STOPPINO, 2009, p. 1.292) dos sujeitos que as têm de enfrentar.

Assim, em análise definitiva cremos que a coerção diminui a capacidade volitiva do cidadão-votante, degradando o espírito, a substância e a legitimidade de sua manifestação política, na medida em que oprime, arruína e aniquila o ânimo íntimo que a deve sustentar: sob a mira de uma arma, sob a sombra do medo, nenhum sujeito é dono de si mesmo. Logo, o voto sob pressão coercitiva se despe de toda a essência democrática, à medida que a violência (real ou projetada) promove "a liquidação completa da alteridade" (HAN, 2019, p. 44).

Em termos jurídicos, a *violência* remete ao emprego de força física (*vis* absoluta ou *vis corporalis*) (CÂNDIDO, 2006, p. 194; RAMAYANA, 2018, p. 883). Para a sua constatação, não há a necessidade de que sobrevenha alguma espécie de lesão ou prejuízo à integridade corporal, sendo suficiente que a agressão logre suprimir ou minar a vontade pessoal do sujeito passivo. Inequivocamente, também existe atividade coercível em que a violência seja utilizada como uma "reserva de força", como uma "segunda linha de garantia" guardada para casos em que as regras impostas por um ator a outro não sejam efetivamente cumpridas (MALTEZ, 2018, p. 242).

Na doutrina eleitoral, Rodrigo López Zilio (2017, p. 123) soma que "a violência pressupõe o uso da força física em desfavor do eleitor, constrangendo-o no seu livro exercício do voto". Também assim, Igor Pinheiro (2018, p. 223) conceitua a violência como "a prática de atos físicos contra o eleitor, no sentido de direcionar a sua manifestação política".[406]

Ainda nesse tocante, Mario Stoppino (2009, p. 1.291-1.292) concebe a violência como a intervenção física de um indivíduo ou grupo contra outro indivíduo ou grupo, acrescendo que a violência física consiste em uma intervenção voluntária exercida contra a vontade do agente que a sofre, com a finalidade de destruir, ofender ou – o que interessa para o caso – coagir.[407]

Noutro giro, a *grave ameaça* implica, para Joel Cândido (2006, p. 194), a promessa de aplicação de um mal injusto, de cunho psíquico ou moral, apta a exercer sobre aquele a quem é destinada uma ação inibitória de tal força que lhe impeça o exercício do elemento volitivo, no que também é acompanhado por Zilio (2017), para quem a ameaça "deve [potencialmente] causar um mal injusto e grave ao eleitor, suprimindo-lhe a livre capacidade de escolha no pleito". No magistério de Igor Pinheiro (2018, p. 223), ela decorre da prática de promessas tendentes a produzir, na mente do eleitor, "[...] qualquer espécie de medo, abalo

---

[406] José Jairo Gomes (2016, p. 730) descarta, sob o aspecto estrito da captação ilícita de sufrágio, a hipótese de violência. Segundo o autor, nesse campo de análise, "a coação de que cogita o legislador é do tipo moral, psicológica ou relativa (vis compulsiva); dadas as formalidades e peculiaridades do ato de votar, impossível seria a ocorrência de vis absoluta ou física. Nessa última, há constrangimento físico, corporal, ficando o coacto totalmente privado de manifestar a sua vontade; ocorreria, e.g., se alguém dominasse o eleitor na hora de votar e, tomando sua mão à força, digitasse o número do candidato na urna eletrônica. Mas isso, por óbvio, é impossível". As lições do autor, diretamente tecidas a respeito da captação por coação e do crime de coação eleitoral, não servem para o exame do abuso de poder. Nessa seara específica, a violência se apresenta, sem dúvida, possível, em primeiro lugar, porque pode ter sido exercida sobre o eleitor em momento anterior ao exercício do voto; em segundo lugar, porque poderá estar presente no exato momento de seu exercício, por exemplo, quando dirigida não diretamente sobre o votante, mas sobre um familiar ou amigo querido (pense-se, por ilustração, na hipótese de rapto ou sequestro acompanhado de tortura). Diferentemente do que ocorre, especificamente, nos casos da captação ilícita de sufrágio violenta (art. 41-A, §2º, LE) e do crime de coação eleitoral (art. 301), a abertura do tipo de abuso não impõe que o constrangimento seja imposto diretamente *ao eleitor*. Inaplicáveis, portanto, as observações realizadas, no particular, pelo professor em questão.

[407] A respeito da violência, o autor faz ainda uma distinção que põe em evidência uma impropriedade constante do art. 41-A, §2º, da Lei das Eleições. À diferença dos crimes de corrupção e de coação eleitoral (arts. 299 e 301, CE), a captação ilícita não pune a conduta que visa a forçar uma abstenção eleitoral. Nessa direção, a utilização do termo "violência" parece ociosa, pois, como indica Stoppino (2009), a violência não se confunde com o poder. O poder significa a modificação da conduta de um indivíduo, ao tempo em que a violência consiste em uma alteração danosa de seu estado físico. Quanto ao resultado que produzem, enquanto o poder, ao agir sobre outrem, possibilita a obtenção de uma ação ou omissão, a violência, intervindo sobre o corpo, pode exclusivamente obter uma omissão. Em conclusão, o uso efetivo da violência pode, sem dúvida, impedir que um indivíduo se manifeste na urna; é, no entanto, impossível que se traduza em um voto. O que efetivamente surte efeitos, nesse sentido, é, propriamente, a *ameaça de* violência (STOPPINO, 2009, p. 1.291-1.292).

moral, receio, insegurança ou pressão psicológica, ao ponto de levá-lo a não se manifestar livremente na escolha de seu candidato ou partido político". Lida-se, portanto, com uma iniciativa de invasão sobre "o campo psicológico da vítima, agredindo-lhe, dirigindo-lhe ameaça iminente e grave" com a intenção de:

> [...] fomentar a insegurança, o medo, o temor. Tais sentimentos instalam-se na mente do coacto, provocando-lhe tensão, estresse, insegurança e, em certos casos, pânico. Isso para que ele vote no candidato apontado pelo coator. Assim, nessa espécie de coação, fica livre o coacto para decidir: curvar-se à ameaça ou deixar de votar no candidato invocado, assumindo, em tal caso, o risco de sofrer o mal propalado. (GOMES, 2016, p. 730)[408]

Conforme Silva Franco e Feltrin (*apud* CÂNDIDO, 2006, p. 194), o mal ameaçado punível deve ser "efetivamente passível de realização, iminente, inevitável e dependente do simples querer do agente que o anuncia". Carlos Mário da Silva Velloso e Walber de Moura Agra (2012, p. 488) e assim como Zilio (2017, p. 123) agregam que nesse ambiente a ameaça punível deve ser verossímil, factível e concreta, não restrita a uma coação genérica, abstrata, o que exclui do conceito em estudo simples bravatas, assim como juramentos de prejuízos vagos, imprecisos, incertos ou pouco críveis.[409] Reputam-se acertados os cuidados destacados, tendo em vista que a factibilidade determina o grau de efetividade do poder; como é intuitivo, a manipulação comportamental

---

[408] Na doutrina estrangeira, a diferença entre a violência física e a violência simbólica (ameaça) é desta forma marcada por Elizondo Gasperín (2007, p. 275): "[...] por violência física se entende la materialización de aquellos actos que afectan la integridad física de las personas, y presión es el ejercicio de apremio o coacción moral sobre los votantes, de tal manera que se afecte su libertad [...]". Em ambos os casos, pretende-se que as condutas ilícitas reflitam no resultado do voto de maneira decisiva.

[409] Lucon e Vigliar (*apud* SANTOS, 2014, p. 94), também comentando o art. 301 do Código Eleitoral, afirmam que "a violência precisa ser contra a pessoa, enquanto a grave ameaça se apresenta como uma forma de intimidar a pessoa de um mal grave e sério", sendo que "qualquer espécie de intimidação impossível ou sem qualquer gravidade – observada de forma subjetiva – descaracteriza o crime em questão". Por seu turno, José Jairo Gomes (2016, p. 730) diz: "[...] deve a coação ser grave, incutindo no coacto justificável receio ou temor de que, se não votar no candidato apontado, a ameaça se cumprirá. Não é qualquer ameaça que a configura, mas sim aquela que cause abalo, como, e.g., o assassinato ou o sequestro de alguém, a exposição a escândalo, a destruição de coisas, a divulgação de informações que possam comprometer a vítima em seu círculo social, familiar ou de trabalho, a demissão ou a transferência de servidor público. Ameaças vagas, indefinidas, de impossível concretização, proferidas em tom jocoso ou para serem cumpridas em futuro muito distante não caracterizam coação eleitoral, por não se revestirem da necessária gravidade ou seriedade".

sediada na prolação de uma ameaça de mal grave torna-se mais irresistível naqueles casos em que a promessa é provavelmente concretizável segundo a experiência particular de seus destinatários.

Quando se fala de poder, a efetividade de uma ameaça reside no fato de que o fenômeno pode ser visto também em termos simbólicos, ou seja, como um modo de comunicação que atua sobre as representações que provoca nos seres humanos. Nesse quadrante, no âmbito das relações de poder nem sempre é necessário passar à repressão aberta para que os cidadãos entendam do que se trata e atuem, é dizer, reajam em consequência (VILAS, 2013, p. 23). No limite, basta que a superioridade física seja insinuada em ordem a gerar um pesado receio, e aí haverá o poder como fenômeno gerador de submissão. Afinal de contas, no esquema das relações humanas o mesmo, assim como os perigos, aciona "impactos potencialmente incapacitantes" (BAUMAN, 2008, p. 15).

Assim, na jurisprudência existem decisões a assinalar que, para a configuração de captação ilícita de sufrágio mediante coação, basta que exista uma ameaça grave, idônea a incutir no eleitor um justificável receio ou temor de que, se não votar no candidato apontado, a ameaça se cumprirá, não sendo, no entanto, necessário que a violência se concretize no plano fático, dada a natureza formal do tipo legal (TRE-MS. RE nº 38.888. *DJe*, 26.6.2013).[410] Nessa trilha, é bem de lembrar que o trânsito de sujeitos armados (capangas) nas cercanias dos locais de votação, rondando rotas de passagem de eleitores, bastava para que, décadas atrás, fossem assegurados os resultados eleitorais pretendidos.

No que diz com a intensidade da coação, Velloso e Agra (2012, p. 488) sustentam que o ordenamento eleitoral não se preocupa em medi-la, importando-se mormente com a constatação de que haja sido empregada com o intuito de "arrebatar a liberdade de escolha dos votantes".

De qualquer forma, em termos sociológicos não é impossível inferir o nível de efetividade de uma ameaça concreta, a partir de critérios expostos por Mario Stoppino (2009, p. 1.291-1.292). Na esteira de suas lições, *a eficácia de uma ameaça* depende, de um lado, (i) do *grau de sofrimento que pode ocasionar o interventor* e, de outro, (ii) da *medida de sua credibilidade*. A seu ver, no âmbito das interações tisnadas pela violência:

---

[410] De fato, "não é preciso que a violência ou a grave ameaça se concretize no plano fático. Para a configuração de ilícita captação de sufrágio na modalidade em apreço, basta que haja ameaça, pois o tipo legal é de natureza formal" (GOMES, 2016, p. 731).

A eficácia de uma ameaça depende, de fato, de um lado, do grau de sofrimento que pode ocasionar o interventor físico no ameaçado e, de outro lado, do grau de sua credibilidade. A credibilidade da ameaça depende, por sua vez, de o ameaçado reconhecer que aquele que faz a ameaça possui os meios para efetuá-la, além de estar realmente determinado a fazê-lo. Nada prova melhor esses dois requisitos de credibilidade da ameaça do que o fato de que o elemento ameaçador realizou efetivamente e regularmente em ato a punição em casos anteriores e análogos.[411]

Atualmente, despontam no Brasil algumas denúncias a respeito da intromissão de traficantes e milicianos no terreno das competições eleitorais. Assim como há muito se sabe da relação espúria travada entre a política e o dinheiro, surgem, a cada dia, mais e mais indícios de que algo semelhante esteja a ocorrer com o crime organizado.

No estado do Maranhão, doze milicianos armados foram presos no dia do pleito, sob o pretexto de garantir "segurança" de um candidato a prefeito.[412] No Rio de Janeiro, apenas no período compreendido entre 2008 e 2012, quatro vereadores foram presos em função de ligações com milícias que dominam e apavoram favelas e comunidades carentes.[413] Como relata Marco Antônio Martins (2015):

---

[411] "Esse efeito demonstrativo de violência em ato é tão importante que a ele se recorre, mesmo além dos casos de punição, particularmente, através de ações que podemos chamar de 'demonstrações de força'. Esse tipo de violência é usado, geralmente, para instaurar, consolidar ou ampliar o controle coercitivo em cada situação. A violência não tem aqui a função de reforçar uma determinada ameaça, mas a de uma advertência geral, que tende a consolidar todas as possíveis ameaças futuras. Por isso, na análise de um determinado poder coercitivo, baseado na ameaça de sanções físicas, é preciso ter presente, especialmente numa dimensão temporal, tanto a ameaça da violência, quanto a violência em ato como punição, quanto ainda a violência em ato como ação 'demonstrativa'" (STOPPINO, 2009). No domínio teórico, é interessante notar que as ações demonstrativas de um histórico de violência podem ensejar efeitos por inércia. No ponto, José Roberto de Almeida Pinto (2008, p. 28-29) lembra que a relação de poder ou indução "[...] pode existir sem que haja, da parte do agente indutor, um comportamento específico associável ao comportamento do agente induzido. A relação de indução caracterizada pela inexistência de comportamento específico do agente indutor aparece com nitidez no funcionamento do chamado 'mecanismo das reações antecipadas' (ou 'previstas'), que constitui uma das manifestações mais corriqueiras e, por isso mesmo, mais importantes do poder em todos os planos da vida social [...]. O mecanismo das reações antecipadas é como se designa a instância em que *B* preferiria atuar de determinada forma, mas não o faz por antecipar uma reação de *A* que lhe seria desfavorável". Pense-se, por hipótese, no efeito automático provocado pela candidatura de um chefe do tráfico na comunidade que domina sob a base do terror.

[412] Disponível em: http://g1.globo.com/ma/maranhao/eleicoes/2012/noticia/2012/10/doze-milicianos-sao-presos-durante-eleicoes-no-maranhao.html. Acesso em: 27 set. 2015.

[413] Ademais, o estado lida com a dura realidade relativa ao assassinato de candidatos (Disponível em: https://www1.folha.uol.com.br/poder/eleicoes-2016/2016/09/

CAPÍTULO 5
O ABUSO DE PODER EM ESPÉCIE | **371**

Traficantes de drogas ou milícias (grupos armados formados por ex-policiais, policiais civis, militares, agentes penitenciários e bombeiros) que dominam áreas carentes definem quem entra ou não nessas regiões. Pior. *Esses milicianos, como são chamados, inventaram uma nova forma para influenciar o voto e garantir a eleição dos candidatos de sua preferência. Criaram uma espécie de "recenseamento" em que cadastram os títulos de eleitor dos moradores e depois vendem a um postulante à Câmara dos Vereadores.* Não há confirmação oficial sobre os valores, mas estima-se, nas comunidades, que possam chegar a R$100 mil. Para garantir o "negócio", esses grupos passam a ameaçar a todos com agressões, com a expulsão de suas casas ou até com a morte. *A prática é a nova forma do voto de cabresto*, método freqüentemente utilizado no período da história do país conhecido como República Velha, mas que agora se mostra presente na capital carioca.[414] (Grifos nossos)

A gravidade do problema levou a Justiça Eleitoral a montar um operativo especial, com o escólio de evitar que a ação de grupos criminosos influenciasse a opção dos eleitores daquele estado. À época, o então presidente do TRE fluminense noticiou o recebimento de denúncias de que cidadãos afligidos estariam sendo forçados, inclusive, a fazer uso de seus telefones celulares, a fim de efetuar registros que comprovassem o endereçamento de seu voto.[415] Apesar dos esforços empreendidos pelo órgão regional, em 2014 renovaram-se as notícias sobre esforços de facções criminosas para alavancar algumas candidaturas.

Segundo matéria da revista *Carta Capital* (2015), as milícias atuam em mais de 170 áreas do Rio de Janeiro, controlando desde o fornecimento de itens de necessidades básicas, como água, gás e energia, até serviços teoricamente de exclusividade da União, como a entrega de correspondências. Tentam agora controlar também os resultados eleitorais, como relata o Deputado Marcelo Freixo, então relator de Comissão Parlamentar de Inquérito conhecida como a "CPI das Milícias" que, àquele periódico, afirmou que os milicianos possuem não apenas um projeto econômico, mas ainda um projeto de poder. Segundo o parlamentar do PSOL, a milícia:

1810543-na-baixada-fluminense-14-candidatos-e-politicos-foram-mortos-desde-2015.shtml. Acesso em: 25 set. 2018).

[414] Em reportagem para a *Revista Rolling Stone* (Disponível em: http://rollingstone.uol.com.br/edicao/23/o-direito-ao-voto#imagem0. Acesso em: 27 mar. 2015).

[415] Disponível em: http://http://eleicoes.uol.com.br/2012/noticias/2012/05/17/acao-de-milicias-e-traficantes-preocupa-justica-eleitoral-do-rio-de-janeiro.htm. Acesso em: 27 mar. 2015).

É uma organização criminosa que mistura o seu poder territorial com o poder eleitoral, coisa que o tráfico nunca conseguiu no Rio de Janeiro. [...] Basta entrar nas áreas de milícia que você verá cadastros de eleitores organizados por ela própria. O tráfico não tinha isso e nunca conseguiu eleger ninguém. [...] [No último pleito] Os próprios chefes da "Liga da Justiça" foram os candidatos, e isso teve um preço muito alto pelo grande nível de exposição. Eles se cansaram de fazer a festa para os outros e resolveram frequentar o palácio, mas acabaram presos. Nesta eleição, vejo que eles voltam a uma tática anterior de apoiar candidatos para que seus negócios fiquem mantidos. Assim, acabam se expondo menos.[416]

Em outro trecho da entrevista, Freixo esclarece de que maneira a atuação dos grupos marginais compromete a igualdade de oportunidade entre os candidatos, ao menos nos limites geográficos por onde atuam: "Tente entrar em uma área de milícia e colocar uma placa minha. Eles nem chegam a tirar, você simplesmente não coloca. Só entra material de candidato compactuado economicamente com eles".

A obscura realidade das eleições afligidas pela violência é denunciada também por outros agentes políticos. Nas eleições de 2014, diversos candidatos noticiaram ao TRE-RJ terem sido ameaçados e impedidos de realizar campanhas em regiões dominadas pelos milicianos.[417] Algo semelhante foi constatado nas eleições de 2012, em Itaboraí, município onde bandidos impediam a entrada de adversários de seus protegidos e, além disso, obrigavam a retirada de cartazes e adesivos das residências e carros dos moradores da comunidade. De acordo com o juiz eleitoral daquela circunscrição, detectaram-se locais onde era impossível garantir a entrada de competidores e de servidores da Justiça sem o apoio das forças de segurança. Também ali, a coação incluía o exercício de pressão para que os eleitores filmassem os atos de emissão de votos.[418]

Outrossim, na última consulta municipal (2016) *foram registrados atos de violência em pelo menos dezessete estados brasileiros*, atos esses que incluíram o assassinato de vinte e oito políticos e candidatos concorrentes. O cenário caótico foi de tal magnitude que o Tribunal Superior

---

[416] Disponível em: http://http://www.cartacapital.com.br/politica/o-poder-da-milicia-nas-eleicoes-do-rio-de-janeiro-1597.html. Acesso em: 27 mar. 2015.

[417] Disponível em: http://http://g1.globo.com/rio-de-janeiro/noticia/2014/08/candidatos-denunciam-ameacas-de-criminosos-e-milicianos-no-rj.html. Acesso em: 27 mar. 2015.

[418] Disponível em: http://http://www.ofluminense.com.br/editorias/politica/sentados-no-barril-de-polvora. Acesso em: 27 mar. 2015.

Eleitoral, para além da tradicional convocação da Polícia Federal, precisou solicitar o apoio das Forças Armadas nacionais.[419]

Com o crescimento das práticas desinformativas, as práticas de assédio e violência política escalam a olhos vistos. A violência simbólica, uma vez instaurada nas redes digitais, resulta – sem surpresas – na maximização de atos violentos de todas as espécies no mundo real. De acordo com levantamento da UniRio, com 214 casos em 2022, a violência política teria crescido impressionantes 335% no Brasil.[420] Ao final do processo, a agência pública contabilizou a triste marca de 15 assassinatos e 23 tentativas de homicídio no contexto das eleições presidenciais do Brasil.[421] É nesse contexto que o TSE, ao atualizar a resolução que disciplina a propaganda eleitoral (Res.-TSE nº 23.610/2019, modificada pela Res.-TSE nº 23.732/2024), houve por bem impor, às plataformas digitais, a obrigação de remover, de forma imediata e proativa, conteúdos relacionados à prática do crime de violência política, previsto no art. 359-P do Código Penal.

Como mais, é assente que atitudes como as descritas comprometem, severamente, a legitimidade de uma eleição. Como é intuitivo, a noção de eleições livres e justas (*free and fair elections*) é também baseada no princípio da inclusão. Competidores eleitorais não podem estar sujeitos a obstáculos legais, administrativos ou fáticos no tocante às atividades de pedido de apoio aos eleitores. Obviamente, isso se aplica ao exercício dos direitos de associação, reunião, locomoção e expressão, os quais são absolutamente necessários para a condução de uma campanha eleitoral autêntica. Como consequência, os candidatos também devem gozar de liberdade em relação à violência, à intimidação, à coerção e ao suborno, da mesma forma que os cidadãos devem se ver livres desses fatores que influenciam negativamente as suas escolhas políticas (MERLOE *in* YOUNG, 2009, p. 17).[422]

---

[419] Disponível em: http://g1.globo.com/bom-dia-brasil/noticia/2016/09/violencia-na-campanha-eleitoral-atinge-17-estados-com-28-mortes.html. Acesso em: 27 set. 2018.

[420] Disponível em: https://g1.globo.com/politica/eleicoes/2022/noticia/2022/07/13/com-214-casos-em-2022-violencia-politica-cresceu-335percent-no-brasil-em-tres-anos.ghtml. Acesso em: 25 jun. 2024.

[421] Disponível em: https://www.nexojornal.com.br/externo/2022/11/04/as-marcas-da-violencia-que-atravessou-a-eleicao-de-2022. Acesso em: 25 jun. 2024.

[422] Por certo, a celebração de eleições justas depende do isolamento de qualquer forma de constrangimento violento, mantendo-se isentos de embaraçamento não apenas os eleitores e os candidatos, mas ainda as autoridades e servidores da Justiça Eleitoral. Nesse compasso, a lisura da competição também resulta comprometida nos casos em que o crime organizado frustra o exercício da fiscalização ou compromete a neutralidade na administração das

No meio jurídico eleitoral, o conceito de captação ilícita de sufrágio por coação engloba, também, as ameaças – implícitas ou veladas – de cunho econômico dirigidas a pessoas carentes, como a promessa de impedimento ou suspensão de acesso a bens e vantagens, o desligamento de programas sociais (Bolsa Família ou programas similares, de iniciativa dos governos estaduais) ou ainda a ameaça de demissão (REIS, 2012, p. 358).[423] Entende-se, pois, pela existência de duas formas diversas de captação ilícita de sufrágio:

> [...] uma, que submete a vontade do eleitor através de benefícios ofertados ou efetivamente dados em troca do voto; outra, que manieta a vontade através da coação por meio de grave ameaça ou atos de violência. A grave ameaça de que fala a norma é qualquer ameaça, não apenas de violência física. A coação pode se dar pela ameaça de demissão de emprego, pela retirada de um benefício ou qualquer limitação à esfera jurídica do eleitor, sempre com a finalidade de obter o seu voto. (COSTA, 2017, p. 258)[424]

A jurisprudência pátria, com acerto, tem assimilado a ideia, pacífica entre os sociólogos, de que "a violência não envolve necessariamente uma agressão física no confronto direto de algumas pessoas com outras", sendo encontrada, também assim, em "outras formas coercivas de inflexão de danos" (ARBLASTER, 1996, p. 804), como é

---

eleições, pela submissão de seus agentes responsáveis a alguma forma inescapável de constrição.

[423] Tendo como foco a violência oficial, praticada por governos autoritários, Andreas Schedler (2016, p. 141-142) observa que, também nesse meio, fazem-se presentes constrições de tipo econômico. Assim: "A menudo, la represión implica violaciones a la integridad física. Para eludir los radares de los grupos de derechos humanos, la represión puede desplazar su objetivo del daño físico a la privación económica. En lugar de asesinar, encarcelar o exiliar a las figuras de la oposición, los regímenes simplemente pueden llevarlos a la quiebra. Yendo mucho más allá de las rutinas clientelares de conceder y negar favores, pueden empujar a los disidentes hacia la ruina económica mediante acusaciones de corrupción o evasión de impuestos, demandas civiles, despidos, la imposición de multas ruinosas, la confiscación de propriedades o la cancelación de licencias, de la ciudadanía o de grados universitarios. Ejemplos notorios han sido los de Bielorrusia bajo Lukashenka [...], Rusia bajo Putin [...], Peru bajo Fujimori [...] y Singapur bajo el PAP [...]".

[424] Na doutrina estrangeira, Stokes (2009, p. 605) trabalha a ideia de que o clientelismo eleitoral pode se afirmar, também, como uma prática sedimentada em ameaças de cunho econômico. A professora da Universidade do Alabama noticia a existência de casos emblemáticos de controle eleitoral dessa estirpe, mencionando, entre outros, a promessa de interrupção de programas habitacionais em Cingapura e a ameaça de demissões em massa propugnada por um magnata no âmbito das eleições celebradas na província de Misiones (Argentina), ocorrência, aliás, análoga àquela envolvendo a rede Havan, no pleito presidencial de 2018, conforme noticiado pela imprensa.

o caso da privação ou subtração de recursos materiais (STOPPINO, 2009, p. 1.292).

Significativo, nessa linha, o julgamento do Recurso Ordinário nº 437.764/DF, no qual o Tribunal Superior Eleitoral reconheceu o ilícito na conduta de um empresário que utilizou a estrutura de sua empresa para realizar campanha em favor de candidato, convocando mais de mil funcionários para reuniões em que, ademais de pedido de votos e disponibilização de material de propaganda, houve a distribuição de fichas cadastrais nas quais cada empregado era obrigado a indicar ao menos dez pessoas cujos votos seriam igualmente angariados. Na mesma vertente, o Tribunal Regional Eleitoral de Mato Grosso do Sul puniu conduta consistente em amedrontar os eleitores para que votassem de determinada maneira, sob pena de não serem beneficiados com programa de distribuição de casas próprias e outros benefícios concedidos pelo governo (RE nº 38.888).

Quanto ao tema da tipificação, diga-se que, assim como o poder religioso, o poder coercitivo não foi contemplado pelo legislador brasileiro, quando da catalogação de formas abusivas que ensejam a propositura de ação de investigação judicial eleitoral. Sem embargo, diferentemente da espécie religiosa, o emprego do poder de coação ao menos conta com alguma forma alternativa de punição, exatamente nas já mencionadas penas da captação ilícita de sufrágio (art. 41-A, §2º, da Lei das Eleições).

Observe-se, no entanto, que o mecanismo apontado é evidentemente insuficiente para endereçar uma adequada repressão às condutas ora analisadas.

Em primeiro lugar, tendo em vista que, por má técnica legislativa, o dispositivo assinalado deixa de fora o exercício de pressão para a abstenção do voto, conduta que, a depender da escala, pode, obviamente, determinar o resultado de uma contenda eleitoral.[425] Ademais, fogem do espectro de abrangência da captação ilícita por coação as ações de violência dirigidas contra candidatos ou cabos eleitorais adversários, assim como contra mesários, funcionários e autoridades da Justiça Eleitoral. Além disso, tem-se por sedimentado na jurisprudência brasileira um detalhe de caráter probatório que assinala uma

---

[425] A coação para forçar a abstenção eleitoral, em tese, é punida apenas na seara criminal, com a aplicação das penas do art. 301, CE. A condenação pelo crime de coação criminal pode ensejar a inelegibilidade (art. 1º, inc. I, alínea "e", LC nº 64/1990), mas não gera perda de mandato nem anulação do pleito.

importante distinção entre o reconhecimento de captação ilícita de sufrágio e a caracterização das modalidades de abuso de poder: para a Corte Superior Eleitoral, a norma que proíbe a captação ilícita adota como bem jurídico protegido a liberdade para o exercício de sufrágio, ao tempo em que o abuso é vedado com o objetivo de resguardar a normalidade e a legitimidade das eleições.

Como consequência, para o TSE, diferentemente do que se passa com os casos de abuso de poder, a punição pela captação ilícita por coação depende de que se comprove nos autos a participação – ainda que indireta, em forma de anuência – do candidato (RCED nº 739/RO).[426] No tocante ao abuso de poder, como o que se pretende não é punir o candidato, mas assegurar a integridade do pleito, a ação de investigação judicial eleitoral prescinde da demonstração de que o beneficiário tinha conhecimento direto da prática, o que permite a aplicação das sanções legais quando o desequilíbrio é gerado por simpatizantes ou outros sujeitos engajados na campanha eletiva (REspe nº 1.136/MT). Em definitivo:

> Nos termos do art. 22, XIV, da Lei Complementar 64/90, a condenação por abuso de poder é cabível no caso de o candidato ser responsável pela conduta ilícita ou dela ter se beneficiado. Caso tenha sido por ela responsável, participando da conduta, deverão lhe ser impostas as sanções de cassação e inelegibilidade. Caso somente seja beneficiário, a única sanção possível é a cassação do registro ou do diploma. Diferentemente da prática de captação ilícita de sufrágio, em que a anuência do candidato em relação à conduta ilícita é suficiente para ensejar a sua cassação, ao se tratar de abuso de poder, não cabe falar em anuência, pois, ainda que o candidato consinta com a prática da conduta, mas não tenha contribuído para a prática do ato ou dele seja beneficiário, não será condenado (REspe nº 82.203/PR. Rel. Min. Admar Gonzaga Neto. *DJe*, 27.9.2018)

Diante desse cenário, não é difícil notar que, no particular, tem-se de lidar com um detalhe de direito judicial capaz de contribuir para que o abuso de poder por coação, em alguns casos, acabe por restar totalmente isento de punição.

---

[426] Assim também o AgR-REspe nº 38.881-28/BA (Rel. Min. Arnaldo Versiani. *DJe*, 7.4.2011): "Na apuração de abuso de poder, não se indaga se houve responsabilidade, participação ou anuência do candidato, mas sim se o fato o beneficiou".

Posto o que antecede, fica evidenciada, pelo ângulo prático, a importância de se reconhecer a possibilidade de ajuizamento de ação de investigação judicial eleitoral em face do abuso de poder coercitivo, independentemente da existência de previsão expressa nesse mesmo sentido, servindo para tanto a racionalidade hermenêutica externada, anteriormente, na presente investigação.

5.2.3 Abuso de poder digital, desinformação e uso indevido da inteligência artificial nas eleições

> *Trata-se de um mundo órfão de verdade onde a textura do real se abre a uma gama ilimitada de interpretações.*
> (Fernando Vallespin)

A escalada tecnológica, a inclusão digital e o sucesso de plataformas de compartilhamento de vídeos, como o YouTube, de redes sociais como Facebook, Instagram e Twitter, assim como de aplicativos de mensagens instantâneas como WhatsApp, Viber e Telegram, transformaram para sempre a vivência humana, a sistemática das comunicações[427] e, por arrastamento, a forma de se fazer política (ALVIM; RUBIO NÚÑEZ; MONTEIRO, 2024, p. 7 e ss.). As alternativas abertas à circulação da informação operam câmbios qualitativos em um dos eixos centrais da democracia, mudando radicalmente a dinâmica da construção cívica, impactando os percursos e destinos das campanhas de candidatos e partidos e oferecendo novos espaços e oportunidades para a mobilização política (ZAMBELLI, 2015, p. 74).[428]

---

[427] "Devido à escassez da agenda dos *media*, bem como da agenda pública, estabelece-se uma competição entre diferentes proponentes de ambas as agendas por um lugar no seio das mesmas (McCombs). Apesar da importância do elemento escassez para a caracterização tradicional do conceito de *agenda-setting*, a verdade é que com as transformações no campo das tecnologias da informação e da comunicação vieram a alteração clássica do conceito. De facto, a emergência da internet e, designadamente dos *media* digitais e sociais, multiplicou os canais e as formas de comunicação, bem como a sua orientação ideológica, alterando, dramaticamente, a forma como as pessoas consomem informação. Como McCombs refere, 'nas sociedades contemporâneas existem muitas agendas e muitas delas encontram-se disponíveis para um considerável segmento de público' (2005). Consequentemente, observa-se uma fragmentação das audiências associada a uma grande diversidade de agendas pessoais e 'idiossincráticas', dado que 'virtual- mente toda a gente tem uma agenda mediática externa única' que se pode definir como uma 'combinação construída a partir de vastas fontes de informação'" (FERREIRA, 2017, p. 87).

[428] "La red es utilizada como una herramienta de movilización política tanto en campañas políticas como en movilizaciones sociales. Estas incluyen desde las manifestaciones cibernéticas (como el envío de correos electrónicos, firmas de manifiestos o peticiones

Em esplêndida monografia, Javier del Rey Morató (2007, p. 303) disserta que o ciberespaço irrompe em nossas vidas e se junta às atividades humanas cotidianas – como faz há meio século a televisão –, proporcionando novos recursos e criando diferentes realidades sociais,[429] por intermédio de uma extensa ampliação da "ágora política" (COTARELO; OLMEDA *apud* ZAMBELLI, 2015, p. 74), ampliação essa que, desde o aspecto da inovação funcional, apresenta cinco características fundamentais:

(i) *multilateralidade* (os atores já não são apenas os agentes tradicionais da democracia off line, na medida em que surgem novos participantes);[430]

---

y adhesiones ciudadanas), la captación de fondos para campañas políticas u otros tipos de acciones, así como la propia movilización ciudadana. Lo cibernético há reducido drasticamente los costes de movilización, ejemplo deste último son el uso de los correos electrónicos, mensajes cortos de textos (sms), programas de chats, o de las redes sociales para movilizar la ciudadanía. [...] El activismo político en la ciberdemocracia se refiere a la posibilidad de posicionarse publicamente, además de manifestarse y protestar en este sentido, respecto de un hecho o persona determinada a partir del uso de las TICs. La esfera de la ciberdemocracia introduce algunas nuevas formas de activismo político y facilita algún aspecto de las formas tradicionales [...]. Entre las formas de activismo político propias de la ciberdemocracia (Van Laer y Van Aelst, 2010), figuran no solamente las acciones orientadas a batir o vencer al adversário, como, por ejemplo, los ataques o sabotajes a las páginas web de los opositores, sino que existen una gran cantidad de acciones orientadas por otros criterios de naturaleza altruísta como: la solidaridad, la cooperación, o el bien común, entre otros. Dentro de este tipo de acciones encontramos desde el micro-mecenazgo, las acciones que promuevan la toma de conciencia sobre algunas cuestiones sociales, la coordinación de ayuda a sectores vulnerables etc." (ZAMBELLI, 2015, p. 74-75). As possibilidades ofertadas pelo mundo virtual traduzem "um novo ambiente cultural estruturado numa comunicação descentralizada, dialógica e dinâmica, que tem produzido grandes tensões com o poder político. O *ethos* cultural da comunicação digital consubstancia, deste modo, novas definições de autoridade e de saber, expressas na cultura DIY/DIWO (*Do-It-Yourself / Do-It-With-Others*) (Hartley, 2012), impulsionando uma cultura da 'participação e do fazer' (Grauntlett, 2011), em detrimento da cultura 'sentada e espectadora' que dominou a segunda metade do século XX" (FIGUEIRAS, 2017, p. 7).

[429] Javier del Rey Morató (2007, p. 303) chama essa nova realidade de "e-democracia". Cuida-se de uma denominação alternativa para o fenômeno da "ciberdemocracia", expressão criada por Pierre Levy (2004) e que designa (junto com os correlatos "democracia eletrônica", "política virtual", "netdemocracia" e "democracia digital", entre outros) as transformações que operam as novas tecnologias da internet nos sistemas de produção, difusão e consumo de informação no âmbito das democracias contemporâneas (DADER *apud* ZAMBELLI, 2015, p. 73).

[430] "Os *media* sociais têm vindo a ser utilizados pelos indivíduos mais envolvidos nas causas públicas e políticas e que não encontram eco das suas preocupações nos *media* tradicionais. *Blogs, vlogs, streaming* e outras formas de comunicação interactiva têm, de algum tempo a esta parte, permitido a participação activa dos indivíduos no processo de construção noticiosa [...]. Estes e outros sistemas de retorno estão a ser usados para alimentar as grandes empresas noticiosas, que emitem 24 horas por dia, mas também *medias* produzidos pelos cidadãos. As pessoas comuns passaram a captar e a tornar públicos eventos, à medida que estes se desenvolvem em tempo real. Ao fazê-lo, os cidadãos estão a (cor)responder às agendas das empresas de informação, mas também a influenciar esses meios, que agendam temas

(ii) *interação* (na cena cibernética, as relações entre os agentes tendem a ser travadas no plano da horizontalidade);

(iii) *difusão* (permeabilidade da comunicação digital);

(iv) *imediaticidade* (encurtamento das mediações temporais entre os processos e ações sociais); e

(v) *gratuidade* (aspecto inclusivo). (COTARELO *apud* ZAMBELLI, 2015, p. 74).

As modernas campanhas eleitorais, naturalmente, caminham na trilha da publicidade mercadológica e incorporam em definitivo o mundo de possibilidades disponibilizado pelo fenômeno digital.[431] O uso cada vez mais amplo do ambiente virtual no processo político é atribuído às numerosas vantagens que ele oferece, sobretudo em comparação com os meios de comunicação tradicionais. Segundo Crovi Druetta (2004, p. 118-119), como plataforma para a propaganda política a rede mundial de computadores é especialmente propícia por ser:

   (i)   *multimídia* (possibilita o uso de todos os recursos audiovisuais, como som, texto, fotografia, vídeo etc.);

   (ii) *hipertextual* (permite ligar-se a outros arquivos, ampliando o marco referencial de qualquer fato, ação ou informação);

---

de interesse e peças feitas pelos *'produsers'*. As tecnologias de comunicação levaram, deste modo, ainda mais longe o jornalismo do cidadão, entendido como uma forma de jornalismo que envolve o cidadão comum nas rotinas jornalísticas e que valoriza a sua experiência da vida quotidiana, elevando-a a um certo tipo de *expertise*" (FIGUEIRAS, 2017, p. 7-8).

[431] Na praia de *marketing* e da comunicação, inclusive, já se fala em "campanhas 2.0", termo que designa campanhas totalmente concentradas no espaço virtual. Conforme Fernández (2015, p. 48): "Generalmente, se entiende por campaña digital 2.0 aquella campaña que se realiza integralmente en Internet (Web), que emplea esta red como canal o medio de difusión del mensaje, sirviéndose de los sitios o plataformas sociales de mayor difusión e influencia en un espacio geográfico concreto (Facebook, Twitter, Youtube...), que de desarollan en ella con el objetivo de alcanzar a los públicos (target) que las utilizan intensiva y masivamente, y/o creando páginas Web específicas (sites o microsites) bajo demanda a la voluntad del fin que se persigue (tema o candidato), siguiendo objetivos definidos en el plan de campaña diseñado para una ocasión determinada". A crescente expansão do uso eleitoral da rede mundial de computadores indica o início de uma nova fase na história da comunicação política. De fato, houve um tempo em que os discursos políticos brilhantes, fora dos parlamentos ou *tête-à-tête*, marcavam o destino eleitoral dos líderes. Mais tarde, o caminho da vitória ou da derrota ficava ligado à imagem projetada nos meios de comunicação. Por conseguinte, os assessores de imagem e equipes de campanha concentravam suas energias e conhecimentos na batalha mediática, chegando-se a afirmar que a única realidade política que importava era a realidade televisionada. Contudo, um marco comunicacional alternativo foi se instalado pouco a pouco, após a eclosão da internet e de seus múltiplos terminais. Nesse contexto, com o tempo a atividade digital da campanha eleitoral foi deixando de ser uma seção periférica, para passar a formar parte da "espinha dorsal" de todo projeto em busca de votos (DADER, 2017, p. 11-12).

(iii) *policrônica* (trabalha em tempo real e diferido, desconhecendo barreiras de espaço);

(iv) *interativa* (permite a comunicação de mão dupla entre os usuários); e

(v) *multinível* (possibilita que lhe seja dado um sentido comunicativo em todos os níveis, do interpessoal ao massivo, passando pelo intermediário).

Obviamente, a entrada da cibernética no jogo político abala as estruturas do direito eleitoral tradicional, trazendo novos desafios a legisladores, operadores e intérpretes,[432] e que recentemente recrudescem com a incorporação generalizada de ferramentas de inteligência artificial. Nesse contexto, a doutrina especializada considera inconteste que os avanços tecnológicos gerados pela popularização da internet provocam, na esteira das mudanças incidentes sobre o processo social, uma brusca alteração de paradigmas, com repercussões inevitáveis na dinâmica e no modo de regulação das competições eleitorais. Afinal, no panorama atual:

> [...] a informação é, cada vez mais, produzida e disseminada em larga escala e por inúmeros atores e meios, fazendo com que os eleitores tenham amplo acesso a informações sobre partidos e candidatos e a espaços para se comunicarem e se manifestarem. ·
> O que antes era papel exclusivo da imprensa, hoje é desempenhado de forma ativa e corriqueira no âmbito da Web, em que os usuários atuam livremente, produzindo os mais variados tipos de conteúdos em *blogs*, aplicativos de mensagens instantâneas e redes sociais. O que se observa é que os usuários da *Internet* não são meros destinatários passivos da informação, como ocorria com as mídias tradicionais.[433]

---

[432] Uma ideia sobre a dimensão desses desafios diz com a diferença da lógica operativa das redes sociais, em contraposição ao modelo do mercado de comunicação até então vigente. Como colocam Sustein e Pariser (*apud* RAIS, 2018, p. 115): "As plataformas de mídia social, como o *Facebook*, têm uma estrutura radicalmente diferente das tecnologias de mídia anteriores. O conteúdo pode ser transmitido entre usuários sem filtragem significativa de terceiros, verificação de fatos ou julgamento editorial. Um usuário individual sem histórico ou reputação pode, em alguns casos, alcançar tantos leitores quanto a Fox News, a CNN ou o New York Times".

[433] "No ambiente digital contemporâneo de intenso fluxo comunicativo, de múltiplas plataformas e canais, e onde noções de centro ou de *media* dominantes se diluíram, os indivíduos ganharam um papel preponderante na definição da relevância de conteúdos mediáticos produzidos por si, mas também pela própria indústria dos *media* – o acesso à produção –, permitindo a qualquer cidadão comum tornar-se um emissor em nome individual, dando lugar ao que Manuel Castells definiu como 'autocomunicação de massas' [...]. Os *media* sociais digitais, em particular, vieram, assim, libertar os indivíduos dos constrangimentos da assimetria

Não se trata, pois, de lidar com destinatários passivos, mas, sim, com usuários engajados, que a todo momento podem exercer seus direitos de informar, de se informar e de serem informados. As novas tecnologias possibilitam, ainda, a comunicação direta dos eleitores com candidatos e políticos no exercício do mandato.

Os conteúdos disponíveis on-line podem, por sua vez, ser compartilhados com maior facilidade e em um curto espaço de tempo. Nesse meio, os usuários tornaram-se potencialmente emissores e receptores de diversas modalidades de informação e comunicação, o que se traduz em um diferente exercício da cidadania, com consequências no âmbito político e eleitoral. (RAIS *et al.*, 2018, p. 17)

Em função de suas características, a *world wide web* abriga um imenso potencial para a otimização do processo comunicativo operante na campanha eleitoral. Sem dúvida, em linha de princípio, a internet favorece, fortemente, a qualificação do mercado de ideias, pois:

(i) como *fonte de consulta permanente*, possibilita, além da leitura, a releitura e a reflexão;
(ii) como *fonte interativa*, permite a realização de questionamentos, a obtenção de respostas e o amadurecimento de temas em grupos de discussão; e
(iii) como *biblioteca aberta*, autoriza a checagem de fatos, oferecendo infinitas oportunidades para testes de consistência de imagens, narrativas e discursos, não apenas dos candidatos como também da imprensa. (CROVI DRUETTA, 2004, p. 125-126) (Grifos nossos)

---

estrutural do poder comunicativo na qual assentavam os meios de comunicação tradicionais, controlados pelo (e centrados no) emissor, numa comunicação vertical, de cima para baixo, e de um para muitos. Axel Bruns propôs o termo '*produsage*' como um meio de conectar esses desenvolvimentos nos domínios culturais, sociais, comerciais, intelectuais, econômicos e sociais. '*Produsage*' define-se por oposição ao modelo industrial de produção, que encara os produtores, distribuidores e comunicadores como entidades distintas, com papeis bem definidos. O desenvolvimento tecnológico, juntamente com a diversificação das técnicas de pesquisa de consumo, contribuiu para o ajustamento desse modelo, com o objetivo de incluir o *feedback* do consumidor, possibilitado pelas características da *Web* 2.0. Deste modo, os utilizadores puderam tornar-se também produtores, transformando-se em '*produsers*', promovendo e alimentando redes de comunicação construídas em torno da sua iniciativa, que valorizam e legitimam os seus interesses, formas de expressão e perspectivas. Todavia, o '*produser*' é uma figura híbrida, que pode assumir o papel de produtor de conteúdos ou apenas o de usuário do que os outros produzem. Mais importante do que tentar definir as circunstâncias em que é um usuário ou um produtor, deve-se entender estes públicos interactivos como sendo capazes de assumiras duas funções, dependendo de sua vontade" (FIGUEIRAS, 2017, p. 6-7).

Por outro lado, à margem de seus grandes e inegáveis ganhos, a evolução cibernética, especialmente no campo da produção e difusão do conhecimento, criou enormes fissuras na sociedade moderna; dessas brechas começaram a emergir, neste século, novos códigos de comportamento social. A realidade contemporânea multiplicou exponencialmente a quantidade de informações produzidas e dinamizou a sua propagação. Nada obstante, descuidou de estimular um acréscimo qualitativo em semelhante proporção (ALVIM; CARVALHO, 2018), de sorte que a realidade orientada pelas tecnologias da informação produz, nos meandros do processo democrático em suas interconexões com a esfera da opinião pública, efeitos essencialmente ambivalentes. Não por acaso:

> A relação entre a *Internet*, a participação política e a democracia tem dado azo a uma vasta teorização que pode ser sintetizada em dois polos distintos: os "distópicos" e os "utópicos". Os primeiros consideram que a ideologia libertária do início do desenvolvimento da Internet, associada aos valores da ciência e do serviço público dos meios de comunicação europeus (acesso, partilha e transparência), contribuiu para propagar uma retórica em torno do dispositivo que impede ver que a Internet replica, muito mais do que resolve, os problemas que o regime democrático tem *off-line* (Bimber, 2000; Feenberg, 1999; Hague and Loader, 1999; Curran, 2012). Por sua vez, os "utópicos" consideram que a Internet permite obviar as falhas do regime democrático, por entenderem que as suas características (interactividade, conectividade e horizontalidade) potenciam os valores democráticos, facultando aos cidadãos maior acesso a informação e a formas de diálogo com o poder, o que os media tradicionais não permitem (e.g., Rheingold, 1994; Negroponte, 1995; Margolis e Resnick, 2000; Coleman e Blumler, 2009). (FIGUEIRAS, 2017, p. 8)[434]

---

[434] A dualidade dos efeitos da virtualidade nas democracias contemporâneas é também destacada por Blanco de Morais (2018, p. 146-147): "[...] a blogosfera converteu-se, factualmente, num cosmos informal de valorização da intervenção no espaço público, da cidadania usuária das novas tecnologias, de alargamento da discussão de temas relevantes para a coletividade e de horizontalização das relações comunicativas entre governantes e governados (com o apagamento de mediadores). Ademais, ela passou a segregar um sincrético e indefinível limite adicional ao poder político", com o "escrutínio de condutas indevidas e frases politicamente incorretas", além do estabelecimento de um "debate aberto" sobre o desempenho dos governos. Sem embargo, as mesmas tecnologias "que tanto contribuem para um processo elevado de discussão e deliberação da cidadania 'informada e consciente' sobre temas de relevo público", igualmente "se transformam em poderosos veículos de desinformação, de notícias falsas, de difamação dos adversários políticos e de manipulação de massas".

Com efeito, tem-se constatado, muito facilmente, que a vivência em um mundo multi-informado trouxe, também, a possibilidade da manipulação aética da informação nos mais diferentes ramos da sociedade, da seara religiosa à economia, dos costumes ao campo político, fazendo com que a higidez do fluxo informativo atraia uma crescente e fundada preocupação. Nesse diapasão, grassa entre os acadêmicos da área a impressão de que:

> As características do meio virtual potencializam os problemas a serem enfrentados numa democracia durante o período eleitoral. A rapidez com que as notícias se propagam, o largo público que alcançam, a divulgação de conteúdos por *bots* e perfis falsos, a dificuldade de realização de debates racionais mediados por diversidade e pontos relevantes a cada questão catalisam a possibilidade de violação da verdade e da igualdade [neste ambiente]. (NEISSER; BERNARDELLI; MACHADO, 2018, p. 52)

Nessa senda, o uso indevido da informação é primeiramente associado à produção e disseminação de notícias persuasivas de caráter fraudulento. As chamadas *fake news*[435] consistem em *mentiras manufaturadas*, formuladas com a aparência de produtos jornalísticos e disseminadas, neste âmbito, com propósitos políticos específicos.[436] A esse respeito, vale assentar:

---

[435] "O problema das *notícias falsas* não é exclusividade da internet, nem é uma novidade. No entanto, o que mudou foi o alcance e a velocidade que esses assuntos se espalham. Levantamento realizado pelo Grupo de Pesquisa em Políticas Públicas para o Acesso à Informação (Gpopai) da Universidade de São Paulo (USP), revela que essa ameaça é bem maior do que se imaginava. Somente nas redes sociais, 12 milhões de pessoas compartilham informações inverídicas, as chamadas *fake news*. [...] De acordo com o estudo da USP, informações inverídicas jogadas na rede mundial de computadores podem chegar a todos os brasileiros que têm acesso à internet. A estrutura de campanha criada por um candidato pode não ser suficiente para desmentir as acusações, o que pode causar uma reviravolta no cenário das eleições" (BARCELOS, 2018, p. 411-412). "Although spreading false information or 'fake news' for personal or political gain is certainly not new, recent evolutions such as social media platforms allow every individual to 'plant' false information more easily than ever before, and on scale comparable to leading newspapers and TV-stations (Allcott & Gentzkow, 2017). Importantly, while spreading false information is easy, correcting the record may be much harder" (DE KEERSMAECKER; ROETS, 2017, p. 107).

[436] "No cenário político, essas notícias, de regra, visarão a arruinar a reputação de candidato ou partido para que ele perca credibilidade, simpatia e, portanto, votos. Nessa situação, a livre formação do voto pelos cidadãos brasileiros está na berlinda" (OYAMA; SERVAT, 2018, p. 310). Isso porque as *fake news* têm como "consequência mais notável e imediata [...] a deturpação da vontade dos cidadãos para o exercício do voto, uma vez que muitos deles podem ter passado a formar suas convicções e, com isso, a fazer suas escolhas tendo como referência a imagem de uma falsa realidade" (CRUVINEL, 2018, p. 206).

[...] ao se falar em *fake news*, não se estará diante de peças de propaganda irônicas, discursos ou publicações engraçadas ou anedotas provocantes. Estar-se-á, sim, diante de um trote bem elaborado e com aparência de notícia autêntica, propalando algo que em algum grau poderia ser verdade, utilizando formatos e supostas fontes que denotem [algum nível de] realismo. (OYAMA; SERVAT, 2018, p. 309)[437]

Em linha de princípio, as *fake news* contam com elementos jornalísticos mínimos em seus conteúdos. A despeito de violarem a ética jornalística, ignorando princípios básicos como a veracidade e o uso responsável da informação, assemelham-se, visualmente, a notícias "sérias", uma vez que resgatam elementos estilísticos e estéticos para atrair a atenção e a confiança dos leitores, como a apresentação de manchetes atrativas e o uso de fotografias e outros recursos de apoio (MUÑOZ SANHUEZA, 2017, p. 2).[438] A literatura especializada sugere

---

[437] "A polissemia aplicada à expressão *fake news* confunde ainda mais o seu sentido e alcance, ora indicado como se fosse uma notícia fraudulenta, ora como se fosse uma reportagem deficiente ou parcial, ou, ainda, uma agressão a alguém ou a uma ideologia. Daí uma das críticas ao uso da expressão *fake news*: a impossibilidade de sua precisão. *Fake news* tem assumido um significado cada vez mais diverso, e essa amplitude tende a inviabilizar seu diagnóstico, afinal, se uma expressão significa tudo, como identificar seu adequado tratamento? Não é possível encontrar uma solução para um desafio com múltiplos sentidos. Partindo da premissa de que a mentira está no campo da ética, sendo que o mais perto que a mentira chega no campo jurídico é na fraude, talvez uma boa tradução jurídica para *fake news* fosse 'notícias ou mensagens fraudulentas'. Enfim, talvez um conceito aproximado do direito, porém distante da polissemia empregada em seu uso comum, poderia ser identificada como uma mensagem propopsitadamente mentirosa capaz de gerar dano efetivo ou potencial em busca de alguma vantagem" (RAIS, 2018, p. 107).

[438] "[...] essencial para que os fatos falsos angariem credibilidade e, por isso, viralizem, é a aparência de veracidade da informação. Geralmente, tal aparência é obtida atrelando-se a notícia falsa a um meio mídia, real ou fictício. Uma informação anônima tem pouca chance de convencer o incauto, enquanto aquela que vem embalada no nome de um jornal ou site, mesmo que desconhecido, parece receber por contaminação a credibilidade que a imprensa detém" (NEISSER; BERNARDELLI; MACHADO, 2018, p. 62). O conceito de "viralização" remete à ideia de um processo de "boca-a-boca eletrônico", no qual mensagens de propaganda política associadas a um candidato ou partido são transmitidas de maneira exponencial entre os cidadãos, por meio do uso ativo de dispositivos digitais. Para que seja viral, a transmissão de mensagens deve ter uma taxa de crescimento maior do que um. É preciso, portanto, que cada receptor retransmita a mensagem a mais de uma pessoa, convertendo-se assim em um novo emissor da informação (KAPLAN; HAENLEIN *apud* GONZÁLEZ BUSTAMANTE; SAZO MUÑOZ, 2015, p. 61). "A inexistência de filtros efetivos ou de instrumentos de controlabilidade da informação e o despontar de uma cascata acrítica de fontes que emergem como matrioscas, a partir de outras fontes difusas, ofusca a realidade objetiva e cria 'terras de ninguém' onde não se torna racionalmente possível desmontar ficções, boatos fantasistas ou mensagens difamatórias. Isto, porque uma boa parte dos debates políticos nas redes sociais tende a ser maniqueísta não propendendo os cibernautas para o escrutínio que lhes é oferecido, por simpatia, comodidade, emoção ou convicção: ou se está 'in', ao lado da informação controversa e se procede à sua partilha com

que essa forma de "mentira destrutiva" possui alguns elementos característicos, a saber:

(i) o intuito de prejudicar o adversário[439] ou beneficiar seu responsável;
(ii) a consciência de que os fatos expostos não correspondem à realidade;
(iii) a *expressiva propagação*, em geral pelas redes sociais ou por outros mecanismos, como os aplicativos de mensagens eletrônicas;[440] e
(iv) o *invólucro que a embala*, geralmente fazendo-se passar por matéria jornalística. (NEISSER; BERNARDELLI; MACHADO, 2018, p. 62)

As *fake news*, sem embargo, são apenas um componente dentro de uma realidade mais complexa e abrangente, que dialoga com o tema das desordens informacionais, em sentido amplo, e da desinformação

---

comentários simples e favoráveis, ou se está 'out' combatendo-a de uma forma elementar e verbalmente violenta" (BLANCO DE MORAIS, 2018, p. 149).

[439] Na ótica de Paletz (1997, p. 221), o objetivo da publicidade negativa é dissuadir o eleitor de votar no oponente, pelo que se coloca ênfase em tornar públicos aspectos negativos (ou que se consegue apresentar como negativos) de sua personalidade, conduta, história ou posições adotadas em diferentes temas. Na mesma linha, Crespo Martínez (2015, p. 50-51) explica que a campanha negativa simplifica a percepção do votante sobre determinados partidos ou candidatos para gerar "esquemas dicotômicos de valoração", associando o adversário a posturas prejudiciais sobre determinados assuntos ou temas. Sem embargo, a estratégia engloba riscos, já que, por vezes, pode não ser bem assimilada pelo eleitorado, operando-se o chamado *efeito rebote* ou *efeito bumerangue*. São exemplos de propaganda de ataque: (i) *anúncios de cara-ou-coroa*, que exibem contradições aparentes entre o que o adversário diz em público e o que se apura em seu histórico de atuação política; (ii) *denúncias de abstencionismo*, que mencionam supostos abandonos do dever de presença em sessões de debate ou votação parlamentar; e (iii) *mensagens de culpa por associação*, nas quais o adversário é relacionado a fatos, organizações ou indivíduos impopulares (PALETZ, 1997). Quanto à tática, a propaganda negativa vale-se da apelação aos sentimentos de rejeição e temor dos votantes, por meio de ironia, humor, ridicularização ou advertência ameaçadora (CANEL, 1998, p. 61). Para Valadés (2006, p. 71), a presença constante da propaganda pejorativa é natural e deriva do fato de que a luta pelo poder "se centra, en buena medida, en exhibir las carencias, las debilidades, las contradicciones y las desviaciones del contrincante". Por certo, a propaganda negativa cumpre importante função no jogo eletivo, eis que, diante das limitações, falhas e tendências da cobertura informativa, é frequente que não exista outro modo de chamar a atenção pública para as falhas e negligências dos oponentes (PALETZ, 1997). Sem embargo, considerando que o bem-estar coletivo anseia por soluções, é interessante, para que não se degenere, que a propaganda não abandone por completo enfoque propositivo, máxime porque a campanha eleitoral é um período em que não apenas diversos partidos disputam o poder, mas um tempo no qual a legitimidade das ideias e dos planos ficará estabelecida na mente dos eleitores (CRESPO MARTÍNEZ, 2015).

[440] Conforme Diogo Mendonça Cruvinel (2018, p. 206-207), as *fake news* "[...] podem ser veiculadas tanto propositalmente, de má-fé, quanto involuntariamente, por pessoas que, desavisadas, acabam repassando informações falsas como se verdadeiras fossem. Este tipo de comportamento constitui uma característica psicológica natural e intrínseca do ser humano em querer ser o portador, em primeira mão, de notícias impactantes aos demais membros de seus grupos sociais, ainda que essas notícias sejam falsas. Isso infelizmente faz sentido na lógica da nossa sociedade atual, em que os indivíduos cada vez mais competem por serem os primeiros (ou os melhores) em tudo, inclusive em acesso à informação".

em sentido estrito. A desinformação, a rigor, constitui um gênero do qual as *fake news* fazem parte, em conjunto com uma lista mais ampla de abusos linguísticos conexos. Nessa ordem de ideias, a falsidade informacional, entre outros meios, pode surgir a partir de doze categorias mapeadas pela doutrina: a) *fake news*: notícias falsas com roupagem jornalística, difundidas com o propósito de publicizar relatos fictícios ou com notícia deformação dos aspectos essenciais de um evento real; b) desinformação acidental: informações falsas ou descontextualizadas compartilhadas em um estado geral de desconhecimento, como ato inculto e de boa-fé; c) desinformação dolosa: informações falsas publicadas com consciência da prejudicialidade e da defraudação; d) descontextualização dolosa: informações descontextualizadas difundidas com consciência da prejudicialidade e da deturpação dos sentidos; e) desinformação numérica: fabricação, manipulação ou interpretação maliciosa de escalas ou dados quantitativos, visando subsidiar deduções errôneas sobre temas controvertidos; f) degeneração informativa: informações parcialmente verdadeiras, mas pontualmente adulteradas para induzir a erro ou infligir danos reputacionais; g) *deepfakes*: contrafação de mídias audiovisuais ultrarrealistas, para imputar falas ou comportamentos reprováveis e inventados a atores relevantes; h) encenação discursiva: declarações polêmicas ou prejudiciais, forjadas mediante montagens ou contas falsas, indevidamente atribuídas a instituições, autoridades, atores relevantes ou terceiros a ele associados; i) teorias conspiratórias: teses mirabolantes ou sem um lastro mínimo de fidedignidade (fática, jurídica, científica, jornalística) com potencial persuasório lesivo; j) rumores: relatos acusatórios anonimizados, polêmicos e não confirmados, com potencial persuasório lesivo; k) negacionismo estratégico: levantamento malicioso de "dúvidas" fundadas em afirmações, premissas ou dados falsos, com objetivos desestabilizadores ou destrutivos; l) desinformação visual: conteúdos gráficos portadores de mensagens falsas ou descontextualizadas com potencial lesivo (ALVIM; ZILIO; CARVALHO, 2023, p. 144-145). Conceitualmente, a propósito, vale reter que:

> *A desinformação designa* [...] toda estratégia, conjunto de práticas ou ação comunicativa isolada destinada a substituir, deturpar, impossibilitar ou dificultar o acesso à realidade em torno de um determinado evento, entidade, ator ou questão socialmente relevante, com o propósito mediato de causar, em um público indeterminado, alguma sorte de

reação negativa, como medo, ódio, agressividade, desconfiança ou indignação. (ALVIM; ZILIO; CARVALHO, 2024, p. 145)

Ao lado da desinformação existem mecanismos mais complexos e mais eficientes de manipulação de dados no mundo virtual, igualmente utilizados, atualmente, com a finalidade de influir sobre os processos de seleção de representantes políticos. Esse uso indevido do conhecimento disseminado em rede pode acabar funcionando como mecanismo de manipulação dos votantes, corroendo as bases do livre convencimento político e impactando de modo irreversível os resultados dos pleitos. Exemplo notável dessa categoria de expedientes é a investigação acerca da atuação massiva de *hackers* com o fito de moldar o resultado das eleições presidenciais norte-americanas em 2016.[441]

Em última análise, a pedra de toque dos sistemas de manipulação de dados eletrônicos utilizados contemporaneamente parece ser o acesso aos *algoritmos* dos sistemas,[442] prática que acarreta problemas didaticamente explicados por Hartmann (2015, p. 153):

> Espaço para publicar plataformas de campanha, fotos de candidatos e vídeos promocionais não é mais um bem escasso. Mas com a avalanche de informações, a atenção das pessoas – especialmente durante as eleições – passa a sê-lo.[443] E duas grandes empresas concentram praticamente todo

---

[441] Disponível em: https://www.bbc.com/portuguese/brasil-38275572. Acesso em: 23 ago. 2018.

[442] O algoritmo é um conjunto de modelos matemáticos, continuamente mutáveis, que possibilita que um dispositivo computacional possa realizar diferentes tarefas simultaneamente, tendo como ponto de partida um bloco de informações iniciais. "Algoritmos utilizados por corporações como o *Google* ou o *Facebook* constituem hoje mecanismos mais poderosos de vigilância e controle do que aqueles desenvolvidos tradicionalmente por agentes governamentais. [...] O aperfeiçoamento constante de algoritmos permite o processamento imediato de vastos bancos de dados coletados com ou sem a permissão daqueles que se conectam à rede e tornam possível a construção precisa de perfis individuais de consumidores e de seus desejos ou preferências. De posse de tais perfis, a máquina digital pode, com precisão cirúrgica, bombardear clientes específicos não com possibilidades de escolha, mas com escolhas pré-determinadas para atender a desejos. É óbvio que, na medida em que mais e mais indivíduos recorrem única ou prioritariamente a meios hegemônicos de comunicação (*Google, Facebook*) que só atendem a desejos, a esfera pública de tomada de decisões a partir de possibilidades torna-se comprometida, quer se trate, por exemplo, da escolha de produtos ou de políticos em eleições 'democráticas'. [...] A possibilidade tecnológica de atingir e manipular alvos específicos em grande escala ameaça, no momento histórico que costumamos chamar de pós-moderno, compromete a própria distinção tradicional entre o verdadeiro e o falso e, consequentemente, o processo decisório que é essencial para a democracia" (BELLEI, 2018, p. 32-33).

[443] "A escassez na comunicação em massa tradicional é uma escassez de espaço. Decorre da dificuldade de veicular, pois cada pedaço de papel e cada segundo são disputados, porque valiosos. E valiosos porque são disputados. A reviravolta está em que hoje o espaço não

o poder de direcionar a atenção dos internautas: o *Google*, para a *internet* como um todo, e o *Facebook*, para a vida social *on-line*. Algumas coisas são colocadas em evidência, enquanto outras não ganham destaque e nem sequer são mostradas. Os critérios que determinam qual destino terá cada *site* ou *post*, entretanto, não são relevados. Ainda assim, esses algoritmos secretos e em constante mutação influenciam profundamente os rumos do acesso à informação e da opinião pública nas democracias ocidentais, durante as eleições ou em qualquer época do ano. A questão não pode mais ser ignorada, pois mesmo um detalhe nesses mecanismos já tem um impacto crucial. É preciso estudar, discutir e pensar os algoritmos de *players* que na prática atuam como administradores da nova escassez e, consequentemente, como gestores do conteúdo da *internet*.

O *uso indevido dos algoritmos* em uma campanha eleitoral pode direcionar para as pessoas corretas – aquelas com menor nível de escolaridade ou que demonstram interesse por notícias sensacionalistas – informações verdadeiras ou forjadas sobre determinados candidatos, de modo a depreciar, indelevelmente, a sua imagem. Esse procedimento viabiliza, na prática, uma forma muito eficiente de difusão de propaganda negativa. Do mesmo modo, podem ser direcionadas mensagens seguidas de enaltecimento de outro concorrente, tentando influir positivamente na visão do eleitor quanto a sua postura ou quanto ao valor de suas respectivas propostas (ALVIM; CARVALHO, 2018).

é mais escasso. As páginas de internet não são disputadas – custam praticamente nada a quem quer veicular. Isso muda tudo. Sem a escassez o custo cai. Se o custo cai, a barreira de entrada no mercado some. Mais do que isso, se o custo é próximo de zero, nem sequer há mercado. Os jornais tradicionais enfrentam nos últimos quinze anos a pior crise da história. Salas de edição ficam cada vez menores. Há milhares de fontes de notícias gratuitas on-line e cada vez menos pessoas estão dispostas a pagar por um exemplar matutino. O número de leitores diminui e com isso diminui o valor do espaço para os anunciantes. Disso resulta que empresas gastam cada vez menos com propaganda em jornais. O sistema de financiamento que funcionava perfeitamente agora está em ruínas. A grande maioria dos jornais que existia em 2000 estará falida em 2025. [...] O pouco que resta hoje do papel tradicional desempenhado pelos meios de comunicação em massa é meramente transitório. Todos terão como plataforma a internet. Em vez de centenas de milhares de jornais, bilhões de páginas na internet. Em lugar de ouvir o que alguns âncoras de telejornais têm a dizer, podemos ouvir o que centenas de milhões de usuários do Facebook têm a dizer. A escassez do espaço acabou. Mas é mais do que isso, pois a situação agora é o reverso: há uma quantidade infindável de informação. Com isso, há um novo problema, relacionado à dificuldade de separar o joio do trigo, de se encontrar a informação útil e necessária e descartar ou ignorar a informação não confiável e excessiva, irrelevante. Uma nova escassez surge: escassez de atenção. Com tanta informação sendo acessada, um segundo de atenção completa de um usuário é muito mais difícil de conquistar do que era no início dos anos 1990" (HARTMANN, 2015, p. 158-159).

Essa realidade é possível graças ao que Eli Pariser (2012) chamou de "filtro bolha", referindo-se ao uso de algoritmos como controladores de conteúdo; por meio da observação dos hábitos dos usuários da internet (termos pesquisados em buscadores, *sites* acessados, produtos pesquisados em lojas virtuais etc.), forma-se um perfil do indivíduo, com relativa margem de acerto, e enviam-se conteúdos que se amoldam ao padrão encontrado.[444] Esse procedimento foi empregado, inicialmente, para fins comerciais, mas hoje atinge com grande frequência a senda das disputas políticas, trazendo ao menos duas grandes implicações, elaboradas por Hartmann (2015, p. 160-163).

A primeira tem relação com os novos modelos de mediação da comunicação e seus respectivos modelos de negócio. "Em um contexto de quantidade ilimitada de páginas o serviço valioso não é mais o espaço para a manifestação, mas sim a filtragem", sendo esse o verdadeiro serviço prestado pelos buscadores. "Um internauta não dá valor a bilhões de páginas desorganizadas, mas dá muito valor a quem pode organizá-las e apontar o que de fato é relevante em um determinado momento, para um determinado propósito". Assim, é possível pagar pela atenção dos usuários, garantindo interesses ou posições privilegiadas no que acessam a partir das respostas que os buscadores oferecem às suas buscas. Pense-se, por hipótese, na diferença entre a preponderância de escândalos ou de realizações positivas, na primeira página de uma consulta realizada acerca do nome de um candidato "x", sobremais quando se sabe que os internautas raramente avançam suas pesquisas para as páginas seguintes dos buscadores virtuais.

A segunda grande implicação diz com os próprios critérios que pautam os processos de filtragem e classificação. O Google usa um algoritmo que faz escolhas entre páginas da internet, ao tempo em que o Facebook emprega um algoritmo que escolhe entre *posts* realizados nessa rede social. Esses dois algoritmos:

---

[444] "As chamadas 'bolhas digitais' são formadas por filtros invisíveis que classificam os usuários com base em suas preferências e induzem o sujeito a se relacionar com pessoas da mesma ideologia. Estudos demonstram que esse cenário tende a criar cidadãos mais intolerantes, radicais em suas posições e agressivos em suas reações. Eli Pariser resume o problema afirmando que 'a democracia exige que os cidadãos enxerguem as coisas pelo ponto de vista dos outros; em vez disso, estamos cada vez mais fechados em nossas próprias bolhas'. Diante desse cenário, cunhou-se a expressão 'ciberbalcanização' (Bozdag e Van den Hoven), apontando para um cenário de segregação dos usuários das redes sociais em grupos cada vez mais isolados e radicais" (NEISSER; BERNARDELLI; MACHADO, 2018, p. 55-56).

[...] influenciam profundamente os rumos da opinião pública nas democracias ocidentais e, sem embargo, não é possível saber, com absoluta certeza, se são politicamente neutros. Logicamente, cuida-se de algo especialmente preocupante durante as campanhas eleitorais, na medida em que as manifestações de candidatos, partidos políticos e eleitores passam por esses filtros, sem que possamos saber se eles são "operados de maneira igualitária, sem privilegiar determinadas posições políticas ou até mesmo determinados candidatos". (HARTMANN, 2015, p. 163)

Como decorrência, é lógico que *inclinações na programação de algoritmos podem ensejar flagrantes desníveis no mercado das informações político-eleitorais,* haja vista que selecionam e hierarquizam o conteúdo informacional que entrará em contato com os (e)leitores. Nesse quadro, buscadores de páginas e redes sociais organizam e, portanto, regem o clima da comunicação eleitoral, exercendo uma acentuada hegemonia no terreno onde se formam as convicções políticas.

Em termos jurídicos, é evidente que o uso das informações produzidas pelos algoritmos não constitui, por si só, uma conduta abusiva no decorrer de um processo eleitoral. No limite, o tratamento dos dados pode servir para que um candidato possa ordenar suas propostas aos maiores anseios do eleitorado, ajustando-as ao chamado da responsividade, assim como para modular o seu discurso, tornando-o mais atrativo a setores que considere, em termos estratégicos, mais relevantes (mulheres, desempregados, jovens, negros, religiosos etc.). Assim como nos exemplos anteriores, o manejo desse recurso de influência não constitui, em si mesmo, um problema: o certo é que as inquietações decorrem, exclusivamente, dos comportamentos considerados abusivos.

Como é óbvio, porém, não se descartam as hipóteses de abuso. No particular, defende-se que a manipulação abusiva dos algoritmos pode se apresentar sob diferentes perspectivas. A filtragem do conteúdo submetido ao eleitor acaba direcionando as informações recebidas por ele e dificultando o acesso a pontos de vista dissonantes ou aos mais diversos candidatos. O problema, nessa quadra, reside no "[...] *excesso da filtragem,* tanto por parte das empresas quanto dos próprios indivíduos que sem ter consciência se limitam se afastando de pontos de vista divergentes dos seus e empobrecendo assim o valor do debate na esfera pública virtual" (MAGRANI, 2014, p. 119) (grifos nossos).

Além disso, todo rastro ou conteúdo produzido no universo virtual produz, "ainda que involuntariamente, uma quantidade significativa de informações que alimentam bancos de mega dados (*big data*), que dão base para algoritmos de distribuição de conteúdos nas redes" (NEISSER; BERNARDELLI; MACHADO, 2018, p. 56).[445] Esses dados, para a preocupação de especialistas, têm sido utilizados com o propósito de traçar o perfil do eleitorado, permitindo o direcionamento de propagandas personalizadas (*microtargeting*) em franca ofensa à transparência das intenções eleitorais e à saúde da atmosfera comunicativa que permeia as competições políticas. Em última instância, *esses expedientes possibilitam que candidatos vendam propostas radicalmente conflitantes a grupos de votantes com visões, ideologias e interesses distintos*, como explica Lúcia Lebre (2018, p. 8-9):

> O *Marketing* político, designadamente aquele usado pelos candidatos nas campanhas eleitorais actuais, tem vindo a valer-se das potencialidades da rede e com isso aproximá-los dos usuários e conquistarem eleitores que usam as redes sociais digitais. Para tal fim fazem uso de empresas de *Data Analytics*, que através do uso de *software* de análise do dado digital – permite adequar ou manipular o discurso político dos candidatos a um determinado perfil de eleitores usuários das redes sociais digitais. Simplificadamente, o *Big Data* faz a recolha dos conteúdos das redes sociais, dos dados dos usuários (um indivíduo ou grupo de indivíduos) e da sua atividade nas mesmas; organiza esses dados em *clusters*, cruza e analisa os mesmos sob diferentes parâmetros – sociais (idade,

---

[445] "Durante qualquer processo de comunicação electrónica, seja através de um *email*, de um acesso a um *blog*, a uma loja online, a um documento disponibilizado num determinado sitio público, num acesso ao *moodle* de uma universidade, numa publicação ou comentário numa rede social etc., o usuário deixa um rasto atrás de si. Essencialmente, significa que tudo o que fazemos na rede, *online* ou *offline*, deixa vestígios digitais. Estes vestígios dividem-se em dados (o conteúdo das mensagens, aquilo que se fala, que se faz *upload* ou *download*) e meta-dados (localização da comunicação, hora, tipo de comunicação, se é som, imagem etc.). Dados e meta-dados são informação digital, o conteúdo, a forma e suporte de qualquer comunicação através do ciberespaço, e dado o seu valor na sociedade actual – digital – podemos afirmar que o dado digital é o *Novo Combustível Digital*, contudo, o dado tem de ser trabalhado (processado) para que o seu real valor (informação) tenha utilidade. Por conseguinte, e considerando que a sociedade actual está cada vez mais digital e há cada vez mais dados armazenados nos servidores e na rede, o processamento destes tem-se complexificado colocando as empresas com dificuldades em gerir todos os dados e dar-lhes sentido. De forma a ultrapassar este obstáculo que impedia o eficaz aproveitamento da informação, foi criada uma ferramenta de apoio estratégico chamada *Big Data* que veio permitir processar dados em larga escala, '... *extrair valor de grandes volumes de dados, proveniente de uma variedade de fontes, permitindo alta velocidade na captura, exploração e análise dos dados*' (IDC, 2011). Esta ferramenta digital veio permitir fazer análise de informação, designadamente ao nível do *marketing* económico (tendências de mercado, comportamento e sentimentos dos consumidores e suas expectativas), num tempo de processamento extremamente reduzido e para que as empresas tomem antecipadamente as melhores decisões" (LEBRE, 2018, p. 7-8).

profissão, nível habilitacional, ideologia política etc.), psicométricos de Kosinski – Sentimentos (positivos, negativos ou neutros) etc. para identificar perfis, predizer atitudes e comportamentos desses eleitores num determinado tema e finalmente aplicar essa informação estratégica num discurso político direccionado mais eficaz.[446]

Dois exemplos ilustrativos do uso da *Big Data* em campanha eleitoral são as duas últimas eleições para a Presidência dos Estados Unidos: Barack Obama foi o vencedor das eleições presidenciais nos EUA em 2012, baseou toda a sua estratégia de campanhas em informações e insights gerados em conjunto por pesquisas e ferramentas de *Big Data Analytics*; e Donald Trump em 2016 com a empresa *Cambridge Analytica* que fez a análise de 198 milhões perfis de eleitores armazenados na Amazon (61% dos eleitores do país).

Como mais, mencione-se em adição o uso do que se convencionou chamar de *bots*, robôs digitais que realizam diferentes missões, desde a coleta de informações sobre usuários da internet até a disseminação de correspondência eletrônica (*spams*) e de notícias manipuladas. No contexto das eleições, esses aplicativos são utilizados, primordialmente, para a *criação de uma falsa impressão quanto à magnitude do apoio angariado por cada postulante*, com "a automação em larga escala de atividades diversas – postagem de tuítes, retuítes, votos em enquetes, curtidas etc. – ou mesmo por meio da contratação de click farms, nas quais pessoas de carne e osso assumem o papel dos robôs",[447] fazendo com que "determinados conteúdos e informações assumam uma posição de maior destaque e visibilidade nas redes" (MIZUKAMI, 2015, p. 165)

No que concerne à disseminação de mentiras, Neisser, Bernardelli e Machado (2018, p. 57) explicam que um dos mecanismos mais simples é, justamente, a utilização de perfis falsos em redes sociais:

---

[446] Atualmente, assiste-se a um processo contínuo de "digitalização do comportamento dos indivíduos": o acesso a todo tipo de informação – buscadores de páginas eletrônicas, acesso a enciclopédias *on-line* e a meios de comunicação virtuais –, a comunicação multidirecional (uso de correios eletrônicos e redes sociais), assim como o consumo audiovisual e a realização de transações econômicos através do comércio eletrônico. A digitalização da atividade humana tem como produto o *big data*, referente a uma imensa quantidade de dados estruturados, semiestruturados ou desestruturados que proporcionam informações valiosas sobre o comportamento real dos indivíduos, substituindo, em parte, a informação obtida por meio da técnica de pesquisas. Esse fenômeno tem como efeito a possibilidade de leituras bastante precisas sobre o comportamento dos indivíduos, cujos resultados podem, por óbvio, ser utilizados para fins comerciais ou políticos (ATIENZA ALEDO, 2015, p. 167).

[447] "O grande trunfo dos disseminadores de notícias falsas é o fato de a população sequer perceber que está interagindo com um *bot*, crendo, ao contrário, que interage com outro humano. Podem existir situações de interação entre *bots*, o que parece roteiro de filmes de ficção científica" (OYAMA; SERVAT, 2018, p. 309).

Perfis administrados por outras pessoas (que geralmente administram um grande grupo de identidades falsas nessas plataformas), que têm como objetivo simular comportamentos de pessoas reais, agindo nas redes de acordo com os interesses daqueles que administram os perfis ou de quem os contrata.

Outra ferramenta com funcionamento parecido são os chamados *fake bots*, que são também perfis de usuários falsos, mas administrados por robôs (*bots*) programados para reagir ao conteúdo da rede social como se humanos fossem. Esses robôs são capazes de colher dados, interpretá-los e gerar *scripts* para atuar de forma idêntica ao comportamento de um cidadão comum utilizando o perfil.

Independente da forma como são administrados (por administradores físicos ou robôs), esses perfis falsos têm a capacidade de ingressar em bolhas de microssegmentação específicas e lançar conteúdos que, por interação orgânica (dos usuários reais da rede) ou falseada (com interação com outros perfis falsos) adquirem relevância naquele ambiente, ao fazer um determinado assunto ser repetido por uma quantidade grande de usuários em um curto espaço de tempo. Essa construção de relevância de conteúdos de forma artificial é muitas vezes utilizada como estratégia para rompimento da opinião pública e para a criação de falsos consensos, o que não apenas tem influência no comportamento do usuário da plataforma que tem contato com esses cenários falsamente consensuais, mas também, muitas vezes, pauta matérias na imprensa tradicional pelo falseamento da relevância dos assuntos. (Grifos nossos)

Os eleitoralistas acrescentam (2018, p. 58-59) que o problema no uso desses mecanismos é ainda mais profundo, na medida em que não se encerram em seus efeitos externos. Há, a somar, a questão relativa à *falta de transparência com relação à identidade de seus financiadores e desenvolvedores*. Com efeito, é de se notar que "não há mecanismo acessível para descobrir o responsável pela criação dos códigos de *bots* utilizados para estes fins", e tampouco "uma forma de identificar o autor dos códigos, mecanismos fáceis de localização dos administradores reais de perfis falsos, e, ainda, formas possíveis de rastrear a contratação desses serviços". Nesse panorama, considerando que a legislação eleitoral pátria estipula "um rol bastante limitado de agentes que podem participar do debate público com o objetivo de interferir na opinião do eleitor e, especialmente, como financiadores, a dificuldade de rastrear e identificar os responsáveis pelos custos e formação dos conteúdos disseminados em redes sociais aparece como um grande desafio a ser enfrentado", sobretudo quando se nota que esses estratagemas impactam de forma negativa o ambiente de formação das opiniões eleitorais, além de ensejar vantagens inadmissíveis pelo prisma do princípio da paridade de oportunidades entre os concorrentes.

Sob o ângulo específico do abuso de poder, parece claro que o desvelo da presença de fontes vedadas no financiamento de estratégias digitais de campanha, assim como o apontamento de investimentos exagerados nesse mesmo segmento, atrai a possibilidade do reconhecimento cumulativo do uso indevido de meios de comunicação social com a figura própria do abuso de poder econômico, hajam aquelas doações ou gastos incidido sobre o granjeamento de influenciadores digitais falsos ou reais,[448] sobre a compra massiva de seguidores, ou ainda sobre o desenvolvimento e/ou a colocação em prática de aplicativos ou programas tendentes à manipulação de algoritmos em redes sociais ou mecanismos de buscas, assim como sobre o uso malicioso de robôs em escala industrial.

Desse emaranhado, em conexão com o fenômeno da desinformação, surge o que a doutrina denomina "abuso de poder digital", manifestação moderna da conhecida figura do uso indevido dos meios de comunicação social, e que termina definido, em termos conceituais, como uma prática irregular que:

> [...] implica a existência de uma operação comunicacional executada de forma sistemática ou coordenada no ambiente virtual, com aptidão para comprometer, em medida significativa, a normalidade ou a legitimidade do pleito, mediante o emprego reiterado e incisivo de estratégias discursivas, ferramentas tecnológicas ou recursos humanos ilícitos, tendentes a assegurar a dispersão viral e a assimilação massiva de narrativas fraudulentas, ameaçadoras, odiosas ou violentas contra candidatos, partidos ou correntes adversárias (desinformação inter partes), ou ainda contra os organismos eleitorais e suas autoridades, produtos ou serviços (desinformação antissistema), visando, no primeiro caso, a auferir vantagens ilícitas na disputa concorrencial e, no segundo, a fomentar a desconfiança contra as instituições de garantia, como

---

[448] Sobre o papel dos influenciadores digitais, voltamos a mencionar a importância da "teoria do fluxo de comunicação em dois passos" (*two-step flow of communication*), já referida em nota anterior da presente obra. Como observa a doutrina: "El papel de intermediario que desempeñan los llamados líderes de opinión es reconocido por los emisores de mensajes políticos, porque saben de su capacidade para multiplicar la difusión de los mismos. Los emisores tratan de ampliar la eficacia de sus mensajes contando con la actividad y la presunta credibilidad de estos 'intermediarios' o líderes de opinión. Cualquier análisis del proceso de comunicación, por tanto, ha de tener en cuenta que los intercambios individuales y los intercambios de grupo se combinan permanentemente" (VALLÈS; MARTÍ I PUIG, 2015, p. 304-305).

medida de respostas multitudinárias viscerais e de desestabilização política. (ALVIM; ZILIO; CARVALHO, 2024, p. 399)

Conste, em reforço, que o uso abusivo da inteligência artificial em campanhas eleitorais foi conhecido como hipótese normativa de abuso de poder pelo art. 9º-C da Res.-TSE nº 23.610/2019, com redação dada pela Res.-TSE nº 23.732/2024. A inteligência sintética, como explica a doutrina especialista, pode afetar os processos eleitorais de inúmeras maneiras, dado que, entre outras questões:

> [...] (a) os algoritmos de big data permitem a leitura e a compreensão de grandes lotes de dados relativos a gostos, preferências e comportamentos pessoais, que por sua vez viabilizam a entrada de técnicas de perfilamento e microssegmentação para o desenho e a entrega de mensagens direcionadas que exploram gatilhos mentais como medos, preconceitos e demais condicionamentos ou vulnerabilidades que decidem o voto; (b) os algoritmos de personalização de respostas em mecanismos de busca, de seleção e indicação de conteúdos e de organização de feeds ou timelines alteram de forma profunda e artificial o fluxos da ações comunicativas, escolhendo, em última instância, as expressões políticas que ganharão maiores alcance e visibilidade em contraposição às afirmações e ideias que cairão no vazio, e assim determinando, inapelavelmente, o destino final das mensagens e a sorte dos respectivo mensageiros; (c) os bots, em atuação coordenada, podem inundar as redes com narrativas falsas ou odiosas, encetar campanhas de assédio e humilhação ou desviar a atenção pública de temas relevantes, com false flags ou cortinas de fumaça; e (d) a IAG [inteligência artificial generativa] provoca uma revolução na indústria persuasiva, engendrando técnicas de convencimento livres das amarras da realidade e com um grau de eficiência jamais presenciado.[449] (ALVIM; RUBIO NÚÑEZ; MONTEIRO, 2024, p. 270)

Nesse encadeamento, o uso indevido da inteligência artificial aparece como uma nova forma de abuso proscrito, a qual pode incidir

---

[449] Como giza Anna Paula Oliveira Mendes, as implicações da tecnologia modernas nas campanhas eleitorais trazem a lume discussões que envolvem eventuais abusos no tratamento de dados pessoais, em especial para a segmentação de mensagens destinadas a cada "público específico". Envolvem, pois, um "contexto de limitação à liberdade do voto", que por sua vez alude aos filtros criados pelos algoritmos de mídias sociais, e que tanto impactou as mecânicas de circulação e acesso à informação. Consequentemente, a temática do abuso, em uma leitura moderna, abrange não apenas o problema da desinformação, mas práticas análogas que aludem, de um lado, à "manipulação de dados sensíveis" para a disseminação de conteúdos personalizados e, de outro, a "malversação dos algoritmos das redes" para influenciar de forma indevida a tônica geral do debate público (MENDES, 2022, p. 114-115).

sobre as competições eleitorais dando azo a um conjunto também vasto de práticas nocivas, antijurídicas e socialmente indesejadas, notadamente: a) práticas de "infoxicação" e deturpação da realidade (*cheapfakes, deepfakes, hoaxing, astroturfing*); b) práticas de polarização, desestabilização e incitação ao conflito (*psy ops, shitstorms, flaming wars*); c) práticas de quebra da equidade comunicativa (interferência algorítmica, discriminação algorítmica, silenciamento algorítmico); d) práticas de assédio, discriminação e violência política (*trolling*, ciberassédio, violência política de gênero); e) práticas de pirataria de dados e chantagem psicométrica; e f) práticas de supressão de controles orgânicos (ALVIM; RUBIO NÚÑEZ; MONTEIRO, 2024, p. 205-276).

No mais, não há negar que a subsunção das variadas estratégias de manipulação informativa no seio da rede à hipótese de uso indevido dos meios de comunicação social é tecnicamente tranquila, cabendo apenas assentar, no enfrentamento de casos concretos, a gravidade relativa aos artifícios tecnológicos postos em questão para que se legitimem eventuais decisões de cassação. Nessa direção a regra inscrita no art. 6º, § 4º da Res.-TSE nº 23.375/2024.

CAPÍTULO 6

A GRAVIDADE NO ABUSO DE PODER COMO PARÂMETRO PARA A CASSAÇÃO DE MANDATOS: O ARRANJO BRASILEIRO DIANTE DOS PRESSUPOSTOS AXIOLÓGICOS DO SISTEMA E DOS VETORES VIGENTES NA EXPERIÊNCIA INTERNACIONAL

À luz das expectativas constitucionais e dos próprios pressupostos universais que engendram a noção de democracia, é de se reconhecer que a finalidade essencial dos órgãos componentes da Justiça Eleitoral consiste, primordialmente, na efetiva proteção do direito popular de escolha dos governantes, em ordem a materializar, isto é, tornar factível a garantia da participação política e, consequentemente, dotar de eficácia prática o princípio democrático da representação popular.[450]

Para isso, a ordem jurídica os encarrega de aplicar um conjunto de garantias destinadas a resguardar a autêntica vontade do povo, o que, no plano jurisdicional, é feito mediante a aplicação de um conjunto de normas que conforma o chamado *direito eleitoral sancionador*, cujo fim principal, em análise econômica, é criar um clima de desestímulo quanto a práticas ilícitas potencialmente comprometedoras do bom andamento dos pleitos. Nesse compasso, Marcelo Roseno de Oliveira (2018, p. 355) observa:

---

[450] Entre outros autores, Ileana Fraquelli (2011, p. 296) destaca que o direito eleitoral tem como desiderato garantir a efetiva vigência do princípio democrático da representatividade popular, fazendo com que, no seio das competições eleitorais, prevaleça a vontade dos votantes. Nesse sentido, menciona emblemática decisão proferida pela Suprema Corte argentina (CSJN, *Fallos* U.22.XXXI), da qual se extrai a ideia de que assegurar a genuína vontade do povo é o princípio político básico que rege as atividades da Justiça Eleitoral.

Um dos eixos em que opera a governança eleitoral, assim entendida como o conjunto de atividades que criam e mantêm a estrutura institucional em que se desenvolvem as eleições, é o da definição das "regras do jogo" (*rule making*). De fato, o estabelecimento de um marco regulatório é rigorosamente necessário para impor limites à atuação dos competidores, buscando garantir que as disputas ocorram num campo de jogo nivelado, no qual prevaleça o equilíbrio, desencorajando abusos e transgressões que possam comprometer a própria legitimidade das eleições, cumprindo-se assim um dos principais escopos da *ratio essendi* do direito eleitoral.

A só existência de normas, porém, não é garantia de equidade na disputa, uma vez que se reclamará a sua efetiva aplicação no campo da administração eleitoral (*rule application*), sem embargo da possibilidade de manejo da via contenciosa para sancionar os desvios (*rule adjudication*), constituindo-se, então, a partir desses três campos, a *electoral governance*.

Na tarefa de assegurar a preservação da essência democrática dos certames eletivos, o ordenamento legal, norteado pelo princípio geral da fragmentariedade, próprio aos microssistemas jurídicos punitivos, elege uma ampla gama de ilícitos puníveis, tendo em consideração as exigências específicas das competições políticas e os diversos valores jurídicos e políticos que tenciona tutelar.

Em um plano geral, o arcabouço normativo desenvolve, mediante a previsão de reprimendas mais ou menos severas, uma rede de desincentivos destinada à eliminação virtual da fraude eleitoral, categoria em que se insere "todo um conjunto de atuações tendentes a manipular indevidamente os processos eleitorais, com caráter prévio, concomitante ou posterior à conclusão dos certames" (VILLORIA MENDIETA, 2006, p. 263) (tradução livre).

Sob o aspecto da relevância, esses ilícitos levarão a consequências manifestamente diferentes, conforme o grau de significância que seus efeitos assumam no esquema de preservação da *pars conditio* entre os *players* e da autodeterminação da vontade individual dos eleitores.

Em uma construção lógica, as faltas eleitorais consideradas mais graves atraem a aplicação de reprimendas substanciais, ao tempo em que aos desvios percebidos como menos nocivos correspondem respostas mais brandas, de acordo com as alternativas prescritas no cardápio corretivo do microssistema de regulação das eleições. Por esse prisma, os ilícitos eleitorais podem ser divididos em:

1) *Ilícitos eleitorais de primeira ordem*: são ilícitos que agravam os pontos mais sensíveis das disputas eleitorais, componentes

do cerne da chamada "legitimidade nuclear", sendo por isso reputados mais graves e, consequentemente, ensejando cassação de registros de candidatura, de diplomas ou de mandatos no bojo de ações eleitorais de índole impugnativa (ação de impugnação de registro de candidatura, ação de investigação judicial eleitoral, ação de impugnação de mandato eletivo, recurso contra a expedição de diploma, representações por captação ou gastos ilícitos de recursos, por captação ilícita de sufrágio ou por condutas vedadas a agentes públicos etc.).

2) *Ilícitos eleitorais de segunda ordem*: são ilícitos que versam sobre ofensas consideradas menos graves, porquanto incidentes sobre aspectos periféricos do processo, como transgressões a regras comezinhas de propaganda eleitoral ou de financiamento de campanhas, às quais a lei, em um cálculo de proporcionalidade, atribui respostas substancialmente mais amenas, como é o caso da mera suspensão de direitos ou da simples aplicação de multas.

3) *Ilícitos eleitorais híbridos*: são ilícitos *potencialmente* graves, mas que, em determinadas circunstâncias, podem não sê-lo, razão pela qual a lei, como medida de justiça, também em homenagem ao critério de proporcionalidade,[451] reserva

---

[451] "O princípio da proporcionalidade – encontrado no art. 5º, LIV, CF – é de aplicação recorrente no âmbito dos tribunais eleitorais. Por seu filtro, 'logra-se viabilizar a harmonia entre direitos e valores constitucionais, utilizando-se, para isso, da limitação ou da cedência recíproca de cada um deles, de forma a preservar o sistema de valores constitucionais como um todo' (Esmeraldo, 2014). Utiliza-se o princípio da proporcionalidade como instrumento de proibição do excesso, justificado pelo fato de que a realização da justiça nos casos concretos demanda ponderação, o que implica concluir que a pena aplicada sempre há de guardar proporção com o ilícito cometido. Nesse sentido, a lição do marquês de Beccaria, segundo a qual 'qualquer excesso de severidade torna-a [a pena] supérflua e, por-tanto, tirânica'. Alexandre de Azevedo (2012) pontifica que o princípio da proporcionalidade é destinado tanto ao legislador quanto ao julgador, cabendo ao legislador 'criar leis e impor sanções que sirvam para inibir determinadas condutas praticadas pela sociedade (prevenção geral), bem como sirvam para dissuadir o agente a não mais praticar a conduta (prevenção especial)'. Assim, é dever do julgador 'analisar o caso concreto e estabelecer a pena conforme a situação'. O trabalho do magistrado, no entanto, não se limita a isso, pois, 'na hipótese de o legislador não observar o princípio da proporcionalidade caberá ao magistrado, utilizando regras de hermenêutica, aplicar o princípio em estudo'. A tese encontra-se em perfeita consonância com a jurisprudência do Tribunal Superior Eleitoral. A Corte Superior – salvo nas hipóteses de captação ilícita de sufrágio – costuma invocar o preceito para ajustar sanções impostas com exagero pelo legislador. Nesse guiar, em casos como os de condutas vedadas a agentes públicos em que há previsão de dupla penalização, com multa e cassação do registro ou do diploma (art. 73, 458 §5º, 9.504/97), por exemplo, não é raro que o Tribunal considere

espaço para a aplicação de sanções de ambas as cargas, em respeito ao grau de variação entre os casos concretos (eminentemente, hipóteses em que a lei prevê, em fórmula disjuntiva, a possibilidade de cassação *ou* de aplicação de pena alternativa, notadamente multa).

Para identificar os *ilícitos eleitorais de primeira ordem* – e também os ilícitos eleitorais híbridos, o estudioso deve percorrer o arcabouço eleitoral sancionatório em busca de atividades antijurídicas cuja prática possa acarretar, potencialmente, a desconstituição de um registro de candidatura ou mesmo de mandato obtido nas urnas, com a radical consequência respeitante à invalidação da própria eleição. Nesse particular, enquadram-se as condutas que, potencialmente, arriscam a legitimidade – e seu núcleo fundamental – com maior contundência, isto é, com um maior grau de afetação.

Em linhas gerais, o exercício proposto aponta que os *ilícitos eleitorais de primeira ordem* descrevem condutas hipoteticamente reveladoras de:

- *fraude* (ameaça à fidelidade dos resultados);[452]
- *corrupção* (ameaça à liberdade de sufrágio);[453] e

---

suficiente (e, portanto, proporcional) a simples aplicação de sanção pecuniária, afastando, por exagerada, a reprimenda da cassação" (ALVIM, 2016, p. 457-458).

[452] No contexto das ações eleitorais de caráter impugnativo, em especial a ação de impugnação de mandato eletivo (AIME), a fraude "[...] deve ser entendida como logro ou ardil utilizado para estabelecer uma dissociação entre o resultado da eleição e a vontade popular efetivamente assinalada nas urnas, ou, como prefere Carlos Lula, 'a burla, o engano, o artifício para favorecer um candidato em detrimento de outro'. Qualificam-se como fraudulentos, pois, expedientes como a adulteração de dados das urnas eletrônicas ou dos sistemas de apuração, bem como a realização de votos, pelos mesários, em duplicidade, ou mesmo no lugar de eleitores ausentes. Para efeitos de AIME, como se vê, a fraude é mais facilmente caracterizada no procedimento da votação. Desse modo, entende o TSE que não constitui artimanha a ensejar AIME a fraude realizada no cadastro eleitoral, com a transferência irregular de domicílio de eleitores. Nada obstante, sublinha a Corte que o conceito de fraude, para fins de AIME, é aberto e pode englobar todas as situações em que a normalidade das eleições e a legitimidade do mandato eletivo são afetadas por ações fraudulentas, inclusive nos casos de fraude à lei" (ALVIM, 2016, p. 560-561). Atualmente, o caso de fraude mais evidente diz com a apresentação das chamadas "candidaturas-laranja", postulações políticas fictícias que representam burlas à imperativa cota de gêneros invocada pela Lei das Eleições. Sobre o tema, confiram-se os estudos de Machado e Almeida (2018a), Peleja Júnior (2018) e Andrade Neto, Gresta e Santos (2018).

[453] No ambiente das ações de cassação, a corrupção, para além dos processos clientelistas tipificados como crime pelo art. 299, do Código Eleitoral, "[...] engloba ainda situações outras, independentes do fim específico de obter ou conceder um voto, ou conseguir ou prometer abstenção. Segue-se que tanto o delito mencionado como qualquer outro ato de corrupção que ofenda a limpeza do pleito, inclusive a captação ilícita de sufrágio, podem

CAPÍTULO 6

A GRAVIDADE NO ABUSO DE PODER COMO PARÂMETRO PARA A CASSAÇÃO DE MANDATOS: O ARRANJO BRASILEIRO... | 401

- *abuso de poder lato sensu* (ameaça à liberdade de sufrágio, à igualdade de oportunidades entre os candidatos ou à própria legitimidade das eleições).[454]

Em um exame mais detalhado, observa-se que a identificação dos ilícitos de primeira ordem contribui para a compreensão de um problema fundamental para o direito eleitoral, qual seja a delimitação do *núcleo* ou conteúdo concreto da legitimidade eleitoral.

Plasmada em termos simples a ideia desenvolvida no segundo capítulo deste estudo, o núcleo da legitimidade eleitoral pode ser encontrado a partir da identificação dos bens jurídicos tutelados pelos ilícitos que ensejam cassações políticas, ainda na fase do registro ou mesmo em etapas sucessivas do iter do processo eletivo. Assim, em um intento esquemático, obviamente reducionista, é possível afirmar que a *legitimidade nuclear*, no tocante ao âmbito do direito eleitoral sancionador (excluindo-se, portanto, discussões em torno do cumprimento de requisitos relativos aos registros de candidatura), reside na proteção dos seguintes valores albergados pela Constituição da República:

(i) *fidedignidade do resultado das eleições* (protegida mediante a repressão à fraude, conforme o art. 14, §10, CRFB);

(ii) *liberdade para o sufrágio* (protegida mediante a repressão à corrupção e a certas formas de abuso de poder, conforme o art. 14, §§9º e 10º, CRFB);

(iii) *igualdade de oportunidades entre os players* (protegida mediante a repressão às formas de abuso restantes, conforme o art. 14, §9º, CRFB).

O problema, no entanto, é decerto mais profundo e complexo.

É evidente que a disciplina eleitoral se ressente da falta de uma sistematização teórica mais aprofundada em torno da matéria. Quiçá

---

ser compreendidos no conceito de corrupção aplicável à AIME. Assim, a corrupção atacável por AIME corresponde à expressão de alargada amplitude, abarcando 'toda e qualquer ação contrária ao Direito voltada a perverter, pelo oferecimento de dádiva, a vontade livre do eleitor' (Reis, 2012). Porém, como alerta Francisco Barros, a corrupção da AIME 'é aquela ligada a práticas eleitorais', razão pela qual, para o TSE, descabe o ajuizamento desse instrumento 'se a ação tem como fundamento suposto desvio de recursos financeiros destinados a programas sociais ocorrido no período em que o réu exercia o cargo de prefeito, ou seja, atos de corrupção administrativa e não eleitoral" (ALVIM, 2016, p. 561).

[454] Conceito que também envolve tipos especiais de abuso de poder, notadamente a captação ou gasto ilícito de recursos (art. 30-A, LE), a captação ilícita de sufrágio (art. 41-A, LE) e as condutas vedadas aos agentes públicos nas campanhas eleitorais (art. 73 e ss., LE).

por isso, as autoridades judiciais eleitorais, com uma frequência assustadora, invalidam a vontade das urnas em nome de valores constitucionais de conteúdo vago e com baixíssima densidade semântica, valores esses moldados, muitas vezes, sem tributo ao ônus argumentativo e ao sabor das conveniências, tudo em detrimento de garantias constitucionais demasiado importantes, como a equidade, a proporcionalidade, a razoabilidade, a segurança jurídica e a correta fundamentação das decisões judiciais.[455]

Dentro desse panorama, na tentativa de lançar luzes sobre esse ponto obscuro do universo em que atuam os profissionais da matéria eleitoral, cumpre ponderar que a legitimidade das eleições comporta, como assentado alhures, ao menos dois diferentes sentidos: um sentido político (ou próprio) e um sentido jurídico (ou impróprio).

O problema que se coloca é que, no terreno contencioso, as autoridades à frente da Justiça Eleitoral são reiteradamente conclamadas a examinar a legitimidade de determinada eleição sob uma lógica artificialmente assertiva, quando é certo que *a legitimidade responde, por natureza, a uma racionalidade gradativa ou escalonada*, portanto contrária a raciocínios categóricos fundados em lógica binária.

Em última análise, a legitimidade eleitoral não veicula uma noção absoluta – uma questão de ser ou não ser, como se um pleito pudesse ser visto, tão simplesmente, como legítimo ou ilegítimo, como pretende o direito –, tratando-se, mais propriamente, de um problema de graduação, de ser mais ou ser menos, ou seja, de reproduzir com maior ou menor fidelidade as expectativas jurídicas alusivas às "condições ideais" atinentes a um processo de escolha popular. Com recurso a uma imagem gráfica, podemos dizer, então, que o índice de legitimidade de um pleito específico equivale à distância que o conjunto de suas práticas e procedimentos guarda em relação a um norte referencial correspondente à ideia que se projeta de uma "eleição perfeita".

Nada obstante, na contramão desse esquema lógico, as autoridades eleitorais, máxime no deslinde de ações impugnativas, veiculadoras de hipóteses de exclusão de concorrentes ou cassação de mandatos, enfrentam, na prática, um complexo dilema, na medida em que são instadas, categoricamente, a simplesmente chancelar ou recusar a

---

[455] No particular, recorde-se que o novo Código de Processo Civil estabelece, em seu art. 489, §1º, que não se considera fundamentada a sentença ou o acórdão que "empregar conceitos jurídicos indeterminados, sem explicar o motivo concreto de sua incidência no caso".

CAPÍTULO 6
A GRAVIDADE NO ABUSO DE PODER COMO PARÂMETRO PARA A CASSAÇÃO DE MANDATOS: O ARRANJO BRASILEIRO... | 403

validade de uma disputa, à vista dos fatos e das circunstâncias que lhes chegam às mãos.

Esse dilema, obviamente, ganha contornos bastante dramáticos quando se percebe que as decisões de cassação comportam, *a priori*, um caráter contramajoritário, no sentido de que negam efeito à preferência externada nas urnas pela maioria dos cidadãos de determinada base geográfica eleitoral.[456]

No ponto, é bem de recordar que, sob o prisma da democracia constitucional, a natureza antipopular dessas decisões e a própria missão institucional da Justiça Eleitoral, centrada em assegurar o respeito à vontade política do corpo social, conduzem a uma conclusão inarredável: no seio dos tribunais eleitorais os éditos de cassação, conquanto não tenham, necessariamente, de ser muito raros –[457] porque o controle

---

[456] Via de regra, os tribunais eleitorais ignoram a natureza antidemocrática de suas decisões, o que explica, em parte, a abundância de decisões anulatórias proferidas nas últimas duas décadas. Sem embargo, em algumas oportunidades, por certo raras, a questão vem a lume. Confira-se, para fins de ilustração: "Com base na compreensão da reserva legal proporcional, *a cassação de diploma de detentor de mandato eletivo exige a comprovação, mediante provas robustas admitidas em direito, de abuso de poder grave o suficiente a ensejar essa severa sanção, sob pena de a Justiça Eleitoral substituir-se à vontade do eleitor*. [...]" (TSE. RO nº 191.942/AC. Rel. Min. Gilmar Mendes. *DJe*, 16.9.2014) (grifos nossos). A rigor, defende-se que essa concepção autolimitadora deveria nortear o pensamento vigente no âmbito dessa especializada, em nome da proibição de excessos que depõem contra o prestígio da vontade popular.

[457] A análise funcional do direito eleitoral sancionador, sem nenhuma dúvida, legitima, no plano teórico, a exclusão de candidatos transgressores, assim como a invalidação de suas vitórias eleitorais. Malgrado a já mencionada natureza antipopular, que eiva de complexidade este tortuoso tema, é inegável que *a cassação jurisdicional de mandatos, no plano hipotético, vai ao encontro de uma flagrante necessidade constitucional*. Como escreve o Professor Rodrigo López Zilio (2018, p. 447): "[...] existe um inegável caráter de legitimidade nas decisões sancionatórias contramajoritárias proferidas pela Justiça Eleitoral, porquanto nesse agir é revelada uma face do Poder Judiciário de garantidor da regularidade do processo eleitoral. *Não se trata de subtrair a vontade do eleitor* [...], *mas apenas reconhecer que um mandato representativo somente tem validade se obtido com a devida observância das regras do jogo*. Significa, em síntese, que a soberania popular é justificada por uma perspectiva constitucional que reconhece sua legitimidade a partir de uma noção de normalidade do processo de escolha dos representantes políticos. Luiz Fernando Casagrande Pereira reverbera que *as cassações de mandato 'não se dão em desprestígio da soberania popular', apresentando, aliás, efeito contrário, na medida em que a 'cassação é técnica processual para restabelecer a verdadeira soberania popular'* (2016, p. 62). Daí porque o comportamento desviante dos candidatos não é admitido em um sistema eleitoral que se pretenda autêntico e confiável" (grifos nossos). Também sobre o ponto, Raquel Machado e Jéssica Almeida (2018, p. 437-438) opinam que: "Entender a atuação contramajoritária da Justiça Eleitoral pressupõe uma análise de que tipo de processo eleitoral é desejável numa sociedade democrática. Sem dúvida, é aquele que melhor canaliza, com menor vazão e perdas, a vontade livre dos eleitores nas urnas. No Estado democrático de Direito brasileiro, cabe à Justiça Eleitoral, com o auxílio dos demais atores eleitorais [...], garantir que essa canalização ocorra da forma mais livre e transparente possível. Não é todo processo eleitoral que legitima o resultado obtido nas urnas, mas apenas aquele que, de fato, reflita a vontade do eleitorado, que deve ser manifestada sem qualquer vício, manipulação,

dos pleitos é fundamental para o sistema democrático –,[458] são, sem dúvida, decisões de *ultima ratio*, de modo que somente se legitimam em *conjunturas absolutamente inescapáveis*,[459] objetivamente quando:

(i) a propensão eleitoral dominante tenha sido canalizada por um postulante reconhecidamente inapto a figurar como destinatário dos votos, em virtude da incidência de alguma espécie de restrição de direitos políticos;

(ii) a expressão matemática das urnas não corresponda ao somatório dos votos encaminhados, em decorrência da detecção de alguma fraude ou falha desviante; ou, alternativamente, quando

(iii) o produto da vontade coletiva prevalente possa ser juridicamente desqualificado em face da intervenção de condutas ilícitas extraordinariamente graves.

São essas, em nossa visão, as expectativas subjacentes ao espírito do panorama normativo. Consequentemente, sob uma perspectiva fiel à axiologia da temática eleitoral,[460] por meio da qual se fixa a necessi-

---

corrupção e/ou fraude. Em sendo constatado qualquer desses problemas no curso do pleito, não há garantias de que os números constantes das urnas reflitam, factualmente, a soberania popular que é, ao fim e ao cabo, o único fundamento de legitimidade do poder nas sociedades modernas. Daí sobressai a importância do desenvolvimento do conceito de um 'processo eleitoral substancial', ou seja, de um processo que não se legitime apenas pena forma (cumprimento dos procedimentos e prazos), mas também por sua materialidade, que nada mais é do que a capacidade de realizar essa canalização da vontade livre do eleitor às urnas".

[458] A eficácia no controle do processo eleitoral "[...] es una de las claves para el juego democrático, hasta el punto que, hace ya más de cien años, [...] escribía Navarro Amandi que para que una ley electoral pueda decirse buena, es preciso 'que tenga voto todo el que deba tenerlo, que el voto dé por resultado la ponderación exacta de las fuerzas sociales, que la elección no pertenezca a las mayorías, sino a todos los electores y que la elección no pueda falsificarse" (PASCUA MATEO, 2009, p. 21).

[459] "Com efeito, a decisão sancionatória contramajoritária eleitoral somente se justifica quando devidamente lastreada em elementos probatórios suficientes para demonstrar que aludida decisão é *o único caminho possível* para restaurar uma efetiva proteção dos bens jurídicos eleitorais violados. Dito de outro modo, a desconstituição de um mandato eletivo pela via jurisdicional é medida de caráter excepcional e que encontra arrimo exclusivamente como um efeito retributivo suficiente para a composição dos bens jurídicos tutelados pelas normas eleitorais. Daí que uma cassação de diploma ou invalidação de mandato somente é admitida para a proteção da quebra de isonomia entre os candidatos, da violação substancial à liberdade de voto do eleitor ou da transgressão à normalidade e legitimidade das eleições (e desde que os elementos probatórios coligidos na instrução demonstrem, à saciedade e sem espaço de dúvida, a ocorrência dos fatos ilícitos)" (ZILIO, 2018, p. 455) (grifos nossos).

[460] A filosofia dos valores, ou axiologia, sugere que aqueles não são apenas entelequias metafísicas, mas objetivos nobres que emanam da vida social, os quais o direito define e

CAPÍTULO 6
A GRAVIDADE NO ABUSO DE PODER COMO PARÂMETRO PARA A CASSAÇÃO DE MANDATOS: O ARRANJO BRASILEIRO... | **405**

dade da estruturação de competições políticas que culminem com a chancela do produto majoritário da participação política, é assim que o sistema *deveria* funcionar. Mas, também em nossa visão, não é assim que ele, de fato, vem funcionando.

Recentemente, um levantamento feito pelo *Portal G1* apontou que, entre 2012 e 2016, o Brasil teve um prefeito retirado do cargo a cada oito dias pela Justiça Eleitoral. Trata-se de nada menos do que 136 prefeitos afastados, descontados desses números outros 93, também cassados, mas mantidos nos cargos pelo império de decisões liminares – o que faria com que tivéssemos *um prefeito cassado a cada 4,75 dias*, aproximadamente.[461] Isso significa, em uma especulação *ad terrorem*, que em 5% dos municípios brasileiros o comando político atual busca legitimidade antes no poder de juízes togados do que no expectado batismo promovido pela aclamação da porção maioritária do povo.

Falamos de cifras evidentemente impressionantes e que, inobstante, mantêm-se praticamente estáveis desde as eleições de 2000, as primeiras após a edição da Lei nº 9.804/1999, que concedeu efeitos impugnativos à representação eleitoral por captação ilícita de sufrágio.[462]

Também assim, veja-se que *somente nos últimos dez anos a Justiça Eleitoral decretou a necessidade de renovação de 399 eleições municipais* no território brasileiro (SESCONETTO; FONSECA, 2018, p. 149).[463] Em

---

preserva. Na seara eleitoral, as finalidades perseguidas não são outras senão as próprias finalidades democráticas, cujos pilares se assentam sobre garantias políticas de liberdade e igualdade, aplicadas na construção de uma forma especial de Estado, na qual são os indivíduos (e não os tribunais) que devem designar os titulares do poder político (PICADO SOTELA, 2000, p. 51-53).

[461] Disponível em: http://g1.globo.com/politica/eleicoes/2016/noticia/2016/02/brasil-tem-1-prefeito-retirado-do-cargo-cada-8-dias-pela-justica-eleitoral.html. Acesso em: 2 maio 2018.

[462] De acordo com levantamento realizado pela Confederação Nacional de Municípios (CNM), nas Eleições de 2004: 4,9% dos prefeitos eleitos (274, de um total de 5.563) perderam o mandato na Justiça Eleitoral. Desses, cerca de 37% incorreram em infrações à legislação eleitoral, notadamente em ilícitos relacionados com o abuso de poder (Disponível em: http://prerj.mpf.mp.br/noticias/o-globo-para-274-prefeitos-a-cassacao/. Acesso em: 8 fev. 2015). Considerando-se apenas a compra de votos, entre 2003 e 2007, 203 políticos tiveram os seus mandatos cassados pelo Tribunal Superior Eleitoral (Disponível em: http://tre-pb. jusbrasil.com.br/noticias/128638/TSE-cassou-215-politicos-por-compra-de-votos-em-oito-anos. Acesso em: 9 fev. 2015). Bastantes impressionantes, os números não levam em conta os mandatos suprimidos pelas instâncias inferiores da Justiça Eleitoral. Nessas instâncias, estatísticas apontam para a existência de 421 mandatários cassados nas eleições municipais de 2000 e 2004 (Disponível em: http://www.oab.org.br/noticia.asp?id=9041. Acesso em: 11 fev. 2015).

[463] "Dados atualizados do Tribunal Superior Eleitoral apontam que – de julho de 2017 a julho de 2018 – foram realizadas 399 eleições extraordinárias municipais, o que gerou um custo para o erário de aproximadamente 23 milhões de reais. A tendência nos próximos anos

números aproximados, isso significa que, *acaso adotado um hipotético método de agendamento linear e contínuo,*[464] *a Justiça Eleitoral brasileira teria realizado, durante a última década, em média uma eleição municipal a cada treze dias* (!).

Diante de números assim elevados, supomos não haver exagero em afirmar que uma *cultura de cassação* predomina no sistema, sedimentando um comportamento judicial punitivista no qual, em geral, questões fundamentais à operacionalização da democracia representativa e à garantia dos direitos de participação são olvidadas, muitas vezes, sem maiores freios ou acanhamentos.

Nesse universo, a despeito da cultura de transgressão historicamente verificada em nossa história política,[465] não é descabido sugerir que a Justiça Eleitoral tenha, em algum ponto, se afastado do seu *ponto ótimo*, passando, em um plano geral, a banalizar, de certa forma, o que por uma questão de princípios deveria ser infrequente e excepcional. Nesse panorama, não sobeja recordar que:

> Quando imaginamos que a democracia, como diz a Constituição, é um regime em que o poder emana do povo e em seu nome é exercido, fazendo-o diretamente ou por seus representantes eleitos, *qualquer intervenção de qualquer órgão, seja da sociedade civil ou do Estado, no processo eleitoral, antes de tudo tem que ser observada com extremada prudência e muita reserva.* (GUEDES, 2018, p. 112) (Grifos nossos)
> As decisões judiciais que afetam a integridade do registro ou do diploma ostentam um caráter evidente de contramajoritariedade, na medida em que um ato judicial afasta a possibilidade de o indivíduo concorrer em um processo eleitoral, ou, ainda, desconstitui um mandato representativo obtido nas urnas. *O deslocamento das decisões de constituição de mandatos representativos de um fórum democrático, através da eleição direta, para*

é de que este número se eleve, tendo em vista que, no atual arranjo, (i) foi eliminada a possibilidade de diplomação do segundo colocado, e (ii) em eleições locais, as novas eleições diretas ocorrerão agora nos três primeiros anos e meio – e não apenas no primeiro biênio, como anteriormente ocorria" (SESCONETTO; FONSECA, 2018, p. 149).

[464] A especulação sobre o agendamento linear, poderosa em efeitos imagéticos, não é original, havendo de ser creditada à Professora Marilda de Paula Silveira, numa conversa particular à altura do Congresso Brasileiro de Direito Eleitoral, realizado em Curitiba, em junho de 2018.

[465] "É de longa data, no Brasil, a cultura da fraude e da ocorrência de vícios e abusos envolvendo o processo eleitoral; fato já atestável no vetusto relatório de Almeida Albuquerque, elaborado no longínquo ano de 1939: 'Por vezes têm sido trazidos ao nosso conhecimento os abusos partidos no ato das eleições; é com inexplicável pesar que eu reconheço quanto se acha adulterado esse princípio de liberdade política, que a Constituição reconhece e a ambição tanto prostitui [...]'" (OLIVEIRA, 2005, p. 23-24).

CAPÍTULO 6
A GRAVIDADE NO ABUSO DE PODER COMO PARÂMETRO PARA A CASSAÇÃO DE MANDATOS: O ARRANJO BRASILEIRO... | 407

> *um órgão jurisdicional traz um sério debate sobre a extensão desse desenho contramajoritário da Justiça Eleitoral, inclusive com sérios questionamentos sobre se esse viés contramajoritário tem servido adequadamente ao aprimoramento da democracia brasileira, além de evocar a histórica discussão sobre o conflito entre jurisdição e democracia.* (ZILIO, 2018, p. 446) (Grifos nossos)

Sem mencionar o fato de que, no direito comparado, a anulação de eleições não costuma ser tratada como pena (como veremos no tópico seguinte), cabe imaginar que uma análise mais acurada sobre o vasto conjunto de processos de cassação de diplomas apontaria para a existência de bastantes casos de exagero,[466] ofensivos pelo prisma da proporcionalidade e, mais do que isso, para algumas injustiças relativas à diversidade de tratamento entre precedentes semelhantes, pelo que se faz útil e urgente traçar, em esboços teóricos, propostas de sistematização.[467]

Com esse espírito é que enfrentamos a tormentosa questão referente à análise da gravidade das circunstâncias que induzem a prolação de decisões judiciais de cassação por parte dos órgãos da Justiça Eleitoral.

---

[466] Com o propósito de prevenir contra excessos nesse âmbito particular, Marcus Vinicius Furtado Coêlho (2012, p. 70) defende que: "A democracia pressupõe a prevalência da vontade da maioria, com respeito aos direitos da minoria. A banalização das cassações de mandato, com a reiterada interferência do Judiciário no resultado das eleições, pode gerar uma espécie de autocracia, o governo dos escolhidos pelos juízes, e não pelo povo. O juízo de cassação de mandato por abuso de poder deve ser efetuado tão apenas quando existentes provas robustas de graves condutas atentatórias à normalidade e à legitimidade do processo eleitoral, bem como às regras eleitorais. [...] A prudência deve presidir a decisão pela revisão judicial das eleições ou a manutenção do vaticínio popular. A análise de provas no caso concreto, pesando-as, e não as contando, constitui um trabalho de alto relevo. Sem dúvida, o pressuposto da gravidade das circunstâncias, que deve ser fundamentado de forma detida e específica, e não de modo genérico, amplia a responsabilidade do julgador eleitoral". A lição encontra eco na doutrina de Larissa Machado e Amanda Torres (2018, p. 427), para as quais, no exame de ações que versam sobre o abuso de poder, "[...] é preciso que o julgador analise detidamente as provas colhidas no processo e verifique se, de fato, houve excessivo e intolerável desequilíbrio na disputa eleitoral, afrontando de modo inegável a legitimidade e a normalidade das eleições e a liberdade do voto. Tal análise quanto à verificação da relevância do ilícito praticado é necessária sob pena de aumentar o atual fenômeno da banalização das cassações, em que o Judiciário vem desconstituindo sucessivamente a escolha do povo e caminha na contramão da legitimidade do voto popular".

[467] Entre os inúmeros casos de punições políticas desproporcionais corrigidas pela Corte Superior Eleitoral, narram-se, a pretexto de ilustração, a cassação de candidatos: pela construção de um único poço artesanal (REspe nº 31.460/RN. Rel. Min. Maria Thereza Rocha de Assis Moura. *DJe*, 2.12.2015); por manifestações favoráveis em uma rádio que totalizaram ínfimos 1 minuto e 35 segundos (REspe nº 22.504/BA. Rel. Min. Jorge Mussi. *DJe*, 26.6.2018); e pela distribuição de material publicitário pago pelo partido político cujo valor não ultrapassava 8,5% do teto para os gastos na circunscrição do pleito (AgR-REspe nº 39.252/SP. Rel. Min. Admar Gonzaga Neto. *DJe*, 28.11.2018).

Embora seja certo que o enfrentamento judicial das hipóteses de cassação de mandatos demanda, por natureza, a aplicação de uma técnica de apreciação casuística,[468] isso não impede a busca de uma generalização sistemática sobre o tema, inclusive para que os tribunais e juízes brasileiros possam criar uma sorte de memória institucional mais sólida, inteligível e coesa, em ordem a oferecer tanto um maior apuro técnico como uma maior nota de equanimidade em suas decisões,[469] em par com as demandas de estabilidade, integridade e coerência fixadas, em geral, pela segurança jurídica prestigiada pela Constituição da República e, em específico, pela exigência de uniformidade plasmada no novo Código de Processo Civil (arts. 926-927).[470]

Nessa tarefa, começamos por apontar, na experiência comparada, tentativas de sistematização do problema mediante a apresentação de parâmetros objetivos projetados por algumas prestigiadas cortes estrangeiras. Essa análise panorâmica tem a intenção de demonstrar que os vetores ordinariamente utilizados na experiência forânea são, em regra, mais estritos e mais democráticos do que os atualmente previstos, assimilados e aplicados no contexto nacional.

Na sequência, enfrentaremos a problemática análise do requisito de gravidade nas ações eleitorais que versam sobre abuso de poder, com o espeque de oferecer um modelo hipotético fundado numa ordenação valorativa das consequências provocadas pelas diferentes expressões do abuso, tendo como norte os efeitos surtidos no clima da competição política e, especialmente, na esfera volitiva do eleitor. No

---

[468] Como explica José Jairo Gomes (2018, p. 25), "o conceito de abuso de poder é indeterminado, fluido e aberto; sua delimitação semântica em regra só pode ser feita na prática, diante das circunstâncias que o evento apresentar. Portanto, em geral, somente as peculiaridades do caso concreto é que permitirão ao intérprete afirmar se esta ou aquela situação real configura ou não abuso de poder. O conceito, em si, é uno e indivisível. As variações que possam assumir na prática decorrem de sua indeterminação *a priori*. Sua concretização tanto pode se dar por ofensa ao processo eleitoral, resultando o comprometimento ou legitimidade das eleições, quanto pela subversão da vontade do eleitor, em sua indevassável esfera de liberdade, ou pelo comprometimento da igualdade da disputa".

[469] Não custa lembrar que o novo Código de Processo Civil prescreve que os tribunais, inclusive eleitorais, têm o dever de uniformizar a sua jurisprudência, mantendo-a estável, íntegra e coerente (art. 926, *caput*). Nesse diapasão, José Edvaldo Pereira Sales (2012) disserta que a existência de conceitos jurídicos indeterminados incidentes sobre realidades dinâmicas, como é o caso do abuso de poder, não autoriza que os magistrados eleitorais construam um estado de incerteza conceitual que comprometa a segurança jurídica do sistema, mediante o estabelecimento de um "'direito eleitoral camaleônico', que, dependendo dos fatos, das circunstâncias, dos candidatos, do tipo da eleição, muda os seus próprios conceitos [...]".

[470] Sobre a força dos precedentes na seara eleitoral, confira-se brilhante estudo lavrado pelo Min. Tarcísio Vieira de Neto (2018b).

A GRAVIDADE NO ABUSO DE PODER COMO PARÂMETRO PARA A CASSAÇÃO DE MANDATOS: O ARRANJO BRASILEIRO...

particular, finca-se a premissa de que as diferentes hipóteses de abuso de poder não produzem efeitos iguais e, portanto, assumem, no espectro de análise da gravidade de suas circunstâncias, "pontos de partida" substancialmente diferentes.

6.1 Vetores para a cassação de mandatos na jurisprudência comparada

A jurisprudência espanhola, não raro replicada no repertório de decisões de tribunais latino-americanos, há muito examina as ações eleitorais de cassação a partir de dois vetores principiológicos estreitamente conectados entre si. Fala-se, especificamente, do *princípio da conservação dos atos eleitorais* (a significar que a vontade do corpo eleitoral manifestada de forma clara e livre deve ser preservada), assim como do *princípio da proibição do falseamento da vontade popular* (por meio do qual a anulação das eleições – e a consequente invalidação dos votos – somente é possível diante de casos em que o resultado das urnas tenha sido indevidamente determinado por algum ilícito).

Empós de destrinchar os seus respectivos significados, Alvarez Conde (1991, p. 13) ensina que a junção de ambos os princípios leva a duas inferências hermenêuticas imperativas: em primeiro lugar, à conclusão de que *o resultado dos pleitos goza de uma presunção de validade iuris tantum, somente relativizada em casos extremos e excepcionais*; em segundo lugar, à conclusão de que *as irregularidades cometidas ao largo do processo eleitoral não têm relevância suficiente para ensejar a cassação dos eleitos, a não ser quando hajam afetado o resultado final das eleições*, ou seja, somente quando tenham desvirtuado, indubitável e cabalmente, a vontade encontrada na expressão das urnas.[471]

---

[471] Na visão de Alvarez Conde (1991, p. 12), a incidência desses princípios faz com que, no exame de ações eleitorais de cassação, seja rechaçada qualquer interpretação formalista da legislação eleitoral que suponha uma hipotética violação daqueles. O princípio da proibição do falseamento encontra-se plasmado no art. 113.3 da *Ley Orgánica del Régimen Electoral General* (LOREG), nos seguintes termos: "Não se procederá à anulação quando o vício do procedimento eleitoral não seja determinante para o resultado da eleição" (tradução livre). A redação do artigo, ocorrida no início da década de 1990, decorre de uma reação legislativa ao Acórdão nº 1/1989 (Tribunal Superior de Justiça de Murcia), posteriormente analisado pela Corte Constitucional (Acórdão nº 24/1990), o qual conferiu à norma de regência uma interpretação finalista transcendente à mera literalidade, em ordem a fixar a tese de que o parâmetro de anulação de uma eleição deve acomodar os princípios de conservação do ato, da proporcionalidade e da interpretação mais favorável à efetividade dos direitos fundamentais. Veja-se, a respeito, ensaio da lavra do Professor González Rivas (2010).

Como resultado, no caso espanhol o instituto da anulação de eleições só pode ser invocado quando exista uma relação de causa e efeito entre o vício e o resultado eleitoral, de maneira que não se anulam os pleitos senão quando as transgressões tenham alterado substancialmente o produto das urnas (GARCÍA SORIANO, 2010, p. 157). Nessa esteira, a exclusão de candidatos somente pode ser usada como um "instrumento de garantia e respeito à expressão da vontade política do conjunto de cidadãos" (ARCHILA *apud* ARNALDO ALCUBILLA, 2009, p. 355), portanto, nunca como instrumento primordialmente centrado na punição de atores políticos responsáveis por alguma espécie de falta eleitoral.

Em acréscimo, gizamos que um parâmetro idêntico norteia o sistema de contencioso vigente na França, país onde o modelo de controle da regularidade dos pleitos é orientado pelo denominado *princípio da influência suficiente ou determinante* (TORRES DE MORAL *apud* ALVAREZ CONDE, 1991, p. 13), em vista do qual somente se procede à anulação de uma eleição quando sejam verificadas irregularidades com carga de influência suficiente para deturpar o resultado natural da votação.[472]

No continente americano, o Tribunal Eleitoral do Poder Judiciário Federal (TEPJF) do México enfrentou, em 2012, uma ação de cassação movida contra o presidente eleito, Enrique Peña Nieto (Juízo de Inconformidade SUP-JIN 359/2012),[473] caso em que a Corte terminou por apontar uma série de condições objetivas para a legitimação específica de decisões judiciais de cassação de mandatos ou de anulação de eleições.

A ideia plasmada nos autos mencionados é a de que somente a presença *cumulativa* desses elementos é que autoriza, isto é, legitima uma ordem jurisdicional com o condão de anular a vontade congregada do corpo de cidadãos no bojo de um evento de seleção de governantes. Na linha da jurisprudência mexicana, a extinção anômala de um processo eleitoral exige:

(i)   a presença de um fato flagrantemente violador de algum princípio ou norma constitucional, ou parâmetro de direito internacional aplicável à sistemática das eleições (afirmação

---

[472] Alvarez Conde (1991), por outro lado, aponta que o modelo inglês é orientado por um paradigma menos rígido, de forma a admitir, em princípio, a anulação de eleições em virtude de qualquer ato de corrupção ou prática ilegal considerado mais grave.

[473] Na mesma linha, veja-se também o SUP-JRC nº 604/2007.

de violações substanciais ou irregularidades eleitorais graves);

(ii) que tais violações substanciais e graves sejam objeto de *plena comprovação;*

(iii) a aferição do *grau de afetação* que a violação ou princípio ou norma constitucional ou parâmetro de direito internacional aplicável tenha produzido naquele pleito específico; e

(iv) a conclusão no sentido de que as transgressões apuradas foram qualitativa e quantitativamente determinantes para o resultado da eleição.

Em linhas generalíssimas, portanto, notamos que a jurisprudência mexicana somente impõe a anulação de eleições quando os vícios apontados "afetem ou viciem de forma grave e determinante o conjunto do procedimento", exigindo-se, como consequência, que os efeitos decorrentes da prática ilícita "sejam de tamanha magnitude que tenham afetado o resultado eleitoral, definindo o candidato vencedor" (SUP-JIN 359/2012).

Some-se ainda que a lógica regente dos modelos espanhol, francês e mexicano é igualmente reproduzida no quadro do contencioso checo. Naquele país, segundo Podhrázky (2010, p. 85), a Suprema Corte Administrativa (órgão máximo nessa esfera) entende que uma eleição só pode ser cancelada ante a presença de *três condições cumulativas,* sendo:

(i) a *violação de lei expressa* (o que ratifica a adoção de um modelo de contencioso típico, em contraposição aos modelos de jurisdição eleitoral que admitem a invocação de nulidades abstratas);

(ii) a *existência de nexo causal* entre a violação e o resultado da eleição;

(iii) a *intensidade da violação apurada,* a fim de que a relação de causalidade entre as práticas ilícitas e o comprometimento do resultado das urnas esteja solidamente assentada.

Em exame detalhado, a presença do segundo requisito, principal na leitura do órgão, diz respeito não apenas à intensidade da violação (o que se assemelha à noção de gravidade, atualmente adotada no Brasil), mas, mais propriamente, aos seus *prováveis impactos sobre o produto da votação* (noção de potencialidade, gradativamente abandonada na jurisprudência pós-Lei da Ficha Limpa), sendo vedada aos órgãos competentes daquele país a invalidação de pleitos quando as infrações não possam ter desviado o "curso normal do procedimento" (PODHRÁZKY, 2010).

No modelo checo as decisões de cassação proferidas pela Suprema Corte Administrativa são passíveis de recurso perante a Corte Constitucional. A aplicação dos princípios acima, a título de exemplo, resultou em uma absolvição paradigmática no notável caso Lastovecka (Acórdão ÚS 526/98), no qual uma senadora fora acusada de haver feito uso indevido dos meios de comunicação (mediante divulgação de pesquisas irregulares, violação da jornada de reflexão[474] e publicação de notícias falsas) durante consulta popular levada a cabo no ano de 1998.

Outrossim, no direito austríaco, somente a presença de irregularidades com impacto suficiente para a alteração do resultado eleitoral têm o condão de ensejar a invalidação dos pleitos. Recentemente, o Tribunal Constitucional da Áustria, em decisão de 1º.7.2016, invalidou o segundo turno das eleições presidenciais, vencidas pelo candidato ecologista por uma diferença de pouco mais de 30 mil votos, após uma queixa apresentada pelo Partido da Liberdade, segundo a qual 70 mil votos por correspondência teriam sido abertos antes do tempo fixado por lei (BLANCO DE MORAIS, 2018, p. 81).

Por derradeiro, na Colômbia também se perfilha o entendimento de que a invalidação da vontade das urnas é medida reservada para casos excepcionalíssimos, nos quais se detecte a intervenção de práticas que impedem que o resultado das urnas seja entendido, sem dúvida, como um reflexo fiel da opinião eleitoral preponderante. Nesse sentido, no enfrentamento de um precedente relacionado com a coação de eleitores (Expediente 11001-03-28-000-2010-00026-00), a Quinta Seção do Conselho de Estado colombiano assentou a ideia de que, para que

---

[474] Adotada pela normativa eleitoral de alguns países, entre os quais a Espanha, a jornada de reflexão consiste no período que intermedeia o fim do prazo para a realização de propaganda eleitoral e o início do dia da eleição. Conforme Arnaldo Alcubilla (2009, p. 186), tem como fim preservar a liberdade do eleitor das mensagens propagandísticas, em ordem a que possa decantar as informações recebidas a fim de que decida, de modo íntimo e livre de pressões externas, pela candidatura que julgue mais idônea. O especialista europeu cita, a propósito, acórdão do Supremo Tribunal espanhol (*Sentencia de 5 de mayo del 1989*) no sentido de que o ordenamento proíbe a continuação da campanha "que de alguna manera puede perturbar en esas últimas horas el sosiego y la tranquilidad indispensables para una profunda reflexión en un acto tan transcendente como es el de elegir la persona o personas que haya o hayan de representarnos". Na mesma trilha, Pérez Royo (2016, p. 489) pontua que a jornada de reflexão tem por desiderato proteger o cidadão do "bombardeio propagandístico" da campanha eleitoral, de sorte a permitir que organize as suas ideias antes de comparecer perante a urna.

possa prosperar, uma pretensão processual que vise a anular o resultado de uma eleição deve demonstrar:

(i) a ocorrência de um fato violento (aspecto objetivo);
(ii) a consequente vulneração da vontade de quem é violentado (aspecto subjetivo); e
(iii) a modificação do resultado eleitoral.

No limite, essa brevíssima incursão pelo direito judicial estrangeiro, por evidenciar a adoção de uma mesma linha decisória em países de culturas sabidamente distintas representa, em nossa visão, um indicativo a respeito da relativa universalidade da seguinte linha de entendimento: no direito jurisprudencial comparado, a cassação de mandato, em virtude de suas delicadas repercussões políticas e dos sérios impactos surtidos na esfera coletiva, tende a ser vista como não como uma pena, mas como um instituto de aplicação anormal e estrita, reservado tão somente para competições eleitorais cujos resultados tenham sido cabal e induvidosamente comprometidos.

Talvez se encontre, no direito estrangeiro, uma percepção mais apurada a respeito da dupla dimensão das implicações afetas às decisões eleitorais de cassação. No Brasil, como rara exceção, essa questão delicada é trazida por Rodrigo Zilio (2018, p. 452), que bem percebe que o mister de proteção ao exercício do mandato eletivo deve ser exercido a partir de uma análise da dimensão pessoal (do eleito) em conjugação com a sua dimensão coletiva (de observância às regras do jogo). Ante o quadro, tem-se que a Justiça Eleitoral deve cotejar valores de *status* constitucional que eventualmente se contrapõem (soberania popular *versus* legitimidade das eleições) e que, sem dúvida, ostentam igual densidade constitucional, figurando na categoria preferencial dos direitos fundamentais.

O ponto complicado é que a face objetiva dos direitos fundamentais faz com que eles se apresentem não apenas como meras faculdades de seus titulares, mas como garantias relativas a valores verdadeiramente titularizados por toda a sociedade. Por isso, é bem de notar, em qualquer situação, que:

> [...] *o contencioso judicial eleitoral, em sua faceta mais relevante, não se restringe a um mero reparo de lesão a direitos subjetivos individuais*, conquanto evidentemente as decisões judiciais eleitorais causem interferência em interesses pessoais. *Os conceitos clássicos de ação e pretensão são insuficientes para*

justificar o atual contencioso judicial eleitoral, pois aqui está em jogo a lisura da representatividade política, inexiste uma relação individualista proeminente e *os bens protegidos guardam uma característica de transindividualidade.* "Os procedimentos eleitorais não se erigem a partir da premissa de proteção a direitos fundamentais (individuais) associados à participação política", observa Roberta Maia Gresta, "mas sim da premissa de uma jurisdição vocacionada a corrigir desvios perpetrados pelo insidioso assédio de interesses individuais em uma esfera de interesse público (Gresta, 2016). Desse modo, ainda que decorra de uma pretensão individual, *a análise da regularidade o exercício de mandato eletivo sempre receber influxo de um interesse da coletividade.* [...] Em resumo, pois, o direito de exercício ao mandato eletivo[475] ostenta uma condição de direito transindividual ou, mais especificamente, direito difuso – na medida em que a indeterminação da sua titularidade decorre de circunstâncias de fato (ou seja, a participação de todos em uma mesma sociedade). (ZILIO, 2018, p. 452-453) (Grifos nossos)[476]

Nesse quadrante, é patente que o *espírito punitivista não se coaduna com a lógica regente da disciplina eleitoral,* na medida em que, *nessa área específica do direito, todo excesso afronta o espectro de garantias fundamentais do agrupamento coletivo, muito além da esfera jurídica privada do candidato transgressor,* máxime porque a anulação de uma eleição, como resultado da cassação de um registro ou mandato após a votação, não significa apenas a obstaculização de uma prerrogativa política (*ius ad officium*) do postulante, mas, simultaneamente, também a negação dos efeitos

---

[475] Em uma dimensão que transcende o sufrágio, os direitos políticos envolvem, também, prerrogativas relacionadas com o exercício da representação. Essa categoria gira em torno do denominado *ius in officium* que, por oposição ao *ius ad officium* (referente às capacidades eleitorais), é definido por Jorge Amaya (2015, p. 47) como o conjunto de "direitos e garantias que o sistema institucional consagra para assegurar o livre desempenho do cargo eletivo, como reafirmação da continuidade e do fortalecimento do próprio sistema democrático" (tradução livre).

[476] Paralelamente ao exposto, note-se que as graves repercussões oriundas das decisões de cassação, em contraposição à necessidade de preservação da vontade das urnas, reverberam também no esquema do direito probatório em matéria eleitoral, dando azo à aplicação do que Jorge, Liberato e Rodrigues (2016, p. 442) chamam de princípio *in dubio pro sufragii.* Em sua lição: "[...] a presunção in dubio pro sufragii [...] é medida que se impõe em razão da necessidade de se respeitar a legitimidade do processo político de escolha pelo povo de seus representantes para cargos eletivos dos Poderes Executivo e Legislativo, *evitando que a vontade das urnas seja ignorada e superada pela vontade dos tribunais,* fato que constituiria franca usurpação do poder popular em prol de uma disfarçada ditadura do Poder Judiciário. Se é verdade que o processo eleitoral e suas regras devem ser respeitados para que se obtenha um resultado legítimo das urnas, de forma a proteger a vontade legítima do cidadão, por outro lado, é importante deixar claro que apenas quando se tiver provas robustas da ilicitude do processo eleitoral é que se deve permitir a sua alteração por intromissão do Poder Judiciário" (grifos nossos).

CAPÍTULO 6
A GRAVIDADE NO ABUSO DE PODER COMO PARÂMETRO PARA A CASSAÇÃO DE MANDATOS: O ARRANJO BRASILEIRO... | **415**

da manifestação popular depositada nas urnas (ESPÍNDOLA, 2017, p. 56-57).[477] E se é fato que o direito das eleições contempla regras que são de "interesse direto da coletividade e não apenas daqueles que estejam envolvidos no pleito eleitoral", então "a proteção preventiva e corretiva da ordem democrática brasileira é interesse do Estado e da sociedade, e jamais um interesse próprio, exclusivo ou privado de qualquer pessoa" (JORGE; LIBERATO; RODRIGUES, 2016, p. 401).

Nesse contexto, é necessário, adicionalmente, cuidar para que o poder conferido aos juízes eleitorais seja exercido "com a maior responsabilidade possível", evitando-se que as autoridades julgadoras desatendam ao compromisso que possuem com as normas estabelecidas pelo parlamento, decidindo questões jurídicas a partir de uma perspectiva de moral pessoal.[478] É o que sustenta Rodrigo López Zilio (2018, p. 453), que dessa linha argumentativa extrai alguns "critérios fundamentais" para que uma decisão eleitoral contramajoritária seja conferida em conformidade com a Constituição, legitimando-se, dessarte, como uma exceção jurídica e politicamente aceita.

Segundo o eminente eleitoralista gaúcho, são estes os "limites estruturais" das decisões eleitorais de cassação: (i) análise da pretensão deduzida em juízo, a partir de uma adequada avaliação da *causa petendi*; (ii) a adequação dos fatos narrados com a prova produzida nos autos; (iii) após a adequação dos fatos, o respectivo espaço de conformação judicial na aplicação das sanções e a efetiva proteção dos bens jurídicos

---

[477] "Em síntese: ao se cassar registro de candidatura, diploma ou mandato eletivo, ou seja, de candidato escolhido pelas urnas, está se cassando a soberania popular manifestada em cada unidade federada respectiva; está se cassando o exercício da soberania popular assentada na Constituição, através do 'exercício tutelar' da vontade judicial, substitutiva da soberania popular, no caso. Isso é uma realidade vivida concretamente. Queiramos ou não, de fato, é isso que acontece, nos quadrantes da justiça eleitoral brasileira. E de 2000 até 2010 foram mais de mil candidaturas eleitas, no Brasil, que sucumbiram ao crivo invalidatório judicial da vontade das urnas [...]. Foram mais de mil decisões de soberania popular, de unidades federadas, invalidadas por decisões autocráticas das autoridades judiciárias eleitorais. [...] Diante dessa realidade insofismável, os efeitos da decisão *contramajoritária* da justiça eleitoral ao reconhecer hipóteses de delito eleitoral ou causas para tanto, quando se trata de candidato eleito, são sempre *erga omnes*, nunca *inter partes*. Essa decisão tem efeito geral impactante sobre a real vontade das urnas, a soberania popular, vontade livre e democrática dos eleitores, candidatos e partidos políticos" (ESPÍNDOLA, 2017, p. 58-59).

[478] Cabe lembrar, com Amaya (2015, p. 30), que uma decisão judicial somente poderá ser considerada democrática e legítima quando haja sido prolatada em conformidade com os procedimentos democráticos (legitimidade formal) e ao mesmo tempo em respeito aos limites de conteúdo impostos pela Constituição. Assim, não são democráticos os procedimentos que não garantam a plena vigência das condições e pré-condições da democracia.

eleitorais;[479] e (iv) o fundamento da responsabilidade do candidato (como mero beneficiário ou a partir da responsabilidade pessoal-subjetiva).

6.2 Regras para a cassação de mandatos no direito comparado

Assim como no campo da jurisprudência, também no plano do direito positivo se detecta um elevado descompasso entre o arranjo brasileiro (que veio a substituir a jurisprudência da *potencialidade* pelo conceito mais abrangente da *gravidade*) e as alternativas plasmadas em outras experiências democráticas contemporâneas.[480]

No particular, é perceptível que as fórmulas jurídicas abertas utilizadas em outros países apontam, com assentada frequência, para a necessidade de se observar a ideia da potencialidade lesiva nos casos em que esteja em causa a negação da orientação política comunitária, como consequência da invalidação de determinada eleição. Em linha de princípio, as ordens estrangeiras se abstêm de conferir aos órgãos de governança eleitoral autorização para a cassação de mandatos com base em análises estritas sobre fatos ou condutas, assentando, positivamente, um esquema de valoração prioritariamente calcado na projeção

---

[479] "Após apontar se houve enquadramento jurídico dos fatos narrados naquele dado caso concreto, o julgador deve perquirir o respectivo espaço de conformação judicial na aplicação de sanções. Quando se deparar com a necessidade de reconhecer judicialmente a existência de 'gravidade das circunstâncias' do abuso ou de 'relevância jurídica' dos gastos e recursos ilícitos, o julgador possui um maior espaço de conformação para concluir pela efetiva violação ao bem jurídico tutelado naquelas demandas, porquanto aquelas expressões – vagas e indeterminadas – necessitam de uma colmatação adequada. Vale dizer, é possível reconhecer que o ilícito ocorreu, mas não com força suficiente para malferir aquele determinado bem jurídico. Lado outro, quando se deparar com a demonstração de prática de condutas vedadas ou captação vedada de sufrágio – ilícitos de roupagem estrita –, o julgador não terá uma maior possibilidade de conformação em seu dispositivo final, já que havendo a demonstração processual suficiente da adequação típica, a procedência do pedido é uma medida imperativa (ainda que, de acordo com a jurisprudência do TSE, essas duas ações judiciais guardem relevante distinção no que concerne ao juízo de proporcionalidade na fixação das sanções). Em outras palavras, reconhecendo a incidência do fato proibitivo e a robustez da prova, a incidência da sanção é consectário lógico, já que não é dado ao juiz valer-se de conceitos jurídicos indeterminados para a solução daquele caso concreto" (ZILIO, 2018, p. 454).

[480] "Al juez electoral le conviene también consultar cómo otros países que han legislado en la materia han resuelto problemas similares. [...] La comparación con el exterior es importante no tanto por encontrar soluciones concretas que podrían tal vez ser transmitidas, sino para familiarizarse con los criterios que han guiado a los legisladores foraneos para proteger el ciudadano elector frente a prácticas electorales poco compatibles con el espíritu de la democracia" (NOHLEN, 2013, p. 247).

de seus desdobramentos, em especial nas repercussões negativas que acarretam ao processo como um todo.

Nessa esteira, ampliando em alguns passos pesquisas anteriormente realizadas por Orozco Henríquez (1999) e Fraquelli (2011), notamos que, como regra, fora do Brasil impera a lógica de que somente transgressões eleitorais extraordinariamente graves – graves em uma perspectiva global, como produto da capacidade para determinar o sentido dos resultados das urnas – permitem a decretação de penas políticas capitais. Como recurso de ilustração, relacionamos, a propósito, os elementos objetivos de tipos autorizativos da anulação de pleitos constantes de alguns diplomas jurídicos internacionais:

1. *Comissão de Veneza* (Código de Boas Condutas em Matéria Eleitoral): "irregularidade que possa haver influído no resultado da eleição";
2. *México*: "violações substanciais determinantes para o resultado das eleições";
3. *Panamá*: "atos de violência ou coação suficientes para alterar o resultado do pleito";
4. *Espanha*: "vício procedimental determinante para o resultado da eleição";
5. *Uruguai*: "atos que tenham violado as eleições, influindo sobre seus resultados gerais";
6. *Paraguai*: "distorção generalizada dos escrutínios";
7. *Honduras*: "fraudes decisivas para o resultado das eleições;
8. *Peru*: "irregularidades que modifiquem o resultado das eleições";
9. *Venezuela*: "fraudes ou vícios que alterem o resultado das eleições";
10. *Portugal*: "ilegalidades que possam influir no resultado geral da eleição".

Em linhas gerais, em nosso pensar essa brevíssima análise amostral sugere a confirmação da hipótese de que o direito alienígena, na contramão do que ocorre em nosso país, ao menos desde a edição da Lei Complementar nº 135/2010, recusa, como regra, a imposição de soluções judiciais extremas como a anulação de pleitos, a negativa de expedição de diplomas e a cassação de mandatos, exceto nos casos em que a autenticidade da competição eleitoral esteja realmente em xeque, como decorrência de uma *provável correlação direta* entre as transgressões verificadas e o remate aritmético da votação coletiva.

6.3 Gravidade versus potencialidade lesiva em ações que versam sobre abuso de poder: uma crítica ao modelo brasileiro

Historicamente, o Tribunal Superior Eleitoral, notadamente em casos das ações de investigação judicial eleitoral e da ação de impugnação de mandato eletivo, soía entender que as decisões de cassação de mandatos ou diplomas ou anulação de eleições dependiam da constatação de *potencialidade lesiva ao pleito eleitoral* nos atos tidos por ilícitos, em par com o clima preponderante na jurisprudência estrangeira. Efetivamente:

> No início do milênio, a Justiça Eleitoral passou a adotar o entendimento sobre a necessária demonstração de potencialidade lesiva para interferir no resultado do pleito, ou seja, se essas práticas ilícitas seriam suficientes para justificar o êxito eleitoral, conforme se verifica no precedente do qual a seguir se trecho, o qual ficou conhecido como o caso Jackson Lago. RCED nº 671. O abuso de poder político e econômico e a prática de condutas vedadas são dotados de potencialidade para interferir no resultado do pleito. Transferências, realizadas durante o período vedado, são suficientes para contaminar o processo eleitoral. Não é necessária a demonstração aritmética dos efeitos do abuso. (BOVÉRIO; BOVÉRIO, 2018, p. 234)

Dentro desse panorama, até a edição da Lei da Ficha Limpa, em junho de 2010, prevalecia na jurisprudência da Corte Superior a ideia de que nem toda prática irregular poderia ensejar a pena política capital, mas somente aquelas com carga suficiente para definir o pleito eleitoral em favor de tal ou qual candidatura (COÊLHO, 2007, p. 80).

A posição, como se nota, a despeito do óbice criado em torno da punição de candidatos derrotados nas urnas,[481] era notadamente compa-

---

[481] Não há negar que a corrente da potencialidade tem como ponto fraco o fato de que dificulta a punição de agentes que tenham praticado atos de abuso, entretanto, sem obter êxito na competição eleitoral. Isso porque a derrota política depõe, naturalmente, contra a necessidade de assentamento da capacidade lesiva das práticas ilícitas levadas a cabo na campanha. Sem embargo, de *lege ferenda* um pequeno ajuste poderia solucionar o imbróglio: bastaria dissociar, nas hipóteses de abuso de poder, a pena de cassação da restrição dos direitos políticos passivos. Essa dissociação teria, como um *plus*, a possibilidade de prestígio do

CAPÍTULO 6
A GRAVIDADE NO ABUSO DE PODER COMO PARÂMETRO PARA A CASSAÇÃO DE MANDATOS: O ARRANJO BRASILEIRO...

tível com os vetores encontrados no direito alienígena, sendo, ademais, apropriada à luz da axiologia do direito eleitoral, na medida em que reconhecia, taxativamente, ser *regra* a prevalência da vontade popular, figurando a cassação como um remédio de *exceção*, adstrito a casos "de prova robusta e inconteste de que o mandato foi colhido apenas porque a vontade popular foi corrompida e deturpada por práticas ilícitas [...] com potencialidade suficiente para desequilibrar a disputa eleitoral, desigualando [as chances] das candidaturas" (COÊLHO, 2007, p. 81).[482]

Contudo, seguida a uma série de modificações legislativas[483] e a uma paulatina guinada jurisprudencial,[484] a noção de potencialidade lesiva, sobretudo no caso específico das ações de investigação judicial

---

princípio da proporcionalidade, na medida em que possibilitaria, nos moldes do que ocorre com as condutas vedadas, a cominação de inelegibilidade potenciada independentemente da cassação do mandato, conferindo-se, em hipótese, maior probabilidade de adjudicação de justiça aos casos concretos.

[482] "A potencialidade, entretanto, não significa nexo de causalidade, entendido esse como a comprovação de que o resultado candidato foi eleito efetivamente devido ao ilícito ocorrido, mas que fique *demonstrado que as práticas irregulares teriam capacidade ou potencial para influenciar o eleitorado, o que torna ilegítimo o resultado do pleito*. [...] se fossem necessários cálculos matemáticos, seria impossível que a representação fosse julgada antes da eleição do candidato, que é, aliás, o mais recomendável [...]" (TSE, acórdão de 6.8.2004).

[483] "[...] com o passar dos anos, houve um rigoroso aumento do controle exercido sobre o processo eleitoral, com a regulamentação e proibição de condutas tidas como lesivas ao pleito. De um modo geral, observa-se que os novos ilícitos (condutas vedadas, captação ilícita de sufrágio e etc.) foram criados como forma de mitigar os efeitos da exigência de potencialidade lesiva, isto é, da afetação da normalidade das eleições, para que se permitisse a retirada de um candidato da disputa eleitoral. Como, na ótica individual e privatista com que era visto o Direito Eleitoral, os legitimados para as demandas defendiam direitos próprios (votar e ser votado, pura e simplesmente), não traria qualquer utilidade para o demandante o provimento que não fosse capaz de anular os votos, em quantidade suficiente para alterar o resultado das eleições. Ou seja, sem a possibilidade de alteração do resultado das eleições não havia possibilidade de melhora da condição do demandante. Em suma, para se fugir da exigência de potencialidade lesiva, criaram-se novos ilícitos que dispensavam essa exigência em sua configuração, sendo sancionados com a cassação do registro ou do diploma [...]. Houve, portanto, significativo aumento da intervenção da Justiça Eleitoral no processo eleitoral, ao suprimir a exigência do trânsito em julgado da decisão que a reconheça e ao sancionar outros ilícitos eleitorais com a inelegibilidade cominada [...]. Essa mudança de perspectiva do direito processual eleitoral [...] contribuiu significativamente para o incremento da chamada judicialização das eleições" (JORGE; LIBERATO; RODRIGUES, 2016, p. 394-395).

[484] Viragem essa bem ilustrada por precedentes como os que seguem: "Na hipótese de abuso de poder, o requisito da potencialidade deve ser apreciado em função da seriedade e da gravidade da conduta imputada, à vista das particularidades do caso, não devendo tal análise basear-se em eventual número de votos decorrentes do abuso, ou mesmo em diferença de votação, embora essa avaliação possa merecer criterioso exame em cada situação concreta" (RO nº 2.098/RO. Rel. Min. Arnaldo Versiani. *DJe*, 16.6.2009). "O reconhecimento da potencialidade em cada caso concreto implica o exame da gravidade da conduta ilícita, bem como a verificação do comprometimento da normalidade e da legitimidade do pleito, não se vinculando necessariamente apenas à diferença numérica entre os votos ou a efetiva

eleitoral (AIJEs), foi cedendo espaço ao novo conceito relativo à *gravidade das circunstâncias*, o qual, por fim, adentrou o plano normativo por ocasião da edição da Lei Complementar nº 135/2010, em função da qual o inc. XVI do art. 22 passou a prever que, para a configuração do ato abusivo, já não se considera a potencialidade de o fato alterar o resultado da eleição, mas *somente*[485] a gravidade das circunstâncias que o caracterizam. No contexto pós-Ficha Limpa, então, a Corte Superior passou a entender que:

> Não mais se exige, para o reconhecimento da prática abusiva, que fique comprovado que a conduta tenha efetivamente desequilibrado o pleito ou que seria exigível a prova da potencialidade, tanto assim o é que a LC 64/90, com a alteração advinda pela LC 135/2010, passou a dispor: "Para a configuração do ato abusivo, não será considerada a potencialidade e o fato alterar o resultado da eleição, mas apenas a gravidade das circunstâncias que o caracterizam" (RO nº 172.365/DF. Rel. Min. Admar Gonzaga Neto. *DJe*, 27.2.2018).
>
> Em se tratando de abuso de poder, examina-se a gravidade da conduta, e não sua potencialidade para interferir no resultado da eleição, a teor do art. 22, XVI, da LC nº 64/90 e da jurisprudência desta Corte" (AgR-REspe nº 37.740/PR. Rel. Min. Herman Benjamin. *DJe*, 6.6.2016).
>
> A aferição da gravidade, para fins da caracterização do abuso de poder, deve levar em conta as circunstâncias do fato em si, não se prendendo a eventuais implicações no pleito, muito embora tais implicações, quando existentes, reforcem a natureza grave do ato (AgR-REspe nº 25.952/MS, Relª. Minª. Luciana Lóssio. *DJe*, 14.8.2015).
>
> O abuso de poder [...] reclama, para a sua configuração, uma análise pelo critério qualitativo, materializado em evidências e indícios concretos de que se procedera ao aviltamento da vontade livre, autônoma e independente do cidadão-eleitor de escolher os seus representantes. O critério quantitativo (i.e., potencialidade para influenciar diretamente no resultado das urnas), conquanto possa ser condição suficiente, não perfaz condição necessária para a caracterização do abuso [...].[486]

---

mudança do resultado das urnas, embora essa avaliação possa merecer criterioso exame em cada situação concreta" (RCED nº 661. Rel. Min. Aldir Passarinho Júnior. *DJe*, 21.9.2010).

[485] Em nosso pensar, a flexibilização do limiar autorizativo das decisões de cassação planeada pelo legislador se encontra estampada, claramente, na expressão destacada.

[486] O repertório de julgados da Corte Superior Eleitoral guarda muitos casos em que o diminuto eleitorado da circunscrição envolvida ou a parca diferença de votos entre os candidatos vitoriosos e derrotados selou o reconhecimento de gravidade suficiente a legitimar a prolação de decisões de anulação de mandatos. Nessa direção, confiram-se, por exemplo: REspe nº 73.646/BA. Rel. Min. Herman Benjamin. *DJe*, 31.5.2016; REspe nº 71.923/RJ. Rel. Min. Henrique Neves da Silva. *DJe*, 23.10.2015; e REspe nº 3.504/GO. Rel. Min. João Otávio de Noronha. *DJe*, 2.8.2016.

O fato de as circunstâncias supostamente abusivas ostentarem potencial para influir no resultado do pleito é relevante, mas não essencial. Há um elemento substantivo de análise que não pode ser negligenciado: o grau de comprometimento aos bens jurídicos tutelados pela norma eleitoral causado por essas ilicitudes, circunstância relevada, in concreto, pela magnitude e pela gravidade dos atos praticados. (REspe nº 42.070/AM. Rel. Min. Luiz Fux. *DJe*, 8.8.2017)

A inovação legal surtiu alterações axiológicas na estrutura conceitual das transgressões abusivas. Por certo, o entendimento outrora pacificado no âmbito da Corte Superior Eleitoral, na direção de que a configuração de abuso, em qualquer modalidade, exigiria a demonstração da potencialidade do fato em causar desequilíbrio na competição, promovia uma ideia de reconhecimento do abuso a partir da valoração do elemento *resultado*.

A partir da reforma legal, a análise sofre uma guinada, passando a recair também sobre a *conduta*, que, agora, há de ser avaliada como grave. Como bem pondera Walber Agra (2016, p. 118-119), no modelo vigente, então, a análise da gravidade deixa de se ater tão somente ao resultado das eleições, passando a perpassar "todos os elementos que possam influir no transcurso normal e legítimo do processo eleitoral".

Nessa ordem de ideias, José Jairo Gomes (2018, p. 733) considera que se torna desnecessário fazer prova de um "real e efetivo ferimento aos bens e interesses protegidos, pois esse resultado é presumido". Em seu juízo, no atual modelo o legislador, "partindo da ideia de proporcionalidade", contenta-se "com a potencialidade ou risco de dano aos bens constitucionalmente protegidos", tendo em consideração que o sigilo do voto torna impossível "averiguar se houve efetiva e real influência".

Sem embargo, é evidente que essa visão *possibilita o exercício de arbitrariedades por parte dos órgãos julgadores*,[487] arbitrariedades essas que,

---

[487] Como aduzem Larissa Machado e Amanda Torres (2018, p. 427), a Lei Complementar nº 135/2010 (Lei da Ficha Limpa), ao dispensar o critério da potencialidade lesiva, para adotar o parâmetro da gravidade das circunstâncias teria o objetivo de introduzir uma interpretação extensiva e mais rigorosa, a partir da qual o abuso somente se configuraria se graves fossem as suas circunstâncias características. Não obstante, julgam que o propósito legislativo, afinal, resultou frustrado, como se repara: "Se o objetivo da LC 135 ao trazer tal inovação era reduzir a subjetividade existente no julgamento sobre se o ato poderia ou não influenciar o resultado da eleição, novas dúvidas surgiram com a adoção da expressão 'gravidade do ato ilícito', conceito que não é concreto nem determinado. [...] Em verdade, o novo critério manteve alto grau de discricionariedade do julgador e facilitou a aplicação da sanção por abuso. Por isso, é preciso uma postura de muito cuidado e prudência por parte do julgador".

como tal, invariavelmente *depõem contra a essência da vontade popular*, à medida que negam valor à participação política, e que, portanto, descumprem uma exigência jurídica que habita a base de sustento do Estado democrático de direito. Nesse contexto, não é dado perder de vista o fato de que, em análise lógica:

> *Cassar um registro, um diploma ou um mandato é cassar o conjunto de vontades que convergiram para que pudéssemos falar em vontade popular*, em soberania popular, cujo cerne, insistamos, está na vontade dos eleitores, em número próprio a eleger inscritos por determinados partidos ou coligações partidárias. [...]
> *Destarte, somente uma ficção, um grande equívoco e um sério olvido do valor dos direitos-liberdades de votar e de receber votos é que podemos pensar que a Justiça Eleitoral, ao cassar registro, diploma ou mandato eletivo, através dos processos judiciais que lhes são próprios, estará apenas cassando a vontade individual, privada e solitária de um candidato.* E mais, que com isso estará tutelando a vontade dos eleitores, a vontade das urnas, a soberania popular que, em verdade, foi a mais afetada, a realmente "cassada" com a decisão judicial ceifadora de registro, diploma ou mandato, notadamente quando se trata de candidato eleito. (ESPÍNDOLA, 2017, p. 57) (Grifos nossos)[488]

Em uma visão superficial, poder-se-ia pensar que a mudança do paradigma em análise teria o condão de favorecer, livremente, a subjetividade dos julgadores. Entretanto, à vista dos argumentos acima esposados, a questão é de ser vista com maior cautela, sobretudo porque a judicialização do processo eleitoral, em função do potencial para a alteração do resultado da opção política das urnas, gera "constrangimentos hermenêuticos" no âmbito dessa categoria específica de

---

[488] Por isso, assiste razão à doutrina que reivindica a adoção de uma postura minimalista por parte dos órgãos da Justiça Eleitoral. Nessa trilha, Eneida Desiree Salgado (2015, p. 36) é incisiva ao argumentar, com costumeira propriedade, que: "*O protagonismo da Justiça Eleitoral na defesa da autenticidade eleitoral deve ser visto com reservas. O afastamento imediato de candidatos ao pleito ou majoritários, que ainda passarão pelo crivo popular ou que obtiveram o apoio da população, deve ser feito com muita cautela, sob pena de esvaziar a disputa eleitoral.* Corre-se o risco, ainda, de afastar o cidadão do debate eleitoral, a partir de uma excessiva tutela ou de uma desconsideração total de suas escolhas. Não deriva do texto constitucional uma alegada 'missão' da Justiça Eleitoral na orientação do povo, 'para obter votos com qualidade, com responsabilidade' e desconsiderando os 'votos que formem rejeitos à pureza do regime representativo'. Os juízes e tribunais não são talhados para dar conta da deficiência do processo político [...]. Conforme Arthur Rollo, os valores que a Justiça Eleitoral deve garantir são a *pars conditio* (a igualdade entre os candidatos) e o respeito à vontade do eleitor. Isso e nada mais" (grifos nossos).

controle judicial[489] (MALDONADO; CUNHA, 2018, p. 199).[490] Sobre o tema, argumenta-se:

> Mesmo que possua os seus critérios de legitimação, *uma decisão judicial eleitoral sancionatória contramajoritária sofre o influxo de determinados vetores de crise de fundamentação*. Considerando a adoção de um Estado Democrático de Direito na Constituição Federal, é certo que toda e qualquer decisão judicial – para além de devidamente fundamentada – deve uma necessária observância aos requisitos de coerência e integridade, exigindo, ainda, responsabilidade política do julgador. Noutras palavras, as decisões judiciais devem ser substancialmente estruturadas de forma a proporcionar uma resposta adequada, apresentando uma fundamentação constitucionalmente adequada, à luz do devido processo legal.
>
> *Tratando-se de decisão sancionatória contramajoritária eleitoral, assoma-se um dever específico de fundamentação: justificar o decisum a partir da perspectiva constitucional de proteção da legitimidade do processo eleitoral. Vale dizer: uma justificação a partir da finalidade constitucional atribuída à Justiça Eleitoral.* A exigência desses critérios de legitimação é indispensável para um "controle qualitativo da democracia" das decisões (Motta, 2012), inclusive, acrescenta-se, das sancionatórias contramajoritárias na esfera eleitoral – e justamente como uma forma de não relegar a definição desses casos difíceis ao mero discernimento pessoal do julgador. Néviton Guedes reforça a suspeita de que os juízes estejam ultrapassando o plano legítimo das decisões jurídicas para situar-se no terreno no terreno das decisões políticas. Assim, o constitucionalista reconhece que a matéria eleitoral é altamente controversa, sendo ingenuidade pretender alcançar acordos universais com certa frequência, mas pontua que a processualização do direito e a abstração da norma jurídica têm como função retirar dos órgãos jurisdicionais a perigosa tentação de responder a cada demanda

---

[489] A existência de constrangimentos próprios a essa categoria de decisões não é estranha à jurisprudência do Tribunal Superior Eleitoral. Veja-se, nessa senda: "Para que fique configurado o uso indevido dos meios de comunicação social, o órgão julgador deve apontar especificamente as circunstâncias que o levaram a concluir que a conduta é grave e comprometeu a normalidade e legitimidade do pleito. A simples referência genérica ao caráter induvidoso da gravidade não é suficiente para que se possa afastar do exercício do cargo aqueles que foram eleitos [...]" (REspe nº 39.948/SC. Rel. Min. Henrique Neves da Silva. *DJe*, 23.10.2015).

[490] "O reconhecimento da necessidade de uma justificativa específica dessas decisões contramajoritárias sancionatórias passa pelo caráter coletivo inerente a essas ações eleitorais, pela proteção aos direitos metaindividuais na esfera eleitoral, pela própria defesa do regime democrático (que ostenta uma dimensão de direito público incondicionado) e encontra amparo nas características singulares existentes na prestação jurisdicional eleitoral" (ZILIO, 2018, p. 452).

judicial com uma decisão diferente e casuística e, ipso facto, irracional. (GUEDES, 2011)[491]

Nessa esteira, Rodrigo López Zilio (2012, p. 200-201), com extremada lucidez, sublinha que a mudança de arranjo para o critério da gravidade não deveria afastar, em absoluto, a avaliação do impacto das condutas levadas a cabo sobre a integridade do certame, *visto que o bem jurídico tutelado pelas ações de abuso de poder permanece inalterado*, conforme o art. 14, §9º, do texto constitucional. Segue-se daí que, em sua impressão, "o efeito constitutivo do abuso de poder (em sua concepção genérica) permanece caracterizado pela potencialidade lesiva, a qual, agora, tem suas feições delineadas, no caso concreto, pela gravidade das circunstâncias do ilícito".

Assim, *a gravidade das circunstâncias é de ser vista exclusivamente como um mero parâmetro para a avaliação dos impactos do ilícito sobre a legitimidade e a normalidade da competição eleitoral, não estando o intérprete autorizado a extrair a gravosidade de maneira completamente descolada dos resultados da disputa, sobremodo em processos cujo julgamento ocorra em momento posterior ao da apuração das urnas.* Nesse diapasão, melhor se apresenta a solução proposta pelo Min. Luiz Fux no julgamento do AgR-AI nº 21.054/RS, no qual a Corte Eleitoral acatou a tese de que a qualificação de uma conduta como abusiva

> [...] demanda o exame relacional entre (i) a própria ação praticada (e reputada por abusiva), (ii) o contexto fático em que ela foi perpetrada (circunstâncias e elementos concretos) e (iii) os impactos advindos desse ato na axiologia subjacente aos cânones eleitorais, desvirtuando-os. (*DJe*, 22.3.2018)

---

[491] Segundo Zilio (2018, p. 449), o ponto de partida para o controle de qualidade das decisões de cassação é o texto constitucional. A partir da estrutura da Carta Política, o eleitoralista gaúcho procurar estipular "critérios de conformação democrática" que balizem as decisões contramajoritárias proferidas pela Justiça Eleitoral, critérios esses que apresentem "os elementos básicos para que essas decisões sejam, acima de tudo, frutos de uma racionalidade jurídica e guardem observância com a integridade e a coerência exigidas pelo Estado Democrático de Direito". Valendo-se do magistério de Lenio Streck, Zilio (2018) recorda que: "Coerência e integridade são elementos de igualdade, o que significa, no caso da decisão judicial, que os diversos casos terão uma igual consideração. Para o constitucionalista gaúcho, 'coerência liga-se à consistência lógica que o julgamento de casos semelhantes deve guardar entre si', ao passo que a 'integridade exige que os juízes construam seus argumentos de forma integrada ao conjunto do Direito' e é uma 'garantia contra arbitrariedades interpretativas' (STRECK, 2016)".

Em última instância, o gravame inerente a supostas condutas veiculadoras de abuso de poder deve ser entendido em termos proporcionais e estritos, considerando-se graves tão apenas as circunstancias que inviabilizem "a fruição e o desenvolvimento de uma democracia sólida, participativa e plural" (BOVÉRIO; BOVÉRIO, 2018, p. 235). Ao teor do exposto, adere-se ao preciso magistério de Adriano Soares da Costa (2016, p. 385), nos seguintes termos:

> Para que a atuação do candidato, ou de alguém em seu benefício, seja considerada abusiva, necessário que haja probabilidade de influenciar no resultado do pleito, ou seja, que haja relação de causalidade entre o ato praticado e a percussão no resultado das eleições. Desse modo, *o conceito de abuso de poder é relacional: apenas há abuso juridicamente relevante se, concretamente, trouxer possibilidade de modificar o resultado da eleição.* Assim, apenas no contexto do caso concreto poderá ser observada a existência de abuso relevante para incoar a sanção de inelegibilidade.[492] (Grifos nossos)

Dentro dessa ordem de ideias, o Tribunal Superior Eleitoral, em algumas decisões posteriores à Lei da Ficha Limpa, reconheceu – em nossa visão, acertadamente – que "a potencialidade constitui pressuposto para o reconhecimento do abuso do poder e consiste no exame da gravidade do ato ilícito de modo a comprometer a normalidade e a legitimidade das eleições" (TSE. AgR-REspe nº 25.686.037/SP).

Nada obstante, em outras ações a Corte Superior retoma a ideia, hoje preponderante, de que:

> Não mais se exige, para o reconhecimento da prática abusiva, que fique comprovado que a conduta tenha efetivamente desequilibrado o pleito ou que seria exigível a prova da potencialidade, tanto assim o é que a LC 64/90, com a alteração advinda pela LC 135/2010, passou a dispor: *"Para a configuração do ato abusivo, não será considerada a potencialidade de o fato alterar o resultado da eleição, mas apenas a gravidade das circunstâncias que o caracterizam".* (Recurso Ordinário nº 172.365) (Grifos nossos)

---

[492] Em complemento, discorre o eleitoralista alagoano: "Note-se, destarte, que um mesmo ato abusivo pode trazer repercussão na eleição de vereador, não trazendo para a eleição de prefeito, do mesmo modo que poderá trazer consequências para a eleição de prefeito de um município menor e, ao contrário, consequência alguma para um município maior. Aqui, haverá espaço para a ponderação judicial no momento da aplicação das normas ao caso concreto, sendo relevante, para a solução do litígio, o próprio resultado da eleição, para saber se houve repercussão em face da manifestação do eleitor através do voto" (COSTA, 2016).

Também assim:

> ELEIÇÕES 2012. AGRAVO REGIMENTAL EM RECURSO ESPECIAL. REPRESENTAÇÃO ELEITORAL. VICE-PREFEITO. VEREADOR. ABUSO DO PODER ECONÔMICO. AUSÊNCIA DE GRAVIDADE DA CONDUTA DOS CANDIDATOS. INEXISTÊNCIA DE PROVAS CONTUNDENTES E INCONTESTES. POSSIBILIDADE DE REVALORAÇÃO JURÍDICA DOS FATOS DELINEADOS NO ACÓRDÃO REGIONAL EM SEDE EXTRAORDINÁRIA. MANUTENÇÃO DOS FUNDAMENTOS DA DECISÃO ATACADA. DESPROVIMENTO.
> 1. O abuso de poder (i.e., econômico, político, de autoridade e de mídia) reclama, para a sua configuração, uma análise pelo critério qualitativo, materializado em evidências e indícios concretos de que se procedera ao aviltamento da vontade livre, autônoma e independente do cidadão-eleitor de escolher seus representantes.
> 2. O critério quantitativo (i.e., potencialidade para influenciar diretamente no resultado das urnas), conquanto possa ser condição suficiente, não se perfaz condição necessária para a caracterização do abuso de poder econômico.
> 3. O fato de as condutas supostamente abusivas ostentarem potencial para influir no resultado do pleito é relevante, mas não essencial. Há um elemento substantivo de análise que não pode ser negligenciado: o grau de comprometimento aos bens jurídicos tutelados pela norma eleitoral causado por essas ilicitudes, circunstância revelada, in concreto, pela magnitude e pela gravidade dos atos praticados. (AgR-REspe nº 1.170/RJ. Rel. Min. Luiz Fux. *DJe*, 13.2.2017)

Casos como esse evidenciam que a Justiça Eleitoral, na esteira da modificação legislativa promovida pela Lei da Ficha Limpa, assume, com a devida vênia, uma postura jurisprudencial excessivamente rígida e claramente descolada da linha de princípio que orienta a maioria dos tribunais eleitorais internacionais, o que, logicamente, explica, ao menos em parte, porque a democracia brasileira apresenta indicadores extraordinariamente elevados no que tange à anulação de eleições.[493]

---

[493] Nada obstante, cumpre salientar, por honestidade intelectual, que a posição mais rígida imperante nos tribunais goza de algum respaldo na doutrina, cabendo citar, a pretexto de ilustração, o entendimento esposado por Marcos Ramayana (2018, p. 559-600): "É importante que fique caracterizada a gravidade. [Mas] A conduta não precisa ter gerado o aumento do número de votos em determinadas urnas, ou seja, ter atingido o seu objetivo. [...] Não se exige o resultado material do abuso. Não é necessário comprovar que o candidato tenha aumentado os votos em determinado Estado ou Município".

6.4 A gravidade dos atos de abuso de poder sob a perspectiva de seus efeitos: uma categorização possível(?)

Um exercício analítico criterioso demonstraria que o arranjo brasileiro destinado à repressão do abuso de poder nas eleições é repleto de impropriedades, a começar pelo fato de que o legislador (constitucional e ordinário) aposta em um *modelo de combate rígido* para dar conta de uma *realidade fluida*. De fato, as novas formas de abuso de poder, alhures estudadas com bastante detimento, colocam em xeque, ao menos no particular, o modelo de contencioso típico adotado em solo nacional.

Dentro dessa perspectiva, melhor seria, como defendido, limitar-se a lei a prever o cabimento de ação de investigação judicial eleitoral para casos de abuso de poder em uma fórmula genérica, sem alusões específicas a determinadas modalidades – algo, aliás, há muito sugerido pelo sempre vanguardista Fávila Ribeiro (2001, p. 29 *et seq.*).

Assim, diante da realidade multifacética em que se inserem os fenômenos da dominação e da hegemonia, e, portanto, da influência ilegítima, defende-se que o critério mais adequado para a distinção dos poderes sociais no âmbito do direito é aquele sugerido por Norberto Bobbio (2000), o qual leva em conta os *meios utilizados para a obtenção dos efeitos desejados*. Nessa linha, cumpre rememorar que uma pretensão social de domínio pode se basear:

(i)   na *força* (uso de violência física ou simbólica);[494]

(ii) na *posse* ou no *controle* exercido sobre bens materiais; ou

(iii) na *posse* ou no *controle* exercido sobre saberes ou informações.

Como referido, a adoção de um esquema de categorias genéricas é bastante útil para a racionalização do sistema de proteção da legitimidade eleitoral, máxime por permitir, *a posteriori*, o enquadramento de hipóteses abusivas não antevistas pelo operador legislativo, como são os casos do abuso de poder religioso e coercitivo, além das estratégias ilegítimas de convencimento levadas a cabo no âmbito da *web*.

---

[494] Usada por Pierre Bourdieu, a expressão "violência simbólica" indica uma "violência suave, invisível e dissimulada", que rege "a imposição das hierarquias nos saberes legítimos". Consoante Philippe Braud (2014, p. 303), "existem inúmeros fenômenos políticos, de grande importância que se prendem com uma ou outra forma de violência simbólica", sendo esses marcados pela "depreciação da identidade" como resultado da assimilação de uma impressão cultural dominante.

Nesse ponto, cabe lembrar que o uso de fórmulas abertas é, apesar de tudo, bastante adequado para o direito eleitoral, quanto mais em função da dinamicidade da práxis social que o disciplinamento enfrenta. Nessa esfera particular, a realidade das novas categorias de abuso de poder denuncia a evidente inaptidão de fórmulas legislativas que pretendam "capturar" fenômenos sociais dinâmicos em compartimentos herméticos e estanques.

Retomando a linha de raciocínio, na senda das competições eleitorais os *recursos de poder* consistem em instrumentos usualmente utilizados para o direcionamento do comportamento eleitoral, sendo óbvio que cada espécie de recurso tende a chegar ao objetivo por caminhos diferentes. Nesse diapasão, por exemplo: (i) a *força* possibilita a *coação*; (ii) a *riqueza* possibilita o *suborno* ou a *indução* pela superexposição; e (iii) a *sapiência* possibilita tanto a *indução* pelo sugestionamento como a *manipulação* (pelo ardil).

À vista dessas correlações exemplificativas, é possível traçar *paralelos* entre os *recursos de poder utilizados* e os seus respectivos *efeitos mediatos e imediatos*. Esse exercício se torna importante, entre outras razões, em função do comando inscrito no art. 489, §1º, inc. II, do Código de Processo Civil, que estabelece que a sentença que emprega conceitos jurídicos indeterminados – caso típico da quebra da "legitimidade" ou da "normalidade" das eleições" – deve, necessariamente, explicar os motivos de sua incidência no caso concreto.

Indo adiante, ponderamos que uma abordagem completa sobre o problema em estudo deve, em primeiro lugar, enfrentar a multiplicidade de formas de exteriorização do abuso de poder no contexto político, precisando, ademais, os respectivos pontos de impacto dessas formas ilícitas de influência nas muitas dimensões da legitimidade eleitoral.

Em outras palavras, para compreender os complexos desdobramentos decorrentes da incidência de uma prática de poder em um pleito específico, *não basta apontar a modalidade de poder verificada* (se houve abuso de poder político ou econômico etc.); mais do que isso, é preciso sondar (i) *as espécies de impactos ou reações provocadas* e (ii) *o terreno onde esses ou essas aportam*, assim como (iii) *os valores jurídicos que atingem* e (iv) *o respectivo grau de afetação*.

Isso porque dizer que o candidato *A* abusou do poder *X*, a rigor, é não dizer nada. Não se compreende, nesses termos, questões essenciais sobre o assunto, mormente porque o poder *X* pode, a depender do contexto, provocar os efeitos *W*, *X* ou *Z*, cada qual incidindo sobre diferentes aspectos da autenticidade de uma eleição particular. A pretexto de ilustração, repare-se que a máquina administrativa empenhada em um caso de abuso de poder político pode servir tanto à realização de *coação* (*e.g.*, com a ameaça de exoneração de servidores que recusem adesão à campanha do intendente) como à materialização de um *suborno* (*e.g.*, com a implementação de um substancioso aumento salarial com o objetivo de captar a preferência política de toda a categoria do funcionalismo público). Pode ainda servir ao *fortalecimento da imagem* política do líder de ocasião, mediante a aceleração da marcha da máquina estatal de propaganda, e assim por diante.

Em todas as hipóteses, uma mesma espécie de poder (o poder político, em nosso exemplo) surtiria efeitos mediatos e imediatos bastante diferentes: no primeiro caso, os efeitos imediatos (respectivamente, coação e suborno), porquanto *diretamente* incidentes sobre a vida de alguns eleitores, ofendem a legitimidade na esfera de proteção da liberdade subjetiva do sufrágio; no terceiro caso, o efeito imediato (superexposição ilícita da figura do postulante) não incide de modo direto sobre a vida particular dos votantes, afetando, mais precisamente, a atmosfera em que se trava a batalha dialética pelo voto, dessarte agredindo a integridade da disputa, não em uma dimensão conexionada com o sufrágio, mas sim no aspecto que se relaciona com a igualdade de oportunidades na competição eleitoral. Haverá ainda casos, de certa forma, híbridos, nos quais o flanco afetado mediará entre a liberdade de sufrágio e a paridade entre os *players*: são aqueles em que ameaças ou promessas difusas repercutem na liberdade de sufrágio em uma dimensão impessoal, isto é, objetiva.

Os esclarecimentos feitos sobre o instrumental do domínio político são, logicamente, extensivos a todas as outras modalidades do fenômeno do poder. Os quadros seguintes resumem, em listagens abertas, algumas das possíveis formas de manifestação do abuso de poder nas eleições, apontando os respectivos valores jurídicos ofendidos sob o pálio da legitimidade eleitoral:

Base: poder político

Efeito imediato (motor da conduta alheia)	Efeito mediato (faceta da legitimidade afetada)
Coação individual (ameaça de demissão)	Depreciação da liberdade de sufrágio (dimensão subjetiva)
Coação coletiva (ameaça de extinção de um programa social)	Depreciação da liberdade de sufrágio (dimensão objetiva)
Coação difusa (ameaça de pane no atendimento à saúde)	Quebra da igualdade de oportunidades
Superexposição da imagem (publicidade institucional irregular)	Quebra da igualdade de oportunidades
Suborno individual (oferecimento de emprego)	Depreciação da liberdade de sufrágio (dimensão subjetiva)
Suborno coletivo (assistencialismo)	Depreciação da liberdade de sufrágio (dimensão objetiva)

Fonte: Elaboração própria.

Base: poder econômico

Efeito imediato (motor da conduta alheia)	Efeito mediato (faceta da legitimidade afetada)
Coação individual (ameaça de demissão)	Depreciação da liberdade de sufrágio (dimensão subjetiva)
Coação coletiva (ameaça de fechamento da empresa)	Depreciação da liberdade de sufrágio (dimensão objetiva)
Superexposição da imagem (excessos nas atividades de propaganda)	Quebra da igualdade de oportunidades
Suborno direto (compra de votos)	Depreciação da liberdade de sufrágio (dimensão subjetiva)
Suborno indireto (compra do apoio de puxadores de voto)	Quebra da igualdade de oportunidades

Fonte: Elaboração própria.

Base: poder midiático

Efeito imediato (motor da conduta alheia)	Efeito mediato (faceta da legitimidade afetada)
Manipulação do ambiente informativo mediante práticas de desinformação	Depreciação da liberdade de sufrágio (dimensão objetiva)
Parcialidade na cobertura	Quebra da igualdade de oportunidades

Fonte: Elaboração própria.

Base: poder religioso

Efeito imediato (motor da conduta alheia)	Efeito mediato (faceta da legitimidade afetada)
Coação individual (ameaça de segregação/isolamento)	Depreciação da liberdade de sufrágio (dimensão subjetiva)
Coação difusa (ameaça de fechamento da igreja)	Depreciação da liberdade de sufrágio (dimensão objetiva)
Superexposição da imagem (publicidade irregular no interior do tempo e/ou em veículos eclesiásticos de comunicação)	Quebra da igualdade de oportunidades
Manipulação (exploração da fé mediante a prática de discursos eivados de violências simbólicas)	Depreciação da liberdade de sufrágio (dimensão objetiva)

Fonte: Elaboração própria.

Base: poder coercitivo

Efeito imediato (motor da conduta alheia)	Efeito mediato (faceta da legitimidade afetada)
Coação individual (ameaça de violência)	Depreciação da liberdade de sufrágio (dimensão subjetiva)
Coação difusa (ameaça de violência generalizada)	Depreciação da liberdade de sufrágio (dimensão objetiva)
Intimidação de adversários	Quebra da igualdade de oportunidades
Cerceamento da propaganda adversária	Quebra da igualdade de oportunidades

Fonte: Elaboração própria.

Isso posto, vale observar que a identificação da base de poder que tende a condicionar as reações alheias é ainda interessante para (i) *evidenciar onde se encontra o foco do problema*, assim como para (ii) *estipular um ponto de partida para a análise da gravidade das circunstâncias* no exame de ações jurisdicionais relativas a episódios de abuso. No segundo caso, parte-se da premissa de que, tanto sob o aspecto da efetividade como sob o prisma da valoração, as diversas formas de abuso de poder não são, a rigor, equivalentes. Dentro desse contexto, há sem dúvida hipóteses *ab initio* mais preocupantes, as quais refletem expedientes e eventos cujos "pontos de partida" se situam, já no começo da análise de sua gravidade, muito próximos do *limite de resistência* da legitimidade eleitoral (*v.g.*, casos de violência e corrupção eleitoral). Ao mesmo tempo, é certo que existem manifestações abusivas de menor monta, que per se, em isolamento, não carregam, em princípio, grandes medidas de danosidade intrínseca (*v.g.*, caso de expedientes que conferem alguma vantagem no certame), e que, portanto, só induzem cassação com a confluência de circunstâncias de reforço, por exemplo com o recrudescimento provocado pela reiteração (efeitos cumulativos), pela intensificação ou, alternativamente, pela associação com outros ilícitos.

Quanto ao primeiro ponto, sustentamos que a depender do maior ou menor grau de constrangimento imposto ao conjunto de eleitores, surgirá (ou não) a necessidade de se analisar fatores externos, alheios aos meandros das relações de poder especificamente travadas nos casos sob exame.

Nesse diapasão, enquanto as formas de poder que afetam a liberdade subjetiva dos eleitores, mediante processos de substituição de vontades – *formas cooptativas de abuso de poder* –, são resolvidas apenas e tão somente pela análise de aspectos probatórios relativos à existência dos fatos alegados, as hipóteses de abuso que incidem de maneira impessoal sobre o eleitorado (afetando a liberdade de sufrágio em sentido objetivo), assim como aquelas que incidem apenas sobre o ambiente em que se movem os eleitores – *formas não cooptativas de abuso de poder* –, só podem ser corretamente dimensionadas a partir de uma análise comparativa e relacional, uma vez que o seu resultado típico, qual seja a modulação irregular da orientação eleitoral, é menos previsível, menos intuitivo e, como consequência, menos preciso.[495]

---

[495] No terreno conceitual, as categorias de poder ora cunhadas guardam relação com a proposta de Raymond Aron (*apud* PINTO, 2018, p. 40), que distinguia as formas de manifestação

Como recurso didático, veja-se que *as práticas que suprimem, por completo, a margem de liberdade dos eleitores* (como ameaças e subornos, típicas dos recursos de *hard power*) carregam, naturalmente, uma densa carga desvalorativa, de sorte que a análise da gravidade, nesses casos, remete a uma investigação de tipo *quantitativo: a questão não envolve complexidade maior do que a de se descobrir quantos eleitores foram ameaçados ou subornados, e de que forma.* Os desdobramentos decorrentes dos constrangimentos aplicados são, nesse terreno, intuitivos e facilmente assimiláveis. Atos relativos ao "poder nu", como a compra de votos e o constrangimento eleitoral, possuem consequências, sem dúvida, autoevidentes.

Por outro lado, quando o que está em xeque é a manutenção do equilíbrio fino das condições em que jogam os atores da disputa, a análise do abuso de poder atrai a incidência de *aspectos qualitativos*, cabendo analisar não somente o comportamento dos competidores investigados, mas ainda os seus potenciais impactos em relação com o comportamento e com as oportunidades dos demais competidores, tendo em vista que a conjuntura do ambiente em que se desenvolve a pugna política responde aos movimentos de inúmeros agentes.[496] Aqui, as repercussões externas das condutas levadas a termo têm de ser desvendadas porque não são aferíveis de plano, ao revés do que se passa com casos de poder ostensivo. A título de ilustração, não são

---

do poder em *tipos fortes* (indutores de controle, ou seja, efetiva e completa determinação do comportamento alheio) e *tipos suaves* (indutores de influência, isto é, de impactos sobre o comportamento). Assim, as formas de abuso cooptativas remetem à ideia de tipos fortes de poder, ao tempo em que as formas não cooptativas fazem referência às espécies suaves do mesmo fenômeno. Tais espécies divergem, no essencial, no que toca ao índice de reciprocidade no resultado final da ação perpetrada. Assim, no caso dos tipos fortes a conduta realizada contém, numa idealização abstrata, muito da vontade do detentor do poder e pouco da vontade do sujeito que a ele se submete (baixa reciprocidade), enquanto no caso de tipos suaves a reciprocidade é mais alta, na medida em que o comportamento levado a cabo tem presente uma maior dose da vontade do indivíduo induzido. Os tipos fortes e suaves correspondem, claramente, às já referidas categorias de *hard* e *soft power*, muito recorrentes em análises no âmbito da geopolítica e das relações internacionais.

[496] Efetivamente, há tipos de abuso que conformam fenômenos mascarados, dada a patente ilicitude. Nesses casos, os efeitos nefastos são bastante conhecidos. O combate ao abuso ocorre mormente no plano instrutório: o problema se cinge em provar a existência do fato, e não o seu decorrente prejuízo para a legitimidade eleitoral. Esse o caso típico da compra de votos, em nosso exemplo. Os abusos de natureza ideológica, no entanto, são por natureza públicos, visto que ocorrem por meio da massificação de determinadas ideias no bojo de uma rede informativa. O fenômeno, nessas hipóteses, estará, quase sempre, exposto. Mas, na contramão do exemplo antecedente, nesses casos a complexidade não diz com o levantamento de provas, mas sim com a correta compreensão acerca de seus correspondentes efeitos e desdobramentos.

intuitivos os efeitos provocados por uma ou duas notícias de jornal. Cumpre então a aplicação de raciocínios lógico-indutivos, em ordem a que os dados conjugados fundamentem leituras adequadas acerca de seu peso, que nesses casos só pode ser medido numa análise panorâmica, que compreenda o todo.

Marcando a diferença: enquanto é possível afirmar, com alguma segurança, que a compra de um voto ou a coação realizada sobre um eleitor redunda na captura da sua vontade política, fazendo com que o apoio selado na urna não seja mais do que uma expressão do desejo do agente corruptor ou coator, a influência despersonalizada ou difusa, presente no campo ideológico, pode, no máximo, ser vista como o elemento preponderante em um mercado onde concorrem outras espécies de influência, ilícitas ou não. No espaço de difusão das ideias, no mais das vezes, não é possível definir com precisão os motivos que levaram cada eleitor, individualmente, a votar em determinado candidato, quanto mais indicar de modo preciso o que realmente o influenciou (RAIS, 2018, p. 114).

Ante o exposto, portanto, tanto sob o aspecto da determinância comportamental como pelo prisma da valoração, são absolutamente incomparáveis o caso do eleitor que vota sob a mira de um revólver e o caso do eleitor exposto à cobertura incisiva de um veículo hegemônico no mercado da comunicação. Na primeira hipótese (*hard power*), a despeito da redoma protetiva criada pelo arranjo garantidor do segredo da votação, o elemento volitivo enfrenta, por certo, uma severa provação; por outro lado, no segundo quadro (*soft power*), a afirmação que o resultado eleitoral como consequência direta da ação comunicativa é improvável e também absurdo. Como é intuitivo, nesta última hipótese seria preciso, no mínimo, averiguar as condições atmosféricas da campanha eleitoral, com especial atenção à existência e ao alcance de eventuais fontes alternativas de informação.

Nesse panorama, defendemos que um exame centrado em apontar o maior ou menor *grau do constrangimento* a que se submete o eleitor pode servir para a elaboração de um esquema racional direcionado à construção de uma *escala de gravidade predeterminada* para os casos de abuso de poder, escala essa que, embora não seja definitiva – e tampouco perfeita –, pode ao menos ensejar uma melhor compreensão a respeito do tema.

Com esse propósito, apresentamos o seguinte modelo esquemático, válido para a apreciação das hipóteses de abuso de poder cujo efeito típico incide sobre a liberdade para o exercício do sufrágio:

1. Relações de poder de invasivas (cooptativas)

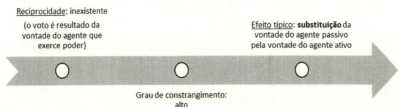

Motor da conduta alheia: coerção (as alternativas de ação do eleitor são suprimidas pela ameaça de sanção)

Base: violência física ou simbólica (agressão/chantagem/ ameaça)

Motor da conduta alheia: suborno (as alternativas de ação do eleitor são suprimidas pelo aliciamento)

Base: econômica (esfera privada ou governamental)

Análise preponderante: fatores endógenos (ênfase na relação de poder, sendo, em princípio, dispensável o exame de circunstâncias externas a ela).

Fonte: Elaboração própria.

2. Relações de poder relativamente invasivas (não cooptativas)

Motor da conduta alheia: manipulação (as alternativas de ação são reduzidas pela dramatização ou pela ardileza do processo de sugestionamento a que o eleitor é exposto)

Base: ideológica (*fake news*/religião)

Análise preponderante: mista (a relação de poder deve ser examinada em conjunto com elementos externos, como o teor da manipulação imposta e a existência de condições ambientais que atuem para amainar os seus efeitos típicos).

Fonte: Elaboração própria.

3. Relações de poder não invasivas (persuasivas)

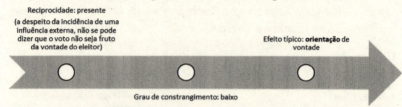

Motor da conduta alheia: indução (as alternativas de ação do eleitor são reduzidas pelo grau de reiteração ou intensidade do sugestionamento)

Base: ideológica (mídia / religião)

Análise preponderante: fatores externos (ênfase nas condições do ambiente).

Fonte: Elaboração própria.

Nesses termos, considerando que, tanto pelo prisma do *grau de constrangimento imposto*, como pelo *prisma da efetividade* (probabilidade de êxito na produção dos efeitos), pode-se, *a priori*, sugerir que as formas de poder que denominamos *cooptativas* são, em linha de princípio, mais graves do que as *semicooptativas* que, por sua vez, são mais acintosas do que as classificadas como *não cooptativas* (ou meramente persuasivas). Assim, em termos gráficos:

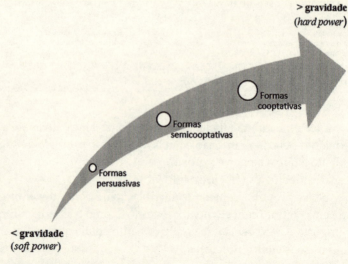

Fonte: Elaboração própria.

Levando-se em conta, como já afirmamos, que as decisões de anulação de eleições devem ser excepcionais, surgindo tão apenas quando as autoridades judiciais possam afirmar, com segurança, que os resultados das urnas são inaptos a refletir a genuína expressão da opinião coletiva, então é lícito esperar, ao menos em princípio, que a extinção anômala das competições eleitorais seja ainda mais rara quando se lide com casos de abuso de poder mais próximos do polo inferior do espectro sugerido.[497] Isso, entre outros fatores, porque os efeitos das expressões ideológicas de poder são menos precisáveis do que aqueles alcançados por suas manifestações mais brutas e contundentes.

Não se recusa, com isso, legitimidade às decisões judiciais de cassação, inclusive porque – é bom frisar – essas cumprem funções essenciais à administração da justiça e à preservação da via democrática no contexto das competições eleitorais. Como demonstram Machado e Almeida (2018, p. 444), a atuação contramajoritária do Poder Judiciário Eleitoral, malgrado invalide o apoio captado por um candidato vencedor, constitui, a rigor, "um dos mecanismos de sobrevivência da ordem democrática instituídos, justamente, para, em casos de fraude ao processo eleitoral, garantir-se que a soberania popular numericamente manifestada nas urnas não seja apenas ilusória".[498]

De mais a mais, tenha-se consignado, por fim, que os potenciais efeitos das diferentes espécies de poder sobre o eleitorado não constituem o único parâmetro para a aferição da gravidade das circunstâncias em

---

[497] Por outro lado, veja-se que a gravidade das circunstâncias aumenta exponencialmente quando, no contexto de um pleito eleitoral, resulta apurada a impressão conjugada de diferentes efeitos de poder, caso especial do recurso ao denominado *smart power*, relativo à aplicação conjugada de todos os fatores de poder à disposição do *player* que os controla, por exemplo quando incidem sobre uma arena de conflito, simultaneamente, o *hard* e o *soft power*. Em todo caso, é importante destacar que a posição de determinado expediente de poder na escala de análise da gravidade é sempre móvel. Nesse panorama, muito embora as formas cooptativas, não cooptativas e meramente persuasivas ocupem posições iniciais mais ou menos distantes do "limite de resistência" da legitimidade eleitoral (aquele marco fictício a partir do qual a validade de uma eleição passa a ser comprometida), o certo é que as circunstâncias dos casos concretos promovem mudanças nesse tabuleiro, ocasionando aproximações, quando agravantes, ou afastamentos, quanto atenuadoras. Por isso é que as formas cooptativas não redundam, necessariamente, em cassações, e por isso também as formas persuasivas podem, em alguns casos, comprometer a validação jurídica de um certame eletivo.

[498] Na mesma linha, Bovério e Bovério (2018, p. 234) escrevem que: "No Brasil, a sindicância da Justiça Eleitoral vem se tornando a cada eleição o fator de maior importância para a manutenção de uma democracia equilibrada, pois é a instituição que primeiro percebe os sintomas de um desgaste do regime democrático ao apurar situações em que a liberdade de voto esteja sendo sufocada por práticas abusivas em favor de candidaturas".

casos de abuso de poder. Pelo contrário, ao Poder Judiciário eleitoral é dado conhecer dos casos *sub examine* a partir de uma gama de vetores certamente mais extensa. Assim, em lição indispensável, Rodrigo López Zilio (2018, p. 459) propõe que:

> [...] a *conduta do agente* é um aspecto essencial a ser avaliado para a aferição da gravidade das circunstâncias, sendo útil a adoção do seguinte raciocínio: se o próprio candidato cometeu o ilícito ou teve uma participação direta no ato, estabelecendo-se uma identidade entre autor e beneficiário, essa conduta apresenta um maior grau de reprovação; de outro lado, havendo descoincidência entre o autor do ilícito e o beneficiário, deve-se demonstrar uma relação específica do autor com o beneficiário.[499] A *forma ou natureza do ato praticado* também é um critério a ser considerado para a configuração do ilícito. Desse modo, é conhecida a jurisprudência que aponta uma maior gravidade para os ilícitos cometidos através do rádio e da televisão em relação àqueles cometidos pela imprensa escrita, seja pela extensão da forma de alcance desses atos, seja por se tratarem de concessão de serviço público. Da mesma sorte, o *uso de órgãos públicos ou governamentais para fins eleitoreiros* é, a *priori*, um indicativo de maior reprovabilidade no agir ilícito se comparado com o emprego de uma estrutura privada para a consecução do mesmo fim vedado. A *finalidade do ato* também se releva como um elemento essencial para uma adequada conformação do abuso. Assim, se a conduta é cometida por um agente público, havendo um mero afastamento do fim público no ato perpetrado há um indicativo da irregularidade cometida, ao passo que se a conduta é cometida por um particular haverá a necessidade de demonstrar um nexo de causalidade ou uma relação de preexistência entre o ato

---

[499] Tal como defende Marilda de Paula Silveira (2017, p. 40-41), acerca da responsabilidade eleitoral por atos praticados por terceiros: "Independentemente da vertente de responsabilidade que se adote (objetiva ou subjetiva), nenhuma delas prescinde do nexo de causalidade. A imputação de responsabilidade pressupõe, em qualquer hipótese, a identificação do nexo de causalidade entre o dano e o ato ou comportamento danoso. Não se pode desprezar a causalidade para impor uma 'consequência' ou sanção, seja ao responsável, seja ao beneficiário do ato lesivo (Lima, 1960), pois seria indevida a imposição de responsabilidade sobre aquele que não participou da produção do resultado (Orgaz, 1952). Assumir que o candidato participa do resultado simplesmente porque registrou candidatura, e se expôs ao risco de qualquer pessoa praticar atos ilícitos em favor de sua campanha, é elastecer demasiadamente a compreensão sobre a teoria da causalidade. [...] Para prescindir da causalidade, o único caminho seria acolher a teoria do risco integral na seara eleitoral. Opção equivalente àquela da seara ambiental: o fato de abrir empresa potencialmente poluente significa que foi assumido o risco de se tornar responsável por dano ao meio ambiente. Excludentes de responsabilidade como atos de terceiro não ilidem a responsabilidade nesses casos; prescinde-se, portanto, do nexo causal. Contudo, além de não ser adequada ao sistema de proteção da legitimidade das eleições, a teoria do risco integral não encontra [nessa área] amparo legal ou constitucional".

cometido e o processo eleitoral. Por fim, *os efeitos e a extensão do ato abusivo* também podem (ou devem) ser medidos pelos critérios cronológico, quantitativo e em relação ao eleitor. Desse modo, a gravosidade do ato é maior quando ele é de caráter permanente (pelos efeitos que se prolongam temporalmente) ou, ainda, se cometido em momento mais próximo à eleição (pela inviabilidade de uma reversão desse ato em face à data do pleito). O *critério quantitativo*, isto é, o número de votos obtidos e a diferença de votos entre os concorrentes, ainda que não seja por si só um critério de constituição do ato abusivo, serve como mais uma diretriz para a configuração do ilícito, sendo também um elemento a ser considerado para a formação de um conceito da gravidade das circunstâncias.[500] Por fim, o ato de abuso também deve ser mensurado a partir do *impacto que causa em relação ao eleitorado*, revelando-se relevante perquirir a situação pessoal dos eleitores atingidos por um dado ilícito, seja por uma perspectiva cultural, social ou econômica. Nesse ponto, não é demais consignar que a velha lógica que move o "voto de gratidão", bem como a maior facilidade de aliciamento sobre eleitores com uma hipossuficiência econômica e cultural.[501] (Grifos nossos)

Outrossim, no tocante às *modalidades de abuso que afetam o ambiente em que se forma a convicção eleitoral* – notadamente casos de incidência do poder ideológico –, as dificuldades versam não sobre o aspecto probatório, haja vista que as questões dialéticas são, por essência, públicas, sendo, pois, de ordem distinta, relacionando-se mais exatamente com a compreensão das mecânicas e reflexos inerentes ao universo comunicativo das campanhas. Cobram-se, em específico, leituras adequadas a respeito dos meandros dos processos de comunicação, o que em parte explica o menor número de condenações encaminhadas nessa seara particular.

---

[500] O critério quantitativo se encontra positivado em algumas experiências no direito comparado. A Constituição dos Estados Unidos Mexicanos, *v.g.*, estipula, no art. 41, item 11, inc. VI, uma presunção normativa a indicar como "graves, dolosas e determinantes" algumas faltas eleitorais neste dispositivo arroladas, quando ditas transgressões sejam verificadas em eleições cujos resultados indiquem uma diferença de votos entre o primeiro e o segundo colocados menor do que 5% (cinco por cento).

[501] Com espírito semelhante, Marcos Ramayana (2018, p. 706) aponta que a descoberta da gravidade pode ser realizada a partir de certos "vetores interpretativos", como: "(i) intenção de prejudicar o erário público ou bens de pessoas físicas ou jurídicas com fins eleitoreiros; (ii) violação da boa-fé; (iii) a propaganda usada contrariamente à sua função de divulgação das propostas dos candidatos; (iv) desrespeito aos direitos fundamentais de primeira dimensão vinculados à liberdade (direitos políticos); (v) lesão ao sufrágio sob o prisma da legitimidade; e (vi) lesão ao direito moral do eleitor em sua cidadania, afetando uma característica do direito de personalidade (art. 1º, incs. II e III, da Constituição da República)".

No campo em questão, enfrenta-se a existência de "pressões ambientais", termo usado por analogia ao conceito *concussione ambientale*, de larga utilização na doutrina italiana. Nesse processo, entende-se que:

> [...] a pressão ambiental – ou sistémica – sobre o quadro cognitivo geral para a apreensão do real pode ser de tal modo forte que um determinado *esquema cognitivo* (interpretativo ou descodificador) se torne dominante e passe a determinar esse significado. Esta "pressão ambiental" ou sistémica é exercida pelos *media*, através da emissão torrencial de opinião num determinado sentido, independentemente da informação puramente descritiva, factual ou simplesmente literal. (SANTOS, 2012, p. 36-37)

Interessante, pois, que se busquem parâmetros para a intelecção do que seja a gravidade em termos mais concretos, máxime porque o requerido cuidado com o trato desses problemas, na linha do que defendemos, repele soluções assentadas sobre bases inespecíficas ou puramente deterministas, como aquelas guiadas por suposições exageradas e sem densidade empírica, caso específico das já analisadas hipóteses maximalistas acerca dos impactos da cobertura midiática no imaginário público (designadamente a teoria hipodérmica ou teoria da bala mágica).

Isso porque o pressuposto da gravidade "deve ser fundamentado de forma detida e específica, e não de modo genérico, o que amplia a responsabilidade do julgador eleitoral" (COÊLHO, 2012, p. 2). Disso decorre a intenção de oferecer indicadores claros que possam auxiliar o labor do hermeneuta, mediante o destaque de aspectos que sobrelevam as potencialidades do influxo da atmosfera comunicativa sobre o comportamento do eleitorado e, consequentemente, sobre a qualidade e sobre os destinos da competição eleitoral.

Como visto em passagens antecedentes, a falsa neutralidade da imprensa pode ser desvelada a partir de análises tridimensionais, tendo como parâmetros os critérios de visibilidade, valência e enquadramento. A par de recordá-los, convém advertir: se a potencialidade para a alteração dos resultados (segundo a jurisprudência pós-Lei da Ficha Limpa) já não é um elemento necessário para o reconhecimento do abuso, esse sem dúvida será mais perceptível quando as evidências demonstrem que aquela ilação é lógica e provável.[502]

---

[502] Fiel à linha jurisprudencial vigente, que aparta os significados de "potencialidade lesiva" e "gravidade", Marcos Ramayana (2018, p. 706) escreve: "Como se nota, é necessária a

CAPÍTULO 6
A GRAVIDADE NO ABUSO DE PODER COMO PARÂMETRO PARA A CASSAÇÃO DE MANDATOS: O ARRANJO BRASILEIRO... | 441

Assim, nesse âmbito particular, é importante uma análise de contexto: os impactos da cobertura jornalística parcial serão principalmente sentidos, por exemplo, em disputas para as quais as pesquisas de intenção de voto sugiram situações de empate técnico. Também assim, é salutar que se perceba que o uso indevido dos meios de comunicação dificilmente decorre de atos isolados, sendo mais compatível com a ideia de uma cadeia de desenvolvimento produtora de um ambiente de agudo desequilíbrio informativo, com sérios prejuízos à faceta objetiva da liberdade de escolha eleitoral.

Além dos aspectos retromencionados, outras variáveis contribuem para a maximização dos efeitos da cobertura distorcida, aproximando a possibilidade de que a influência dos meios massivos possa haver comprometido o certame. Ao lado de circunstâncias exógenas relevantes, como o acirramento da disputa (indicado pela proximidade nos indicadores oriundos das pesquisas) ou a existência de ajustes econômicos entre candidatos e proprietários de veículos de comunicação, recomenda-se que sejam observados:

(i)   a *natureza da(s) plataforma(s) midiática(s)* utilizada(s) para a realização do ilícito;

(ii)   o *tamanho da base territorial* em que se promove a eleição;[503]

(iii) o *poder de penetração dos veículos envolvidos*, medido pela tiragem (imprensa escrita), pelo volume diário de acessos (imprensa eletrônica) ou pelos níveis de audiência (rádio/ televisão), e no qual igualmente influem detalhes como a existência de distribuição gratuita ou a amplitude do

---

comprovação da gravidade dos fatos durante uma determinada campanha eleitoral. A alteração do resultado da eleição é apenas um fator complementar ao contexto probatório. Assim, a parte interessada poderá juntar aos autos do processo a prova do número de votos em determinadas zonas ou seções eleitorais. No entanto, esse não é um fator decisivo, mas indiciário para o livre convencimento motivado da decisão judicial".

[503] "Em cidades menores, o prejuízo causado pela cobertura jornalística direcionada tende a ser menor, por três razões principais: em primeiro lugar, porque as tendências e afinidades políticas de seus proprietários são, geralmente, de conhecimento público (o que dissipa os efeitos de convencimento da objetividade aparente); ademais, em circunscrições de pequena envergadura as preferências políticas estáveis grassam com frequência maior, o que reduz o número de eleitores flutuantes (*swinging voters*) e, noutro passo, reforça a existência de filtros de preferência que diminuem os efeitos da imprensa; por fim, a redução da base geográfica onde ocorrem os fatos de interesse coletivo aumenta a probabilidade de que os cidadãos tenham acesso direto ou indireto às informações, por fontes outras além daquelas oferecidas pela imprensa" (ALVIM, 2018, p. 101). Assim, é lícito sugerir que os abusos perpetrados pela indústria jornalística são, em princípio, menos lesivos numa cidade de 10 mil habitantes do que no estado em que aquela cidade se insere.

público-alvo a que se destinam (*v.g.*, a totalidade de municípios ou estados abrangidos, no caso de eleições gerais);

(iv) a existência de *situações de monopólio ou quase-monopólio* do campo informativo na região em que se desenvolve o pleito;[504]

(v) o *grau de diversidade interna* (abertura de espaço para a divulgação de diferentes óticas ou pontos de vista) identificado no seio das mídias que tenham servido de instrumento para o ilícito;

(vi) o *grau de diversidade externa* (existência de órgãos de comunicação concorrentes equilibrando o ambiente informativo e resgatando o pluralismo de ideias, com o oferecimento público de perspectivas distintas);

(vii) se a *visibilidade* da cobertura privilegiada foi *maximizada* pela repercussão de pautas em outros veículos, por exemplo, quando matérias de jornais ou revistas reverberam e influenciam a agenda de programas de rádio e televisão, produzindo o que a teoria comunicativa denomina "efeito multiplicador da mensagem" (HOLGADO MARTÍNEZ, 2015, p. 13);

(viii) se no tratamento jornalístico foram identificadas *práticas de falseamento, manipulação, crimes contra a honra ou ilícitos afins*, inclusive reclamando a intervenção da Justiça Eleitoral;

---

[504] Aline Osorio (2017, p. 178) se preocupa com a questão da concentração midiática, especialmente em pequenas cidades nas quais se costuma ter uma baixa variedade de fontes de informação. Segundo a autora: "Nessas localidades, é ainda mais comum que os veículos de comunicação social estejam concentrados em mãos de oligarquias ou de políticos locais, gerando um possível conflito de interesses na divulgação de informações, em prejuízo do pluralismo e, muitas vezes, também da paridade de armas entre os candidatos em disputa. Isso porque os candidatos mais próximos aos meios de comunicação e às oligarquias locais acabam tendo espaço desproporcional na mídia, além de possuírem acesso a uma maior quantidade de recursos econômicos. É também comum que os meios de comunicação nessas localidades confiram grande destaque a respeito dos políticos que os comandam ou que os apoiam, e pouca evidência a fatos desabonadores de seus proprietários e a notícias positivas de seus opositores. Tais práticas podem configurar uso político abusivo dos meios de comunicação, sobretudo no período eleitoral. Por isso, é recomendável que a elaboração, a interpretação e a aplicação das leis levem em conta tais situações locais, permitindo-se uma atuação mais rigorosa da Justiça Eleitoral nos casos em que for detectado um conflito de interesses na atuação das emissoras e dos veículos de imprensa por determinados grupos políticos ou econômicos".

A GRAVIDADE NO ABUSO DE PODER COMO PARÂMETRO PARA A CASSAÇÃO DE MANDATOS: O ARRANJO BRASILEIRO...

(ix) o índice de reiteração de mensagens tendenciosas,[505] com vistas ao correto dimensionamento do dano causado;[506]

(x) o *lapso de tempo* no qual se desenvolve o jornalismo panfletário, com o propósito de sopesar a incidência de efeitos cumulativos sobre a audiência;[507]

(xi) o índice de credibilidade agregada à(s) plataforma(s) utilizada(s), proporcional ao prestígio de goze(m) perante a população (nesse sentido, asseveram-se mais nocivas campanhas perpetradas por veículos tradicionais do que aquelas realizadas por *blogs* ou periódicos novos ou desconhecidos);

(xii) a incidência de *publicações de "pautas-bomba"* (aptas a convencer eleitores indecisos ou a reverter preferências frágeis) de última hora, de modo a inviabilizar a veiculação de desmentidos e versões contrapostas, ou mesmo a checagem da veracidade previamente ao início da votação;

(xiii) a presença de *aprofundamento investigativo direcionado ou de "cegueira deliberada"*,[508] a denotar perseguição ou favorecimento de sujeitos concorrentes;

(xiv) a *identificação de competidores que figurem como sócios ou proprietários diretos ou indiretos de veículos de comunicação* com circulação ou difusão na base territorial do pleito (o mesmo

---

[505] Expediente conhecido no jargão jornalístico como "matracagem", como narra Charaudeau (2012, p. 75).

[506] "Para que haja condenação, no âmbito da AIJE, é essencial que se analise o *número de programas veiculados*, o período de veiculação, o teor deles e outras circunstâncias relevantes, que comprovem o uso indevido dos meios de comunicação, com evidência da gravidade da conduta, a que se refere o art. 22, XVI, da LC nº 64/90" (REspe nº 82.203. Rel. Min. Henrique Neves da Silva. *DJe*, 4.2.2015) (grifos nossos).

[507] "O abuso dos meios de comunicação resta evidenciado na utilização de periódico de grande circulação no município, com expressiva tiragem que, *ao longo de vários meses*, desgasta a imagem do adversário, inclusive falseando a verdade. A liberdade de imprensa, embora reconhecida como um dos pilares da democracia, não pode contra esta se voltar, por não ser direito absoluto" (REspe nº 93.389/MG. Rel. Min. Luciana Lóssio. *DJe*, 27.2.2015) (grifos nossos).

[508] Entre as estratégias de "cegueira deliberada", enquadram-se o que Pazos (*apud* ZUKERNIK, 2002, p. 25) chama de "pactos corporativos de silêncio", referentes ao ocultamento de notícias ou acontecimentos feito de forma calculada e concertada pela imprensa. A prática verifica-se, por exemplo, com a negativa de espaço de cobertura a marchas ou protestos contra determinados governos ou protagonistas políticos, ou ainda com a recusa de pauta a fatos objetivamente relevantes, como o alcance de avanços sociais ou econômicos, como a extinção virtual da pobreza ou o controle da inflação. Quando operada sobre um determinado candidato, retirando-lhe visibilidade, a estratégia de ocultação resulta extremamente perniciosa, praticamente eliminando as suas chances de vitória (ALVIM, 2018, p. 181).

valendo quando a sociedade ou propriedade se refira aos respectivos círculos íntimos ou familiares,[509] ou para casos em que fique evidenciada a *compra do apoio do jornal*);[510]

(xv) se as características do ambiente em que se desenvolvem as ações de comunicação permitem a reação dos atores prejudicados, atenuando os reflexos da cobertura privilegiada em função de *efeitos de contrapoder* (*v.g.*, o tempo de propaganda que os prejudicados possuem no horário eleitoral gratuito, o uso efetivo de direito de resposta,[511] a existência de fontes de apoio na cena virtual, a presença de mídias alternativas ou de iniciativas de *fact-checking* com alcance razoável etc.).

Na verdade, é dado afirmar que a legitimidade eleitoral resiste a disparidades de tratamento no seio de um ou outro veículo de comunicação, desde que a confluência de diferentes óticas nutra o conjunto em que se desenvolvem as linhas da teia informativa. Como sugerido por Zippelius (2016, p. 414), a captação dos reais desejos e tendências de opinião dos cidadãos é mais provável de ser obtida "[...] quanto mais ampla for a oferta e a possibilidade de escolha entre diversas informações, apresentações de informações e tomadas de posição". Isso porque, no processo de formação das opiniões políticas, tal como nas eleições, "[...] só a possibilidade de escolha entre várias alternativas confere eficácia imediata a um 'elemento democrático'".

---

[509] "A atuação mais incisiva e rigorosa da Justiça Eleitoral estará justificada quando as emissoras forem controladas por candidato ao pleito ou por pessoas a ele ligadas, caracterizando conflito de interesse na cobertura da campanha. Nessas situações, o controle mais estrito torna-se necessário para evitar interferências na liberdade de divulgação das informações, na paridade de armas entre os candidatos e na própria legitimidade do pleito. Em todo caso, porém, tal controle deverá observar o princípio da proporcionalidade, impedindo-se que, a pretexto de garantir a higidez do pleito, não se imponha excessiva restrição às liberdades de imprensa e informação" (OSORIO, 2017, p. 318).

[510] A cooptação dos meios de comunicação com recursos do erário desponta como elemento tendente à constatação da gravidade das circunstâncias para a configuração de atos abusivos, segundo a Jurisprudência do Tribunal Superior Eleitoral. Confira-se, nessa linha, o REspe nº 66.912/SP, da relatoria da Ministra Maria Thereza de Assis Moura (*DJe*, 10.11.2015).

[511] De todo modo, mensagens oriundas dos candidatos em propaganda ou direito de resposta não desfazem, integralmente, o impacto das notícias, sobretudo porque a credibilidade do organismo da imprensa, em virtude da presunção de objetividade, pode – e tende a – ser maior do que a do competidor político, o que decerto minimiza os efeitos dos discursos de refutação.

A garantia de diversidade externa é, por conseguinte, o aspecto mais relevante nesse particular, tal como se apura do escólio de Duane Bradley (1967, p. 14; 17):

> Desde que a notícia é colhida, escrita, preparada e impressa por sêres humanos com várias falhas e fraquezas, é duvidoso que qualquer jornal corresponda sempre aos seus elevados ideais. Não podemos esperar, portanto, que qualquer número de qualquer jornal contenha tôda a verdade a respeito de qualquer coisa.[512] Mas cremos que com a existência de muitos jornais diferentes produzidos por muitas pessoas com capacidade e pontos de vista diversos, a verdade acabará por tornar-se clara para nós [...].
> Enquanto os sêres humanos não forem perfeitos, nenhuma pessoa estará inteiramente certa sobre coisa alguma e sempre haverá dois lados em cada questão. Uma imprensa em que há controvérsia, composta de muitos jornais que divergem entre si, nos proporciona fragmentos de verdade suficientes para que possamos tomar decisões inteligentes. Nenhum jornal responderá satisfatoriamente a todas as nossas perguntas, mas todos êles juntos nos dão a informação necessária para as nossas conclusões próprias.[513]

No fundo, em última análise, o que o sistema de proteção da legitimidade e da normalidade das eleições não absorve – para além de campanhas maciças de desinformação – é o sufocamento do pluralismo dos pontos de vista. Com efeito, a axiologia eleitoral se orienta pelos valores máximos da liberdade e da igualdade e, nesse caminho, impõe o desenvolvimento de disputas livres de um jornalismo assimétrico hábil à violação da igualdade de condições entre os competidores e ao desvio

---

[512] "Sempre que um jornalista decide publicar uma notícia em vez de outra, optar por um jornalismo', da mesma forma que temos dificuldade em estabelecer uma 'verdade histórica' ou uma 'verdade sociológica'" (FERNANDES, 2011, p. 11).

[513] A sobrepujança da pluralidade externa é confirmada, *v.g.*, pelo direito alemão. Como informa Bustos (PÉREZ DE LA FUENTE, 2014, p. 158), no modelo germânico as emissoras privadas de rádio e televisão estão, em princípio, liberadas de assegurar um mínimo de diversidade interna, desde que no conjunto do território onde operam existam outros meios que, adotando linhas contrárias, contribuam para o equilíbrio da atmosfera da comunicação. As leis dos *Land* dispõem, em geral, que o equilíbrio existe quando ao menos três (às vezes quatro) canais comerciais se encontram disponíveis. Se este não é o caso, então a autoridade regulatória do estado determina que o equilíbrio global não está garantido, cumprindo a cada canal satisfazer, em seu âmbito interno, aquele requisito. Sem embargo, cabe frisar que a pluralidade não se resolve, simplesmente, com a constatação de um critério numérico, sendo antes um problema de ordem qualitativa. Em definitivo, de nada adianta a presença de uma quantidade satisfatória de veículos, se esses reproduzem, em seu conteúdo, uma abordagem ideológica única e concatenada.

da autêntica vontade do povo por intermédio do condicionamento do ambiente em que surgem e amadurecem as distintas correntes e opiniões políticas. Hoje em dia, é certo que o mesmo raciocínio se estende, *mutatis mutandis*, à problemática da comunicação no âmbito da internet.

Conste também que os casos concernentes ao abuso de poder digital devem, igualmente, ser examinados em conexão com as suas particularidades elementares. Especificamente no ponto, argumenta-se que a gravidade das circunstâncias, nessas hipóteses, há de levar em conta um escrutínio orientado por sete diferentes dimensões de análise, a saber: a) a identidade e a multiplicidade das instâncias vocalizadoras; b) o grau de nocividade do(s) discurso(s); c) o contexto sociopolítico; d) a natureza e o grau de defraudação da(s) narrativa(s); e) as respectivas taxas de alcance, contágio e constância; f) o perfilamento tático e operacional; e g) a eventual comunhão com outros ilícitos típicos (ALVIM; ZILIO; CARVALHO, 2024, p. 421-435).

De toda sorte, a modo de desfecho, anote-se que em matéria de ilícitos eleitorais que ensejam a anulação de eleições não é dado ao intérprete desligar-se de suas seríssimas implicações de fundo. Há de se divisar, a todo instante, que *o reconhecimento da incidência de causas de invalidação da indicação popular enseja a aplicação de consequências jurídicas e políticas bastante drásticas, mormente a desconstituição de manifestações de soberania presumidamente válidas, à luz de incontáveis cânones e axiomas democrático-constitucionais.*

À evidência de que tais éditos de invalidação carregam, em essência, uma forte carga de contramaioria, é de suma importância sugerir que magistrados e cortes eleitorais avaliem, com detenção e temperamento, as nuanças e particularidades de todos os casos concretos. As condenações, certamente possíveis e mesmo necessárias,[514] são naturalmente – e por princípio – indutoras de extinções anômalas do processo eleitoral, figurando, portanto, como soluções jurídicas de exceção.

---

[514] A imprescindibilidade das medidas de cassação é bem demonstrada por Fernando de Castro Farias (2012, p. 124-125), quando argumenta que: "A lisura na conquista do mandato eletivo é essencial à legitimidade do representante do povo. Sem ela, é indelével a mácula a recair sobre aquele que carrega em seus ombros toda a responsabilidade de concretizar, ainda que não integralmente e ao menos formalmente, as promessas garantidas em nossa Constituição". Nessa quadra, acresce que: "A conquista do mandato eletivo sem os predicados da lisura e da elegibilidade e, portanto, da manifestação livre e inequívoca do eleitorado em favor de candidato apto a participar do pleito, importa, necessariamente, em franca violação aos requisitos estabelecidos pela Constituição como condicionantes ao exercício da soberania popular [...]. Assim é que a eleição conquistada com abuso ou ao arrepio das condições plenas de elegibilidade importa em ilegitimidade do mandatário".

Nessa linha, Marcus Vinicius Furtado Coêlho (2012, p. 1) vislumbra a gravidade das circunstâncias como um conceito jurídico aberto correlato às noções de proporcionalidade e razoabilidade, portanto, conexionado com o axioma jurídico relativo à proibição do excesso. Disso decorrem os imperativos de adequação, necessidade e justa medida na cominação da pena da cassação de mandato (e, por via reflexa, da anulação das eleições). Em arremate, o doutrinador sustenta a acertada ideia de que "o ordenamento não admite seja configurado o abuso de poder por fato insignificante, sem relevo, desprovido de repercussão social", e alerta que, na medida em que "a democracia pressupõe a prevalência da vontade da maioria, [...] a banalização das cassações, com a reiterada influência do Judiciário no resultado das eleições pode gerar uma espécie de autocracia, o governo dos escolhidos pelos juízes, não pelo povo".

Ao fim e ao cabo, em par com o posicionamento acima registrado, é de fato crucial e urgente abrir vistas à percepção de que:

> [...] o Judiciário Eleitoral, ao exercer função contramajoritária em face de escolhas políticas das urnas, deve fazê-lo aplicando leis justas e proporcionais, mediante procedimentos judiciais e hermenêuticos que prestigiem a ideia de um justo processo eleitoral, que preserve a soberania popular em sua inteireza, como vontade dos eleitores, dos candidatos e dos partidos políticos, sem inclinar a balança, desproporcionalmente para qualquer desses titulares de liberdades políticas, ou pior, contra todos, ao argumento retórico e fictício de anular a vontade popular para protegê-la [...]. (ESPÍNDOLA, 2017, p. 66)

De forma sucinta, o que se defende é que ao Judiciário Eleitoral, como órgão representativo do aparato estatal, não é dado amainar, sem grandes cautelas, a legitimidade democrática, incidindo sobre si barreiras e limitações políticas e jurídicas (em nível constitucional) que, ontológica e axiologicamente, não diferem substantivamente daqueles impostas aos próprios *players* das competições eleitorais, sempre em homenagem à primazia da soberania popular. Ante essa realidade, neste âmbito de atuação é também fundamental manter "[...] o Estado-organização ao serviço do Estado-instituição, da sociedade civil que é sua única justificação, de modo que a vontade desta [sempre] prevaleça" (MONTEIRO, 2003, p. 34), sob pena de que o axioma fundante do governo autodeterminado acabe por ser, pontualmente, vertido numa grande ilusão teórica, num mero sofisma constitucional.

À margem dessas questões prementes, contudo, talvez movida por uma lógica inversa, a Justiça Eleitoral brasileira – sobretudo, nos juízos de primeiro grau – tem, em alguma medida, falhado em promover o fortalecimento do espírito democrático, olvidando-se de que o *seu papel institucional lhe impõe um inarredável exercício de autocontenção*, o qual vem ao encontro de uma necessidade democrática básica, refletida na prevenção da sensação de que o âmbito judicial pode, legitimamente, invadir o espaço da política.[515]

Isso posto, consideramos mais do que necessário promover, tanto quanto possível, um debate mais profundo, vertical e duradouro a respeito desses importantíssimos temas que, neste ensaio, em virtude das severas limitações de arte e de engenho do autor, não recebem mais do que algumas considerações reconhecidamente incompletas, incipientes e superficiais.

Como ponto de partida, cabe consignar que a eficácia de um sistema de proteção dos valores constitucionais-eleitorais não se mede pelo número de candidatos cassados, mas pela capacidade de gerar legitimidade e estabilidade, elementos valorativos nos quais se enquadram, sem dúvida, as performances de redução e de absorção dos conflitos políticos.

Por esse ângulo, argumentamos, em arremate, que a verdadeira "vitória" dos órgãos nacionais de governança eleitoral não virá quando as suas máquinas jurisdicionais acedam a cassar o dobro do número de candidatos que as vemos cassando, mas, pelo contrário, decerto quando passem a enfrentar a metade dos processos com pedidos impugnativos que, atualmente, inundam os vastos espaços dos seus escaninhos.

---

[515] Sobre Justiça Eleitoral e autocontenção, são indispensáveis as observações de Dieter Nohlen (2013, p. 237-246): "Los integrantes de los organismos electorales tienen que resistir a la tentación de un protagonismo político propio. Si los Jefes de las ramas aparecen todos los días con declaraciones en los medios de comunicación, algo no está claro. En este sentido, percibir la administración y justicia electoral como poder (electoral) entre los demás poderes del Estado que se ha destacado como inovación latino-americana puede aumentar la confusión. [...] Conviene recordar que el poder electoral está con los electores. Ellos deciden quien gana una elección. Los organismos electorales tienen que cumplir con una función, la de organizar este acto festivo de participación política y velar por su desarollo acorde con las normas, [...] en pro a ejercer la jurisdición con buenos criterios".

REFERÊNCIAS

ABEJÓN, Paloma; TEJEDOR, Laura; GÓMEZ PATIÑO, María; RISUEÑO, Iván; OSUNA, Carmen; DADER, José Luis. El uso de webs, Facebook y Twitter en la comunicación electoral española de 2015: una mirada impresionista. *In*: DADER, José Luis; CAMPOS DOMÍNGUEZ, Eva (Coord.). *La búsqueda digital del voto*. Cibercampañas electorales en España 2015-16. Valencia: Tirant lo Blanch, 2017. p. 75-140.

ACEVES GONZÁLEZ, Francisco de Jesús. La investigación académica sobre el papel de los medios de comunicación en procesos electorales en México. CONGRESO LATINO-AMERICANO DE CIENCIAS DE LA COMUNICACIÓN, VI. *Exposição...* 2002. Disponível em: http://publicaciones.cucsh.udg.mx/pperiod/comsoc/pdf/37_2000/11-36.pdf. Acesso em: 24 jan. 2018.

AGOZINO, Adalberto C. *Ciencia política y sociología electoral*. Buenos Aires: Universidad, 1997.

AGRA, Walber de Moura. *Manual prático de direito eleitoral*. Belo Horizonte: Fórum, 2016.

AIETA, Vania Siciliano. *Democracia*. Rio de Janeiro: Lumen Juris, 2006.

ALCKMIN, José Eduardo; PINHEIRO, Maria Cláudia Buchianeri; ZILIO, Rodrigo López; GUEDES, Gustavo Bonini. Ilícitos eleitorais. Palestra proferida no V Congresso Brasileiro de Direito Eleitoral. Relatores: PECCININ, Luiz Eduardo; ZACLIKEVIS, Wagner Luiz. *Revista Brasileira de Direito Eleitoral*, ano 9, n. 17, p. 131-149, jul./dez. 2017.

ALCUBILLA, Enrique Arnaldo; GARCÍA-CAMPERO, Manuel Delgado-Iribarren (Coord.). *Diccionario electoral*. Madrid: La Ley, 2009.

ALMEIDA, Frederico Rafael Martins de; COSTA, Rafael Antônio. Abuso de poder religioso: os limites do discurso religioso no processo democrático. *Paraná Eleitoral*, v. 4, n. 3, p. 365-386, 2015.

ALMEIDA, Roberto Moreira de. *Curso de direito eleitoral*. 11. ed. Salvador: JusPodivm, 2017.

ALVAREZ CONDE, Enrique. Los principios del derecho electoral. *Revista del Centro Estudios Constitucionales*, n. 9. p. 9-37, maio/ago. 1991.

ALVIM, Frederico Franco. *Cobertura política e integridade eleitoral:* efeitos da mídia sobre as eleições. Florianópolis: Habitus, 2018.

ALVIM, Frederico Franco. *Curso de direito eleitoral*. 2. ed. Curitiba: Juruá, 2016.

ALVIM, Frederico Franco. Imperfeições inerentes ao sistema misto: críticas ao modelo de voto distrital. *Estudos Eleitorais*, v. 10, n. 2, p. 85-103, maio/ago. 2015.

ALVIM, Frederico Franco; ARANJUES, Gabriel Silva. A influência da mídia escrita nas eleições presidenciais. *Revista Brasileira de Direito Eleitoral*, ano 9, n. 16, p. 55-84, jan./jun. 2017.

ALVIM, Frederico Franco; CARVALHO, Volgane de Oliveira. Da cruz aos códigos: novas formas de abuso de poder e os mecanismos de proteção da integridade eleitoral no arquétipo brasileiro. *Revista do TRE-RS*, ano 23, n. 44, p. 167-204, 2018.

ALVIM, Frederico Franco; COURA, Alexandre Basílio; NOLÊTO, Murilo Salmito. Pesquisa de intenção de voto: efeitos sobre o comportamento eleitoral e hipóteses de controle judicial mediante o instrumento de representação. *In*: LIMA, Célia Regina; SALES, José Edvaldo; FREITAS, Juliana Rodrigues de (Coord.). *Constituição e processo eleitoral*. Belo Horizonte: Fórum, 2018. p. 369-400.

ALVIM, Frederico Franco; DIAS, Joelson. A Lei Brasileira de Inclusão e a efetivação da participação política das pessoas com deficiência. *In*: SILVA, Marcelo Rodrigues; OLIVEIRA FILHO, Roberto Alves de (Coord.); FIUZA, César (Org.). *Temas relevantes sobre o Estatuto da Pessoa com Deficiência*. Salvador: JusPodivm, 2018. p. 291-316.

ALVIM, Frederico Franco; RUBIO NÚÑEZ, Rafael; MONTEIRO, Vitor de Andrade. *Inteligência artificial e eleições de alto risco*. Ciberpatologias e ameaças sistêmicas da nova comunicação política. Rio de Janeiro: Lumen Juris, 2024.

ALVIM, Frederico Franco; ZILIO, Rodrigo López; CARVAHO, Volgane de Oliveira. *Guerras cognitivas na arena eleitoral*: o controle judicial da desinformação. 2. ed. Rio de Janeiro: Lumen Juris, 2024.

AMARAL, Diogo Freitas do. *Uma introdução à política*. Lisboa: Betrand, 2013.

ANDRADE NETO, João; GRESTA, Roberta Maia; SANTOS, Polianna Pereira dos. Fraude à cota de gênero como fraude à lei: os problemas conceituais e procedimentais decorrentes do combate às candidaturas femininas fictícias. *In*: FUX, Luiz; PEREIRA, Luiz Fernando Casagrande; AGRA, Walber de Moura. *Tratado de direito eleitoral*: abuso de poder e perda de mandato. Belo Horizonte: Fórum, 2018. t. 7. p. 239-279.

ANDRADE SÁNCHEZ, Eduardo. *Derecho electoral*. Ciudad de México: Oxford University Press, 2010.

ANDRADE SÁNCHEZ, Eduardo. *Introduccion a la ciencia política*. Ciudad de México: Oxford University Press, 2012.

ANDUIZ, Eva; BOSCH, Agustí. *Comportamiento político y electoral*. Barcelona: Ariel, 2012.

ARAGÓN, Manuel. Derecho electoral: sufragio activo y passivo. *In*: NOHLEN, Dieter; PICADO, Sonia; ZOVATTO, Daniel. *Tratado de derecho electoral comparado de América Latina*. 2. ed. Ciudad de México: Fondo de Cultura Econónima, 2007. p. 162-177.

ARAÚJO, C. Legitimidade, justiça e democracia: o novo contratualismo de Rawls. *Revista Lua Nova*, n. 57, p. 73-86, 2002.

ARAÚJO, Roberta Corrêa de. *Legitimidade do poder político na democracia contemporânea*. Curitiba: Juruá, 2015.

REFERÊNCIAS | 451

ARBLASTER, Anthony. Violência. *In*: OUTHWAITE, William; BOTTOMORE, Tom (Ed.). *Dicionário do pensamento social do século XX*. Rio de Janeiro: Zahar, 1996. p. 803-804.

ARNALDO ALCUBILLA, Enrique. Día de reflexión. *In*: ARNALDO ALCUBILLA, Enrique; GARCÍA-CAMPERO, Manuel Delgado-Iribarren. *Diccionario electoral*. Madrid: La Ley, 2009. p. 186-187.

ARNALDO ALCUBILLA, Enrique. Nulidad de elecciones. *In*: ARNALDO ALCUBILLA, Enrique; GARCÍA-CAMPERO, Manuel Delgado-Iribarren. *Diccionario electoral*. Madrid: La Ley, 2009. p. 355.

ARRATÍBEL SALAS, Luis Gustavo. Conceptualización del derecho electoral. *In*: SERRANO MIGALLÓN, Fernando. *Derecho electoral*. Ciudad de México, 2006. p. 1-36.

ARUGUETE, Natalia. Agenda-setting (Teoría de la). *In*: CRESPO MARTÍNEZ, Ismael; D'ADAMO, Orlando; GARCÍA BEAUDOUX, Virginia; MORA RODRÍGUEZ, Alberto (Coord.). *Diccionario enciclopédico de comunicación política*. Madrid: Centro de Estudios Políticos y Constitucionales, 2015. p. 22-25.

ATIENZA ALEDO, Julián. Encuesta. *In*: CRESPO MARTÍNEZ, Ismael; D'ADAMO, Orlando; GARCÍA BEAUDOUX, Virginia; MORA RODRÍGUEZ, Alberto (Coord.). *Diccionario enciclopédico de comunicación política*. Madrid: Centro de Estudios Políticos y Constitucionales, 2015. p. 165-167.

ATIENZA, Manuel; RUIZ MANERO, Juan. *Ilícitos atípicos*: sobre o abuso de direito, fraude à lei e desvio de poder. São Paulo: Marcial Pons, 2014.

AZAMBUJA, Darcy. *Introdução à ciência política*. 2. ed. Rio de Janeiro: Editora Globo, 2011.

AZEVEDO, Alexandre Francisco. Abuso do poder religioso nas eleições. *Revista Jurídica Verba Legis*, n. XII, p. 1-9, 2017.

BADIE, Betrand. Eleição. *In*: HERMET, Guy; BADIE, Bertrand; BIRNBAUM, Pierre; BRAUD, Philippe. *Dicionário de ciência política e das instituições políticas*. Lisboa: Escolar Editora, 2014. p. 95-97.

BALÃO, Sandra Maria Rodrigues. *A matriz do poder*: uma visão analítica da Globalização e da Anti-Globalização no mundo contemporâneo. 2. ed. Lisboa: Edições MGI, 2014.

BALDINI, Gianfranco; PAPPALARDO, Adriano. *Elections, Electoral Systems and Volatile Voters*. London: Palgrave Macmillan, 2009.

BAQUERO, Marcelo. *A construção da democracia na América Latina*. Porto Alegre: Editora La Salle, 1998.

BARACHO, José Carlos de Oliveira. A teoria geral do direito eleitoral e seus reflexos no direito eleitoral brasileiro. *Estudos Eleitorais*, v. 1. p. 23-80, jan./abr. 1997.

BARCELOS, Guilherme. O direito eleitoral em tempos de fake news: o que é isto, fato sabidamente inverídico? *In*: FUX, Luiz; PEREIRA, Luiz Fernando Casagrande; AGRA, Walber de Moura. *Tratado de direito eleitoral*: propaganda eleitoral. Belo Horizonte: Fórum, 2018. t. 4. p. 403-418.

BARRETTO, Lauro. *Escrúpulo e poder*. O abuso de poder nas eleições brasileiras. Bauru: Edipro, 1995.

BARRIENTOS DEL MONTE, Fernando. Confianza en las elecciones y el rol de los organismos electorales en América Latina. *Revista Derecho Electoral*, n. 10, p. 1-35, primer semestre 2010.

BARROS FILHO, Clóvis de. *Ética na comunicação*. 4. ed. São Paulo: Summus Editorial, 2003.

BARROS, Manuel Freire. *Conceito e natureza jurídica do recurso contencioso eleitoral*. Coimbra: Almedina, 1998.

BASTOS, Celso Ribeiro. *Elementos de teoria geral do Estado*. 2. ed. São Paulo: Saraiva, 1998.

BAUMAN, Zygmunt. *Curso de teoria do Estado e ciência política*. 3. ed. São Paulo: Saraiva, 1995.

BAUMAN, Zygmunt. *Medo líquido*. Rio de Janeiro: Zahar, 2008.

BEALEY, Frank. *The Blackwell dictionary of political Science*. Oxford: Blackwell, 2000.

BEIGUELMAN, Giselle. *Políticas da imagem*: vigilância e resistência na dadosfera. São Paulo: Ubu, 2021.

BELLEI, Sérgio Luiz. A crise da democracia segundo Derrida. *Sapere Aude*, Belo Horizonte, v. 9, n. 17, p. 31-44. jan./jun. 2018.

BENAVIDES DELGADO, Juan (Org.). *El debate de la comunicación*. Madrid: Fundación General de la Universidad Complutense de Madrid, 1998.

BERTOLDI, Guillermo. *La campaña emocional*. Comunicación política en el territorio de los sueños. Buenos Aires: Dunken, 2009.

BIDART CAMPOS, Gérman J. *El poder*. Buenos Aires: Ediar, 1995.

BIGLINO CAMPOS, Paloma. Introduction. *In*: VENICE COMISSION. *Supervising electoral processes*. Strasbourg: Council of Europe Publishing, 2010. p. 5-10.

BIGLINO CAMPOS, Paloma; DELGADO DEL RINCÓN, Luis E (Ed.). *La resolución de los conflictos electorales*: un análisis comparado. Madrid: Centro de Estudios Políticos y Constitucionales, 2010.

BIM, Eduardo Fortunato. O polimorfismo do abuso de poder no processo eleitoral: o mito de Proteu. *Revista de TRE-RS*, v. 8, n. 17, jul./dez. 2003.

BIRCH, Sarah. *Electoral malpractice*. Oxford: Oxford University Press, 2011.

BIRCH, Sarah. Why elections deteriorate. *Conference on Electoral Fraud, Vote Buying and Clientelism*. Juan March Institute. Madrid, 29 June – 1 July, 2011.

BJORNLUND, Eric. More than elections. *E-journal USA*, v. 15, n. 1, p. 4-7. January 2010.

BLANCO DE MORAIS, Carlos. *O sistema político no contexto a erosão da democracia representativa*. Coimbra: Almedina, 2018.

BOBBIO, Norberto. *El futuro de la democracia*. 3. ed. Ciudad de México: Fondo de Cultura Económica, 2012.

REFERÊNCIAS | 453

BOBBIO, Norberto. *Qual democracia?* São Paulo: Editora Loyola, 2010.

BOBBIO, Norberto. *Teoria geral da política*: a filosofia política e as lições dos clássicos. Rio de Janeiro: Elsevier, 2000.

BONAVIDES, Paulo. *Ciência política*. 22. ed. São Paulo: Malheiros, 2015.

BOVERIO, Thiago Fernandes; BOVERIO, Paulo Henrique Fernandes. O uso da máquina administrativa em favor de candidaturas como fator de desestabilização do regime democrático e a responsabilidade da Justiça Eleitoral. *In*: FUX, Luiz; PEREIRA, Luiz Fernando Casagrande; AGRA, Walber de Moura. *Tratado de direito eleitoral*: abuso de poder e perda de mandato. Belo Horizonte: Fórum, 2018. t. 7. p. 221-238.

BOVERO, Michelangelo. *Contra o governo dos piores*: uma gramática da democracia. Rio de Janeiro: Campus, 2002.

BRADLEY, Duane. *A imprensa e sua importância na democracia*. Rio de Janeiro: Edições O Cruzeiro, 1966.

BRASIL. *Relatório sobre a Pesquisa Brasileira de Mídias (2016)*. Brasília: Ministério da Educação e Cultura, 2017.

BRAUD, Philippe. Poder. *In*: HERMET, Guy; BADIE, Bertrand; BIRNBAUM, Pierre; BRAUD, Philippe. *Dicionário de ciência política e das instituições políticas*. Lisboa: Escolar Editora, 2014. p. 235-236.

BRAUD, Philippe. Violência simbólica. *In*: HERMET, Guy; BADIE, Bertrand; BIRNBAUM, Pierre; BRAUD, Philippe. *Dicionário de ciência política e das instituições políticas*. Lisboa: Escolar Editora, 2014. p. 303.

BREA FRANCO, Julio. Campañas electorales. *In*: CAPEL – CENTRO INTERAMERICANO DE ASESORÍA Y PROMOCIÓN ELECTORAL. *Diccionario electoral del Centro de Asistencia y Promoción Electoral de Latinoamérica*. 2. ed. San José: IIDH, 2000. p. 73-81.

BUENDÍA HEGEWISCH, José; ASPIROZ BRAVO, José Manuel. *Medios de comunicación y lareforma electoral 2007-2008*: Un balance preliminar. Ciudad de México: Tribunal Electoral del Poder Judicial de la Federación, 2011.

BURGUERA AMEAVE, Leyre. *Democracia electoral*: comunicación y poder. Madrid: Congreso de los Diputados, 2013.

CAETANO, Marcello. *Manual de ciência política e direito constitucional*. Coimbra: Almedina, 2003.

CAGGIANO, Monica Herman Salem. *Direito parlamentar e direito eleitoral*. Barueri: Manole, 2004.

CALANCHINI URROZ, Juan J. Gobernabilidad: legitimidad. Eficacia. Efectividad. Estabilidad. Participación política. *In*: CALANCHINI URROZ, Juan J. (Coord.). *Lecturas de ciencia política*. Montevideo: Fundación de Cultura Universitaria, 2011. t. II. p. 83-100.

CALDAS, Felipe Ferreira Lima Lins. *Abuso de poder, igualdade e eleição: o direito eleitoral em perspectiva*. Belo Horizonte: Del Rey, 2016.

CAMINAL BADIA, Miquel; TORRENS, Xavier (Ed.). *Manual de ciencia política*. 4. ed. Madrid: Tecnos, 2015.

CÂNDIDO, Joel José. *Direito eleitoral brasileiro*. 13. ed. Bauru: Edipro, 2008.

CÂNDIDO, Joel José. *Direito penal e processo penal eleitoral*. Bauru: Edipro, 2006.

CANEL, María. *Comunicación política*: técnicas y estrategias para la sociedad de la información. Madrid: Tecnos, 1999.

CANEL, María. Los efectos de las campañas electorales. *Comunicación y Sociedad*, v. XI, n. I, p. 47-67, 1998.

CANETTI, Elias. *Massa e poder*. São Paulo: Companhia das Letras, 2011.

CANOTILHO, J. J. Gomes. *Direito constitucional e teoria da Constituição*. Coimbra: Almedina, 2003.

CAPEL – CENTRO INTERAMERICANO DE ASESORÍA Y PROMOCIÓN ELECTORAL. *Diccionario electoral del Centro de Asistencia y Promoción Electoral de Latinoamérica*. 2. ed. San José: IIDH – CAPEL, 2000.

CARBONELL, Miguel (Comp.). *El principio constitucional de igualdad*. Ciudad de México: Comisión Nacional de los Derechos Humanos, 2003.

CARRILLO, Manuel; LUJAMBIO, Alonso; NAVARRO, Carlos; ZOVATTO, Daniel. *Dinero y contienda político-electoral*: reto de la democracia. Ciudad de México: Fondo de Cultura Económica, 2003.

CARTER, April. *Autoridad y democracia*. Buenos Aires: Editorial Universitaria, 1980.

CARVALHO FILHO, José dos Santos. *Manual de direito administrativo*. 18. ed. Rio de Janeiro: Lumen Juris, 2007.

CARVALHO NETO, Tarcísio Vieira de. A jurisprudência como fonte do direito eleitoral: a força do precedente eleitoral. *In*: FUX, Luiz; PELEJA JÚNIOR, Antonio Veloso; ALVIM, Frederico Franco; SESCONETTO, Julianna Sant'Ana. *Direito Eleitoral*: temas relevantes. Curitiba: Juruá, 2018a. p. 37-68.

CARVALHO NETO, Tarcísio Vieira de. O dever de fundamentação no âmbito da Justiça Eleitoral. *In*: COSTA, Daniel Castro Gomes da; ROLLEMBERG, Gabriela; KUFA, Karina; CARVALHO NETO, Tarcísio. *Tópicos avançados de direito processual eleitoral*: de acordo com a Lei n. 13.165/15 e com o novo Código de Processo Civil. Belo Horizonte: Arraes, 2018b. p. 99-114.

CARVALHO, Matheus Henrique. O abuso de poder e a incidência do art. 74 da Lei das Eleições. *In*: FUX, Luiz; PEREIRA, Luiz Fernando Casagrande; AGRA, Walber de Moura. *Tratado de direito eleitoral*: abuso de poder e perda de mandato. Belo Horizonte: Fórum, 2018. t. 7. p. 354-378.

CARVALHO, Volgane Oliveira. *Direitos políticos no Brasil*: o eleitor no século XXI. Curitiba: Juruá, 2016.

REFERÊNCIAS | 455

CARVALHO, Volgane Oliveira; ALVIM, Frederico Franco. A igualdade de oportunidades entre os candidatos e a dessimetria do horário eleitoral gratuito. *In*: FUX, Luiz; PEREIRA, Luiz Fernando Casagrande; AGRA, Walber de Moura. *Tratado de direito eleitoral*: direito partidário. Belo Horizonte: Fórum, 2018. t. 2. p. 289-290.

CASADEVANTE MAYORDOMO, Pablo F. de. *La Junta Electoral Central*: la libertad de expresión y el derecho a la información en período electoral. Madrid: Centro de Estudios Políticos y Constitucionales, 2014.

CASAL, Victor P. Sociología de la religión. La religión invisible. *Kindle*, 2012.

CASERMEIRO DE PERESON, Alicia. *Los medios en las elecciones*. Buenos Aires: Educa, 2004.

CASTELLS, Manuel. *O poder da comunicação*. São Paulo: Paz e Terra, 2015.

CASTILLO QUIÑONEZ, Leticia. Medios y elecciones en 2012: viejos y nuevos desafíos para la comunicación política en México. *Revista de Ciencias Sociales y Humanidades*, v. 23, n. 45, p. 22-48, ene./jul. 2014.

CASTRO, Edson de Resende. *Curso de direito eleitoral*. 6. ed. Belo Horizonte: Del Rey, 2012.

CHALCO REYERS, Marcial. *Estado, poder y abuso del poder*. Bogotá: Temis, 2014.

CHARAUDEAU, Patrick. *A conquista da opinião pública*: como o discurso manipula as escolhas políticas. São Paulo: Contexto, 2016.

CHARAUDEAU, Patrick. *Discurso das mídias*. São Paulo: Contexto, 2012.

CHARAUDEAU, Patrick. *Discurso político*. São Paulo: Contexto, 2015.

CHOMSKY, Noam. *Mídia*: propaganda política e manipulação. São Paulo: WMF Martins Fontes, 2013.

COÊLHO, Marcus Vinicius Furtado. A gravidade das circunstâncias no abuso de poder eleitoral. *In*: KUFA, Karina; DIAS, Joelson; ROLLEMBERG, Gabriela. *Aspectos polêmicos e atuais do direito eleitoral*. Belo Horizonte: Arraes, 2012.

COÊLHO, Marcus Vinicius Furtado. *Eleições e abuso de poder*. Instrumentos processuais eleitorais. Brasília: OAB Editora, 2006.

COELHO, Margarete de Castro. *A gravidade das circunstâncias no abuso de poder eleitoral*. 2012. Disponível em: http://www.tre-rj.gov.br/eje/gecoi_arquivos/arq_071881.pdf. Acesso em: 20 dez. 2016.

COELHO, Margarete de Castro. Da retórica moralizadora à inflação legislativa: uma crítica à sobreposição dos cânones constitucionais no cenário político-eleitoral brasileiro. *In*: FUX, Luiz; PEREIRA, Luiz Fernando Casagrande; AGRA, Walber de Moura. *Tratado de direito eleitoral*: abuso de poder e perda de mandato. Belo Horizonte: Fórum, 2018. t. 7. p. 469-490.

COLOMBO, Gherardo. *Democracia*. Buenos Aires: Adriana Hidalgo, 2012.

COLOMER, Josep M. *Ciencia de la política*. 2. ed. Barcelona: Ariel, 2017.

COMISIÓN GLOBAL SOBRE ELECCIONES, DEMOCRACIA Y SEGURIDAD. *Profundizando la democracia*: una estrategia para mejorar la integridade electoral en el mundo. Genebra: IDEA – Fundación Kofi Annan, 2012.

COMPARATO, Fábio Konder. Sentido e alcance do processo eleitoral no regime democrático. *Estudos Avançados*, v. 14, n. 38, p. 307-320, 2000.

CONEGLIAN, Olivar. *Propaganda eleitoral*. 13. ed. Curitiba: Juruá, 2016.

CORONA NAKAMURA, Luis Antonio. Calificación de elecciones: el caso de la elección presidencial del 2012 en México. *In*: FAJURI VALDEZ, Sara Eugenia; MARTÍNEZ HERNÁNDES, Gabriel Alejandro; MYERS GALLARDO, Alfonso (Coord.). *Democracia y elecciones*. Salamanca: Ratio Legis, 2013. p. 19-36.

CORREA FREITAS, Rubén. *Derecho Constitucional contemporáneo*. 3. ed. Montevideo: Fundación de Cultura Universitaria, 2009. t. II.

COSSÍO DÍAZ, José Ramón. *Constitución, democracia y jurisdicción electoral*. Ciudad de México: Porrúa, 2010.

COTARELO, Ramón. *Introducción a la política*. Valencia: Tirant lo Blanch, 2015.

COVARRÚBIA DUEÑAS, José de Jesús. *Derecho constitucional eleitoral*. Ciudad de México: Porrúa, 2008.

CRESPO MARTÍNEZ, Ismael. Campaña negativa. *In*: CRESPO MARTÍNEZ, Ismael; D'ADAMO, Orlando; GARCÍA BEAUDOUX, Virginia; MORA RODRÍGUEZ, Alberto (Coord.). *Diccionario enciclopédico de comunicación política*. Madrid: Centro de Estudios Políticos y Constitucionales, 2015. p. 50-54.

CRESPO MARTÍNEZ, Ismael; D'ADAMO, Orlando; GARCÍA BEAUDOUX, Virginia; MORA RODRÍGUEZ, Alberto (Coord.). *Diccionario enciclopédico de comunicación política*. Madrid: Centro de Estudios Políticos y Constitucionales, 2015.

CROVI DRUETTA, Delia. Internet en las elecciones del 2003. *Revista Mexicana de Ciencias Sociales*, ano XLVI, n. 190, p. 113-128, 2004.

CRUVINEL, Diogo Mendonça. Fake news e o custo da informação. *In*: RAIS, Diogo. *Fake news*: a conexão entre a desinformação e o direito. São Paulo: Revista dos Tribunais, 2018. p. 204-220.

CUNHA. Paulo Ferreira da. *Política mínima*: manual de ciência política. Lisboa: Quid Juris, 2014.

CUTRIM, Mirla Regina da Silva. Abuso do poder religioso: uma nova figura no direito eleitoral? *Asmac*, 2010. Disponível em: https://asmac.jusbrasil.com.br/noticias/2388379/abuso-do-poder-religioso-uma-nova-figura-no-direito-eleitoral. Acesso em: 12 set. 2018.

DADER, José Luis. Campañas políticas "online": la realidade española frente al horizonte internacional del tecnocabildeo. *In*: DADER, José Luis; CAMPOS DOMÍNGUEZ, Eva (Coord.). *La búsqueda digital del voto*. Cibercampañas electorales en España 2015-16. Valencia: Tirant lo Blanch, 2017. p. 11-74.

REFERÊNCIAS | 457

DAHL, Robert. *Poliarquia*. São Paulo: EDUSP, 2015.

DAHL, Robert. *Sobre a democracia*. Brasília: Ed. UNB, 2009.

DE KEERSMAECKER, Jonas; ROETS, Arne. Fake news': incorrect, but hard to correct. The role of cognitive ability on the impact of false information on social impressions the impact of false information on social impressions. *Inteligence*, n. 65, p. 107-110, June 2017.

DEFLEUR, Melvin L.; BALL-ROCKEACH, Sandra. *Teorias da comunicação de massa*. Rio de Janeiro: Zahar, 1993.

DEL REY MORATÓ, Javier. *Comunicación política, internet y campañas electorales*: de la teledemocracia a la ciberdemocracia. Madrid: Tecnos, 2007.

DELLA PORTA, Donatella. *Introdução à ciência política*. Lisboa: Editoria Estampa, 2003.

DEMETERCO NETO, Antenor (Coord.). *O abuso nas eleições*: A conquista ilícita do mandato eletivo. São Paulo: Quartier Latin, 2008.

DEUTSCH, Karl. *Política e governo*. Brasília: Editora Universidade de Brasília, 1979.

DIAMOND, Larry. Elecciones sin democracia: a propósito de los regímenes híbridos. *Estudios Políticos*, Medellín, n. 24, p. 117-134, ene./jun. 2004.

DIAS, Reinaldo. *Ciência política*. 2. ed. São Paulo: Atlas, 2013.

DÍAZ ARIAS, Rafael. Pars conditio versus equal time. Experiencias de regulación de los spots políticos en televisión. *Portal Jurídico VLEX*, p. 1-15, jul. 2000.

DINIZ, Maria Helena. *Compêndio de introdução à ciência do direito*. São Paulo: Saraiva, 2011.

DONSBACH, Wolfgang. *Who's afraid of election polls?* Normative and empirical arguments for freedom of pre-election surveys. Amsterdam: ESOMAR, 2001.

DOURADO, Tatiana. *Fake news*: quando mentiras viram fatos políticos. Porto Alegre: Zouk, 2021.

DUARTE, Michelle Pimentel. *Processo judicial eleitoral*. Jurisdição e fundamentos para uma teoria geral do processo judicial eleitoral. Curitiba: Juruá, 2016.

DUDLEY, Stephen. *Armas y urnas*: historia de un genocídio político. Bogotá: Planeta, 2008.

DUHALDE, Eduardo Luis; ALÉN, Luis Hipólito. *Teoría jurídico-política de la comunicación*. Buenos Aires: Eudeba, 2007.

DUHAMEL, Olivier. As eleições. *In*: DARNTON, Robert; DUHAMEL, Olivier (Dir.). *Democracia*. Rio de Janeiro: Record, 2011. p. 183-190.

DUVERGER, Maurice. *Instituciones políticas y derecho constitucional*. Barcelona: Ariel, 1970.

DUVERGER, Maurice. *Sociologia política*. Rio de Janeiro: Forense, 1966.

ELECTORAL KNOWLEDGE NETWORK. *Enciclopédia ACE*. Disponível em: http://aceproject.org/ace-es/topics/ei/default. Acesso em: 25 jan. 2016.

ELIZONDO GASPERÍN, María Macarita. *Causales de nulidad electoral*. Doctrina jurisprudencial. Estudio de las pruebas. Ciudad de México: Porrúa, 2007.

ELKLIT, Jorgen; REYNOLDS, Andrew. A framework for the sistematic study of election quality. *Democratization*, v. 2, p. 147-162, 2005.

EMMERICH, Norberto. Campaña de desinformación. *In*: CRESPO MARTÍNEZ, Ismael; D'ADAMO, Orlando; GARCÍA BEAUDOUX, Virginia; MORA RODRÍGUEZ, Alberto (Coord.). *Diccionario enciclopédico de comunicación política*. Madrid: Centro de Estudios Políticos y Constitucionales, 2015. p. 44-47.

ESMER; Yilmaz; PETERSSON, Thorleif. Religion and voting behavior. *In*: DALTON, Russell J.; KLINGEMANN, Hans-Dieter. *The Oxford handbook of political behavior*. Oxford: Oxford Press, 2009. p. 481-503.

ESPINAL, Rosario. Clientelismo. *In*: CAPEL – CENTRO INTERAMERICANO DE ASESORÍA Y PROMOCIÓN ELECTORAL. *Diccionario electoral del Centro de Asistencia y Promoción Electoral de Latinoamérica*. 2. ed. San José: IIDH – CAPEL, 2000. p. 113-119.

ESPÍNDOLA, Ruy Samuel. *Direito eleitoral*: a efetividade dos direitos políticos fundamentais de voto e de candidatura. Florianópolis: Habitus, 2017.

FARIA, Fernando de Castro. *Perda de mandato eletivo*: decisão judicial e soberania popular. Florianópolis: Conceito, 2012.

FARIAS NETO, Pedro Sabino de. *Ciência política*: enfoque integral avançado. São Paulo: Atlas, 2011.

FARIAS, Rômulo. Coronelismo eletrônico: um reposicionamento do problema. *Anais do Encontro de Estudos Multidisciplinares em Cultura da Universidade Federal da Bahia*. Salvador, p. 1-15, 27-29 maio 2009. Disponível em: http://www.cult.ufba.br/enecult2009/19398.pdf. Acesso em: 25 jan. 2018.

FÁVERE, Renata Beatriz de. Eleições e liberdade de imprensa. *Resenha Eleitoral*, Florianópolis, v. 17, 2010.

FAYT, Carlos S. *Derecho político*. 12. ed. Buenos Aires: La Ley, 2009. t. I-II.

FERNANDES, António José. *Introdução à ciência política*: teorias, métodos e temáticas. 3. ed. Porto: Porto Editora, 2010.

FERNANDES, Bernardo Gonçalves. *Curso de direito constitucional*. 9. ed. Salvador: JusPodivm, 2017.

FERNÁNDEZ RUIZ, Jorge. *Tratado de derecho electoral*. Ciudad de México: Porrúa, 2010.

FERNÁNDEZ SEGADO, Francisco. Legitimidad. *In*: CAPEL – CENTRO INTERAMERICANO DE ASESORÍA Y PROMOCIÓN ELECTORAL. *Diccionario electoral del Centro de Asistencia y Promoción Electoral de Latinoamérica*. 2. ed. San José: IIDH – CAPEL, 2000. p. 416-423.

FERNÁNDEZ, Montse. Campaña digital 2.0. *In*: CRESPO MARTÍNEZ, Ismael; D'ADAMO, Orlando; GARCÍA BEAUDOUX, Virginia; MORA RODRÍGUEZ, Alberto (Coord.). *Diccionario enciclopédico de comunicación política*. Madrid: Centro de Estudios Políticos y Constitucionales. 2015. p. 48-50.

FERRAJOLI, Luigi. *Poderes selvagens*: a crise da democracia italiana. São Paulo: Saraiva, 2014.

FERREIRA FILHO, Manoel Gonçalves. *Princípios fundamentais de direito constitucional*. São Paulo: Saraiva, 2010.

FERREIRA, Marcelo Ramos Peregrino. *O controle de convencionalidade da Lei da Ficha Limpa*: direitos políticos e inelegibilidades. 2. ed. Rio de Janeiro: Lumen Juris, 2016.

FERREIRA, Maria João Militão. *Agenda internacional*. Os media e as relações internacionais. Lisboa: Instituto Superior de Ciências Sociais e Políticas, 2017.

FERREIRA, Pinto. *Código Eleitoral anotado*. 4. ed. São Paulo: Saraiva, 1997.

FIGUEIRAS, Rita. *A mediatização da política na era das redes sociais*. Lisboa: Aletheia, 2017.

FISHER, Max. *A máquina do caos*. Como as redes sociais reprogramaram nossa mente e nosso mundo. São Paulo: Todavia, 2023.

FISICHELLA, Domenico. *Elezioni e democracia*: un'analisi comparata. Bologna: Il Mulino, 2008.

FOUCAULT, Michel. *La verdade y las formas jurídicas*. Barcelona: Gedisa, 1980.

FRANCISCO, Caramuru Afonso. *Dos abusos nas eleições*: a tutela jurídica da legitimidade e normalidade do processo eleitoral. São Paulo: Editora Juarez de Oliveira, 2002.

FRAQUELLI, Ileana. *Código Electoral Nacional concordado y comentado*. La Plata: Librería Editora Platense, 2011.

FUKUYAMA, Francis. *As origens da ordem política*: dos tempos pré-humanos até a Revolução Francesa. Rio de Janeiro: Rocco, 2013.

FUNDAÇÃO GETÚLIO VARGAS. *Dicionário de ciências sociais*. 2. ed. Rio de Janeiro: FGV, 1987.

FUX, Luiz; ALVIM, Frederico Franco. A comunicação eleitoral no período da pré-campanha: uma análise à luz das prerrogativas eleitorais em jogo. *In*: FUX, Luiz; PELEJA JÚNIOR, Antonio Veloso; ALVIM, Frederico Franco; SESCONETTO, Julianna Sant'Ana (Coord.). *Direito eleitoral*: temas relevantes. Curitiba: Juruá, 2018. p. 11-36.

FUX, Luiz; FRAZÃO, Carlos Eduardo. *Novos paradigmas do direito eleitoral*. Belo Horizonte: Fórum, 2016.

GALBRAITH, J. Kenneth. *Anatomia do poder*. São Paulo: Pioneira, 1989.

GALVÁN RIVERA, Flavio. Derecho electoral: generalidades y principios generales. *In*: SERRANO MIGALLÓN, Fernando. *Derecho electoral*. Ciudad de México: Porrúa, 2006. p. 55-82.

GÁLVEZ MUÑOZ, Luis A. *La confección del voto*. Madrid: Centro de Estudios Políticos y Constitucionales, 2009.

GALVIS GAITÁN, Fernando. *Manual de ciencia política*. 2. ed. Bogotá: Temis, 2005.

GARCÍA BEAUDOUX, Virginia; D'ADAMO, Orlando. Efecto de los medios de comunicación (mass communication research). *In*: CRESPO MARTÍNEZ, Ismael; D'ADAMO, Orlando; GARCÍA BEAUDOUX, Virginia; MORA RODRÍGUEZ, Alberto (Coord.). *Diccionario enciclopédico de comunicación política*. Madrid: Centro de Estudios Políticos y Constitucionales, 2015. p. 149-151.

GARCÍA SORIANO, María Vicenta. *Elementos de derecho electoral*. 3. ed. Valencia: Tirant lo Blanch, 2010.

GARCIA, Emerson. *Abuso de poder nas eleições*: meios de coibição. 3. ed. Rio de Janeiro: Lumen Juris, 2006.

GARRIDO, Antonio; MARTÍNEZ, Antonia. Integridad de las elecciones y de las campañas electorales en América Latina: conceptos, índices y evidencia empírica. *Ponencia presentada al III Congreso Internacional de ALICE*, Santiago de Compostela, 24-27 sept. 2014.

GIL GARCÍA, Javier. Libertad de prensa. *In*: CRESPO MARTÍNEZ, Ismael; D'ADAMO, Orlando; GARCÍA BEAUDOUX, Virginia; MORA RODRÍGUEZ, Alberto (Coord.). *Diccionario enciclopédico de comunicación política*. Madrid: Centro de Estudios Políticos y Constitucionales, 2015. p. 233-236.

GOMES, José Jairo. *Direito eleitoral*. 12. ed. São Paulo: Atlas, 2016.

GOMES, José Jairo. Os bens jurídicos protegidos pelo art. 14, §9º, da Constituição de 1988 e a revisão da decisão das urnas. *In*: FUX, Luiz; PEREIRA, Luiz Fernando Casagrande; AGRA, Walber de Moura. *Tratado de direito eleitoral*: abuso de poder e perda de mandato. Belo Horizonte: Fórum, 2018. t. 7. p. 17-30.

GONÇALVES FIGUEIREDO, Hernán R. *Manual de derecho electoral* – Principios y reglas – Teoría y práctica del régimen electoral y de los partidos políticos. Buenos Aires: Di Lalla Ediciones, 2013.

GONÇALVES, Guilherme de Salles. A liberdade de exercício da propaganda eleitoral e o "dever" de respeito às posturas municipais. *In*: GONÇALVES, Guilherme de Salles; PEREIRA, Luiz Fernando Casagrande; STRAPAZZON, Carlos Luiz. *Direito eleitoral contemporâneo*. Belo Horizonte, Fórum, 2016. p. 205-241.

GONÇALVES, Luiz Carlos dos Santos. *Ações eleitorais contra o registro, o diploma e o mandato*. 2. ed. São Paulo: Publique Edições, 2024.

GONÇALVES, Luiz Carlos dos Santos. *Direito eleitoral*. 3. ed. São Paulo: Atlas, 2018.

GONZÁLEZ BUSTAMANTE, Bastián; SAZO MUÑOZ, Diego. Campaña viral. *In*: CRESPO MARTÍNEZ, Ismael; D'ADAMO, Orlando; GARCÍA BEAUDOUX, Virginia; MORA RODRÍGUEZ, Alberto (Coord.). *Diccionario enciclopédico de comunicación política*. Madrid: Centro de Estudios Políticos y Constitucionales, 2015. p. 61-63.

REFERÊNCIAS | 461

GONZÁLEZ RIVAS, Juan José. Análisis de los recursos de amparo electorales a la vista de la jurisprudencia constitucional. *In*: PASCUA MATEO, Fabio (Dir.). *Estado democrático y elecciones libres*: cuestiones fundamentales de Derecho Electoral. Madrid: Thompson Reuter, 2010. p. 663-686.

GOUVÊA, Andréa Ribeiro. O protagonismo do Poder Judiciário no âmbito da AIME e da AIJE. *In*: PINHEIRO, Celia Regina de Lima; SALES, José Edvaldo Pereira; FREITAS, Juliana Rodrigues. *Constituição e processo eleitoral*. Belo Horizonte: Fórum, 2018. p. 273-288.

GRECO, Rogério. *Curso de direito penal*: parte geral. 11. ed. Niterói: Impetus, 2009.

GRONDONA, Mariano. Historia de la democracia. *UCEMA*, documento de trabajo n. 175, sept. 2000. Disponível em: http://https://ucema.edu.ar/publicaciones/download/documentos/175.pdf. Acesso em: 23 jul. 2015.

GUEDES, Néviton. A democracia e a restrição dos direitos políticos. *In*: FUX, Luiz; PEREIRA, Luiz Fernando Casagrande; AGRA, Walber de Moura. *Tratado de direito eleitoral*: direito constitucional eleitoral. Belo Horizonte: Fórum, 2018. t. 1. p. 111-119.

HABERMAS, Jürgen. *Mudança estrutural na esfera pública*. São Paulo: Editora Unesp, 2004.

HAN, Yung-Hul. *O que é poder?* São Paulo: Vozes, 2019.

HARIOU, Maurice. *Derecho Público y Constitucional*. Madrid: Reus, 1927.

HARTLEY, John. *Comunicação, estudos culturais e media: conceitos-chave*. Lisboa: Quimera, 2004.

HARTLYN, Jonathan; McCOY, Jennifer; MUSTILLO, Thomas. Electoral governance matters: explaining the quality of elections in contemporary Latin America. *Comparative Political Studies*, n. 41, 1, p. 73-78, 2008.

HARTMANN, Ivar A. M. Liberdade de manifestação política e campanhas: é preciso atenção aos algoritmos. *In*: FALCÃO, Joaquim (Org.). *Reforma eleitoral no Brasil*: legislação, democracia e internet em debate. Rio de Janeiro: Civilização Brasileira, 2015. p. 153-164.

HERMAN, Edward S.; CHOMSKY, Noam. *A manipulação do público*: política e poder econômico no uso da mídia. São Paulo: Futura, 2003.

HERMET, Guy; BADIE, Betrand; BIRNBAUM, Pierre; BRAUD, Philippe. *Dicionário de ciência política e das instituições políticas*. Lisboa: Escolar Editora, 2014.

HERMET, Guy; ROUQUIE, Alain; LINZ, J. J. *¿Para que sirven las elecciones?* Ciudad de México: Fondo de Cultura Económica, 1982.

HERNÁNDEZ BECERRA, Augusto. Fiscalización de elecciones. *In*: CAPEL – CENTRO INTERAMERICANO DE ASESORÍA Y PROMOCIÓN ELECTORAL. *Diccionario electoral del Centro de Asistencia y Promoción Electoral de Latinoamérica*. 2. ed. San José: IIDH – CAPEL, 2000. p. 336-338.

HERNÁNDEZ VALLE, Rubén. Padrón electoral. *In*: CAPEL – CENTRO INTERAMERICANO DE ASESORÍA Y PROMOCIÓN ELECTORAL. *Diccionario electoral del Centro de Asistencia y Promoción Electoral de Latinoamérica*. 2. ed. San José: IIDH – CAPEL, 2000. p. 510-513.

HOLGADO GONZÁLEZ, María. El papel de los medios de comunicación en la campaña electoral. *Revista Andaluza de Comunicación*, n. 10, p. 2-11, 2003.

IKENBERRY, G. John. Soft power: the means to success in World Politics by Joseph S. Nye, Jr. *Foreign Affairs*, maio/jun. 2004.

IZAGA, P. Luis. *Derecho político*. Barcelona: Bosch, 1951. t. I.

JARDIM, Torquato. *Introdução ao direito eleitoral positivo*. Brasília: Brasília Jurídica, 1994.

JIMÉNEZ DE ARÉCHAGA, Justino. *Teoría del gobierno*. Montevideo: Fundación de Cultura Universitaria, 2016.

JORGE, Flávio Cheim; LIBERATO, Ludgero; RODRIGUES, Marcelo Abelha. *Curso de direito eleitoral*. Salvador: JusPodivm, 2016.

KAPLAN, Abraham; LASSWELL, Harold. *Poder e sociedade*. Brasília: Editora Universidade de Brasília, 1979.

KUFA, Amilton Augusto. O abuso do poder religioso no processo eleitoral brasileiro. *In*: FUX, Luiz; PELEJA JÚNIOR, Antonio Veloso; ALVIM, Frederico Franco; SESCONETTO, Julianna Sant'Ana. *Direito eleitoral:* temas relevantes. Curitiba: Juruá, 2018. p. 323-350.

LARA, António de Sousa. *Ciência política*: estudo da ordem e da subversão. 9. ed. Lisboa: Instituto Superior de Ciências Sociais e Políticas, 2017.

LEBRE, Lúcia Teresa Sampaio Branco. Big data no marketing político das eleições. A internet como canal de comunicação pública efectiva. *Psicologia.pt*. Disponível em: http:// http://www.psicologia.pt/artigos/ver_artigo.php?big-data-no-marketing-politico-de-eleicoes-internet-como-canal-de-comunicacao-politica-efectiva&codigo=A1186&area= D15C. Acesso em: 21 set. 2018.

LEBRUN, Gérard. *O que é o poder*. São Paulo: Brasiliense, 1984.

LEHOUCQ, Fabrice. ¿Qué es el fraude electoral? Su naturaleza, sus causas y consecuencias. *Revista Mexicana de Sociología*, v. 69, n. 1, p. 1-38, ene./mar. 2007.

LIMA, Sídia Maria Porto. *Prestação de contas e financiamento de campanhas eleitorais*. 2. ed. Curitiba: Juruá, 2009.

LIMA, Venício A de. As brechas legais do coronelismo eletrônico. *Aurora*, n. 1, p. 113-126, 2007.

LIMA, Venício A de. *Liberdade de expressão versus liberdade de imprensa*. Direito à comunicação e democracia. São Paulo: Publisher Brasil, 2010.

LINS, Rodrigo Martiniano Ayres. A proporcionalidade como pilar do sistema sancionatório eleitoral: correção, ilegalidade ou abuso? *In*: FUX, Luiz; PEREIRA, Luiz Fernando Casagrande; AGRA, Walber de Moura. *Tratado de direito eleitoral*: abuso de poder e perda de mandato. Belo Horizonte: Fórum, 2018. t. 7. p. 421-442.

LIPPMANN, Walter. *Opinião pública*. 2. ed. Petrópolis: Vozes, 2010.

LOEWENSTEIN, Karl. *Teoría de la constitución*. 2. ed. Barcelona: Ariel, 1979.

REFERÊNCIAS | 463

LUHMAN, Niklas. *A realidade dos meios de comunicação*. São Paulo: Paulus, 2005.

LUKES, Steve. Poder. *In*: OUTHWAITE, William; BOTTOMORE, Tom. *Dicionário do pensamento social do século XX*. Rio de Janeiro: Zahar, 1996. p. 580-582.

MAÇALAI, Gabriel; STRÜCKER, Bianca. O abuso do poder religioso no processo eleitoral: realidades brasileiras e soluções. *Anais do XIII Seminário Internacional Demandas Sociais e Políticas Públicas na Sociedade Contemporânea*. Universidade de Santa Cruz do Sul, 2016. p. 1-16.

MACHADO, Jónatas E. M. *Estado constitucional e neutralidade religiosa:* entre o teísmo e o (neo)ateísmo. Porto Alegre: Livraria do Advogado, 2013.

MACHADO, Larissa Campos; TORRES, Amanda Lobão. Ação de investigação judicial eleitoral – AIJE. *In*: COSTA, Daniel Castro Gomes; ROLLEMBERG, Gabriela; KUFA, Karina; CARVALHO NETO, Tarcísio Vieira de (Org.). *Tópicos avançados de direito processual eleitoral*: de acordo com a Lei n. 13.165/15 e com o Novo Código de Processo Civil. Belo Horizonte: Arraes, 2018. p. 413-432.

MACHADO, Raquel Cavalcanti Ramos. *Direito eleitoral*. 2. ed. São Paulo: Atlas, 2018.

MACHADO, Raquel Cavalcanti Ramos; ALMEIDA, Jéssica Teles de. Abuso de poder político-partidário e a fraude às cotas de candidatura por gênero. *In*: FUX, Luiz; PELEJA JÚNIOR, Antonio Veloso; ALVIM, Frederico Franco; SESCONETTO, Julianna Sant'Ana (Coord.). *Direito eleitoral*: temas relevantes. Curitiba: Juruá, 2018a. p. 127-148.

MACHADO, Raquel Cavalcanti Ramos; ALMEIDA, Jéssica Teles de. Entre urnas e togas: o controle da política pelo direito nos casos de abuso de poder e o papel contramajoritário da Justiça Eleitoral. *In*: MACHADO, Raquel Cavalcanti Ramos; MORAES, Filomeno (Org.). *Fazendo valer as regras do jogo*: contornos eleitorais e partidários, instituições e democracia. Fortaleza: Editora UFC, 2018b. p. 401-456.

MACKENZIE, W. J. M. *Elecciones libres*. Madrid: Tecnos, 1962.

MAGRANI, Eduardo. *Democracia conectada*: a internet como ferramenta de engajamento político-democrático. Curitiba: Juruá, 2014.

MALBERG, R. Carré de. *Teoría general del Estado*. 2. ed. Ciudad de México: Fondo de Cultura Económica, 2001.

MALDONADO, Helio Deivid Amorim; CUNHA, Ricarlos Almagro Vitoriano. Abuso de poder e seu reflexo na normalidade do pleito: da permanente necessidade de retorno ao mundo dos eventos para revelação de seu significado pela judicialização do processo eleitoral. *In*: FUX, Luiz; PEREIRA, Luiz Fernando Casagrande; AGRA, Walber de Moura. *Tratado de direito eleitoral*: abuso de poder e perda de mandato. Belo Horizonte: Fórum, 2018. t. 7. p. 199-220.

MALEM SEÑA, Jorge F. *La corrupción*: aspectos éticos, económicos, políticos y jurídicos. Barcelona: Gedisa, 2002.

MALTEZ, José Adelino. *Manual de ciência política*: teoria geral da República. Lisboa: Instituto Superior de Ciências Sociais e Políticas, 2018.

MANIN, Bernard. *Los principios del gobierno representativo*. Madrid: Alianza, 2006.

MANIN, Bernard; PRZEWORSKI, Adam; STOKES, Susan C. Eleições e representação. *Revista Lua Nova*, 67, p. 105-138, 2006.

MAQUIAVEL, Nicolau. *O príncipe*. São Paulo: Penguin Companhia, 2010.

MARQUES, Fernando Pereira. *Introdução ao estudo dos partidos políticos e sistemas eleitorais*. Lisboa: Âncora, 2016.

MARQUES, Maria Sílvia B. O plano cruzado: teoria e prática. *Revista de Economia Política*, v. 8, n. 3, jul./set. 1988.

MARREZ, Maitê Chaves Nakad. Uso e abuso dos meios de comunicação social para favorecer candidaturas, parâmetros e limites à liberdade de comunicação e de imprensa no processo eleitoral. *In*: FUX, Luiz; PEREIRA, Luiz Fernando Casagrande; AGRA, Walber de Moura. *Tratado de direito eleitoral*: abuso de poder e perda de mandato. Belo Horizonte: Fórum, 2018. t. 7. p. 185-198.

MARTÍNEZ I COMA, Fernán. ¿Por qué importan las campañas electorales? Madrid: Centro de Investigaciones Sociológicas, 2008.

MARTÍNEZ I COMA, Fernán; NORRIS, Pippa; FRANK, Richard W. Integridad de las elecciones en América 2012-2014. *América Latina Hoy*, n. 70, p. 37-54, 2015.

MARTÍNEZ SOSPEDRA, Manuel; URIBE OTALORA, Ainhoa. *Teoria del Estado y de las formas políticas*: sistemas políticos comparados. Madrid: Tecnos, 2018.

MARTINS, Manuel Meirinho. *Cidadania e participação política*: temas e perspectivas de análise. Lisboa: Instituto Superior de Ciências Sociais e Políticas, 2010.

MARTINS, Manuel Meirinho. *Representação política, eleições e sistemas eleitorais:* uma introdução. 2. ed. Lisboa: Instituto Superior de Ciências Sociais e Políticas, 2015.

MASCLET, Jean-Claude. *Le droit des élections politiques*. Paris: Presses Universitaires de France, 1992.

MATOS, Heloíza (Org.). *Mídia, eleições e democracia*. São Paulo: Editora Página Aberta, 1994.

McLEAN, Ian; McMILLAN, Alistair. *The concise Oxford Dictionary of Politics*. 3. ed. Oxford: Oxford Press, 2009.

MEDVIC, Stephen K. *Campaign and elections*: players and processes. Boston: Wadsworth, 2010.

MENDES, Anna Paula Oliveira. *Abuso do poder no direito eleitoral*. Uma necessária revisão ao instituto. Belo Horizonte: Fórum, 2022.

MENDES, Gilmar Ferreira; BRANCO, Paulo Gustavo Gonet. *Curso de direito constitucional*. 11. ed. São Paulo: Saraiva, 2016.

MÉNDEZ, Irma. Competencia y competitividad electoral: dos conceptos clave de la transición democrática. *Polis: Investigación y Análisis Sociopolítico y Psicosocial*, v. 1, n. 3, p. 27-48, 2003.

REFERÊNCIAS | 465

MENDONÇA, Eduardo; TERRA, Felipe Mendonça. Captação ilícita de sufrágio: caracterização e consequências. *In*: FUX, Luiz; PEREIRA, Luiz Fernando Casagrande; AGRA, Walber de Moura. *Tratado de direito eleitoral*: abuso de poder e perda de mandato. Belo Horizonte: Fórum, 2018. t. 7. p. 165-184.

MENDONÇA, Fabíola; REBOUÇAS, Edgard. Oligarquia, coronelismo e coronelismo eletrônico: a radiodifusão como arma para a manutenção e ampliação do poder. *In*: CONGRESSO BRASILEIRO DE CIÊNCIAS DA COMUNICAÇÃO, XXXII. *Anais...* Curitiba, 4-7 set. 2009. p. 1-15.

MENDONÇA, Jacy de Souza. *O homem e o Estado*: iniciação à filosofia política. São Paulo: Rideel, 2010.

MENÉNDEZ, María Cristina. *Política y medios en la era de la información*. Buenos Aires: La Crujía, 2009.

MIGUEL, Luis Felipe. Mídia e vínculo eleitoral: a literatura internacional e o caso brasileiro. *Opinião Pública*, v. X, n. 1, p. 91-111, maio 2004.

MININNI, Giuseppe. *Psicologia cultural da mídia*. São Paulo: Editora SESC SP, 2008.

MIRANDA, Jorge. *Direito eleitoral*. Coimbra: Almedina, 2018.

MIRANDA, Jorge. *Manual de direito constitucional*. Estrutura constitucional da democracia. Coimbra: Coimbra Editora, 2007. t. VII.

MIRANDA, Júlia. *Carisma, sociedade e política*: novas linguagens do religioso e do político. Rio de Janeiro: Relume Dumará, 1999.

MIRANDA, Júlia. *Eleições e democracia*. Lisboa: Edições Conhecer, 1979.

MIRÓN LINCE, Rosa María. El derecho electoral como pilar de la transición democrática. Evolución social y racionalidad normativa. *In*: SERRANO MIGALLÓN, Fernando (Coord.). *Derecho electoral*. Ciudad de México: Porrúa, 2006. p. 37-54.

MITCHELL, G. Duncan. *Novo dicionário de sociología*. Porto: Rés Editora, 1968.

MIZUKAMI, Pedro Nicoletti. Sobre robôs e eleições. *In*: FALCÃO, Joaquim (Org.). *Reforma eleitoral no Brasil:* legislação, democracia e internet em debate. Rio de Janeiro: Civilização Brasileira, 2015. p. 165-180.

MONGARDINI, Carlo. *Miedo y sociedad*. Madrid: Alianza Editorial, 2007.

MONTEIRO, J. A. Pereira. *Poder e obediência:* uma teoria do consentimento. Lisboa: Instituto Superior de Ciências Sociais e Políticas, 2003.

MONTES, A. R. *A política na igreja*: deve a igreja de Cristo se envolver no processo eleitoral? Edição eletrônica Kindle, 2014.

MORAES, Dênis de; RAMONET, Ignacio; SERRANO, Pascual. *Mídia, poder e contrapoder*: da concentração monopólica à democratização da informação. São Paulo: Boitempo, 2013.

MOREIRA, Adriano. *Ciência política*. 6. ed. Coimbra: Almedina, 2014.

MOREIRA, Marcelo Silva. *Eleições e abuso de poder*. Rio de Janeiro: Aide, 1998.

MORENO, Cristina. Campaña electoral. *In*: CRESPO MARTÍNEZ, Ismael; D'ADAMO, Orlando; GARCÍA BEAUDOUX, Virginia; MORA RODRÍGUEZ, Alberto (Coord.). *Diccionario enciclopédico de comunicación política*. Madrid: Centro de Estudios Políticos y Constitucionales, 2015. p. 48-50.

MUNDIM, Pedro Santos. Um modelo para medir os efeitos da cobertura da imprensa no voto: teste nas eleições de 2002 e 2006. *Opinião* Pública, v. 16, n. 2, p. 394-425, nov. 2010.

MUÑOZ SANHUEZA, Priscilla. *Medios de comunicación y posverdad*: análisis de las noticias falsas en elecciones presidenciales de EE. UU. de 2016. 151 f. Tesis final (Máster en Medios, Comunicación y Cultura) – Universitat Autònoma de Barcelona, Barcelona, 2017.

NAÍM, Moisés. *O fim do poder*. São Paulo: Leya, 2015. Edição eletrônica Kindle.

NATALE, Alberto. *Derecho político*. 2. ed. Buenos Aires: De Palma, 1998.

NAUCKE, Wolfgang; HAZER, Regina. *Filosofía del derecho*. Buenos Aires: Astrea, 2008.

NEISSER, Fernando Gaspar. *Crime e mentira na política*. Belo Horizonte: Fórum, 2016.

NEISSER, Fernando Gaspar. Fact-checking e o controle da propaganda eleitoral. *Revista Ballot*, v. 1, n. 2, p. 178-212. set./dez. 2015.

NEISSER, Fernando Gaspar; BERNARDELLI, Paula; MACHADO, Raquel. A mentira no ambiente digital: impactos eleitorais e possibilidades de controle. *In*: FUX, Luiz; PEREIRA, Luiz Fernando Casagrande; AGRA, Walber de Moura. *Tratado de direito eleitoral*: propaganda eleitoral. Belo Horizonte: Fórum, 2018. t. 4. p. 51-70.

NEVES, Flora. *Telejornalismo e poder nas eleições presidenciais*. São Paulo: Summus Editorial, 2008.

NEVES, Serrano. *Direito de imprensa*. São Paulo: José Bushatsky, Editor, 1977.

NIESS, Pedro Henrique Távora. *Ação de impugnação de mandato eletivo*. Bauru: Edipro, 1996.

NINO, Carlos Santiago. *Fundamentos de derecho constitucional*. 2. ed. Buenos Aires: Astrea, 2002.

NINO, Carlos Santiago. *Introdução à ciência do direito*. São Paulo: Martins Fontes, 2010.

NOGUEIRA, Octaciano. *Vocabulário da política*. Brasília: Senado Federal: Unilegis, 2010.

NOHLEN, Dieter. ¿Cómo estudiar ciencia política? Una introducción en trece leciones. Madrid: Marcial Pons, 2012.

NOHLEN, Dieter. *Sistemas electorales y partidos políticos*. Ciudad de México: Fondo de Cultura Económica, 1995.

NOHLEN, Dieter; SABSAY, Daniel. Derecho electoral. *In*: NOHLEN, Dieter (Org.). *Tratado de derecho electoral comparado de América Latina*. Ciudad de México: Fondo de Cultura Económica, 2007.

NORRIS, Pippa. *Why electoral integrity matters*. Oxford Press, 2013. Versão eletrônica Kindle.

REFERÊNCIAS | 467

OLIVEIRA, Marcelo Roseno de. A igualdade de oportunidades nas campanhas eleitorais: reflexões a partir da teoria da justiça como equidade de John Rawls. *Revista Paraná Eleitoral*, v. 2, n. 2, p. 175-190, 2013.

OLIVEIRA, Marcelo Roseno de. *Controle das eleições*: virtudes e vícios do modelo constitucional brasileiro. Belo Horizonte: Fórum, 2010.

OLIVEIRA, Marcelo Roseno de. Igualitarismo eleitoral: por uma força de efeito ótima ao princípio da igualdade de oportunidades nas competições eleitorais. *In*: FUX, Luiz; PEREIRA, Luiz Fernando Casagrande; AGRA, Walber de Moura. *Tratado de direito eleitoral*: abuso de poder e perda de mandato. Belo Horizonte: Fórum, 2018. t. 7. p. 355-376.

OLIVEIRA, Marco Aurélio Belizze. *Abuso de poder nas eleições*: a inefetividade da ação de investigação judicial eleitoral. Rio de Janeiro: Lumen Juris, 2005.

OLIVEIRA, Vinícius de. Considerações pragmáticas na fundamentação das decisões de cassação de mandato eletivo: uma análise de sua legitimidade. *Estudos Eleitorais*, v. 13, n. I, p. 149-170, jan./abr. 2018.

ORO, Ari P. A política da Igreja Universal e seus reflexos nos campos religioso e político brasileiros. *Revista Brasileira de Ciências Sociais*, v. 18, n. 53, p. 54-69, 2003.

OROZCO HENRÍQUEZ, J. Jesús. *Defensa de los derechos político-electorales y Estado laico en México*. Disponível em: http://biblio.juridicas.unam.mx/libros/7/3100/30.pdf. Acesso em: 20 mar. 2015.

OROZCO HENRÍQUEZ, J. Jesús. *Justicia Electoral y garantismo jurídico*. Ciudad de México: Porrúa, 2006.

OROZCO HENRÍQUEZ, J. Jesús. *Las causas de nulidad electoral en América Latina*. Disponível em: https://archivos.juridicas.unam.mx/www/bjv/libros/1/240/15.pdf. Acesso em: 5 jun. 2018.

ORTEGA Y GASSET, José. *A rebelião das massas*. São Paulo: Ruriak Ink, 2013.

OSORIO, Aline. *Direito eleitoral e liberdade de expressão*. Belo Horizonte: Fórum, 2017.

OSSORIO, Manuel. *Diccionario de ciencias jurídicas, políticas y sociales*. 36. ed. Buenos Aires: Heliasta, 2008.

OYAMA, Luiz Taro; SERVAT, Jillian Roberto. Fake news, algoritmos, replicação artificial e a responsabilidade penal eleitoral. *In*: FUX, Luiz; PEREIRA, Luiz Fernando Casagrande; AGRA, Walber de Moura. *Tratado de direito eleitoral*: propaganda eleitoral. Belo Horizonte: Fórum, 2018. t. 4. p. 309-318.

PALETZ, David. Campañas y elecciones. *ICM*, p. 205-227, 1997.

PANKE, Luciana; PIMENTEL, Pedro Chapaval. Questões conceituais sobre comunicação política, eleitoral e governamental. *In*: FUX, Luiz; PEREIRA, Luiz Fernando Casagrande; AGRA, Walber de Moura. *Tratado de direito eleitoral*: propaganda eleitoral. Belo Horizonte: Fórum, 2018. t. 4. p. 71-88.

PARISER, Eli. *O filtro invisível*: o que a internet está escondendo de você. Rio de Janeiro: Zahar, 2012. Edição eletrônica Kindle.

PASCUA MATEO, Fabio. *El control de las elecciones*. Pamplona: Thomson Reuters, 2009.

PASQUINO, Gianfranco. *Curso de ciência política*. 2. ed. Lisboa: Principia, 2009.

PATEMAN, Carole. *Participação e teoria democrática*. São Paulo: Paz e Terra, 1992.

PECCININ, Luiz Eduardo. *O discurso religioso na política brasileira*. Democracia e liberdade religiosa no Estado laico. Belo Horizonte: Fórum, 2018.

PEDICONE DE VALLS, María G. *Derecho electoral*. Buenos Aires: La Rocca, 2001

PELEJA JÚNIOR, Antônio Veloso. Os reflexos das candidaturas femininas fictícias nos âmbitos processual e material. *In*: FUX, Luiz; PELEJA JÚNIOR, Antonio Veloso; ALVIM, Frederico Franco; SESCONETTO, Julianna Sant'Ana (Coord.). *Direito eleitoral*: temas relevantes. Curitiba: Juruá, 2018. p. 201-228.

PELEJA JÚNIOR, Antônio Veloso; BATISTA, Fabrício Napoleão Teixeira. *Direito eleitoral*. Aspectos processuais: ações e recursos. 2. ed. Curitiba: Juruá, 2012.

PEREIRA, Erick Wilson. *Controle jurisdicional do abuso de poder no processo eleitoral*. São Paulo: LTr, 2004.

PEREIRA, Rodolfo Viana. *Tutela coletiva no direito eleitoral*: controle social e fiscalização das eleições. Rio de Janeiro: Lumen Juris, 2008.

PÉREZ CORTI, José María. *Derecho electoral argentino*. Córdoba: Advocatus, 2010.

PÉREZ DE LA FUENTE, Óscar. *Libertad de expresión y discurso político*. Propaganda negativa y neutralidade de los medios en las campañas electorales. Ciudad de México: Tirant lo Blanch, 2014.

PÉREZ ROYO, Javier. *Curso de derecho constitucional*. 15. ed. Madrid: Marcial Pons, 2016.

PESSUTI, Orlando Moisés Fischer. Programas sociais, processo eleitoral e a isonomia no pleito. *In*: FUX, Luiz; PEREIRA, Luiz Fernando Casagrande; AGRA, Walber de Moura. *Tratado de direito eleitoral*: abuso de poder e perda de mandato. Belo Horizonte: Fórum, 2018. t. 7. p. 325-340.

PICADO SOTELA, Sonia. Axiología electoral. *In*: CAPEL – CENTRO INTERAMERICANO DE ASESORÍA Y PROMOCIÓN ELECTORAL. *Diccionario electoral del Centro de Asistencia y Promoción Electoral de Latinoamérica*. 2. ed. San José: IIDH, 2000. p. 51-57.

PINHEIRO, Igor Pereira. *Condutas vedadas aos agentes públicos em ano eleitoral*: aspectos teóricos e práticos. 2. ed. Belo Horizonte: Fórum, 2018.

PINHEIRO, Igor Pereira. *Legislação criminal eleitoral comentada*. Aspectos materiais e processuais. Salvador: JusPodivm, 2018.

REFERÊNCIAS | 469

PINHEIRO, Maria Claudia Bucchianeri. Religião e política: entre a liberdade de manifestação do pensamento e o "abuso de poder religioso". *In*: ANJOS FILHO, Robério Nunes dos (Org.). *Direitos humanos e direitos fundamentais*: diálogos contemporâneos. Salvador: JusPodivm, 2013. p. 472-496.

PINTO, Djalma. *Direito eleitoral*: improbidade administrativa e responsabilidade fiscal. 5. ed. São Paulo: Atlas, 2010.

PINTO, José Roberto de Almeida. *O conceito de poder*. Rio de Janeiro: Livraria Francisco Alves Editora, 2008.

PINTO, Ricardo Leite; CORREIA, José de Matos; SEARA, Fernando Roboredo. *Ciência política e direito constitucional*. Lisboa: Universidade Lusíada, 2009.

PODHRÁZKY, Milan. A comparative analysis of the bodies in charge of electoral control, especially the judicial ones: the Czech case. *In*: BIGLINO CAMPOS, Paloma; DELGADO DEL RINCÓN, Luis E (Ed.). *La resolución de los conflitos electorales*: un análisis comparado. Madrid: Centro de Estudios Políticos y Constitucionales, 2010. p. 81-98.

POLISTCHUK, Ilana; TRINTA, Aluizio Ramos. *Teorias da comunicação*: o pensamento e a prática da comunicação social. 2. ed. São Paulo: Elsevier, 2013.

PORTO, Walter Costa. *Dicionário do voto*. 3. ed. Rio de Janeiro: Lexikon, 2012.

PRADO, Eliza Mara Alves do. *Compra de votos*. São Paulo: Annabel Lee, 2013. Edição eletrônica Kindle.

PRELOT, Michel. *A ciência política actual*. Lisboa: Círculo de Leitores, 1975.

PRESNO LINERA, Miguel Ángel. *El derecho de voto*: un derecho fundamental. Oviedo: MAPL, 2011.

PREZOTTO, Mauro Antonio. Propaganda eleitoral negativa como instrumento de convencimento do eleitor. *In*: FUX, Luiz; PEREIRA, Luiz Fernando Casagrande; AGRA, Walber de Moura. *Tratado de direito eleitoral*: propaganda eleitoral. Belo Horizonte: Fórum, 2018. t. 4. p. 31-50.

PRIETO MOLINERO, Ramiro J. *Abuso del derecho*. Buenos Aires: La Ley, 2010.

PRIOR, Hélder. Mediatización. *In*: CRESPO MARTÍNEZ, Ismael; D'ADAMO, Orlando; GARCÍA BEAUDOUX, Virginia; MORA RODRÍGUEZ, Alberto (Coord.). *Diccionario enciclopédico de comunicación política*. Madrid: Centro de Estudios Políticos y Constitucionales, 2015. p. 251-252.

QUADROS, Doacir Gonçalves de; SANTOS, Rommer Motinha; MORAES, Thiago Peres de; RIBIERSKI, Audrilise; MAIA, Elisângela Rocha. Mídia impressa e eleições 2010: uma análise parcial da cobertura do jornal O Estado do Paraná. *Revista Intersaberes*, n. 12, p. 142-154, 2011.

RAIS, Diogo. Fake news e eleições. *In*: RAIS, Diogo (Coord.). *Fake news*: a conexão entre a desinformação e o direito. São Paulo: Revista dos Tribunais, 2018. p. 105-129.

RAIS, Diogo; CASTRO, L. N. A comunicação política em tempos de big data e inteligência artificial: a campanha digital de Donald Trump e o futuro do marketing eleitoral brasileiro. *In*: FUX, Luiz; PEREIRA, Luiz Fernando Casagrande; AGRA, Walber de Moura. *Tratado de direito eleitoral*: propaganda eleitoral. Belo Horizonte: Fórum, 2018. t. 4. p. 89-106.

RAIS, Diogo; FALCÃO, Daniel; GIACCHETTA, André Zonaro; MENEGUETTI, Pamela. *Direito eleitoral digital*. São Paulo: Revista dos Tribunais, 2018.

RAMAYANA, Marcos. *Direito eleitoral*. 10. ed. Niterói: Impetus, 2010.

RAMAYANA, Marcos. *Direito eleitoral*. 16. ed. Niterói: Impetus, 2018.

RAMBAUD, Romain. *Le droit des campagnes électorales*. Issy-les-Moulineaux: Lextenso Éditions, 2016.

RAMOS, Luciana de Oliveira; RAIS, Diogo. A liberdade de expressão e o controle sobre o conteúdo da propaganda eleitoral: uma perspectiva comparada. *In*: FUX, Luiz; PEREIRA, Luiz Fernando Casagrande; AGRA, Walber de Moura. *Tratado de direito eleitoral*: propaganda eleitoral. Belo Horizonte: Fórum, 2018. t. 4. p. 219-230.

RAWLS, Jonh. *Uma teoria da justiça*. São Paulo: Martins Fontes, 1997.

REBOUÇAS, João Batista Rodrigues. Abuso de poder econômico no processo eleitoral e o seu instrumento sancionador. *Revista Eleitoral TRE/RN*, v. 26, p. 29-40, 2012.

RECÁSENS SICHES, Luis. *Tratado de sociologia*. Porto Alegre: Editora Glôbo, 1965. t. I.

RIBEIRO, Fávila. *Abuso de poder no direito eleitoral*. 3. ed. Rio de Janeiro: Forense, 2001.

RIBEIRO, Fávila. *Pressupostos constitucionais do direito eleitoral*. No caminho da democracia participativa. Porto Alegre: Sérgio Antonio Fabris Editor, 1990.

RIBEIRO, Renato Janine. *A democracia*. São Paulo: Publifolha, 2009.

RIOS VEGA, Luis Efrén (Ed.). *Tópicos electorales:* un diálogo judicial entre América y Europa. Madrid: Centro de Estudios Políticos y Constitucionales, 2011.

ROEMER, John E. Igualdad de oportunidades. *Isegoría*, n. 18, p. 71-87, 1998.

ROLLEMBERG, Gabriela; KUFA, Karina. Aspectos polêmicos e atuais da ação de investigação judicial eleitoral. *In*: COSTA, Daniel Castro Gomes da; ROLLEMBERG, Gabriela; KUFA, Karina; CARVALHO NETO, Tarcísio Vieira de. *Tópicos avançados de direito processual eleitoral*. Belo Horizonte: Arraes, 2018. p. 459-492.

ROMERO BALLIVIÁN, Salvador. Elecciones y violencia en América Latina: de los antiguos a los nuevos desafios. *In*: INSTITUTO UNIVERSITARIO EN DEMOCRACIA, PAZ Y SEGURIDAD. *Democracia, elecciones y violencia en América Latina*. Tegucigalpa: IUDPAS, 2017. p. 13-66.

ROSALES, Carlos Manuel. Principios rectores en materia electoral en Latinoamérica. *Revista IIDH*, v. 49, p. 265-307, 2009.

ROSAS, Roberto. *Do abuso de direito ao abuso de poder*. São Paulo: Malheiros, 2011.

RUSSELL, Bertrand. *El poder*. Barcelona: RBA, 2013.

SÁ, Luís de. *Introdução à ciência política*. Lisboa: Universidade Aberta, 1999.

SÁBATO, Ernesto. *Homens e engrenagens*. Campinas: Papirus, 1993.

SALES, José Edvaldo Pereira. Conceitos jurídicos indeterminados no direito eleitoral: em busca de referenciais (compromissos) hermenêuticos. *Revista Brasileira de Direito Eleitoral*, ano 4, n. 6, jan./jun. 2012.

SALGADO, Eneida Desiree. A influência do poder econômico nas eleições e a impugnação de mandato. *Estudos Eleitorais*, v. 4, p. 43-56, 2010. Número especial.

SALGADO, Eneida Desiree. *Princípios constitucionais eleitorais*. 2. ed. Belo Horizonte: Fórum, 2015.

SALGADO, Susana. *Os veículos da mensagem política*. Estudo de uma campanha eleitoral nos media. Lisboa: Livros Horizonte, 2007.

SAMPAIO JÚNIOR, José Herval. *Abuso de poder nas eleições*: ensaios. Salvador: JusPodivm, 2014.

SÁNCHEZ GALICIA, Javier. Campaña permanente. *In*: CRESPO MARTÍNEZ, Ismael; D'ADAMO, Orlando; GARCÍA BEAUDOUX, Virginia; MORA RODRÍGUEZ, Alberto (Coord.). *Diccionario enciclopédico de comunicación política*. Madrid: Centro de Estudios Políticos y Constitucionales, 2015. p. 54-57.

SÁNCHEZ MUÑOZ, Óscar. *La igualdad de oportunidades en las campañas electorales*. Madrid: Centro de Estudios Constitucionales, 2007.

SÁNCHEZ NAVARRO, Ángel J. *Constitución, igualdad y proporcionalidad electoral*. Madrid: Centro de Estudios Políticos y Constitucionales, 1998.

SÁNCHEZ RUIZ, Enrique E. *Comunicación y democracia*. Ciudad de México: Instituto Federal Electoral, 2004.

SANI, Giácomo. Participação política. *In*: BOBBIO, Norberto; MATTEUCCI, Nicola; PASQUINO, Gianfranco. *Dicionário de política*. Brasília: Editora da UNB, 2009. p. 888-890.

SANTOS, Andréia. *O impacto do big data e dos algoritmos nas campanhas eleitorais*. Disponível em: http://itsrio.org/wp-content/uploads/2017/03/Andreia-Santos-V-revisado.pdf. Acesso em: 24 ago. 2018.

SANTOS, Antônio Augusto Mayer dos. *Campanha eleitoral*: teoria e prática. Porto Alegre: Verbo Jurídico, 2016.

SANTOS, Fernando. Abuso de poder econômico eleitoral: por uma definição complexiva desse instituto. *In*: DEMETERCO NETO, Antenor (Coord.). *O abuso nas eleições*: a conquista ilícita do mandato eletivo. São Paulo: Quartier Latin, 2008. p. 34-58.

SANTOS, João de Almeida. *Media e poder*: o poder mediático e a erosão da democracia representativa. Lisboa: Vega, 2012.

SANTOS, Valmir Nascimento Milomem. Abuso do poder religioso: a influência da religião evangélica no processo eleitoral brasileiro. *In*: SANTANA, Uziel; MORENO, Jonas; TAMBELINI, Roberto (Org.). *O direito de liberdade religiosa no Brasil e no mundo*. Aspectos teóricos e práticos para especialistas e líderes religiosos em geral. Brasília: Anajure, 2014. p. 83-101.

SARLET, Ingo Wolfgang; MARINONI, Luiz Guilherme; MITIDIERO, Daniel. *Direito constitucional*. 6. ed. São Paulo: Saraiva, 2017.

SARTORI, Giovanni. *A política*. 2. ed. Brasília: Editora UNB, 1997.

SARTORI, Giovanni. *Homo videns:* la sociedad teledirigida. Madrid: Taurus, 2012. Edição eletrônica Kindle.

SARTORI, Giovanni. *La democracia en treinta lecciones*. Madrid: Taurus, 2009.

SARTORI, Giovanni. *Teoria democrática*. Rio de Janeiro: Fundo de Cultura, 1965.

SATO, Luciano Tadau Yamaguti. As regras de comportamento impostas aos agentes públicos em período eleitoral: das condutas vedadas ao abuso de poder político. *In*: FUX, Luiz; PEREIRA, Luiz Fernando Casagrande; AGRA, Walber de Moura. *Tratado de direito eleitoral*: abuso de poder e perda de mandato. Belo Horizonte: Fórum, 2018. t. 7. p. 399-420.

SCHEDLER, Andreas. *La política de la incertidumbre en los regímenes electorales autoritarios*. Ciudad de México: Fondo de Cultura Económica, 2016.

SERRANO, Estrela. *Jornalismo político em Portugal*: a cobertura das eleições presidenciais na imprensa e na televisão (1976-2001). Lisboa: Instituto Politécnico de Lisboa, 2006.

SERRANO, Pascual. *Desinformación*: como los medios ocultan el mundo. Barcelona: Ediciones Península, 2013.

SESCONETTO, Julianna Sant'Anna; FONSECA, Leonardo Campos Soares da. A responsabilidade civil por atos que ensejam a extinção anômala do processo eleitoral. *In*: FUX, Luiz; PELEJA JÚNIOR, Antonio Veloso; ALVIM, Frederico Franco; SESCONETTO, Julianna Sant'Ana (Coord.). *Direito eleitoral*: temas relevantes. Curitiba: Juruá, 2018. p. 149-178.

SILVA FILHO, Lídio Modesto da. *Propaganda eleitoral*. Curitiba: Juruá, 2018.

SILVA, Bruno Rangel. Fake news, radiodifusão e os limites da Justiça Eleitoral. *In*: FUX, Luiz; PEREIRA, Luiz Fernando Casagrande; AGRA, Walber de Moura. *Tratado de direito eleitoral*: propaganda eleitoral. Belo Horizonte: Fórum, 2018. t. 4. p. 265-284.

SILVA, Fernando Matheus da. *In*: FUX, Luiz; PEREIRA, Luiz Fernando Casagrande; AGRA, Walber de Moura. *Tratado de direito eleitoral*: propaganda eleitoral. Belo Horizonte: Fórum, 2018. t. 4. p. 285-308.

SILVA, Henrique Neves da. Propaganda eleitoral na imprensa escrita e a liberdade editorial de apoio político. *In*: FUX, Luiz; PEREIRA, Luiz Fernando Casagrande; AGRA, Walber de Moura. *Tratado de direito eleitoral*: propaganda eleitoral. Belo Horizonte: Fórum, 2018. t. 4. p. 197-218.

REFERÊNCIAS | 473

SILVA, José Afonso da. *Curso de direito constitucional positivo*. 36. ed. São Paulo: Malheiros, 2013.

SILVEIRA, José Néri da. *Aspectos do processo eleitoral*. Porto Alegre: Livraria do Advogado, 2008.

SILVEIRA, Marilda de Paula. Conduta vedada e abuso de poder: como lidar com o nexo de causalidade em ato praticado por terceiro. *Resenha Eleitoral*, v. 21, n. 1, p. 29-41, 2017.

SILVESTRE, Maria João Cunha. *Sociologia da comunicação*. Lisboa: Instituto Superior de Ciências Sociais e Políticas, 2011.

SOARES, R. M. Freire. A interpretação constitucional: uma abordagem filosófica. *In*: NOVELINO, Marcelo (Org.). *Leituras complementares de direito constitucional*. Salvador: JusPodivm, 2008.

SOBREIRO NETO, Armando. *Direito eleitoral*: teoria e prática. 4. ed. Curitiba: Juruá, 2008.

SOBREIRO NETO, Armando. O papel do Ministério Público Eleitoral na repressão do abuso nas eleições. *In*: FUX, Luiz; PEREIRA, Luiz Fernando Casagrande; AGRA, Walber de Moura. *Tratado de direito eleitoral*: abuso de poder e perda de mandato. Belo Horizonte: Fórum, 2018. t. 7. p. 55-74.

SOUZA, Sérgio de; SATO, Luciano Tadau Yamaguti. O abuso de poder político: uma proposta de análise a partir de sua necessária correlação com as condutas vedadas aos agentes públicos. *In*: DEMETERCO NETO, Antenor (Coord.). *O abuso nas eleições*: a conquista ilícita do mandato eletivo. São Paulo: Quartier Latin, 2008. p. 59-81.

SPECK, Bruno Wilhelm. Compra de votos: uma aproximação empírica. *Opinião Pública*, v. IX, n. 1, p. 148-169, 2003.

STEIL, Carlos Alberto. Eleições, voto e instituição religiosa. *Debates do NER*, Porto Alegre, ano 2, n. 3, p. 73-85, set. 2001.

STEPHEN-DAVIDOWITZ, Seth. *Everybody lies*: What the Internet can tell us about who we really are. London: Bloomsbury, 2018.

STOKES, Susan. Political clientelism. *In*: GOODIN, Robert E. *The Oxford handbook of Political Science*. Oxford: Oxford University Press, 2009.

STOPPINO, Mario. Poder. *In*: BOBBIO, Noberto; MATTEUCCI, Nicola; PASQUINO, Gianfranco. *Dicionário de política*. 13. ed. Brasília: Editora UNB, 2009. v. 2. p. 933-943.

STOPPINO, Mario. Violência. *In*: BOBBIO, Noberto; MATTEUCCI, Nicola; PASQUINO, Gianfranco. *Dicionário de política*. 13. ed. Brasília: Editora UNB, 2009. v. 2. p. 1.291-1.298.

STRECK, Lenio Luiz; MORAIS, Jose Luis Bolzan de. *Ciência política e teoria do Estado*. 8. ed. Porto Alegre: Livraria do Advogado, 2016.

TELAROLLI, Rodolpho. *Eleições e fraudes na República Velha*. São Paulo: Brasiliense, 1982.

TELLES, Helcimara; MORENO, Alejandro (Org.). *Comportamento eleitoral e comunicação política na América Latina*. Belo Horizonte: Editora UFMG, 2013.

TEODORO, Frediano José Momesso. *Criminalização do financiamento ilícito dos partidos políticos*. Curitiba: Juruá, 2018.

THOMPSON, Dennis F. *Just elections*: creating a fair electoral process in the United States. Chicago: The University of Chicago Press, 2002.

THOMPSON, John B. *A mídia e a modernidade*. Uma teoria social da mídia. 12. ed. Petrópolis: Vozes, 2011.

TOCQUEVILLE, Alexis de. *A democracia na América*. São Paulo: PubliFolha, 2010.

TORRENS, Xavier. Elecciones y sistemas electorales. *In*: CAMINAL BADIA, Miquel; TORRENS, Xavier (Ed.). *Manual de ciencia política*. 4. ed. Madrid: Tecnos, 2015. p. 441-469.

TOUSSAINT, Florence. Electores persuadidos. Democracia de masas y televisión. *Revista Mexicana de Ciencias Políticas y Sociales*, ano XLVI, n. 190, p. 15-30, ene./abr. 2014.

TULLIO, Alejandro. *Las elecciones nacionales en la Argentina*. Buenos Aires: Prometeo Libros, 2008.

URIARTE, Edurne. *Introducción a la ciencia política*: la política en las sociedades democráticas. 3. ed. Madrid: Tecnos, 2010.

VALLÈS, Josep María; MARTÍ I PUIG, Salvador. *Ciencia política*: un manual. 9. ed. Barcelona: Ariel, 2015.

VALVERDE GÓMEZ, Ricardo. Avances doctrinarios para la teoría democrática y los derechos humanos relacionados con la participación política: integridad, equidad en la contienda electoral y el nuevo papel de los jueces electorales. *Revista Derecho Electoral*, n. 21, p. 121-143, primer semestre 2016.

VAN REYBROUCK, David. *Contra as eleições*. Belo Horizonte: Âyiné, 2017.

VASCONCELOS, J. *Democracia pura*. 2. ed. São Paulo: Nobel, 2011.

VELLOSO, Carlos Mário da Silva; AGRA, Walber de Moura. *Elementos de direito eleitoral*. 3. ed. São Paulo: Saraiva, 2012.

VENOSA, Sílvio de Salvo. *Direito civil*: responsabilidade civil. 8. ed. São Paulo: Atlas, 2008.

VILAS, Carlos María. *El poder y la política*: el contrapunto entre razón y pasiones. Buenos Aires: Biblos, 2013.

VILELA, Jorge Matar. O dinheiro e suas diversas faces nas eleições municipais em Pernambuco. *Mana*, v. 11, n. 1, p. 267-269, 2014.

VILLORIA MENDIETA, Manuel. *La corrupción política*. Madrid: Sintesis, 2006.

WEAVER, David H. Canalización mediática (agenda-setting) y elecciones en Estados Unidos. *Publicaciones UCM*, p. 229-241, 1997.

WEBER, Max. *O direito na economia e na sociedade*. São Paulo: Ícone, 2011.

WOJTASIK, Waldemar. Functions of elections in democratic systems. *Political Preferences*, n. 4, p. 25-38, 2013.

REFERÊNCIAS | 475

WOLF, Mauro. *Teorias da comunicação*. 6. ed. Lisboa: Presença, 2001.

WONDERBERG, José. Violencia y elecciones. *In*: INSTITUTO UNIVERSITARIO EN DEMOCRACIA, PAZ Y SEGURIDAD. *Democracia, elecciones y violencia en América Latina*. Tegucigalpa: IUDPAS, 2017. p. 67-78.

YOUNG, John Hardin (Ed.). *International election principles*. Chicago: American Bar Association, 2009.

ZALLER, John; PRICE, Vincent. Who gets the news? Alternatives measures of news receptions and their implications for research. *Public Opinion Quaterly*, v. 57, Issue 2, p. 133-164, January 1993.

ZAMBELLI, Sebastián. Ciberdemocracia. *In*: CRESPO MARTÍNEZ, Ismael; D'ADAMO, Orlando; GARCÍA BEAUDOUX, Virginia; MORA RODRÍGUEZ, Alberto (Coord.). *Diccionario enciclopédico de comunicación política*. Madrid: Centro de Estudios Políticos y Constitucionales, 2015. p. 73-76.

ZAULI, Eduardo Meira. Direito judicial e justiça eleitoral: a judicialização das eleições no Brasil. *In*: FUX, Luiz; PEREIRA, Luiz Fernando Casagrande; AGRA, Walber de Moura. *Tratado de direito eleitoral*: Direito constitucional eleitoral. Belo Horizonte: Fórum, 2018. t. 1. p. 283-304.

ZILIO, Rodrigo López. Cassação de mandato e decisão sancionatória eleitoral. *In*: FUX, Luiz; PEREIRA, Luiz Fernando Casagrande; AGRA, Walber de Moura. *Tratado de direito eleitoral*: abuso de poder e perda de mandato. Belo Horizonte: Fórum, 2018. t. 7. p. 17-30.

ZILIO, Rodrigo López. *Crimes eleitorais*. Direito material e processual eleitoral. 3. ed. Salvador: JusPodivm, 2017.

ZILIO, Rodrigo López. *Direito eleitoral*. 5. ed. Porto Alegre: Verbo Jurídico, 2016.

ZILIO, Rodrigo López. Potencialidade, gravidade e proporcionalidade: uma análise do art. 22, XVI, da Lei Complementar nº 64/90. *Revista Brasileira de Direito Eleitoral*, n. 6, jan./jun. 2012.

ZIPPELIUS, Reinhold. *Teoria geral do Estado*. São Paulo: Saraiva, 2016.

ZUKERNIK, Eduardo. *Periodismo y elecciones*: los riesgos de la manipulación. Buenos Aires: La Crujía, 1999.

Esta obra foi composta em fonte Palatino Linotype, corpo 10
e impressa em papel Pólen Bold 70g (miolo) e Supremo 250g (capa)
pela Gráfica Formato.